20세기 중국혁명사

모택동과 중국혁명 1

20세기 중국혁명사
모택동과 중국혁명 1

초판1쇄 인쇄 2024년 3월 15일
초판1쇄 발행 2024년 3월 29일

지은이   김범송
펴낸이   이대현
편집   이태곤 권분옥 임애정 강윤경
디자인   안혜진 최선주 이경진
마케팅   박태훈 한주영

펴낸곳   도서출판 역락
출판등록 1999년 4월 19일 제303-2002-000014호
주소   서울시 서초구 동광로 46길 6-6 문창빌딩 2층 (우06589)
전화   02-3409-2060
팩스   02-3409-2059
홈페이지   www.youkrackbooks.com
이메일   youkrack@hanmail.net

ISBN 979-11-6742-662-8 94910
     979-11-6742-661-1 94910(전3권)

20세기 중국혁명사

모택동과 중국혁명 1

김범송 金范松

역락

　　20년 간의 '연구 결과물'인 졸저가 이제 '고고성을 울릴' 예정이다. 나름의 감개가 무량하다. 책 집필에 7~8년의 시간을 할애했고 원고 수정에 자그마치 1년을 허비했다. 타이핑에 서툴고 머리가 아둔한 필자는 박사논문 4~5편을 완성하는 데 소요되는 공과 품을 들였다. 그동안 한국에선 구미(歐美) 학자들의 이념과 선입견이 가미된, 모택동과 중국혁명사에 관한 도서와 번역서가 적지 않게 출간됐다. 한편 졸저는 기존 도서와의 차별화를 노렸고 최대한 객관적인 시각에서 모택동의 공과(功過)를 평가하고 20세기 중국혁명사를 기술하고자 노력했다.

　　20세기 중국혁명사는 대다수의 한국인들에게 여전히 '미지의 세계'이다. 따라서 '중국의 과거'인 중국혁명사에 대한 이해는 '중국의 현재'를 알 수 있는 또 다른 첩경(捷徑)이 될 것이다.

　　최근 중국과 한국의 관계가 많이 경색됐으나 한중(韓中)관계의 중요성을 감안할 때 '중국의 과거'를 통한 중국 이해는 필수불가결하다. 현재 한국의 대중(對中) 수출 의존도는 25%에 달한다. 한국의 제1대 교역국인 중국과의 교역량은 미국 교역량의 2배에 가깝다. 장기적 입장에서 볼 때 중국은 한반도의 통일과 경제발전에 막대한 영향력을 미치는 국가인 것은 누구도 부인할 수 없는 엄연한 사실이다. 중국과 한국은 이사할 수 없는 '영구적 이웃'이다. (韓中)수교 30주년(2022)이 넘는 시점에서 중국 근현대사를 재조명한 졸저의 출간에 나름의 의미를 부여한다.

(北京)천안문에 걸려 있는 초상화의 주인공은 중국인들로부터 '국부(國父)'로 존경받는 모택동이다. 중화인민공화국 창건자 모택동은 중국공산당의 최고 지도자 지위를 40년 간 지켰다(야부키 스스무, 2006: 5). 중국이나 외국을 물론하고 모택동은 동시대의 가장 탁월한 정치인이다. 인류 역사상 보기 드문 결출한 위인으로 평가되는 모택동은 이상가(理想家)·정치가·(軍事)전략가·철학가·시인이다(P. Short, 2010: 2). 20세기 중국혁명 주역은 '중공(中共) 창시자'이며 공농홍군(工農紅軍)과 중화인민공화국을 창건한 모택동이다. 20세기 중국혁명사와 21세기 중국사회를 온전히 파악하려면 '모택동 이해'는 필수적이다. 21세기 현재 (中共)지도이념인 모택동사상은 여전히 독보적인 존재감을 나타내고 있다.

'중국의 심장'인 북경 천안문(天安門) 광장의 정면 벽에는 모택동의 대형 초상화가 걸려 있다. 외국인들은 개혁개방 후 고도성장을 한 중국을 '등소평의 개혁이 성공한 나라'로 인식하고 있다. 그러나 (天安門)광장 중심에 위치한 모주석(毛主席)기념관과 (毛澤東)초상화는 나라를 창건한 '위대한 수령'의 위엄을 과시한다(김범송. 2009: 82). 현재 중국인들은 중화인민공화국 창건자 모택동을 '건국의 아버지'로 칭송하고 있다. 작금의 중국정부는 모택동사상을 국정이념으로 삼고 있다. 한편 모택동에 대한 신격화는 (個人)우상숭배가 성행된 문혁(文革) 시기에 최절정에 이르렀다. 모택동의 사후(死後)에도 사라지지 않는 막강한 영향력과 위망은 결코 하루아침에 이뤄진 것이 아니다. 따라서 모택동이 중국 역사에 남긴 발자취를 살펴볼 필요가 있다.

대다수 한국인들은 중국인민의 영수(領袖) 모택동을 '희대의 독재자', 미군·한국군의 '북진통일'을 저지한 장본인으로 간주하고 있다. 실제로 중공군의 '압록강 도하(渡河)'는 미군의 '38선 월경'과 밀접히 관련된다. 이와 관련해서는 최근 필자가 집필 중인 저술(著述)에서 상세하게 밝히기로 하고 이만 생략한다. 한편 한국 학자들의 '모택동 폄하'는 한국사회에 뿌리 깊은 반공(反共) 이데올로기와 크게 관련된다. 결국 이는 미군정(美軍政, 1945.9~1948.8)과 이승만 대통령의 집권 시기에 형성된 반공주의(反共主義)와 친미사대주의(親美事大主義)와 관련된다.

공산주의자 모택동에 대한 평가는 '불세출의 위인'과 '희대의 독재자'로 극명하게 엇갈린다. 이는 20세기 중국혁명의 '핵심 리더' 모택동이 (美中)이념 대결의 중심에 있었기 때문이다. 이념 대결의 대표적 사례는 미군과 중공군이 한반도에서 벌인 이념전쟁(1950.6~1953.7)이다.

27년 간 권좌에 있었던 모택동에게서 부패 흔적을 찾아볼 수 없다는 점은 가히 놀랍다. 세계 현대사의 중심 인물이 한국과 악연이었다는 것은 불행한 일이었다. 한국전쟁과 중공군 참전은 한국인들이 그를 주적(主敵)으로 여기게 만들었다. 그동안 남한에선 공권력에 의한 '모택동 악마화' 작업이 지속됐다(신복룡, 2001: 6). 결국 이는 반공주의를 고취한 이승만 정권 때 형성된 (反共)이데올로기가 장기간 한국사회를 지배한 결과물로 여겨진다. 난해한 것은 작금의 한국사회에선 (反共)이념에 집착하는 공권력에 의해 '모택동 악마화'가 현재진행형이라는 점이다. 한편 공산주의자 모택동은 평생 부정부패와 담 쌓고 살아왔다. 이것이 수많은 중국 백성들이 여전히 고인이 된 모택동을 사모하는 주된 이유이다.

촌뜨기인 모택동은 오지 소산충을 떠나 반년 간 동산학당에서 공부한 후 대도시인 장사(長沙)로 전학했다. 또 그는 반년 간의 중학생과

'말단 열병' 군생활을 거친 후 성립(省立) 도서관에서 6개월 간 독학했다. '늦깎이 사범생'인 모택동이 무정부주의자에서 마르크스주의자·공산주의자로 전향하는 데 불과 2~3년밖에 걸리지 않았다. '중공 창시자'의 한 사람인 모택동이 국공합작(1924~1927) 선봉장이 돼 '국민당 선전부장'으로 활약한 것은 결코 내세울 만한 경력은 아니었다. 한편 '농민운동 대부'로 거듭난 모택동은 정강산에 올라 '산대왕(山大王)'이 된 후 '당적 박탈' 위기에 놓였다. 1930년대 '실각자' 모택동이 중화소비에트공화국 주석으로 당선된 것은 실로 역사의 아이러니가 아닐 수 없다.

직업적 혁명가인 모택동은 '성공한 혁명가'로 평가된다. 그러나 이를 위해 그는 참혹한 대가를 치렀다. '정실부인(正室夫人)' 나씨는 21세에 졸사했고 '조강지처(糟糠之妻)' 양개혜는 29세에 국민당 군대에게 살해됐다. 연안에서 모택동과 결별한 '환난지처(患難之妻)' 하자진은 소련에서 조현병에 걸렸고 '악처(惡妻)' 강청은 자살로 비극적인 일생을 마쳤다. 또 그의 형제들은 혁명 중에 모두 희생됐고 '항미원조(抗美援朝)'에 참가한 장자 모안영(毛岸英)의 희생은 그에게 심각한 정신적 충격을 안겨줬다. '중공 창건대회(1921.7)'에 참석한 멤버 중 1949년 10월 1일 천안문 성루에 오른 이는 모택동과 동필무 두 사람뿐이다. 이 또한 중국 학자들이 모택동을 '역사가 선택'한 지도자라고 주장하는 주요인이다.

위대한 마르크스주의자 모택동은 중화민족의 걸출한 민족영웅이며 20세기 '3대 위인' 중 제1위를 차지한다. 또한 그는 '3낙3기(三落三起)'의 전기적 색채를 띤 탁월한 정치가이다(黃允昇, 2006: 1). 공농홍군 창건자 모택동은 장정(長征)을 승리로 이끈 수훈갑이며 중국혁명 위기를 만회해 당과 군대의 최고 지도자로 등극했다. 중공 지도자 모택동은 8년 항전과 3년 (國共)내전을 승리로 이끌어 신중국을 창건한 일등공신이다(김범송, 2007: 165). 이 또한 작금의 중국인들이 모택동을 나라를 건국한 '영원한 국부'로 추앙하고 있는 주된 원인이다. 또 이는 이데올로기에 집착한 외국 학자들이 기피하는 내용이다. 실제로 대부분의 외국 학자들은 홍군 지도자 모택동의 '삼낙삼기' 사실을 무시하고 인생 말년에 범한 그의 좌적 과오를 크게 부풀렸다.

중국 학자들은 모택동에 대한 '신격화·우상화'를 사명감으로 여기는 반면, 외국 학자들은 공산주의자 모택동을 '악마화'해야 하는 딜레마를 안고 있다. 이 또한 이념 대결의 결과물이다.

중국 학자들은 중국혁명에 대한 모택동의 역할과 공헌을 무작정 부풀리는 경향이 강하다. 특히 관방 학자들의 '공동연구'는 모택동이 후반생에 범한 인민공사화(人民公社化), 미증유의 문화대혁명 같은 과오를 다룰 엄두를 내지 못한다. 그들의 정치생명과 직결돼 있기 때문이다. 한편 학자적 양심을 우선시하는 필자에게는 '모택동 신격화'를 찬동해야 할 어떤 이유도 없다. 오로지 연구자의 책임감을 앞세워 객관적이고 공정한 학문적 연구에 치중했을 따름이다. 졸저는 역사 사실과 자료를 바탕으로 중국 학자들이 기피하고 '간과'한 민감한 과제를 과감히 다뤘고 '숨겨진 치부(恥部)'를 파헤치는 데 품을 들였다.

구미(歐美) 학자들의 '모택동과 중국혁명' 관련 도서를 읽으면서 이념이 가미된 사실 왜곡과 황당무계한 '모택동 폄하'에 경악을 금치 못했다. 최근 이념으로 점철된 한국 학자의 '중국혁명사'를 읽고 학자적 양지(良知)를 상실한 무지함이 개탄스러웠다. 외국 학자들의 터무니없는 사실 왜곡과 '모택동 비하'는 무소불위의 (反共)이데올로기에서 기인된 것이다. 또 다른 원인은 그들이 역사 사실을 무시하고 '모택동 정적'인 소유(蕭瑜)·장국도·왕명이 해외에서 출간한 회고록을 맹신했기 때문이다. 또 '독재자 폄훼'로 얼룩진 그들의 저서는 모택동이 홍군 통솔자에서 중공 영수로 자리매김한 역사적 진실을 외면했다.

1920~1930년대 '중공 창시자'이며 중국 공농홍군의 창건자인 모택동은 '3낙3기'의 실권(失權)·재기(再起)를 잇따라 경험했다. '국공합작' 시절(1924) 모택동의 첫 실각은 중공 총서기 진독수와 공산국제 대표(Voitinsky)가 짜고 친 고스톱이었다. 결국 '실권자(失權者)' 모택동은 고향인 소산충으로 돌아가 농민혁명에 종사했다. 정강산 시기(1929.9)와 중앙근거지(1932.10)에서 모택동을 실각시킨 장본인은 훗날 그의 '중요한 조력자'가 된 주덕과 주은래였다. 또 장정 도중(1935.8) 주은래·모택동의 지위가 역전됐다. 섬북에 도착(1935.11)해 홍군 통솔자로 자리매김한 모택동은 1938년 가을 공산국제의 지지하에 어렵사리 '중공 1인자'로 등극했다. 한편 주덕은 문혁 시기 중남해(中南海)에서 쫓겨났고 주은래는 후반생 내내 반성하며 늘 근신했다.

1940년대 중공 지도자 모택동과 소련 지도자 스탈린은 서로 불신하는 불편한 관계였다. 모택동이 주도한 연안정풍은 '소련파 제거'가 주된 취지였다. 1942년 스탈린의 '군사적 협조' 요구를 거절한 모택동은 해방군의 '장강 도하(1949.4)'를 반대한 스탈린의 '건의'를 일축했다. '중공 7대(1945)'에서 출범한 모택동사상은 모스크바 지배에서 벗어난 '중공 독립'을 뜻한다. '영원한 상급자' 스탈린은 모택동을 '아시아의 티토(Tito)'로 낙인찍었다. 당시 (國共)내전 승리의 기정사실화로 '건국 준비' 중인 모택동에게는 스탈린의 지지가 필수였다. 결국 모택동사상은 '스탈린주의'에 예속됐다. 한편 모택동의 '(6.25)전쟁 개입'은 부득이한 선택이었고 스탈린의 강요로 이뤄졌다. 그 대가는 '대만 해방' 포기였다. 모택동이 장개석의 천적(天敵)이라면 스탈린은 모택동의 천적이었다. 사실상 '세기의 독재자' 스탈린은 죽을 때까지 모택동을 괴롭혔다.

졸저는 '중공 창건' 멤버이며 홍군 창설자인 모택동의 '3낙3기' 원인을 상세하게 분석했다. 또 1930년대 후반 홍군 통솔자 모택동이 어렵사리 '중공 1인자'로 등극하게 된 당위성을 피력하고 그것이 '필연적 결과'라는 색다른 주장을 폈다. 이는 지금까지 출간된 (毛澤東)관련 저서에서 대다수 외국 학자들이 기피한 내용이다. 한편 청년 모택동이 스승 양창제로부터 전수받은 유심사관이 1950~1960년대 중공 영수 모택동이 범한 (左的)과오에 미친 부정적 영향력을 역사적 사실에 근거해 심층적으로 분석했다. 이 또한 다른 저서에서 찾아볼 수 없는 졸저 특유의 읽을거리로 한국 독자들의 흥미를 자아낼 것이다.

졸저는 한국 독자들이 주목할 만한 내용도 정리했다. '동정(東征, 1936)'에서 희생된 홍군 참모장 양림(楊林, 김훈)은 조선인(朝鮮人) 출신이다. 포병 지휘관이며 팔로군 (砲兵)연대장을 맡았던 무정(武亭)은 장정에 참가한 (朝鮮人)장군이다. 중국인의 추앙을 받고 있는 작곡가 정율성(鄭律成)은 '팔로군행진곡'을 작곡한 한민족 출신이다. 항일운동가이며 천진(天津)시위 서기를 역임한 이철부(李鐵夫)도 조선인 출신이며 조선의용군의 사령관을 맡았던 박일우(朴一禹)는 '중공 7대' 후보(候補) 대표였다. 한편 반면교사로 쇄국정책을 실시한 흥선대원군(李昰應)을 다뤘다. 또한 '항미원조' 주역인 모택동과 팽덕회의 얽히고 설킨 애증관계를 상세히 분석했다. 이 또한 외국 학자들이 감히 손대지 못한 내용이다.

불완전한 통계에 따르면 지구상에 설립된 모택동 관련 '연구소'는 100여 개에 달한다. 미국 학자와 연구기관은 1960년대부터 (毛澤東)군사사상 연구에 열중했다. 이는 '세계 최강' 미군이 한반도에서 '지원군(志願軍)'에게 패배한 것과 관련된다. 1980년대 한국에서도 '모택동 연구'

붐이 일어났다. 1990년대 일본 학자들은 '(毛澤東)사상 연구'에 집착하는 경향을 보였다. 20세기 (歐美)학자들의 관련 저서는 '독재자(毛澤東) 폄하'로 시종일관했다. 최근 '중국지(中國志)'처럼 모택동과 중국혁명에 대해 '공정한 평가'를 내린 저서가 출간된 것은 중국의 역사 자료를 참조한 것과 크게 관련된다. 또 이념을 탈피해 역사적 사실을 존중하는 학문적 태도로 임한 것이 '성공작'으로 평가되는 원인으로 여겨진다.

개정판(2017) '중국지'는 모택동과 중국혁명 관련 저서 중 역사적 사실에 기반해 비교적 객관적 평가를 내렸다는 것이 학계의 주장이다. 이는 외국 학자들의 그릇된 견해를 무조건 수용하지 않고 중국혁명의 역사적 사실을 존중했기 때문이다. 다만 독창적 주장과 창작성이 결여되고 '번역 작품'이란 인상을 지우기 어려운 것이 흠이라면 흠이다. 졸저는 서구(西歐) 학자들의 이념을 가미한 '사실 왜곡'을 시정하고 잘못된 견해를 바로잡는 데 공을 들였다. 또 외국 학자들이 간과하고 중국 학자들이 외면한 '숨겨진 진실'을 밝히는 데 많은 노력을 기울였다.

1980년대 북경에서 대학을 다닐 때 나는 왕부정(王府井) 서점을 부지런히 드나들며 모택동·등소평·장개석 등의 전기(傳奇)를 구입해 취미로 읽었다. 1990년대 국내 출장을 다니며 짬짬이 각지 서점에 들려 '모택동 저서'를 사들이는 것이 유일한 취미였다. 한편 본격적으로 (毛澤東) 연구에 착수한 것은 2000년대 서울 유학 시절이었다. 교보문고 단골인 나는 모택동과 중국혁명에 관한 책을 빠짐없이 구입했다. 이 시기 출간한 졸저에서 중국혁명을 취급한 내용은 '모택동과 등소평, 그리고 박정희(2007)', '드라마 연안송과 중국 제1세대 혁명가들(2009)', '1950년대 성행한 중국의 공산풍(共産風, 2016)' 등이다.

졸저 집필을 위해 저자는 20년 간 약 1000여 권의 모택동(傳奇)과 중국혁명에 관한 저서를 정독(精讀)하고 수백편의 관련 논문을 숙독(熟讀)했다. 결국 나름의 '(毛澤東)연구자' 자격을 갖췄다. 20년 간의 탐구를 통한 (研究)결과물인 졸저는 '학술 도서'로서 사료적 가치가 충분하다고 자평한다. 또 독자의 이해를 돕기 위해 많은 각주를 달았고 문장의 출처를 밝혔다. 특히 관련 연구자의 저서에서 잘못 서술된 부분을 정정(訂正)하고 '정확한 표현'을 보충했다. 금번 출간하게 된 세 권의 졸고는 맥락이 관통돼 있다. 이 또한 '동시 출간'이 불가피한 이유이다.

졸저는 총 세 권이다. 세 개의 장(章)으로 구성된 제1부 '산대왕(山大王)'이 된 '(中共)창건자' 제목은 꽤 자가당착적이다. '중공 창건자'가 산에 올라 '비적 두목'이 된다는 것은 다소 자기 모순적이다. 제1부의 핵심 내용은 모택동의 정강산 진입과 군권(軍權) 박탈, 홍군 지도자 복귀이다. 제2부 '삼낙삼기(三落三起)'한 홍군 지도자는 제4~6장으로 구성됐다. 제2부의 하이라이트는 장정(1935.7) 중 주은래·모택동(周毛) 지위 역전과 '숙명의 정적' 장국도와의 권력투쟁에서 밀린 모택동의 '황급한 도주(北上)'이다. 제3부 '정풍운동과 모택동사상'은 환남사변(皖南事變)과 대생산운동(제7장), 정풍운동과 '소련파' 제거(제8장), '중공 7대(七大)', 모택동사상 출범(제9장)으로 구성됐다. 제3부의 압권은 중공 지도자 모택동이 독소전쟁과 공산국제 해체를 이용해 정풍운동을 단행, 두 차례의 '9월회의'를 통한 '소련파' 제거이다. 한편 '중공 독립'을 의미하는 모택동사상에 관한 졸견(拙見)은 졸저의 백미라고 자부한다.

필자가 자부심을 느끼는 또 다른 '백미'는 4천여 개의 각주이다. 각주에 집념한 취지는 독자들에게 '어려운 내용' 이해에 도움을 주기 위한 것이었다. 각주의 전반부가 역사 인물에 대한 명사해석(名詞解釋)이 주류였다면 (脚注)후반부는 역사적 사건에 관한 주석(註釋)과 본문에 대한 필자의 '개인적 견해'가 대부분을 차지한다. 실제로 각주 넣기에 많은 공을 들였다. 한편 졸저가 단순한 '모택동 평전(評傳)'이 아니라는 점을 재삼 부언한다. 모택동의 '공적(功績)'과 거의 무관한 신해혁명·5.4운동·국공합작·남창봉기·서안사변·항일전쟁·(國共)내전 등 중국혁명사의 '대사기(大事記)'를 나름대로 집대성했기 때문이다. 이 또한 심사숙고 끝에 졸저의 제목을 '모택동과 중국혁명'이라고 정한 주된 이유이다.

1990년대부터 한국에서 유학하며 피부로 느낀 것이 있다. 그것은 많은 한국인이 '중국 이야기'인 삼국지(三國志)에 대해 숙지하고 있다는 점이다. 한국에는 '삼국지를 세 번 이상 읽지 않은 사람과는 상대하지 말라'는 말이 있다. 20세기 중국혁명사를 다룬 졸저에 삼국지와 관련된 많은 인물이 자주 거론된다. 이는 (拙著)주인공 모택동이 '삼국지 애독자'인 것과 관련된다. 한편 필자는 모택동·주은래 등 중공 정치가와 팽덕회·임표 등 (中共軍)지휘관을 유비·관우·장비·여포 등 삼국지의 인물과 비교하고 그들 간 차이점을 분석했다. 또 졸저에는 삼국지보다 더 많은 인물이 등장하며 훨씬 많은 전투 이야기가 다뤄진다.

졸저의 압권이자 백미로, 필자가 나름의 자부심을 느끼는 또 다른 내용이 있다. 졸저의 주인공과 역사 인물을 비교하고 근현대(近現代) 위인들 간의 '공통점'·'차이점'을 상세히 분석한 것이다. 주된 취지는 기타 (毛澤東)저서와의 차별화이다. 예컨대 모택동과 스탈린, 모택동과 진시황, 모택동과 등소평, 주은래와 관우, 모택동과 진독수·이립삼의 차이점, 모택동·주은래·주덕과 유비·관우·장비의 공통점·차이점, 팽덕회와 임표의 차이점, 모택동사상과 등소평이론의 차이점 등이다. 물론 이들 간의 비교가 '100% 정확하다'고 장담하기는 어렵다.

학자적 양심을 우선시하는 필자는 (中國)관방 학자의 '모택동 신격화'를 무작정 수용할 그 어떤 이유도 없다. 또 이데올로기로 점철된 외국 학자의 사실 왜곡과 '독재자(毛澤東) 폄훼' 견해를 무조건 찬동할 이유는 더욱 없다. 이는 양심적 지식인이 필히 갖춰야 할 학문적 양심과 공정심(公正心)·객관성을 상실할 수 있기 때문이다. 그리고 나는 중국어·한국어·일본어·영어로 된 오리지날 원서(原書)를 직접 열독(閱讀)할 수 있는 나름의 이점을 갖고 있다. 이것이 필자가 (博士)논문으로 '한중일(韓中日) 출산 정책'을 비교·연구할 수 있었던 주요인이다.

현재 (中國)국내와 외국에서 출간된 '모택동과 중국혁명사'에 관한 도서는 수천권에 달한다. 한편 졸저가 '가장 잘 쓴' 책이 아닌 '가장 공정한' 도서로 한국 독자들의 인정을 받는다면 필자는 그것으로 만족할 것이다. 사실상 공정성과 객관성이 결여된 명작(名作)이란 있을 수 없다.

몇 년 전 일본에서 '신규 (毛澤東)도서'가 출간됐다는 한국 지인의 메일을 받은 저자는 곧 일본에서 생활하는 친구에게 도서 구입을 의뢰했다. 그런데 생각지 못했던 사달이 생겼다. 대련 해관(海關)에서 일본 친구가 아내의 주소로 보낸 (毛澤東)도서를 압수한 것이다. 또 세관 담당자는 아내에서 전화를 걸어 '반동적(反動的) 도서'를 구입해선 안 된다고 엄포를 놓았다. 문제의 '심각성'을 느낀 아내의 태도는 급변했다. 그 후 아내는 무작정 '책 집필'을 반대했다. 그 기간은 나에게 있어 가장 어렵고 힘든 시기였다. 다행스러운 것은 얼마 후 아내는 나의 아집에 못 이겨 수수방관(袖手傍觀)하는 태도를 취했다. 결국 나는 '든든한 후원자'였던 아내의 지지를 잃고 말았다. 이 또한 호사다마(好事多魔)이다.

금번 필자가 출간하는 책 세 권은 추후 계획하고 있는 '모택동과 중국혁명사' 도서 시리즈(총 6권)의 50%에 불과하다. 향후 1950년대 모택동이 주도한 대약진운동과 반우파투쟁, 1960년대 계급투쟁 부활에 따른 문화대혁명의 발발, 1970~1980년대 등소평의 복권에 따른 개혁개방 추진 등에 대해 지속적인 연구를 수행할 것이다. 그리고 (硏究)결과물로 '모택동과 항미원조', '대약진과 미증유의 문화대혁명', '등소평과 개혁개방' 등 단행본을 잇따라 출간할 예정이다. 물론 이를 위해선 5~6년의 시간을 할애해야 한다. 한편 중국의 '4대 명저(四大名著)'는 저자들의 끊임없는 노력을 통해 어렵사리 출범됐다. '30년 연구' 결과물로 전체적인 맥락이 상통한 '20세기 중국혁명사'를 출간한다면, 일생을 후회 없이 살았다고 자부할 수 있을 것이다.

필자는 단어 사용의 '정확성' 확인을 위해 졸저의 대부분 문구(文句)를 네이버에서 검색했다. 실제로 한국인들이 가장 민감하게 반응하는 '북한어(北韓語) 사용' 오류를 피하기 위해서였다. 이 또한 지나친 완벽을 추구하는 필자의 성격상 단점일 것이다. 향후 20세기 중국혁명사에 관한 연구와 집필은 지속될 것이다. 사실상 기호지세(騎虎之勢)로 중도 포기가 불가능한 상태이다. 나는 대문호 노신(魯迅)을 작가 정신의 사표(師表)로 간주한다. 언젠가는 '모택동과 중국혁명'의 (拙著)시리즈가 중국어·영어·일본어로 번역 출간되기를 언감생심 기대한다.

'위대한 영수'가 그의 후반생에 범한 중대한 (左的)과오를 객관적으로 가감 없이 지적하고 정확하게 분석한다는 것은 매우 큰 용기와 커다란 담력이 필요하며 진지한 탐구와 지속적인 노력이 수반돼야 한다. 또 이는 자칫 필화(筆禍)를 부를 수 있는 자충수가 될 수도 있다. 한편 '창작권(創作權)'을 박탈당하지 않는 한, 필자는 학자의 사명과 학문적 양심을 잊지 않고 시종일관 창작에 정진할 것이다.

20년 간의 지속적인 연구와 심혈을 기울여 쓴 졸저에는 미흡한 점이 적지 않다. '학술 자료' 작성을 주된 취지로 한 졸저에는 역사소설

삼국연의(三國演義)와 같은 흥미진진한 소재가 상대적으로 적어 읽기에 지루한 느낌이 들 것이다. 또 '20세기 중국혁명'이 주제인 졸저는 주로 중국어 자료를 참조했기 때문에 모든 내용을 한국어로 풀어서 쓸 수 없는 한계점이 있다. 그러나 졸저가 그 사료적 가치를 인정받는다면, 필자는 그것으로 일말의 만족감을 느낄 것이다.

최근 출판계의 어려운 사정에도 불구하고 '출간' 기회를 주신 역락출판사의 이대현 대표께 심심한 감사의 말씀을 드린다. 또 졸고를 '좋은 책'으로 만들어준 이태곤 편집이사의 높은 책임감에 경의를 표시하며 편집·교정을 맡아 수고해준 임애정 대리의 아낌없는 노고와 책에 '멋진 옷'을 입혀준 안혜진 팀장에게 진심으로 감사의 인사를 전한다. 실제로 '좋은 책'은 저자와 편집진의 공동 노력으로 만들어진다.

졸저 집필은 한국·일본의 지인과 그곳에서 생활하는 친구들의 도움을 받았다는 것을 밝힌다. 그들을 통해 구입한 외국 학자들의 (毛澤東) 저서와 '중국혁명사'는 100권을 상회한다. 이는 '연구 추진'에 큰 도움이 됐다. 실제로 그들의 도움은 책 집필에 큰 동기부여가 됐다. 재삼 머리 숙여 진심어린 감사의 마음을 전한다. 그리고 인내심을 갖고 졸저를 읽어주는 한국의 독자들에게 고마움을 표시한다.

2024년 2월 자택 '구진재(求眞齋)'에서

1913년 (長沙)호남제1사범학교 시절.

1919년 장사(長沙) 시절, 2년 후 '중공 창건대회(1921.7)' 참석.

1924년 국공합작 시기, 상해(上海) 대표처에서.

모택동과 중국혁명 1

1925·长沙·32岁
国民党中央宣传部代理部长

1925년 (廣州)국민당중앙 (代理)선전부장 시절.

1927・井冈山・34岁
发动秋收起义 会师井冈山

1927년 (長沙)추수봉기 후 정강산 진출.

모택동과 중국혁명 1

1931년 서금(瑞金)에서 중화소비에트공화국 주석으로 당선.

제5장 장정(長征), '홍군 통솔자' 등극

제1절 제5차 반'포위토벌' 실패

1. 제5차 반'포위토벌' 개시, 좌경 군사전략 추진

1) 장개석의 '포위토벌' 개시, 홍군의 작전 준비

2) 좌경 군사전략 추진과 이덕(李德)의 도래

2. '복건사변(福建事變)'과 두 차례의 '회의'

1) '복건사변' 발생, '복건 정부'의 패망

2) 두 차례 '회의'와 모택동의 '실권(失權)'

3. 제5차 반'포위토벌' 실패

제2절 장정(長征) 개시, '포위권' 돌파

1. '최고 3인단(三人團)' 출범과 '모낙(毛洛)' 협력

1) '최고 3인단' 설립, '전략적 이동' 준비

2) '박낙(博洛)'의 알력 격화, '모낙(毛洛)'의 협력관계 형성

2. 홍군 주력과 중앙기관의 '대이동'

1) '대이동' 준비, '진제당(陳濟棠) 담판'

2) 모택동의 '거취'와 '근거지 잔류' 명단

3. 적의 '봉쇄선' 돌파, 근거지의 유격전쟁

1) '대이동(長征)' 개시를 위한 최종 준비

2) 세 겹의 '봉쇄선' 돌파, '상강(湘江) 패전'

3) (中央)근거지의 유격전쟁

제3절 '준의회의', '홍군 지도자' 복귀

1. 세 차례의 회의와 '준의회의' 개최

1) 세 차례의 '정치국 회의'와 준의(遵義) 진입

2) 준의회의 개최, '최고 3인단' 해체

2. '신3인단(新三人團)' 멤버, 적의 '포위권' 돌파

1) 토성(土城) 패전, '박낙(博洛)'의 직책 변경

2) '신3인단(新三人團)' 설립과 '적수하 도하'

제2절 마르크스주의 '중국화(中國化)'와 모택동사상 정립

1. 마르크스주의 '구체화(具體化)'와 '중국화(中國化)'

2. 탁월한 (軍事)전략가, 모택동의 군사사상

3. 모택동사상의 변천과 우여곡절

   1) 모택동사상의 발전과 '모택동주의(Maoism)'

   2) 모택동사상의 '잠적'과 '부활'

   3) 모택동사상과 등소평이론의 '차이점'

제1부

산대왕(山大王)이 된
(中共)창건자

중국 학자들은 모택동 우상화를 '사명감'으로 간주한 반면, 외국 학자들은 공산주의자 모택동을 '악마화'해야 하는 딜레마를 안고 있다. '무소불위' 이념의 결과물이다.

18세의 청년 모택동의 군 입대는 파란만장한 군생활의 효시로, 군대에 애정을 갖게 된 중요한 계기가 됐다. 또 구식 군대의 폐단을 통감한 모택동은 '혁명 선구자' 손중산의 실각을 통해 중국혁명 승리에 필수불가결한 무장투쟁의 중요성을 실감했다.

'살인백정' 탕향명에 대한 비호를 사범생의 '단순한 정견'으로 간주하기엔 무리가 있다. 이 시기 '독재자 숭배'와 국가주의 추종, 대동사상 추앙은 중공 영수가 된 그의 후반생에서 현실로 재현됐다. 훗날 모택동이 정적에 대한 무자비한 타격과 가혹한 정치보복을 서슴지 않은 '잔인한 성격'은 이 시기에 형성됐다.

모택동이 '학우회' 리더로 성장한 것은 은사 양창제의 훈도(訓導)과 관련된다. 한편 서방의 윤리관을 수용한 양창제의 '유심사관 주입'은 부정적 역할을 했다. 또 그의 철학사상은 청년 모택동이 무정부주의자로 전락하는 데 일조했다. 결국 유심론자 양창제는 그의 추종자인 제자를 '오도(誤導)'했다는 지적을 면키 어렵다.

늦깎이 사범생이 농민운동을 무자비하게 탄압한 '증도부'를 숭배한 것은 불가사의하다. 이는 수십 년 후의 '인재지변(人災之變)'을 예고한 것이다. 민의를 역행해 황제로 등극한 후 '비명횡사'한 원세개를 위인으로 평가한 것은 난해하기 그지없다. 한편 모택동이 장기 집권에 성공한 것은 홍수전의 과오를 답습하지 않은 것과 크게 관련된다.

모택동은 신체 단련을 멀리하고 독립성이 결여된 '홍루몽' 두 주인공의 사례를 통해 '병약한 신체'를 가진 사대부(士大夫) 자녀들의 '호의호식'을 비판했다. 훗날 모택동은 끈질긴 단련을 통한 건강한 신체와 강한 의지력이 '험난한 장정' 길에서 매우 큰 도움이 되었다고 술회했다.

제1사범은 모택동이 졸업한 '유일한 학교'였다. 대학공부나 외국 유학을 한 적이 없는 모택동의 지식 기반은 사범 시절에 쌓았다. '사범 5년 반'은 모택동의 파란만장한 인생의 축소판이었다. '경비 대장'과 '후자석 전투'는 그의 험난한 '융마 인생'을 예고했다. 신민학회는 청년 모택동이 공산주의자가 된 디딤돌이었다.

제1장
소산충을 이탈한 늦깎이 사범생

제1절 '개구쟁이' 소년과 14세의 신랑(新郎)

1. 소산충의 '거인', 석삼아자(石三伢子)

중국 남부에 위치한 호남성(湖南省) 상담현(湘潭縣)의 작은 촌락인 소산충(韶山冲)은 중국인민의 위대한 영수인 모택동(毛澤東)의 고향이다. 예로부터 소산(韶山) 일대에서는 소산충과 모씨(毛氏) 가문 및 모택동과 관련된 여러 가지의 전설이 후세들에 의해 전해지고 있다.

상고 시기 상중(湘中)의 아름다운 자연경관에 심취된 순제(舜帝)는 행렬을 멈춰 세우고 악사들에게 소악(韶樂)[01] 연주를 명령했다. 아름다운 멜로디가 산중에 울려 퍼지자 오색찬란한 봉황 한 마리가 날아들었고 온갖 조류가 봉황에게 조현(朝見)하는 백조조봉(白鳥朝鳳)의 진풍경이 벌어졌다(韶山毛澤東記念館, 2006: 55). 일찍 소산 일대에는 이런 민요가 유행됐다. …열 세대 중 아홉 가구가 찢어지게 가난하다. 소산충에 딸을 시집을 보내지 말라. 고구마와 장작 패기로 일생을 보낼 터이니(蔣國平,

---

01 소악(韶樂)은 중국의 궁정음악 중 등급이 제일 높고 가장 오래 지속된 아악(雅樂)이다. 소악은 도덕적 전범과 예술형식으로 중국의 고대문명을 한층 승화시켰다. 이것이 소악을 '중화제일악장(中華第一樂章)'으로 극찬하는 이유이다. 한편 공자는 소악을 미의 극치와 선의 극치를 이뤘다고 높이 평가했다. 또 소산(韶山)은 소악의 전설에서 유래됐다.

1992: 23). 20세기 초 소산충에는 600여 가구가 거주했는데 모씨(毛氏) 성을 가진 세대가 가장 많았다. 상기 민요는 가난한 소산충 백성의 실생활을 보여준다. 현재 모택동의 출생지 소산충은 유명한 관광지[02]로 부상했다.

소산충에는 지붕이 기와·초가가 반반인 간소한 가옥이 있었다. 이 가옥을 상옥장(上屋場)이라고 부른다. 당시 본채 중간을 경계로 두 세대가 살고 있었다. 1893년 12월 26일 이 상옥장에서 남자애의 고고성이 울렸다. 이 갓난애가 훗날 중공 지도자가 된 모택동이다(蕭三, 1980: 6). 모택동이 오지(奧地) 소산충에서 태어난 향토문화적 배경이 있다. 실제로 대륙의 역사와 사회문화를 바탕으로 소산 특유의 '소문화 배경'이 형성됐다.

소산의 모씨종사(毛氏宗祠) 대문에는 학문에 성공해 부모에게 효도하고 가문의 영예를 빛낸다는 '주경세업(注經世業)·봉격가성(捧檄家聲)'이라는 소산의 '소문화'를 보여주는 대련(對聯)이 있다. 횡서(橫書)는 소산의 문화와 산수가 우수한 인물을 양육한다는 '소령육수(韶靈毓秀)'이다. 이는 소산충 특유의 향토문화적 배경이다(劉後昌, 2013: 16). 한편 1890년대는 청정부가 몰락하는 시기로 광서제(光緒帝)[03]의 집정 후기였다. 제정

---

02 21세기 소산충은 유명한 혁명기념지와 애국주의 교육기지, 전국적 관광지로 부상했다. 현재 소산충은 전국 각지에서 모택동 고거(故居)를 방문하는 관광객으로 문전성시를 이루고 있다. 호남성 상담시의 소속인 소산시(韶山市)는 인구 12만인 현급(縣級)시로 발전했다. 또 2014년 호곤(滬昆) 고속철이 개통, 소산충은 고속철 시대에 진입했다.

03 광서제(光緒帝, 1871~1908)는 애신각라 재첨(愛新覺羅 載湉)을 가리키며 청나라의 제11대 황제이다. 1875년 자희태후(慈禧太后)에 의해 황제로 등극했다. 1889년 친정(親政), 실권은 자희태후가 장악했다. 1898년 자산계급 개량파 강유위(康有爲)·양계초(梁啓超) 등의 지지를 받아 무술변법(戊戌變法)을 실행했다. 자희태후 등 보수파의 무수정변(戊戌變法)으로 103일 간 진행된 '백일유신(百日維新)'이 실패됐다. 1908년 북경에서 병사했다.

러시아의 신강(新疆) 파미르(帕米爾) 출병[04], 갑오(甲午)전쟁[05] 발발, 이홍장(李鴻章)[06]과 일본정부와 체결한 마관조약(馬關條約)[07], 무술정변(戊戌政變)[08] 등 내우외환(內憂外患)으로 다사다난한 시대였다.

이처럼 내우외환이 겹친 동란의 시대에서 유독 1893년은 상대적으로 안정된 평화로운 한 해였다. 한편 1885년 조기 결혼한 모택동의 부

04 제정 러시아의 파미르(帕米爾) 출병 취지는 중국의 서부 변강에 대한 영토 확장이다. 1892년 제정 러시아는 청정부와 체결된 '파미르변계' 조약(1884)을 무시, 영국과 파미르 고원을 침점할 '비밀협의'를 체결했다. 1894년 청정부는 제정 러시아와 파미르 지구에 대한 현황을 유지, 양국 정부가 서로 군대를 주둔시키지 않을 것을 협의했다.

05 갑오년(1894)에 일어난 전쟁이므로 '갑오전쟁'이라고 부른다. 1894년 7월 25일에 발발된 풍도(豊島)해전으로 (中日)갑오전쟁은 시작됐다. 9월 15일 평양전투에서 청군(淸軍)이 대패했다. 9월 17일 압록강전투·황해해전에서 승전한 일본군은 빠른 속도로 만주로 진격, 그해 11월에 여순이 점령됐다. 1895년 2월 위해(威海)가 함락, 1895년 3월 일본군은 대만의 팽호(澎湖)열도를 점령했다. 갑오전쟁의 실패로 청조의 몰락은 가속화됐다.

06 이홍장(李鴻章, 1823~1901), 안휘성 합비(合肥) 출신이며 양무파이다. 1862~1864년 회군(淮軍)을 거느리고 태평천국을 진압, 1985년 북양해군(北洋海軍)을 창설했다. 1895년 마관(馬關)조약을 체결, 1896년 일본에 할양된 요동반도를 반환했다. 1898년 양광총독(兩廣總督)으로 부임, '중흥사대명신(中興四大名臣)'인 이홍장은 양무운동을 추진했으나 근본적 개혁을 이루지 못했다. 1901년 신축조약(辛丑條約)을 체결, 그해 11월에 병사했다.

07 마관조약(馬關條約)은 1895년 4월 17일 일본 마관에서 이홍장과 이등박문(伊藤博文)이 체결한 불평등조약이다. '조약'의 골자는 ① 청나라는 조선의 종주권을 포기 ② 요동반도와 대만, 팽호열도의 주권을 일본에 할양 ③ 배상금으로 일본에 백은 2억냥을 지불 ④ 사시(沙市)·중경·소주·항주를 개항, 일본 선박의 장강 자유통항 승인 등이다. 마관조약은 중국의 반식민지화를 가속화하고 무술변법(1898)과 의화단 운동(1900)을 촉발했다.

08 무술정변(戊戌政變, 1898.9.21)은 광서제의 무술변법을 반대한 자희태후(慈禧太后)가 광서제를 연금하고 무술정변 관련자를 체포한 사건이다. 1898년 6월 광서제는 강유위 등 유신파를 등용해 '부국강병책'인 무술변법을 추진했다. 9월 21일 자희태후는 쿠데타를 일으켜 '무술6군자'를 처형하고 광세제를 연금했다. 무술변법을 추진한 강유위·양계초 등은 일본으로 망명했다. 결국 보수파 세력이 정권을 장악했고 '백일유신'은 실패했다.

친 모순생(毛順生)과 모친 문칠매(文七妹)는 모택동이 출생한 1893년에 23세, 26세였다. 이는 최적의 출산 연령이었다. 문씨(文氏)가 모택동을 임신한 계절은 입춘이 지나고 꽃이 피기 시작한 따뜻한 봄날이었다.

문칠매는 출산 전날밤에 괴상한 꿈을 꾸었다. 조상의 신주(神主)가 모셔진 사당에 큰 뱀이 똬리를 틀고 있는 것을 보았다. 큰 뱀이 혀를 날름거리며 그녀를 노려보자 놀라서 잠을 깬 문씨는 남편을 깨워서 꿈의 상황을 말해줬다. 당시 모순생도 꿈을 꿨다며 큰 별이 자신의 찻잔 속에 떨어졌는데, 밝은 등불로 변해 세상을 붉게 물들였다고 했다(高菊村 외, 1999: 103). 상기 문칠매가 꾼 '괴몽(怪夢)'은 뱀띠 해에 태어난 모택동의 출생과 관련되므로 일견 수긍된다. 한편 모순생의 꿈속의 '큰 별'은 '위인(偉人)의 출생'에 대한 신비로움을 극대화한 것이다.

모순생 부부에게서 세 번째로 태어난 아이가 바로 유명(乳名)이 석삼아자(石三伢子)인 모택동이다. 당시 소산 일대에는 낭친구대(娘亲舅大)라는 말이 유행됐다. 즉 친정 외숙부가 큰 힘을 갖고 있다는 뜻이다. 문씨의 친정인 당가탁(唐家沱)은 경제적으로 여유롭고 학문을 중시하는 선비 가문이었다. 모순생이 베푼 삼조주(三朝酒)[09]에 외갓집 장자인 일곱째 외숙부 문정흥(文正興), 여덟째 외숙부 문정형(文正瑩)이 상옥장 귀빈으로 초청됐다. 술이 몇 순배 돌고 분위기가 무르익자 술상 화제는 갓난애의 이름을 짓는 것에 옮겨졌다. 아이의 이름을 짓는 일은 시서(詩書)에 능통하고 문장에 능한 서당 훈장 문정형의 발언권이 컸다.

---

09 삼조주(三朝酒)는 예로부터 유행된 민간의 음주 습속(習俗)으로, 신생아 탄생을 축하하기 위해 아이 부모가 베푸는 술자리이다. 술자리는 아기가 출생한 셋째 날에 마련되며 축하객은 주로 외가의 친척들과 외갓집 어른들이 귀빈으로 초대된다. 한편 삼조주의 술상 주식(酒食)과 고기류 반찬은 외할머니와 외숙부가 부담하는 것이 관례이다.

자손의 이름을 짓는 것은 소산모씨족보(韶山毛氏族譜)의 가보(家譜)를 준수해야 한다. 제20대인 모씨 가문은 '택자파(澤字派)'에 속하므로 택(澤)자가 들어가야 한다. 이런 족보 규칙을 알고 있는 여덟째 외숙부는 '동래자기(東來紫氣), 택윤창생(澤潤蒼生)'이란 명구에서 힌트를 받아 외조카의 이름을 택동(澤東), 별호를 윤지(潤之)로 하는 것이 좋다고 말했다(劉建國 외, 1993: 22). '택동'의 뜻은 화하대지(華夏大地)를 적시고 동방(東邦)에 은혜를 베푼다는 것이다(韶山毛澤東記念館, 2006: 58). 윤지(潤之)는 모택동의 자(字)로 이름 다음으로 많이 사용됐다. 특히 전우(戰友)들이 많이 애용한 '윤지'는 친절함을 나타내는 별명(別名)이다.

모순생 부부가 낳은 남자애 둘은 강보에서 요절했다. 문칠매는 '불상사 재현'을 막기 위해 만월(滿月)이 된 아기를 안고 친정으로 갔다. 친정에서 사주를 봤는데 점쟁이는 '장수한 양어머니'를 삼는 것이 좋다고 권장했다(柯延 외, 1996: 7). 문칠매는 선녀암(仙女庵) 절의 승려에게 양어머니가 되어줄 것을 부탁했다. 갓난애의 관상을 살펴본 절의 비구니 스님은 작은 절이 '큰 거인'을 키울 수 없으니 용담을(龍潭圪) 거석을 모시는 것이 좋다고 조언했다(馬社香, 2004: 4). 외할머니는 용두산의 '장수(長壽) 상징' 신석(神石)을 양어머니로 삼을 것을 주장했다. 항렬이 셋째인 모택동은 석삼(石三)·석삼아자라는 유명(乳名)을 갖게 됐다.

높이가 20m에 달하는 푸른 암석은 '용두산 명물(名物)'이었다. 옛날 이 지방에 산 귀신이 자주 출몰해 백성들을 괴롭히자 관음대성(觀音大聖)이 법술을 부려 산 귀신을 제압했다. 이 지방사람들은 이 암석을 관음암(觀音岩)으로 불렀고 신불(神佛)로 모셨다(尹高朝, 2011: 4). 당시 용두산의 암석을 모택동의 '양어머니'로 삼은 것은 문칠매가 본 사주팔자와 관련된다. 즉 '팔자가 센' 석삼아자가 '장수한 거석(巨石)'을 양어머니로 삼지 않으면 무탈하게 자랄 수 없다는 불길한 점괘 때문이었다. 결국 이는 문칠매의 '애틋한 자식 사랑'을 단적으로 보여준다.

견고하고 쉽게 부서지지 않는 돌의 특성을 선호한 모택동은 석삼·석삼아자라는 별명을 즐겨 사용했다. 모택동은 임백거(林伯渠)[10]에게 보낸 편지(1923.9)에 '안전상 문제'로 수신인을 모석삼(毛石三)으로 써 달라고 부탁했다(中共中央文獻研究室, 2003: 20). 1951년 모택동은 (朝鮮)전선에서 돌아온 팽덕회(彭德懷)[11]에게 농담조로 이렇게 말했다. …당신의 별호가 석천(石穿)이고 나의 유명이 석삼이니, '두개의 돌'로 더글라스 맥아더(Douglas MacArthur)[12]를 명중합시다(高菊村 외, 1999: 129). 1959년 32년 만에 고향 소산충을 방문해 친지들과 저녁 식사를 한 모택동은 우스개로 그의 '(巨石)양어머니'를 언급했다. 한편 1950년대 초 (志願軍)사령관 팽덕회와 (美軍)5성상장 맥아더는 한반도에서 숙명적 대결을 펼쳤다.

문칠매는 '팔자가 센' 아들의 무탈한 성장을 위해 외갓집 외숙모 조씨(趙氏)를 양어머니로 모셨다. 조씨는 출산한 자녀가 많았으나 모두

---

10 임백거(林伯渠, 1886~1960), 호남성 임풍(臨灃) 출신이며 공산주의자이다. 1921년 중공에 가입, 1920~1940년대 국민정부 농민부장, 섬감녕변구(陝甘寧邊區) 주석, (七大)정치국위원, 건국 후 중앙정부 비서장, 전국 인대(人大) 상임위 부위원장을 역임, 1960년 북경에서 병사했다.

11 팽덕회(彭德懷, 1898~1974), 호남성 상담현(湘潭縣) 출신이며 개국원수이다. 1928년 중공에 가입, 1930~1940년대 공농홍군 제3군단장, (西北)군사위원회 부주석, 팔로군(八路軍) 부총사령관, 1950년대 '지원군(志願軍)' 사령관, 국방부장, 국무원 부총리를 역임, 여산회의(廬山會議, 1959.8)에서 '반혁명집단' 주범으로 몰려 파면, 1974년 북경에서 병사했다.

12 더글라스 맥아더(Douglas MacArthur, 1980~1964), 아칸소주(Arkansas州) 출생, '5성상장(五星上將)'이다. 1919년 육군사관학교 총장, 1935년 참모총장, 1942년 연합군 총사령관, 1945년 (駐日)연합군 사령관, 1950년 유엔군 총사령관, 1964년 워싱턴(Washington)에서 병사했다.

무사하게 자라났다. 조씨를 양어머니로 모신 후에 시름이 놓이지 않았던 문씨는 용두산의 석관음(石觀音)을 '양어머니'로 삼았다(毛新宇, 2016: 17). 용두산의 관음석을 '양어머니'로 삼은 문씨는 관음재(觀音齋)를 먹으며 신불(神佛)에 대해 지극정성을 다했다. 또 모택동이 2~3세가 될 무렵 '다자다복(多子多福)'한 외숙모(趙氏)를 모택동의 양어머니로 삼았다(劉建國 외, 1993: 23). 상기 두 주장은 모택동의 '양어머니' 석관음과 조씨 간의 선후 순서에서 상반되지만 각기 나름의 일리가 있다.

조씨와 석관음 중 어느 쪽을 먼저 '양어머니'로 삼았는가 하는 것은 그다지 중요하지 않다. 중요한 것은 관음석을 '양어머니'로 삼은 모택동이 무병무재로 무탈하게 자랐고 견고한 돌처럼 그 어떤 역경에도 포기하지 않는 완강한 성격을 길러냈다는 점이다. 또 외숙모 조씨 등 외갓집의 총애를 한 몸에 받은 모택동은 강한 자신감과 굳센 의지력을 갖게 됐다. 훗날 모택동이 온갖 역경과 좌절에도 굴복하지 않고 막강한 라이벌을 전승하고 신중국을 창건한 것은 '관음석의 보호'와 어머니의 지극정성이 한 몫을 했다는 것이 일각의 견해이다.

1936년 모택동은 이렇게 회상했다. …내가 열 살 때 우리집은 15무의 땅이 있었다. 식구는 아버지·어머니·할아버지·동생과 나였다. 매년 25담(擔, 1담은 60.5kg)의 쌀이 남았고 아버지는 꾸준히 살림을 늘려갔다. 아버지가 7무의 땅을 더 사들인 후 할아버지가 세상을 떠났다(毛澤東, 2008: 14). 모씨 가문의 제18대 자손인 모택동의 조부 모익신(毛翼臣)은 동모당(東茅塘)에서 1888년에 상옥장으로 이사했다. (祖父)모익신은 1남2녀를 출산했는데 아들이 바로 모택동의 부친인 모순생이다. 1904년 세상을 떠난 모익신은 소산충의 호헐평(虎歇坪)에 매장됐다.

1932년 호남성 군벌 하건(何鍵)[13]은 군대를 파견해 모택동 조상의 무덤을 파헤치려고 시도했다. 소산충의 모씨 친족은 묘비를 호혈평 대석고에 파묻고 무덤을 평평하게 만든 후 화초를 심었다. 또 가짜 무덤을 만드는 등 '보호 조치'로 모익신의 무덤을 보호했다(趙志超, 2011: 11). 건국 후 모택동의 반대로 지방정부의 '(毛翼臣)묘지 보수' 계획은 무산됐다. 1986년 소산충이 국가급 관광지로 지정된 후 적수동(滴水洞) 일대가 관광객에게 개방됐다. 한편 적수동에서 호혈평으로 직통하는 도로(道路)를 건설할 때 60년 전에 파묻었던 모익신의 묘비를 발굴했다.

하건이 불구대천의 원수에게 행해지는 '조상무덤 파손' 범행을 저지른 나름의 이유가 있다. 이는 (朱毛)홍군의 두 차례 장사 공격(1930)과 관련된다. 제1차 공격에서 하건은 팽덕회가 거느린 홍군에게 하마터면 생포될 뻔했다. 세 차례의 '홍군 토벌(1930~1931)'에서 하건은 모택동에게 대패했다. 결국 모택동에 대한 절치부심 끝에 하건은 '조상무덤 파괴'라는 악행을 저질렀다. 한편 하건은 모택동의 부인(楊開慧)을 살해한 원흉이다.

1870년 상담현 동모당에서 태어난 모순생은 모씨 가문의 19대 적손(嫡孫)이다. 1885년에 문칠매와 동모당에서 결혼했다. 다섯 간의 초가집과 토지를 구입해 수백원의 채무가 있었던 모순생은 1886년과 1890년대 후반 두 차례 군대에 다녀왔다. 1886년에 입대해 1년 남짓한 군복

---

13 하건(何鍵, 1887~1956), 호남성 예릉(醴陵) 출신이며 국민당 우파이다. 1927년 마일사변(馬日事變)을 일으켜 수많은 공산당원을 살해했다. 1930년 모택동의 부인 양개혜(楊開慧)를 살해, 소산충에 군대를 보내 모택동 조상의 무덤을 '파괴'했다. 1932년 '초비(剿匪)' 총사령관, 1950년 (臺灣)총통부 국책고문, 1956년 대북(臺北)에서 병사했다.

무를 마치고 고향에 돌아왔다. 1893년과 1896년 모택동·모택민(毛澤民)[14]이 태어난 후 생활비 압박으로 상군(湘軍)에 입대해 2~3년 간 군생활을 했다.

모순생이 상군에 입대한 역사적 배경은 첫째, 군인을 숭상하는 소산충의 상무(尚武) 정신이다. 전설에 따르면 촉나라의 명장 관우(關羽)가 소산충 일대에서 큰 칼을 휘둘러 백성을 해치는 악마를 무자비하게 족쳤다고 한다. 둘째, 1852년 태평군(太平軍)이 호남성에 진입했다. 당시 증국번(曾國藩)[15]이 소산과 인접한 상향(湘鄉) 일대에서 상군을 창설했다. 소산에서 수백명이 상군에 입대했는데 모씨 가족만 60명이 된다. 셋째, 이 시기 군인이 되는 것은 사회적 풍조였다. '출세'를 의미하는 군 입대는 신성한 직업이며 가문을 빛내는 '영광스러운 일'로 간주됐다.

소산충에 만연된 상무(尚武)정신과 군인 숭배의 사회적 환경은 모순생의 후반생과 모택동의 성장에 중요한 영향을 끼쳤다. 모순생은 3~4년 간의 군생활을 통해 상인 기질과 의지를 키웠다. 결국 모순생은 가난에서 벗어나 소산충의 '재력가(財力家)'로 거듭났다. 또 체화된 군인 기질은 가정에서 자녀에게 절대적 복종을 강요하는 '독재자'로 군림하게 했다. 한편 소산충의 '숭무(崇武)' 환경에 익숙하고 어릴 때부터 삼국

14　모택민(毛澤民, 1986~1943)은 모택동의 둘째 동생이다. 1922년 중공에 가입, 1931년 (中華)소비에트공화국 국가은행장, 1934년 10월에 장정에 참가했다. 1936년 소비에트 정부 경제부장, 1938년 신강(新疆) 재정청장, 1943년 9월 성세재(盛世才)에 의해 신강에서 처형됐다.

15　증국번(曾國藩, 1811~1872), 호남성 상향(湘鄉) 출신이며 청나라의 정치가·군사가이다. 이홍장(李鴻章) 등과 함께 '만청사대명신(晚清四大名臣)'으로 불리며 상향파(湘鄉派) 창시자이다. 상군의 창건자로 1964년에 '태평천국의 난'을 평정했다. 청정부는 양무파 증국번의 창의(創意)하에 기선을 제조하고 병공학당(兵工學堂)을 설립했다. 중국 근대화 건설의 '개척자'인 증국번은 농민운동을 탄압한 장본인이다. 1872년 남경에서 병사했다.

지를 읽으며 영웅호걸을 숭배한 모택동은 파란만장한 군생활을 통해 수백만 대군을 거느린 (軍)통솔자로 나라를 창건한 일등공신이 됐다.

자신의 꾸준한 노력으로 인생 후반에 '부자가 된' 모순생은 소산충의 발전에 기여했고 후세들에게 '막대한 자산'을 남겨놓았다. 현재 유명 관광지인 소산충의 고거(故居)[16]는 100년 전에 모순생이 거금을 들여 수선한 것이다. 당초 '다섯간 반'의 초가인 상옥장을 1878년에 모택동의 증조부 모조인(毛祖人)이 구입한 것이다. 10년 후 모순생 부부는 아버지 모익신과 함께 상옥장으로 이사했다. 1918년 '소산 부자' 모순생이 처갓집의 가옥 양식을 모방해 상옥장을 개조하고 확장했다. 기존 '다섯간 반'의 초가집에서 모택동 형제의 침실과 외양간·방앗간·나뭇간 등 아홉 간이 새로 확장돼 방이 열세 개인 기와집으로 탈바꿈했다.

건국 후 지방정부의 보수 작업과 중축(重築)으로 '옛집(故居)'으로 거듭났다. 한편 모택동 일가의 출신성분 규정은 지방정부의 '난제(難題)'로 부상했다. 1929년에 가옥과 재산을 몰수당했기 때문에 빈농으로 확정해야 한다는 주장과 모순생의 재산을 놓고 볼 때 부농(富農)으로 정해야 한다는 견해가 엇갈렸다(劉建國 외, 1993: 20). 모택동의 출신성분에 대해 국내외 학자들은 상반된 주장[17]을 내놓고 있다. 결국 소산충의 토지개

---

16 고거(故居)는 1910년대 모순생이 초가집을 숭축·수선한 것이다. 1929년 국민당 정부는 모택동의 '초가'를 몰수, 1950년대 지방부는 파손된 가옥을 보수했다. 고거의 오른쪽 세 번째 방이 모택동이 당년에 사용한 침실·서재이다. 1951년 고거는 정식으로 대외에 개방, 고거의 간판은 등소평의 친필(1983)이다. 1997년 중국정부는 고거를 전국 '애국주의 교육기지(敎育基地)'로 선정, 고거는 소산충의 지역 발전에 크게 기여했다.

17 1936년 모택동은 이렇게 회상했다. …우리집은 매년 60담(擔)의 쌀을 수확했다. 우리 식구는 1년에 35담의 쌀을 소비했고 매년 25담의 쌀이 남았다. 아버지가 7무의 땅을 더 사들인 후 우리집은 부농(富農)이 됐다(Edgar Snow, 2009: 26). 미국 학자 슈람(Schram)은 부농이라는 모택동의 주장은 과장된 것으로, 모택동의 출신성분은 빈농(貧農)이라

혁 책임자 모인추(毛寅秋)는 고민 끝에 모택동에게 직접 편지를 써서 답신을 받은 후 최종 결정을 내리기로 의견을 모았다.

치부에 성공해 한참 잘 나가던 모순생의 말년에 천재(天災)·인화(人禍) 등의 악재와 시련이 연이어 닥쳤다. 1916년 상옥장의 화재 발생과 1917년 패잔병들의 재산 강탈 및 강도의 침입, 1919년 '조강지처(糟糠之妻)' 문칠매의 병고(病故) 등이다. 이처럼 연속되는 악재와 가족의 불행에도 모순생은 참고 견디며 시련을 이겨냈다. 한편 존경스러운 것은 가족에게 매우 인색하고 그토록 절약을 강조한 모순생이 1919년 상반기 소산충의 백년대계인 다리 건축기금 모금행사에 적극 참여하고 소록교(韶麓橋) 신축 의무(義務)노동에 친히 참가했다는 점이다.

인색하고 이기적인 아버지 모순생을 많이 원망했던 모택동은 아버지의 근검하고 소박한 생활방식을 그대로 답습했다. 어린 시절에 체화(體化)된 절약 정신과 농민 특유의 생활습관은 그의 인생에서 오랫동안 유지됐다. 만약 모순생이 치부에 성공하지 못하고 경제적으로 여유롭지 못했다면, 소년 모택동의 '서당(書堂) 공부'는 불가능했을 것이다. 1910년 가을부터 모순생은 동산소학당에 입학한 모택동에게 생활비를 지체 없이 보내줬다. 실제로 모순생의 '경제적 지원'은 늦깎이 사범생인 아들이 호남(湖南)사범학교를 졸업(1918.6)할 때까지 지속됐다.

모순생은 끈질긴 노력으로 치부(致富)에 성공해 '부자가 된' 농민이었다. 이기적이고 몰인정한 '부농(富農)' 이미지가 크게 부각된 것은 아버지에 대한 모택동의 '혹평(酷評)'과 크게 관련된다. 결국 가족에게 인

고 주장했다. 또 다른 일본 학자는 저서에서 모택동을 '부유중농(富裕中農)'의 장자라고 썼다(田樹德, 2002: 20). 한편 대다수의 중국 학자들은 모택동의 출신성분은 '중농'이라고 주장하고 있다.

색하고 자녀에게 엄격한 모순생은 폭력을 행사하고 혼인을 강요하는 '폭군(暴君)'으로 묘사됐다. 한편 강인한 의지력과 자신의 노력에 힘입어 '부농이 된', 소박하고 근면한 모순생의 공익사업 기부 등 긍정적 일면은 간과됐다.

부전자전(父傳子傳), '미워하면서 배운다'는 속담이 있다. 모택동은 아버지의 성품과 생활방식을 그대로 답습했다. 모순생의 성격 특징과 생활방식이 모택동에게 미친 영향력은 ① 강한 생활력과 근검절약 ② 군인 기질과 상무(尙武) 정신 ③ 종교에 대한 무관심과 실리 추구 ④ 강한 승부욕과 초지일관의 집념, ⑤ '독재자' 근성과 절대 권력 추구 등이다. 실제로 모순생은 자신의 노력으로 치부에 성공한 '모범적 가장'이었다. 한편 가난한 농민이 '주인이 되는' 나라를 창건한 모택동은 수억 농민의 신분 상승과 '부유한 삶'을 위해 자신의 일생을 헌신했다.

문칠매의 본명은 문소근(文素勤)[18]으로 알려진다. 독실한 불교 신자 문씨는 현숙한 아내였다. 근검하고 알뜰하게 집안 살림을 꾸려온 문칠매의 내조가 없었다면 모순생의 '치부 성공'은 이뤄지지 못했을 것이다. 또 문씨의 특별한 자식 사랑과 지극정성이 없었다면 '석삼아자'의 무탈한 성장은 불가능했을 것이다. 이것이 중국 학자들이 일자무식의

---

18 모택동의 어머니 문씨(文氏)는 정식 이름이 없었다. 가족 항렬에서 일곱째인 문씨는 집 안에서 칠매(七妹), 문칠매로 불렸다. 문칠매는 그의 정식 이름이 아니다. 당시 중국의 농촌에선 여자 아이에게 이름을 지어주지 않은 풍습이 유행됐다(高菊村 외, 1999: 123). 100년 전에 중국의 농촌 여인은 출가 전에는 아버지의 성씨, 시집가면 남편의 성씨를 따랐다. 시집가기 전 문칠매, 출가 후 모문씨(毛文氏)로 불렸다. '모택동자전'의 문기미(文其美)는 문칠매의 음역(音譯)으로 문씨의 본명이 아니다(孔東梅, 2003: 8). 당시 중국사회에 남존여비가 팽배해 있었다. 따라서 여성의 사회적 지위가 매우 낮았다. 농촌 여성에게 정식 이름이 없었다는 것과 민며느리 제도, 전족(纏足)의 보급이 단적인 증거이다.

문칠매를 삼태(三太)·맹모(孟母)[19]에 비견하는 주요인이다. 결국 이는 모택동이 아버지를 '폭군'으로 폄하한 반면, 어머니를 현모양처로 평가한 것과 관련된다.

1880년 소산충의 모씨 가문에 민며느리로 들어온 문칠매는 정식으로 동양식(童養媳)[20] 생활을 시작했다. 1885년에 세 살 어린 모순생과 결혼해 선후로 5남2녀를 출산했다. 아들 둘과 딸 둘은 강보에서 요절했고 모택동·모택민·모택담 삼형제가 생존했다. 세 번째로 출산한 '장남'의 무탈한 성장을 위해 일곱째 외숙모와 석관음을 '양어머니'로 모셨던 것이다. 결국 이는 문칠매가 불교에 집착하고 독실한 불교 신자가 된 계기가 됐다.

문칠매의 친정인 당가탁은 소산충과 산을 사이에 두고 있었다. 문씨 가문은 경제적으로 부유한 가정이었고 풍수지리가 좋은 소산충에 조상의 무덤이 있었다. 매년 청명과 추석이면 조상의 묘지를 벌초한

---

19 '삼태(三太)'는 3천년 전 주조(周朝)의 '위대한 어머니'인 태강(太姜)·태임(太妊)·태사(太姒)를 일컫는다. '(周朝)삼태'는 주조를 건국한 왕의 부인들로, 국모(國母)의 자태와 훌륭한 현덕(賢德)을 지녔고 군주(君主)를 내조해 태평성대를 이끌었다. 특히 현모양처(賢母良妻)인 그녀들은 주조 8백년의 성황을 이루는 데 크게 기여한 성인(聖人)인 주문왕·주무왕·주공(周公)을 훈육했다. 한편 묘지·시장·학교 부근으로 세 번이나 이사해 마침내 맹자가 학교 근처의 면학적 분위기에 적응해 공부를 열심히 하게끔 교육적 환경을 만들어준 '맹자 어머니(孟母)'는 중국인들 사이에서 수천년 동안 전형적인 어머니상으로 숭배됐다. 한편 소상충의 '거인'을 키운 문칠매 역시 '현모양처'로 손색없다.

20 동양식(童養媳)은 옛날 중국 농촌에서 어린 여자애를 '싼값에 사서' 아들의 배우자로 정해 놓고 집에 데려와 키우는 혼인 풍습으로, 적절한 혼인 연령이 되면 결혼시키는 일종의 민며느리 제도이다. 모택동의 어머니 문칠매는 13세인 1880년 모씨 가문에 동양식으로 들어가 5년 후 세 살 연하인 모순생과 결혼했다. 또 모택동의 동생 모택민의 본처 왕숙란(王淑蘭)은 네 살 때인 1900년에 모씨 가문에 민며느리로 들어와 자란 후 1913년에 모택민과 결혼식을 올렸다. 한편 이런 동양식 제도는 청나라 말기(20세기 초)까지 지속됐다.

후 쉴 수 있는 '휴식처(休息處)'가 필요했다. 결국 문씨 가장은 어린 문칠 매를 생활이 빈곤한 소산충의 모씨(毛氏) 가문에 시집을 보냈다(蔣國平, 1992: 25). 당시 터가 세고 가난했던 모씨 가문에 비해 문씨 가문은 자식 이 번창하고 살림이 넉넉하며 가문에 선비가 많았다. 이 또한 어린 모 택동이 외갓집에서 글을 배우고 무탈하게 자란 객관적 원인이다.

인도에서 기원한 불교는 후한(後漢) 시기 중국으로 본격 유입됐다. 소산충에 불교가 전래한 구체적 시기는 고증되지 않았으나, 문칠매가 '시집온' 1880년대 불교가 성행됐다. 모택동의 아버지는 무신론자였으 나, 어머니는 독실한 (佛敎)신자였다. 한편 '석삼아자(毛澤東)'의 무탈한 성장은 문칠매로 하여금 불교에 더욱 전념하게 했다. 또 문씨는 아들과 남편에게 불교 신봉을 재삼 권장했다. 결국 '불교 신앙'은 모순생 가정 의 쟁점이 됐다.

모순생은 만년에 불교와 가까워졌으나, 모택동은 점차 불교를 외 면했다. 결국 이는 불교의 지위 추락과 밀접히 관련된다. 한때 국교(國 敎)로 숭상됐던 불교가 20세기 전후 점차 '할 일이 없는' 여염집 아낙네 의 소일거리로 전락했다. 실제로 중국의 드라마에서 자주 등장하는 '불 교 신자'는 대부분 부잣집 사모님으로, 그녀들이 덕을 쌓고 선행을 베 푸는 '연례행사' 정도로 다뤄진다. 한편 공산주의를 신봉하는 혁명가에 게 종교 신앙은 상상조차 할 수 없었다. 따라서 철두철미한 공산주의자 로 변신한 모택동이 종교와 '담 쌓고' 살게 된 것은 당연한 결과였다.

평소 가난한 사람을 불쌍하게 여긴 문칠매는 기근이 들어 쌀을 얻 으러 오는 이들을 서슴없이 도와줬다. 남편이 가난에 쪼들린 사촌동생 모국생(毛菊生)의 땅을 사들일 때 반대를 한 문씨는 그들의 '어려운 사 정'을 감안해 남편 몰래 쌀과 고기를 갖다주었다(高菊村 외, 1999: 133). 한편 가난한 이웃을 도와준 문씨의 선행과 아름다운 미덕은 모택동의 성장에 긍정적인 영향을 미쳤다. 중국 학자들의 저서에는 어머니의 영향을 받은 소년 모택동이 가난한 이웃을 도와준 '감동적 사례'가 차고 넘친다. 모택동의 (中學校)동창인 작가 소삼(蕭三)[21]이 대표적이다.

문칠매와 모택동의 각별한 모자(母子)관계는 자타가 공인한다. 훗날 모택동은 어머니 문씨를 불쌍한 사람을 돕는 선량한 불교 신자이며 자녀에게 지극정성을 다하는 '현모(賢母)'라고 칭찬했다. 1919년 봄 어머니의 중병(重病) 소식을 접한 모택동은 북경대학 도서관 사서(司書) 보조직을 사직하고 사랑하는 연인과의 이별에 연연하지 않고 곧바로 돌아왔다. '고향 회귀' 목적은 어머니의 병시중을 들며 효도하기 위해서였다. 한편 부친 모순생의 사망(1920.1) 당시 북경에서 혁명활동 중인 모택동은 아버지의 장례식에 참석하지 못해 '일생의 회한'을 남겼다.

'엄격한 부친' 모순생의 검소한 생활방식과 끈질긴 의지, 폭력적 성격은 훗날 모택동의 생활방식과 성격 형성에 큰 영향을 미쳤다. 실제로 모택동에게 체화된 농민 특유의 생활습관과 호전적 성격, 승부욕이 강한 승부사 기질은 아버지에게서 물려받은 유전적 요소라고 할 수 있다.

선량한 마음씨를 지녔고 가난한 사람들에게 자비를 베풀었던 독실한 불교 신자인 문칠매는 모택동의 성장에 긍정적 영향을 끼쳤다는 것은 의심할 바 없다. 실제로 가난한 사람을 돕고 인정을 베푸는 자비심과 불의에 저항하는 반항심, 선행으로 덕을 쌓고 창생을 사랑하는 박애

---

21 소삼(蕭三, 1896~1983), 호남성 상향(湘鄉) 출신이며 시인·작가이다. 1922년 중공에 가입, 1927년 공청단(共青團)중앙 서기, 1939년 소련에서 귀국, '모택동동지 청소년 시대' 저서 집필, 건국 후 '작가협회' 서기를 역임, 문혁 시기 8년 간 옥살이, 1983년 북경에서 병사했다.

(博愛) 정신은 어머니(文氏)에게서 물려받았다. 요컨대 강인한 의지력을 가진 모순생과 자식 사랑에 지극정성을 다한 문칠매가 소산충의 석삼아자를 '만인이 숭배하는' 거인(巨人)으로 키웠다.

2. '개구쟁이 소년'의 사숙(私塾) 생활

모순생·문칠매의 셋째 아들로 태어난 모택동이 세 살부터 '터가 센' 소산충의 상옥장을 떠나 상향현(湘鄉縣) 당가탁의 외갓집에서 어린 시절(1896~1902)을 보냈다는 것이 대다수의 중국 학자들이 주장하는 정설이다. 상향현에는 모택동의 '양어머니' 관음석과 자손이 번창하고 경제적으로 부유한 '양부모(養父母)', 외갓집의 일곱째 외숙부 문정흥(文正興)과 외숙모 조씨(趙氏)가 있었다. 더욱 중요한 것은 가문의 선비 여덟째 외숙부 문정영이 운영하는 사숙(私塾)에서 어린 모택동이 '방청생(傍聽生)'으로, 다년 간의 학전(學前) 교육을 받을 수 있었다는 점이다.

일곱째 외숙부 문정흥은 집안에 자식이 많고 살림이 넉넉한 가정의 가장이었다. 당시 그는 방장(房長)·사장(祠長) 같은 '작은 직책(職責)'을 갖고 있었다. 문정흥은 자녀에게 매우 엄격했고 어린 외조카 모택동을 친자식처럼 보살폈다. 한편 성격이 온화하고 덕망이 높았던 '향촌 선비'이며 당가탁에서 사숙을 운영했던 여덟째 외숙부 문정영은 어린 모택동의 총명함을 몹시 편애했다. 또 그는 어린이의 취미에 맞는 고시(古詩)와 붓글씨를 열심히 가르쳤다. 1910년 가을 모씨 가족에게 '영향력이 큰' 두 외숙부는 아버지 모순생을 설복해 모택동을 동산소학당에 진학하게 했다. 또 그들은 빈곤한 외조카에게 생활비를 보태주었다.

1919년 봄 장사(長沙)로 돌아온 모택동은 외숙부에게 보낸 감사의 편지(1919.4.28)에 이렇게 썼다. …두 분 외숙부의 살뜰한 배려로 어머니의 병세가 호전됐다고 들었습니다. 그동안 북경대학 도서관 직원으로 근무한 조카는 어머니의 위급하다는 소식을 듣고 4월 6일 장사에 도착했습니다. 못난 조카가 효도하지 못한 점을 송구스럽게 생각합니다(謝柳青, 1994: 40). 1918~1919년 문칠매는 친정에서 병치료를 하고 있었다. 중국에는 '외갓집이 부유하면 외숙부의 권한이 크다(娘亲舅大)'는 속담이 있다. 유년 시절을 외갓집에서 보낸 모택동에게는 두 분의 외숙부가 매우 친숙했다. 또 그들은 한평생 잊지 못할 '고마운 사람'이었다.

문정영의 사숙은 계몽교육 위주의 구식 학당이었다. 외할머니 하씨(賀氏)는 모택동의 안전을 위해 사촌형(文南松)과 함께 서당에 가서 놀도록 했다. 놀랍게도 어린 모택동이 삼자경(三字經)을 줄줄 외웠다. '방청생'의 총명함을 발견한 문정영은 더욱 정성을 기울였다(尹高朝, 2011: 4). 모택동의 사촌 문운창(文運昌)[22]은 이렇게 회상했다. …나의 아버지 문정영은 서당 공부와 결합해 모택동에게 가훈인 '가범잠언(家范箴言)'을 숙지하게 했다. 또 이를 행위준칙으로 삼도록 교육했다(宋三旦 외, 2003: 7). 선비 문정영은 조기교육 중요성을 인지했다. 모택동은 몇 년 간 외숙부의 서당에서 정규적 (學前)교육을 받았다. 모택동이 정식 교육을 받기 위해 소산충으로 돌아갈 때 문정영은 조카에게 강희사전(康熙字典)을 선물했다.

1951년 북경에서 문운창과 만난 모택동은 유년 시절의 이야기를

---

22 문운창(文運昌, 1884~1961)은 모택동의 이종사촌이다. 1910년 모택동의 '동산소학당 입학' 담보인이다. 1925년 소산충에서 모택동의 혁명활동을 도와주다 체포됐다. 1927~1928년 국민당의 지방정부에서 행정관을 지냈다. 1951년 모택동에게 친지의 '직장 해결' 등을 청탁했으나 거절당했다. 1953년부터 호남성 문사관(文史館)에서 일했다.

새삼 꺼내며 여덟째 외숙부가 '계몽선생'이라고 치켜세웠다. 1929년 호남 군벌 허극상(許克祥)[23]이 군대를 당가탁에 파견해 외숙부 문정영을 체포한 후 '공비(共匪)' 두목 모택동과 관계를 끊으라고 협박했다(蔣國平, 1992: 37). 당지 지하조직의 노력으로 곧 석방됐으나, 혹형을 받아 숨만 붙어 있던 문정형은 그해 5월에 사망했다. 1925년 문운창도 '혁명가'인 모택동으로 인해 '비슷한 봉변'을 당했다. 이는 훗날 문운창이 '황제가 된' 모택동에게 '부정청탁'을 한 빌미가 됐다. 한편 사촌형 문운창은 '무식한 촌뜨기' 모택동의 길라잡이 역할을 한 '일생의 은인'이다.

모택동의 외갓집은 4세대가 함께 사는 대가정으로 자손이 번창했고 무탈하게 자라났다. 소산충의 외손자(毛澤東)는 외할머니의 총애를 독차지했다. 당가탁의 생활에 습관된 모택동은 소산충에서 사람이 오면 자신을 데려가려고 온 줄 알고 숨어 있었다(曹志爲 외, 1991: 8). 1936년 모택동은 이렇게 회상했다. …아버지는 내가 여섯 살이 되자 나에게 농사일을 시켰다. 나는 이른 아침과 밤에는 밭에서 일하고 낮에는 사숙에서 논어(論語)·사서(四書)를 공부했다(董樂山, 2002: 94). 유년 시절을 당가탁에서 보낸 모택동이 8세까지 외갓집에서 자랐다. 상기 '6세 농사일'은 모택동의 '기억착오'이다. 당시 외손자를 '애지중지'한 외할머니가 어린 모택동에게 힘든 농사일을 시킬 리가 만무했다. 한편 에드가 스노우의 (中文)작품을 번역한 '모택동자전(自傳)'에는 많은 오역(誤譯)과 '기억착

---

23 허극상(許克祥, 1890~1964), 호남성 상향(湘鄕) 출신이며 국민당 우파이다. 1927년 장사(長沙)에서 '마일사변(馬日事變)'을 일으켜 수많은 공산당원을 학살, 1936년 육군 부군장(副軍長, 中將)으로 승진, 1953년 '(臺灣)총통부' 국책고문을 역임, 1964년 신죽(新竹)에서 병사했다.

오'[24]가 있다.

1902년 소산충에 돌아온 모택동은 1910년 여름까지 선후로 남안(南岸)·관공교(關公橋)·교두만(橋頭灣)·종가만(鐘家灣)·정만리(井灣里)·거북정(烏龜井)·동모당(東茅塘) 여섯 곳의 사숙에서 공부자(孔夫子) 교육을 받았다. 1907년부터 1909년까지 휴학했다. 모택동은 이 기간 사숙 공부를 '6년 공부자'로 요약했다. 한편 사숙 생활을 통해 모택동은 '온고지신' 지혜를 터득했다. 또 그는 고문(古文)과 문장력 향상, 붓글씨의 소양을 쌓았다.

모택동이 여러 차례 사숙을 바꾸고 여러 명의 (私塾)훈장을 모신 주요인은 ① 구식 사숙의 고루한 교육방법 ② 서당 훈장의 고갈된 지식과 낙후된 교육방식 ③ 사숙 훈장과 개구쟁이 소년의 '불협화음' 및 학칙(學則) 위반 ④ 주입식 교육방식 대한 모택동의 혐오와 '잡서(雜書)' 애독 ⑤ 유교 경전에 익숙한 모택동과 모순생 간의 갈등 격화, 모택동의 혼인 기피 ⑥ 소송에서 실패한 모순생의 '경전(經傳) 중요성' 통감 등이다. 상기 '원인' 중 구식 사숙의 폐단과 '내용 이해'보다는 억지로 외우게 하는 서당 훈장의 낙후된 교육방식이 주된 원인으로 간주된다.

훗날 모택동은 이렇게 술회했다. …나는 8세부터 구식 서당에서 유교 경전을 읽었고 사서오경(四書五經)을 6년 동안 공부했다. 서당 훈장의 강요로 억지로 외웠으나, 경전의 참뜻은 잘 몰랐다(何明, 2003: 9). 한편 모

---

24 '모택동자전'의 오역(誤譯)과 '기억착오'는 ① 성공적 파업→수업 거부 ② 우물가→연못가 ③ 일본이 야만의 나라가 아니라… ④ 소련 정부→중화소비에트 ⑤ 소정→소쟁(蕭錚) ⑥ 당생지(唐生智)→ 소유(蕭瑜) ⑦ 하늘은 여행자를 머무르게 하지는 않는다→하늘이 무너져도 솟아 날 구멍이 있다. 상기 오역은 (自傳)저자의 변역 수준과 관련된다. 한편 '기억착오'는 서술자의 기억력 문제와 통역의 전달 능력, 번역자의 문제점에서 비롯됐다.

택동이 서당 공부를 한 1900년대는 서학(西學) 유입과 과거제도 폐지, 신식 학교가 개설되는 '격변의 시대'였다. 2000년 전의 진부한 경전을 억지로 외우게 하는 구식 사숙의 주입식 교육방식은 시대적 흐름에 크게 위배됐다. 이 또한 모택동이 어려운 경전을 무조건 외우게 하는 진부한 교육방식을 혐오하고 '잡서(雜書)'를 애독한 주된 원인이다.

1900년대는 많은 신식 학당이 개설되고 서학을 배우기 위한 일본 유학이 사회적 풍조였다. 1902년 모택동이 소산충에서 서당(書堂) 공부를 시작했을 때 훗날 모택동에게 지대한 영향을 미친 양창제(楊昌濟)[25]와 '문화 거인' 주수인(周樹人)[26] 등은 일본 유학을 했다. 당시 소산충에선 사숙이 글을 배우는 유일한 출로였다(金冲及 외, 2011: 6). 한편 모순생이 아들을 사숙에 보낸 것은 소송 문서 작성과 장부 기록 등 '간단한 지식'을 배우는 것이 주목적이었다. 모택동이 글자를 조금 알게 되자 모순생은 그에게 장부를 기록하고 주판을 배우도록 강요했다. 실제로 모순생은 장자(長子)인 모택동이 가업을 승계하기를 내심 기대했다.

모순생이 모택동을 사숙에 보낸 직접적 계기가 있었다. 당시 모순생은 마을의 선비와 산림자원 소유권과 관련해 소송을 치렀다. 결국 경

---

25 양창제(楊昌濟, 1871~1920)은 모택동의 (湖南)사범학교 은사이며 윤리학자·교육가이다. 1910년대 선후로 일본과 영국에서 유학, 교육학·철학·윤리학을 전공했다. 1913년 (長沙)제1사범학교 교사, 1918년 6월 북경대학 윤리학 교수로 초빙됐다. 애제자 모택동에게 북경대학의 도서관 직원 일자리를 주선, 1920년 1월 북경에서 병사했다.

26 주수인(周樹人, 1881~1936), 절강성 소흥(紹興) 출신이며 문학가·사상가이다. 필명은 노신(魯迅), 5.4신문화운동의 선두주자이며 중국 현대문학의 창시자이다. 1902년 일본에서 유학, 1906년부터 의학을 포기하고 문학에 종사했다. 1918년 '신천년(新靑年)' 편집장, 1920년부터 북경대학에서 중국 소설사(小說史)를 강의, 1936년 10월에 상해에서 병사했다. 훗날 모택동은 '노신 방향'이 곧 중화민족의 '신문화 방향'이라고 높이 평가했다.

전과 법지식 부족으로 모순생은 소송에서 패소했다. 이는 모순생이 모택동을 사숙에 보내 지식을 배우게 한 주요인이다(何明, 2003: 7). 상기 '소송 안건'이 발생한 구체적 시간에 대해 학자들 간에 상이한 견해가 존재한다. 1909년 전후 발생한 이 '소송 사건'은 모순생이 '휴학' 중인 모택동의 '사숙 복학'을 허락한 중요한 원인이라는 것이 일각의 주장이다. 현재 '소송 사건'이 발생한 구체적 시간을 고증할 수 없다. 한편 모순생은 '소송 패소'를 통해 경전과 법지식의 중요성을 절감했다.

1902년 봄 소산충에 돌아온 모택동은 남안(南岸) 사숙에서 2년 간 계몽교육을 받았다. 당시 남안 사숙의 훈장 추춘배(鄒春培)는 반백이 넘었다. 소산충의 상옥장과 100미터 떨어진 곳에 위치한 남안 사숙은 학생이 많지 않았고 소산 일대의 추씨(鄒氏) 가문의 자제만 받았다. 한편 모택동이 남안 사숙에서 글을 읽을 수 있었던 것은 상옥장과 서당이 매우 가깝고 모순생이 사숙 훈장 추춘배와 '허물없는 친구' 관계를 유지했기 때문이다. 또 훈장 추춘배는 개구쟁이 모택동에게 매우 엄격한 훈장이었다. 결국 이는 훈장과 제자 간의 '반목(反目)'을 초래했다.

추춘배는 어려운 경전을 무작정 외우게 하는 고집불통 성격의 소유자였다. 또 그는 '몽둥이(엄한 교육)'가 인재를 만든다는 고루한 교육관을 신봉했다. 학생들이 학칙을 위반하면 가차없이 종아리를 때렸고 무릎을 꿇게 하는 등 체벌하는 일이 다반사였다(尹高朝, 2011: 28). 훗날 모택동은 이렇게 회상했다. …서당 훈장은 학생들을 몹시 무섭게 다루었다. 그는 매우 엄격했고 학칙을 위반하면 곧 체벌을 가했다(汪衡, 2009: 29). 당시 개구쟁이 모택동은 훈장에 대한 예의를 무시하고 심심치 않게 (私塾) 규칙을 위반했다. 이는 학생 모택동이 추춘배 훈장의 불신과 체벌을 받게 된 원인이다. 결국 훈장의 상투적 체벌에 반항한 소년 모택동은 서당에서 도망쳤다. 또 이는 자칫 큰 사고를 부를 뻔한 '가출사건'으로 이어졌다.

어느 날 훈장이 모택동에게 글을 외우라고 하자 모택동은 태연하게 책상에 앉아 글을 읽었다. 훈장이 이유를 묻자 어린 모택동의 이렇게 대답했다. …훈장님께서 앉아서 듣는데 저는 왜 서야 하는 가요? 나도 훈장님처럼 앉아서 외우려고 합니다(尹高朝, 2011: 29). 훈장 추춘배는 학생들의 '연못 물놀이'를 금지했다. 어느 날 모택동은 학생들을 선동해 연못에서 물놀이를 즐겼다. 이에 화난 훈장이 문책하자 제자는 이렇게 궤변을 늘어놓았다. …훈장님께서는 공자도 물놀이를 즐기고 수영을 찬성했다고 말씀했습니다(唐振南 외, 2007: 41). 추춘배는 제자의 '학칙 위반' 행위를 모순생에게 낱낱이 고해바쳤다. 모택동의 수영 재주는 자타가 공인한다. 평소 말썽을 일으켜 아버지의 추격을 받을 때면 잽싸게 연못에 뛰어들어 위기를 모면했다. 모택동은 만년에도 가끔 수영하며 강한 의지력을 과시했다.

훈장이 해서체 붓글씨 연습 숙제를 냈는데 모택동은 송체(宋體)로 습자책을 채웠다. 훈장을 무시하는 고약한 버릇을 고쳐주려고 작심한 추춘배는 계척(戒尺)을 휘둘러 모택동의 종아리를 때리기 시작했다. 결국 체벌을 이기지 못한 모택동은 급기야 서당에서 도망쳤다(黃露生, 2011: 6). 모택동은 이렇게 회상했다. …나는 집으로 가면 매를 맞을 것 같은 두려움에 무작정 상향현 방향으로 걸어갔다. 내가 집에 돌아온 후 아버지는 인정스러워졌고 훈장의 표정도 온화했다. 성공적 수업 거부였다 (董樂山, 2002: 94). 이는 '수업 거부'가 아닌 훈장의 체벌에 반항해 산으로 도망친 '가출사건'이었다. 결국 인명 사고로 이어질 뻔한 모택동의 '가출'은 추춘배에게 큰 충격을 주었다. 얼마 후 추춘배는 상향현으로 이

사했다. 구체적 '이사 원인'을 알 수 없으나, 이는 모택동의 '가출사건'
과 전혀 무관하지 않다.

모택동의 (湖南)제1사범학교 동창인 소유(蕭瑜)[27]는 이렇게 서술했
다. …당시 나에게 가장 깊은 인상을 남긴 것은 모택동의 특이한 글씨
체였다. 임의로 흘려 쓴 그의 글씨는 항상 격자(格子) 칸을 넘쳐났다(蕭
瑜, 1989: 16). 6년 동안의 서당 공부에서 붓글씨에 큰 공을 들인 모택동은
'유명한 서예가'가 됐다. 제멋대로 흘려 쓰는 모택동 특유의 초서체(草書
體)는 가히 일품(一品)이다. 특히 '격자 칸을 넘쳐나는' 글씨는 구애받기
싫어하는 모택동의 자유분방한 성격 특징을 단적으로 보여준다. 한편
청년 모택동의 '협력자'였던 소유는 무정부주의자로 전락했다. 결국 정
치적 이념이 다른 그들은 '자서전'에서 서로 상대를 폄하했다.

1952년 모택동은 추춘배의 아들인 추보훈(邹普勛)에게 이렇게 술회
했다. …추춘배 훈장님은 참으로 호인(好人)이었다. 당시 나이가 어린 나
는 장난기가 많았고 늘 말썽을 부렸다. 또 '엄한 것'은 사랑이고 '너그
러운 것'은 해가 된다는 것을 몰랐다(宋三旦 외, 2003: 195). 모택동이 청소
년 시절의 은사를 북경에 초청했을 때 세상을 뜬 추춘배를 대신해 추보
훈이 모택동이 베푼 초대연에 참석한 것이다. 술자리에서 모택동이 추
춘배의 사숙에서 공부했던 옛일을 새삼스레 끄집어낸 것이다. 1950년
대 모택동은 생활이 곤란한 추보훈에게 여러 차례 생활비를 보내줬다.

---

27   소유(蕭瑜, 1984~1976), 호남성 상향(湘鄕) 출신이며 무정부주의자이다. 1914~1915년
      모택동의 제일사범학교 동창, 1918년 신민학회(新民學會) 총간사, 1919년 프랑스로
      '근공검학(勤工儉學)'을 떠났다. 1920년대 '민보(民報)' 편집장, 국민정부의 농광부(農鑛
      部) 부부장을 역임했다. 그 후 무정부주의자로 전락, 해외에서 장기간 생활했다. 1951
      년 남미(南美)에서 모택동과 관련된 자서전을 출간, 1976년 우루과이(Uruguay)에서 병
      사했다.

이를 통해 개구쟁이 시절에 자신이 '저지른 실수'를 만회한 것이다.

1904년 가을부터 모택동은 관공교(關公橋) 사숙에서 공부했다. 훈장은 모영생(毛咏生)이었다. 모택동은 훈장 모영생을 '개사아공(開四阿公)'이라고 불렀다. 1905년 봄 모택동은 교두만(橋頭灣) 사숙에 전학해 1년 동안 공부했는데 훈장은 주소희(周少希)였다. 1906년 모택동은 주소희를 따라 종가만(鐘家灣) 사숙에서 반년 동안 공부했다. 상기 세 사숙에서 모택동이 2년 간 공부한 것은 주로 '사서오경(四書五經)'이었다. 또 모택동은 모영생·주소희 두 분 훈장의 지도하에 '붓글씨 연습'에 전념했다. 결국 모택동은 서예가로서의 기본적 소양과 자질을 갖췄다.

구식 사숙은 식자 위주의 계몽교육과 함께 '사서오경'을 강의했다. 서당 훈장은 유교 경전을 무조건 외우고 하고 '내용 해석'은 간과했다. 모택동은 난해한 경전을 무조건 외웠으나 심오한 뜻은 잘 알지 못했다. 유교사상은 모택동의 인생관 형성에 큰 영향을 끼쳤다(劉思齊 외, 1998: 12). 모택동은 관공교 사숙 훈장 모영생은 엄격한 훈장이며 그를 무서워했다고 솔직하게 털어놓았다. 사숙에서 모영생의 지도하에 붓글씨를 배운 모택동은 주로 당나라 서예가 구양순(歐陽詢)의 서법을 모방했다(王小梅 외, 2003: 23). 결국 암기 방식의 '경전 통달'을 통해 모택동은 고문(古文) 문장력 향상의 탄탄한 기초를 마련했다. 또 관공교 사숙에서 붓글씨에 공을 들인 모택동은 자유분방한 초서체(草書體) 기법을 익혔다. 한편 이 시기 남안 사숙에서 자주 말썽을 부렸던 개구쟁이의 에피소드가 없었다.

1906년 가을 모택동은 정만리(井灣里) 사숙에 전학해 10개월 동안 공부했다. 이 사숙은 집과 멀리 떨어져 있어 기숙(寄宿) 생활을 했다. 훈장은 모택동의 친척인 모우거(毛宇居)였다. 선비가문의 후대이며 경전을 숙달한 모우거는 소산충에서 꽤 유명했다. 20대 초반부터 사숙을 운영한 모우거는 사상이 보수적이었고 체벌을 학생들을 다스리는 중요한 수단으로 삼았다. 오로지 공부자(孔夫子)만 숭상한 모우거는 경전을 '가장 유용한' 학문으로 여겼고 기타 책은 쓸모 없는 '잡서(雜書)'로 간주했다. 결국 '잡서' 집착이 화근이 돼 모택동은 사숙에서 퇴출됐다.

전학 초기 모택동이 경전을 열심히 외웠기 때문에 모우거의 신임을 받았다. 모택동의 사숙 동창 유수홍(劉授洪)의 회상(1960)에 따르면, 당시 훈장이 주제를 정해주는 글짓기를 할 때면 모택동은 가장 빨리 작문을 제출했다. 또 정의감이 강한 모택동은 말썽부리는 학생을 가차없이 혼냈다(李捷, 1996: 17). 모순생의 부탁을 받은 모우거는 모택동에 대해 매우 엄격했다. 이에 반감을 느낀 모택동은 서당에서 대놓고 '큰 형님'이라고 불렀다. 이를 못마땅하게 여긴 모우거는 '훈장' 호칭을 요구했으나 모택동은 '형님'이 더 친절하다며 고치지 않았다(唐振南 외, 2007: 45). 정만리 사숙에서 모택동은 재차 개구쟁이 본색을 드러냈다. 훈장의 존엄과 권위를 무시하는 개구쟁이 소년의 행위는 '괘씸죄'를 적용하기에 충분했다. 결국 이는 그들 사촌 간에 발생한 반목과 불화를 초래하는 복선(伏線)이 됐다.

모우거를 안중에 두지 않은 모택동은 (私塾)학칙을 자주 위반했다. 체벌을 강행하는 모우거를 학생들은 두려워했으나, 유독 모택동만은 무서워하지 않았다. 다른 학생들은 열심히 강의를 들었으나, 맨 뒤에 앉은 모택동은 훈장의 눈을 피해 삼국지 등 '잡서'를 읽었다(劉思齊 외, 1998: 15). 모우거는 이렇게 회상했다. …당시 고전 소설은 '잡서'로 간주돼 읽지 못하도록 규정했다. 수업 시간에 '잡서'를 훔쳐본 모택동은 내가 다가가면 경전으로 덮어놓았다. 나중에 발견한 나는 고의로 많은 경전을 외우게 했다(高菊村 외, 1990: 11). 모택동은 이렇게 술회했다. …나는 '잡서'로 규정한 수호전·삼국지를 훈장의 눈을 피해가며 열심히 읽었다. 책의 줄거리를 암기한 나는 어른들보다도 더 많은 것을 알게 됐다(신복룡, 2001: 30). 한편 모택동이 사숙에서 읽은 경전보다 수호전 등 '잡서'가 혁명적 생애에 더 큰 영향을 끼쳤다. 그는 만년에도 '잡서'를 열심히 읽었다. 결국 '잡서'는 모택동의 '(私塾)퇴출' 빌미가 됐다.

어느 날 모택동은 훈장이 잠시 외출한 틈을 타 뒷산에 올라가 밤을 땄다. 학칙을 위반한 모택동을 용서하지 않은 모우거는 사숙 울안의 우물을 가리키며 우물 찬미의 오언고풍(五言古風) 시를 지으라고 요구했다. 좋은 시를 짓지 못할 경우 모순생에게 일러바치겠다고 을러댔다(尹高朝, 2011: 44). 모택동은 즉석에서 시를 읊었다. …우물가 주변은 높은 벽으로 둘러싸여 있다. 조약돌이 훤하게 들여다보이는데, 작은 고기가 중앙에 움츠려 있네. 오로지 우물 속에서 사니, 어찌 대어(大魚)로 자랄 수 있겠는가? 옆에서 듣던 학생들은 절묘하다고 감탄을 연발했고 모우거는 모택동의 민첩한 사유가 칠보성시(七步成詩)[28]의 조자건(曹子建)에 뒤지지 않는다고 탄복했다(劉後昌, 2013: 25). 당시 구식 사숙에선 '학칙 위반' 학생에게 벌칙으로 시를 짓게 하는 것이 관례였다. 한편 자작시에서 자신을 '우물 안 고기'에 비유한 모택동은 서당의 봉폐식 교육이 창의적 인재

---

28 조자건(曹子建, 192~232)은 삼국 시기 문학가이다. '세설신어(世說新語)'에 따르면 조비는 동생에게 칠보 내로 '형제의 정'에 관한 시를 짓되, 형제라는 두 글자를 넣지 말라고 명령했다. 조비가 칼을 뽑아 들고 걸음을 옮기기 시작하자, 자건은 눈을 감고 시를 읊었다. …콩대를 태워 콩을 삶으니(煮豆燃豆), 콩이 가마솥 안에서 우는구나(豆在釜中泣). 본래 한 뿌리에서 태어났건만(本是同根生), 서로 들볶는 것이 어찌 그리 심한지(相煎何太急). 조비가 마지막 칠보를 내디딘 동시에 시가 완성됐다. 이 시가 유명한 '칠보성시(七步成詩)'이다.

를 키우지 못한다는 것을 은유적으로 표현했다.

　모택동의 사숙 동창 곽재재(郭梓材)는 이렇게 회상했다. …훈장이 외출하면 전쟁놀이를 조직해 대장이 된 그는 '전투'를 지휘했다. 결국 전투장인 서덩은 난장판이 됐다. 모택동의 공공연한 학칙 위반에 화가 난 모우거는 모택동의 아버지에게 일러바쳐 혼내게 했다(王小梅 외, 2003: 18). 어느 날 훈장이 외출한 후 학생들의 요청으로, 모택동은 임충(林沖)이 설야(雪夜)에 양산(梁山)에 오르는 대목을 신나게 이야기했다. 스릴감이 넘치는 이야기에 집중한 학생들은 훈장이 돌아온 것도 눈치채지 못했다. 화가 치민 모우거는 당장 책가방을 싸 집에 돌아가라고 호통쳤다(黃露生, 2011: 18). 모택동의 잦은 '학칙 위반'으로 사촌 간 알력은 더욱 커졌다. 모우거의 일시적 결단으로 모택동은 한동안 서당 생활을 접게 됐다. 결국 모택동의 당형 모우거는 자신의 '경솔한 결정'을 한평생 후회했다고 한다.

　모우거는 모씨 가족을 위해 많은 유익한 일을 했다. 1919년 10월 문칠매의 장례식을 도와주었고 모택동의 친필인 '제모문(祭母文)'을 보존했다가 훗날 나라에 바쳤다. 1927년 국민당의 가택 수색을 대비해 모택동의 자료를 태워버릴 때 현장에 도착한 모우거는 아직 타지 않은 모택동의 필기 노트인 강당록(講堂录)을 보존했다. 1932년 하건이 부하를 파견해 모택동의 조상 무덤을 파괴하려고 할 때 모우거는 모씨 친족들을 동원해 '조상 무덤'을 보호했다. 1950년대 모우거는 모택동과의 '특수한 관계'를 이용해 소산충의 지역 발전에 큰 기여를 했다.

　모택동의 영향을 받은 모우거는 1926년 중공에 가입했으나 1927년에 탈당(脫黨)했다. 결국 이는 그의 생애의 큰 오점(汚點)으로 남게 됐다(馬玉卿 외, 1998: 287). 1937년 모우거는 모택동의 조카 모초웅(毛楚雄)의 거처와 숙식을 마련하고 생활비를 조달했다. 1941년 소산모씨족보(韶山毛氏族譜) 수선 작업을 주도해 나라를 위해 헌신하는 모택동을 찬양했다. 1951년 모우거는 '모택동의 일화(逸話)'라는 책을 출간하려고 당사자 모택동에게 원고를 보냈다. 당시 '개인숭배 소지'가 있다고 판단한 모택동은 '책 출간'을 동의하지 않는다는 의사를 당형에게 전달했다.

서당에서 6년 동안 공부자를 공부한 모택동은 경전을 '통달'했다. 그러나 내용 해석은 무시하고 무작정 외우게 하는 교육방식에 반감을 가졌다. 1906년 모택동은 '잡서'를 읽지 못한다는 사숙의 규정을 무시하고 삼국지 등 고전 소설에 더욱 집착했다. 또 '잡서 삼매경'에 빠진 모택동은 집에서도 소설을 손에서 놓지 않았다. 아버지가 불빛을 보지 못하도록 창문을 꼼꼼히 막아 놓고 밤을 패가며 소설을 읽었다. 결국 모택동의 '잡서 집착'과 잦은 '학칙 위반'이 사숙에서 쫓겨나는 결과를 자초했다. 한편 만년에 모택동은 공자(孔子)를 '타도의 대상'으로 삼았다.

모순생이 아들을 사숙에 보낸 목적은 글자를 익힌 후 장부를 기록하고 가업을 승계하는 것이었다. 한편 경전에 실증을 느낀 모택동은 '잡서'인 고전 소설을 더욱 선호했다. 이는 모순생이 아들을 사숙에 보낸 당초 취지에 위배됐다. 1907년 여름 학칙을 위반한 모택동은 정만리 사숙에서 쫓겨났다(唐振南 외, 2007: 46). 결국 모순생은 아들을 더 이상 사숙에 보내지 않고 집에서 농사일을 배우게 했다. 또 이 시기 모순생의 사업은 더욱 번창했다. 당지 유명한 쌀가게의 주식을 사들였고 곡물유통 사업이 커져 도와줄 협력자가 필요했다. 이것이 '학업 중지'의 가정적 원인이라면, '사숙 중퇴'의 결정적 원인은 잦은 '학칙 위반'이었다.

모택동은 당가탁의 학전 교육을 포함해 여러 명의 훈장을 모시고 유교 경전을 숙달할 정도로 공부했다. 이것이 모택동이 2년(1907~1909)

간 학업을 중지하고 집에서 아버지를 도와 농사일에 전념한 주된 원인이다. 그의 '첫 혼인'도 이 시기에 이뤄졌다. 한편 진부한 유교 경전에 실증을 느낀 모택동이 고전 소설에 더욱 집착했다. 결국 정만리 사숙에서 '학칙 위반'으로 축객령(逐客令)을 받은 모택동의 '학업 중지'는 필연적 결과였다.

모택동은 아버지와 논쟁할 때면 사숙에서 배운 경전을 인용해 그의 주장을 합리화했다. 훗날 모택동은 이렇게 회상했다. …나는 아버지와 쟁론을 할 때 경전의 구절을 자주 인용했다. 아버지는 나를 게으르다고 구박하면 나는 경전을 인용해 그의 주장을 반박했다. 또 나이 든 사람이 더 많은 일을 해야 한다고 주장했다(毛澤東, 2008: 16). 모순생은 마을의 장사꾼들을 집에 초대할 때 모택동에게 담배를 권하고 술을 붓게 하는 등 '손님 접대'를 시켰다. 또 모택동이 장사꾼을 싫어하는 나름의 이유가 있었다. 어느 날 아버지의 심부름으로 은전사(銀田寺) 쌀가게에 돈 받으러 갔다가 가게 주인이 입쌀에 흰 모래를 섞어 넣는 것을 목격한 후 장사꾼을 더욱 미워했다(劉建國 외, 1993: 33). 실제로 유교 경전을 인용해 서당 훈장도 골탕 먹인 모택동의 '박식한 지식'과 유창한 언변을 '가방끈이 짧은' 아버지가 당해낼 방법이 없었다. 이 또한 모순생이 장성한 아들의 결혼을 앞당긴 주된 원인이다. 한편 모택동의 '장사꾼 편견'은 장사꾼인 아버지와의 감정의 골이 더욱 깊어지는 결과를 초래했다.

모택동의 삶의 틀을 짠 사람은 아버지였다. 모택동은 소산충의 서당에 5년 간 다니면서 전통적인 사숙 훈장 밑에서 효도를 강조하는 유교 경전, 즉 기원전 1000년부터의 중국 역사와 사서오경을 공부했다(D. spence, 2007: 17). 당시 효사상이 뿌리 깊은 중국에서는 부모에게 순종하는 사회적 풍조가 만연됐다. 경전을 숙달한 모택동이 아버지에게 불복한 것은 모순생의 독선과 폭력적 성향과 관련된다. 결국 모택동은 '폭군'인 아버지에게 반항하고 '절대 권력자' 부친의 권위에 도전했다(金冲及, 2009: 27). 사숙에서 삼강오륜을 배운 모택동이 손님들 앞에서 아버지와 언쟁을 벌인 것은 부모의 체면을 구기는 짓이며 '불효자' 행위로 간주된다. 한편 모택동의 반항은 모순생이 장성한 아들의 체면을 무시한 것과 관련된다.

훗날 모택동은 이렇게 술회했다. …열세 살일 때 나는 손님 앞에서 아버지와 논쟁을 벌였다. 아버지는 나를 게으르고 쓸모 없는 녀석이라고 윽박질렀다. 이에 화난 나는 아버지에게 욕설을 퍼붓고 집을 뛰쳐나왔다. 나는 연못가[29]로 달려가 아버지가 더 가까이 오면 연못 속으로 뛰어들겠다고 위협했다(신복룡, 2001: 29). 모택동은 아버지의 폭력에 무작정 도망치지 않았고 사숙에서 배운 경전을 활용해 아버지와 논쟁했다. 아버지가 그를 불효자라고 욕을 하면 아버지가 너그러워야 자식이 효도한다는 '부자자효(父慈子孝)'라는 유교 경전의 구절을 인용해 아버지의 주장을 반박했다(唐振南 외, 2007: 24). 당시 모택동이 모순생과 벌인 언쟁을 '불효(不孝) 행위'로 보긴 어렵다. 훗날 '일국의 독재자'가 된 모택동이 '집안 독선자'에게 반항한 것이다. 한편 고집불통인 남편과 승벽심이 강한 아들 간에 벌어진 '치열한 쟁론'에서 문칠매는 화해자의 역할을 감당했다. 사실상 '독선자'인 모순생은 집에서 '왕따'를 당했다.

14세인 모택동은 아버지보다 키가 컸고 서당 생활을 통해 경전을

---

29 '모택동자전(毛澤東自傳, 2001: 29)'은 원문의 연못가(池塘邊)를 '우물가'로 오역(誤譯)했다. 한편 '연못가'와 '우물가'는 엄청난 차이가 있다. 즉 본문의 본래 의미인 '연못가에 뛰어들어가겠다'고 한 것은 수영에 능한 모택동이 아버지에게 위협을 한 것이다. 그러나 '우물에 뛰어들겠다'고 하는 것은 당장의 구출이 거의 불가능한 자살을 의미한다.

숙달한 학자로 더 이상 개구쟁이 소년이 아니었다. 사숙의 '권위자' 훈장의 절대적 권력에 도전해 학칙 위반을 일삼았던 모택동은 훈장조차 어쩔 수 없는 골칫덩어리이었다. 이 시기 '반항자' 모택동은 부모에게 절대적 순종을 강요한 '집안 독재자' 모순생의 전통적 권위와 존엄을 무시했고 '서당 독선자' 훈장을 골탕먹였다. 결국 부자(父子) 간 알력이 더욱 심화됐다.

모순생 부부는 부모의 권위를 무시하며 경전을 인용해 대항하는 성숙한 자식을 다룰 방법이 별로 신통치 않았다. 그들이 생각해낸 '유일한 대책'이 바로 하루빨리 장성한 아들을 결혼시키는 것이었다. 즉 며느리를 맞아들여 병약한 어머니를 도와주고 부모에 대한 효도와 가업 승계에 도움되는 결혼은 '일석삼조(一石三鳥)'였다. 실제로 모순생도 15세의 어린 나이에 세 살 연상인 문칠매와 '조혼(早婚)'을 했다. 결국 14세의 소년 모택동은 부모가 주선한 구식(舊式) 혼인에 '울며 겨자 먹기'로 순응할 수밖에 없었다. 이 또한 '부전자전(父傳子傳)'이었다.

3. 14세의 소년 신랑과 '원배(原配)' 나씨(羅氏)

1907년에 치른 14세의 소년 모택동의 '첫 혼인'과 본처 나씨(羅氏)는 엄연한 역사적 사실이다. 물론 개인의 혼인은 프라이버시에 속하나 모택동이 '(中共)창시자'이고 신중국을 창건한 역사적 위인이기 때문에 '(毛澤東)혼인'은 결코 그의 개인적 역사가 아니다. 따라서 모택동의 몇 차례의 혼인이 줄곧 인구에 회자되고 있는 것이다. 한편 오랫동안 세상에 알려지지 않은 모택동의 초혼(初婚)에 대해 많은 이들이 신비감을 느끼고 있다.

오랜 기간 중국 백성들은 모택동의 '첫 혼인'에 대해 깜깜부지였다.

그들이 대충 알고 있는 것은 모택동의 부인은 영화 배우이며 전처(前妻)는 국민당군에게 살해됐다는 정도였다. 1980년대 후 국내외 학자들의 '활발한 연구'에 의해 14세의 소년 모택동이 소산충에서 나씨(羅氏)라는 농촌 여자와 결혼해 2년 간 생활했다는 것을 알게 됐다. 한편 중국 학자들은 '원배(原配)' 나씨를 부모가 도맡은 봉건 혼인의 희생양으로 간주하고 있다.

모순생이 아들에게 '굴레를 씌우는' 혼인식을 급히 치른 원인은 첫째, 병약한 문씨를 돕고 결혼을 통해 아들을 단속하기 위한 것이다. 둘째, '가문의 대를 잇는' 혼인을 급선무로 생각했다. 결국 모택동은 아버지의 '치밀한 계획'에 속수무책으로 당했다(胡眞, 1999: 111). 당시 주견이 뚜렷한 아들을 대처할 별다른 방도를 찾지 못해 모순생이 고민 끝에 '찾아낸 묘안'이 장성한 아들을 결혼시키는 것이다. 방황하는 아들을 안정시키고 아내의 조력자로 며느리를 맞아들이는 것이 최선책이라고 생각했다(馬社香, 2004: 9). 한편 소산충에서 14세의 남자가 결혼하는 것은 정상적이며 부모가 자식을 혼사를 도맡아 처리하는 것이 관례였다. 또 이 시기 중국의 농촌에선 '연상의 여인'을 아내로 맞아들이는 혼인이 크게 성행했다.

'신부가 세 살 연상이면 금벽돌을 안은 것과 같다'는 속어가 항간에서 유행됐다. 당시 소산충에선 신부가 연상인 혼인이 성행됐다. 10세에 모씨 가문의 민며느리가 된 문칠매는 1885년에 세 살 어린 15세의 신랑 모순생과 결혼했다(高菊村 외, 1999: 104). 소산의 혼인 풍습에 따르면 모택동과 4세 연상인 나씨(羅氏)와의 결혼은 별로 이상하지 않았다.

모택민과 모택담(毛澤覃)[30]도 본처보다 2개월, 20일이 어렸다(孔東梅, 2003: 37). 한편 모택동이 '연상의 여인'과 결혼한 것을 근거로 그의 '첫 혼인' 이 불행했다는 일각의 주장은 어불성설이다. 결국 이는 '연상의 여인' 나씨를 아내로 인정하지 않는다는 모택동의 회상과 관련된다.

5남2녀를 출산하고 남편 내조에 힘쓴 문씨는 현모양처로 정평이 났다. 1905년 셋째 아들 모택담이 태어나고 조카 모택건(毛澤建)[31]을 수양딸로 삼은 후 식구가 6명이 됐다. 모순생은 병약한 문칠매를 도와줄 조력자로 며느리를 맞아들이는 것이 상책이라고 생각했다(傅惠烈, 1993: 4). 1905년에 태어난 모택동의 사촌동생 모택건은 당시 '6명 식구'가 아니었다. 그녀는 일곱 살(1912)에 모순생의 상옥장에 들어와 수양딸이 됐다. '모택건' 이름도 그때 모택동이 지어준 것이다(趙志超, 2011: 39). 실제로 다출산과 남편 내조, 여러 명의 식솔을 거느린 문씨는 심신이 지쳐 있었다. 당시 '6명 식구' 성원은 네 살에 모순생의 집에 민며느리로 들어온 모택민의 본처 왕숙란(王淑蘭)[32]이다. 이 시기 소산에선 민며느리를

---

30 모택담(毛澤覃, 1905~1935)은 모택동의 막내 동생이다. 1922년 모택동의 지시로 노동운동에 참가, 1923년 중공에 가입했다. 1927년 정강산에 들어가 홍군(紅軍)에 참가, 1930년 홍군 정치부 주임, 1932년 10월 모택동이 '군권 박탈' 후 배척당했다. 1934년 독립사(獨立師) 사단장, 1935년 서금(瑞金)에서 적군의 포위 돌파 중 희생됐다.

31 모택건(毛澤建, 1905~1929)은 모택동의 사촌 동생이며 1912년 모씨 가족의 수양딸이 됐다. 1921년 모택동이 장사(長沙)로 데리고 와서 호남자수대학에서 교육을 받게 했다. 1921년 청년단(靑年團)에 가입, 1923년 중공에 가입했다. 1927년 형양(衡陽) 유격대장을 맡았다. 1928년 6월 전투에서 체포, 1929년 8월 국민당 군대에게 처형됐다.

32 왕숙란(王淑蘭, 1896~1964)은 1900년 모순생의 집에 민며느리로 들어온 후 1913년 모택민과 결혼했다. 1926년 공산당에 가입, 1929년 국민당군에 체포, 1930년에 석방됐다. 1950년대 북경의 당중앙 직속 초대소(招待所)에서 1년 동안 근무했다. 그 후 모택동의 권고를 수용해 소산충에 돌아와 모택동 옛집인 고거(故居)의 해설원을 맡았다.

삼는 풍습이 유행했다. 당시 딸이 없었던 모씨 부부는 민며느리와 수양
딸을 맞아들였다.

모순생은 아내의 가사를 분담하고 아들의 마음을 잡을 수 있는 며
느리를 맞아들이려고 서둘렀다. 당시 모택동은 부모가 도맡는 결혼
이 별로 내키지 않았으나, 아버지의 고집을 꺾을 수가 없었다. 결국 어
머니를 상심케 하는 것이 두려워 어영부영 부모의 뜻에 따랐다(邸延生,
2006: 17). 한편 모순생의 노심초사로 성사된 결혼에 대해 모씨 부부는 흡
족하게 생각했다. 허약한 시어머니의 가사 분담을 해줄 수 있는 '효부
(孝婦)'가 모씨 가문에 들어왔기 때문이었다. 또한 이 시기 사업이 번창
해진 모순생은 가업을 장자인 모택동에게 물려주려고 생각했다.

외손녀 공동매(孔東梅)가 분석한 '초혼 원인'은 첫째, 두 집안은 친척
관계이며 모씨 조부와 나씨 조모는 사촌 남매였다. 둘째, 모순생과 나씨
의 부친은 사업 파트너였다. 셋째, 문씨의 건강 문제로 '가사 분담' 며느
리가 필요했다(孔東梅, 2003: 38). 모택동의 결혼식이 '졸속으로 치러진' 원
인은 ① '통제불능'의 아들을 안착 ② 문씨의 조력자를 찾는 '적절한 대
안' ③ 모씨·나씨 가문의 두터운 교분 ④ 딸이 없는 모씨와 아들이 없는
나씨 가족의 '협력' 필요성 ⑤ 화목 도모와 '대를 잇는' 일거양득 ⑥ 모
순생과 나씨 가장의 신뢰관계 등이다. 결국 어머니의 '가사 분담'에 도
움된다고 생각한 '효자(孝子)' 모택동이 결혼을 묵인한 것이다.

모씨와 나씨 가족은 곡물유통 협력을 통해 돈독한 신뢰를 구축했
다. 당시 모순생의 사업이 번창해져 재력가로 소문났다. 나씨 가족은
살림이 풍족했고 가문의 선비를 배출한 집안으로 당지에서 성망이 높
았다. 사회적 지위와 신분에 걸맞는 '문당호대(門當戶對)'였다(傅惠烈, 1993:
5). 1907년 모순생은 나씨 가문의 딸과 모택동을 결혼시켰다. 나씨 가문

은 토지가 있었고 자손들 일부는 선비였다. 또 모택동의 집안과 가까운 친척이었다(D. spence, 2007: 18). 당시 중국의 농촌에서는 친척 간에 혼인을 치르는 근친혼이 상당히 유행됐다. 작금의 중국에선 근친혼이 금지되었으나, '문당호대'의 전통적 혼인 풍습은 상존하고 있다.

나씨 가족은 상담현 적위(赤衛)촌에 살았다. 1907년 나씨 집안의 큰딸 나일수(羅一秀)[33]가 모씨 가문의 큰 며느리로 들어왔다. 당시 모씨와 나씨 가문은 깊은 교분이 있었고 두 가정의 조부와 조모는 사촌 남매였다. 또 1900년대 오지(奧地)인 소산충에서는 이종사촌 등 가까운 친척 간에 결혼하는 풍습이 성행했다. 즉 친척끼리 더 가까운 관계를 만든다는 '친상가친(親上加親)'으로, 이는 미풍양속(美風良俗)으로 여겨졌다. 한편 모택동과 나일수의 혼인은 근친혼은 아니었다. 그들의 혼인은 당사자의 의견이 무시되고 부모의 의지로 치러진 '구식(舊式) 혼인'이었다.

'휴학'한 후 모택동은 낮에는 밭에서 일하고 저녁에는 장부를 기록했다. 장성한 아들을 하루빨리 결혼시키려고 작심한 모순생은 나씨 가문에 정식으로 청혼했다. '현숙한 숙녀'로 성장한 나일수가 며느리감으로 마음에 들었던 것이다. 나씨 가문도 늠름한 풍채와 다년간의 사숙 공부를 통해 유교 경전을 숙달한 모택동이 사위감으로 손색이 없다고 생각했다. 결국 양가 부모님의 승낙하에 광명정대하게 결혼식을 올린 나일수(羅一秀)는 모씨 가문의 맏며느리가 됐다. 이것이 중국 학자들이 나씨를 모택동의 '정실부인(正室夫人)'으로 간주하는 주된 이유이다.

---

33   소산모씨족보(韶山毛氏族譜)는 나씨(羅氏, 1889~1910)를 모택동의 본처, '원배(原配)'로 기록했다. 나일수(羅一秀)는 그녀의 본명이 아니었다. 19세기 말 농촌 여성에겐 정식 이름이 없었다. 당시 항렬에서 맏이인 나씨는 집안에서 '일수(一秀)'·'대고(大姑)'로 불렸다. 1910년 2월 모택동의 '원배'인 나일수는 21세의 젊은 나이에 졸사(猝死)했다.

모순생은 친구의 딸과 모택동을 결혼시켰다. 모씨와 나씨 가족이 합치면 마을 농지를 독점할 수 있다는 계산이 있었던 것이다. 1889년에 출생한 나일수는 신랑 모택동보다 네 살이 많았다. 두 사람 사이에 큰 애정이 없었고 부부생활도 원만하지 않았던 것으로 보인다(유일, 2016: 41). '마을 농지 독점'이라는 상기 주장은 신빙성이 매우 낮다. 당시 곡물유통 사업에 전념한 모순생은 '농지 구입'에 큰 흥취가 없었다. 한편 확실하게 집고 넘어가야 할 대목이 있다. 상기 저서에서 사용한 나일수의 사진(유일, 2016: 40)은 모택동의 사촌동생인 모택건(毛澤建)이다. 현재까지 모택동과 관련된 도서에 나씨 사진이 게재된 적이 없다.

모택동의 '첫 혼인'에 대한 일부 학자들의 '연구 결과'는 결혼 당사자의 연령과 나씨(羅氏)에 대한 서술에서 주관적 판단과 편협한 시각을 드러냈다. 현재 모택동과 나씨 간 혼인에 대한 부정적 견해가 지배적이다. 이런 '부정적 견해'의 원인은 첫째, '첫 혼인'이 부모의 의지에 따라 치러진 '구식 혼인'이었다는 주관적 판단이 밑바탕에 깔려 있다. 둘째, 훗날 나씨를 본처로 인정하지 않은 모택동의 '회고록'[34]을 맹신한 것과 관련된다.

'모택동의 혼인관'이란 문장(1989.8.20)은 이렇게 서술했다. ⋯모택동의 나이는 8세, 결혼 상대는 14세였다. 모택동은 아버지의 지시대로 침착하게 번잡한 결혼식에 응수했다. 결혼식을 치른 어린 신랑은 신부와

---

34 에드가 스노우의 모택동 인터뷰(1936)를 바탕으로 한 '모택동 회고록'은 창작된 내용이 많다. '인터뷰'는 모택동의 호남 방언과 통역의 절강(浙江) 언어, 스노우의 영어로 이뤄졌다. 또 영어 책을 중국어로 번역한 '창작품'이다. 저자는 머리말에 학술 저서로 보긴 어렵다고 솔직히 인정했다(孔東梅, 2003: 38). 2001년 한국에서 재판된 '모택동자전'의 (韓國語)번역본은 서술자의 기억착오와 번역자의 오역, 잘못된 사진 게재 등이 적지 않다.

의 동거를 거절했고 그녀의 털끝 하나 다치지 않겠다고 맹세했다(陳緒文, 1889: 26). 영국 학자 딕 윌슨은 이렇게 썼다. …모택동의 부모는 전통적 혼인 풍습에 따라 19세의 여성에게 장가를 보냈다. 신부 이름은 양취화(楊翠花)였다. 결혼의 목적은 가족경제의 활성화와 가문의 대를 잇고 잠재적 노동력을 출산하게 하는 것이었다(D. Wilson, 2011: 10). 미국 기자 해리슨 솔즈베리는 이렇게 썼다. …모택동이 15세일 때 아버지의 강요로 4~5세 연상인 여인과 결혼했다. 신랑 모택동은 엄숙한 태도로 전통적 혼례를 치렀으나, 신부에게 손을 대는 것은 거부했다(E. salisburi, 2016: 130). 소산모씨족보(韶山毛氏族譜)에 따르면 모택동의 신부 나씨는 1889년 10월 20일에 출생했다. 결혼 당시 모택동의 나이는 14세, 신부는 18세로 신랑보다 4년 2개월이 연상이었다(田樹德, 2002: 36). 한편 신랑의 나이를 8세라고 한 것은 '구식 혼인'임을 강조하기 위한 것이며 '동거거절'은 모택동의 '주장'을 합리화한 것이다. 실제로 1907년 겨울 모택동이 결혼할 때의 정확한 연령은 만 14세였다. 신부 나씨는 만 18세로 신랑보다 '네 살 연상'이라는 것이 대다수의 학자들이 주장하는 학계의 중론이다.

모택동이 13세일 때 재물을 탐한 모순생은 6세 연상의 처녀와 결혼시켰다. 이에 반항한 모택동은 재차 가출했고 농민들의 밭일을 도와주며 숙식을 해결했다. 어머니 문씨가 그를 데리고 집으로 돌아왔다. 모순생은 더 이상 아들을 결혼하라고 윽박지르지 않았다(丁曉平 외, 2011: 17). 모택동은 이렇게 회상했다. …나의 부모는 내가 14세일 때 20세의 처녀와 결혼시켰다. 나는 신혼살림도 꾸리지 않았고 함께 살지도 않았다. 또 그녀를 아내로 생각한 적이 한 번도 없었다(毛澤東, 2008: 35). 상기 중국 학자들의 주장은 사실 왜곡이다. 모순생이 '재물을 탐해' 아들을 결혼시켰다는 견해는 설득력이 떨어진다. 또 모택동의 가출이 '결혼 반항'이라는 주장은 사실무근이다. 실제로 모택동의 '기억착오'는 하자진과 관련된다.

최근 적지 않은 중국 학자들은 '초혼(初婚)' 신부인 나씨와 종래로 같이 살지 않았고 그녀를 아내로 생각하지 않았다는 당사자의 주장에 의문을 던지고 있다. 특히 15~16세의 모택동이 18~19세의 숙녀와 2년 동안 생활하며 '털끝 하나 다치지 않았다'고 맞장구를 치는 일부 학자들의 '섣부른 주장'은 설득력이 빈약하다. 21세기 진입 후 모택동의 '첫 혼인'에 대한 문헌 고증이 활발하게 진행되면서 나씨(羅氏)가 모택동의 원배(原配)라는 자료적 증거가 차고 넘친다. 따라서 모택동의 '초혼 부정'에 대한 역사적 배경과 원인을 면밀히 살펴볼 필요가 있다.

모씨족보의 치록권(齒錄卷)은 '초혼 신부' 나씨를 모택동의 원배(元配)로 기록하고 있다. 또 둘째 부인인 양씨(楊氏)[35]는 계배(繼配), 셋째 부인인 하씨(賀氏)[36]를 재취(再娶)라고 명시했다. 1889년 10월 20일에 태어난 나일수는 1910년 2월 11일에 병사했다고 적었다(趙志超, 2011: 46). 졸사한 나씨는 소산충 상옥장의 남죽탁(楠竹汪)에 매장됐다. 즉 나씨 무덤은 모택동 부모의 묘소와 불과 몇 보 거리인 지적에 위치해 있다(田樹德,

---

35 양개혜(楊開慧, 1901~1930), 모택동의 둘째 부인이며 '조강지처(糟糠之妻)'로 불린다. 장사(長沙)현 반창(板倉) 출신이며 모택동의 은사인 양창제(楊昌濟)의 딸이다. 1920년 겨울부터 동거, 1927년 9월 모택동의 정강산 진출이 '영원한 이별'이 됐다. 1930년 10월에 체포, 그해 11월 14일 장사 식자령(識字嶺)에서 국민당 군대에게 살해됐다.

36 하자진(賀子珍, 1909~1984), 강서성 영신(永新) 출신이며 모택동의 셋째 부인이다. 1926년 공산당에 가입, 1928년 6월 모택동과 동거했다. 1934년 10월 장정에 참가했다. 1938~1948년 모스크바에서 장기간 생활, 1959년 8월에 여산(廬山)에서 22년 만에 모택동과 재회했다. 1979년 전국 정협(政協) 위원, 1984년 상해(上海)에서 병사했다.

2002: 38). '원배' 나씨와 모택동 간의 금슬이 좋았다고 단정하기 어렵지만 나일수는 정당한 혼인을 통해 모씨 집안에 시집온 며느리였다. 원배 나씨가 모택동의 본처였다는 것은 엄연한 역사적 사실이다.

미국 학자 로스 테릴은 이렇게 썼다. ···모택동의 아버지는 고집 센 아들을 굴복시키기 위해 결혼을 강요했다. 부모의 뜻을 거역하지 못한 아들은 번잡한 결혼식을 마쳤으나, 여섯 살 연상인 신부와의 동거를 거부했다. 신랑은 종래로 신부의 몸에 손을 대지 않았다(R. Terrill, 2010: 11). 신부 나일수는 얼굴이 복스럽게 생겼고 풍만한 몸매를 가졌다. 그러나 14세의 신랑은 신부에게 전혀 성욕을 느끼지 못했다. 결국 신랑의 동거 거부로 새색시는 외롭게 초야(初夜)를 보냈다(胡眞, 1999: 113). 신랑의 '동거 거부'는 모택동이 회상(1936)과 일맥상통하다. 이 또한 일각에서 모택동과 나씨의 부부생활이 원만하지 않았다고 주장하는 논거이다. 한편 나씨의 '독수공방'과 신랑의 '동거 거부'는 불가사의한 미스터리이다.

맏며느리 나씨는 남편이 좋아하는 반찬을 만들었고 모택동이 애지중지하는 문방사보(文房四寶)를 잘 정리해 놓았다. 그러나 '불효자' 신랑 때문에 사랑의 결실을 얻지 못했다. 나씨가 졸사한 후 그녀에게 냉담했던 모택동은 자책감을 느꼈다(胡眞, 1999: 113). 서당 교육을 받은 아버지 나학루(羅鶴樓)로부터 나씨는 어릴 때부터 전통적 가정교육을 받았다. 나씨는 시부모에게 효도하고 남편 내조에 힘썼다. 한편 부부 간 의사소통이 적었던 나일수는 훌륭한 며느리였으나, 모택동이 바라는 이상적 반려자는 아니었다(毛新宇, 2016: 398). 모택동과 나씨 간 자녀가 없었다는 사실은 이들 부부관계가 '원만하지 못했다'는 근거이다. 만약 나일수가 졸사하지 않았다면 또 다른 '문칠매'가 됐을 것이다. 또 이런 가정이 성립된다면 모택동은 소산충이라는 산간 오지에서 영원히 벗어나지 못했을 것이다.

예의가 바르고 웃어른을 공경한 며느리 나씨는 시부모의 사랑을 한 몸에 받았다. 당시 신랑이 신부와의 '동거'를 거부하자 화가 치민 모순생이 아들을 불효자라고 꾸짖었다. 신부 역시 신방의 내밀한 사생활을 시부모에게 대놓고 말할 수도 없어 벙어리 냉가슴 앓듯 혼자서 고민했다(馬社香, 2004: 11). 실제로 신랑의 '동거 거부'는 불가사의하고 납득하기 어렵다. 중국 학자들은 모택동의 '회상'을 근거로 소년 모택동을 '구식 혼인'에 항거한 영웅적 인물로 부각시켰다. 결국 이는 원배 나씨를 종래로 아내로 간주하지 않았다는 모택동의 주장에 맞장구를 친 것이다.

민며느리 왕숙란은 '연상의 여인'이었으나, 초기 모택민 부부의 감정은 좋았다. 또 모택담·조선계(趙先桂)[37]의 혼인은 부모끼리 정한 '지복위혼(指腹爲婚)'이었다. 당시 오지인 소산충 일대에선 부모끼리 정하는 정혼(定婚)과 조혼(早婚)이 성행됐다. 한편 14세의 신랑의 '동거 거부'는 부모의 염원을 저버린 '불효자'의 패륜적인 행위였다. 한편 소년 모택동의 '불효 행위(抗婚)'에 과도한 정치적 의미를 부여하는 것은 바람직하지 않다.

1896년 2월 상향현의 가난한 가정에서 태어난 왕숙란은 3남2녀를 출산했다. 그 중에서 유일한 생존자는 딸 모원지(毛遠志)였다. 왕숙란은 시부모를 공경했고 동서인 나씨와 화목하게 지냈다. 1925년 본처 왕숙란과 '결별'을 선언한 모택민은 둘째 부인인 전희균(錢希鈞)과 재혼했다.

---

37 조선계(趙先桂, 1905~1932)는 모택담(毛澤覃)의 본처이다. 이들의 혼인도 부모가 정한 '지복위혼(指腹爲婚)'으로 부모가 정한 '구식 혼인'이다. 1923년 공산당에 가입, 1924년 소산충 동모당에서 결혼했다. 1925년 모스크바 중산대학 유학, 1932년 국민당 특무에게 살해됐다.

일부 중국 학자들은 '연락이 끊어졌다'는 것을 근거로 모택민의 재혼을 정당화하고 있다. 사실상 전족(纏足)으로 행동이 불편해진 '조강지처(糟糠之妻)'인 왕숙란을 버린 것이다. 한편 정강산 시기 모택동이 둘째 부인 하자진과의 재혼(同居)은 '조강지처'인 양개혜를 배반한 것이다.

모택담과 조선계는 1924년 여름에 결혼했다. 모순생과 조선계의 아버지 조예향(趙蕊香)은 비즈니스 협력관계였고 조예향의 누님은 모택동의 일곱째 외숙부에게 시집온 조씨(趙氏)로 모택동의 양어머니였다. 이런 돈독한 관계로 양가 부모가 '지복위혼'을 정했던 것이다. 한편 1년 남짓이 유지된 이들의 '지복위혼'은 파국을 맞았다. 1925년 조선계가 소련 유학을 떠난 후 연락이 두절됐던 것이다. 1926년 모택담은 다른 여인과 재혼했다.

1907년 모순생은 '허약한 아내'를 도와줄 조력자를 찾기 위해 14세인 아들을 결혼시켰다. 모택동은 시종일관 이 혼인을 인정하지 않았고 신부 나씨와 동거하지 않았다. 고집이 센 아들의 '항혼(抗婚)'에 아버지 모순생도 막무가내였다(金冲及 외, 1996: 3). TV 드라마 '소년 모택동(少年毛澤東, 1991)'에서는 소년 모택동의 '항혼' 과정을 생동감 있게 보여준다. 그의 '항혼'은 승리한 것처럼 보이나 결국 '연상의 여인'과 결혼한다. 다만 신랑의 '동거 거부'로 막을 내린다(馬玉卿 외, 1998: 16). 상기 중국 학자들의 주장은 모택동의 초혼이 부모가 도맡은 '구식 혼인'이었고 모택동의 회고록(1936)을 '금과옥조'로 간주한 데서 비롯된다.

모택동의 '초혼 부인' 원인과 역사적 배경은 첫째, 사범학교 시절부터 '여권 옹호'와 남녀평등을 주장한 모택동은 '부녀반변천(婦女半邊天)'이란 명언을 제출했다. 둘째, 대공보(大公報)에 발표한 '연애문제'라는 문장(1919.11)에서 모택동은 자녀의 혼인에 대한 부모의 간섭을 강하게 비판했다. 또 그는 양개혜와 자유연애를 하고 (婚前)동거를 했다. 셋째, 모택동은 여성의 혼인을 '사적인 일'로 간주하지 않았다. 무술변법(戊戌變法)[38]에는 전족 폐지 등 여성 권익 신장이 포함됐고 5.4운동 후 자유연애가 시대의 주류가 됐다. 중화소비에트공화국(1931)은 '봉건적 혼인제도' 폐지와 여권 신장, 남녀평등을 주창했다. 이런 역사적 배경에서 모택동은 '구식 혼인'을 반대할 수밖에 없었다. 중공 지도자 모택동의 '(初婚)부정적 견해'는 봉건적 혼인에 대한 '중공 입장'을 대변했다는 것이 적절할 것이다.

모택동이 나씨와의 '첫 혼인'에 대해 간단하게 언급하고 '부정적 입장'을 표명한 또 다른 원인이 있었다. 에드가 스노우는 관련 상황을 이렇게 서술했다. …모택동이 과거를 회상하는 동안 나만큼 그에게 관심을 기울인 사람은 모택동의 부인 하자진(賀子珍)이었다(신복룡, 2001: 77). 결국 이는 하자진이 스노우의 인터뷰, 즉 모택동의 '사생활'에 상당한 관심을 보였다는 단적인 반증이다. 실제로 죽은 '본처'에 대한 긍정적 평가와 과찬은 아내 하자진을 존중하지 않는 것으로 된다. 이 또한 모택동이 '조강지처'인 양개혜에 대해 간단하게 언급한 주된 원인이다.

알렉산더 판초프는 모택동의 '첫 혼인'을 이렇게 서술했다. …모택동은 초혼을 간단하게 언급했고 신부의 나이를 잘못 기억했다. 14세 신랑이 18세 숙녀와의 동거를 거부했다는 것은 상상조차 할 수 없다. 또

---

38 무술변법(戊戌變法, 1898.6.11~9.21)은 중국 근대사의 중요한 사상계몽 운동이다. 강유위·양계초 등 유신파가 광서제를 통해 서방을 따라 배우고 과학문화를 제창하며 정치개혁을 추구한 개량주의 운동이다. 1898년 9월 21일 자희태후는 무술정변을 일으켜 광서제를 연금하고 '무술6군자'를 처형했다. 결국 103일 간의 '유신변법'은 실패했다.

모택동과 나씨 간에 원지(遠志)라는 남자애가 있었고 양씨(楊氏)가 부양했다(A. Pantsov, 2015: 27). 실제로 모택동과 원배 나씨 사이에는 자녀가 없었다. 상기 '원지(遠志)'는 '원지(遠智)'가 정확하다. 또 '원지(遠智)'는 모택민과 왕숙란이 낳은 딸이다. 한편 아이(遠志)를 '양씨(楊氏)가 부양했다'는 서술은 저자의 착각이거나 번역자의 오역으로 판단된다.

1941년 '모씨족보(毛氏族譜)'를 새로 편집할 때 마을의 어른들은 사망한 원배 나씨에게 자녀가 없다는 점을 고려해 모안룡을 나씨의 '적자(嫡子)'로 적어 넣었다(趙志超, 2011: 48). 새로 편찬된 '모씨족보'는 이렇게 적었다. …계배(繼配) 양개혜의 아들 원지(遠智, 毛岸龍)를 원배 나씨의 자식으로 정한다(傅惠烈, 1993: 6). 옛날 족보를 편찬할 때 사망한 부인에게 자녀가 없으면 형제나 후실의 자녀를 망자(亡者)의 자녀로 정해주어 망령(亡靈)을 위로하고 존경을 표시했다. 결구 이런 중국 특유의 풍습(風習)을 인지하지 못하면 쉽게 착각하거나 오해하기 십상이다.

모안룡(毛岸龍, 1927~1931)은 양개혜가 살해된 후 상해의 중공 외곽조직이 운영하는 대동(大同) 유치원에 보내졌다. 1931년 변절자의 밀고로 상해의 당조직이 파괴된 후 그들 삼형제는 상해의 거리를 방랑했다. '부모 없는' 아이들의 유랑생활은 힘겨웠다. 당시 네 살인 모안룡은 두 형이 신문을 팔고 쓰레기를 모으며 인력거를 끌면서 얻은 적은 수입으로 연명했다. 결국 노숙자가 된 삼형제는 흩어졌고 모안룡의 행방이 묘연해졌다. 한편 모택동은 일생에서 네 차례 결혼해 열 명의 자녀를 두었는데 여섯 명이 실종됐다. 그 중에서 모안룡의 '실종'이 가장 큰 미스터리이다. 현재 그의 '실종'에 대한 여러 가지 가설[39]이 존재한다.

39　모안룡의 '실종'에 대한 세 가지 가설은 ① 낡은 절에서 생활하던 중 실종 ② 방랑 중

필립 쇼트는 모택동의 '초혼'에 대해 이렇게 썼다. …소산충의 촌민에 따르면 나씨는 나중에 모순생의 첩실(妾室)이 됐다. 촌민들은 첫날밤부터 독수공방을 한 가련한 나씨는 결혼한 신부도 아니고 숫처녀도 아닌 딱한 사정이라고 말했다(P. Short, 1999: 29). 부모의 강요에 못 이겨 결혼한 모택동은 나씨를 아내로 간주하지 않았다. 아들의 '패륜적 행위'이 노골화되자 아버지는 더 이상 참을 수 없었다. 모순생은 전통적 혼인 풍습을 무시하는 아들의 '항혼'을 가문의 치욕이라고 여겼다(張愛茹 외, 2004: 21). 1908년 어머니의 쾌유를 빌기 위해 모택동은 남악형산(南岳衡山) 부처에게 정성스레 기도했다. 한편 소산충의 '촌민'이 모택동의 사생활을 낯선 외국인에게 함부로 말했다는 것은 큰 의문이다. 그러나 상기 주장이 사실이라면, 이는 모씨 가문의 스캔들을 넘어 '구식 혼인'의 비극적 결과이다.

1936년 모택동은 원배 나씨를 시종 아내로 생각하지 않았다고 회상했다. 그러나 '허니문기'인 1908년에 발생한 모택동의 '긴 출장'[40], 1909년 가을의 모택동의 '가출'과 거북정 기숙, 병치료를 빌미로 한 문칠매의 '친정 나들이' 등 일련의 사건이 과연 우연의 일치일까? 곰곰이

행방불명 ③ 1931년 5월 급성 이질에 걸린 후 상해의 광자(廣慈)병원에서 치료, 병세악화로 사망했다. 상기 '세 번째 가설'의 신빙성이 높다(馬玉卿 외, 1998: 57). 1941년 '모씨족보'를 새게 편찬할 때 원지(遠智, 毛岸龍)를 작고한 '나씨(羅氏)의 '적자(嫡子)'로 적었다. 한편 모택동의 원배 나씨와 아들 모안룡은 사후(死後)에 '특별한 인연'을 맺었다.

40 1908년 모택동은 중병에 걸린 어머니 문칠매의 쾌유를 빌기 위해 100리 길을 도보로 걸어갔다. 이는 모택동이 처음으로 소산충을 벗어난 '긴 출장'이다. 모택동은 남악형산(南岳衡山) 큰 절의 부처를 배알하고 향을 피우며 지극한 효심으로 기도를 드렸다(邱延生, 2006: 17). '효도'를 마친 후 모택동은 남악의 72봉을 유람했다. 한편 당시 모택동이 어머니와 함께 갔는지, 아니면 혼자서 갔는지에 대해 아직까지 학계의 정설이 없다.

생각해 볼 일이다. 한편 1995년 소산충에서 '촌민'을 인터뷰한 후 필립 쇼트가 도출한 '첩실 결론'의 진실 여부에 여전히 강한 의구심이 드는 것도 사실이다.

외손녀 공동매(孔東梅)의 주장에 따르면 당가탁의 외갓집에서 어린 시절을 보낸 모택동에게 왕십고(王十姑)라는 첫사랑이 있었다. 왕십고는 모택동의 이종사촌 동생이었다. 불행한 것은 당지 점쟁이의 사주팔자와 궁합이 맞지 않는다는 점괘로 이들은 갈라졌다(Levine, 2017: 45). 공동매는 모택동의 '첫사랑'을 이렇게 적었다. …왕십고는 왕계범(王季范)[41]의 동생이며 정식 이름은 없었다. 당가탁에서 함께 자란 모택동과 왕십고는 애틋한 정을 나누었고 양가 부모가 혼인을 논할 정도였다. 당시 이종사촌 간에 혼인이 가능했으나, 사주팔자가 맞지 않으면 결혼할 수가 없었다. 1940년대 모택동은 왕십고가 일찍 죽었다는 소식을 듣고 크게 상심했다(孔東梅, 2006: 16). 어린 시절의 '자유 연애' 실패가 모택동에게 실망감을 주었을 것이다. 그러나 '첫사랑'이 모택동과 나씨 간의 부부생활에 악영향을 끼쳤다는 주장은 논리적 비약이다. 한편 이 시기 미신을 맹신한 중국의 백성들은 점쟁이의 점괘를 '성지(聖旨)'로 간주했다.

소산충 노인들의 전언에 의하면 1911년 봄 모택동은 처갓집에 가 모내기를 도와준 후 장사로 떠났다. 1925년 모택동은 양개혜와 함께 소산충에 돌아와 혁명활동을 할 때 처가를 방문하고 인사를 드렸다. 1927년 고향에서 농민운동을 고찰한 모택동은 처가에서 일박(一泊)했다(田樹

---

41 왕계범(王季范, 1885~1972), 모택동의 이종사촌이며 교육자이다. 1914~1918년 호남제 1사범학교 교사, 1920년대 왕계범의 '보호'와 도움을 받아 모택동이 위기에서 벗어 났다는 것이 일각의 견해이다. 1950년대 국무원 참사(參事), 전국 인대 대표 등을 역 임, 1972년 북경에서 병사했다.

德, 2002: 40). 1950년 모택동은 소산충을 방문하는 아들(毛岸英)에게 외숙부 나석천(羅石泉)[42]을 찾아 인사를 드리라고 부탁했다. 1959년 소산충을 찾은 모택동은 나씨 가문의 사위 모화촌(毛華村)에게 구두 한 켤레를 선물했다(胡眞, 1999: 117). 고향에서 모택동은 '동서' 모화촌을 불러 식사한 후 기념사진을 찍었다. 이는 모택동이 '나씨 사위'라는 반증이다. 한편 '모던 걸' 양개혜의 출현은 소산충 사람들의 호기심을 자극했다.

1931년 장사(長沙) 당조직과의 연락이 두절된 왕숙란은 딸 모원지를 데리고 동서인 나씨(羅氏)의 오빠 나석천이 살고 있는 화용(華容)현으로 피난했다. 결국 어린 딸을 당지 부잣집에 민며느리로 보낸 왕숙란은 양자(養子) 모화초(毛華初)와 함께 나석천의 집에 얹혀살았다. 당시 나석천 일가도 생활이 어려웠으나, 더욱 곤란한 왕숙란 일가를 살뜰하게 보살폈다. 1900년 모씨 가문에 민며느리로 들어온 왕숙란과 1907년 상옥장에 시집온 나씨는 2년 동안 함께 생활하며 시부모를 공경하고 남편 내조에 힘썼다. 이들 동서 간은 화목하고 '사이 좋은' 관계였다.

'우미인 침상(虞美人·枕上)'은 모택동이 쓴 유명한 사(詞)이다. …잠들 수 없는 이 밤에 애잔한 그리움이, 큰 바다의 거대한 풍랑처럼 밀려온다. 긴긴 밤의 어둠이 좀처럼 걷혀지지 않으니, 옷을 입고 밖에 나와 새벽별을 세어본다. 드디어 새벽이 밝아와서 백념(百念)이 사라졌으나, '이별한 이'의 그림자만 남아있네. 처연한 새벽달이 서쪽으로 기울어져가니, 저도 모르게 눈물이 샘 솟듯 흐르네. 한편 모택동이 이 사를 쓴 구

---

42   나석천(羅石泉, 1888~1953)은 모택동의 원배인 나씨의 사촌 오빠이다. 1925년 공산당에 가입, 소산충 농민협회 책임자로 활약했다. 1940년대 모택동은 나석천에게 은화와 쌀 200근(斤)을 보내줬다. 1950년 모택동은 모안영의 인편에 선물을 보냈다. 1952년 모택동은 나석천 등을 북경에 초청, 나씨 가문에 대한 '송구한 마음'을 표시했다.

체적 시간과 '그리움 대상'이 계배 양개혜인지, 아니면 원배 나씨(羅一秀)인지에 대해선 학자들 간의 의견이 상이하고 주장도 크게 엇갈린다. 상기 '관련 주장'에 대해 대체로 다음 세 가지로 정리할 수 있다.

첫째, 1920년 겨울 양개혜와 결혼한 모택동은 이듬해(1921) 초여름에 출장을 떠났다. 외로운 타지에서 홀로 남겨둔 '부인(楊開慧)'이 그리워 잠들 수 없는 밤에 사모의 정을 적은 것이다. 신혼 초기 잠시 '이별한 아내'가 그리며 '우미인 침상'을 작성했다(良石 외, 2012: 39). 이는 대다수의 중국 학자들의 주장이며 정설로 여겨진다. 또 이는 대부분의 (中國)관방 학자들이 양개혜를 모택동의 '정실(正室)'로 간주하고 있는 것과 크게 관련된다.

둘째, 1920년 연인 양개혜에게 쓴 '우미인 침상'은 모택동의 첫 애정시이다. 모택동의 '구애사(求愛詞)'를 받은 양개혜는 친구 이숙일(李淑一)에게 이렇게 말했다. …그와 나의 마음은 모두 열렸다. 나는 그의 애틋한 사랑을 진하게 느낀다. 그도 나의 애모의 정을 느꼈을 것이다(馬社香, 2004: 26). 그러나 사의 내용을 눈 여겨보면 이를 '애정시'로 보기에는 무리가 있다. 한편 1919~1920년 모택동에게는 또 다른 '여자친구' 도의(陶毅)[43]가 있었다. 사실상 이 시기 청년 모택동은 연인 양개혜와 '첫사랑' 도의 사이에서 양다리 걸치기를 했다. 따라서 '우미인 침상'은 '여자친구' 도의가 그리워 작성한 것이라는 것이 일각의 주장이다.

---

[43] 도의(陶毅, 1896~1931)는 자(字)가 사영(斯咏)이며 호남성 상담(湘潭) 출신, '장강 이남의 제일 재녀(才女)'로 불렸다. 1919년 신민학회 가입, 모택동과 연인 관계를 맺었다. 모택동이 발족한 '문화서사(文化書社)' 협력자였다. 1921년 여름 모택동은 '중공 창건' 대회에 참가 후 남경으로 찾아가 도의와 재회(再會)했다. 한편 모택동은 '첫사랑' 도의와의 재회 전후 그녀를 사모하는 사(詞) '우미인 침상'을 썼다는 것이 일각의 주장이다.

셋째, 모택동 시사(詩詞) 연구 전문가 팽명도(彭明道)는 '우미인 침상'은 나씨를 기리기 위해 쓴 것이라고 주장했다. 그의 고증(考證)에 따르면 이 사(詞)는 나씨가 졸사한 지 얼마 안 된 1910년 초여름에 작성한 것이다(賈章旺, 2012: 11). 상기 주장이 정설이라면 이는 모택동이 쓴 가장 초기의 작품으로 간주된다. 팽명도의 '고증'은 파격적 발상이 아닐 수 없다. 당사자 모택동의 '초혼 부인'으로 중국 학자들은 나씨를 모택동의 원배(元配)로 인정하지 않고 있다. 한편 팽명도의 주장을 정설로 보기에는 무리가 있고 여러 가지 의문이 남아있는 것도 사실이다.

모택동의 몇 차례의 혼인(婚姻)이 모두 비극적으로 끝났다는 점에 주목할 필요가 있다. 모택동의 인정을 받지 못한 (元配)원배 나씨는 결혼 2년 만에 졸사했다. 또 '조강지처' 양개혜는 29세의 젊은 나이에 호남성 군벌 하건에게 살해됐다. '환난지처(患難之妻)' 하자진은 이국에서 얻은 조현병(調絃病)으로 불행한 만년을 보냈다. 문혁 시기 '악처(惡妻)'로 변신한 넷째 부인(江靑)은 모택동 사후에 자살로 비극적 삶을 마쳤다. 모택동의 '첫사랑' 왕십고·도사영(陶斯咏)은 이삼십 대 젊은 나이에 '비명횡사'했다. 이 또한 혁명가 모택동이 치른 '참혹한 대가'였다.

훗날 소산충의 어른들은 만약 나씨가 졸사하지 않았다면 모택동이 오지 소산충을 벗어나지 못했을 것이라고 입을 모았다. 만약 모택동이 소산충에 남아 있었다면 쌀가게 주인이나 초등학교 교사를 면치 못했을 것이라는 주장은 나름의 일리가 있다. 한편 원배 나씨의 급사가 모택동의 '소산충 이탈'에 상당한 영향을 끼쳤을 것은 자명하다. 그러나 나씨의 죽음이 모택동의 '소산충 이탈'과 '동산학당 진학'의 주된 원인으로 보긴 어렵다.

소년 모택동은 '구식 혼인'에 항거한 영웅으로 부각되고 나씨는 (封

建)혼인제도의 희생양으로 간주된다. 모택동의 '첫 혼인(初婚)'에 이념가미는 삼가고 지양해야 한다. 한편 큰 의구심이 들지만 나씨가 '첩실'이라는 일각의 주장이 사실이라면, 이야말로 봉건적 혼인제도가 낳은 비극적인 결과이다. 이 또한 모택동의 초혼이 미스터리[44]인 주된 이유이다.

제2절 '동량지재(棟梁之材)'와 말단 열병(列兵)

1. 동산소학당의 '동량지재(棟梁之材)'

1) '6년 공부자' 종료, 소산충 이탈

1909년 가을 모택동은 모간신(毛簡信)·모대종(毛岱鍾) 부자가 운영하는 거북정(烏龜井) 사숙에 복학했다. 한편 모택동의 '복학' 원인에 대해 중국 학자들 간에 상이한 주장이 팽팽히 대립되고 있다. 이는 모택동의 회상(1936)에서 서술한 '가출사건'과 관련된다. 즉 모택동의 '가출사건' 결과물인 '도피성 복학'과 모순생의 지지를 받은 '서당 복학'이라는 상반되는 견해가 엇갈린다. 1910년 가을 소년 모택동은 '소산충 이탈'에 성공했다.

모택동은 '가출사건'을 이렇게 회상했다. ⋯'성세위언(盛世危言)'[45]이

44　모택동의 초혼(初婚)이 '미스터리'로 간주되는 주된 이유는 첫째, 구체적 결혼 시기가 밝혀지지 않았다. 둘째, 2년 간 결혼생활을 했으나 자녀가 없었다. 셋째, 신부의 (初夜) 독수공방과 신랑의 '신방 동거' 거부이다. 넷째, 당사자 모택동의 '초혼 부인'이다. 다섯째, 1909년 가을 모택동의 '도피성 기숙'이다. 여섯째, 모택동이 나씨 가족과의 인연을 지속적으로 유지했다. 일곱째, 신부 나씨가 모순생의 '첩실'이라는 일각의 주장 등이다.

45　'성세위언(盛世危言)'은 유신파·계몽사상가인 정관응(鄭觀應. 1842~1921)의 대표작이다.

란 책을 읽은 후 나는 점차 농사일에 싫증을 느꼈다. 당시 아버지는 사숙에 복학하겠다는 나의 요구를 무시했다. 결국 집에서 뛰쳐나온 나는 실업한 법학도의 집에 도망갔다(董樂山, 2002: 98). '법학도 집'이 바로 거북정 사숙이며 실업한 '법학도'는 모대종이었다. 한편 모택동의 '사숙 복학' 원인은 ① '성세위언' 영향 ② 농사일에 대한 권태 ③ 모순생의 '소송 패배', 경전·법지식 중요성 인지 ④ 급진파 이수청(李漱淸)의 영향 ⑤ 신랑의 '신혼 불만'에 따른 '결혼 도피' ⑥ 모순생의 '장자(長子) 가업 승계'와 소산충을 이탈하려는 모택동의 포부 간의 괴리 등이다.

현재 모택동의 '거북정 복학'은 아버지의 '사숙 복학' 반대로 가출한 결과라는 주장과 모순생의 지지를 받아 거북정 사숙으로 복학했다는 상반된 견해가 크게 엇갈리고 있다. 한편 중국의 관방 학자들은 모택동의 사숙 복학을 '가출사건'에 따른 '도피성 복학'으로 간주한다.

1909년 여름 모택동은 보증금을 지불한 농가에 돼지를 찾으러 갔다. 마침 돼지고기 값이 급등해 헐값에 팔아 넘긴 농민은 크게 후회했다. 이에 동정심이 발동한 모택동은 '매매계약'을 파기하고 빈손으로 돌아왔다. 화가 치민 모순생은 못난 자식을 혼내려고 몽둥이를 찾아 들었다(高菊村 외, 1900: 14). 모택동은 모간신에게 고초를 털어놓고 도움을 청했다. 모순생은 덕망이 높고 성품이 강직하며 숙부뻘인 모간신을 존경했다. 당시 모순생은 더 이상 무리한 간섭을 하지 않고 모간신에게 자식을 맡겼다(黃露生, 2011: 46). 당시 모택동은 당장 눈앞에 떨어진 화를 피해 삼십육계 줄행랑을 놓았다. 그가 피신한 곳이 바로 거북정 사숙

저자는 저서에서 부국강병을 서두르지 않으면 국가의 위기가 도래할 것이라고 예언했다. 1898년에 출간된 '성세위언'은 당시 중국인의 의식 변화에 커다란 영향을 끼쳤다. 훗날 모택동은 '성세위언'을 읽은 후 '사숙 복학(1909)'을 결정했다고 술회했다.

이었다. 결국 모간생의 도움을 받아 모택동은 거북정 사숙에 복학했다. 이는 모택동의 회상과 부합된다. 즉 아버지의 '사숙 복학' 반대로 가출한 '도피성 복학'이었다.

모택동의 사숙 복학은 모순생의 허락으로 이뤄졌다. 엄격한 가장인 모순생이 아들이 임의로 사숙에 복학했다면 학비를 지급하지 않았을 것이다. 또 모택동이 재정권을 가진 아버지의 반대를 무릅쓰고 가출해 사숙으로 복학한다는 것은 상상하기 어렵다(尹高朝, 2011: 69). 훗날 모택동은 이렇게 회상했다. …아버지는 내가 경전에 능통한 사람이 되기를 원했다. 소송 사건에서 '경전을 인용'한 피고에게 패배한 후 더욱 그러했다. 그는 소송에 필요한 (儒敎)경전과 같은 실질적인 것을 공부해야한다고 강조했다(毛澤東, 2008: 18). 당시 모순생은 산림소유권 문제로 다른 사람과 소송을 치렀다. '소송 패소'로 산림을 빼앗긴 이 사건은 모순생에게 치욕적이었다. 결국 법지식의 중요성을 실감한 모순생은 아들의 사숙 복학을 허락했다(宋三旦 외, 2003: 26). 모택동이 모순생의 지지를 받아 사숙에 복학했다는 주장은 '도피성 복학'과 상반된다. 사실상 '소송 패배'는 법지식 결여에서 비롯된 것이다. 한편 '소송 패소'가 모택동의 '사숙 복학' 원인이라는 상기 주장은 모택동의 회상(1936)을 맹신한 것과 관련된다.

'성세위언'은 개량주의 사상가인 정관응(鄭觀應)의 저서이다. 저자의 애국주의 격정과 사회개조 구상은 소년 모택동을 감동시켰다. '성세위언'은 모택동의 '사숙 복학' 욕망과 상상력을 자극했다(曹志爲 외, 1991: 21). 훗날 모택동은 이렇게 회상했다. …나는 '성세위언'이란 책을 감명깊게 읽었다. 당시 나는 중국의 무기력함은 서방 현대적 장비의 부재에 있다고 호소한 정관응의 주장을 찬동했다(胡長水 외, 2003: 14). 당시 소년 모택동은 정관응의 개량주의 사상을 제대로 터득하지 못했다. 한편 '성세위언'이 모택동의 '복학 욕망'을 자극했다는 상기 주장에는 일견 수긍된다. 그러나 이를 '사숙 복학'의 주된 원인으로 보긴 어렵다.

모간신 부자가 운영하는 거북정 사숙의 학생들은 글을 깨치지 못했거나 겨우 글자에 눈 뜬 초보자였다. 또 법지식을 가르치는 법학당(法學堂)도 아니었다. 경전을 숙달한 모택동의 거북정 복학은 '의문투성이'이다. 허니문기 신랑의 거북정 복학을 의심하는 일각의 주장에 힘이 실리는 이유이다. 결국 신랑의 냉대를 받은 신부 나씨와 모순생 간의 '가족 스캔들'이 모택동이 사숙으로 피신한 '심층적 원인'일 수 있다는 인상을 지울 수 없다.

소년 모택동에게 깊은 인상을 남긴 책자가 있었다. 모택동은 '오호, 중국은 이대로 망할 것인가'라는 책의 앞 구절을 기억하고 있었다. '중국 분할'의 위기감에 대한 우려와 걱정은 천백만의 애국적인 중국 청년들의 반응이었다(P. short, 2010: 25). 훗날 모택동은 이렇게 회상했다. …나는 정치적 의식을 갖기 시작했고 '중국 분할' 책자를 읽은 후 더욱 그랬다. 이 책은 조선(朝鮮)·대만(臺灣)에 대한 일본 침략과 동남아 지역에서 중국의 종주권 상실을 서술했다. 나는 조국의 앞날을 크게 걱정했다(毛澤東, 2008: 22). 한편 15세의 농촌 소년이 '중국 분할' 위기감과 '조국의 앞날'을 걱정했다는 상기 주장에는 쉽사리 수긍하기 어렵다.

모택동에게 '중국 분할'에 관한 책자를 빌려준 교사가 바로 '급진파(急進派)'로 불린 이수청(李漱淸, 1874~1957)이었다. 이수청은 1907~1909년 모택동이 사숙을 '휴학'하고 집에서 농사일을 할 때 사귄 망년지교(忘年之交)였다. 한편 봉건적 미신을 반대하고 신문화와 과학을 주창한 이수청의 사상과 진보적 견해는 모택동의 '(私塾)복학 욕망'을 자극했다. 또 부국강병과 유신사상을 추구한 이수청은 모택동의 민주사상 형성에 중요한 영향을 미친 '계몽(啓蒙)선생'이었다. 결국 20살 차이인 모택동과 이수청은 비슷한 취향을 지닌 망년지우(忘年之友)가 됐다.

1917년 모택동은 여금희(黎錦熙)[46]에게 보낸 편지에 이렇게 썼다. … 몇 년 전의 사숙 생활과 엄격한 훈장이 더욱 그리워진다. 인간이 입신 양명(立身揚名)을 추구하는 것은 인지상정이다. 자나깨나 사숙 복학의 욕 망을 억누를 수가 없었다. 운명의 기로에서 방황했던 당시의 깊은 고뇌 와 착잡한 심정을 말로 표현할 수 없다(中共中央文獻研究室, 2008: 72). 상기 모택동의 '착잡한 심경'은 사숙 복학을 갈망했던 그의 애타는 심정을 단적으로 표현한 것이다. 실제로 부모가 도맡은 '구식 혼인'에 대한 모 택동의 불만과 '부정적 입장'을 간접적으로 표명한 것이다.

1909년 가을 모택동은 모간신의 사숙에서 기숙했다. 모택동은 '군 인 품격'을 지닌 모간신의 강렬한 애국주의 사상에 감화됐고 유교 경전 에서 배울 수 없는 지식을 섭취했다. 또 모간신의 군생활 이야기에 도 취된 모택동은 좌종당(左宗棠)[47]의 분열주의를 극복한 영웅적 신화에 매 료됐다. 모택동은 모간신의 지도하에 서법(書法)에 더욱 전념하며 서예

---

46 여금희(黎錦熙, 1890~1978), 호남성 상담(湘潭) 출신이며 교육자이다. 1913~1914년 제 4·제1사범학교에서 역사 교사, 이 기간 사제 관계인 여금희와 모택동은 동서고금의 학문과 사회개조 방법에 대해 폭넓게 토론했다. 여금희의 성품과 학문 천착은 사범생 모택동에게 긍정적 영향을 미쳤다. 건국 후 북경사범대학 교수, 중국사회과학원 원사 (院士), 전국 인대 대표를 역임, 문혁 시기 모택동의 보호를 받았다. 1978년 북경에서 병사했다.

47 좌종당(左宗棠, 1812~1885), 호남성 상음(湘陰) 출신이며 청나라 군사가이다. 상군(湘 軍) 명장이며 양무파(洋務派) 수령이다. 1850~1860년대 태평천국과 염군(捻軍)을 진 압, 1870년대 '동치회란(同治回亂)'과 '신강(新疆) 반란' 평정에 기여했다. 중법(中法)전쟁 (1883~1885) 시기 복건성 독군(督軍)을 맡았다. 1885년 복주(福州)에서 병사했다.

기법을 익혔다. 한편 과거에 학칙 위반을 밥 먹듯 했던 '말썽꾸러기'인 그가 거북정 사숙에서는 한 차례의 체벌도 받지 않았다. 이는 모택동이 2년 간의 결혼 생활을 통해 한결 성숙됐다는 단적인 반증이다.

장사의 법정학당에서 공부한 모대종은 신식 교육을 받은 급진파였다. 도시에서 직업을 찾지 못한 그는 고향에 돌아와 거북정 사숙에서 청조(淸朝)의 법률과 각종 법지식을 가르쳤다. 모택동이 법학도 모대종에게서 청조의 '왕법(王法)'을 열심히 배우고 있을 무렵 그의 신변에 두 건의 놀라운 사건이 일어났다. 결국 이는 지고무상한 (淸朝)법률에 대한 기대감을 상실케 했고 법지식에 대한 모택동의 흥취를 졸지에 사라지게 만들었다.

첫 번째 사건은 흉년으로 인한 조세 거부와 정부의 보유미 방출을 요구한 '항조평조(抗租平糶)'로, 지주의 곡식창고를 털어 쌀을 나눠가지는 '흘대호운동(吃大户運動)'이었다. 한편 정강산(井岡山) 시기 모택동이 영도한 공농홍군은 부잣집을 털어 쌀을 가난한 사람들에게 나눠주고 홍군의 군량(軍糧)을 마련했다. 결국 이는 또 다른 '흘대호운동' 운동이었다.

1909년 특대 수한재(水旱災)로 수재민이 도처에 널렸다. 모택동은 이렇게 회상했다. …심각한 기근으로 굶주린 수만명의 농민들이 장사(長沙)에서 대규모 폭동을 일으켰다. 또 그들은 관청을 공격했다. 새로 부임된 순무(巡撫)는 '폭동'의 주모자를 체포해 단두대에 세웠다(汪衡, 2009: 33). 당시 호남성에서는 아들딸을 팔고 온 가족이 강물에 뛰어들어 자살하는 일도 비일비재했다. 결국 극심한 대기근(大飢饉)을 이기지 못한 수많은 농민들은 지주와 도매상의 곡식 창고를 털기에 이르렀다. 한편 정부는 군대를 동원해 반란자들을 체포하고 주모자를 살해했다.

소년 모택동에게 심각한 인상을 남긴 또 다른 사건이 있다. 소산(韶

山) 일대의 비밀조직인 가로회(哥老會)[48]의 회원 팽석장(彭石匠)의 반란 사건이다. 한편 서행만기(西行漫記)에는 하룡(賀龍)[49]과 가로회에 관한 이야기가 있다. 옛날 장강(長江) 유역에는 비적이 많아 농민들은 무장조직(武裝組織)인 가로회를 설립했다. 또 가로회는 회원의 어려움을 형제처럼 도와주었다. 가로회 회원들은 관아를 습격해 양곡을 빈민들에게 나눠 준 하룡을 구세주처럼 받들었다. 한편 가로회의 '구세주' 하룡과 정강산에 올라 '공비(共匪) 두목'이 된 모택동은 혁명 동지가 됐다.

모택동은 이렇게 회상했다. …가로회 회원들은 판정에 불복해 반란을 일으켰다. 주모자 팽석장이 붙잡혀 처형됐다. 소산충에서도 '흘대호운동'이 일어났는데 식량을 강탈당한 아버지는 분노했다. 나는 아버지를 동정하지 않았으나, 그들의 수법도 찬성하지 않았다(毛澤東, 2008: 21). 모순생의 식량을 강탈한 무리는 가로회 회원들이었다. 한편 '가로회 패소' 후 법률의 '공정성'에 의구심을 품은 모택동은 얼마 후 동모당 사숙으로 전학했다.

1925년 모간신이 세상을 떠났을 때 귀주(貴州)에서 실업한 모대종은 '쪽방 신세'였다. 당시 모간신의 집에는 후사를 처리할 사람도, 돈도 없는 딱한 사정이었다. 이 사정을 알게 된 모택동은 사비를 털어 은사(恩

---

48 가로회(哥老會)는 18세기 주로 양자강(揚子江) 일대를 주무대로 활약한 백련교파(白蓮敎派)의 비밀 결사조직이다. 당시 '반청복명(反淸復明)'을 기치로 내건 가로회는 부호들을 약탈했다. 훗날 홍군 지휘관이 된 하룡(賀龍)도 가로회 조직에 참가했다. 한편 가로회의 기원(起源)과 관련해 현재 중국의 역사학계에서는 '다양한 해석'이 존재한다.

49 하룡(賀龍, 1896~1969), 호남 상식(桑植) 출신이며 개국원수(元帥)이다. 1927년 중공에 가입, 1920년대 국민혁명군 제20군(軍) 군단장, 남창봉기의 총지휘로 임명됐다. 1930~1940년대 홍군 2방면군 총지휘, 팔로군(八路軍) 120사(師) 사단장을 맡았다. 건국 후 국무원 부총리, 중앙군위(中央軍委) 부주석을 역임, 1969년 북경에서 병사했다.

師)의 장례식을 융숭하게 치렀다. 또 그는 은사를 추도하는 제문(祭文)을 작성하고 고인의 죽음을 기리는 만련(挽聯)을 마련했다. 한편 제문에서 모택동은 은사인 모간신을 솔직하고 용감하며 정의로운 선비라고 극찬했다. 당시 모택동이 거북정 사숙의 훈장 모간신의 장례를 후하게 치러준 선행(善行)은 소산충에서 미담(美談)으로 회자됐다.

1910년 봄 모택동은 모록종(毛麓鍾)이 운영하는 동모당 사숙으로 전학했다. 수재 모록종을 매우 존경한 모순생은 엄격한 족형(族兄)에게 아들을 맡기면 걱정도 덜고 족형 도움으로 출세한다면 일거양득이라고 생각했다(尹高朝, 2011: 81). 동모당 사숙에서 사기(史記)와 손자병법(孫子兵法)[50]을 읽은 모택동은 시사가부(詩詞歌賦)를 열심히 공부했다. 이는 모택동의 시사(詩詞)가 높은 경지에 도달한 주된 원인이다(宋三旦 외, 2003: 44). 당시 모택동이 손자병법을 읽었다는 상기 주장은 신빙성이 낮다. 실제로 모택동이 연안(延安)에서 손자병법을 읽었다는 것이 정설이다. 한편 1920년 동모당 사숙은 모씨종사(毛氏宗祠)학교로 개명했다.

1910년 여름 모씨 족장(族長) 모홍빈(毛鴻賓)은 쌀을 창고에 저장해두고 쌀값 폭등을 기다렸다. 이 내막을 안 모승문(毛承文)은 사당에 찾아가 쌀을 나눠줄 것을 요구했다. 이에 모홍빈은 '사당 소란' 죄명을 씌워 모승문을 사당에 가둔 후 가문의 어른들을 청해 모승문의 '죄행'을 설명

---

50 준의회의(遵義會義, 1935.1)에서 개풍(凱豊)은 모택동에게 이렇게 말했다. …당신은 '삼국연의'와 '손자병법' 두 권의 책에 의존해 전투를 지휘하니 별로 신기할 것이 없다(胡哲峰 외, 1993: 68). 1960년 모택동은 이렇게 술회했다. …사실 나는 그때까지 '삼국연의' 는 숙독했으나 '손자병법'은 읽지 못했다. 전쟁이 시작되면 '삼국연의'의 이야기들은 모조리 잊어버렸다(董志新, 2001: 31). 실제로 모택동은 연안에서 '손자병법'을 구해 정독(精讀)했다. 한편 일부 중국 드라마에서 장정 중 모택동이 '손자병법'을 읽는 장면은 픽션을 가미한 것이다.

하고 체벌하려고 했다. 이때 모택동이 사건의 경과를 들어보자고 제의했다. 모승문의 설명을 듣고 내막을 알게 된 족인들을 모홍빈을 문책했다. 모홍빈은 '소란 주모자'인 모택동에게 '두고 보자'는 말을 남기고 사당을 빠져나갔다. '사당 이야기'를 전해들은 모록종은 모택동의 의협심을 크게 치하했다. 한편 모택동의 '사당 소란'은 자충수가 됐다.

모홍빈은 모순생에게 모택동의 '사당 소란'을 낱낱이 일러바쳤다. 화가 치민 모순생은 동모당 사숙에 달려가서 모택동에게 이렇게 호통쳤다. …석삼아자 이놈, 어릴 때 학당(學堂)에서 말썽을 부리더니 이젠 신성한 사당에서도 소란을 일으키는구나. 글을 읽을수록 어리석게 행동하니 공부를 당장 때려치워라(黃露生, 2011: 60). 이렇게 소년 모택동은 6년 간의 사숙 생활을 시원섭섭하게 마쳤다. 훗날 모택동은 서당(私塾) 공부를 '6년 공부자'로 정리했다. 1920년 봄 모택동은 산동성 곡부(曲阜)의 공자묘(孔子廟)를 찾아가 온고지신(溫故知新)의 의미를 되새겼다.

훗날 모택동은 마르크스주의 이론과 중국의 문화유산을 결합시켰다. 연안 시기 모택동은 저서를 집필하거나 항일군정대학 등의 강연에서 유교 경전을 자주 인용했다. 모택동이 만년에 읽은 경전은 선장본(線裝本) 24사(史), 850여 권이 된다(柯延 외, 1996: 20). 모택동이 유교사상에서 섭취한 '정수(精髓)'는 첫째, 유교사상을 현대사회의 도덕규범으로 받아들였다. 둘째, 유교가 주장한 '선(善)'을 긍정적 요소로 수용했다. 셋째, 자기수양의 중요성이다. 사실상 모택동의 공맹(孔孟) 어록의 인용은 마르크스의 이론보다 훨씬 많았다(金冲及, 2009: 26). 유교 경전이 모택동의 인생관에 끼친 영향력을 부정하는 일각의 주장은 터무니없다. 한편 청장년 시절 공산주의자로 변신한 모택동은 마르크스의 이론 연구에 열중했다.

모택동이 구식 사숙에서 6년 동안 읽은 유교 경전은 청소년 시절의 인생관과 가치관 형성에 중요한 영향을 미쳤다. '6년 공부자' 생활을 통해 유교 경전의 정수를 섭취한 소년 모택동은 경전을 활용한 '높은 수준'의 문장을 쓸 수 있는 학문적 기초를 닦았다. 또 그는 시인(詩人)의 자질을 키우고 서예(書藝)의 기법을 익혔다. 한편 모택동은 만년에 '공자(孔子) 타도'의 정치적 운동을 일으켜 유교를 전면적으로 부정했다. 따라서 모택동이 만년에 유학을 '중요한 학문'으로 연구하고 유교 경전을 열심히 공부했다는 일각의 주장은 자가당착적이고 이율배반적이다.

모순생은 모택동에게 현성의 쌀가게 학도로 들어가 장사를 배우라고 강요했다. 당시 자신의 '계획'을 어머니에게 이실직고한 모택동은 문씨의 지지를 받았다. 모택동은 외숙부와 사촌을 청하고 모우거와 이수청을 찾아가 협조를 부탁했다. 드디어 '홍문연(鴻門宴)'[51]이 마련됐다 (尹高朝, 2011: 88). 모택동이 쌀가게 학도를 포기하고 동산학당 진학을 결심한 것은 사촌형 문운창과 관련된다. 당시 동산학당 이야기를 들은 모택동은 이 학당에서 공부할 결심을 내리게 됐다. 동산학당은 서방의 '신학'을 중시하는 신식 학교였다(唐振南 외, 2007: 55). 한편 문씨의 생신날에 마련된 술자리를 홍문연에 비유하는 것은 적절치 않다. 또 모택동과 문씨의 '합작'으로 마련된 이 '홍문연'은 모순생을 가상의 적으로 설정했다. 실제로 모택동의 회상(1936)에서 '반혁명'으로 낙인찍힌 문운창의

---

51 홍문연(鴻門宴)은 기원전 206년 항우(項羽)와 유방(劉邦)이 함양(咸陽) 쟁탈을 둘러싸고 섬서성 홍문에서 회동한 사건이다. 홍문연은 '음모와 살기가 가득 찬 연회를 뜻한다. 항우의 책사 범증(范增)이 유방을 죽이기 위해 꾸민 음모였다. 유방은 호위무사 번쾌(樊噲)의 용맹과 모사 장량(張良)의 지혜로 목숨을 구했다. 결국 홍문연의 주범 항우의 '유방 모해' 음모는 실패했다. 한편 모택동이 획책한 '홍문연'은 기대한 목적을 달성했다.

도움이 가장 컸다.

모택동은 이렇게 회상했다. …아버지는 상담현성의 쌀가게에 나를 견습생으로 보내려고 생각했다. 사촌형은 나에게 신식 학교와 신식 교육에 대해 상세히 이야기했다. 신식 학교는 주로 서양의 새로운 지식을 가르쳐주며 교육방법도 매우 진보적이라고 했다(董樂山, 2002: 99). 술이 세 순배 돌자 모택동이 동산학당 진학 계획을 말했다. 가장 먼저 모택동의 계획을 지지한 것은 당형 모우거였다. 모순생은 '쌀가게 학도' 계획을 말하자 외숙부 문정흥이 소송 사건을 끄집어냈다. 모록종은 모택동이 소산충을 벗어나면 장차 '큰 인물'이 될 것이라고 장담했다(唐春元 외, 2004: 11). 마침내 모순생은 모택동의 신식 학교 진학을 허락했다. 모순생이 '발언권이 강한' 외숙부와 모씨 선비의 권고를 수락한 것은 중국인의 '체면 중시'와 관련된다. 결국 모택동과 문씨가 마련한 '홍문연'은 목적을 달성했다.

모택동의 '동산학당 진학'은 이종사촌 왕계범의 역할이 컸다는 것이 일각의 주장이다. '홍문연'에서 왕계범은 모순생에게 이렇게 말했다. …동산소학당 진학에 소요되는 학자금은 동전(銅錢) 1500문(文)[52]밖에 되지 않는다. 공부에 필요한 비용은 내가 책임지겠다. 조카의 '학비 지원' 약속을 받아낸 모순생은 아들의 진학을 허락했다(覃曉光 외, 2014: 9). 상기

---

52 모택동의 '동산학당 입학'에 소요되는 비용에 대한 상이한 주장이 있다. 학자금으로 '동전 1500문'을 지불했다는 서술 외 또 다른 학자(尹高朝, 2011: 99)는 동전 140문을 지급했다고 주장했다. 또 1400전(미화 2달러)을 냈다는 외국 학자(D. spence, 2007: 23)의 주장은 사실과 동떨어진다. 실제로 모택동의 '회상(1936)'에서 언급한 '동전 1400문' 지불이 정확한 액수이다. 당시의 은화 1원이 동전 1000~1200문, 인민폐로 계산하면 160~180원에 해당된다. 결국 동전 1400문은 은화로 약 1.2원, 인민폐로 계산하면 200원 정도이다.

중국 학자들의 주장은 모택동의 회상(1936)을 근거로 모순생을 아들의 학비마저 지불하지 않으려는 수전노(守錢奴)로 폄하한 것이다. 한편 이 시기 가업이 매우 번창한 모순생은 아들의 학자금을 지불하지 못할 정도는 결코 아니었다. 따라서 상기 주장의 신빙성은 제로에 가깝다.

낮에는 농사일을 배우고 밤에는 아버지를 도와 장부를 기록한 모택민은 곡물 유통 등 장사 수완을 익혔다. 실제로 모택동의 '혁명 헌신'은 모택민이 부모를 도와 열심히 생계를 꾸려 나갔기 때문이다. 훗날 모택동은 동생 모택민이 없었다면 소산충의 이탈은 불가능했다고 술회했다(毛新宇, 2016: 29). 결국 모순생은 장사 기법과 경영 노하우를 둘째 아들인 모택민에게 전수하고 가업을 물려줬다. 당시 모순생이 모택동의 '동산학당 진학'을 허락한 주된 원인은 모택민이 있었기 때문이다. 1930년대 모택민은 중화소비에트중앙정부의 경제부장과 은행장을 맡았다.

1910년 가을부터 모택동은 동산소학당에서 공부했다. 모택동이 '소산충 이탈'에 성공한 주된 원인은 ① 사숙 훈장 모록종 등의 협조 ② 어머니 문칠매의 후원, 외갓집 외숙부의 물심양면 지원 ③ 급진파 이수청과의 접촉, 배움에 대한 강렬한 욕망 ④ '학당 진학'에 대한 모택동의 강한 의지와 염원 ⑤ 사촌형 문운창의 '동산학당 소개'와 길라잡이 역할 ⑥ 모순생의 양보와 '진학 허락' ⑦ 1910년 2월 원배 나씨의 급사 등이다. 이 중에서 당사자 모택동의 '학당(學堂) 진학'에 대한 강렬한 의지와 모순생의 '(學堂)진학 허락'이 가장 중요한 원인으로 간주된다.

1910년 가을 모택동은 아버지에게 남긴 자작시(自作詩)에 이렇게 썼다. …뜻을 세운 이 아들이 오늘 고향을 떠나니, 학업을 마치고 뜻을 이루지 못하면 고향 회귀는 없을 것입니다. 넓은 세상에 뼈를 묻을 곳이

고향 하나뿐이겠습니까? 이 넓은 세상 그 어디에나 뼈를 묻을 청산은 있을 줄로 압니다(金冲及 외, 2011: 9). 이 시는 모택동이 일본인 사이고 다카모리(西鄕隆盛)가 쓴 시에서 두 곳을 고쳐 자작시로 만든 것이다. 모택동은 더 넓은 세상을 향해 미련없이 고향을 떠났다. 결국 이는 모택동 인생의 중요한 전환점이었다.

2) '왕따' 당한 동산소학당의 '동량지재'

소산충과 50리 떨어진 동산소학당은 동산서원이 개편된 것이다. 교장 이원보(李元甫)[53]는 유신사상을 지닌 진보적 인사였다. 학당 교장으로 부임된 이원보는 새로운 교육방식과 시설 도입, 영어 등 학과목 설치와 애국적 교사를 초빙해 학당을 근대식으로 개혁했다. 일본 유학을 다녀온 동산소학당 교사들은 명치유신(明治維新) 영향을 받았다. 당시 '신식 학교'인 동산소학당은 유교 경전 외 자연과학과 지리·음악 등 과목을 가르쳤다.

모택동은 상향현 출신으로 수험 신청을 했다. 작문 제목은 '언지(言志)'였다. 모택동은 외세 침략으로 위태로운 국가 운명과 연결된 구국구민 포부를 주제로 설정했다. 시험관 담영춘은 만점을 매겼고 작문을 읽은 이원보는 '동량지재(棟梁之材)'가 왔다며 감탄했다(周仁秀 외, 2007: 61). 모택동의 입학이 우여곡절을 겪은 것은 상담현 출신이었기 때문이었다. 당시 은화 2원의 보조금이 지급됐는데 이는 상향현 학생에게 국한

---

53 이원보(李元甫, 1872~1941), 호남성 상향(湘鄕) 출신이며 모택동의 은사이다. 1910년 가을 파격적으로 '외향인'인 모택동을 동산소학당에 입학시켰다. 1911년 봄 모택동이 장사(長沙)의 상향중학교 입학에 필요한 '추천서'를 써주었다. 1958년 모택동은 '동산학교(東山學校)'라는 간판을 써서 당년에 받은 은사 이원보 교장의 관심에 보답했다.

됐다. 결국 상담현 출신이 입학 걸림돌이 됐다(尹高朝, 2011: 98). '작문 만점'은 문장에 능한 모택동에게는 당연한 결과였다. 한편 밤 늦게까지 열린 교무회의는 모택동의 '입학' 여부를 두고 치열한 토론을 벌였다. 결국 이원보가 '교장직 사직'이란 승부수를 띄운 후 동산학당 입학이 어렵사리 통과됐다.

'신식 학교'에서 모택동이 선호한 것은 국문과 역사·지리(地理)였다. 2년 간 휴학했다가 학당에 복귀한 모택동은 열심히 공부했다. 그는 대부분의 시간을 장서루(藏書樓)에서 보내며 동서고금의 명작과 유교 경전을 읽었다. 6년 간의 사숙 생활을 통해 많은 경전을 읽은 모택동의 문과 성적은 우수했다. 특히 작문 실력은 전교에서 둘째가라면 서러울 정도로 뛰어났다. 한편 붓글씨 연습에 공을 들이면서 모택동 특유의 초서체(草書體) 기법을 익혔다. 그러나 모택동은 자연과학에는 큰 흥취가 없었다. 또 낮은 수준의 영어 실력은 모택동의 아킬레스건이었다.

모택동의 작문 실력은 국문 교사 담영춘의 인정을 받았다. '구국도존론(救國圖存論)'[54] 제목의 작문 숙제를 냈는데 모택동은 '강량체(康梁體)'[55]를 본 따 문체가 특이한 작문을 작성해 제출했다. 담영춘은 파격적으로 105점이란 점수를 매겼다(宋三브 외, 2003: 423). 모택동의 작문은 학

---

54 모택동의 동급생인 담세영(譚世瑛)은 이렇게 회상했다. …나의 아버지 담영춘은 학생들에게 '송양공론(宋襄公論)'이란 제목의 작문 숙제를 냈다. 모택동이 쓴 작문은 문체가 독특하고 내용이 흥미로우며 기발했다. 당시 아버지는 절찬을 아끼지 않았다(柯延 외, 1996: 25). 한편 모택동의 뛰어난 작문 실력은 소산충의 사숙 생활과 밀접히 관련된다.

55 모택동이 집착한 '강량체(康梁體)' 문장은 일부 보수적 교사들의 비난을 받았다. 그들은 모택동의 '강량체'가 서양인의 문체와 입장을 대변한 것이라고 폄하했다(黃露生, 2011: 79). 실제로 모택동의 '강량체' 문장은 제일사범학교 국문 교사의 냉대를 받았다. 결국 이는 이 시기 강유위와 양계초가 이미 '시대의 낙오자'로 간주된 것과 관련된다.

교 게시판에 자주 게재됐다. 담영춘은 모택동의 '강량체' 문체와 습작 방법을 보급시켰다. 한편 모택동은 동급생 담세영(譚世瑛)과 돈독한 관계를 맺었다.

부잣집 자식들은 초라한 옷차림의 '시골뜨기'를 대놓고 무시했다. 당시 모택동은 '외향인(外鄕人)'이란 이유로 집단적 따돌림을 당했다. 특히 모택동이 작문 실력으로 교사들의 사랑을 독차지한 후 그들은 모택동을 더욱 질투했다(黃露生, 2011: 69). 모택동이 동산소학당에서 '왕따'를 당한 것은 소산충의 방언을 쓰고 어머니가 지어준 투박한 옷을 입었기 때문이었다. 또 그의 행동거지와 말투에서 촌티가 물씬 났기 때문이었다(邱江楓 외, 2013: 28). 당시 이원보는 학생들에게 '원대한 포부'를 지닌 모택동을 따라 배우라고 호소했다. 학교장의 '노골적 편애'는 텃세가 센 부잣집 자식들의 불만을 야기했다. 한편 모택동의 '오지(奧地) 출신'이 알려진 후 지역감정이 심한 부잣집 자식들은 노골적으로 '촌뜨기'를 조롱했다.

모택동은 이렇게 술회했다. …부잣집 학생들은 초라한 옷차림을 한 나를 무시했으나, 나는 2명의 학생과 친밀한 관계를 맺었다. 그중 한 사람은 작가이며 현재 소련에 있다. 당시 학생들 간에는 지역감정이 심했다. 상향현 학생들의 무시를 받은 나는 정신적으로 위축됐다(汪衡, 2009: 35). 상기 '소련 친구'가 바로 소삼(蕭三)이다. 실제로 모택동의 '선배'인 소삼은 출신 지역에 신경을 쓰지 않았다. 당시 소삼의 국문 성적은 우수했고 문학을 각별히 선호했다(唐振南 외, 2007: 63). 모택동과 소삼은 문학을 매개로 친밀한 교우(校友)관계를 맺었다. 이는 훗날 소삼이 '모택동의 청소년시대(1949)'라는 첫 전기를 쓸 수 있는 계기가 됐다.

모택동이 뛰어난 작문 실력으로 교사들의 인정을 받자 그에 대한 선입견이 점차 줄어들었고 학생들의 태도도 바뀌었다. 선비가문 자제인 소삼은 수많은 명작을 소장했다. 모택동이 가장 빌리고 싶은 책은 '세계영웅호걸전'이었다(蕭三, 1954: 25). 모택동이 '영웅호걸전'을 빌려 달라고 하자 소삼은 '대출 조건'으로 '상련(上聯)'을 제출했다. …눈앞에 그대의 귀인이 있건만 근시안(近視眼)이 어찌 귀인을 알아보겠는가? 이에 모택동은 이렇게 응답했다. …귀인으로 자처하지만 흉금이 좁고 닫힌 마음에 어찌 '재자(才子)'를 용납할 수 있겠는가(季世昌, 1994: 694). 실제로 소삼은 책을 빌려주는 조건인 대련(對聯)으로 모택동의 문장력을 테스트한 것이다. 당시 '대련 짓기'는 문학을 애호하는 지식인 사이에서 널리 유행했다.

모택동은 책을 돌려주며 미안하다고 했다. 소삼이 책을 펼쳐보니 작은 글씨로 쓴 평어가 빼곡했다. 또 부국강병을 실현해야 베트남·조선(朝鮮)의 전철을 밟지 않을 수 있다고 말한 모택동은 천하의 흥망은 필부(匹夫)에게도 책임이 있다는 고염무(顧炎武)[56]의 명언을 기억해야 한다고 말했다(蕭三, 1950: 14). 모택동은 이렇게 술회했다. …나는 '미국혁명'을 읽고 처음 미국을 알게 됐다. 워싱턴(Washington)은 8년 간의 독립전쟁을 거쳐 나라를 세웠다(毛澤東, 2008: 25). 실제로 모택동은 '영웅호걸전'을 읽으며 미국의 초대 대통령 워싱턴과 같은 '영웅호걸'이 되는 꿈을 꿨다. 결국 모택동은 중국 대륙을 통일한 일등공신(英雄)이 됐다.

1927년부터 소련에서 활동한 소삼은 1939년에 연안(延安)에 돌아왔

---

56 고염무(顧炎武, 1613~1682), 명말청조(明末淸朝) 초기의 사상가·실학자이다. 모택동은 동모당 사숙에서 고염무의 저서 '일지록(日知錄)'을 읽었다. 한편 사범학교 시절(1917.8) 모택동이 소유과 함께 무전(無錢)여행을 떠난 것은 '일지록'의 영향을 받은 것이다. 당시 소년 모택동은 고염무의 우국우민(憂國愚民)의 충정과 애국 정신을 흠모했다.

다. 당시 모택동은 '중공 1인자'로 자리매김했다. 1940년대 소삼은 해방일보에 모택동의 업적을 구가하는 문장을 발표했다. 1954년 소삼은 '모택동의 청소년 시대와 초기 혁명활동'이란 저서를 통해 청소년 시기 모택동의 업적을 집대성했다. 1950년대 소삼은 철두철미한 어용 문인이었다. 한편 모택동의 우상화 작업에 몰두한 그는 문혁 시기 7년 간 옥살이를 했다.

소삼의 '옥살이'를 한 주요인은 첫째, 1927년 '병치료'를 빙자해 소련으로 피신했다. 둘째, 1940년대 마르크스주의 이론에 관한 '폄하 발언'으로 모택동의 비판을 받았다. 셋째, 모택동을 폄하한 회고록[57]을 쓴 친형 소유의 주장을 묵인했다. 넷째, 1960년대 중소(中蘇)관계가 악화된 후 '소련 간첩'이란 누명을 썼다. 한편 소유는 소삼의 책을 근거로 그의 '회고록'에서 모택동을 폄하했다. 상기 '넷째 원인'이 옥살이의 주된 원인으로 추정된다. 1950년대 모택동은 소유를 조국으로 돌아오라고 권고했으나 소유는 이를 거절했다. 이는 현명한 선택이었다. 만약 귀국했다면 문혁 시기 옥살이를 면치 못하고 '처참한 죽임'을 당했을 것이다.

모택동의 동산학당 '2명 친구' 중 다른 한 명의 친구에 대한 학자들의 주장은 엇갈린다. 첫째, 소삼의 친형인 소유이다. 둘째, 모택동의 사촌형 문운창이다. 셋째, 동산학당 역사 교사 하람강(賀嵐崗)의 아들이다. 실제로 동산학당에서 모택동과 가장 친했던 동창 친구는 훗날 작가가 된

---

57   1959년 소유는 우루과이에서 '모택동과 나는 거지였다'는 영문으로 된 회고록을 출간했다. 1989년 '나와 모택동의 곡절 많은 인생경력'이란 제목으로 중국에서 출간됐다. 이 책은 '마오의 무전여행' 제목으로 한국에서도 출판됐다. 소유의 '모택동 폄하'는 1936년 모택동이 소유를 '문물 도적'으로 매도한 것과 크게 관련된다. 한편 '모택동 비하'로 점철되고 역사적 사실을 왜곡한 소유의 (英文)회고록은 영미권 학자들의 '필독서'가 됐다.

소삼과 국문 교사 담영춘의 아들이며 모택동의 룸메이트 담세영이다.

동산소학당에서 모택동이 (校友)관계를 맺은 2명의 친구는 소삼과 소유이다. 동산학당에서 함께 공부한 이들 형제는 모택동과 '돈독한 인연'을 맺었다(李捷 외, 1996: 22). 동산학당에서 모택동은 소삼 형제와 친밀한 친구로 지냈다. 또 모택동과 소유는 제1사범학교에서 2년 동안 함께 공부한 동창이며 친구 관계였다(路海江 외, 1999: 34). 동산소학당에서 모택동을 동정하고 '친밀한 친구'가 되어준 이는 소삼이었다. 당시 모택동의 '다른 한 명'의 친구는 그의 사촌형이었다(A. Pantsov, 2015: 30). 1910년대 모택동이 소유 형제와 '돈독한 관계'였다. 동산소학당의 지기는 소삼, (長沙)사범학교의 '절친'은 소유였다. 한편 모택동보다 아홉 살 연상인 문운창(1884~1961)이 '모택동 친구'라는 상기 주장은 신빙성이 제로이다.

1907년 시험을 통과한 소유는 갑반(甲班)에 편입됐다. 1909년에 우수한 성적으로 졸업한 소유는 1910년 호남(湖南)제1사범학교에 진학했다(李劍華, 2005: 503). 소삼은 모택동에게 가정상황을 이렇게 소개했다. …부친 소악영(蕭岳英)은 동산학당에서 물리 교사로 재직하고 있다. 둘째 형 소유는 작년(1909)에 졸업했다(王政明, 1996: 16). 소유는 이렇게 회상했다. …당시 우리는 간혹 만나면 고개를 끄덕이며 인사를 주고받았다. 나는 신입생과 동향관계를 논할 흥취가 없었다. 한편 진열실에 게재된 그의 작문으로 우리의 우정에 변화가 일어났다(蕭瑜, 1989: 16). 동산학당 시절 소유가 모택동의 '친밀한 친구'였다는 주장은 신빙성이 제로이다. 한편 (湖南)제1사범학교 시절 모택동과 소유는 '돈독한 관계'를 유지했다.

1914~1918년 모택동과 소유는 '절친한 친구'였다. 주된 이유는 첫째, 1915~1916년 모택동이 소유에게 보낸 편지가 11통에 달한다. 둘째, 1917년 여름 그들은 도보로 900리, 다섯 개 현을 주파하는 곡절 많은

'무전여행(無錢旅行)'을 완수했다. 셋째, 1918년 4월 그들은 신민학회(新民學會)[58]를 창립했다. 소유는 총간사(總幹事), 모택동은 간사로 선출됐다(宋三旦 외, 2003: 365). 한편 '절친'이었던 모택동과 소유는 '이념 갈등'으로 1921년에 결별했다. 결국 소유는 철두철미한 무정부주의자로, 모택동은 확고한 공산주의자로 서로 다른 인생을 살았다.

모택동은 문운창에 대해 이렇게 회상했다. …나는 사촌에게 고마움을 느꼈다. 또 그가 급진적이라고 생각했는데 나중에 그는 반혁명으로 전락했다. 1925~1927년 사촌은 반혁명파[59]에 가담했다(董樂山, 2002: 100). 당시 문운창이 모택동의 길라잡이 역할을 한 것은 사실이다. 또 모택동의 '입학 담보인'이 됐다는 것이 일각의 주장이다. 한편 모택동이 사촌형 문운창의 이름을 줄곧 밝히지 않은 주요인은 그가 '반혁명파'였기 때문이다.

담영춘은 모택동을 아들 담세영(譚世瑛)이 소속된 학급에 배정하고 기숙사에서 같은 침실을 쓰게 했다. 담세영은 자연스레 모택동과 친밀한 친구[60]가 됐다. 졸업 후 상향현 중학교에서 국문 교사로 일한 담세영

---

58 신민학회(新民學會)는 1914년 4월 모택동과 채화삼·소유 등 제1사범학교 학생들 위주로 장사에서 조직된 진보적 단체이다. 학회의 종지는 '학술 혁신, 품행 연마, 풍속 개량'이다. 신민학회는 프랑스 '근공검학(勤工儉學)'과 호남 군벌 장경요(張敬堯) 축출, 호남자치운동 등을 전개했다. 1921년 공산당이 창건된 후 신민학회는 자동 해산됐다.

59 '마일사변(1927.5.21)' 후 문운창은 동향이며 (廣州)국민당군 사단장 하서정(賀瑞庭)의 수하에서 자의(咨議)를 지냈다. 1928년 광주에서 국민당 정부의 파출소장을 맡았다. 1929년 고향으로 돌아와서 교육사업에 종사했다(謝柳青, 1994: 17). 한편 모택동이 사촌의 '반혁명파'에 가담한 시기를 '1925~1927년'이라고 말한 것은 '기억착오'이다.

60 담세영은 이렇게 회상했다. …1910년 겨울 폐렴에 걸린 모택동은 며칠 간 밥을 먹지 못했다. 담영춘은 중태에 빠진 모택동을 현성의 교회병원에 입원시켰다. 모택동이 퇴원한 후 그들 부자는 자기집에 데려와 정성껏 병간호를 했다. 얼마 후 모택동은 건강

은 국민당 정부에서 한동안 행정직으로 일했다(宋三旦 외, 2003: 423). 이 또한 모택동이 '친밀한 친구'인 담세영의 이름을 줄곧 밝히지 않은 원인이다. 한편 국민당 정부의 근무 경력이 화근이 돼 담세영은 생활고에 시달렸다. 1949년 담세영은 동창 모택동에게 편지를 보내 '어려운 처지'를 하소연했다. 당시 '친구'에게 생활비를 보내준 모택동은 상향현 정부에 편지를 보내 '담세영 사건'을 적절하게 해결할 것을 지시했다.

모택동이 석동향(石洞鄕) 정부에 보낸 편지(1955.5)의 골자는 ① 담세영, 동산소학당 시절의 나의 동창생 ② 나의 도움으로 북경에서 눈을 치료 ③ '관제(管制)'에서 풀려났으나, 농회(農會) 가입이 불가능 ④ 수십년 간 교사로 재직, 국민당 정부에서 근무한 기간은 고작 5개월 등이다(中共中央文獻硏究室, 2003: 455). 실제로 모택동이 동창생에 대한 '관대한 처분'을 지방정부에 부탁한 것이다. 이는 가족 친지의 '인사청탁'을 단호하게 거절했던 모택동의 파격적인 행보였다. 결국 모택동은 '담세영 관심'을 통해 은사(恩師)인 담영춘의 은덕에 보답한 것이다.

모택동에게 깊은 인상을 남긴 교사는 가짜 변발(辮髮)[61] 때문에 학생들의 놀림을 받은 음악(音樂) 선생이었다. 훗날 모택동은 이렇게 회상했다. …당시 학생들은 가짜 변발을 한 음악 선생을 좋아하지 않았으나,

---

을 회복했다(王小梅 외, 2003: 428). 훗날 국가주석이 된 모택동은 그들 부자의 관심을 결코 잊지 않았다. 건국 후 모택동은 '어려운 처지'에 빠진 동창생 담세영을 여러모로 도와줬다.

61 일본 유학을 다녀온 소일명(蕭佚名)은 변발을 자른 짧은 머리, 기이한 복장으로 많은 구경꾼을 몰고 다녔다. 그 후 이원보 교장의 권고를 받아들여 장포(長袍)를 입고 변발을 사서 뒷머리에 달았다. 그런데 변발과 그의 머리색이 확연히 달라 가짜 변발이라는 것이 드러났다. 당시 변발은 중국인의 상징이었고 '짧은 머리'는 청왕조에 대한 반역이었다. 1911년 봄 (長沙)상향중학교에 진학한 모택동은 '변발 폐기' (反淸)운동에 앞장섰다.

나는 그에게서 일본 이야기를 듣는 것을 좋아했다. 또 그는 우리에게 '황해의 전투'라는 일본 노래를 가르쳤다(毛澤東, 2008: 24). 한편 음악 선생이 가르쳐 준 노래는 러일(俄日)전쟁에서 승리한 일본이 '포츠머스 조약'[62] 체결 후 국내에서 진행된 축제와 자국의 '휘황한 승리'를 자축한 것이다. 상기 음악 선생은 일본 유학을 다녀온 소일명(蕭佚名)이다.

외국 학자들은 '강대국' 러시아를 전승(1905)한 일본의 강한 군사력을 미화(美化)했다. 한편 일본의 침략 본성과 한반도 병탄, 만주(滿洲)를 강탈하고 중국을 침점하려는 야욕을 간과했다. 이는 서술자의 '일본 회상'에 대한 기록자의 '잘못된 이해'와 번역자의 오역과 관련된다.

산업화를 통해 근대화를 이룬 일본이 러시아를 전승한 사례는 자국의 쇄신 가능성을 발견한 학생들에게 매우 고무적이었다(D. spence, 2007: 24). 장기간 멸시를 받았던 동방 민족이 서구 열강을 전승한 일본의 사례는 많은 아시아 청년들을 고무시켰다(D. Wilson, 2011: 16). 당시 모택동은 강대국 일본에 대해 상당한 매력을 느꼈다. 또 그는 일본이 중국의 형제국이라는 신념을 굳혔다(R. terrill, 2010: 21). 이런 '일본 미화(美化)'는 모택동의 회상(1936)을 곡해한 데서 비롯된 것이다. …이 무렵 나는 일본의 아름다움을 감지했다. 러시아를 전승한 일본의 승리를 자축하는 노래에서 일본의 강대함과 그들의 자부심을 인지했다(汪衡, 2009: 37). 상기 일본의 '아름다움·강대함·자부심'이란 표현은 기록자의 주관적

---

62 '포츠머스 조약'은 1905년 9월 일본과 러시아가 맺은 강화조약이다. 1904년 2월 일본은 여순(旅順)의 러시아군을 공격해 러일전쟁을 일으켰다. 9월 5일 미국의 중재로 (俄日)전권대사가 포츠머스(Portsmouth)에서 강화조약을 체결했다. '조약' 골자는 ① 조선(朝鮮)에 대한 일본의 우월권(優越權) 승인 ② 요동반도 조차권과 남만철도, 일본에 위양(委讓) ③ 러시아의 사할린, 일본에 할양(割讓) ④ 연해주의 어업권, 일본에 허락 등이다.

의도를 반영한 것이다. 이는 모택동의 관련 회상을 곡해한 것이다. 일제의 대중국 침략이 개시된 시점에서 중공 지도자 모택동이 사회주의 종주국(蘇聯)을 전승한 일본을 '미화'한다는 것은 상상조차 할 수 없다.

1936년 모택동이 일본을 미화(美化)할 수 없는 원인은 첫째, 1932년 만주국(滿洲國)[63]을 설립한 일본은 본격적 '대륙 침략'을 준비했다. 둘째, 항일전쟁 발발(1937) 전후의 일제는 중국인의 철천지원수였고 중공·국민당·소련의 '공동의 적'이었다. 셋째, 당시 '북상항일'은 홍군의 목표였고 국공(國共)이 합작해 '공동항일'을 꾀하는 서안사변(西安事變)[64]의 폭발 직전이었다. 넷째, 제2차 국공합작을 통해 일제를 몰아내는 것은 중국인의 '시대적 사명'이었다. 다섯째, 당시 '중공 영수' 지위를 확립하지 못한 모택동은 소련과 공산국제(共産國際)[65]의 지지가 절실했다. 홍군 통솔자 모택동의 '일본 미화'는 사실 왜곡의 극치이다.

1910년 하반기 모택동이 동산학당 시절 그에게 가장 큰 영향력을

63　만주국(滿洲國, 1932~1945)은 1930년대 일제가 중국의 동북(東北)을 점령하고 세운 괴뢰 정권이다. 1932년 3월 9일 청조의 '말대(末代) 황제' 부의(溥儀)를 만주국의 집정(執政), 수도를 신경(新京)에 정하고 연호를 '대동(大同)'이라 불렀다. 한편 중국에서는 만주국이 일본 제국의 괴뢰정부였다는 뜻에서 '위만주국(僞滿洲國)'으로 낮춰 부른다.

64　서안사변(西安事變)은 1936년 12월 12일 장학량(張學良)·양호성(楊虎城)이 일으킨 병간(兵諫)이다. 장학량의 동북군은 서안에 독전하러 온 장개석을 감금했다. 12월 25일 중공 지도자 주은래의 중재하에 장개석은 '내정 중지, (聯共)항일' 주장을 수용했다. 감금에서 풀려난 장개석은 장학량의 호송하에 남경으로 돌아왔다. 서안사변의 평화적 해결은 제2차 국공합작과 항일통일전선을 촉성했다. 또 이는 '10년 내전' 결속을 의미한다.

65　공산국제(共産國際, 1919~1943)는 레닌의 주도로 창립된 공산주의 국제연합이며 코민테른(Comintern)으로 불린다. 1919년 3월 2일 21개 국가의 52명의 대표가 모스크바 회의에 참가해 제3국제 설립을 선포했다. 한편 스탈린이 막후에서 조정한 공산국제는 각국 공산주의 운동에 대한 소련의 '통제기관'으로 기능했다. 1920~1930년대 공산국제는 중국혁명에 막대한 손실을 끼쳤다. 1943년 5월 25일 '공산국제 해산 결의안'이 통과됐다.

끼친 사람은 유신파 대표인 강유위(康有爲)⁶⁶와 양계초(梁启超)⁶⁷이다. 모택동은 이들의 책을 열심히 읽으며 '시대적 풍조'인 유신사상을 받아들였다. 이 시기 양계초는 소년 모택동의 사표(師表)였다. 한편 소산충을 탈피한지 얼마 안 된 '촌뜨기' 모택동은 시대의 주류인 손중산(孫中山)⁶⁸이 주장한 삼민주의(三民主義)와 공화파(共和派)의 주장에 대해 깜깜부지였다.

모택동은 이렇게 회상했다. …나는 광서제와 자희태후(慈禧太后)⁶⁹가 이미 죽었고 선통제(宣統帝)⁷⁰가 즉위한지 2년이 됐다는 것을 알았다. 당

---

66   강유위(康有爲, 1858~1927), 광동성 남해(南海) 출신이며 자산계급 개량주의 대표적 인물이다. 1879년부터 서방문화를 접촉, 학당을 설립해 대동(大同)사상을 전파했다. 무술변법 실패 후 일본으로 망명했다. 신해혁명 후 보황파(保皇派) 영수, 공화제를 반대했다. 1917년 장훈(張勛)의 복벽(復辟)에 가담, 1927년 청도(青島)에서 병사했다.

67   양계초(梁启超, 1873~1929), 광동성 신회(新會) 출신이며 유신파이다. 1902년 '신민총보'를 창간, 개량주의를 선전하며 공화파와 대립했다. 원세개의 '황제 등극'과 장훈의 복벽을 반대했다. 1917년 북양정부 재정총장 역임, 1920년대 문화교육에 전념, 1929년 북경에서 병사했다. 모택동은 양계초의 생애를 '호두사미(虎頭蛇尾)'라고 평가했다.

68   손중산(孫中山, 1866~1925), 광동성 향산(香山) 출신이며 중화민국·국민당의 창립자이다. 1894년 흥중회(興中會)를 설립, 1905년 동맹회(同盟會)를 창건했다. 1912년 1월 1일 중화민국 임시대통령에 취임, 동맹회를 국민당으로 개편했다. 1914년 중화혁명당(中華革命黨)을 창건, 1923년 '연아(聯俄)·연공(聯共)·공농(工農) 부조'의 3대 정책을 제출했다. 1924년 5월 광주에서 황포(黃埔)군관학교를 창설, 1925년 3월 12일 북경에서 병사했다.

69   자희태후(慈禧太后, 1835~1908), 함풍제(咸豊帝)의 귀비(貴妃)이며 동치제(同治帝)의 생모이다. 1861년 함풍제가 죽은 후 수렴청정, 1875년 조카 광서제(光緖帝)를 등극시키고 섭정했다. 1889년 이화원(頤和園)으로 은퇴했다. 1898년 9월 무술정변(戊戌政變)을 일으켜 광서제를 연금, 무술변법을 진압했다. 1908년 이란전(儀鸞殿)에서 병사했다.

70   선통제(宣統帝, 1906~1967), 애신각라(愛新覺羅) 부의(溥儀)를 지칭하며 '말대 황제(末代皇帝)'로 일컫는다. 1908년 세 살에 황제로 즉위, 1912년 2월 12일 강제로 퇴위됐다. 1917년 7월 (張勛)복벽으로 제차 등극, 1934년 괴뢰정권 위만주국(僞滿洲國) 황제로 추대됐다. 1945년 8월 소련군에게 체포, 소련에 끌려갔다. 1950년 무순(撫順)전범관리소에

시 나는 황제가 많은 관료들처럼 '선량하고 총명한 사람'일 것이라고 생각했다(毛澤東, 2008: 25). 유신사상에 매료된 모택동은 양계초의 감상적 문장을 즐겨 읽었다. 또 양계초는 그의 숭배 대상이었다. 또 황제가 그들의 도움을 받는다면 큰 문제가 없을 것이라고 생각했다(金冲及 외, 2011: 9). 실제로 소년 모택동은 손중산의 민주혁명 사조가 유신변법(維新變法)을 대체해 시대의 주류가 됐다는 것을 인지하지 못했다. '시골뜨기' 모택동이 공화파의 주장을 알게 된 것은 (長沙)상향중학교 진학한 후였다. 한편 상향중학교에 어렵사리 입학한 모택동의 '유치한 행동'은 지속됐다.

모택동이 신해혁명[71] 직전까지 군주입헌제(君主立憲制)를 지지했다는 사실은 '신식 학교'의 폐쇄적 측면을 단적으로 보여준다. 훗날 모택동은 이렇게 술회했다. …나는 강유위의 저서와 양계초의 '신민총보'를 외울 정도로 읽었다. 당시 나는 반(反)군주주의자가 아니었다(신복룡, 2001: 40). 실제로 소년 모택동이 군주입헌제를 지지하게 된 것은 두 권의 책과 밀접히 관련된다. 한편 '두 권의 책'은 양계초의 '신민총보'와 강유위의 '대동서(大同書)'이다. 당시 모택동에게 '두 권의 책'을 빌려준 이들은 이 시기 그에게 큰 도움을 준 사촌형 문운창과 왕계범이었다.

모택동은 양계초의 '신민설(新民說)' 중 '국가사상을 논함'이란 문장에 이렇게 코멘트를 달았다. …영국과 일본 등 입헌군주제 국가의 헌법

서 개조, 1959년 12월 모택동의 특사령(特赦令)을 받았다. 1967년 북경에서 병사했다.

71　신해혁명(辛亥革命)은 1911년에 폭발한 자산계급 민주혁명이다. (農歷)신해년에 발생했으므로 신해혁명이라고 부른다. 청조의 전제군주제를 뒤엎고 공화체제의 중화민국을 건립한 민주혁명이다. 1911년 10월 혁명당이 주도한 무창봉기가 일어났다. 한편 (湖北)군정부의 도독(都督)으로 추대된 여원홍(黎元洪)이 국호를 중화민국(中華民國)으로 정했다. 1912년 2월 12일 청조의 '말대황제'가 퇴위, 2132년 간 존속된 봉건제도가 무너졌다.

은 백성을 위한 것이며 군주(君主)는 백성의 지지와 옹호를 받았다. 황제가 통치하는 중국과 같은 전제군주제(專制君主制) 국가의 법령은 군주를 위해 제정됐다. 따라서 군주는 백성들의 추앙을 받지 못했다(李捷 외, 1996: 26). 이는 소년 모택동이 양계초의 유신사상 영향을 크게 받았다는 단적인 증거이다. 한편 이 시기 양계초를 사표로 삼은 모택동은 양계초의 호(號, 任公)를 본 따 '학임(學任)'이란 필명(筆名)을 사용했다.

외국 학자들은 모택동이 동산학당을 떠난 원인이 삼국연의(三國演義)와 관련된다는 섣부른 주장을 내놓고 있다. 즉 교사와 학생들의 '신임 상실'로 부득불 떠났다는 것이다. 외국 학자들의 황당무계한 주장은 사실 왜곡으로 가득한 소유의 '회고록'을 맹신했기 때문이다. 1950년대 출간된 소유의 영문 회고록은 '모택동 비하'로 점철됐다. 실제로 무정부주의자 소유가 자신을 '문물 도적'으로 매도한 모택동에게 보복한 것이다. 소유의 '사실 왜곡' 극치는 1921년 여름 자신이 (中共)창건 대회에 참석한 모택동과 함께 상해로 갔다고 날조한 것이다. 한편 모택동의 '상해 동행자(何叔衡)'는 1935년에 국민당과의 전투에서 희생됐다.

모택동은 역사 교사와 삼국연의에 관해 언쟁을 벌였다. 이 일로 모택동이 교장을 찾아갔으나 교장도 교사의 견해가 정확하다고 말했다. 이에 모택동은 교장 면직을 요구하는 청원서를 작성했다. 결국 교사와 학생들의 신임을 상실한 그는 동산학당을 떠나게 됐다(D. Wilson, 2011: 17). 한술 더 뜬 로스 테릴은 이렇게 썼다. …모택동은 역사 교사의 견해를 지지하는 다른 학생들을 매섭게 질책하고 의자를 휘두르며 폭행을 가했다. 또 모택동은 학생들에게 상향현장(湘鄕縣長)에게 보내는 청원서 사인을 강요했다(R. terrill, 2010: 22). 상기 외국 학자들의 황당한 주장은 픽션을 가미하고 사실을 왜곡한 소유의 '회고록'을 맹신한 결과이다.

동산학당 교장 이원보는 모택동의 동산소학당 입학에 결정적인 역할을 했고 상향중학교 입학에 추천서를 써준 고마운 은사였다. 상기 외국 학자들의 주장에 따르면 모택동은 은사에게 배신을 때리는 치졸한 인간이며 배은망덕한 소인배였다. 또 픽션 속에 묘사된 소년 모택동은 폭력을 서슴없이 휘두르는 악한(惡漢)이며 어리석고 아둔한 고집쟁이였다. 한편 중국 학자들은 모택동 우상화와 칭송을 '사명감'으로 간주한 반면, 외국 학자들은 공산주의자 모택동을 '악마화(惡魔化)'해야 하는 딜레마를 안고 있었다. 결국 이는 '무소불위'의 이념이 낳은 결과물이다.

　　모택동은 동산학당에서 많은 지식을 배웠다. 수많은 명작을 섭렵한 그의 국문 수준은 크게 제고됐다. 또 양계초 등 유신파의 저서를 통해 유신사상을 받아들였다. 소산충에서 다년간 사숙을 다니며 굳건하게 다진 모택동의 학문 실력은 동산학당의 교육 수준을 상회했다. 한편 '신식 학교'의 폐쇄적 분위기는 모택동의 성장에 별로 도움이 되지 않았다. 이것이 반년 후 모택동이 동산학당을 떠난 주된 원인이라는 것이 학계의 중론이다.

　　동산학당 시절의 모택동에 대한 국내외 학자들의 평가는 크게 엇갈린다. 중국 학자들은 작문 실력이 뛰어난 모택동이 장차 나라를 건국할 '동량지재(棟梁之材)'라는 극찬을 아끼지 않았다. 한편 외국 학자들은 '야만 국가' 일본을 숭배한 모택동이 자신을 도와준 은사에게 반역을 꾀한 '배은망덕한 인간'으로 폄하했다. 결국 이런 상반된 평가는 이념과 신앙의 차이에서 기인한다. 실제로 '시골뜨기' 모택동은 그렇게 위대하거나 그다지 천박하지도 않았다. 오지(奧地) 소산충의 소년 모택동은 그냥 개성이 강한 '평범한 소년'이었다는 것이 어리석은 졸견이다.

2. 호남 신군의 말단 열병(列兵)

1) 햇내기 중학생의 미숙한 정견(政見)

1911년 봄 상담에서 출발한 여객선이 상강의 뱃길을 따라 장사로 떠났다. 여객선의 선실에는 중년 남자와 키 큰 소년이 난간을 잡고 뱃전에 서 있다. 중년 신사는 동산학당의 역사 교사 하람강(賀嵐崗)[72]이고 키 큰 소년은 모택동이다(黃露生, 2011: 114). 난생처음으로 기선을 타고 먼 길을 떠나는 모택동은 흥분과 불안감을 떨칠 수 없었다. 그들의 목적지는 상담에서 90리 수로를 가야 도착하는 호남성의 성도(省都)인 장사였다.

훗날 모택동은 이렇게 회상했다. …당시 나는 대도시 장사에서 공부하고 싶은 생각이 간절했다. 1910년 겨울 동산학당의 한 교사에게 장사의 상향중학교에서 공부할 수 있도록 추천해 달라고 부탁했다. 그는 나의 부탁을 승낙했고 나는 걸어서 장사로 갔다(毛澤東, 2008: 25). 장사는 모택동이 경험하지 못한 대도시였으나, 동향의 소년들이 다니는 상향중학교가 있다는 이야기를 들었기에 전혀 두렵지 않았다. 모택동은 상향중학교의 교사가 써준 추천장을 갖고 48킬로미터를 걸어 장사에 도착했다(D. Spence, 2007: 26). 실제로 모택동에게 추천장을 써준 이는 동산학당 교장 이원보였다. '걸어서 갔다'는 주장은 모택동의 '기억착오'에서 기인된다. 한편 모택동이 하람강과 함께 여객선을 타고 장사로 갔다는 것이 정설이다.

모택동이 장사로 갈 때의 '교통수단'과 '동행자'에 관해 여러 가지

---

72 하람강(賀嵐崗)은 동산소학당 시절 모택동의 역사 교사이며 진보적 지식인이다. 당시 모택동이 동모당 사숙에서 '요범강감(了凡綱鑑)'을 읽었다는 것을 알고 그에게 자신이 소장한 명주천 책가위를 씌운 책을 선물했다. 한편 1911년 봄 모택동이 장사의 상향중학교 입학이 순조로웠던 것은 하람강이 그의 '담보인'이 되어 주었기 때문이다.

설이 있다. 상기 서술처럼 교사 하람강과 함께 여객선을 타고 갔다는 견해와 모택동의 회상(1936)에서 기인한 '도보로 갔다'는 주장이 엇갈린다. 또한 동산학당 시절의 동창 친구인 소삼과 같이 갔다는 설과 동산학당의 또 다른 2명의 동창생과 함께 갔다는 다양한 주장이 공존하고 있다.

1911년 여름 모택동은 동산학당의 교사가 써준 소중한 추천장을 갖고 소삼과 함께 걸어서 장사로 갔다(D. Wilson, 2011: 20). 1911년 봄 소삼과 모택동은 상담(湘潭)에서 출발한 여객선을 타고 장사로 갔다(R. Terrill. 2010: 23). '1911년 여름'는 잘못된 서술이며 1911년 봄이 정확하다. 모택동이 소삼과 함께 갔다는 딕 윌슨의 주장은 소유의 '회고록(蕭瑜, 1989: 194)'에서 기인한 것이다. 또 '걸어서 갔다'는 상기 주장은 모택동의 회상(1936)에서 비롯됐다. 한편 1911년 여름 (湖南)제1사범학교에 입학한 소삼이 모택동의 '동행자'였다는 상기 주장은 사실무근이다.

1911년 봄 상담현성에 도착한 모택동은 상향중학교 입학을 위해 떠나는 모삼품(毛森品)[73] 형제를 만났다. 그들은 동산학당의 동창이었다. 그들 셋은 상담에서 장사로 떠나는 소형 여객선에 함께 탔다. 상향중학교에 입학한 그들은 반년 동안 함께 공부했다(宋三旦 외, 2003: 31). 모택동은 상향현 석당충(石塘沖)의 하람강 집에 도착했다. 사전에 상향중학교 동행을 약속한 것이다. 상담현성에서 모삼품 형제를 만난 후 함께 여객선을 타고 장사에 도착했다. 그들은 신안항(新安巷)의 상향시관(湘鄕試

---

[73] 1910년 봄 동산소학당에 입학한 모삼품(毛森品)은 모택동의 동창생이었다. 키가 컸던 모삼품은 모택동과 함께 교실 맨 뒷줄에 앉았다. 당시 그는 모택동의 제의를 받아들여 모삼품(毛森品)으로 개명했다. 상향중학교를 졸업한 모삼품은 초등학교 교사로 근무했다. 한편 1950년대 모택동은 '생활이 어려운' 모삼품에게 550원을 송금했다.

館)⁷⁴에 머물렀다(文熱心 외, 2013.7.15). 실제로 모택동의 동행자는 하람강과 모삼품 형제 3명이었다. 당시의 '교통수단'은 소형 여객선이었다.

1911년 봄 모택동의 상향중학교 입학에 중요한 역할을 한 인물은 동산학당에서 역사 교사로 근무했다가 1911년 초 상향중학교로 전근된 하람강이다. 당시 호남성 성도(省都) 장사가 초행길인 모택동이 하람강과 함께 상담현성에서 출발해 장사로 도착하는 소형 여객선을 타고 갔다는 주장이 정설이다. 한편 '소삼 동행'은 소유가 픽션을 가미한 것이다.

모택동은 상향중학교의 '입학 불허'를 내심 걱정했다고 술회했다. …당시 나는 입학이 불허되지 않을까 은근히 걱정했다. 그러나 어렵지 않게 상향중학교에 입학했다(胡哲峰 외, 1996: 16). 당시 모택동의 '입학 걱정' 원인은 첫째, 장사의 상향중학교는 상향현 부자들의 기금으로 설립되었다. 지역감정이 심한 상향인들은 '외지인'에 대한 배척 정서가 강했다. 둘째, 반년 전 동산학당 입학 당시 '상담(湘潭) 출신'이라는 이유로 낭패를 당했던 기억을 잊지 못했다. 셋째, 장사로 가던 중 상담현성의 모 중학교 '입학 면접'에서 낙방한 아픈 기억이 있었기 때문이다.

1911년 봄 모택동은 상담현성의 어느 중학교에 '입학 신청'을 한 후 면접을 받았다. 그러나 학교장은 그의 키가 크다는 이유로 입학을 거절했다(蕭三, 1950: 18). 1940년대 소삼은 당사자에게 '관련 상황'을 직접 문의했다. 당시 모택동은 이렇게 말했다. …동산학당을 떠난 후 나는 상담현성의 모 중학교에 입학 신청을 한 적이 있다. 그런데 나를 면접

---

74   상향시관(湘鄕試館)은 증국번의 동생 증국전(曾國筌)이 과거시험을 치르러 장사로 오는 상향사람들의 숙식을 해결하기 위해 1870년에 수선한 것이다. 1905년 과거시험이 폐지된 후 애국지사 우지모(禹之謨)가 상향시관을 상향중학교로 개편했다. 상향회관은 모택동이 장사에 도착해 처음 머문 곳이다. 또 그는 '시관'에서 2년 간 기숙했다.

한 교장은 내가 키가 너무 크다는 것을 이유로 입학을 거절했다(王政明, 1996: 324). 1910년 가을 모택동은 동창생 곽재재(郭梓材)[75]와 함께 소담(昭潭)고등학당에 입학 신청을 했다. 결국 곽재재는 입학했으나 모택동은 '규정된 연령'보다 두 살이 더 많아 입학이 불허됐다(宋三旦, 2003: 338). 모택동이 '상담중학교'에 입학 신청을 했다는 것은 엄연한 사실이다. 다만 신청 시일이 1910년 가을인지, 1911 봄인가 하는 차이이다. 한편 '연령 초과'가 '입학 불허'의 이유였다는 상기 주장은 수긍하기 어렵다. 당시 '입학'한 곽재재가 모택동보다 세 살 연상이었기 때문이다.

모택동이 '상담중학교'에 입학 신청(1911)을 한 원인을 이렇게 추정할 수 있다. 첫째, 동산학당의 '출신 파문'으로, (長沙)상향중학교 입학 신심이 부족했다. 둘째, '상담중학교' 입학 신청은 '부친의 권고'일 수 있다. '상담중학교 입학'의 비용 절감 등 이점을 감안한 모순생의 입김이 작용한 것이다. 셋째, 당시 부친의 '권고'를 받아들인 모택동이 자의반 타의반으로 입학 신청을 한 것이다. 넷째, 아버지에게 '보여주기 위한 쇼'로, 마지못해 입학 신청을 했을 가능성이 매우 높다. 실제로 모택동의 '(湘潭)면접 낙방' 원인은 상상력을 자극하는 미스터리에 속한다.

1911년 봄 동산소학당의 하람강은 장사의 상향중학교 교사로 부임됐다. 당시 여객선을 타고 장사에 도착한 모택동은 교사 하람강의 도움으로 순조롭게 상향중학교에 입학했다(金冲及 외, 2011: 11). 1910년 겨울

---

75 곽재재(郭梓材, 1900~1967)는 모택동의 정만리(井灣里, 1906) 사숙의 동창이며 1911년 가을 모택동과 함께 입대한 전우이다. 1925년 8월 '모택동 체포' 소식을 입수한 그는 소산충의 모택동에게 통보해 피난하도록 했다. 1927년 모택동의 소개로 공산당에 가입했으나, 대혁명이 실패한 후 탈당했다. 1950~1960년대 모택동은 '생명의 은인'인 그들 부부에게 여섯 번에 나눠 1700원을 보내줬다. 1967년 고향인 상담(湘潭)에서 병사했다.

이원보와 하람강·당영춘 세 사람은 모택동의 진로를 놓고 토론했다. 그들은 모택동의 학문 실력으로 '상향중학교 진학'이 적합하다고 판단했다. 당시 하람강이 모택동의 의견을 청취하자, 그는 '상향 입학' 여부와 학자금 부담을 우려했다(文熱心 외, 2013.7.15). 한편 모택동의 '순조로운 입학'은 3명 은사의 사전 '밀모(密謀)'[76]와 크게 관련된다. 상기 '밀모'의 내막을 미처 몰랐던 모택동은 '상향중학교 입학' 추천서가 이원보의 '친서(親書)'라는 사실을 간과했다. 한편 '입학 추천서'는 하람강이 갖고 있었다.

하람강은 (學堂)추천장과 '언지(言志)' 등 모택동의 작품을 상향중학교 교장인 양병겸(楊柄謙)에게 보여줬다. 이원보의 추천서를 읽은 후 교장은 이렇게 말했다. ⋯모택동군이 증국번을 초과할 '동량지재'라고 하니 입학시험 면제와 '학자금 무료' 혜택을 누릴 수 있다(黃露生, 2011: 93). 한편 모택동의 '쉬운 입학'에 숨겨진 원인은 첫째, '상향인의 교육'[77]을 받았다는 사실이 중요한 역할을 했다. 둘째, 중국인의 '관시(關係)'를 상징하는 추천서가 결정적 역할을 했다. 셋째, 양병겸 교장이 동산학당 이원보 학교장의 체면을 세워준 것이다. 그러나 동산학당의 '추천생'을

---

76   1910년 겨울 '외지인' 모택동을 파격적으로 입학시킨 이원보 교장은 '동량지재' 모택동의 진로를 두고 고심했다. 그는 모택동의 국문·역사 교사인 담영춘·하람강 등과 의논해 모택동을 미리 졸업시키기로 합의했다. 또 학교 우수생의 명의로 장사의 상향중학교에 추천하기로 결정했다(黃露生, 2011: 72). 한편 이런 의논 결과를 당사자 모택동에게 잠시 비밀에 부쳤다. 따라서 교사들의 사전 의논을 '밀모(密謀)'라고 부르는 것이다.

77   1950년 모택동은 이렇게 회상했다. ⋯상담현 출신인 나는 '상향인(湘鄕人)'의 교육을 받았다. 1955년 모택동은 북경에서 만난 동창 담세영(譚世瑛)에게 이렇게 말했다. ⋯이원보 교장과 하람강, 당신의 부친 담영춘 선생은 나를 크게 도와주었다. 만약 그들의 도움이 없었다면 나의 '장사 진출'이 불가능했을 것이다(覃曉光 외, 2014: 16). 실제로 모택동이 '상향인'의 교육을 받은 사실은 그의 '장사 진출(1911)'에 결정적 역할을 했다.

절대적으로 신임하지 않은 양병겸 교장은 모택동을 예비반(豫備班)에 입학시켰다. 결국 이는 타인에 대한 '100% 신임'을 금기시하는 중국인의 상투적 관행이다.

동산학당 시절 모택동의 작품 중 (長沙)상향중학교 양병겸 교장이 가장 깊은 인상을 받았고 경이로움을 느낀 작품이 바로 가을 청개구리를 찬미한 칠절시(七絶詩) '영와(咏蛙)'였다.

1910년 초가을 연못 속의 돌 위에 웅크리고 앉아 있는 청개구리를 본 모택동이 즉흥시 한 수를 읊었다. …연못 속에 웅크리고 앉은 모습이 호랑이를 방불케 하고 나무 그늘 밑에서 정신수양에 몰두하네. 봄날을 맞이해 '내'가 먼저 울지 않으면 어느 곤충이 감히 울음소리를 낼 수 있을 소냐(文熱心 외, 2014: 15). 실제로 소년 모택동의 칠절시 '영와'는 천하를 호령하려는 웅심과 호방한 기개, 원대한 포부를 밝힌 '야심작(野心作)'으로 간주된다. 한편 청말영산(淸末英山)의 선비인 정정곡(鄭正鵠)의 칠절시 '영와(咏蛙)'를 모택동이 표절했다는 의혹을 받고 있다.

칠절시 '영와'는 '소산모택동기념관'에 보존돼 있다. 1950년대 문운창의 집에 보관된 모택동의 학습자료에서 발견됐다. 한편 개구리를 찬미한 '영와'는 농사일을 경험한 그의 경력에서 비롯되며 '농민 이익'을 수호하려는 웅심을 보여준 것이다. 또 시의 청개구리는 모택동의 화신이다. 청개구리처럼 농민 이익을 해치는 '해충'을 소멸하고 농민의 '호위무사'가 되려는 포부를 밝힌 것이다. 결국 모택동은 '농민의 힘'을 이용해 '농민이 주인'인 나라를 창건했다. 사실상 모택동은 수억 농민의 '수호신'이었다.

모택동은 하람강이 강의하는 시사정치과(時事政治科)를 수강했다. 이를 통해 반청운동과 혁명당이 주창하는 민주혁명의 사상을 대체로 이해했다. 특히 '민립보(民立報)'를 읽으며 손중산의 주장과 동맹회(同盟會)[78]의 강령을 알게 됐다. 또 혁명당의 신문과 '정치시사' 강의를 통해 모택동은 신해혁명 직전의 정국의 급변과 사태의 심각성을 인지했다. 결국 반청운동에 앞장선 중학생 모택동은 자신의 '정견(政見)'을 처음으로 발표하고 '변발 퇴치'의 선봉장으로 활약했다. 한편 1911년 가을 모택동의 호남 신군(新軍) 입대는 그의 인생에서 중요한 전환점이 됐다.

모택동은 이렇게 회상했다. …장사에서 나는 처음 '민력보(民力報)'라는 신문을 읽었다. 신문은 황흥(黃興)[79] 등의 주도하에 광주(廣州)에서 일어난 반청봉기와 72명 영웅의 죽음을 보도했다. '민력보'의 편집장 우우임(于右任)[80]은 국민당의 저명한 지도자였다. 나는 신문을 통해 손문(孫文)과 동맹회의 강령을 인지했다(신복룡, 2001: 47). 상기 '민력보'는 잘못된 이름이며 '민립보(民立報)'가 정확한 명칭이다. 당시 '민립보'는 우우임과 송교인(宋敎人)[81]이 1910년 10월에 상해에서 창간한 것이다. 한편

---

78 동맹회(同盟會)는 손중산이 1905년 일본에서 창건한 자산계급 혁명정당이다. 동맹회 기관지는 '민보(民報)'이며 무창봉기가 폭발(1910.10)한 후 사분오열됐다. 1912년 8월 7일 송교인 등은 동맹회 중심으로 북경에서 국민당을 창립하고 손중산을 총리로 선임했다. 1913년 11월 중화민국 총통이 된 원세개는 국민당을 강제로 해산시켰다.

79 황흥(黃興, 1874~1916), 호남성 장사(長沙) 출신이며 민주 혁명가이며 중화민국의 개국공신이다. 1905년 손중산과 함께 중국동맹회 설립, 서무(庶務)로 추대됐다. 1909년 홍콩에서 동맹회 남방지부 설립, 1912년 1월 (南京)임시정부 육군총장을 맡았다. 1915년 9월 원세개를 토벌하는 호국(護國)운동에 참가, 1916년 10월 상해에서 병사했다.

80 우우임(于右任, 1879~1964), 섬서성 삼원(三原) 출신이며 정치가·교육가이다. 1906년 동맹회에 가입, 1910년 '민립보(民立報)' 창간, 혁명사상을 선전했다. 1920~1940년대 국민당 중앙위원, 국민정부의 심계원장·감찰원장을 지냈다. 1964년 대북(臺北)에서 병사했다.

81 송교인(宋敎人, 1882~1913), 호남성 상덕(常德) 출신이며 '헌정(憲政) 아버지'로 불린다. 1912년 임시정부 농림부장, 국민당의 주요 창건자이다. 1910년 '민립보(民立報)' 편집

혁명당의 '민립보'는 신해혁명의 발발에 중요한 역할을 했다.

모택동이 상향중학교에 입학한 1911년 봄은 신해혁명의 전야로 반청봉기가 전국 각지에서 일어났다. 전대미문의 대혁명 폭발 직전이었다. 학교는 혁명사상을 전파하는 장소이며 상향중학교도 예외가 아니었다. 당시 혁명당의 영향력 확대와 '청조를 뒤엎고 중화민국을 건립하자'는 혁명적 여론이 거세지면서 학교의 반청운동이 더욱 활발했다. 결국 혁명당의 여론몰이는 중학생 모택동의 '정치 참여' 욕구를 자극했다. 얼마 후 모택동은 '청왕조를 타도하자'는 격정이 넘치는 글을 발표했다. 이는 중학생 모택동이 처음으로 발표한 유치한 '정치적 견해(政見)'였다.

모택동은 이렇게 회상했다. …나는 정치적 견해를 표명한 글을 써서 학교의 벽보에 붙였다. 당시 유신사상의 영향에서 벗어나지 못한 나는 유신파와 혁명당의 차이를 알지 못했다. 따라서 손중산은 대통령, 강유위는 총리, 양계초는 외교장관이 돼야 한다고 주장했다(張彦 외, 1993: 16). 이는 '정치적 미숙아(未熟兒)'의 유치한 주장이었다. 당시 중학생 모택동은 손중산의 혁명당과 '보황파' 강유위의 주장이 상반되며 그들이 '정적(政敵)관계'임을 인지하지 못했다. 이는 중학생 모택동이 동산학당 시절의 사표 양계초의 '그늘'에서 벗어나지 못했다는 단적인 반증이다.

1911년 상반기 (長沙)상향중학교 학생인 모택동이 신해혁명 직전에 처음으로 발표한 유치하고 자가당착적인 '정견(政見)'에 대한 국내외의

장, 1911년 상해에서 동맹회 중부총회 설립, 총무간사를 맡았다. 1913년 3월 상해에서 암살됐다.

학자들의 평가는 다양하며 크게 엇갈린다.

모택동은 손문의 글을 닥치는 대로 읽었다. 손문은 일본과 동남아·미국 등지를 돌아다니며 자금과 지지 세력을 모으고 있었다. 상향중학교 시절 강유위·양계초에게 품었던 열정을 간직한 모택동은 손문이 대통령, 강유위는 총리, 양계초는 외교장관이 돼야 한다는 성명서를 벽보에 붙였다(D. Spence, 2007: 28). '손문의 글을 읽었다'는 상기 주장은 손중산과 유신파의 차이점을 인지하지 못했다는 당사자의 '회상'과 모순된다. 한편 상향중학교 시절 모택동이 읽었던 것은 혁명당이 발간한 '민립보(民立報)'였다. 또 '상향중학교'가 아닌 동산학당이 정확한 표현이다.

손중산의 혁명당과 입헌파는 (中國)동맹회의 기관지 '민보(民報)'와 양계초가 일본에서 발간한 '신민총보(新民總報)'를 통해 치열한 논쟁을 벌였다. 그들 간의 상반된 이견과 차이점은 세상에 잘 알려져 있었다. 당시 소산충이란 폐쇄된 오지(奧地)에서 생활한 모택동은 '세상이 다 아는' 정치적 이슈에 대해 전혀 모르고 있었다(周仁秀 외, 2007: 72). 결국 이는 정치와 '담 쌓고 사는' 낙후한 중국 농촌의 진면모를 단적으로 보여준 것이다. 또 이는 동산학당의 '정치적 폐쇄성'의 일면을 단적으로 보여준 전형적 사례이다. 한편 이런 '폐쇄적 환경'에서 다년간 생활한 소년 모택동이 '정치 문외한'이었다는 것은 별로 이상할 것이 없다.

에드가 스노우는 모택동의 '정견'을 이렇게 평가했다. …당시 강유위와 양계초는 보황파였고 손문은 공화파였다는 점에서 볼 때 손문과 강유유·양계초의 연립 내각을 구성한다는 것은 어이없는 생각이다(申福龍, 2001: 47). 로스 테릴은 모택동의 '정견'을 이렇게 평가했다. …이는 20세기 90년대 말 어느 미국 청년이 국가 단결을 도모하기 위한 취지에서 잭 켐프(Jack Kemp)를 총통, 오프라 윈프리(Oprah Winfrey)를 부통령, 앨

고어(Al Gore)를 국무경(國務卿)으로 하는 정부를 조직해야 한다고 주장한 것처럼 매우 단순한 생각이다(R. Terrill, 2010: 23). 이는 정치에 미숙한 중학생의 단순한 정치적 견해에 불과했다. 한편 정치에 어섯눈을 뜨기 시작한 이 열혈 중학생은 앞장서 변발을 잘랐고 반청운동 선봉장이 됐다.

1911년 철로 부설권을 외국인에게 넘기는 '철로 국유화' 정책이 선포됐다. 당시 장사의 동맹회원들은 학생들에게 손중산의 혁명적 주장을 선전했다. 모택동이 소속된 상향중학교에 반청운동 분위기가 팽배했다(周世钊, 1977: 4). 천한(川漢) 철로 부설은 외국자본에 대한 배척운동의 도화선이 됐다. 입헌을 요구하는 민중의 소리를 의식한 청정부는 자정원(諮政院)[82]을 설치했다. 자정원은 1910년에 설립된 헌법 준비기구인 의회를 지칭한다. 한편 흥분한 학생들은 변발을 자르는 반청운동을 전개했다. 중학생 모택동은 반청(反淸)을 상징하는 '변발 퇴치'에 앞장섰다.

이 시기 변발은 '만청(滿淸) 상징'이었다. 당시 매국적 행위를 일삼는 청정부에 대한 항의로 장사의 학생들은 용감하게 변발을 잘랐다. 모택동과 그의 한 친구는 앞장서 변발을 자르고 혁명당 지지와 반청(反淸) 결심을 굳혔다(曹志爲 외, 1991: 29). 훗날 모택동은 이렇게 회상했다. …나와 나의 친구는 남 먼저 변발을 잘랐으나, 다른 친구들은 약속을 지키지 않았다. 우리는 불시에 습격해 그들의 변발을 강제로 잘랐다. 우리에게 변발을 잘린 학생은 10여 명이 된다(汪衡, 2009: 31). 당시 변발을 자른 모택동의 '용감한 행위'를 지지한 교사가 바로 '은사'인 하람강이다.

---

82 자정원(諮政院)은 청나라 말년의 입헌운동에 기인된 의회 준비기구이다. 1910년 9월에 설치된 지정원은 1912년 초에 폐지됐다. 자정원의 직속 기구로서 각 지방에 설립된 자의국(諮議局)은 각 성(省)의 의사결정 기구였다. 사실상 청정부가 설립한 자정원은 전제군주제의 통치를 수호하기 위한 유명무실한 '자의기관(諮議機關)'에 불과했다.

결국 중학생 모택동은 학교 당국으로부터 '엄중경고' 처분을 받았다.

1911년 봄 모택동이 상향중학교에 입학했을 때 모대종은 모택동의 동창이며 호남 신군의 전우였다. 훗날 모택동이 회상한, 그와 함께 '변발 반대'에 앞장섰던 '나의 친구'가 바로 모대종이다(黃露生, 2011: 52). 1911년 모택동과 함께 앞장서 변발을 잘랐던 '나의 친구'는 호숭성(胡崇誠)이다. 모택동과 호숭성의 영향을 받은 상향중학교 학생들은 잇따라 변발을 잘랐다(唐振南 외, 2007: 72). '상향일중(湘鄉一中)' 교사실(校史室)에는 모택동의 사진이 박힌 교우록(校友錄)이 놓여 있었고 동학록(同學錄)의 네 번째에 모택동이 있었다. '모택동 17세, 상담7도(湘潭七都)'라고 적혀 있었다. 그 뒷면에 호숭성이 있었다(文熱心 외, 2013.7.15). 상기 문장은 호남일보(湖南日報)에 게재된 기사로 신빙성이 높다. 1925년 상향중학교는 '상향일중'으로 개칭됐다. 모택동과 호숭성은 상향중학교 동창이었다. 한편 '삼촌' 모대종이 모택동의 '동창'·'전우'라는 주장은 사실무근이다.

변발을 자른 모택동의 '반역 행위'에 일부 교사들은 퇴학 처분을 줘야 한다고 주장했다. 당시 '엄중경고' 처분을 주고 사건을 마무리한 양병겸 교장은 '경한 처분'에 항의하는 교사들에게 이렇게 말했다. … 변발을 자른 것은 모택동군의 발명이 아니다. 장사 거리에도 많은 사람들이 변발을 잘랐다(覃曉光 외, 2014: 21). 호숭성은 모택동을 가장 먼저 협조한 조력자였다. 한편 호숭성은 중의(中醫) 진료소를 설립해 병치료에 헌신했다.

신해혁명 직전 '변발 퇴치' 운동이 전국적으로 파급됐다. 이런 '변발 폐기'를 두고 학생들 간에 이것이 반유교(反儒教)적 행위인가, 반청(反淸)운동인가에 대한 의견이 크게 엇갈렸다.

당시 '변발 퇴치'에 관해 모택동은 법정학당의 한 친구와 쟁론을 벌였다. 그 '법률학도'는 유교 경전을 논거로 신체발부(身體髮膚)는 부모로부터 물려받은 것이므로 결코 손상해서는 안 된다고 주장했다. 당시 '변발 폐기'를 반청운동이라고 생각한 모택동은 반박 주장을 펴 그를 완전히 침묵시켰다(胡哲峰 외, 1993: 17). 실제로 '신체발부 손상'이 반유교(反儒敎)적이라고 생각하는 사람들이 적지 않았다. 한편 '변발 퇴치'를 반청운동으로 간주한 것은 혁명당의 주장에서 비롯됐다. 이 시기 중학생 모택동은 혁명당의 주장에 공감하는 반청운동의 추종자였다.

신해혁명이 발생한 연초부터 장사 등지에서 변발을 자르는 '진보적 행위'가 잇따라 발생했다. 이런 급진적 행위는 변발을 청조의 법을 지키는 것으로 간주해온 많은 보수파들을 경악하게 했다. 그들은 부모가 물려준 모발을 자르는 것은 불효라고 생각했다(P. Short, 2010: 35). 정통 유교주의자들의 주장에 따르면 인간은 머리카락이나 손톱 등을 훼손할 수 없다. '변발 퇴치' 운동은 반유교적이라기 보다는 반청운동이었다(Edgar Snow, 1937). 실제로 '변발 퇴치' 운동은 1900년대 내우외환의 청정부에 대한 한족들의 '반역 행위'였다. 변발은 만족의 풍습을 한족에게 강요한 것이다. 따라서 이를 유교와 연결시키는 것은 큰 무리가 있다.

청조를 건립한 만족이 북경에 입성(1644)한 후 한족에게 강요한 것이 바로 만족의 풍습인 변발이었다. 변발은 만족에 대한 귀순과 복종의 상징적 행위였고 변발을 자르는 행위는 청조 법률을 위반한 반역 행위로 간주됐다. 이 또한 상향중학교 학생들이 모택동과의 '약속'을 저버린 원인이다. 결국 변발을 자른 주모자 모택동은 학교 당국으로부터 '엄중경고' 처분을 받았다. 한편 모택동의 장사 진출은 그의 인생의 중요한 전환점이었다.

반년 전에 '가짜 외국인' 교사의 가짜 변발을 조롱하던 모택동이 반년 후에는 변발의 '전면적 폐지'를 주장하기에 이르렀다. 한편 소년 모택동이 동산학당 시절의 입헌군주제 지지자에서 장사의 상향중학교에서 반청(反淸)운동 선봉장이 되기까지는 불과 반년밖에 걸리지 않았다. 또 유치한 '정견'을 발표했던 중학생 모택동은 호남 신군(新軍)에 입대했다.

2) 신해혁명과 호남 신군의 열병(列兵)

여원홍(黎元洪)[83]이 주도한 무창봉기(1911.10)는 신해혁명의 전주곡이다. 하람강이 초청한 혁명당 간부가 상향중학교에서 시국에 관한 연설을 했다. 흥분한 중학생들은 청정부를 비난하고 중화민국 수립을 위해 곧 행동에 나서야 한다고 떠들었다(李捷 외, 1996: 33). 당시 혁명당 간부의 연설에 감화된 모택동은 혁명군 참가를 결심했다. 실제로 혁명가의 선동적 연설은 중학생 모택동이 '투필종융(投筆從戎)'을 결정한 중요한 계기가 됐다.

하람강의 지지를 받아 장사의 상향중학교에서 퇴학한 모택동은 동창인 곽재재(郭梓材)와 모후생(毛煦生)[84]과 함께 무한으로 떠났다. 그러나

---

83 여원홍(黎元洪, 1864~1928), 호북성 황피(黃陂) 출신이며 중화민국 제2대 대통령이다. 1913년 10월 중화민국 부통령에 임명, 1916년 6월 대통령으로 추대, 단기서의 음모와 '장훈 복벽(1917.7)'으로 퇴임했다. 1922년 6월 재차 대통령에 당선, 1923년 초 직계군벌 조곤(曹錕)에 의해 하야, 그해 6월 정계 은퇴, 1928년 천진(天津)에서 병사했다.

84 모후생(毛煦生)은 모택동이 호남 신군의 전우이다. 당시 모후생은 신군 치중영(輜重營)의 문서로 근무했다. 건국 후 모후생은 모택동에게 편지를 써 (北京)직장을 부탁했다. 모택동은 곧 회신(1949.11)을 보내 북경에 오는 것을 반대하며 치중영에서 어떤 직무였는지 기억나지 않는다고 말했다. 이는 팽우승(彭右勝)에게 보낸 회신과 대조된다.

상황이 급변돼 장사로 돌아와 정잠(程潛)[85]이 지휘하는 호남 신군(新軍)에 참가해 열병(列兵)[86]이 됐다(尹高朝, 2011: 121). 상기 모후생이 모택동의 '동행자'라는 사실적 증거가 부족하다. 한편 하람강이 '모택동 퇴학'을 지지했다는 상기 주장은 신빙성이 매우 낮다. 당시 무창에서 전투를 지휘한 정잠은 호남 신군의 지휘자가 아니었다. 이 시기 정잠은 (湖南)도독부 군사청장이었고 (列兵)모택동과는 일면식도 없었다.

한구(漢口)로 가기로 작정한 모택동은 친구에게 장화를 빌리려 갔다가 수비대의 저지를 당했다. 혁명 전야의 장사는 전투 분위기가 짙었고 무장한 병사들이 거리로 몰렸다(中央文獻研究室, 2003: 15). 모택동은 이렇게 회상했다. …장사 성밖의 격렬한 전투와 함께 시내에서 폭동이 일어났다. 내가 높은 곳에 올라가 전투 모습을 바라보니, 관청에 한기(漢旗)가 휘날렸다(毛澤東, 2008: 27). 영국 영사 질레스(Gilles)는 보고서(1911.11)에 이렇게 썼다. …11월 2일 장사로 진입한 혁명군은 관청을 향해 전진했다. 성문은 열려 있었고 청조 군대는 저항을 포기했다. 결국 장사는 총성 한발 없이 혁명군의 수중에 넘어갔다(金冲及, 2009: 41). 상기 '한기'는 청조를 뒤엎고 중화민국을 건립한다는 뜻이다. 한편 청군의 '저항 포기'는 설득력이 크게 떨어진다. 당시 장사에는 혁명군을 반대하는 세력이

---

85 정잠(程潛, 1882~1968), 호남성 예릉(醴陵) 출신이며 육군 상장이다. 1910~1920년대 (湖南)도독부 군사청장, 호법군(護法軍) 사령관, 국민혁명군 제6군 군단장; 1930~1940년대 제1전구(戰區) 사령관, 하남성장(省長), 군사위원회 부참모장, 건국 후 호남성장, 국방위원회 부주석, 전국 인대(人大) 부위원장을 역임, 1968년 북경에서 병사했다.

86 열병(列兵)은 중국의 군 계급으로 말단 사병을 지칭한다. 1722년 러시아가 처음으로 열병 군함(軍銜)을 도입했다. 1918년 구소련은 열병을 홍군 전사로 개명, 1946년 소련은 열병 계급을 회복했다. 신중국 설립 후 중국은 두 차례 군함제(軍銜制)를 실시, 열병 계급을 설치했다. 대개 신병은 3개월 훈련을 거쳐 열병 계급장을 달 수 있다.

창궐했다.

장사에서는 큰 전투가 벌어지지 않았다. 초달봉(焦達峰)[87]의 혁명군은 약간의 저항을 받았으나, 혁명군의 선전 공세에 수비군은 곧 성문을 열었다. 성안에서 회합한 초달봉과 진작신(陳作新)[88]은 순무원을 공격했고 순무는 뒷문으로 도망쳤다. 전투는 유혈사태는 없었다(S. Schuram, 1996: 15). 장사를 점령한 혁명군은 호남 군정부를 건립했다. 초달봉과 진작신이 도독과 부도독(副都督)으로 추대됐다. 이는 입헌파와 부유층의 불만을 자아냈다. 격렬한 논쟁을 거쳐 참의원(參議院)이 설립됐고 입헌파 두목 담연개(譚延闓)[89]가 참의원 의장이 됐다(何明, 2003: 39). 당시 혁명군의 '선전 공세'로 성문 공격에 성공한 것은 진작신의 동로군이다. 한편 담연개의 등장은 혁명군 실패를 초래한 비극의 씨앗이 됐다. 혁명군이 입헌파에 대한 경계를 늦추고 무창에 많은 병력을 파견한 것은 치명적 실수였다.

장사에서 혁명정부를 건립한 초달봉은 혁명사상을 전파하며 무장

---

87 초달봉(焦達峰, 1886~1911), 호남성 출신이며 가로회(哥老會) 회원이다. 1906년 동맹회에 가입, 1909년 장사에 '공진회' 지부 설립, 혁명활동을 진행했다. 1911년 10월 23일 호남군정부 도독, 10월 31일 담연개와 역모해 정변을 일으킨 호남 신군 두목 매형(梅馨)에게 살해됐다.

88 진작신(陳作新, 1870~1911), 호남성 출신이며 민주 혁명가이다. 1905년 동맹회에 가입, 1911년 10월 22일 혁명군을 거느리고 호남성 성도(省都) 장사를 점령했다. 10월 23일 호남군정부의 부도독(副都督), 10월 31일 호남 신군의 대대장 매형(梅馨)에게 살해되었다.

89 담연개(譚延闓, 1880~1930), 호남성 차릉(茶陵) 출신이며 국민당 좌파, 육군 상장이다. 1910년대 호남성 참의원(參議院) 의장, 국민당의 호남(湖南) 지부장, 1920년대 상군(湘軍) 총사령관, (南京)국민정부 주석, 행정원장을 역임했다. 1930년 9월 남경(南京)에서 병사했다.

봉기를 준비했다. 10월 22일 봉기군은 장사를 공략하고 군정부를 설립했다. 당시 초달봉은 부유층의 지지와 협력을 이끌어 내기 위해 입헌파와 타협했다. 또 그는 도독부 옆에 담연개를 의장으로 하는 참의원 설립을 허락했다(張珊珍, 2011: 27). 한편 '입헌파 타협'은 혁명군의 실패를 초래한 주된 원인이다. 초달봉이 입헌파에 대한 경계를 늦추고 그들을 우군(友軍)으로 간주한 것은 치명적 패착이었다. 결국 장사의 기득권층 지지를 받는 입헌파가 군사정변을 일으켜 정세를 역전시킨 것이다.

모택동은 이렇게 회상했다. …군정장관으로 초달봉과 진작신이 선출됐다. 담연개는 추방되고 자의국은 해체됐다. 당시 의회 개설을 요구하는 탄원서 복사본이 있었는데 그 원본은 소련정부의 교육위원인 서특립(徐特立)[90]이 혈서로 쓴 것이었다(신복룡, 2001: 51). 상기 '회상'에는 기억착오와 중대한 오역이 있다. 실제로 담연개는 '추방'된 것이 아니고 신설된 참의원 의장으로 선출됐다. 당시 서특립은 '소련정부 교육위원'이 아닌 중화소비에트정부의 교육부장이다. 또 서특립의 '단지사건, 1909.12.8)'[91]은 초달봉의 죽음과 무관하다. 한편 모택동이 언급한 서특립의 '단지사건'은 1909년 12월에 발생했다는 것이 학계의 정설에 가깝다.

초달봉과 진작신은 동맹회와 가로회의 2중 신분을 갖고 있었다. 당

---

90 서특립(徐特立, 1877~1968), 호남성 선화(善化) 출신이며 공산주의자이다. 1927년 중공에 가입, 1910~1940년대 호남성 자의국 부의장, 장사사범학교 교장, 중화소비에트공화국 교육부장, 주상(駐湘) 판사처장, 건국 후 중앙선전부 부부장 등을 역임, 1968년 북경에서 병사했다.

91 '단지(斷指)사건' 발생에 대한 네 가지 설은 ① 1906년 설 ② 1907년 설 ③ 1908년 설 ④ 1909년 설 등이다. 상기 '네 번째 설'의 신빙성이 가장 높다. 1909년 12월 8일 서특립은 '단지(斷指) 혈서'를 써서 북경에 가는 호남성 대표를 응원했다. 모택동의 '회상'에서 언급한 서특립의 '단지사건'은 시간상 오차가 큰 '기억착오'이다.

시 그들은 부유층을 대표하는 입헌파의 지지를 이끌어 내지 못했다. 정치적 자질과 실전 경험의 부족으로 사태의 심각성을 인지하지 못했다. 초달봉은 '위험한 적'인 입헌파에 대한 경계심을 늦췄다. 결국 입헌파와 정변을 모의한 신군 대대장(梅馨)에게 처참한 죽임을 당했다. 이는 혁명군 지휘자로서 갖춰야 할 자질의 결여와 리더십 부재에 기인된 비극적 결과였다.

모택동은 이렇게 평가했다. …새로 임명된 도독은 나쁜 사람이 아니었고 혁명의 열정도 갖고 있었다. 피압박 계급의 이익을 대변한 그는 기득권층의 불만을 샀다. 입헌파와 역모한 신군이 군사정변을 일으켰다. 당시 담연개는 부유층과 군벌을 대표했다(中央文獻研究室, 2003: 16). 당시 초달봉의 죽음을 아쉬워한 모택동은 그의 처지를 동정했다. 실제로 혁명군을 진압한 담연개는 초달봉을 살해한 장본인이다. 한편 1920년대 '공산당 창건자'인 모택동은 '혁명군 탄압자'인 담연개의 도움을 받았고 그들은 '혁명 동지'가 됐다. 이 또한 역사의 아이러니이다.

호북(湖北) 혁명군은 청군(淸軍)과의 전투에서 밀려 곤경에 처했다. 호남군정부는 고립무원에 빠진 (武昌)봉기군 지원을 위해 신병을 모집했다. 모택동과 곽재재는 호남 신군에 입대했다(何明, 2003: 40). 모택동은 이렇게 회상했다. …당시 학도군(學徒軍)에 당생지(唐生智)[92]라는 학생이 있었다. 나는 전투력이 낮은 학도군보다 정규군 가담을 결심했다(毛澤東, 2008: 28). 당생지의 '학도군 입대'는 모택동의 기억착오이다. 실제로

---

92 당생지(唐生智, 1890~1970), 호남성 동안(東安) 출신이며 육군 상장이다. 1909년 동맹회에 가입, 1911년 보정(保定)육군학교 입학, 1920~1940년대 호남성장, 국민혁명군 총지휘, 제5로군 총지휘, 건국 후 호남성 부성장, 전국 정협(政協) 상임위원을 역임, 1970년 장사에서 병사했다.

학도군에 입대한 것은 소유였다. 한편 보정(保定)사관학교 사관생 당생
지는 호군(沪軍) 도독부에서 근무했다. 1911년 10월 모택동은 호남 신군
의 제25혼성협(協) 50표(標) 1영(營) 좌대(左隊)의 열병이 됐다.

영국 학자 딕 윌슨은 모택동의 '신군 입대'에 대해 이렇게 주장했
다. …무한(武漢)에 도착한 모택동은 여러 가지 원인으로 학도군에 입대
하지 못했다. 결국 그는 장사로 돌아왔다(D. Wilson, 1993: 29). 한편 중국 학
자 전수덕(田樹德)은 상기 주장과 반대되는 주장을 폈다. …무한으로 가
던 모택동 일행은 '수비군의 저지'로 한구(漢口)에 도착하지 못했다. 결
국 그들은 장사로 돌아와 호남 신군에 입대했다(田樹德, 2002: 132). 당시
모택동이 '무한에 도착했다'는 딕 윌슨의 상기 서술은 사실무근이다.
무한으로 가던 모택동이 '교통 두절'로 장사에 돌아와 호남 신군에 입
대했다는 것이 정설이다. 한편 딕 윌슨의 주장은 사실을 왜곡한 소유의
'회고록'에서 비롯된 것이다. 소유는 모택동의 군 입대를 '완전한 허위
사실'이라고 주장했다.

소유는 이렇게 회상했다. …모택동은 학도군 가담을 위해 무창으
로 갔다. 당시 나는 장사 학도군 중대장이었다. 무한에서 입대하지 못
한 모택동은 장사로 돌아왔다. 학도군이 해산되자 모택동의 혁명군 입
대는 무산됐다(蕭瑜, 1898: 15). 실제로 사실을 왜곡한 소유의 주장을 외
국 학자들이 맹신한 것이다. 소유의 '사실 왜곡' 원인은 첫째, 모택동의
'학도군 폄하'는 학도군 출신인 그의 심기를 불편하게 했다. 둘째, 1936
년 모택동이 그를 고국박물관의 문물 도적으로 매도[93]했다. 셋째, 1950

---

93 중국 학자들이 제출한 '두 가지 가능성'은 첫째, 와전이다. 당시 모택동은 관련 소식을
    신문 기사에서 읽었다. 둘째, 사실일 가능성이 높다. 1927~1930년 국민정부 농광부(農
    礦部) 차장 소유는 1931년 정계를 은퇴하고 프랑스로 갔다. 이런 '돌연적 은퇴'는 숨겨

년대 '모택동 폄하'는 구미(歐美) 독자의 구미에 맞았다. 결국 픽션으로 점철된 소유의 '회고록'은 외국 학자들의 '모택동 연구' 필독서가 됐다.

일부 학자들은 1911년에 모택동이 정잠(程潛)이 거느린 호남 신군에 입대했다고 주장하고 있다. 결국 이는 1949년에 모택동이 국민당 장군 정잠을 자신의 '오래 상급'이라고 부른 것과 밀접히 관련된다. 한편 모택동이 정잠을 '오랜 상급'으로 호칭한 것은 그 나름의 이유가 있다.

1949년 9월 모택동은 북경역에서 정잠에게 말했다. …우리는 동향이며 당신은 나의 오랜 상급이다. 1960년대 모택동은 이렇게 말했다. …신군의 군사 훈련에서 사격술 등은 정잠이 지휘한 신군에서 배웠다(唐振南 외, 2007: 75). 신해혁명 후 호남 도독부의 참모장을 지낸 정잠과 신군의 열병 모택동을 '상하급 관계'로 보기는 어렵다. 이는 모택동이 '기의(起義)'를 일으켜 장사의 '평화적 해방'에 기여한 정잠을 존경하기 위한 것이었다.

모택동의 직속상관은 조항척(趙恒惕)[94]이며 최고 장관은 담연개였다. 당시 모택동이란 18세의 열병을 기억하지 못했으나 나중에 서로 익숙한 존재가 됐다. 모택동은 조항척의 가장 '무서운 적수'였고 국민당의 좌파 담연개는 모택동의 '맹우(盟友)'가 됐다(Schuram, 1996: 15). 조항척이 모택동의 '직속상관'이었다는 주장은 사실 왜곡이다. 1920년대 모택동과 조항척은 '앙숙지간'이었다. 조항척은 호남에서 노동·농민운동에

진 원인이 있다. 소유가 1950년대 회고록을 쓸 때 에드가 스노우의 '서행만기(西行漫記)'를 읽었다. 한편 소유는 모택동의 '문물 도적' 매도에 대해 종래로 반박하지 않았다.

94   조항척(趙恒惕, 1880~1971), 호남성 형양(衡陽) 출신이며 동맹회 회원이다. 1908년 일본 사관학교를 졸업, 신해혁명 후 여원홍의 좌익군 사령관을 맡았다. 1920년 (湘軍)총사령관, 호남성장에 임명됐다. 1926년 당생지(唐生智)에게 쫓겨나 상해에서 10년 동안 불교 공부에 몰두했다. 1951년 (臺灣)총통부 국책고문, 1971년 대북에서 병사했다.

종사한 '과격파' 모택동에 대한 체포령을 두 번이나 내렸다. 한편 모택동은 국민당 좌파이며 동향인 담연개와 '돈독한 관계'를 유지했다.

모택동이 입대 당시 담보인을 찾지 못해 곤경에 처했을 때 도와준 이가 있다. 1909년 가을 신군 입대 후 상등병으로 진급한 주기성(朱其昇)[95]이었다. 모택동의 딱한 사정을 알게 된 주기성은 분대장 팽우승(彭友勝)[96]을 설복해 모택동의 담보인을 맡게 했다(何明, 2003: 40). 이 두 사람이 훗날 모택동이 언급한 '대장장이(朱其昇)'와 호남 출신의 '광부(彭友勝)'였다. 한편 모택동 입대 당시 무창(武昌) 지원과 (新軍)병력 확충이 급박한 상태였다. 이런 상황에서 과연 '담보인' 규정이 있었는지 강한 의문이 든다.

팽우승은 모택동에 대한 인상을 이렇게 술회했다. …당시 상사가 17~18세의 신병을 소개했다. 키가 훤칠하고 용모가 준수한 그의 부리부리한 두 눈과 턱 아래 검은 반점(黑痣)이 인상적이었다. 소산충 출신인 그는 박학다식한 수재(秀才)였다(覃曉光 외, 2014: 30). 모택동은 이렇게 회상했다. …나는 분대장과 사병들과 친하게 지냈다. 그들은 글을 쓸 줄 알고 고전소설에 관해 많이 알고 있는 나를 존경했다. 또 나는 그들을 도와 편지를 써주었다(胡哲峰 외, 1993: 19). 당시 대다수의 사병은 문맹

---

95 주기성(朱其昇)은 호남 신군의 모택동의 전우, 분대 상사였다. 주기성은 신참 모택동을 보살펴주고 '수재병(秀才兵)'인 모택동의 도움으로 글을 익혔다. 1952년 타인에게 부탁해 모택동에게 편지를 썼다. 그해 8월 20일 모택동의 회신을 받았다. 1952년 가을 주기성은 북경에 가서 모택동의 접견을 받았다. 1956년 한구(漢口)에서 병사했다.

96 팽우승(彭友勝, 1884~1969)은 모택동의 호남 신군의 전우이다. 1907년 호남 신군에 입대, 1912년 봄 모택동이 제대할 때 은화 2원을 노비(路費)로 주었다. 1951년 모택동의 회신을 받은 후 당시 호남성 부성장 정성령(程星齡)을 찾아갔다. 1951~1967년까지 매달 30원의 생활보조금을 받았다. 한편 모택동의 관심에 대한 보답으로, 팽우승은 18년 간 고향의 상등차(上等茶)를 모택동에게 보내주었다. 1969년 고향에서 병사했다.

이었고 문화 수준이 매우 낮았다. 그들은 다년간 사숙에서 경전을 공부한 모택동을 '박식한 학자'로 존경했다. 한편 모택동이 제대를 결심한 이유는 군대에서 허송세월을 보내는 그들에게서 비전을 느끼지 못했기 때문이다.

모택동이 '장사 수비군'으로 남게 된 것은 장사의 정세가 매우 불안했기 때문이다. 한편 '정세 불안'의 주요인은 첫째, 호남군정부가 출범한 후 도독 초달봉이 살해됐다. 둘째, (武昌)혁명군이 청군(淸軍)과의 전투에서 참패해 상황이 위급했다. 셋째, 청정부가 '정권 수복'을 명령했다. 넷째, 장사에서 큰 전투가 벌어진다는 요언이 난무했다. 다섯째, 장사 안정을 위해 전투력이 강한 군대의 주둔이 필요했다. 실제로 무한에 파견되지 않은 것은 전투 경험이 전무한 열병(毛澤東)에게는 천만다행이었다. 당시 무한은 목숨이 '경각에 달린' 위험한 곳이었기 때문이다.

모택동이 (湖南)신군 입대를 통해 평생 기억한 특별한 숫자는 그가 사용한 보병총의 일련번호(一連番號)인 '8341'이다. 즉 '8341'은 군대에서 나눠준 보병총의 일련변호였다. 보병총은 모택동의 손에서 떠날 줄 몰랐고 그는 매일 열심히 총을 닦았다. 제대할 때 보병총은 바쳤으나 일련번호는 평생 기억했다(文熱心 외, 2014: 25). 건국 초기 중앙경위단(中央警衛團)을 설립할 때 모택동의 제의로 이 친위대(親衛隊)의 군 번호를 '8341'로 정했다. 훗날 모택동이 보병총의 일련번호를 장기간 기억한 것은 반평생 이어진 군대와와 '첫 인연'을 잊을 수 없었기 때문이다.

병영(兵營) 생활은 매우 따분하고 단조로웠다. 매일 엄격한 군사훈련이 반복됐으며 상관의 훈계를 들어야 했다. 훈련에 게으르거나 불만을 표시하면 상사에게 매 맞기 일쑤였다. 이는 말단 열병 모택동도 피해갈 수 없었다(劉繼興, 2012.6.30). 신병 모택동은 빠른 기일 내 군사적 기능을 습득하고 적을 물리치는 실전 능력을 장악했다(于俊道 외, 2012: 19). 모택동이 짧은 기간에 '실전 능력'을 장악했다는 상기 주장은 수긍하기 어렵다. 한편 구식 군대의 폐단과 '군대 개혁' 필요성을 절감한 것이 청년 모택동이 6개월 동안의 군생활을 통해 얻은 가장 큰 수확이었다.

청년 모택동의 '신군 입대'는 용감한 행동이었다. 당시 호남성 군대는 북벌을 준비하고 있었으나, 장사에 남은 모택동은 전투 기회를 놓쳤다(A. Pantsov, 2015: 39). 군대에 대한 애정을 갖지 못한 모택동은 전투에 참가하지 못했으며 근무병으로 상관의 시중을 들었다(R. Terrill. 2010: 25). 모택동의 군생활은 실망스럽고 무미건조했다. 결국 반년 후 모택동은 제대하고 학교로 돌아왔다(D. Wilson, 2010: 21). 모택동이 '상관의 시중드는' 근무병이라는 상기 주장은 실제적 상황과 동떨어진다. 한편 모택동이 입대한 주된 원인은 신해혁명의 지지자였기 때문이다. 또 '전투 참가' 여부를 놓고 군생활의 의미를 논하는 것은 단순한 편견이다.

열병 모택동과 분대장 팽우승은 '좋은 관계'였다. 1949년 10월 1일 천안문에 오른 모택동을 알아본 팽우승은 이웃에게 자신은 모주석(毛主席)의 전우였다고 자랑했다. 또 그는 모택동이 자신을 대신해 편지를 써주었다고 말했다(周仁秀 외, 2007: 76). 1951년 팽우승은 모택동에게 편지를 보내 자신의 궁색한 처지를 하소연하고 도움을 청했다. 당시 모택동은 곧 '상사'에게 회신을 보냈다. 결국 수십년이 지난 후에도 분대장을 잊지 않았다.

모택동의 회신(1951.3)은 이렇게 썼다. …생활이 어렵다면 호남성 부성장 정성령(程星齡)[97]을 찾기 바란다. 그가 당신의 역사와 근황을 모르

---

[97] 정성령(程星齡, 1900~1987), 호남 예릉(醴陵) 출신이며 국민당 좌파이다. 1920년대 북경

고 있어 결과는 장담하기 어렵다. 과거를 솔직하게 말하고 신군에서 나와 전우였다는 것을 이야기하길 바란다(中共中央文獻研究室, 2003: 377). 팽우숭은 모택동의 편지를 갖고 부성장 정성령을 찾아갔다. 호남성 정부는 그가 고령(67세)인 점을 감안해 공무원에 준하는 대우와 생활보조금을 지급했다.

모택동은 이렇게 회상했다. …군향(軍餉)은 매월 7원이었다. 일반 병사들은 직접 물을 길어 왔다. 당시 학생 신분인 나는 체면에 물장수의 물을 사서 먹었다. 나머지는 대부분 신문 구입에 썼다(中央文獻研究室, 2003: 16). 분대원들은 모택동을 '학자(學者)' 대우를 해주었고 글을 잘 쓰는 그의 '학식(學識)'을 존중했다. 또 사회주의 책자 구입에 쓸 수 있는 돈을 식수 구입에 썼다는 것은 묘한 역설이다(남경태, 2003: 33). 상기 '사회주의 책자'는 상당한 어폐가 있다. 당시 사회주의 책자를 구한다는 것은 하늘의 별 따기였다. 한편 모택동은 식수 구입을 통해 '수재병(秀才兵)'의 우월감을 나타내고 '지식인 체면'을 지키려고 했던 것이다.

모택동은 이렇게 술회했다. …군생활을 통해 나는 신문을 읽는 습관을 키운 나는 1927년 정강산 진입 전까지 신문을 읽는 것을 중단하지 않았다(胡哲峰 외, 1993: 28). 모택동은 신문을 통해 적의 동태를 분석하고 대응 전략을 짰다. 신문 중요성에 대해 섭영진(聶榮臻)[98]은 이렇게 회

대학 졸업, 복건성 정부의 비서로 근무, 1949년 정잠의 의거와 장사의 '평화적 해방'에 기여했다. 건국 후 호남성 부성장·정협 주석, 전국 정협 상임위원 등을 역임, 1987년 장사에서 병사했다.

98 섭영진(聶榮臻, 1899~1992), 사천성 강진(江津) 출신이며 개국원수(元帥)이다. 1923년 중공에 가입, 1930~1940년대 중앙군위 참모장, '홍1군단' 정치위원, 진찰기(晋察冀)군구 사령관, 오대산(五臺山) 항일근거지를 창건했다. 1938년 모택동은 오대산의 섭영진을 수호전의 노지심(魯智深)에 비유했다. 또 팽덕회 등과 함께 '백단대전(百團大戰)'을 지휘했

상했다. …장정 중 신문에서 섬북(陝北)에 홍군과 근거지가 있다는 것을 알게 됐다. 이 신문을 본 모택동은 홍군을 이끌고 섬북에 도착했다(尹高朝, 2011: 122). 신문 애독은 훗날 모택동이 '시사통(時事通)'으로 불린 주된 원인이다. 한편 중공 지도자 모택동은 신문의 '언론 역할'을 매우 중시했다. 그가 애독한 인민일보는 공산당의 후설 역할을 담당했다.

모택동은 상강일보(湘江日報)를 통해 사회주의를 접했다. 명칭은 사회주의이나 사실상 사회개량주의(社會改良主義)[99]였다. 모택동은 강항호(江亢虎)[100]가 쓴 사회주의에 관한 책자를 읽고 친구들에게 열정에 넘치는 편지를 보냈다(逄先知 외, 2011: 13). 강항호의 사회개량주의는 과학적 사회주의[101]와 대립되는 사조였다. 당시 모택동이 사회개량주의를 '사회주의'로 착각한 것이다. 한편 이 시기 중국인들은 '사회주의'에 대해 관심이 없었다.

당시 사회주의를 소개한 문장은 극히 드물었다. 사회주의를 소개하는 목적도 달랐고 사회주의 사상을 곡해했다. 강항호의 사회당(社會

다. 건국 후 중앙군위 부주석, 국무원 부총리 등을 역임, 1992년 북경에서 병사했다.

99 사회개량주의(社會改良主義)는 점진적인 사회적 진보와 변혁을 주창하는 사조이다. 19세기 중엽 사회발전이 두드러진 영국과 프랑스에서 성행된 신사조로, 그의 사회적 기초는 노동자 계층이다. 과학적 사회주의와 대립되는 사회개량주의는 국제노동자 운동에 기여한 측면도 있다. 한편 마르크스주의자들은 사회개량주의를 전면 부정했다.

100 강항호(江亢虎, 1883~1954)는 중국 '무정부주의 시조'이며 '사회주의'를 연구한 첫 사람이다. 신해혁명 전후 사회주의연구회(1911.7.10)를 설립하고 상해에서 중국사회당(1911.11.5)을 창립했다. 1940년 왕정위의 괴뢰정부에서 국무위원, 고시원(考試院) 부원장을 맡았다. 1946년 한간죄(漢奸罪)로 무기형에 선고, 1954년 감옥에서 병사했다.

101 과학적 사회주의는 공상적 사회주의와 상대적 이론이다. 사회주의에 대한 과학적 이론체계, 이론모형·실천양식으로 간주된다. 한편 마르크스는 푸리에와 생시몽·오언 등이 주장한 공상적 사회주의를 과학성이 결여된 공상적 휴머니즘이라고 비판했다. 또 자본주의 사회의 내적 모순으로 사회주의 사회가 필연적으로 도래한다고 주장했다.

黨)은 사회주의 간판을 내걸었으나 사회주의에 대해 인지하지 못했다. 그가 소개한 사회주의는 사회개량주의에 불과했다(柯延 외, 2009: 31). 한편 내용이 천박했고 잘못된 서술이 많은 '사회주의' 책자는 모택동에게는 매력적인 이론서였다. 당시 모택동은 과학적 사회주의에 대해 제대로 이해하지 못했다.

중국 학자들이 강항호를 무정부주의자로 비난하는 것은 그가 1940년대 저지른 '한간(漢奸) 행위'와 관련된다. 강항호는 1910년 봄부터 1년간 일본·영국 등 국가를 돌아다니며 '사회주의'를 연구했다. 또 중국사회당(中國社會黨, 1911.11)을 창건하고 사회개혁을 주창했다. 강항호의 '사회주의'는 신해혁명 후에 나타난 신사상이었다. 한편 이 시기 모택동이 관심을 가진 분야가 사회개량주의인지, 무정부주의였는지는 미스터리에 속한다.

1912년 원단 남경에서 중화민국 임시대통령에 취임한 손중산은 1912년을 민국 원년으로 정했다. 또 여원홍을 부통령, 임삼(林森)[102]을 의장으로 하는 임시참의원을 설립했다. 한편 남경정부는 연약했고 건청궁(乾淸宮)의 황제는 퇴위하지 않았다. 북방지역은 군정대권을 장악한 원세개(袁世凱)[103]가 장악했고 대도시를 점거한 제국주의 열강은 신생한

---

102 임삼(林森, 1868~1943), 복건성 출신이며 국민당 우파이다. 1905년 동맹회에 가입, 1910~1920년대 (南京)임시정부 참의원 의장, 입법원 부원장, 국민당중앙 감찰위원, 1931년 국민정부 주석에 추대, 1937년 '중경 천도(重慶遷都)'를 공표, 1943년 교통사고로 중경에서 사망했다.

103 원세개(袁世凱, 1859~1916), 하남성 항성(項城) 출신이며 북양군벌 영수이다. 1895년 천진에서 신군(新軍)을 훈련, 1900년 '의화단운동'을 진압했다. 1911년 11월 총리대신, 군정대권을 장악했다. 1912년 2월 15일 중화민국 임시대통령에 추대됐다. 1915년 12월 황제로 등극, 국호를 '중화제국'으로 고쳤다. 1916년 요독증으로 사망했다.

'혁명정권'을 적대시했다. 실제로 손중산이 창건한 임시정부는 과도기적 정부였다.

당시 제국주의 열강은 공개적으로 중국혁명을 간섭했다. 각국의 군함은 장강에 쳐들어와 혁명군을 위협하고 혁명군의 세력확장을 제지했다. 또 원세개에게 '평화적 협의'를 촉구했다. '의화(議和)' 회의는 영국 공사 조르단(Jordan)의 조종하에 진행됐다. 영국·독일·미국·프랑스의 4국 은행은 원세개에게 거액의 차관(은화 500만냥)을 제공했다(張珊珍, 2011: 53). 실제로 제국주의 열강의 '원세개 지지'는 원세개의 전면 등장에 중요한 역할을 했다. 결국 제국주의 열강의 중국혁명에 대한 간섭과 '재정적 제약'은 수중에 군대가 없는 손중산의 실각을 초래했다.

군정대권을 장악한 원세개는 혁명군을 포위 공격했다. 북양군의 맹렬한 포화 속에서 고립무원에 빠진 남경정부는 원세개와 타협하지 않을 수 없었다. 2월 12일 청정부는 원세개의 협박에 못 이겨 '황제 퇴위'를 수락하는 조서(詔書)를 내렸다. 2월 15일 임시참의원은 원세개를 임시대통령으로 추대했다(邸江楓 외, 2013: 37). 1912년 3월 10일 원세개는 중화민국의 임시대통령에 취임했다. 한편 원세개가 혁명군을 포위 공격했다는 상기 주장은 역사적 사실과 동떨어진다. 당시 (南京)임시정부에게 '무력 협박'을 한 북양군의 지휘자는 '복벽파'인 장훈(張勛)[104]이었다.

당시 손중산은 북벌을 주장했으나 동맹회의 임원들은 원세개와 타

---

104 장훈(張勛, 1854~1923), 강서성 봉신(奉新) 출신이며 북양군벌이다. 1913년 '2차혁명'을 진압, 안휘성 독군(督軍)에 임명됐다. 1917년 7월 1일 '변자군(辮子軍)'을 거느리고 '부의 복벽(溥儀復辟)'을 실행, 이를 '장훈 복벽'이라고 부른다. 7월 12일 장훈의 '변자군'은 단기서(段祺瑞)의 토역군(討逆軍)에 의해 격파됐다. 1923년 천진에서 병사했다.

협할 것을 주장했다. 그의 막료 왕정위(汪精衛)[105]는 손중산에게 총통 자리에 연연하지 말라고 권장했다. 황흥은 원세개가 청조의 통치를 종식시킨다면 총통직을 그에게 이양해야 한다고 주장했다(李凡, 2011: 253). 왕정위는 원세개에게 황제를 퇴위(退位)시키고 공화제(共和制)를 찬성한다면 그를 임시대통령에 추대한다는 손중산의 전보를 발송했다(蔡德金, 1992: 10). 실제로 손중산의 좌고우면과 동맹회의 사분오열, 자산계급 혁명파의 타협성이 (南京)임시정부의 '실권(失權)'을 초래했던 것이다.

모택동은 이렇게 회상했다. …원세개를 반대하는 혁명군 중에 호남군(湖南軍)도 있었다. 호남군이 군사행동을 개시하려고 할 때 손중산은 원세개와 타협했고 전투 계획이 취소됐다. 당시 혁명이 끝났다고 생각한 나는 제대하기로 결정했다(高凱 외, 1993: 897). 267년 동안 중국을 지배했던 청조가 무너진 것을 '혁명 성공'으로 간주한 모택동은 군생활을 정리하고 장사로 돌아온 것이다. 결국 모택동의 군복무 기간은 고작 6개월에 불과했다. 그러나 반년 간의 열병 경력은 훗날 '홍군 통솔자'가 된 모택동의 파란만장한 융마(戎馬) 인생에 중요한 영향을 끼쳤다.

손중산이 '(民國)대통령 자리'에서 물러난 원인은 ① 혁명군의 부재 ② 민중의 지지 상실 ③ 언론과 대중매체의 여론 조성을 무시 ④ 동맹회 임원의 해외 체류로, 국내 영향력이 미미 ⑤ 군대를 장악한 군벌과 부유층의 지지 결여 ⑥ 지방 군벌과 입헌파의 혁명 열정과 적극성 부족

105　왕정위(汪精衛, 1883~1944), 광동 삼수(三水) 출신이며 본명은 왕조명(汪兆銘)이다. 1905년 동맹회 가입, 1923년 손중산을 도와 국민당을 개편, 국공합작을 지지했다. 1925년 7월 국민정부 주석, 그해 10월 모택동을 (代理)선전부장에 임명했다. 1927년 7월 (武漢)국민정부 주석 왕정위는 '분공(分共)'을 감행, 국공합작 결렬을 초래했다. 1938년 12월 일본 괴뢰정부의 '수뇌(首腦)', 한간(漢奸)으로 전락, 1944년 일본에서 병사했다.

⑦ 동맹회의 내홍(內訌)과 권력투쟁으로, 조직의 사분오열 ⑧ '군벌 의존도'가 높은 자산계급 혁명의 제약성 등이다. 결국 황포군관학교[106]를 창설한 손중산은 마침내 '(北伐)혁명군'을 갖게 됐다. 실제로 손중산 하야(下野)의 주된 원인은 '혁명군 부재'와 (反動)군벌과의 타협이다.

청년 모택동의 '6개월 열병(列兵)' 경력에 긍정적인 의미를 부여할 수 있다. 사실상 모택동의 '입대 기간'은 신해혁명에 따른 '황제 통치' 종식과 중화민국 설립의 중요한 시기였다. 모택동의 군 입대는 파란만장한 군생활의 효시(嚆矢)로, 이는 그가 군대에 애정을 갖게 된 중요한 계기가 됐다. 한편 구식(舊式) 군대의 폐단을 통감한 모택동은 손중산의 실각을 통해 중국혁명의 승리에 필수불가결한 무장투쟁의 중요성을 실감했다. 결국 '중공 창건자'인 모택동은 1927년 가을 정강산(井岡山)에 들어가 '공산당 군대'인 공농홍군(工農紅軍)[107]을 창건했다.

---

106 황포군관학교(黃埔軍官學校)는 1924년 손중산이 국민혁명에 필요한 군사간부 양성을 목표로 광주(廣州)에 설립한 군사교육기관이다. 그 소재지가 황포도(黃埔島)로, 황포군관학교로 불린다. 손문이 총리, 장개석이 교장, 요중개(廖仲愷)가 당대표를 맡았다. 또 주은래가 정치부 주임, 엽검영·섭영진 등 많은 공산당원이 황포군교의 교관을 담당했다. 한편 손중산의 말년에 이룬 '최대 성공작'인 황포군관학교는 '국공합작' 결과물이다.

107 공농홍군(工農紅軍)은 흔히 중국공농홍군을 가리키며 '홍군(紅軍)'으로 약칭한다. 1927년 가을 모택동은 추수봉기 패잔병을 이끌고 정강산에 진출해 근거지를 창립했다. 1928년 4월 주덕(朱德)이 거느린 남창봉기의 잔여 부대와 회합, 공농홍군 제4군을 창건했다. 주덕이 군단장, 모택동이 당대표를 맡았다. 한편 국민당은 정강산의 '주모(朱毛)홍군'을 '공비(共匪)'라고 폄하했다. 공농홍군 창건은 모택동의 가장 중요한 공적(功績)이다.

제3절 성립(省立)중학교 입학과 도서관 독학

1. 성립중학교의 '걸작', '상앙(商鞅)' 작문

1) 성립제1중학교와 '은사' 부정일(符定一)

1912년 3월에 제대한 모택동은 상향중학교 운영이 중단되고 학생들은 장군(長郡)중학교에 가서 공부하고 있다는 것을 알게 됐다. 또 다음 학기부터 동산학당의 이원보 교장이 상향중학교 교장으로 부임되며 학교 운영도 재개된다는 것을 알았다. 모택동은 잠시 상향시관(湘鄕試館)에 머물며 이원보 교장을 기다렸다. 한편 모택동은 고시 준비를 열심히 했다.

모택동은 신문 광고를 통해 학교를 선택했다. 훗날 그는 이렇게 회상했다. …당시 나는 한 경찰학교[108]의 광고를 본 후 그 학교에 등록했다. 또 비누제조 학원[109] 광고는 수업료 면제와 숙식 제공, 보조금이 지급한다고 했다. 그 매력적 광고를 본 후 나는 경찰학교를 포기했다. 결국 '비누 기술자'가 되기로 결심하고 등록금 1원을 지불했다(毛澤東, 2008: 30). 한편 경찰관이나 '비누 기술자'는 모택동에게 어울리지 않는 직업이었다. 또한 상급자에게 아첨할 줄 모르는 강직한 성격을 지닌 모택동은 꼼꼼하고 세심한 성격의 소유자가 결코 아니었기 때문이다.

---

108 모택동이 언급한 경찰학교는 호남경관학당(湖南警官學堂)이다. 1904년 호남순무 조이손(趙尔巽)은 장사 동패루(東牌樓)에 경무공소(警務公所)를 설치, 1년 후 경관학당을 개설해 경찰 인재를 배양했다. 또 경찰삼의소(警察參議所)를 설립해 경무 개선과 효율 제고를 전문적으로 연구했다. 당시 모택동이 읽은 것은 이 학교의 학생모집 광고였다.

109 비누제조 학원은 호남고등공업학교 화공과(化工科)였다. 당시 중국의 엘리트 계층에서 '실업구국론' 붐이 일어났다. '실업구국론' 제창자는 장건(張謇, 1853~1926)이었다. '실업구국론'의 사회적 배경은 구국구민의 뜻을 품은 모택동에게 큰 영향을 미쳤다. 한편 비누제조 기술은 장래가 촉망되는 직업으로 간주됐고 '기술자' 대우도 좋았다.

이 무렵 법정(法政)학교[110]의 친구가 모택동에게 소개한 법정학교는 3년 간 법률과정을 가르쳐주며 졸업 후 법관이 된다고 설명했다. 결국 모택동은 집에 편지를 써 수업료를 요구한 후 법정학교에 등록금 1원을 지불했다(胡哲峰 외, 1993: 20). 한편 1910년대 모택동이 희망한 '법관'과 '법률학자 꿈'은 실현할 수 없었다. 권력자와 기득권 세력에 치우친 당시의 법률적 환경에서 모택동과 같은 농민 자식이 성공할 확률은 매우 낮았다. 훗날 모택동의 회상에서 언급한 실업한 '법률학도(毛岱鍾)'가 단적인 사례이다.

모택동의 친구는 현재 가장 필요한 것은 경제학자라고 그를 설복했다. 또 고등상업학교[111]는 많은 학과가 개설되고 교사들도 유능하다고 말했다. 그래서 상업 전문가가 되는 것이 좋겠다고 판단한 모택동은 상업학교에 등록금을 지불했다(何明, 2003: 43). 모택동은 '상업학교 자퇴' 원인을 이렇게 설명했다. …상업학교는 대부분 학과를 영어로 가르쳤다. 나의 영어 수준은 알파벳을 겨우 외울 정도였다. 나는 한달 후 상업학교를 중퇴했다(曹志爲 외, 1991: 34). 실제로 모택동의 외국어 실력은 부실했고 영어는 그의 아킬레스건이었다. 훗날 모택동이 '북경대학 진학'과 프랑스 유학을 포기한 것도 그의 '부실한 외국어'과 밀접히 관련된다.

---

110 1910년 호남관립(官立)법정학당이 개설, 신해혁명 후 호남공립(公立)법정전문학교가 설립됐다. 또 군치(群治)·달재(達材) 등 사립법정전문학교가 장사의 여러 곳에 설립돼 큰 인기를 누렸다. 한편 당시 모택동이 등록했던 법정학교는 사립(私立)법정학교로 추정된다. 그러나 도대체 어느 사립학교에 신청했는지는 아직 밝혀지지 않고 있다.

111 모택동이 지원한 고등상업학교는 호남고등공립(公立)상업학교였다. 이 학교가 '장사일보'에 학생모집 광고를 게재한 시간이 1912년 3월 9일과 3월 18일이었다. 이는 모택동의 회상한 시간대와 부합된다. 1916년 고등상업학교는 호남상업전문학교로 개명됐다. 한편 모택동의 '상업 전문가' 선택은 아버지의 비위를 맞추려는 성격이 강했다.

모택동이 선택한 학교는 호남성립(省立)제일중학교였다. 부정일은 (省立)중학교의 창립자이며 초대 학교장이었다. (湖南)성립중학교는 모택동과 주용기(朱鎔基)[112]·주곡성(周谷城)[113] 등 명인을 배출했다. 한편 성립중학교에서 반년 동안 공부한 모택동은 독학을 결정하고 자퇴했다.

모택동은 이렇게 회상했다. …나는 학교 입학시험에 수석으로 합격했다. 성립중학교는 규모가 컸고 재학생도 많았다(毛澤東, 2008: 31). 모택동의 동창 감융(甘融)은 이렇게 회상했다. …국문시험의 작문 제목은 '민국 설립 후 모든 것이 새롭게 시작되니, 교육과 실업 중 어느 것을 우선순위에 둬야 하는가'이다. 당시 수석 합격자가 모택동이었다(覃曉光 외, 2014: 42). 모택동이 국문 시험의 '수석'인지, 문과·이과를 통틀어 '1위'인지가 명확하지 않다. '문과 수석'은 수긍되지만, '통합 1위'는 신빙성이 떨어진다.

부정일은 '수석 합격자'인 모택동을 신뢰하지 않았다. 모택동의 '특별 경력'이 의구심을 자아낸 것이다. 결국 '문장력 확인'을 위해 작문을 다시 쓸 것을 요구했다. 이번 작문은 입시 작문보다 더욱 훌륭했다. 모택동의 작문 실력을 인정한 부정일은 '동량지재'라고 극찬했다(尹高朝, 2011: 126). 모택동의 동향인 부정일은 호남성 형산(衡山) 출신이며 어언(語

---

112 주용기(朱鎔基, 1928~)는 중국의 제5대 국무원 총리(1998.3~2003.3)이다. 1949년 중공에 가입, 1951년 청화대학을 졸업했다. 1970~1980년대 국가계획위원회 부주임, 상해 시장·시위서기를 역임했다. 1990년대 국무원 부총리, 정치국 상무위원, 중국인민은 행 총재를 겸임했다. 1998~2003년 국무원 총리, 2008년 정계에서 은퇴했다.

113 주곡성(周谷城, 1898~1996), 호남성 익양(太陽) 출신이며 역사가(歷史家)·교육가이다. 1913년 (湖南)성립제일중학교, 1921년 북경고등사범학교 영어학부에 입학, 호남제일 사범학교에서 교사로 근무, 1942년부터 복단(復旦)대학에서 교수로 재직했다. 건국 후 농공당(農工黨) 주석, 전국 인대(人大) 부위원장을 역임, 1996년 상해에서 병사했다.

言)문자학자이다. 또 호남사범학교장과 호남성교육총회 부회장을 역임했다. 한편 성립제1중학교 교장 부정일과 학생 모택동의 사제(師弟)관계는 왜곡됐다.

1915년 호남성 도독 탕향명(湯薌銘)[114]의 사주와 주안회(籌安會)[115] 회장 양도(楊度)[116]의 영향을 받아 수구파인 엽덕휘(葉德輝)[117]와 함께 주안회 호남분회를 설립한 부정일은 원세개의 '황제 복벽'에 나팔수 역할을 했다. 또 그는 장기간 중의원(衆議院) 국회의원으로 활동했고 북양정부의 재정차장을 맡았다. 1927년부터 문자학(文字學) 연구에 종사하며 연구자로 복귀했다. 실제로 '역사의 죄인' 원세개의 앞잡이 역할은 그의 인생에서 지울 수 없는 오점(汚點)으로 간주된다. 한편 1940년대 모택동의 '은사'로 둔갑한 '정치인' 부정일의 역사적 오점은 간과됐다.

1915년 부정일은 반동 군벌 탕향명과 '복벽파' 양도와 함께 원세개

---

114 탕향명(湯薌銘, 1883~1975), 호북 희수(浠水) 출신이며 해군(海軍) 중장이다. 1912년 북벌군 해군 사령관, 1913년 호남성 도독(都督)으로 임명됐다. 1915년 원세개의 '복벽(複壁)'을 지지, '일등후(一等侯)'에 봉해졌다. 1924년 정계 은퇴, 불교에 전념했다. 1940년대 왕정위 괴뢰정부에서 자의(諮議)를 맡았다. 1975년 북경에서 병사했다.

115 주안회(籌安會)는 1915년 8월 양도·손육균(孫毓筠)·엄복 등 여섯 사람이 설립한 정치 단체이다. 양도는 주안회를 통해 원세개의 복벽(複壁)을 공개적으로 지지했다. 8월 23일 양도는 자신이 작성한 '주안회 선언'을 공표해 주안회의 설립을 대외에 공포했다. 1916년 7월 양도 등은 '복벽' 주모자로 지정, 북양정부의 체포령을 받았다.

116 양도(楊度, 1875~1932), 호남 상담 출신이며 모택동의 동향이다. 원세개의 '제제(帝制) 부활' 주도자이다. 1915년 4월 '군헌구국론'을 발표해 '제제'를 고취했다. 1915년 8월 주안회를 설립, 원세개의 황제 등극을 지지했다. 1922년 상해에서 국민당에 가입, 1929년 주은래의 승인을 받아 중공 비밀당원이 되었다. 1932년 고향에서 병사했다.

117 엽덕휘(葉德輝, 1864~1927), 호남성 상담 출신이며 수구파이다. 유신변법시기 유신파 강유위와 양계초의 유신사상을 반대했다. 1915년 호남교육회장으로 추대, 경학회(經學會)를 설립했다. 1915년 가을 주안회 호남분회장에 선임, 원세개의 '제제 부활'을 지지했다. 1927년 4월 농민운동을 모독하고 폄하, '토호열신'으로 간주돼 처형됐다.

의 '황제 복귀'에 앞장섰다. 10년 간 북양정부에서 고위직으로 근무한 그의 경력은 인생의 치명적 오점이다. 한편 부정일이 모택동의 '은사'라는 이유로 중국 학자들은 그의 불미스러운 역사를 간과하고 있다. 그가 청년 모택동에게 '경제적 도움'을 주었고 만년에 공산당을 지지한 것은 사실이다. 모택동이 그를 '은사'로 대우한 것은 (師弟)관계보다 청년 시절에 받은 '경제적 도움'이 주된 원인이었다는 일각의 주장은 신빙성이 매우 높다.

1918년 가을 북경에 간 모택동은 부정일의 댁을 자주 찾아갔다. 당시 부정일은 모택동에게 매월 은화 5원을 지급했다. 1925년 부정일은 조항척이 소산충에서 농민운동을 전개하는 모택동을 체포한다는 정보를 입수한 후 곧 소식을 알려줬다(宋三旦 외, 2003: 350). 조항척의 '음모'가 부정일에 의해 무산됐다는 주장은 '학계의 중론'[118]으로 보긴 어렵다. 부립달(符立達)은 부정일의 '경제적 도움'을 이렇게 서술했다. …1919년 모택동의 어머니가 사망했을 때 나의 부친은 '부의금'으로 은화 50원을 지급했다(符立達, 1994.5.8). 상기 '매달 은화 5월'과 부립달의 주장은 신빙성이 낮다. 문칠매 작고(1919.10)시 모택동은 북경에 없었다. 1919년 4월 모택동은 북경을 떠났을 때 부정일의 '부의금'을 받았을 가능성은 제로이다.

항전 시기 고향에 돌아가 교육사업에 종사한 부정일은 두 차례 (1944, 1947) 국민당 특무에게 체포됐으나, 중공 지하조직의 도움으로 풀

118　1923년 중공에 가입한 유천민(劉天民)은 호남성위 청년부장을 맡았다. 1925년 모택동이 소산충에서 농민운동을 전개한다는 소식을 들은 조항척은 상담현의 반동 괴수 조항철(趙恒哲)에게 밀령을 내려 모택동을 체포하라고 지시했다. 소식을 입수한 유천민은 공산당원 곽사규(郭士葵)를 급파해 모택동에게 알려줬다(王小梅 외, 2003: 72). 모택동의 친구 곽재재(郭梓材)의 부인 유천민이 모택동을 위험에서 구출했다는 것이 정설에 가깝다.

려났다. 1946년 (中共)대표 엽검영(葉劍英)[119]을 만난 부정일은 북경의 저택을 중공 대표단의 사무실로 사용하게 했다. 그해 6월 연안에서 모택동의 접견을 받았다. 1948년 모택동의 초청을 받아 서백파(西柏坡)에 가 정치협상회의 상담역을 맡았다. 1950년대 중앙문사연구관 관장과 정무원(政務院) 교육위원, 전국 정협 위원을 역임한 부정일은 1958년 북경에서 병사했다.

모택동은 '학교 자퇴'를 이렇게 설명했다. …학교의 국문 교사는 '어비통감집람(御批通鑑輯覽)'이란 사서(史書)를 빌려주었다. 이 책은 건륭제(乾隆帝)[120]의 유지(諭旨)와 어비(御批)를 집대성했다. 사서를 읽은 후 나는 자유롭게 책을 읽으며 공부하는 독학이 효과적이라고 생각했다(中央文獻研究室, 2003: 18). 모택동이 언급한 '사서'는 '어비역대통감집람(御批歷代通鑑輯覽)'이다. 이는 사마광(司馬光)[121]의 저서 자치통감(資治通鑑)[122]의 요

---

119 엽검영(葉劍英, 1897~1986), 광동성 매현(梅縣) 출신이며 개국원수(元帥)이다. 1927년 중공에 가입, 1930년대 홍군 제1방면군 참모장, 팔로군 참모장을 맡았다. 1940년대 화북군정대학 교장, 북경시장을 지냈다. 건국 후 국방위원회 부주석, 중앙군위 부주석, 전국 정협 부주석, 국방부장, 전국 인대 위원장을 역임, 1986년 북경에서 병사했다.

120 건륭제(乾隆帝, 1711~1799)는 청조의 제6대 황제, 즉위 기간(63년)이 가장 긴 최장수 황제이다. 집정 기간 청조는 다민족국가로 통일됐고 사회경제가 지속 발전했다. 서장(西藏)·신강(新疆)을 수복해 청조의 국토 면적을 최대화했다. 1799년 자금성 양심전(養心殿)에서 붕어했다. 한편 전제군주 건륭제는 문자옥(文字獄)을 성행시킨 장본인이며 낭비가 심하고 호화로운 생활을 추구했다. 또 잦은 '강남 행차'는 백성에게 고통을 안겨줬다.

121 사마광(司馬光, 1019~1086)은 북송(北宋)의 정치가·사학가이다. 1053년 전중승(殿中丞)·사관(史官)에 임명, 1066년 사서 '통지(通志)'를 완성했다. 1069년 왕안석(王安石) 변법을 반대했다. 1071년 정계에서 은퇴, 15년 간 '통감(通鑑)' 편찬에 몰두했다. 1085년 하시랑(下侍郞), 1086년 병사했다. 한편 사마광은 자치통감을 편찬한 공로로 후세에 좋은 명성을 남겼으나, '왕안석 변법'을 반대한 '수구파(守舊派)'라는 악명을 얻었다.

122 자치통감(資治通鑑)은 북송 사학가(史學家) 사마광이 편찬한 편년체(編年體) 사서로 19년

약본이다. 이 책은 청조의 통치이념과 관방의 입장을 보여준 사론집(史論集)이다. 한편 성립제1중학교의 엄격한 학칙에 제대로 적응하지 못한 것이 반년 후 모택동이 부득이하게 '자퇴'한 주요인이다.

모택동은 사마광과 '자치통감'을 이렇게 평가했다. …사마광은 끈기 있고 지구력이 강한 학자였다. 그는 48~60세의 인생 황금기를 자치통감 편찬에 바쳤다. 이 기간 배척당한 그가 한직(閑職)에 있었으므로 편찬을 마무리할 수 있었다(周溯源, 2015: 196). '자치통감'은 통치계급의 입장에서 쓴 사서이지만 역대 정권의 흥망성쇠 역사를 일목요연하게 기록했다. 한편 모택동은 사마광의 '자치통감'을 열 일곱 번 읽었다고 전해진다. 또 그는 역대 통치자의 필독서인 '자치통감'의 저자 사마광을 매우 높게 평가했다.

부정일은 모택동에게 '어비통감집람'을 빌려줬다. 당시 모택동은 사마광이 편찬한 '자치통감'의 애독자였다. 이 책은 15개 왕조의 흥망성쇠와 역대 정권의 성패(成敗) 원인을 기술했다. '어비통감집람'을 읽은 후 모택동은 성립중학교를 자퇴했다(賈章旺, 2012: 20). 실제로 (湖南)성립중학교 학교장 부정일이 모택동에게 '자치통감'을 빌려줬다는 것이 정설에 가깝다. 한편 모택동의 '(省立)중학교 자퇴'는 '어비통감집람'과 큰 관련이 없다.

부정일은 교육자가 '정치인'으로 변신한 전형적 케이스이다. 반동군벌 탕향명의 사주를 받아 원세개의 제제(帝制) 부활에 앞잡이 역할을 한 반동 문인 부정일과 모택동의 관계를 '돈독한 사제' 관계로 보기 어

(1066~1084)에 걸쳐 완성됐다. 기원전 403년부터 기원 959년에 이르는 1362년의 역사를 기록한 자치통감은 사기(史記)와 함께 역대 황제와 문인, 정객이 필수로 읽는 사서이다. 한편 모택동은 자치통감을 중국 역사상 '최고의 작품'이라고 평가했다.

렵다. 교육자와 '정치인' 사이에서 오락가락한 그는 모택동의 은사로 '자격 미달'이다. 또 권세에 아부한 그의 기회주의적 처신은 존경받는 교육자로 평가받기 어렵다. 훗날 모택동은 그들의 사적(私的) 관계를 공적(公的) 관계로 승화시켰다. 결국 이는 정치인이 '정치인'을 이용한 불미스러운 사례였다.

2) 모택동의 걸작, '상앙(商鞅)의 사목입론(徙木立論)'

성립중학교 시절 모택동이 존경한 은사는 역사 교사 호여림(胡汝霖)이다. 청말(淸末) 진사(進士)이며 현령(懸鈴)을 역임했다. 정직하고 청렴한 인품을 가진 그는 부패한 관료사회에 적응하지 못하고 교육사업에 종사했다. 또 그는 고문과 역사에 '조예가 깊은' 모택동에게 '어비역대통감집람'을 빌려줬다(尹高朝, 2011: 40). 역사 교사 호여림이 '어비통감집람'을 모택동에게 빌려줬다는 주장은 모택동의 회상에 위배되며 신빙성이 낮다.

성립중학교에서 국문 성적이 우수했던 모택동은 국문 교사 유잠(柳潛)의 관심을 받았다. 모택동에게 '어비통감집람'을 빌려준 유잠은 모택동이 쓴 '상앙(商鞅)[123]의 사목입론(徙木立論)[124]을 논함'을 매우 높게 평가

---

123 상앙(商鞅, 기원전 395~전 338), 하남성 안양(安陽) 출신이며 원명은 공손앙(公孫鞅)이다. 전국 시기 정치가·개혁가이며 법가사상의 대표적 인물이다. 하서전역에서 군공을 세운 후 상군(商君)에 봉해졌다. 기원전 356년과 전 350년에 두 차례 변법을 실시했다. 훗날 모택동은 상앙을 '이국부민(利國富民)'의 '위대한 개혁가'라고 칭송했다.

124 사목입론(徙木立論)은 사마천의 '사기·상군열전(商君列傳)'에서 기인된 고사성어이다. 당시 변법을 제정한 상앙은 백성의 불신임을 걱정했다. 결국 시장의 남문에 3척 높이 막대기를 세워놓고 누구든지 막대기를 북문에 옮겨가면 황금 열냥을 포상한다고 선포했다. 미심쩍게 생각한 백성이 호응하지 않자 상앙은 포상금을 50냥으로 올렸다. 한 사람이 막대기를 북문에 옮겨가자 상앙은 곧 포상했다. 백성의 신임을 얻은 변법

했다(周仁秀 외, 2007: 79). '모택동전(毛澤東傳)'을 편찬한 중국 학자들은 유잠이 빌려준 '어비통감집람'을 읽고 모택동이 독학을 결정했다(逢先知 외, 2011: 14)고 주장했다. 실제로 유잠이 '어비통감집람'을 빌려줬다는 것이 학계의 중론이다. 이는 '국문 교사'가 빌려줬다는 모택동의 회상에도 부합된다.

사마천(司馬遷)[125]은 잔인하고 무자비한 상앙을 부정적으로 평가한 반면, 모택동은 '개혁가' 상앙을 긍정적으로 평가했다. 현재 상앙과 '상 앙변법'에 대한 찬반 양론이 크게 엇갈린다. 중국 학자들은 성립중학교 국문 교사인 유잠을 모택동이란 천재를 발견한 '백락(伯樂)'으로 평가한다. 이는 유잠이 모택동의 걸작 '상앙 작문'을 높게 평가한 것과 밀접히 관련된다. 실제로 호남일보(湖南日報, 2007.6.22)에는 정문량(程文亮)이 쓴 '유잠, 위인 모택동을 발견한 첫 사람'이란 기사가 게재됐다. 결국 이는 국문 교사 유잠이 모택동의 은사였다는 단적인 반증이다. 모택동이 쓴 '상앙의 사목입론' 작문은 (湖南)제일중학교의 당안관에 보존돼 있다.

모택동이 작성한 '상앙 작문'은 그의 지적 성향을 보여준다. 잔인한 상앙은 가차없는 법을 실시해 백성을 억누른 것으로 악명이 높다. 또 사마천은 상앙을 천부적으로 잔인하며 무자비한 인물이라고 평가했다. 상앙은 법가사상을 이념적 토대로 삼고 강력한 중앙집권을 통해 부국

은 순조롭게 실시됐다. 한편 모택동은 상앙의 '사목입론'을 통해 백성의 무지함을 꾸 짖고 '국민성 개조'를 주장했다.

125 사마천(司馬遷, 기원전145~前 68), 섬서성 출신이며 사학가이다. 기원전 103년부터 사기 (史記)를 작성했다. 한편 흉노에게 전패한 이릉(李陵)를 변호해 한무제를 격노시켜 투옥 됐다. 감옥에서 궁형(宮刑)을 받았고 출옥 후 중서령(中書令)에 임명, 기원전 93년 사상 첫 기전체 통사 사기를 완성했다. 훗날 모택동은 굴원은 유배된 후 이소(離騷)를 썼고 궁형을 받은 사마천은 분발해 황제와 정객의 '필독서' 사기를 완성했다고 평가했다.

강병을 이루려고 했다(D. Spence, 2007: 37). 한편 사마천의 상앙에 대한 부정적 평가는 '잔인하고 무자비한' 상앙이 기득권층의 모해로 극형(極刑)에 처해진 결과를 근거로 한 것이다. 상기 사마천을 통한 '상앙 비판' 주장은 상앙을 칭송한 모택동을 간접적으로 비판한 것이다. 실제로 모택동은 상앙을 이국복민(利國福民)의 '위대한 정치가'라고 극찬했다.

태자의 스승 공자건(公子虔)은 태자를 사주해 '변법 저지'를 시도했다. 태자의 행위는 스승의 가르침에 문제가 있다고 여긴 상앙은 '막후 조종자' 공자건의 코를 베어내고 얼굴에 자자(刺字)했다. 또 불순분자 700명을 위하(渭河) 변에서 한꺼번에 참수해 강물을 붉게 물들였다(周溯源, 2015: 30). 상앙의 '잔인 행위'는 사마천이 그의 '천부적 잔인함'을 비판하고 상앙변법을 부정적으로 평가한 주요인이다. 상앙의 처벌을 받은 공자건은 태자 혜문왕(惠文王)이 즉위한 후 상앙을 '역모죄'로 고발해 극형에 처했다.

기원전 359년 진효공(秦孝公)은 상앙을 좌서장(左庶長)에 임명해 변법을 실시하게 했다. 상앙변법이 실행된 후 진나라 백성의 생활이 풍족해졌다. 또 진나라의 국력이 강화되고 향읍(鄕邑) 치안이 안정됐다. 진효공은 상앙의 공적을 인정해 재상급 대량조(大良造)로 승진시켰다. 그 후 국도를 함양(咸陽)에 옮긴 후 기원전 350년에 재차 상앙변법을 실시했다.

상앙변법의 주된 내용은 ① 노예주의 세습제 폐지, 종실(宗室) 특권 취소 ② 군공(軍功)에 따라 관작의 등급과 대우를 결정 ③ 노예제 경전제도 폐지, 토지 소유권과 매매를 승인 ④ 중농억상(重農抑商) 정책을 실시, 상업 종사자 엄벌 ⑤ 중앙집권 강화, 군현제(郡縣制)를 보급 ⑥ 대가족의 '소가족 전환' ⑦ 전국의 도량형(度量衡) 통일 등이다. 결국 기원전 342년 진나라는 낙후한 농업국가에서 (軍事)강국으로 탈바꿈했다. 기원전 351년 하서(河西)전역에서 위나라를 크게 격파한 상앙은 상군(商君)에 봉해졌다. 한편 모택동이 상앙을 '으뜸가는 정치개혁가'로 칭송하고 상앙변법을 '미증유의 양법(良法)'이라고 매우 높게 평가했다.

상앙을 중국 역사에서 가장 위대한 개혁가라고 칭송한 모택동은 상앙변법은 진나라가 중원(中原) 통일의 초석을 마련한 '양법'이라고 높게 평가했다. 또 그는 상앙이 '사목입론(徙木立論)'이라는 정치적 수단을 동원한 것은 백성의 어리석음에 기인된다고 지적하고 백성의 낮은 자질이 개혁 불신을 초래한 원인이라고 강조했다(王子今, 1993: 19). 한편 모택동은 상앙변법의 가장 중요한 걸림돌이 귀족 등 기득권층의 강한 반대였다는 것을 간과했다. 또 백성의 '낮은 자질'에 관한 주장은 당시 지식인 사이에서 성행한 '국민성 개조'와 관련된다. 결국 이는 중학생 모택동이 사표(師表) 양계초의 영향에서 벗어나지 못했다는 것을 반증한다.

모택동은 상앙의 '사목입신' 작문을 통해 원세개가 집정한 민국의 암울한 사회 현실을 견책했다. 또 원세개의 '신법' 반포와 '복벽'을 강행한 부패한 정치를 비판했다. 원세개를 규탄한 모택동은 위선적인 학교 당국자에게 가차없는 필봉을 돌렸다(黃露生, 2011: 107). 모택동이 작문을 쓴 시기는 1912년 6월이며 원세개의 '신법' 공포는 1914년 5월이었다. 또 모택동이 작문을 통해 '은사' 부정일을 규탄했다는 주장은 사실 무근이다. 한편 원세개의 독재 정치에 나팔수 역할을 한 것은 모택동의 사표 양계초였다.

1911년 11월 책임 내각을 구성할 때 원세개는 양계초를 법무차관에 내정했다. 1913년 5월 원세개의 암묵적 지지로 진보당(進步黨)[126]을

---

126 진보당(進步黨)은 1913년 5월 29일 양계초 등 입헌파가 북경에 설립한 정당이다. 진보

창립한 양계초는 중앙집권을 고취해 원세개의 독재 통치에 일조했다. 1913년 6월 16일 양계초는 '혁명의 연속 원리와 악과(惡果)'라는 문장을 발표해 혁명당을 맹비난했다(李華興 외, 1984: 640). 1913년 9월 웅희령(熊希齡)[127]을 총리로 하는 내각이 출범됐다. 당시 사법총장에 임명된 양계초와 진보당은 혁명당이 주도한 '2차혁명'에 대한 '합법적 진압' 여론을 조성했다.

모택동이 문명국의 '조롱'을 염두에 뒀다는 것은 흥미롭다. 당시 외국 선교사가 중국을 비판한 작품이 많았다. 모택동은 그 따가운 비판을 신문에서 읽었다. 상앙변법이 2000년 동안 중국 학자들에게 파괴적이고 자멸적인 것으로 받아들여졌으나, 모택동은 긍정적으로 평가했다(남경태, 2003: 39). 당시 중국 신문에 외국인의 '따가운 비판' 문장이 실렸을 가능성은 희박하다. 또 상앙변법이 '파괴적이고 자멸적'이라는 평가는 자의적 해석이다. 진나라의 중원 통일과 부국강병에 기여한 '긍정적 측면'을 간과했다.

모택동의 걸작(傑作)은 '상앙의 사목입신'을 논평한 작문이다. 상앙의 '사목입론'은 백성의 무지몽매에서 기인한다고 주장한 모택동은 집정자의 '강력한 수단'은 백성의 낮은 자질과 관련된다고 역설했다. 당

당의 전신은 장태염(章太炎)의 통일당, 여원홍의 공화당, 탕화룡(湯化龍)의 민주당이다. 1913년 2월 국회에서 승리한 국민당은 원세개의 전제정치에 걸림돌이 됐다. 원세개는 기존 3당(三黨)을 합당, 국민당에 대적하는 '진보당 설립'을 지시했다. 6월 18일 진보당의 이사로 선출된 양계초는 원세개의 '대통령 추대'를 골자로 한 진보당의 방침을 발표했다.

127 웅희령(熊希齡, 1870~1937), 호남성 봉황(鳳凰) 출신이며 정치가·교육가이다. 1897년 담사동 등과 함께 장사에 시무학당을 창립, 유신변법을 선전했다. 1913년 7월 국무총리로 부임, 중화민국의 첫 헌법을 통과시켰다. 1937년 8월 상해에서 상병(傷兵)병원과 난민수용소를 설립, 부상병과 난민을 수용했다. 1937년 12월 홍콩에서 병사했다.

시 모택동은 구국(救國) 방도를 양계초의 '신민론'에서 모색했다(金忠及 외, 2011: 13). 백성의 '낮은 자질'이 망국적인 현실을 초래했다는 주장은 모택동이 '외울 정도로' 읽은 양계초의 '신민총보'와 밀접히 관련된다. 한편 모택동의 '상앙 작문'은 결코 그의 창작물이 아니다. 양계초의 '신민론' 관점과 '낙오된 사상'을 중학생 모택동이 그대로 답습한 것이다.

동산학당 시절 양계초가 쓴 '신민설'을 읽었고 제6절 '국가사상 논함'이란 문장에 평어를 남긴 모택동은 상향중학교 시절 강유위·양계초 중심의 내각을 구성해야 한다는 유치한 '정견(政見)'을 발표했다. 결국 성립중학교 시절 중학생 모택동은 양계초의 '신민론' 관점을 '상앙 작문'에 인용했다. 중화민국이 설립된 후 양계초의 '신민론'은 원세개의 군주제를 지지하고 손중산의 공화제를 반대하는 이론적 근거가 됐다. 한편 사범생 모택동은 여전히 유신파 양계초의 '구시대적 관점'에서 벗어나지 못했다.

기원전 359년과 기원전 349년 진(秦)나라의 왕 진효공(秦孝公)[128]의 신임과 중용을 받은 상앙은 두 차례에 걸쳐 엄격한 변법을 실행했다. 특히 상앙은 '사목입신'을 통해 백성의 신임을 얻었고 이로써 변법의 실행력을 확보했다. 당시 상앙변법은 정치개혁과 농업 발전, 군사력 강화에 주안점을 두었다. 또 변법의 내용이 전면적이고 집행이 엄격했으며 신법은 주변국에 비해 더욱 철저하게 시행됐다. 한편 상앙변법이 성공할 수 있었던 것은 변법을 통해 부국강병을 이루려는 진효공의 강한 의

---

128 진효공(秦孝公, 기원전 381~前 338)은 전국시기 진나라의 국군(國君)이다. 두 차례 변법을 실행해 국력을 강화하고 중국 통일의 초석을 마련했다. 기원전 359년 '간초령(墾草令)'을 반포, 변법의 서막을 열었다. 10년 후 재차 변법을 실시, 기원전 338년 함양(咸陽)에서 병사했다.

지와 상앙에 대한 절대적 신임 및 권한 부여가 있었기 때문이다.

상앙이 주도한 두 차례의 변법을 통해 귀족 등 기득권층의 세력이 약화됐고 봉건지주제의 신흥정권은 공고해졌다. 중농억상(重農抑商) 정책으로 농업생산이 증대되고 정부의 재정수입이 대폭 늘어났다. 또 백성의 생활수준이 높아졌고 군대의 전투력이 강화됐다. 결국 생산력 제고와 농업의 대폭적 발전으로 진나라의 종합적 국력이 신장됐다. 이 또한 상앙변법이 진나라의 중원 통일에 초석을 마련했다는 긍정적 평가를 받는 이유이다.

귀족 특유의 권한과 특혜의 폐지로 상앙변법은 기득권층의 불만을 야기했다. 한편 상앙은 법가의 치국이념과 엄격한 법률을 적용해 불순분자를 가혹하게 처벌하고 잔혹한 형벌을 가했다. 또 경죄를 중형(重刑)으로 다스림으로써 권위를 수립했다. 이것이 그가 후세 학자들로부터 '잔인하고 무자비한 사람'이라는 혹평(酷評)을 받은 원인이다. 더욱 심각한 것은 국가적 이익에 치중한 상앙은 백성의 고통을 염두에 두지 않았다는 점이다. 결국 변법 시행에 성공한 '개혁가'인 상앙은 진효공이 죽은 후 태자 혜문왕으로부터 극형을 당하는 비참한 최후를 맞았다.

모택동은 상앙을 부국강병을 실현한 '위대한 개혁가'로 극찬했다. 한편 외국 학자들은 상앙을 냉혹한 국가주의 주창자이며 '공포의 유령(幽靈)'이라고 혹평했다. 이처럼 상앙과 상앙변법에 대한 찬반 양론이 크게 엇갈리고 있는 것은 상앙변법의 법가적 이념과 국가주의적 내용와 밀접히 관련된다. 실제로 상앙에 대한 '엇갈린 평가'는 이념이 가미된 결과이다.

상앙변법의 이념은 첫째, 인의·평화·효제(孝悌) 등 유교적 규범을 폐지해야 국가가 강성해진다. 둘째, 국가적 안정을 위해 백성이 서로 감시하고 고발하도록 해야 한다. 셋째, 국가경쟁력 강화를 위해 백성을 '약민(弱民)'·'우민(愚民)'으로 만들어야 한다(張覺, 1993: 219). 상앙은 국가의 번영을 위해 백성은 국가에 충성하고 국가적 이익을 우선시해야 한다고 주장했다. 또 국가주의를 고취한 상앙은 '무지몽매'한 백성이 될 것을 종용했다. 이 또한 상앙변법이 '역사의 반동'이란 혹평을 받는 주된 이유이다.

'상군열전(商君列傳)'은 상앙변법의 내용을 이렇게 정리했다. 첫째, 군공(軍功)에 따라 작위를 봉한다. 둘째, 백성은 상호 감시해야 하며 '잘못'을 덮어 감추는 자는 엄벌에 처한다. 셋째, 백성은 오로지 농업에 종사해야 한다. 다른 직업을 선택하거나 나태하고 게을러서 빈곤해진 자는 온 가족을 관노(官奴)로 전락시킨다(騰迅網, 2012.11.19). 변법의 '주된 내용'은 상기 상앙변법의 이념과 취지에 부합된다. 즉 백성은 국가의 이익을 최우선시하고 국가의 통치에 복종해야 한다는 것이다. 실제로 백성의 자유를 제한한 상앙은 백성을 '감시의 대상'으로 간주했다.

상앙변법의 취지는 첫째, 강력한 국력을 위해 국가는 전쟁상태를 유지해야 한다. 둘째, 국가 번영을 위해 백성은 무조건 국가에 충성해야 한다. 셋째, 강력한 변법을 추진해야 국력이 신장되고 백성은 풍족한 생활은 누릴 수 있다. 넷째, 국가발전을 위해 백성은 고통을 참아야 한다. 다섯째, 국가경쟁력 강화를 위해 백성은 변법의 규정을 준수해야 한다. 실제로 상앙이 추구한 것은 '국강민약(國强民弱)'이며 변법 성공을 위해 백성은 고통을 감내하고 개인을 희생시켜 국가적 번영을 도모해야 한다는 것이다.

국가경쟁력 강화와 국력 신장을 위해 백성은 고통을 참고 '빈곤한 생활'을 해야 한다는 치국이념은 결코 바람직하지 않다. 백성은 국가에 충성하고 국가의 이익을 우선시해야 한다는 국가주의 고취는 상앙변법의 아킬레스건이다. '국강민부(國强民富)'의 국정이념이야말로 백성이 옹호하고 기대하는 최선의 치국방략이다. 한편 백성끼리 감시하고 서로 고발하는 상앙변법의 악몽이 일부 국가에서 재현되고 있다. 이 또한 시대적 비극이다.

상앙변법은 중원 통일과 통일된 진왕조의 건립에 중요한 역할을 했다. 한비자(韓非子)[129]는 '칠웅(七雄)' 중 진나라가 가장 강한 것은 상앙변법 시행 때문이라고 지적했다. 입헌파 양계초는 상앙을 역사상 손꼽히는 탁월한 정치가라고 치켜세웠다. 상앙을 중국 역사상 '으뜸가는 개혁가'라고 격찬한 모택동은 상앙변법을 역사 발전에 긍정적 영향을 미친 '양법(良法)'이라고 호평했다. 한편 외국 학자들은 상앙을 '국가주의자'로 폄하했다.

상앙을 부정적으로 평가한 대표적 인물은 역사학자 사마천이다. 그는 상앙을 천부적으로 잔인하고 은덕이 부족한 사람이라고 혹평했다. 사실상 상앙은 반대파에게 무자비하게 형벌을 가했다. 또 태자의 스승 공자건의 코를 베어내고 얼굴에 자자(刺字)를 하는 등 잔인한 형벌을 실시했다. 이는 훗날 상앙이 '모반죄'로 고발당해 극형을 당한 발단이 됐다. '구당서(舊唐書)'는 형벌이 지나치면 쇠퇴를 불러오며 상앙이 700명을 한꺼번에 학살한 것은 그 죄가 하늘에 사무친다고 평가했다.

---

129 한비자(韓非子)는 전국 시기 법가사상의 집대성자 한비(韓非, 기원전 280~ 前 233)를 가리킨다. 한비의 법가사상은 진나라의 6국 통일에 기여했다. '한비자'는 한비의 저작으로, 부국강병 사상과 전제군주 이론을 창도했다. '한비자'는 사상 처음 통일된 중앙집권적 국가의 탄생에 이론적 근거를 제공했다. 한비의 법가사상을 실천한 자는 진시황(秦始皇)이다.

또 이런 '가혹한 형벌'이 진나라의 멸망을 가속화시켰다고 분석했다. 결국 '은덕이 부족'한 상앙의 비참한 결과는 인과응보(因果應報)이며 자업자득이었다.

기원전 338년 태자 혜문왕이 즉위했다. 태자의 스승 공자건이 자신에게 잔혹한 형벌을 내린 상앙을 '역모죄'로 체포하려고 하자 급히 도망친 상앙이 여관에 투숙하려고 했다. 여관 주인은 신분증이 없는 사람을 묵게 해서는 안 된다는 상군(商君)의 규정을 빌미로 숙박을 거절했다. 또 상앙은 위나라로 도망쳤다. 위나라는 상앙이 공자(公子) 공자앙(公子卬)을 기만해 위군(魏軍)을 격파했다는 이유로 체류를 불허했다. 또 '도주범' 상앙을 압송해 진나라로 송환했다. 결국 상앙은 자신이 놓은 덫에 걸린 셈이 됐다. 상앙의 비극적 결과는 그 자신이 자초한 것이다.

진나라로 송환된 후 상읍(商邑)으로 도망친 상앙은 부하의 도움으로 군사를 일으켜 정국(鄭國)을 공격하고 동산재기를 노린 거사(擧事)를 시도했다. 혜문왕은 군사를 파견해 상군을 포위 공격하고 정국의 민지(黽池)에서 상앙을 참살한 후 상앙의 시체를 함양(咸陽)에 옮겨와 거열(車裂)[130]형에 처했다. 실제로 '역모죄' 경계를 위한 일벌백계(一罰百戒)했다. 또 상앙의 삼족(三族)이 주멸됐다. 이것이 '위대한 개혁가'의 비참한 말로였다.

---

130 거열(車裂)은 중국 고대에서 죄인을 처벌하는 극형으로, '대죄'를 범한 범죄자에게 사용됐다. 죄인의 머리와 사지를 각기 다섯개의 마차에 묶은 후 서로 다른 바향으로 끌아 당기게 해 신체를 여섯 토막으로 찢어지게 하는 형벌이다. 때론 다섯 필의 말만 사용, '오마분시(五馬分屍)'라고 한다. 진혜왕이 상앙을 거열형에 처한 것은 스승 공자건을 위해 복수하기 위한 것이다. 이는 상앙에 대한 귀족들의 원한이 뼈에 사무쳤다는 반증이다.

2. 반동 군벌 탕향명을 비호한 '사범생'

1) '탕도부(湯屠夫)'의 호남성 도독(都督) 부임

모택동은 1913년의 중요한 사건에 관해 전혀 언급하지 않았다. 현존하는 어느 문헌에도 그런 기록은 없다. 모택동은 그 극적인 해에 장사의 공공 도서관에 틀어박힌 채 개인적 공부에 파묻혀 지냈다(D. spence, 2003: 41). 상기 '중요한 사건'은 ① 송교인 암살(1913.3) ② '2차혁명' 발발(1913.7) ③ 원세개의 대통령 취임(1913.10) 등을 가리킨다. 모택동의 (省立) 도서관에서 독학한 시기는 1912년 하반기이다. 1913년 봄 모택동은 호남제4사범학교에 입학했다. 한편 이 시기 탕향명이 호남성 도독으로 부임됐다.

1912년 8월 25일 국민당이 북경에서 창립됐다. 손중산이 이사장에 선출됐으나 실제 리더는 송교인이다. 권력 찬탈을 위해 원세개는 송교인에게 내각총리 당선을 약속했으나 거절됐다. 또 금전 매수를 시도한 원세개는 송교인에게 고급 외투와 50만원 예금통장을 보냈다(張珊珍, 2011: 61). 당시 송교인은 원세개의 '호의'를 단호하게 거절했다. 결국 원세개는 권주(勸酒)를 거절한 송교인에게 벌주(罰酒)를 준비했다. 그것은 독수(毒手)였다.

1913년 2월 '임시약법(臨時約法)'[131]에 따라 진행된 국회선거에서 국민당이 승리했다. 송교인의 내각총리 선출은 불보듯 뻔한 일이었다. 당황

---

131 '임시약법(臨時約法)'은 송교인이 초안을 작성한 '중화민국임시약법'을 가리킨다. 1912년 3월 11일부터 실시, 기존의 '임시정부조직대강'을 대체했다. 1914년 5월 1일 원세개의 '중화민국약법'이 공포된 후 취소됐다. 1917년 9월 10일 손중산은 '임시약법'을 보호하는 '호법운동'을 일으켰다. 한편 '임시약법'은 신해혁명 승리의 중요한 성과물이다.

한 원세개는 내각총리 조병균(趙秉鈞)[132]과 밀모해 송교인에게 독수를 뻗쳤다. 비밀 지시를 받은 내무부 비서 홍술조(洪述祖)와 상해의 폭력배 두목 응기승(應夔丞)이 가세해 희대의 암살극[133]을 벌였다. 1913년 3월 22일 송교인이 북경에서 암살됐다. 이는 '2차혁명(1913.7)'의 도화선이 됐다.

　3월 25일 일본에서 상해로 돌아온 손중산은 긴급회의를 열었다. 당시 손중산은 원세개에 대한 무력대응을 주장했으나, 황흥 등이 '평화적 해결'을 고집해 의견이 대립됐다. 원세개의 북양정부는 외국은행과 거액의 차관계약을 맺고 군 병력을 확충했다. 또 국민당 군대에 대한 공격 준비를 서두른 원세개는 국민당에 대항하기 위해 진보당(進步黨)을 설립했다. 또 그는 국민당원 강서성 도독 이열균(李烈鈞)[134]과 광동성 도독 호한민(胡漢民)[135], 안휘성 도독 백문위(柏文蔚) 등을 파면하고 자신의 측근을 임명했다.

132　조병균(趙秉鈞, 1859~1914), 하남성 여주(汝州) 출신이며 중화민국 제3임 총리이다. 1901년 경무학당(警務學堂)을 창설, 1900년대 (天津)순경국 총독, 우시랑(右侍郞), 내무총장, 1912년 8월 내각총리로 임명됐다. 1914년 2월 직례총독 조병균은 원세개에 의해 '독살(毒殺)'됐다.

133　1913년 3월 20일 송교인을 암살한 막후 주모자는 원세개였다. '동안범(同案犯)'은 국무총리 조병균과 내무부 비서 홍술조(洪述祖)이다. 또 '암살 계획' 추진자는 응기승(應夔丞), 자객(刺客)은 실업군인 무사영(武士英)이다. 1913년 4월 29일 무사영은 옥사, 1914년 1월 19일 응기승은 피살됐다. 1918년 4월 홍술조는 사형 판결을 받았다.

134　이열균(李烈鈞, 1882~1946), 강서성 구강(九江) 출신이며 육군 상장이다. 1910년대 강서성 도독, 국민당 참의(參議), '원세개 토벌군' 강서성 사령관, 광주(廣州)군정부 총참모장 등을 맡았다. 1927년 국민당 강서성장, 1937년 정계 은퇴, 1946년 중경(重慶)에서 병사했다.

135　호한민(胡漢民, 1879~1936), 광주(廣州) 출신이며 자산계급 혁명가이다. 1905년 동맹회 가입, '민보(民報)' 주필을 맡았다. 1912년 남경정부 비서장, 1914년 중화혁명당에 가입했다. 1923년 육군대원수부 대본영 총참의, 1927년 국민정부 주석, 1928년 입법원장을 역임했다. 1935년 12월 국민당정부 주석에 선임, 1936년 광주에서 병사했다.

1913년 7월 손중산은 '원세개 토벌'을 선포하고 '2파혁명'을 일으켰다. 가장 먼저 호응한 것은 강서성 도독 이열균이었다. 7월 12일 독립을 선포한 이열균은 '강서토벌군' 사령관의 명의로 '원세개 토벌' 격문을 발표했다. '격문'은 원세개의 '제제(帝制) 부활'과 '송교인 암살'을 견책했다. (沙鐵軍, 2010: 225). 한편 '원세개 토벌' 격문(檄文)의 공표는 국민당의 '2차혁명' 시작과 남북전쟁 개시를 의미한다. 7월 13일 강서성 정부는 원세개 정부와 이탈하는 '완전한 독립'을 선포했다. 그 후 강소·안휘·상해·광동·호남·중경 등지에서 잇따른 '독립'이 선포되었다.

7월 22일 원세개는 혁명당 '토벌령'을 내렸다. 9월 1일 장훈·풍국장(馮國璋)[136]이 거느린 북양군이 남경을 공략한 후 '2차혁명'은 참패로 끝났다. 손중산과 황흥·진기미(陳其美)[137] 등은 해외로 피신했다. '2차혁명' 실패는 의회정치의 파산을 의미한다(張珊珍, 2011: 63). 1913년 11월 정식 대통령에 선출(10.6)된 원세개는 국민당을 강제로 해산시켰다. 1914년 1월 국회 해산을 선포한 원세개는 5월 1일에 '중화민국약법(中華民國約法)'[138]을

---

136 풍국장(馮國璋, 1859~1919), 하북성 하간(河間) 출신이며 직계군벌 영수이다. 1911년 10월 북양군을 이끌고 무창봉기를 진압했다. 1913년 강소성 도독, 1915년 원세개의 총참모장에 임명됐다. 1916년 부총통에 선임, 1918년 8월 정계 은퇴, 1919년 10월 북경에서 병사했다.

137 진기미(陳其美, 1878~1916), 절강성 호주(湖州) 출신이며 자산계급 혁명가이다. 1906년 일본에서 동맹회에 가입, 장개석과 의형제를 맺었다. 1914년 중화혁명당에 가입, 총무부장에 임명됐다. 1916년 5월 18일 풍국장의 수하 장종창(張宗昌)이 파견한 자객에게 피살됐다.

138 '중화민국약법(中華民國約法)'은 1914년 5월 1일 대통령 원세개가 공포한 '임시헌법'이다. 총 10장 68조로 구성됐고 '약법'의 주된 취지는 대통령의 권력 극대화이다. 즉 행정권은 총통 자문기구인 참정원(參政院, 1914.6.20)에 귀속되며 참정원의 참정은 대통령이 위임한다. '중화민국약법'은 1916년 원세개가 '중화제국' 창립 후 폐지됐다.

공포했다. 또 그는 정사당(政事堂)을 설립하고 서세창(徐世昌)[139]을 국무경에 임명했다. 6월 20일 참정원(參政院)을 설립하고 정치회의를 해산했다. 결국 원세개의 '황제 등극'에 탄탄대로가 열렸다.

'2차혁명' 전후의 호남 상황에 대해 모택동은 이렇게 회상했다. … 이 무렵 장사의 무기고가 폭발해 큰불이 일어났다. 담연개는 군정대권을 장악한 원세개에 의해 쫓겨났다. 새로 부임된 탕향명은 원세개의 '황제 등극'에 일조했다(董樂山, 2002: 105). '무기고 폭발'은 모택동의 성립중학교 시절(1912)이 아닌 제4사범학교 시절(1913)에 발생했다. 상기 서술은 원세개의 '2차혁명' 진압과 '황제 즉위(1915. 12)' 3년 간 역사가 포함된다. 한편 '(長沙)무기고 폭발' 사건은 '2차혁명' 폭발 직전인 1913년 6월로 추정된다.

1913년 6월 원세개는 이열균·호한민·백문위의 도독직을 해임했다. 또 담연개에 불신에 따른 예방 조치로 특공(特工)을 파견해 장사의 무기고를 폭발하게 했다. 이는 담연개의 반격을 차단하기 위한 조치였다(李凡, 2011: 355). 호남성 도독에 임명(1912.7)된 담연개는 곧 국민당에 가입(1912.9)해 (湖南)지부장이 됐다. '2차혁명' 폭발 후 호남 독립을 선포한 담연개는 장사일보에 '원세개 토벌' 격문을 발표했다. 결국 원세개는 담연개를 경질하고 '2차혁명' 진압에 군공을 세운 탕향명을 호남성 도독에 임명했다.

'송교인 암살(1913.3)' 사건은 '2차혁명'의 도화선이다. 당시 해군의

139　서세창(徐世昌, 1855~1939), 천진(天津) 출신이며 중화민국 총통(1918~1922)을 지냈다. 1905년 군기대신, 1915년 대통령 원세개에 의해 국무경에 임명, 1915년 12월 '정계 은퇴' 선언, 1918년 10월 중화민국 대통령에 선임됐다. 1922년 총통직 사직, 1939년 천진에서 병사했다.

중요성을 인지한 원세개는 해군 중장 탕향명을 (海軍)차장으로 임명하고 '강서 토벌군'을 진압하게 했다. 7월 25일 탕향명은 구강 진수사(鎭守使) 이순(李純)[140]의 배합하에 이열균의 혁명군을 격파하고 호구(湖口)를 점령했다. 9월 7일 탕향명은 4척의 잠수함을 지휘해 악주(岳州)에 도착했다. 10월 7일 장사에서 담연개와 만난 탕향명은 그를 협박해 도독직에서 물러나게 했다. 10월 24일 원세개는 탕향명의 공로를 인정해 (湖南)도독에 임명했다.

원세개는 '변절' 경력을 갖고 있는 탕향명을 완전히 신임하지 않았다. 그는 심복인 조곤(曹錕)[141]을 장강(長江) 상류를 총괄하는 경비사령관 (警備司令官)으로 임명해 탕향명의 일거수일투족을 감시할 것을 명령했다. 이로써 탕향명의 권한을 약화시키고 그에 대한 감시를 강화했다.

반동 군벌이며 '2차혁명'의 진압자인 탕향명이 살인백정 '탕도부'라는 악명을 얻게 된 것은 호남성 도독으로 부임한 후 혁명당과 반대파에 대한 무자비한 학살과 밀접히 관련된다. 한편 탕향명의 집정 기간에 '처형된 숫자'에 대한 중국 학자들의 관련 주장이 크게 엇갈리고 있다.

원세개의 신임을 얻기 위해 탕향명은 혁명당에 대한 대대적인 학살을 감행했다. 장사 시내에서만 1.7만명이 무자비하게 참살됐다. 당시

---

140 이순(李純, 1974~1920), 천진(天津) 출신이며 육군 상장이다. 1905년 신군(新軍) 교관, 1912년 예군(豫軍) 사령관, 1913년 강서성 도독에 임명, 1915년 원세개를 지지, '1등후'에 봉해졌다. 1916년 강서성 도독에 재임명, 1920년 강소성 독군서(督軍署)에서 졸사했다.

141 조곤(曹錕, 1862~1938), 천진 출신이며 직계군벌 영수이다. 1916년 직례독군(直隸督軍), 1923년 10월 대통령에 당선됐다. 1924년 10월 풍옥상의 '북경정변'에 의해 중남해 (中南海)에 연금됐다. 1931년 일제의 '괴뢰정부 조직' 요청을 거절, 1938년 천진에서 병사했다.

호남 사람들은 인명을 초개같이 여기는 탕향명을 '탕도부(湯屠夫, 살인백정)'라고 불렀다(李凡, 2011: 238). 1914년 5월 원세개는 탕향명을 호남성 순안사(巡按使)로 임명했다. 1914년 6월 30일 각 성(省)의 도독을 '장군(將軍)'으로 개명한 원세개는 탕향명을 '정무장군(靖武將軍)'으로 봉하고 그의 업적과 공로를 인정했다. 1915년 원세개의 최측근으로 자리매김을 한 (湯屠夫)탕향명은 원세개의 '황제 등극'에 선봉장 역할을 했다.

3년 간 '당안(黨案)'에 연루돼 탕향명에게 처형된 자는 5천명에 달한다. 원세개를 '독재자'라고 한 교사 이동천(李洞天)은 투옥된 후 곧 처형됐다. 제4사범학교는 개학을 연기하고 학생들의 출입을 금지했다. 1915년 9월 탕향명은 엽덕휘·부정일을 사주해 '주안회' 호남분회를 설립했다(李銳, 1980: 67). 탕향명의 부임 초기 제4사범학교 재학생인 모택동도 '피해자'였다. 1915년 겨울 소책자를 발간한 모택동은 탕향명이 파견한 군경들에게 하마터면 체포될 뻔했다. 한편 사범생 모택동은 '살인백정(湯屠夫)' 탕향명을 극력 비호했다. 이 또한 '불가사의'에 속한다.

장사에서 생활한 미국인 의사는 탕향명의 공포 통치를 이렇게 회상했다. …광장에서 총격을 받은 재정부장은 당장에서 숨졌고 체포된 2명의 내각성원은 곧 교형을 당했다. 그 외 담연개 정부의 16명 개혁파가 체포돼 체육장에서 처형됐다(P. Short, 2005: 63). 탕향명이 집정한 후 정적과 반대파를 무자비하게 제거했다는 단적인 증거이다. 당시 '학교 탄압' 목격자이며 전제 정치의 '피해자' 모택동이 탕향명을 비호했다는 것은 불가사의하다. 한편 '탕도부'의 공포 정치는 '변법 실행'을 위해 반대파를 잔인하게 참살한 국가주의자 상앙(商鞅)과 오십보백보로, 도긴개긴이다. 또 이들이 사범생 모택동의 추앙을 받았다는 사실이 매우 놀랍다.

탕향명은 전임 재정청장과 경찰국장이 국민당원이라는 이유로 처형했다. 탕향명의 잔인함을 목도한 엽덕휘는 폭정 실태를 글로 적어 북경의 양도(楊度)에게 보내 원세개에게 전달하게 했다. 당시 엽덕휘의 고발문이 '아시아보(Asia報)'에 게재된 후 탕향명은 엽덕휘를 살해하려고 했다(人民網, 2014.7.24). 1915년 가을 주안회(籌安會)의 호남(湖南)분회가 설립된 후 엽덕휘는 (湖南)분회장으로 임명됐다. 결국 (北京)주안회 책임자 양도는 엽덕휘의 직속상관이 됐다. 한편 얼마 후 독재자 탕향명과 '한 배를 탄' 엽덕휘는 원세개의 '황제 등극'에 나팔수 역할을 했다.

상해의 한 신문은 탕향명이 통치한 호남성을 '공포의 세계'라고 비난했다. 또 탕향명이 호남에서 쫓겨난 후 어느 지방의원은 대통령 여원홍에게 보낸 전보에서 …탕향명의 잔인무도한 공포 정치에 백성들은 극도의 분노를 느낀다고 썼다(時報, 1916.11.29). 공포 통치가 실행된 호남성에서는 도처에서 감시가 진행되었고 시민들은 '겨울 매미'처럼 침묵을 지켰다(P. Short, 2010: 54). 이는 탕향명이 '탕도부'라는 악명을 얻은 이유이며 집정 기간 폭정을 폈다는 단적인 반증이다. 한편 탕향명이 학교의 재정예산을 대폭 줄였기 때문에 호남성의 많은 학교가 폐교됐다.

정잠의 군대가 장사를 점령(1916.7.4)한 후 탕향명은 국고에서 훔친 은 70만량을 갖고 도망쳤다. 당시 친구 소유에게 보낸 편지(1916.7.18)에서 '살인마' 탕향명을 비호한 사범생 모택동은 공포 정치를 펼친 '탕도부'의 축출은 '호남성의 불행'이라고 주장했다(金冲及, 2009: 55). 상기 '은 70만량'을 갖고 도망쳤다는 주장은 신빙성이 낮다. 한편 진보적 교육자와 문인을 탄압한 탕향명은 반동 문인을 등용해 '제제(帝制) 부활'의 나팔수 역할을 강요했다. '반동 문인'의 대표적 인물이 바로 훗날 모택동이 비호한 수구파 엽덕휘와 모택동의 '은사'로 둔갑한 부정일이다.

손중산은 탕향명을 북벌군의 해군 사령관에 임명했다. 원세개가 집권한 후 교육부 차장 탕향명은 군권을 박탈했다. '2차혁명' 폭발 후 해군 차장인 탕향명은 혁명군 진압에 전공을 세웠다. 1914년 6월 '호남 장군'에 임명된 탕향명은 독재자 원세개에게 가장 충성한 지방의 장관이었다. 1916년 5월 말 '호남 독립'을 선포했으나, 이는 부득이한 선택이었다. 1916년 7월 탕향명은 정잠의 호국군(護國軍)에 의해 장사(長沙)에서 쫓겨났다.

1915년 8월 주안회는 복벽파 양도의 주도하에 '제제(帝制)'를 고취했다. 당시 주안회 호남분회를 설립한 탕향명은 반동 문인을 대거 등용했다. 또 그는 민국신보(民國新報)를 창간해 원세개의 '황제 등극'을 지지했다. 10월 하순 탕향명의 지시를 받은 호남성 대표는 군주입헌을 찬성했다. 12월 21일 황제로 즉위한 원세개는 탕향명을 '일등후(一等侯, 후작)'에 봉했다. 최측근 조곤이 '일등백(一等伯, 백작)'에 봉해진 점을 감안하면 당시 탕향명이 받은 '총애'를 짐작할 수 있다. 한편 원세개의 '황제 복귀'를 극력 반대한 사람은 교육총장인 탕화룡(湯化龍)[142]이었다.

1915년 12월 손중산이 주도한 호국운동(護國運動)[143]이 일어났다.

---

142 탕화룡(湯化龍, 1874~1918), 호북성 희수(浠水) 출신이며 입헌파이다. 1909년 호북성 자의국 의장, 1910년 (北京)자의국 총의장, 1912년 임시참의원 부의장, 1913년 중의원 의장, 1914년 교육총장, 1916년 내무총장, 1918년 캐나다에서 국민당원 왕창(王昌)에게 암살됐다.

143 호국운동(護國運動, 1915~1916)은 원세개의 '제제'를 반대하기 위해 손중산이 일으킨 자산계급 운동이다. 1915년 5월 원세개는 매국적인 '21개조 조약'을 체결, 그해 12월 12일에 '황제 추대'를 수락했다. 1915년 12월 25일 당계요(唐繼堯)·채악(蔡鍔) 등은 운남성 독립과 원세개의 무력토벌을 선포했다. 1916년 3월 22일 원세개는 '제제'를 취소했다. 호국운동은 원세개의 '제제' 취소에 성공했으나, 북양군벌 통치는 뒤엎지 못했다.

1916년 3월 정잠은 광서성 도독인 육영정(陸榮廷)[144]의 지지하에 장사로 진격했다. 탕향명은 친형 탕화룡을 통해 담연개의 협조를 부탁했다. 당시 이를 동산재기의 기회로 여긴 담연개는 '(湖南)호국군'을 설립했다. 6월 30일 정잠은 탕향명의 '10대 죄상'[145]을 공표했다. 7월 4일 탕향명은은 70만량을 갖고 도망치려고 했으나 실패했다. 7월 6일 정잠의 군대가 장사에 진입했다. 한편 탕향명을 호남에서 쫓아낸 것은 정잠이지만 호남성 독군에 임명된 것은 담연개였다. 결국 그들은 정적(政敵)[146]이 됐다. 정잠과 담연개는 모두 손중산의 중용을 받았고 동향 모택동과 '특별한 인연'을 맺었다. 담연개가 '출중한 정치가'였다면 정잠은 '유능한 장군'이었다.

모택동이 탕향명을 비호한 편지(1916.7.18)의 골자는 ① 탕향명의 축출은 '억울한 사건' ② 엄격한 법을 적용해 사회치안 안정 ③ '혁명당 학살'은 원세개의 신임을 얻기 위한 부득이한 선택 ④ 이른바 '10대 죄

---

144 육영정(陸榮廷, 1859~1928), 광서성 남녕(南寧) 출신이며 계계(桂系)군벌 수장이다. 1911년 광서성 도독, 1913년 녕무(寧武)장군, 1916년 '원세개 토벌'에 동참했다. 1917년 (湘桂)연합군 사령관, 1921년 손중산의 혁명군에 의해 광서성에서 축출, 1928년 상해에서 병사했다.

145 정잠이 공표한 탕향명의 '10대 죄상(罪狀)'은 ① 거액의 공금 횡령 ② 무고한 생명 참살 ③ 사회에 공포와 혼란 조성 ④ 북양군을 등에 업고 백성 유린 ⑤ 교육 황폐화, 사림(士林) 박해 ⑥ 중형(重刑) 남용 ⑦ 측근 임용, 반대파 제거 ⑧ 광산을 임의로 처분 ⑨ '제왕식' 행차, 교통이 두절 ⑩ '제제 부활' 지지 등이다(中共中央文獻硏究室, 2008: 41). 한편 당시 탕향명을 비호한 모택동은 그의 '축출'은 '호남의 불행'이라고 주장했다.

146 담연개와 정잠은 호남 출신의 명장이다. 1912~1913년 그들은 호남성 도독과 도독부 참모장으로 밀월기를 보냈다. 1916년 7월 탕향명을 쫓아낸 정잠은 호남성 도독(1916.8) 담연개에 의해 장사에서 쫓겨났다. 그 후 각자 '(湘軍)사령관'으로 자임하며 대립했다. 결국 권모술수에 능하고 광서 군벌의 지지를 받은 담연개가 우세, 정잠은 재차 밀려났다. 1920년 11월 담연개는 부하인 조항척과 정잠에 의해 호남성에서 축출됐다.

상(罪狀)'은 확대해석 ⑤ 탕향명의 '이탈'은 호남인(湖南人)의 불행 ⑥ 탕
향명의 '이탈'은 '폭도(暴徒, 혁명군)'들의 죄행 ⑦ 탕향명의 '이탈'로 정국
이 불안 ⑧ 호남인이 당한 '피해'는 신해혁명보다 심각하다(中共中央研究
室, 2008: 38). 상기 혁명군을 '폭도(暴徒)'라고 비방한 사범생의 주장은 지
극히 난해하다. 한편 독재자 탕향명을 비호했다는 '죄책감'으로, 모택
동은 친구 소유에게 편지를 읽은 후 곧 태워버리라고 부탁했다.

탕향명의 집정(1913.10~1916.7) 기간 사회치안과 정국이 상대적으로
안정되고 '평화로운 시기'였음을 사범생 모택동은 체감했을 것이다. 또
그는 탕향명의 치군(治軍) 능력과 '강력한 리더십'을 탄복하고 '흠모'했
던 것이다. 그러나 원세개의 '황제 등극'에 앞잡이 역할을 하고 혁명군
을 무자비하게 탄압한 '살인백정(湯屠夫)'를 비호한 것은 상식적으로 납
득하기 어렵다. 또 탕향명의 '축출'을 '억울한 사건'이라고 평가한 모택
동을 '정치적 안목'을 지녔다는 일각의 주장은 더 황당무계하다. 이 시
기 모택동은 혁명주의자도, 공산주의자도 아닌 '평범한 사범생'이었다.

독재자 탕향명이 호남성 장사에서 쫓겨난 후 호남성 독군에 부임
된 것은 담연개였다. 재임(1920.6~11) 기간 담연개는 '공산주의자'로 변신
한 모택동을 후원했다. 또 '호남자치(湖南自治)'는 그들의 공통된 목표였
다. 당시 '담연개 지지자'인 사범생 모택동은 '외세의 힘'을 이용해 장
사를 점령하고 탕향명을 쫓아낸 정잠을 폄하했다. 한편 1949년 호남의
평화적 해방에 '수훈갑' 역할을 한 정잠을 만났을 때 중공 영수 모택동
은 그를 '오랜 상급'이라고 치켜세웠다. 건국 후 '기의(起義)' 공로를 인
정받은 정잠은 모택동의 '강력 추천'으로 국민당 중 유일하게 (中共)혁
명군사위원회 부주석(副主席)이 됐다. 이 또한 역사의 아이러니이다.

1919년 후 탕향명은 정치를 멀리하고 불교에 전념했다. 항일전쟁

시기 탕향명은 매국노 강조종(江朝宗)[147] 치하에서 '북경치안유지회장'을 맡았다. 또 1940년 11월 매국적 왕정위의 괴뢰정부에서 '자의(諮議)'를 지냈다. 1946년 (中國)민주사회당의 조직부장에 선임됐다. 1949년 5월 탕향명은 북경에서 해방을 맞이했다. 탕향명의 일생은 변절과 반란, 살인과 매국의 네거티브로 얼룩졌다. 일찍 손중산을 배반한 적이 있는 탕향명은 원세개의 '황제 등극'에 선봉장 역할을 했고 괴뢰정부에서 국익을 팔아먹은 매국노였다. 그 죄가 하늘에 사무치는 총살감이었다.

건국 후 두 차례 기소된 탕향명은 모두 '무죄'로 판결됐다. 한편 모택동은 중화민국 창시자 탕향명의 해군이 없었다면 무창봉기는 실패했을 것이라고 평가했다. 또 그는 탕향명의 '독립'이 없었다면 원세개의 '제제(帝制)'가 지속됐을 것이라고 말했다(周爲筠, 2011.10.25). 모택동이 탕향명을 중화민국 '창시자'라고 평가한 것은 큰 어폐가 있다. 신해혁명 시기 해군 통제(統制) 살진빙(薩鎭冰)[148]과 탕향명은 함대를 이끌고 강서성 구강(九江)에 도착했다. 당시 탕향명은 탕화룡의 영향하에 '반란'을 일으켰다. 이는 신해혁명의 승리에 기여했다. 한편 '원세개 추종자' 탕향명을 '중화민국 창건자' 손중산에 비견하는 것은 견강부회이다.

상기 탕향명의 '호남 독립(1916.5)'이 없었다면 원세개의 '제제'가 더

---

147 강조종(江朝宗, 1861~1943), 안휘성 출신이며 항전 시기의 한간(漢奸)이다. 1915년 원세개로부터 일등남작(一等男爵)에 봉해졌고 1917년 국무원 (代理)총리에 임명, 1928년부터 북경에서 은거했다. 1937년 괴뢰조직인 북평(北平)치안회장, 그해 8월 북평시장(北平市長)으로 임명된 후 한간(漢奸)으로 전락했다. 1943년 북경에서 병사했다.

148 살진빙(薩鎭冰, 1859~1952), 복건성 복주(福州) 출신이며 해군 장령이다. 1880년 청정부의 해군 통제(統制), 신해혁명 후 원세개의 내각 해군 대신에 임명됐으나 부임하지 않았다. 1910~1920년대 해군 총장, (代理)국무총리, 복건성 성장 등을 지냈다. 건국 후 전국 정협(政協) 위원, 중앙군위 위원을 역임, 1952년 복주에서 병사했다.

오래 지속됐을 것이라는 모택동의 주장은 역사적 사실과 크게 동떨어진다. 한편 '살인마' 탕향명에 대한 모택동의 '긍정적 평가'는 탕향명이 개입한 '오장군밀전(五將軍密電)'과 '호남 독립'과 밀접하게 관련된다.

'제제(帝制) 부활'을 반대한 원세개의 최측근 풍국장은 사천·강서·산동·호남의 도독인 진환(陳宦)[149]·이순(李純)·근운붕(靳雲鵬)[150]·탕향명과 연명해 각 성의 장군에게 밀전을 보냈다. '밀전(密電)'의 골자는 ① '제3세력'과 호국군(護國軍) 연합 ② 원세개를 핍박해 '제제' 취소 ③ 각 성(省)의 독립 ④ '제제' 주모자 징벌 등이다. 이것이 유명한 '오장군밀전'이다. 당시 '밀전'을 본 원세개를 경악을 금치 못했다. '오장군밀전'은 원세개의 '제제 취소(1916.3.22)'에 중요한 역할을 했다. 한편 '오장군밀전'을 주도한 것은 풍국장이었고 탕향명은 '피동적 순응'을 했을 뿐이다. 실제로 탕향명의 '호남 독립'은 부득이한 선택이었다.

1916년 상반기 호국운동은 전국적으로 파급됐다. 5월 29일 탕향명은 친형 탕화룡의 설복하에 부득불 '호남 독립'을 선포했다. 7월 초 탕향명은 호남성 장사에서 쫓겨났다. '호남 독립'을 마지못해 선포한 탕향명을 '제제 반대' 선봉장이라고 할 수 없다. 따라서 탕향명의 '호남 독립'이 원세개의 죽음을 재촉한 '탕약(湯藥)'이었다는 일설은 신빙성이

---

149 진환(陳宦, 1870~1939), 호북성 안륙(安陸) 출신이며 사천성 군벌이다. 1913년 원세개의 파견을 받고 사천 등지에서 국민당의 '2차혁명'을 진압, 1915년 사천성 도독, 1916년 '사천 독립' 선포, 원세개의 '제제(帝制)'를 반대했다. 1919년 정계 은퇴, 1939년 북경에서 병사했다.

150 근운붕(靳雲鵬, 1877~1951), 산동성 추현(鄒縣) 출신이며 북양군벌이다. 1911년 청군의 제1군 총참관(總參觀), 1912년 산동성 도독, 1915년 태무(泰武)장군·일등백작에 봉해졌다. 1919년 9월 국무총리로 부임, 1922년 천진 조계지에서 은거, 1951년 천진에서 병사했다.

제로이다. 한편 탕향명의 '독립'이 원세개의 '제제 종결'을 초래했다는 모택동의 주장이 설득력이 크게 떨어진다. 당시 원세개의 '제제 종결'에 결정적 역할을 한 것은 '오장군밀전'이다. 최측근 풍국장의 배반은 '낙정하석(落穽下石)'으로, 원세개의 급사(急死)를 초래한 주된 원인이다.

모택동의 '탕향명 평가'는 불가사의하고 미스터리적 측면이 강하다. 탕향면의 신해혁명 '공로'와 '호남 치적(治績)'은 부풀려진 반면, '제제 부활'의 선봉장과 혁명당을 참살한 죄행은 간과됐다. 사범생 모택동의 '탕향명 편애'가 그의 의법치군과 강력한 리더십에 기인했다면, 일견 수긍되는 점도 없지 않다. 한편 모택동이 탕향명의 죄행을 비호한 것은 그의 '은사' 부정일과 관련된다. 당시 탕향명의 사주하에 부정일은 '자의반 타의반'으로 원세개가 주도한 '제제 부활'의 나팔수 역할을 했다. 사실상 모택동의 '부정일 보호'가 탕향명을 비호한 또 다른 원인이다.

'정치인'으로 변신한 부정일은 원세개의 '황제 등극'에 일조했다. 1915년 겨울 사면초가에 처한 부정일은 북경으로 이주했다. 북경에서 부정일은 호남 동향이며 '(君主)복벽파' 양도와 친밀한 관계를 유지했다. 결국 '일등후'로 책봉받은 탕향명의 지지하에 북양정부의 중의원(衆議院) 의원을 맡았고 재정차장에 임명(1926)됐다. 공포 정치를 펼친 독재자 탕향명과 '반동 문인' 부정일은 원세개의 '황제 등극'에 일조한 간신배로 만인의 혐오를 받아 마땅하다. 한편 사범생 모택동이 '탕도부'의 죄행을 비호한 것은 지극히 비상식적이며 쉽사리 납득하기 어렵다.

1940년대 중공 영수 모택동과 '은사' 부정일의 '친밀관계'를 감안하면 '투서기기(投鼠忌器)'가 모택동이 탕향명에 대한 '긍정적 평가'의 한 원인일 수 있다. 건국 후 탕향명이 두 차례의 기소에서 '무죄'로 풀려난 것은 모택동의 '탕향명 평가'와 관련된다. 최고 통치자의 '잘못된 평가'로 범죄자가 법망에서 벗어났다면 이는 간단한 문제가 아니다. 또 권력이 신성한 법 위에 군림한다면 이는 시대의 비극이며 최대 불행이 아닐 수 없다.

모택동의 '탕향명 비호'를 사범생의 '단순한 정견'으로 간주하기엔 무리가 있다. 이 시기 '독재자 숭배'와 국가주의 추종, 대동사상 추앙은 중공 지도자가 된 그의 후반생에서 현실로 재현됐다. 한편 '탕향명 비호'는 전제 정치를 펼친 탕향명의 '독재 리더십'을 사범생 모택동이 숭배하고 추앙한 데서 비롯된 것이다. 훗날 모택동이 정적에 대한 무자비한 타격과 가혹한 정치보복을 서슴지 않은 '잔인한 성격'은 이 시기에 형성된 것이다.

모택동이 국가주의자 상앙과 상앙변법을 높게 평가한 것은 결코 우연이 아니었다. 또 전제 정치를 펼친 '탕도부(湯屠夫)'에 대한 비호는 훗날 국가주의자 모택동이 독재 정치에 집착한 사상적 기초가 됐다. 한편 모택동이 은근히 폄하한 국민당이 그의 '숙명적 라이벌'임을 예고했다.

2) 성립도서관에서의 반년 간 독학

모택동은 '성립중학교 자퇴' 원인을 이렇게 서술했다. …나는 제일 중학교를 좋아하지 않았다. 교과 과정이 한정되고 학칙이 엄격했기 때문이었다. '어비통감집람'을 읽은 후 독학이 효과적이라고 생각한 나는 도서관에서 책을 읽으며 독학하는 계획을 세웠다(胡哲峰 외, 19993: 21). 상기 서술은 설득력이 떨어진다. '과정 한정'과 '엄격한 학칙'은 자퇴의 이유가 될 수 없다. 또 독학으로 정규 교육을 대체한다는 것은 어불성설이 아닐 수 없다.

이 시기 문사(文史) 과목에 편중된 경향을 보인 모택동은 '엄격한 학칙'에 적응하기 어려워하는 딜레마를 갖고 있었다. 결국 제일중학교를 중퇴한 모택동은 성립도서관의 독학을 선택했다. 한편 자유분방하고 딱딱한 규칙에 얽매이기 싫어하는 모택동의 성격 특징과 국사(國史) 등 문과를 편애하는 성향은 (湖南)사범학교 시절에도 어김없이 나타났다. '상업학교 1개월'을 제외하면 모택동이 성립중학교에서 공부한 시간은 기껏해야 3개월이다. 또한 '도서관 독학'을 중학생이 선택한 최선책으로 보기 어렵다.

모택동이 상향중학교 기숙사에서 머물 수 있었던 것은 동산학당의 이원보가 상향중학교 교장이었기 때문이다. 한편 모택동의 '도서관 독학' 계획은 성립중학교 역사 교사인 호여림(胡汝霖)의 지지를 받았다. 그는 모택동에게 독학은 효과적 공부방법이라고 격려했다(尹高朝, 2011: 143). 상기 중국 학자의 주장은 수긍하기 어렵다. 결국 이는 모택동의 회상(1936)에 무조건 순응하고 그의 '퇴학'을 정당화하는 것이다. 한편 성립중학교 교사가 학생의 중퇴를 지지하고 독학을 격려했다는 그 자체가 매우 난해하다.

1912년 하반기 모택동이 반년 간 독학했던 도서관은 장사의 정왕대(定王臺)에 위치했다. 1904년 양환규(梁煥奎) 등 12명의 애국지사가 호남관보(湖南官報)에 '도서관 창설'을 제안했다. 이는 호남성 순무 조이손(趙爾巽)의 승낙을 받았다. 1904년 봄에 개관된 호남도서관은 중국 최초의 성급(省級)도서관이었다. 1904년 11월 '관리규칙 30조'를 공표한 호남도서관은 수많은 학도들이 도서관에서 각종 도서를 열람할 수 있도록 했다. 결국 호남도서관은 새로운 지식을 전파하는 지식인들의 모임 장소가 됐다. 수많은 종류의 세계 명작을 소장한 '신식 도서관'에서 중학생 모택동은 그의 인생에서 '가장 유익한' 반년 간의 독학을 했다.

호남도서관의 1층 홀 벽에는 '세계곤흥(坤興)대지도'가 걸려 있다. 모택동은 지도를 보면서 '세계가 매우 크다'는 것을 실감했다. 모택동의 동창 주세쇠(周世釗)는 이렇게 회상했다. …당시 모택동은 채소밭에 들어간 소처럼 여러 가지 채소의 맛을 마음껏 맛보았다. 그는 중국어로 된 세계 명작을 거의 다 읽어보았다(周仁秀 외, 2014: 80). 반년 간의 독서 생활은 청년 모택동에게 매우 보람 있고 뜻 깊은 나날들이었다. 반년 간의 독학을 통해 지식의 폭이 더욱 넓어졌으며 그의 지식 수준도 높아졌다. 한편 모택동의 '도서관 독학'은 아버지 모순생의 반대를 받았다.

모택동은 이렇게 회상했다. …(省立)도서관에서 독학으로 보낸 시간은 매우 귀중했다. 나는 아침 일찍 일어나 도서관에 갔다. 점심때 떡 두 개를 사서 먹을 정도만 쉬고 매일 도서관이 문을 닫을 때까지 열심히 책을 읽었다(董樂山, 2002: 106). 제1차 북경체류 기간 모택동은 북경대학 도서관(1918.9~1919.3)에 근무하며 무정부주의 서적을 폭넓게 읽었다. 청년 모택동은 두 차례의 '도서관 출근'을 통해 수많은 종류의 책을 읽었고 방대한 지식을 섭렵했다. 이런 '도서관 독학'은 청년 모택동의 정치적 이상과 가치관 형성에 큰 영향력을 끼쳤다. 한편 그에 따른 부작용도 만만치 않았다. 예컨대 문혁 시기 '입시제도 철폐' 등이다.

모택동은 성실한 6개월을 보냈다. 그는 소중한 지적 경험을 맛보았고 처음 세계지도를 구경했다. 스미스의 '국부론', 다윈의 '종의 기원', 몽테스키외의 '법의 정신', 루소 등의 번역서를 독파했다(박종귀, 2007: 507). 모택동은 이렇게 회상했다. …반년 동안 많은 명작을 읽었고 세계지도를 보며 세계지리를 공부했다. 또 스미스의 '국부론'과 다윈의 '종의 기원', 밀의 '윤리학'에 관한 책을 읽었다. 그 외 루소의 저술과 스펜서의 '논리학', 몽테스키외의 법률서를 읽었다(中央文獻硏究室, 2003: 19). 독학은 읽고 싶은 책을 읽고 지식의 폭을 넓히는 이점이 있으나, 정규 교육의 취지와 거리가 멀다. 결국 '문과 편향' 현상이 심화되고 제1사범학교 시절 모택동이 수학 등 이과(理科) 과목을 소홀히 하는 결과를 초래했다.

상기 대부분의 책은 엄복(嚴復)[151]의 번역서(飜譯書)였다. 다원의 '종의 기원'과 밀의 '윤리학'은 정확하지 않다. 실제로 '종의 기원' 번역서는 마군무(馬君武)가 1920년에 출간했다. 모택동이 읽은 것은 엄복이 번역한 헉슬리의 '천연론(天演論)'이다. 또 논리학이 '윤리학'으로 오역됐고 모택동이 읽은 것은 엄복의 번역서 '밀의 명학(名學)'이다(李銳, 2013: 45). 번역가(飜譯家) 엄복은 서방의 철학과 문화를 계통적으로 중국에 소개한 계몽(啓蒙) 사상가이다. 당시 중학생 모택동에게 큰 영향을 미친 것은 양계초의 '신민총보'였다. 한편 엄복의 번역서는 호남사범학교 시절 모택동이 양창제가 설파한 '유심사관 수용'에 큰 도움이 됐다.

모택동의 '도서관 독학' 이점은 ① 서양 명작 탐독, 학문의 폭 확대 ② 수많은 종류의 도서 섭렵으로, 지식수준 제고 ③ 정신력 집중과 인문정신 함양 ④ 서양의 철학사상 수용, 사지(史地) 지식의 질적 향상 ⑤ 독학능력 제고에 따른 이해력 강화 등이다. 한편 '독학'의 부작용은 ① 문사(文史) 과목 편애, '과목 편향' 현상의 고착화 ② (理科)과목 소홀에 따른 '지식 불균형' 심화 ③ 규칙적이고 정규적인 학교교육 적응력 저

---

151 엄복(嚴復, 1854~1921), 복건성 후관(候官) 출신이며 변역가·교육가이다. 영국 (皇家)해군학원에서 유학, 귀국 후 '국문보(國聞報)'를 창간해 서방의 민주와 과학을 소개하고 유신변법을 선전했다. 1912년 호남도서관에서 독학한 모택동은 엄복이 번역한 서양 명작을 읽었다. 훗날 모택동은 엄복을 '서방에서 진리를 찾은' 인물로 평가했다.

하 ④ 자유로운 독학방식 습관, 엄격한 학칙 무시 ⑤ '독학 만능주의' 추구, 정규 교육 혐오 ⑥ 편리한 공부방법 선호 등이다. 결국 '도서관 독학'은 이점보다 부작용이 큰 '득소실대(得少失大)'의 결과를 초래했다.

모택동은 독학을 통해 학문의 폭을 넓혔으며 지식의 질적 향상을 이뤘다. 반년 후 모택동이 제4사범학교에 '수석 합격'을 했다. 도서관에서 섭렵한 서양 철학서와 엄복의 번역서는 사범학교 시절 양창제의 '철학사상 수용'에 큰 도움이 됐다. 한편 '독학 집착'에 따른 부작용 역시 만만치 않다. 독학의 부작용으로 '과목 편향' 현상이 심화됐고 이는 일부 교사들의 불만과 불신을 야기했다. 이는 '퇴학 위기'로 이어졌다. 또 모택동의 독학 선호와 집착은 북경대학 '도서관 독학'으로 이어졌다. 결국 북경대학 진학 포기와 '유학(留學) 단념' 결과를 초래했다. 또 이는 훗날 모택동이 일으킨 '교육혁명'에서 독학을 제창한 사상적 근원이 됐다.

반년 후 모택동은 '도서관 독학'을 중지할 수밖에 없었다. 모택동은 이렇게 말했다. …당시 내가 머문 상향회관에는 군인들이 많았고 학생과 군인 간의 싸움이 빈번하게 일어났다. 어느 날 그들의 싸움은 폭력 사태로 발전했고 야만적인 군인들은 학생들을 죽이려고 했다. 나는 변소로 피해 숨어 있었다(毛澤東, 2008: 32). 학창 시절의 모택동은 전쟁과 폭력을 싫어하고 무서워했다. 이는 '상강평론' 집필 시기 '무혈혁명(無血革命)' 주장으로 이어졌다. 결국 모택동은 2년 간 머문 '상향시관'을 떠날 수밖에 없었다.

모택동의 '독학 중지'는 경제적 곤란 때문이었다. 중학교를 자퇴한 아들이 (湖南)도서관에서 독학한다는 것을 알게 된 모순생은 모택동에게 정규 학교에 등록하지 않으면 생활비 조달을 중단하겠다고 엄포를 놓았다(唐振南 외, 2007: 84). 훗날 모택동은 이렇게 회상했다. …당시 나는 경제적으로 매우 어려웠다. 아버지가 나에게 생활비를 보내주지 않았기 때문이다. 결국 나는 '상향회관'을 떠나 새로운 숙소를 찾아야 했다. 한편 나는 교사가 나에게 가장 적합하다고 판단했다(何明, 2003: 51). 1913년 봄 제4사범학교에 '수석(首席)'으로 입학한 모택동은 드디어 '늦깎이 사범생'이 됐다. 청년 모택동은 인생의 중요한 전환기를 맞이했다.

제4절 사범학교의 '은사'와 '사건사고'

1. 사범학교 시절의 모택동의 '은사'들

1913년 봄 모택동 제4사범학교에 입학했다. 모택동은 이렇게 술회했다. …당시 제4사범학교는 수업료는 없고 숙식비가 쌌다. 나는 세 사람의 입학고사 작문을 준비했고 우리는 모두 합격됐다. 나는 친구를 위한 논문 작성이 부도덕한 행위라고 생각하지 않았고 우정에 관한 문제라고 생각했다(汪衡, 2009: 47). 당시 모택동이 주목한 것은 '돈이 적게 드는' 이 학교의 특전이다. '입학고사 작문' 대리 작성에 대한 모택동의 생각은 위험한 발상이었다. 그것이 '별다른 문제'가 되지 않았다는 것이 퍽 난해하다.

제1사범학교는 교육비가 무료이며 숙식비가 저렴했다. 두 친구가 모택동에게 입학원서를 내자고 종용했고 입학하면 돈을 보내주겠다는 아버지의 회신을 받은 후 1913년 가을에 원서를 제출했다. 결국 그들은 모두 입학했으며 모택동은 세 차례나 학교를 다녔다고 말했다(D. Spence, 2007: 42). 상기 내용에는 잘못된 서술과 오역이 존재한다. 첫째, '제1사범학교'가 아닌 제4사범학교이다. 둘째, 원서 제출은 '1913년 가을'이 아닌 1913년 봄이다. 셋째, '세 차례 학교'가 아닌 '세 차례 합격'이 정확한 표현이다.

모택동이 제4사범학교를 선택한 것은 두 사람의 '역할'과 관련된다. 첫째, 성립중학교 역사 교사 호여림의 권고를 수용해 사범학교를 선택했다는 것이다. 둘째, 모택동의 사촌이며 제일사범학교의 교사인 왕계범(王季范)의 지지와 영향을 받아 제4사범학교를 선택했다는 것이다. 실제로 이 두 사람은 이 시기 청년 모택동의 성장에 중요한 영향력을 끼쳤다.

모택동은 호여림에게 사범학교 진학 의견을 청취했다. 두 차례의 '중학교 경력'이 있는 모택동에게 전문 학교가 적합하다고 생각한 호여림은 사범학교에 진학해 나중에 교육구국의 길을 걸어야 한다고 조언했다. 결국 모택동은 그의 조언을 받아들였다(尹高朝, 2011: 147). 모택동의 사범학교 선택은 교사 직업이 매력적이고 대우도 좋았기 때문이다. 정규 학교에 등록한 주된 원인은 아버지로부터 생활비를 조달받을 수 있었기 때문이다.

제4사범학교는 교육가 진윤림(陳潤霖)[152]이 창립했다. 당시 신문에 게재된 광고를 보면 이 학교의 교사 역량을 알 수 있다. …교장 진윤림 전 교육청장, 국문 교사 원중겸(袁仲謙)[153] 청조의 거인, 교양과목 교사 양

---

152 진윤림(陳潤霖, 1879~1946), 호남성 신화(新化) 출신이며 저명한 교육가이다. 1913~1914
년 호남제4사범학교와 초이공업학교 설립, 1918년 호남교육회장에 당선됐다. 1919
년 '건학회(建學會)' 설립, 모택동이 주도한 '장경요(張敬堯) 축출' 운동을 협조, 1946년에
병사했다.

153 원중겸(袁仲謙, 1868~1932), 호남성 출신(苗族)이며 교육가이다. 청조의 거인(擧人),
1913~1915년 호남제4사범학교와 제1사범학교에서 모택동의 국문 교사를 맡았다.
1917년부터 호남대학 창립을 준비, 호남대학 교수로 근무했다. 1932년 장사(長沙)에
서 병사했다.

창제(楊昌濟)[154] 일본·영국에서 유학한 학사, 역사 교사 여금희(黎錦熙) 장사보관(長沙報館)의 편집장이다(黃露生, 2011: 145). 당시 광고를 읽은 모택동은 제1사범학교 교사 왕계범에게 자문했다. 왕계범은 '제4사범학교 진학'을 찬성했고 모택동은 그의 건의를 받아들여 사범학교 시험을 준비했다.

입학고시의 작문 제목은 '천하지우(天下之憂)를 먼저 근심하고 천하지락(天下之樂)은 후에 누린다는 관점으로, 교사의 책무를 논술하라'는 것이다. 고시관 원중겸은 모택동의 작문에 가장 높은 점수를 매겼다. 작문을 읽어본 진윤림은 '국가 위기를 만회할 동량지재'라고 극찬했다(戴聰顧, 1997.10). 학교장 진윤림은 사범생 모택동의 '백락(百樂)'이었다. 또 모택동은 진윤림의 '천하지우를 먼저 걱정'하는 제4사범학교의 운영방침과 교육지침에 탄복했다. 한편 '싸움 끝에 정이 붙은' 국문 교사 원중겸은 모택동의 '고문(古文) 문장력' 제고에 중요한 역할을 한 은사였다.

제4사범학교 시절의 국문 교사 원종겸과 사범생 모택동은 앙숙지간이었으나, 제1사범학교 시절에는 '돈독한 사제관계'로 발전했다. '말썽꾸러기'인 모택동이 학생운동의 '주모자'로 지목되어 퇴학당할 위기에 처했다. 당시 국문 교사 원종겸은 모택동의 '퇴학'을 단호하게 반대했다. 훗날 모택동이 고문 문장을 잘 쓸 수 있었던 것은 한유(韓愈)[155]의

---

154 양창제(楊昌濟, 1871~1920), 호남성 장사(長沙) 출신이며 저명한 윤리학자이다. 1900년대 일본·영국에서 교육학·윤리학을 전공했다. 제4·제1사범학교(1913~1918) 교사, 모택동의 은사였다. 1917년 양창제의 '서양윤리학'을 공부한 모택동은 서방의 유심사관을 전수받았다. 1918년 6월 북경대학 윤리학 교수로 발탁, 그해 가을 애제자 모택동에게 북경대학 도서관 사서(司書)보조 일자리를 소개했다. 1920년 1월 북경에서 병사했다.

155 한유(韓愈, 768~824), 하남성 하양(河陽) 출신이며 당대(唐代)의 문학가·사상가·정치가로,

문장을 탐독하라는 원종겸의 권고와 크게 관련된다. 모택동의 강당록에는 원종겸의 강의 내용이 매우 많았다. 1953년 중공 지도자 모택동은 파격적으로 '원길육(袁吉六) 선생의 묘'라는 묘비문을 써주었다. 결국 이는 사범학교 교사 원종겸이 모택동이 존경하는 은사였다는 단적인 증거이다.

원중겸은 범중엄(范仲淹)[156]의 '엄선생사당기(嚴先生祠堂記)' 평론을 숙제로 냈다. 당시 원중겸이 모택동의 작문을 읽고 눈살 찌푸린 이유가 있었다. 교사의 취지와 반대되는 논리를 펼친 모택동의 격자 칸을 벗어난 산만한 글씨체가 불만스러웠다. 또 '민국 2년 2월 25일 제1차 작문'이라고 적은 것이 눈에 거슬렸다. 원중겸은 잘난 척하는 학생을 길들이기 위해 다시 베껴오라고 요구했다. 모택동이 자신의 '요구'를 무시하자 원종겸은 필기책을 찢어버렸다. 교사의 과격한 행동에 화난 모택동은 교장실에 가서 '시비를 가리자'며 항의했다. 원중겸이 더욱 열받은 것은 다시 베낀 작문에 모택동이 재차 '작문 날짜'를 또박또박 적은 것이다.

제4사범학교에서 강한 자존심 소유자인 원중겸·모택동의 사제관계는 원만하지 못했다. 원수는 외나무다리에서 만난다는 말이 있다. 1914년 봄 제4·제1사범학교가 합병된 후 원종겸은 모택동의 제8학급 국문 교사로 배정됐다. 그들 사제(師弟) 간 질긴 인연은 지속됐다. 한편 싸움 끝에 정이 붙는다고 했다. 제1사범학교에서 그동안 쌓인 앙금이

'당송 팔대가(唐宋八大家)'의 제1인자이다. 792년 진사(進士)에 급제, 817년 행군사마(行軍司馬)로 '회서지란(淮西之亂)' 평정에 참여했다. 824년 장안(長安)에서 병사했다.

156 범중엄(范仲淹, 989~1052), 강소성 오현(吳縣) 출신이며 북송(北宋)의 유명한 정치가·문학가·개혁가(改革家)이다. 1040년 섬서성 초토부사(招討副使), 1043년 참지정사(參知政事), '경력신정(慶曆新政)'을 주도했다. 1052년 객사(客死), 병부상서(兵部尙書)로 추증(追贈)됐다.

해소되고 응어리도 풀렸다. 결국 이들 사제관계는 서로 신임하는 돈독한 관계로 발전했다.

고문과 백화문(白話文)을 썩어 쓰는 모택동의 글쓰기 방식을 못마땅하게 여긴 원종겸은 한유의 문장을 읽으며 고문을 익히라고 주문했다. 또 문장을 익숙하게 읽고 완벽하게 독해할 것을 강조했다. 교사의 독서 요령과 글쓰기의 가르침을 수용한 모택동은 그것을 실천에 옮겼다(宋三旦 외, 2003: 325). 결국 모택동의 문장력이 크게 제고됐다. 훗날 모택동은 은사에 대한 '고마움 표시'로 원종겸의 가족을 관심하고 경제적 도움을 주었다.

사범생 모택동은 한유의 문장을 탐독하며 고전(古典) 문체를 익혔다. 또 그는 한유의 시문전집(詩文全集)'을 염가로 구입한 후 아침마다 한유의 시를 큰 소리로 낭독했다. 모택동의 강당록에는 한유의 문장에 관한 내용이 많았다(徐文欽, 2008: 282). 만년에 한유의 문장을 애독한 모택동은 이렇게 한유를 평가했다. …한유의 고문은 후세에 큰 영향을 미쳤다. 문학사에 남긴 한유의 업적을 결코 무시해서는 안 된다(劉大杰, 1993: 143). 한편 '신청년' 애독자가 된 모택동은 한유의 문장에 더 이상 집착하지 않았다. 1950년대 모택동은 한유의 문장과 사상을 폄하했다.

모택동은 원종겸을 이렇게 평가했다. …'원(袁) 털보'라는 교사는 나의 글쓰기 방식을 '언론인의 작품'이라고 폄하했다. 또 그는 양계초를 '유식한 무식쟁이'로 치부했다. 나는 한유의 문장을 읽으며 고전 문체를 익혔다. 그 '털보' 교사의 덕분에 나는 수준 높은 글을 쓸 수 있게 됐다(毛澤東, 2008, 33). 국문 교사 원종겸은 모택동의 문장력을 인정해 사범학교에 '수석'으로 합격시킨 주인공이다. 한편 원종겸이 모택동의 사표(師表) 양계초를 능멸하고 부정적 선입견을 가진 심층적 원인을 규명할 필요가 있다.

원중겸이 양계초에게 선입견을 갖게 된 것은 양계초의 정치행각과 관련된다. 1913년 양계초는 원세개의 금전적 지원을 받아 '진보당'을 설립하는 과정에서 은밀한 거래를 했다. 당시 원세개의 전제정치를 지지하고 나팔수 역할을 한 양계초는 국민당을 악의적으로 공격하고 '2차혁명' 진압에 여론을 조성했다. 원세개의 대통령 당선에 일조한 양계초는 웅희령 내각의 사법부장에 임명됐다. 이는 그가 희망한 재정총장이 아닌 '한직(閑職)'이었다. 결국 원세개의 '황제 등극'에 반대 입장을 표시한 양계초는 호국운동을 찬동했다. 이것이 원종겸이 양계초의 글을 모방한 모택동의 글쓰기 방식을 '언론인의 작품'이라고 폄하한 주요인이다.

1916년 호남성 독군 담연개가 원종겸에게 높은 급여가 제공되는 독군부 비서장으로 부임할 것을 권고했다. 행정원장 담연개가 그를 국사관의 책임자로 임명했으나, '부패한 정치'를 혐오한 원종겸은 단호하게 거절했다. 선비의 고결한 인품과 지조를 지킨 것이다(黃露生, 2011: 183). 모택동의 문장력 제고에 실질적 도움을 준 교사 원종겸은 은사로 존경받기에 충분하다. 당시 많은 지식인들이 '어용 문인'으로 전락한 점을 감안하면 훗날 모택동이 원종겸의 '고상한 성품'을 존경한 이유를 알 수 있다. 또 이는 모택동의 '은사'로 둔갑한 부정일과 사뭇 대조적이었다.

탕향명 부임 후 진윤림은 교육청장에서 물러났다. 1914년 초 호남성 의회는 '사범학교 합병' 결의안을 통과시켰다. 사범학교 '합병'은 교육계의 파벌투쟁에서 기인했다. 진윤림이 창건한 제4사범학교는 제1사범학교에 귀속됐다(覃曉光 외, 2014: 57). 교육계의 파벌투쟁 희생양은 진윤림이었다. 당시 제1사범학교는 교사 역량이 강하며 시설이 완비됐다. 이는 한동안 교사(校舍)가 없어 전전긍긍하던 제4사범학교 학생들에겐 '좋은 일'이었다.

당시 진윤림과 부정일은 라이벌이었다. 부정일은 실세 역극얼(易克臬)과 밀모해 제4·제1사범학교를 '합병'하는 결의안을 의회에서 통과시켰다. 교장직을 면직당한 진윤림은 초이(楚怡)학교로 전근했다. 장사 교육계의 파벌투쟁을 초래한 장본인은 호남성 도독 탕향명이었다. 진윤림은 도독의 지지를 받는 '반동 문인' 부정일에 의해 사범학교에서 쫓겨났다. 이 또한 호남교육계에 '악명을 남긴' 부정일이 1915년 북경으로 이주한 원인이다.

호남교육회장으로 추대(1918)된 진윤림은 1919년 여름에 서특립과 역배기(易培基)[157] 등과 함께 '건학회(健學會)'를 창립했다. 당시 '건학회'는 모택동이 주도한 반동 군벌 '장경요(張敬堯) 축출' 운동을 협조했다. 1920년 7월 진윤림은 모택동을 초이(楚怡)학교의 교사로 초빙했다. 또 그는 1920년 겨울 모택동과 양개혜 결혼 당시의 증혼인(證婚人)이었다. 1930년 11월 양개혜가 호남 군벌 하건에게 살해된 후 진윤림은 생명의 위험을 무릅쓰고 시체 수습을 도와주었다. 훗날 모택동은 은사 진윤림을 '동방의 서광, 공곡(空谷)의 족음(足音)'이라고 높게 평가했다.

1915년 하반기 역배기는 제1사범학교의 국문 교사로 초빙됐다. 모

---

157 역배기(易培基, 1880~1937), 호남성 선화(善化) 출신이며 모택동의 은사이자 '동지'였다. 1915년 제1사범학교 국문 교사, 1920년 여름 모택동을 사범학교 부속초등학교장으로 임명했다. 1924년 북양정부 교육총장, 1927년 남경정부 농광부장, 1928년 고궁박물관 원장으로 부임했다. 1933년의 '고궁문물절도안'은 역배기에게 치명적 타격을 준 미스터리적인 사건이다. 결국 이 '안건'으로 역배기는 1937년에 한을 품고 세상을 떠났다.

택동은 본인이 제시(題詩)를 쓴 '명치편'을 드렸고 역배기는 '초사통석(楚辭通釋)'을 선물했다. 이는 그들 사제 간 '교제의 시작'이었다. 역배기는 모택동의 작품 '자송(自訟)'을 학교 게시판에 붙였다. 1917년 가을 모택동은 역배기를 '문학부' 강사로 초빙했다. 1919년 모택동이 장경요 '축출 운동'을 추진할 때 역배기의 협조를 받았다. '장경요 고발' 북경대표단(1919.12)에서 역배기는 신상학계(紳商學界)' 대표였고 모택동은 공민(公民)대표단장이었다. 이 시기 그들은 서로 신임하는 '동지'였다. 이 또한 훗날 모택동이 스승 역배기에 대해 '높은 평가'를 내인 주요인이다.

1920년 6월 호남성 도독 담연개는 역배기를 제1사범학교 학교장으로 임명했다. 당시 역배기는 제자 모택동을 제1사범학교 부속초등학교장으로 초빙했다. 또 여러 요직을 겸임한 역배기는 사범학교의 행정사무를 모택동에게 일임했다. 1921년 여름 모택동이 '중공 창립대회' 참석을 위해 상해로 갈 때 역배가의 허락을 맡았다(王小梅 외, 2003: 247). 극비(極秘)인 '중공 창립대회' 참석을 타인의 허락을 받는다는 것은 결코 있을 수 없는 일이다. 당시 모택동이 호남자수대학 운영에 전념했다는 것이 정설이다. 한편 1920년대 남경정부에서 요직을 맡은 역배기가 중용한 것은 소유(蕭瑜)였다. 결국 그들은 '문물(文物) 도적설'에 휩싸였다.

1928년 10월 남경정부의 농광(農鑛)부장 역배기는 관직을 사직하고 고궁박문관 원장으로 부임했다. 당시 역배기의 신임을 받았던 소유는 농광부 차장과 고궁박문관 '감수(監守)'로 임명됐다. 이는 이 시기 소유가 역배기의 '최측근'이었다는 단적인 증거이다. 소유가 '고궁문물절도안'의 주모자로 지목된 것은 모택동의 '회고록(1936)'에서 언급한 '소유평가'와 밀접히 관련된다. 한편 소유는 '문물절도안'과 무관하며 '공금횡령'으로 기소(1934)됐다는 것이 일각의 주장이다. 결국 '(文物)절도안'

은 역배기와 소유 모두에게 치명적 타격을 준 미스터리한 사건이다.

1950년 주세쇠는 모택동에게 '역배기 평가' 의견을 청취했다. 이에 모택동은 역배기의 공적이 첫째이며 '절도안'에 관해 소유의 '책임'을 밝힐 것을 지시했다. 결국 최고법원은 이렇게 결론을 내렸다. …'절도안'은 해외 범죄 집단이 소유와 결탁해 저지른 것이다. 사건의 주범은 소유이다(黃露生, 2011: 335). 실제로 호남성 부성장 주세쇠가 모택동에게 역배기의 (南京)농광부장 근무와 '(故宮)문물절도안' 최종 의견을 청취한 것이다. 한편 '법원 결론' 취지는 역배기는 억울하며 소유가 '(文物)도적안' 주모자라는 것이다. 이는 모택동의 회상에서 언급한 '소유 평가'를 염두에 둔 것으로, '국제적 떠돌이' 소유에게 덤터기를 씌운 것이다.

제1사범학교교사(校史)는 역배기의 '교육개혁'을 부각시킨 반면, 소유를 이렇게 폄하했다. …남경정부의 농광부 차장과 고궁박물관 감수를 맡았던 소유는 박물관의 문물을 훔쳐 팔아 거금을 챙긴 후 국외로 도망쳤다. 또 그는 죽을 때까지 외국에서 떠돌이 생활을 했다(湖南第一師範校史, 1983: 143). 실제로 역배기와 소유에 대한 '극명한 평가'는 모택동의 '평가'를 기준으로 삼은 것이다. 결국 모택동의 스승인 역배기의 '억울한 누명' 탈피를 전제로 평가를 내린 것이다. 한편 모택동의 동창생이며 친구였던 소유에 대한 '가혹한 혹평'에는 적대적인 이념이 가미되었다.

역배기와 소유에 대한 모택동의 '상반된 평가'에서 알 수 있듯이 역사는 승자에 의해 씌어진다. 사범학교 '절친'인 모택동과 소유는 신민학회의 공동 창시자였다. 한편 계급적 입장 차이로 공산주의자 모택동은 무정부주의자 소유를 '악인(惡人)'으로 낙인찍었다. 1950년대 소유가 앙갚음을 목적으로 '모택동 폄하'로 점철된 '회고록'을 쓴 것이다.

모택동과 중국혁명 1

이 또한 외국 학자들이 '필독서'로 여기는 소유의 회고록을 맹신해선 안 되는 이유이다.

모신우(毛新宇)는 모택동의 '사범학교 입학'을 이렇게 서술했다. … 어릴 때부터 함께 공부한 소유 형제가 북경대학에 입학한다는 소식을 들은 모택동은 아버지에게 '북경대학 입학' 타산을 말했다. 모순생은 수업료가 무료인 사범학교 입학을 권고했다. 1912년 제4사범에 입학한 모택동은 제1사범학교에서 5년 동안 공부했다(毛新宇, 2016: 36). 상기 주장에는 잘못된 서술과 허구적인 내용이 가득하다. ① '어릴 적부터 함께 공부'는 허구 ② '북경대학 입학'은 사실무근 ③ 제4사범학교 입학은 1913년 봄 ④ (湖南)제1사범학교에서 공부한 시간은 5년 반이다.

제1사범학교 학제는 예과(豫科) 1년, 본과 4년이었다. 제4사범학교는 봄, 제1사범학교는 가을에 신입생을 모집했다. 1914년 가을 모택동은 본과 제8학급에 편입됐다. 결국 두 학교의 '학제 차이'로 모택동은 제1사범학교에서 예과 반년을 더 다니게 됐다(周仁秀 외, 2014: 86). 모택동이 '늦깎이 사범생'이 된 것은 그의 생활 경력과 밀접히 관련된다. 14~15세 때 모택동은 소산충에서 2년 동안 농사를 지었다. 또 그는 매 반년마다 학교를 자주 옮겼으며 반년 간의 군생활과 '도서관 독학'을 거쳤다. 결국 사범학교에 입학한 모택동은 다른 학생에 비해 4~5세가 많았다. 이 또한 모택동이 '늦깎이 사범생'으로 불리는 주된 원인이다.

소유는 모택동에 대한 '인상'을 이렇게 썼다. …당시 제4사범학교 교장은 진윤림, 학감은 왕계범이었다. 나의 친구 왕계범은 모택동에게 금전적 도움을 주었다. 제1사범이 정규군이라면 제4사범은 신병을 방불케 했다. 그중 눈에 띄는 신병이 있었다(曾誠 외, 2011: 291). 모택동은 옛날 화가들이 그린 귀신처럼 외모 면에서 특별한 것은 아니었다. 또 그는 오리처럼 뒤뚱거리며 걸었고 천천히 이야기했는데 천부적 연설가의 자질을 지녔다고 보기 여려웠다(심규호, 2017: 63). 당시 왕계범은 제4사범학교가 아닌 제1사범학교의 학감이었다. 제1사범학교 시절 소유와 모택동의 스승인 왕계범은 결코 '소유 친구'가 아니었다. 상기 이념이 가미된 번역은 오역(誤譯)투성이다. 한편 소유의 '모택동 폄하'는 보복적 성격이 강했다.

교육가(敎育家) 왕계범은 사범생 모택동의 학업과 생활에 큰 도움을 준 은인이며 은사였다. 당시 모택동은 사촌형 왕계범으로부터 여러 가지의 도움을 받았다. 1915년 '구장(驅張)선언'을 작성한 모택동이 학교장 장간(張干)[158]으로부터 '퇴학 처분'을 받았을 때 왕계범의 도움을 받아 간신히 학적(學籍)을 보전했다. 만약 왕계범의 도움이 없었다면 모택동은 제1사범학교를 졸업하지 못했을 것이다. 한편 왕계범의 도움으로 모택동이 반동 군경의 '체포 위기'를 모면했다는 주장은 신빙성이 높다. 훗날 모택동이 그의 가족에게 '그가 없으면 나도 없다'고 말한 것은 왕계범이 모택동의 은사이며 '생명의 은인'이었다는 단적인 증거이다.

모택동은 인생의 '길라잡이' 역할을 한 문운창보다 '후견인(後見人)'인 왕계범을 더욱 존경했다. 주된 원인은 첫째, 왕계범은 모택동을 '체포 위기'에서 구해준 반면, 문운창은 대혁명이 실패한 후 '반혁명파'에 가담했다. 둘째, 문운창은 모택동에게 편지를 보내 '관직'을 요구한 반면, 왕계범은 아들을 연안에 보내 팔로군(八路軍)에 입대시켰다. 셋째, 문

---

158 장간(張干, 1884~1967), 호남성 신화(新化) 출신이며 제1사범학교(1914.7~1915.8)의 교장이다. 1915년 6월 학생운동의 '주모자' 모택동에게 '엄중경고' 처분을 주었다. 그 후 북경에서 교사로 취직, 호남성 교육청 독학(督學)으로 부임했다. 건국 후 호남성정부 참사(參事), 호남성 정협 위원을 지냈다. 1967년 장사(長沙)에서 병사했다.

운창은 모택동에게 친지 14명의 '특혜(特惠)'를 요구했으나, 왕계범은 치국방략(治國方略)을 제출했다. 건국 후 왕계범은 국무원 참사(參事) 등 '요직'에 등용된 반면, 문운창은 호남문사관 직원으로 근무했다. 한편 사범학교 은사 왕계범은 모택동의 '첫사랑' 왕십고의 친오빠였다.

제1사범학교에서 모택동은 자연계열 과목보다 사회 과목에 더욱 전념했다. 모택동이 선호한 과목들은 교양·철학·국문·역사·지리 등 몇 개의 '필수과목'이었다. 사범생 모택동은 수학과 미술 등 과목에는 아예 노력을 기울이지 않았다(逢先知 외, 2011: 20). 당시 모택동은 '국민성 개조'와 위기에 빠진 국가와 민족 구출에 (文科)과목 지식이 더욱 중요하다고 생각한 것이다. 또 그는 자연계열 과목은 '개인의 진로'에 필요한 것이라로 간주했다. 이 또한 사범생 모택동이 사회 과목을 더욱 편애한 원인이다.

모택동은 이렇게 회상했다. …사범학교의 학칙이 마음에 들지 않았고 '자연과목 필수'가 내키지 않았다. 또 정물화(靜物畵) 필수는 매우 어리석다고 생각했다. 어느 미술시험에 타원을 그려놓고 달걀이라고 했다. 결국 40점을 맞았다(胡哲峰 외, 1993: 23). 사범생 모택동이 선호한 사회 과목은 국문·역사·철학 등이었다. 한편 모택동은 수학 등 자연 과목에는 별로 흥취가 없었다. 결국 '늦깎이 사범생' 모택동의 '문과 편향' 심화와 낮은 외국어 실력은 훗날 모택동의 '상급학교 진학'에 큰 걸림돌이 되었다.

수학 교사 왕립암(王立庵)[159]은 모택동의 수업 거부와 낮은 성적으로

---

159 왕립안(王立庵)은 모택동의 수학 교사로, 1913년 8월부터 1920년 7월까지 호남제1사범학교에서 근무했다. 당시 모택동의 수학 성적은 학급에서 '꼴찌'였다. 왕립안은 수학시험에서 '백지 답안지'를 낸 모택동에게 합격점을 줬다. 1950년 왕립안 가족의 편

무척 골머리를 앓았다. 1915년 여름 방학 모택동은 왕립암의 자택에서 숙식하며 수학 보충수업을 받았다. 그러나 낮은 기초와 노력의 부재로 모택동의 수학 성적은 여전히 '꼴찌 수준'이었다. 당시 왕립안은 백지 답안지를 낸 모택동에게 합격점을 줬다(李國强 외, 1998: 101). 실제로 모택 동의 '수학 꼴찌'는 당시 수학 교사이며 사촌형인 왕계범에게도 중요한 책임이 있다. 한편 제1사범학교 시절 '백지 악례(白紙惡例)'를 남긴 모택 동이 선도한 문화대혁명 시기 대학 입시에서 '백지 답안지'를 낸 수험 생 장철생(張鐵生)[160]이 영웅 취급을 받는 초유의 해프닝이 벌어졌다.

미술시험에서 모택동에게 낙제 점수를 준 교사가 담병악(譚柄鍔)[161] 이다. 모택동은 소유에게 보낸 편지(1915.9)에서 미술의 중요성을 언급했 다. 당시 모택동은 교사 담병악과의 인간관계는 괜찮은 편이었다. 1917 년 '학우회' 산하에 미술부를 설치한 모택동은 담병악을 교사로 초빙 했다(黃露生, 2011: 383). 한편 미술과목을 그토록 싫어한 모택동이 '미술의 중요성'을 언급했다는 자체가 매우 자가당착적이다. 사범생 모택동의 심각한 '과목 편향' 현상은 일부 교사들의 불만을 야기했다. 결국 이는 한때 정신적 부담이 심각했던 그가 '자퇴'를 고민한 이유이다.

지를 받은 모택동은 지방정부에 편지(1950.7.19)를 보내 자녀의 '취학 해결'을 지시했 다.

160 장철생(張鐵生, 1950~), 요녕성 흥성(興城) 출신이며 대학입시(1973.6.30)에 백지 답안을 내 '백지영웅'으로 불린다. 당시 그는 시험지 뒷면에 '존경하는 영도에게' 드리는 편지를 썼다. 그의 편지가 요녕일보(遼寧日報, 1973.7.19)에 게재되며 '유명인사'가 된 그는 파격 적으로 대학에 입학했다. 1975년 전국 인대 상임위원에 피선, 1976년 10월 모든 직 무와 당적을 박탈당했다. 1983년 15년 징역형에 선고, 1991년 10월에 출옥했다.

161 담병악(譚柄鍔, 1878~1961), 호남성 연원(漣源) 출신이며 제1사범학교 미술 교사, 1917년 '학우회' 미술 강사를 맡았다. 1920~1940년대 호남대학의 교수를 지냈다. 1954년 모 택동의 지시로, 호남성문사(文史) 관원으로 초빙됐다. 1961년 장사(長沙)에서 병사했다.

소유는 모택동의 학과목 성적을 이렇게 평가했다. …각 학과목 중 그가 가장 잘하는 과목은 작문이었다. 모택동의 문과 성적은 우수했으나, 영어 성적은 매우 낮았고 수학은 꼴찌였다. 작문이 가장 '중요한 학과'인 당시에는 좋은 문장을 쓰면 곧 훌륭한 학생이었다. 따라서 모택동은 '좋은 학생'이라고 할 수 있다(蕭瑜, 1989: 17). 한편 모택동에 대한 동창 친구 소유의 상기 평가는 인색하지만 비교적 객관적인 평가이다. 이는 자연 과목을 등한시한 모택동의 '문과 편중' 현상이 심각했다는 단적인 반증이다.

역사 교사 여금희는 모택동의 은사였다. 1915년 그들의 관계는 '단순한 사제관계'를 넘어 '돈독한 친구'로 발전했다. 사실상 상담현 출신인 여금희는 모택동보다 겨우 세 살 이상이었다. 이 시기 그들은 정치 시사와 사회개조 등에 관해 함께 연구하고 의견을 나누는 절친한 지기였다(柯延 외, 1996: 41). 1915년 4~8월 사범생 모택동이 스승인 여금희를 방문한 차수는 20차례에 달한다. 또 여금희의 일기 중 대부분이 모택동과 관련된 내용이었다. 한편 여금희가 북경으로 전근 간 후에도 그들 간의 서신왕래(書信往來)는 지속됐다. 실제로 사범생 모택동의 동향(同鄕) 선배인 여금희는 모택동의 성장에 긍정적인 영향을 미친 은사였다.

모택동은 소유에게 보낸 편지(1915.9.6)에서 여금희를 이렇게 평가했다. …나는 늘 여금희 선생을 찾아가 자문을 구한다. 우리는 사회적 이슈에 대해 서로 의견을 나누고 해결 방법을 모색한다. 나는 그처럼 해박하고 학문에 조예가 깊은 학자를 만나지 못했다. 그의 박학다식에 탄복한다(中共中央文獻硏究室, 2008: 20). 이는 그들의 관계가 일반적 사제관계를 넘어 서로 신임하는 '돈독한 친구'로 발전했다는 단적인 방증이다. 당시 모택동은 북경으로 전근 간 은사 여금희에게 편지를 보내 원세개의 '황제 등극' 논란에 휘말리지 않도록 '각별한 주의'를 당부했다.

1915년 여름 원세개는 '황제 등극'에 박차를 가했다. 또 그는 주안
회를 설립해 '제제 부활'의 합법적 명분과 찬성 여론몰이에 돌입했다.
당시 여금희가 양도의 주안회에 가입했다는 소문이 떠돌았다. 모택동
은 여금희에게 편지(1915.11.9)를 보내 장사로 돌아올 것을 권고했다(逢先
知 외, 2011: 25). 얼마 후 여금희는 모택동에게 '복벽파' 조직에 가입하지
않았고 '국어운동'에 전념하고 있다는 회신을 보내왔다. 1916년 모택동
은 재차 여금희에게 편지(12.9)를 보내 걱정한 원인을 설명하고 미안함
을 전달했다. 이는 이들의 관계가 '지기지우(知己之友)'였다는 반증이다.

원세개가 '21개 조'를 수락한 후 제1사범학교는 '명치편(明恥篇,
1915.6)' 소책자를 발간했다. 이 시기 호남성의 복벽파는 원세개의 '황제
등극'에 나팔수 역할을 했다. '복벽파'를 지탄하기 위해 서특립은 모택
동과 함께 '반원(反袁)' 소책자를 발간했다(尹高朝, 2011: 211). 상기 '반원'
소책자가 발간된 시기는 1915년 겨울로 추정된다. '소책자 발간'에 서
특립이 참여했다는 주장은 신빙성이 낮다. 한편 (反袁)소책자를 발간한
모택동이 원세개의 '황제 등극'에 앞잡이 역할을 한 탕향명에 대한 비
호는 매우 난해하다.

다사다난했던 모택동의 사범학교 생활은 말도 많고 탈도 많았다.
그가 우여곡절 끝에 사범학교를 졸업한 것은 기적에 가까웠다. 만약 은
사들의 도움과 관심이 없었다면 졸업은 불가능했을 것이다. 사범학교
초기 독학 '중독'으로 엄격한 학칙에 적응하지 못한 모택동은 재차 구
설수에 올랐다. 1915년 6월 '학생운동' 주모자로 지목된 그는 '퇴학' 위
기에 처했다. 한편 왕계범·여금희 등의 도움이 없었다면 퇴학을 면치
못했을 것이다. 또 국문 교사 원종겸의 도움이 없었다면 '문장력 제고'

는 불가능했다.

2. 모택동의 동향, 복벽파 양도(楊度)

상담현 출신이며 모택동의 동향인 양도는 무술변법 시기 강유위·양계초 등 입헌파의 유신(維新)사상을 받아들였다. 신해혁명 시기 원세개 막료인 그는 손중산의 공화제를 반대했다. 결국 이는 군주입헌파 양도가 시대의 조류를 역행한 복벽파로 전락한 까닭이다. 1915년 중화민국 총통 원세개의 사주를 받아 북경에서 주안회(籌安會)를 설립해 제제(帝制) 부활에 앞장섰다. 이 또한 항간에서 양도를 '한간(漢奸)'으로 매도한 원인이다.

1917년 불교 신자로 변신한 양도는 1922년 손중산의 신임을 받아 국민당에 가입했다. 신해혁명 시기 손중산의 공화제를 반대한 양도의 '국민당 가입'은 정치인의 둔갑술을 보여준 전형적 사례이다. 또 그는 1920년대 말 (中共)비밀당원이 됐다. 일각에서 양도를 기회주의자로 지탄하는 이유이다. 파란만장한 삶을 산 양도는 일개 지식인이 '정치에 휘말린' 비극적 인물이다. 결국 양도의 '변절' 역사로 문혁 시기 가족이 피해를 입었다.

1907년 원세개와 장지동(張之洞)[162]으로부터 '헌법 통달' 인재로 추천된 양도는 종4품인 헌정편사(憲政編史)관장에 임명됐다. 이때부터 양도는 원세개에게 지우지감(知遇之感)을 갖고 있었다(張珊珍, 2011: 66). 1915년

---

162 장지동(張之洞, 1837~1909), 귀주성 출신이며 양무파(洋務派)의 대표적 인물이다. 증국번·이홍장·좌종당과 함께 '만청중흥4대명신(晚晴中興四大名臣)'으로 불린다. 1863년 진사에 급제, 산동순무(巡撫)·양광(兩廣)총독·군기대신(軍機大臣) 등을 역임, 서방의 과학기술 유치와 '중체서용(中體西用)'을 주장했다. 1909년 북경에서 병사했다.

4월 양도는 '군헌구국론(君憲救國論)'[163]이라는 문장을 발표해 원세개의 '황제 등극'에 합법적 명분을 제공하고 힘을 실어줬다. 결국 원세개는 양도에게 '광대일재(曠代逸才)'라는 친필 편액을 선물했다(陸杰, 2016: 191). 1915년 8월 원세개의 사주를 받아 주안회를 설립한 양도는 제제(帝制)를 고취했다. 이는 양도의 인생의 최대 오점으로 간주된다.

1915년 8월 23일 양도는 북경에서 주안회를 정식 설립됐다. 그해 10월 양도는 '국민대표대회'를 소집해 전국 각지에서 온 대표들과 '국체결정'을 토론했다. 또 원세개는 양도에게 활동비 20만원을 지원했다. 당시 탕향명은 수구파인 엽덕휘 등을 북경에 파견했다(何漢文 외, 1979: 78). 한편 탕향명은 전국에서 가장 먼저 양도가 주도한 주안회 호남분회를 장사에 설립했다. 또 그는 부정일 등 문인을 사주해 양도의 (複壁) 활동을 적극 협력하게 했다. 실제로 부정일은 북경에 이주한 후 복벽파 양도와 한배를 탔다.

원세개의 '책사' 양도는 북양군벌 내부의 권력투쟁으로 한구시정독판(漢口市政督辦)으로 좌천됐다. 당시 양창제는 이 기회를 이용해 원세개의 영향에서 벗어나라고 권고했다. 양도는 친구의 권고를 귓등으로 흘렸다. 따라서 그들의 관계도 소원해졌다(王興國, 1981: 73). 양도가 '한구시정독판'에 임명된 것은 1915년 4~5월로 추정된다. 당시 양도는 '독판'에 부임하지 않았고 북경에서 기회를 기다렸다. 1915년 8월 원세개의 신임을 받아 주안회장이 됐다. 1920년 1월 25일 양도는 양창제의 추도

---

163 양도가 작성한 '군헌구국론(君憲救國論, 1915.4)'은 시대의 조류를 거스르는 반동 문장이다. 당시 양도는 군주입헌과 제제(帝制)만이 부국강병을 실현하는 유일한 출로라고 역설했다. 한편 '군헌구국론'을 읽고 양도를 크게 치하한 중화민국 총통 원세개는 '제제부활' 명분을 제공한 양도에게 '광대일재(曠代逸才)'라는 친필 편액을 선물했다.

식에 참가했다. 당시 상담(湘潭) 동향인 양도와 모택동은 처음 만났다.

1915년 5월 원세개는 정사당(政事堂)의 국무경에 서세창을 임명했다. 당시 '약법(約法)' 제정에 크게 기여한 양도는 한직인 참정(參政)에 임명됐다. 원세개가 양도를 '천대'한 것은 북양군벌 실세인 양사기(楊士琦)의 강한 반대와 밀접하게 관련된다(何漢文 외, 1979: 66). 실제로 원세개가 '책사' 양도를 완전히 포기한 것은 아니었다. 정치적 수완이 결여된 양도가 권력투쟁의 희생양이 된 것이다. 또 무장(武將) 출신인 원세개는 북양군벌 심복을 중용하고 문인은 절대적으로 신임하지 않았다. '대통령 당선'에 큰 역할을 한 양계초를 불신한 것이 단적인 증거이다. 한편 '토사구팽(兔死狗烹)'은 독재자인 원세개의 상투적 수법이었다.

1913년 10월 중화민국 대통령에 부임한 원세개는 측근 양도를 참정원 참정과 국사관 부관장이란 한직에 임명했다. 1915년 봄여름 '군헌구국론'을 발표한 양도는 원세개의 '친필 편액'을 받았다. 주안회장으로 발탁된 양도는 원세개의 '황제 등극'에 앞잡이 역할을 했다. 1916년 3월 22일 83일 간 '황제 보좌'에 있었던 원세개는 부득불 제제를 철폐했다. 1916년 7월 대통령에 부임한 여원홍은 복벽파 양도를 '제제 부활' 주모자로 지명하고 전국에 수배령을 내렸다. 1916년 6월 6일 원세개는 임종 시 '양도가 나를 망쳤다'는 유언을 남겼다. 실제로 양도가 작성한 '군헌구국론'은 원세개의 '황제 야망'을 부추기는 부정적인 역할을 했다.

신해혁명 시기 손중산의 공화제를 반대했던 양도가 손중산의 지지를 받아 1922년 상해에서 국민당에 가입했다는 주장에 대한 진위 여부를 두고 학자들의 엇갈린 주장이 상존하고 있다. 결국 이는 '제제 부활' 주범인 양도가 여전히 정계에서 영향력을 했사했다는 단적인 증거이다.

1922년 손중산의 특사인 양도는 조곤의 비서 하수전(夏壽田)을 설복해 군벌 오패부의 '진형명 지지'를 포기하게 했다. 당시 손중산은 양도가 '낙언'을 지켰다고 칭찬했다. 양도의 '국민당 가입' 신청(1922)에 대해 손중산은 이렇게 말했다. …양도의 전향 의지가 확고하니 더 이상 의심해선 안 된다(中紅網, 2018.2.13). 실제로 손중산의 지지하에 양도가 국민당에 가입했다는 주장은 정설에 가깝다. 일본 유학 당시 양도는 황흥(黃興)의 '동맹회 가입' 요청을 정중히 거절했다. 한편 양도는 황흥을 손중산에게 소개시켜 손황(孫黃)의 '합작'을 촉성시킨 공로자이다. 이 또한 손중산이 '변절자' 양도를 국민당에 받아들인 주된 원인이다.

양도가 '국민당 가입'을 신청했을 때 손중산의 '회답' 골자는 첫째, 국민당 가입 전 '공화제 반대' 과오를 공개적으로 반성해야 한다. 둘째, '제제 부활'에 앞장섰던 죄행을 깊이 뉘우쳐야 한다. 손중산의 '반성 요구'는 양도의 자존심을 상하게 했다. 이는 훗날 양도가 국민당을 포기하고 '공산당 전향'을 결심한 원인이다(何漢文 외, 1979: 133). 양도가 국민당을 포기하고 공산당으로 전향했다는 상기 주장은 1970년대 (國共)양당의 '경직된 관계'에서 비롯된 것이다. 한편 양도의 공산당 가입은 '(中共)창건자' 이대쇠의 영향이 컸다. 1927년 이대쇠가 북경에서 체포됐을 때 양도는 인맥을 총동원해 '이대쇠 구출'에 나섰으나 실패했다.

1949년 2월 장사쇠(章士釗)[164]는 중공 소재지 서백파(西柏坡)를 비밀리에 방문해 모택동을 만났다. 당시 그들은 호남 출신의 '위인'을 거론했다. 장사소가 상담 출신 양도를 '호남 위인'으로 지명하자 모택동이 양

---

164 장사쇠(章士釗, 1881~1973), 호남성 선화(善化) 출신이며 민주인사·교육가이다. 1918년 양창제를 북경대학 교수로 발탁, 1920년 모택동에게 은화 2만량을 빌려주었다. 1920~1930년대 단기서 정부의 교육총장·비서장, 북경농업대학 총장을 지냈다. 건국 후 중앙문사연구원장, 전국 정협 상임위원 등을 역임, 1973년 북경에서 병사했다.

도는 '우리의 사람'이라고 말했다. 1920년대 상해에서 입당한 (中共)비밀 당원이라고 해석했다(湖南日報, 2014.11.14). 1929년 가을 양도는 반한년(潘漢年)[165]의 소개로 중공 지도자 주은래(周恩來)[166]의 비준을 거쳐 공산당에 가입했다는 것이 학계의 중론이다. 당시 양도는 상해에서 주은래의 직접적인 영도를 받았다. 1975년 주은래는 '사해(辭海)' 편집부에 양도가 상해에서 비밀리에 '중공 가입' 사실에 대한 기록을 주문했다.

양도의 '입당 소개인'은 당시 주은래가 영도한 상해의 중앙특과(中央特科)에서 요직을 담당한 진갱(陣賡)[167]일 가능성이 높다. 드라마 '진갱 대장(大將)'은 진갱을 양도의 '입당 소개인'으로 묘사했다(文熱心 외, 2014). 양도의 딸 양운혜(楊雲慧)는 1987년에 '보황파에서 비밀당원, 나의 부친' 이라는 책을 출간했다. 한편 문화대혁명 시기 홍위병(紅衛兵)들은 양도 의 자택으로 쳐들어가 '양도는 매국적'이라고 구호를 외쳤다. 당시 이

---

165 반한년(潘漢年, 1906~1977), 강소성 의흥(宜興) 출신이며 공산주의자이다. 1925년 중공에 가입, 1928년부터 통일전선사업을 주관했다. 1930년대 '백구(白區)'의 주요 책임자, 국공담판과 통전사업을 주관했다. 1943년 '통전 수요'로 한간 왕정위(汪精衛)와 면담, 이는 '불행의 화근'이 됐다. 건국 후 상해시 부시장을 역임, 1955년 북경에서 '간첩 혐의'로 회의 중 체포됐다. 1967년 당적 박탈, 무기형에 선고, 1977년 장사에서 병사했다.

166 주은래(1898~1976), 강소성 회안(淮安) 출신이며 정치가·군사가·외교가이다. 1921년 중공에 가입, 황포군교 정치부 주임, 중공 군사부장, 남창봉기 주요 영도자이다. 1930년~1940년대 중공중앙 상임위원, 중공중앙 군위 부주석, 건국 후 국무원 총리(1949~1976), 중공중앙 부주석, 전국 정협주석 등을 역임했다. 1970년대 등소평을 복귀시켜 '문혁 손실'을 만회, (中美)관계 회복에 크게 기여했다. 1976년 1월 8일 북경에서 병사했다.

167 진갱(陣賡, 1903~1961), 호남 상향(湘鄉) 출신이며 개국대장(大將)이다. 1922년 중공에 가입, 황포군관학교 1기 졸업생이며 상해 중앙특과(特科)의 주요 책임자이다. 1930~1940년대 홍군 간부연대장, 팔로군 129사 386여단장을 맡았다. 건국 후 운남 성장, 군사공정학원장, 국방과학위원회 부주임 등을 역임, 1961년 상해에서 병사했다.

에 항의한 가족들은 조리돌림을 당했다. 결국 '반동 문인' 양도의 '변절 행위'로 50년 후 애꿎은 가족이 '횡화(橫禍)'를 입었던 것이다.

1916년 모택동은 소유에게 보낸 편지(4.12)에서 양도가 발표한 '군헌구국론'을 간단히 언급했다. 한편 이 시기 정치와 시국에 관심이 많았던 청년 모택동의 '양도 평가'를 찾아보기 어렵다. 또 원세개의 '제제 부활'에 나팔수 역할을 한 양도와 그의 주안회에 대한 평가가 거의 전무했다. 한편 모택동은 복벽파 양도와 밀접한 관계가 있는 '은사' 부정일과 반동 군벌 탕향명을 비호했다. 사실상 이들은 양도의 주안회와 밀접히 연관되며 원세개의 '복벽'에 앞잡이 역할을 한 '공범'이다. 결국 이는 사범생 모택동이 상담 동향 양도에 대해 '침묵을 지킨' 이유이다.

모택동이 복벽파 양도와 그가 주장한 '군주입헌' 평가를 회피한 원인은 첫째, 주안회 설립자 양도와 호남분회 부회장 부정일은 '제제 부활' 공범이다. 둘째, '군헌구국론'에서 제기한 '국민자질' 문제는 양계초의 '신민론' 주장과 일맥상통했다. 셋째, 중국인의 국민자질이 낮기 때문에 군주제가 적합하다는 양도의 주장에 동조했다. 넷째, 당시 원세개가 황제에서 퇴위(1916.3)된 상황에서 양도의 '잘잘못을 따지는 것'은 무의미했다. 다섯째, 은사 양창제의 친구인 양도가 장사쇠 등 호남 출신의 명사와 친분이 깊고 상담(湘潭) 출신의 '위인'인 점을 감안한 것이다.

소유는 회고록에 이렇게 썼다. …중화민국 전복을 시도한 두 사람은 상담현 출신 양도와 모택동이다. 1913년 양도는 북경에서 주안회를 설립해 원세개의 복벽에 일조했다. 중화민국이 설립된 지 4년이 안 돼 원세개는 황제에 등극했고 1916년을 홍헌 원년으로 제정했다. 또 양도는 내각총리에 임명됐다(蕭瑜, 1889: 33). 소유가 복벽파 양도와 중공 영수 모택동을 무리하게 비교한 것은 사견을 가미한 것이다. 실제로 모택동이 미국 기자 에드가 스노우와의 인터뷰(1936.10)에서 그 자신을 '고궁(故宮)문물절도안' 주모자로 덤터기를 씌운데 대해 보복한 것이다.

양도와 모택동에 대한 비교는 견강부회이다. '제제(帝制)'를 고취한 양도의 '제제 부활'은 고작 83일 만에 실패했다. 복벽파 양도가 시도한 '제제 복귀'는 역사의 수레바퀴를 되돌린 반동적 행위이다. 이 또한 원세개의 '황제 등극'에 나팔수 역할을 한 양도가 '매국적'·'한간'으로 만인의 지탄을 받은 이유이다. 그러나 '중공 창시자'이며 홍군 창건자 모택동은 20여 년 간 중국혁명을 주도했다. 즉 만리장정(萬里長征)[168]·항일전쟁·국공내전에서 최종 승리를 달성해 신중국을 창건한 일등공신이다. 작금의 중국인들이 모택동을 '국부(國父)'로 추앙하는 주요인이다. 한편 동향인 그들 사이에 복잡한 인간관계가 얽혀있는 것도 사실이다.

상기 '소유 회고록'에는 잘못된 서술이 적지 않다. 첫째, 양도가 북경에서 주안회를 설립한 시간은 '1913년'이 아닌 1915년 여름이었다. 둘째, 양도가 '내각총리'였다는 서술은 사실무근이다. 이 또한 양도와의 '친분'을 과시한 소유의 주장이 신빙성이 낮은 이유이다. 1910~1920년대 양도는 두 차례 교육총장에 내정됐으나 여러 가지 원인으로 부임하지 못했다. 1913년 9월 웅희령 내각에 교육총장으로 내정됐으나 원세개 심복들의 강한 반대로 부임하지 못했다. 한편 내각총리는 양도가 꿈에도 갈망한 관직이었으나 그의 능력으로 감당할 수 없는 '과분한 직

---

168 만리장정(萬里長征)은 중앙홍군이 강서성 서금(瑞金)에서 출발(1934.10), 섬북 오기진(吳起鎭)에 도착(1935.10)한 대이동을 가리킨다. 제5차 '반포위토벌'에서 실패한 홍군은 대이동을 개시했다. 장정 중에 열린 준의회의(1935.1)에서 모택동은 '홍군 지도자'로 복귀했다. 1935년 10월 중순 섬북에 도착, 유지단(劉志丹)의 (陝北)홍군과 회합했다. 한편 만리장정은 실각자 모택동이 '홍군 통솔자'로 자리매김하는 중요한 계기로 작용했다.

책'이었다. 실제로 양도는 '복벽운동'의 희생양이 된 비극적 인물이다.

소유는 이렇게 회상했다. …1916년 6월 원세개는 비명에 죽었다. 복벽활동은 실패했으나 양도는 정치적 야망을 버리지 않았다. 당시 나와 모택동은 제1사범학교에서 공부했다. 나는 양도의 정치적 계략을 혐오했고 그를 인격을 상실한 비열한 자로 생각했다(曾誠 외, 2011: 307). 당시 소유가 제1사범학교에서 공부했다는 주장은 '기억착오'이다. 1915년 6월 제1사범학교를 졸업한 소유는 모택동과 서신을 통해 연락했다. 한편 양도의 정치적 계략을 혐오했다는 소유의 주장은 그의 회고록 내용과 배치된다. 소유의 회고록 취지는 모택동 동향이며 복벽파인 양도에 대한 '추화(醜化)'를 통해 공산주의자 모택동을 '평가절하'한 것이다.

1926년 장작림(張作霖)[169]은 북경에 신정부를 건립하고 대원수(大元帥)가 됐다. 당시 교육총장인 양도와 혁명분자인 나는 공산주의에 대해 여러 번 대화를 나눴다. 1926년 중공 영수이며 나의 친구인 이대쇠(李大釗)[170]는 장작림에게 체포돼 교형(絞刑)을 당했다. 이 시기 모택동의 행적이 묘연했다(蕭瑜, 1989: 34). 1927년 6월 북경에서 북양정부의 육해군 대원수에 취임한 봉계군벌 장작림은 북양정부 최고 통치자가 됐다. 한편

---

169 장작림(張作霖, 1875~1928), 요녕성 해성(海城) 출신이며 봉계(奉系)군벌 두목이다. 1915년 성무(盛武)장군과 봉천(奉天)순열사(巡閱使), 1916년 봉천독군(督軍)에 임명됐다. 1927년 6월 육해군(陸海軍)대원수로 부임한 그는 북양정부 최후의 통치자였다. 1928년 6월 관동군(關東軍)이 조작한 심양 '황고둔(皇姑屯)사건'으로 폭사(爆死)했다.

170 이대쇠(李大釗, 1889~1927), 하북성 낙정(樂亭) 출신이며 '중공 창시자'이다. 1913년 일본 유학, 1917년 북경대학 교수, 중국에서 가장 먼저 마르크스주의를 전파했다. 1918년 가을 모택동은 북경대학 도서관장(圖書館長)인 이대쇠의 보조로 일했다. 1920년 3월 북경대학 '마르크스학설연구회' 설립, 공산당 창건을 준비했다. 1921년 여름 중공 창립 후 북방지역 당의 사업을 주관했다. 1927년 4월 북경에서 체포, 장작림에게 처형됐다.

공산당원 이대쇠가 북경에서 장작림에게 처형된 시간은 1927년 4월 28일이다. 상기 두 사건을 '1926년'이라고 서술한 것은 소유의 '기억착오'이다. 실제로 사실을 왜곡한 소유의 회고록은 '오류투성이'이다.

상기 서술에서 나타난 왜곡된 주장은 첫째, 양도는 '교육총장'에 부임된 적이 없다. 1926년 12월 장작림 정부의 '근운붕 내각'에 교육총장으로 내정된 양도는 취임하지 못했다. 둘째, 소유가 '혁명분자'로 자칭한 것은 이 시기 북양군벌과 적대적 관계인 국민당에서 일한 것과 관련된다. 이는 공산당을 지칭하는 '혁명분자'와 큰 차이가 있다. 셋째, 소유가 그 자신을 '중공 영수' 이대소의 '친구'라고 서술한 것은 자화자찬이며 사실무근이다. 넷째, 모택동은 1926년 상반기에 국민당 (代理)선전부장을 맡았고 하반기에는 중공 농위서기(農委書記)로 활약했다. 따라서 1926년 모택동의 '행적이 모연했다'는 소유의 주장은 신빙성이 제로이다.

모택동의 제1사범학교 동창이며 '절친'이었던 소유는 그의 회고록에서 상담현 동향인 양도와 모택동에 대해 그들과 자신과의 친분 및 '역사적 사실'을 바탕으로 다방면의 평가를 내렸다. 특히 소유가 양도와의 '대담(對談)' 형식을 통해 서술한 모택동에 대한 평가에는 개인적 선입견으로 점철됐다. 또 그들의 '대담'에는 사실을 왜곡한 주장이 적지 않다. 한편 이 시기 소유가 모택동·양도와의 '친분'을 기반으로 내린 평가이므로 그 나름의 참고적 의미가 있을 것이다. '모택동 평가'의 진실 여부와 신빙성의 높고 낮음에 대한 판단은 현명한 독자들에게 맡긴다.

아래에 소유가 그의 회고록에서 양도와의 '문답(問答)' 형식으로, 제1사범학교의 동창이며 '절친'인 모택동에 대해 평가(曾誠 외, 2011: 308~309)한 관련 내용의 줄거리를 간추려 적는다.

모택동의 '지우(摯友)'인 당신을 '공산당 간첩'이라고 하는데, 어떻게 생각하는가?

나는 모택동과 동창이었고 그의 친구였다. 그러나 나는 공산당원은 절대 아니다.

모택동은 '인정미가 전혀 없는 사람'이라고 들었는데, 실제로 그런 사람인가?

모택동은 개성이 아주 강한 사람이다. 그러나 '인정미가 없는 사람'은 아니다.

내가 읽은 신문에는 모택동을 '아주 못생긴 사람'이라고 적었는데, 이는 사실인가?

그를 '못생긴 사람'이라는 것은 그에 대한 추화(醜化)이다. 모택동은 정상적 사람이다.

모택동은 '그의 부친을 죽이려고 했다'는데, 이것이 사실인가?

모택동과 그의 부친은 '버성긴 관계'였다. 그러나 그가 '아버지를 죽일' 이유는 없다.

모택동의 학과목 성적이 학급에서 '꼴찌수준'이라고 들었는데, 그것이 사실인가?

총체적으로 그의 학과목 성적은 좋지 않았다. 특히 '과목 편향' 현상이 심했다. 그러나 그의 국문과 문학은 우수했고 역사 과목의 성적도 괜찮았다.

그의 문장력은 좋은가? 그의 서법(書法)은 어떤가?

작문은 그가 가장 잘하는 과목이다. 그러나 그의 서법은 매우 낮은 수준이다.

모택동은 고전문학이나 철학 등 과목에 '양호한 수준'을 갖고 있는가?

모택동과 중국혁명 1

사범학교 시절 모택동은 고전문학 작품을 별로 읽지 않은 것으로 알고 있다. 한편 그의 변론(辯論) 능력은 아주 뛰어났다고 말할 수 있다.

모택동은 '천부적 기질'이나 '타고난 능력'을 갖고 있는가?

모택동의 '타고난 능력'은 첫째, 모택동은 위대한 전략가이며 뛰어난 조직자이다. 모든 일을 사전에 빈틈없이 준비하고 세밀하게 계획을 짠다. 둘째, 그는 상대의 역량에 대해 철저히 분석하며 또 그의 분석은 비교적 정확했다. 셋째, 그는 청중을 최면상태에 빠지게 하는 연설력과 강한 설득력을 갖고 있다. 당시 모택동의 연설에 감화되지 않는 사람을 찾기 어려웠다.

당신은 공산주의가 실현될 수 있다고 보는가?

이는 현 정부의 국정운영 능력과 국가의 치정력(治政力)에 달려있다. 국민이 현 정부에 대해 불안을 느끼거나 불만이 많을 때 공산주의는 신속하게 확산될 것이다. 만약 공산주의가 중국에서 성공한다면 중공의 상대가 당년의 6국(六國)처럼 치명적인 과오를 범했을 것이다.

중국의 '위인' 원세개·손중산·주은래와 '특별한 인연'을 맺은 양도는 그들의 신임을 받았다. 이는 역사상 유일무이하며 파란만장한 그의 인생을 단적으로 보여준다. 그가 만년에 공산당에 가입한 것은 '단순한 투기'로 보기 어렵다. 1910년대의 '한간(漢奸)' 양도는 1920년대 국민당원·공산당원이었다. 이 또한 그의 인생에 대한 평가가 엇갈리는 이유이다.

일본 유학을 한 양도는 모택동의 은사·장인인 양창제의 친구였다. 양창제의 장례식(1920.1)에 참가한 것이 단적인 증거이다. 주안회장 양도는 모택동의 '은사' 부정일의 직속상관이며 그들은 '제제 부활'의 앞잡이 역할을 한 공범자였다. 호남에서 전제 정치를 펼친 '살인백정' 탕향명은 양도가 주도한 주안회 (長沙)지회를 가장 먼저 설립한 장본인이다. 사실상 복벽파 양도와 반동 군벌 탕향명이 한배를 탄 것이다. 한편 탕향명을 변호한 사범생 모택동은 문혁 시기 '황제'로 등극했다. 결국 호남성 동향인 양도와 모택동은 (湘潭)시골에서 배출된 당대의 '위인'이다.

양도의 친손 양우기(楊友麒)는 이렇게 평가했다. …할아버지 재능은 양계초 못지 않았다. 그러나 자신의 재능을 대부분 정치를 위해 낭비했다. 백면서생(白面書生)인 그는 정치인 자질이 부족했다. 서생으로서 '서생이 해야 할 일'을 했더라면 얼마나 좋았겠는가(中國經濟網, 2016.1.24). 실제로 복벽파 양도는 정치에 휘말린 비극적 지식인의 대표적 인물이다.

2. 사범학교 시절의 '사건사고'

1) '친구 찾기' 광고와 소책자 발간

제1사범학교에서 재차 사달을 일으킨 모택동은 교장을 쫓아내는 '학생운동' 선봉장이 됐다. 당시 모택동과 '악연'을 맺은 제1사범학교 교장은 장간(張幹)이다. 모택동에게 '퇴학 처분'을 내린 장간은 평생 후회했다. 1916년 죄책감과 압박감에 시달린 모택동은 퇴학을 신청했다. 모택동은 일찍 소산충 사숙에서 학칙 위반으로 퇴학당한 경력이 있고 1912년에 성립중학교를 중퇴했다. 모택동이 제1사범학교를 졸업했다는 자체가 기적이다.

1915년 6월 제1사범학교에서 장간을 쫓아내는 학생운동이 일어났다. 장간이 선포한 '학자금 추가'가 도화선이었다. 당시 정부 호감을 사기 위한 교장의 '자발적 행위'라는 소문이 퍼졌다. 또 장간은 '존공독경(尊孔讀經)' 교육방침을 실행했다(黃露生, 2011: 349). 이런 교육방침은 혁신을 주장하는 사생(師生)의 불만을 야기했다. 이는 '반장(反張)운동'으로 확산됐다. 한편 모택동이 작성한 '구장선언(驅張宣言)'[171]은 '불난 집에 부채질'이었다.

장간의 '죄상(罪狀)'을 적은 전단지를 읽은 모택동은 문제의 핵심을 짚어내지 못했다고 지적했다. 모택동은 장간의 전횡(專橫)과 잘못된 교육방침 추진 등을 일목요연하게 정리했다. 이 '구장선언'은 1000여 장의 전단지로 만들어져 교내외에 배포됐다(王小梅 외, 2003: 111). 사건 진상을 조사한 교육당국은 장간의 교장직을 파면했다. 모택동의 문장력이 영향력을 발휘한 것이다. 한편 '선언 작성자' 모택동에게 '퇴학 처분'이 내려졌다.

장간은 그에게 치명타가 된 '구장선언'이 '특수한 학생'[172]인 모택동의 소행으로 짐작했다. 그는 모택동 등 17명의 학생에게 퇴학 처분을 내렸다. 이는 양창제·방유하(方維夏)[173] 등 많은 교사의 강한 반대를 받았다. 결국 장간은 처분을 '엄중경고'로 낮췄다(湖南第一師範史, 1983: 121). 이

---

171 '구장선언(驅張宣言, 1915.6)'은 제1사범학교 '구장운동(驅張運動)'과 관련된다. '구장운동' 원인은 ① 학자금 추가 ② 정부에 아첨하기 위한 장간의 '자발적 행위' ③ 제4사범학교 학생들의 불만 ④ '존공독경(尊孔讀經)' 교육방침 등이다. 당시 학생들의 '위탁'을 받은 모택동은 장간의 리더십 부재와 잘못된 교육방침 추진 등 '죄상'을 정리해 '구장선언'을 발표했다. 결국 학생운동의 '주모자'로 지목된 모택동은 '엄중경고' 처분을 받았다.

172 사범학교 시절 모택동은 두 가지 '튀는 행동'으로 소문났다. 당시 밤 9시 반이면 무조건 소등해야 했으나, 모택동은 복도 등불 밑에서 매일 밤 늦게까지 책을 읽었다. 또 번화한 저자거리에서 책을 읽으며 집중력을 키웠다. 모택동의 행위는 기인기사(奇人奇事)로 유명했다(何明, 2003: 62). 결국 이는 '떠들썩한 곳'에서 주의력·집중력을 훈련하고 의지력을 키우는 모택동 특유의 방법이다. 이 또한 모택동이 '특수한 학생'인 이유였다.

173 방유하(方維夏, 1880~1936), 호남성 평강(平江) 출신이며 공산주의자이다. 1911~1918년 제1사범학교에서 학감(學監)을 지냈다. 모택동을 (師範)학우회 총무로 추천, '노동자야학' 운영을 지원했다. 1924년 중공에 가입, 1930년대 홍군학교 정치부 주임, 상감(湘贛)특위 선전부장을 역임, 1936년 호남성 계동(桂東)에서 반역자에게 살해됐다.

는 모택동이 두 번째로 받은 '엄중경고' 처분이다. 상향중학교 시절 모택동은 '변발 사건'으로 '엄중경고' 처분을 받았다. 한편 학생운동이 장간에게 미친 영향은 매우 컸다. 또한 학생운동을 '진압'한 장간은 (湖南) 교육계에 악명을 남겼다. 결국 장간은 장사를 떠나 북경으로 이주했다.

모택동의 '구장선언'에 따르면 장간은 의심할 바 없는 '어용 문인'이며 '반동 교장'이었다. 한편 장간이 모택동에게 내렸던 '퇴학 처분'은 그가 만년에 당한 '불행'의 화근이 됐다. 결국 장간은 모택동과의 '특별한 인연'으로, 그의 후반생에서 '일희일비(一喜一悲)'를 경험하게 됐다.

제1사범학교교사(校史)에는 이렇게 적혀 있다. 장간은 전임 교장 공소수(孔昭綬)[174]의 혁신 성과를 제도화했다. 그는 제1사범학교 민주교육 규범화에 공헌했다(湖南第一師範校史, 1983: 45). 모택동은 장간을 이렇게 평가했다. …30세에 학교장이 되고 리더십이 출중한 장간이 한평생 교사로 근무한 것은 존경스러운 일이다(高菊村 외, 1990: 65). 실제로 모택동은 장간에 대한 '높은 평가'를 통해 사범학교 시절의 '경거망동'을 자책한 것이다.

1950년 모택동은 호남성장 왕수도(王首道)[175]에게 편지(10.11)에 이렇

---

174 공소수(孔昭綬, 1876~1929), 장사(長沙) 출신이며 모택동의 은사이다. 1913년 제1사범학교 교장, 1916년 학교장 복임(復任), 일련의 교육개혁을 추진했다. 또 그는 모택동의 후원자, '백락(伯樂)'이었다. 1917년 모택동을 학우회 총무, 제1사범학교 경비대장으로 임명했다. 1927년 국민혁면군 소장참의(少將參議), 1929년 남경에서 병사했다.

175 왕수도(王首道, 1906~1996), 호남성 유양(瀏陽) 출신이며 공산주의자이다. 1926년 중공에 가입, 1930~1940년대 중앙조직국 비서장, 중공중앙 비서장, (候補)중앙위원을 지냈다. 건국 후 호남성장, 교통부장, 전국 정협 부주석 등을 역임, 1996년 북경에서 병사했다.

게 썼다. …장간과 나원곤(羅元鯤)[176]은 교육계의 원로이다. 내가 제1사범학교에서 공부할 때 장간은 학교장, 나원곤은 역사 교사였다. 지방정부에서 경제적으로 도와주기 바란다(中央文獻研究室, 1983: 389). 모택동의 편지를 받은 왕수도는 '생활이 어려운' 장간에게 입쌀 1200근(斤)과 인민폐 50원을 지급했다(尹高朝, 2011: 155). 이는 사범학교 시절에 저지른 실수를 만회하기 위한 모택동의 '미봉책'이었다. 이것이 장간에게 '경사(慶事)'였다면, 또 다른 '비애(悲哀)'가 그를 기다리고 있었다.

문화대혁명 시기 '위대한 영수' 모택동에게 내린 '퇴학 처분'이 불거지며 장간은 투쟁대상이 됐다. '반동 교장'인 장간은 중학교 교과서에 실리는 '영예'를 안았다. 1966년 9월 홍위병들은 장간의 자택을 무단 침입해 '소중한 자료'와 500원의 예금 통장을 몰수해갔다. 1967년 1월 장간은 '원한을 품은 채' 장사에서 세상을 떠났다. '반동 교장'이 맞이한 비극적인 결과였다. 한편 문혁 발기자가 호남사범학교 시절 장간을 몰아낸 '반란' 주인공인 모택동이다. 건국 초기 자신을 도와준 '은사'를 잊지 않고 보답했던 모택동은 '지식인 수난시대'를 초래한 장본인이다.

1915년 9월 장사의 각 중학교 경비실 입구에는 '정우계사(征友啓事)'가 나붙었다. 응모자는 학문과 정치시사에 대해 깊은 흥취가 있어야 하며 응모 편지는 제일사범학교 부속초등학교 진장보(陣章甫)[177]에게 보

---

176 나원곤(羅元鯤, 1882~1953), 호남성 신화(新化) 출신이며 제1사범학교 모택동의 역사 교사였다. 1921년 모택동이 창립한 호남자수대학에 강사로 초빙, 1920~1930년대 호남대학 역사 교수로 근무했다. 1945년 고향에서 묘고봉(妙高峰) 중학교를 설립했다. 1952년 11월 모택동의 초대를 받아 북경을 방문, 1953년 고향에서 병사했다.

177 진장보(陣章甫, 1894~1930), 광서성 오주(梧州) 출신이며 제1사범학교 시절 모택동의 동창이다. 1915년 호남제1사범학교를 졸업, 1918년 신민학회에 가입했다. 1921년 겨울 하명한(夏明翰)의 소개로 공산당에 가입했다. 1927년 하룡 부대의 연대장(團長), 남

내야 한다. 낙관 서명은 '28획생(二十八劃生)'이었다(周仁秀 외, 2007: 154). 상기 '제일사범 부속학교'는 잘못된 것이다. 장사현(長沙縣) 오미(五美)초등학교가 정확하다. 진장보는 1917년에 '부속초등학교'로 전근했다. 한편 뜻이 통하는 친구를 만나 '진보적 학생단체' 설립이 사범생 모택동의 취지였다.

'정우계사'는 학생들 사이에서 화제가 됐다. 일각에서는 '28획생'을 정신이상자 취급을 했고 혹자는 여자 친구를 찾는 광고로 착각했다. 호남여자사범의 마(馬) 교장은 직접 진장보를 찾아가 자초지종을 따졌다. 진장보는 '28획생'이 제1사범학교의 모택동이며 품행이 단정하고 우수한 학생이라고 설명했다(高菊村 외, 1990: 78). 당시 마 교장의 오해를 풀어준 제1사범학교 교장은 무소정(武紹程)이었다. 장간의 후임으로 부임한 학교장 무소정은 모택동의 '엄중경고' 처분을 철회했다. 재직 기간 무소정은 '불량 학생' 모택동을 '체포' 위기에서 구해준 은인이었다.

마 교장은 양창제에게 전화를 걸어 '28획생'의 인품을 확인했다. 당시 양창제는 이렇게 대답했다. …모택동은 나의 가장 우수한 학생이다. 내가 자긍심을 갖는 세 명의 제자는 소유와 채화삼(蔡和森),[178] 모택동이다(趙維, 2013: 17). 한편 모택동이 '28획생'을 닉네임으로 사용한 원인에 대해 두 가지 설이 상존한다. 첫째, 모택동 이름 세 글자의 총획이 28획(劃)이다. 둘째, 일각의 해석에 따르면 '28획'은 공산당의 '공(共)'자를 의

창봉기에 참가했다. 1930년 2월 장사(長沙)에서 국민당군에게 살해됐다.

178 채화삼(蔡和森, 1895~1931), 호남성 쌍봉(雙峰) 출신이며 공산주의자이다. 1918~1919년 모택동과 함께 신민학회를 설립하고 '상강평론'을 창간했다. 1921년 중공에 가입, '향도(向導)' 주필을 맡았다. 1926~1927 소련 주재 (中共)대표, 1928~1929 중공중앙 선전부장, 양광(兩廣)성위 서기를 역임, 1930년 8월 광주(廣州)에서 살해됐다.

미한다. 또 상기 '세 명의 제자'는 과장된 것이며 설득력이 떨어진다. 한편 소유는 그의 회고록에서 스승 양창제를 추화(醜化)했다.

1914년 봄 제1사범학교로 '전학'한 모택동은 소유와 친구가 됐다. 1915~1916년 그들 간 서신왕래가 단적인 증거이다. 당시 채화삼도 이들과 친밀한 관계를 유지했다. 일각에선 신민학회 창립 멤버인 이들 세 명을 '세 호걸'[179]로 치켜세웠다. 한편 그들의 우정은 오래가지 못했다. 즉 정견과 이념의 차이로 각자가 서로 다른 인생의 길을 걸었다. 훗날 동창 친구인 모택동과 소유는 서로 상대를 추화(醜化)·폄하하는 견원지간이 됐다.

'28획'이 '공(共)'자를 의미한다는 주장은 소유의 회고록(蕭瑜, 1989: 41)에서 비롯된 것이다. '공(共)'자와 28의 한자인 '입팔(卄八)'이 매우 흡사하다는 것이다. 결국 소유의 주장을 근거로 로스 테릴(R. Terrill, 2010: 515)은 '28획생'이 '공산당원'을 의미한다고 서술했다. 한편 숫자 '28'이 모택동의 인생에서 '특이한 숫자'였다는 주장은 나름의 일리가 있다. 1917년 모택동은 '체육논문'에 '28획생'이란 가명을 사용했다. 또 28세에 중공 창건대회(1921)에 참석한 모택동은 28년 후에 신중국을 창건했다. 물론 이는 '과학적 근거'가 결여된 것으로 맹신할 필요가 없다.

모택동은 여금희에게 보낸 편지(1915.11.9)에서 '친구 찾기'를 이렇게

---

179 모택동·채화삼·소유는 제1사범학교의 '세 호걸'로 불렸다. '호걸'이란 모택동이 즐겨 읽었던 '삼국연의'의 상용어이다. 즉 용기가 있고 지혜로우며 품행이 고상한 사람을 일컫는다(Schuram, 1996: 19). 혹자는 이들 셋의 우정을 삼국지의 유(劉)·관(關)·장(張)의 '도원결의'에 비유했다(盛巽昌 외, 2011: 105). 상기 '세 호걸'과 '도원결의' 비유는 어불성설이다. 유·관·장은 '건국'을 위해 생사를 같이했고 의리를 지킨 그들은 비슷한 시기 세상을 떠났다. 1920년대 모택동과 소유는 '이념 차이'로 결별, 채화삼은 젊은 나이에 희생됐다.

설명했다. …최근 '뜻이 맞는' 친구를 찾기 위해 광고문을 각 학교 게시
판에 붙여 놓았다. 현재 응모자는 5~6명이다(中共中央文獻研究室, 1995: 31).
훗날 모택동이 회상한 응모자 '세 사람 반'은 '기억착오'가 있다. 응모
자는 소유·채화삼·진장보·나장룡(羅章龍)[180]·나학찬(羅學瓚)[181]·이립삼(李
立三)[182]이다(唐振南 외, 2007: 157). 상기 6명의 '응모자'는 신빙성이 제로이
다. 나장룡과 이립삼을 제외한 기타 '응모자'는 모두 모택동의 동창이
다. 실제 응모자는 나장룡이며 '반 사람'인 이립삼도 나장룡의 소개를
통해 모택동과 만났다. 결국 그들은 '특별한 인연'을 맺었다.

　　모택동은 이렇게 회상했다. …나는 '친구 찾는 광고'를 냈는데 '세
사람 반'의 응모자가 있었다. 첫 응모자인 나장룡은 나중에 변절했고
다른 두 사람은 극단적 반혁명이었다. 또 다른 '반 사람'인 이립삼은 아
무런 언질도 주지 않았다. 우리의 우정은 더 이상 발전되지 않았다(董樂
山, 2002: 108). 1920년대 혁명 동지인 나장룡과 이대소에 대한 모택동의

180　나장룡(羅章龍, 1896~1995), 호남 유양(瀏陽) 출신이며 공산주의자이다. 1918년 신민학회
　　에 가입, 북경대학에 입학했다. 1920년 10월 이대쇠 등과 함께 (北京)공산주의소조를
　　설립, 1921년 북경대학 당지부(黨支部) 서기, 1923년 선전부장, 중공 비서를 지냈다.
　　1926년 한구(漢口)시위 서기, 1931년 중공 '비상위원회' 서기로 선임됐다. 1934년부
　　터 하남(河南)대학 교수, 1979년 혁명박물관 고문(顧問), 1995년 북경에서 병사했다.

181　나학찬(羅學瓚, 1893-1930), 호남성 상담(湘潭)현 출신이며 공산주의자이다. 1914년 제1
　　사범학교와 합병 후 모택동의 동급생이 됐다. 1918년 신민학회에 가입, 1922년 중공
　　에 가입했다. 1925년 호남구위(區委) 선전부장, 1929년 절강성위 서기, 1930년 항주
　　에서 살해됐다.

182　이림삼(李立三, 1899~1967), 호남 례릉(醴陵) 출신이며 공산주의자이다. 1921년 12월 중
　　공에 가입, 1923~1925년 무한구위(武漢區委) 서기, 1929년 가을 모택동의 '홍군 지도
　　자' 복귀에 결정적 역할을 했다. 그가 주도한 입삼노선(1930.6)은 모택동의 공농홍군에
　　게 큰 피해를 입혔다. 1930~1946년 소련에서 생활, 1945년 (七大)중앙위원에 피선됐
　　다. 건국 후 노동부장, 전국총공회 책임자 등을 역임, 1967년 (北京)자택에서 자살했다.

평가는 지극히 주관적이며 공정성을 상실했다. 이는 '회상' 당시(1936) 모택동의 지위와 1930년 전후 그들(羅·李)이 남긴 '역사의 오점'과 밀접히 관련된다.

응모자 나장룡은 이렇게 회상했다. …1915년 5월 '정우계사'를 읽은 나는 '28획생'에게 응모 편지를 보내 대담을 요청했다. 다음주 일요일 도서관에서 만나자는 그의 회신을 받았다. 동창 진성고(陣聖臯)에게 동행을 요청했는데 흔쾌히 수락했다(羅章龍, 1984: 1). 나장룡과 모택동은 도서관에서 세 시간의 대화를 나눴다. '대화' 골자는 ① 치학(治學)문제 ② 인생관 ③ 우주관 ④ 사회개조 등이다. 대화는 흥미진진하게 진행됐고 갈라질 때 모택동은 나장룡에게 '관포지교(管鮑之交)'를 맺을 것을 제안했다(周仁秀 외, 2007: 158). 상기 '5월'은 기억착오이며 9월 중순이 정확하다. 진성고는 모택동이 언급한 '다른 두 사람' 중의 한 사람이다. 신민학회 '창립자'인 그들의 관계는 10년 간 이어졌다. 중공 3대(1923)에서 '중앙국'에 진입한 그들은 상해의 국민당집행부에서 생사고락을 나눈 동지였다.

나장룡의 '변절'은 그의 '당적 박탈' 사건과 관련된다. 1931년 공산국제 대표 미프(Mif)[183]가 왕명(王明)[184]을 '중공 지도자'로 발탁한 후 중앙

---

183 미프(Miif, 1901~1938)는 우크라이나 유태인이다. 1925년부터 모스크바 중산대학 교장, 공산국제 동방부 부부장을 역임, 1928년 공산국제 대표 자격으로 '중공 6대'에 참가했다. 1930년 상해 주재 공산국제 대표, 1935년 모스크바 동방노동대학 총장으로 부임했다. 1937년 숙반(肅反)운동에서 '트로츠키파'로 체포, 1938년에 숙청됐다.

184 왕명(王明, 1904~1974), 안휘성 육안(六安) 출신이며 원명은 진소우(陣紹禹)이다. 1925년 중공에 가입, 모스크바 중산대학에서 4년 동안 마르크스주의를 전공했다. 1930년 겨울 강소성위 서기, 6기4중전회(1931.1)에서 미프에 의해 '중공 지도자'로 발탁, 1931년 가을 모스크바 주재 중공 대표로 부임했다. 1937년 12월 장강국(長江局) 서기, 1945년 중앙위원으로 피선됐다. 1956년부터 소련에서 생활, 1974년 모스크바에서

비상위원회의 강한 반대를 받았다. 결국 미프가 '비상위원회' 서기 나장룡의 당적을 박탈했다는 것이 일각의 주장이다. 또 '역사문제에 관한 결정(1945)'은 당을 분열한 트로츠키[185]와 같은 반혁명으로 나장룡을 평가했다. 한편 당사자 나장룡은 당적을 박탈당한 후 '비상위원회'를 설립했고 '위원회'의 취지도 왕명의 종파(宗派) 활동을 반대하기 위한 것이라고 항변했다.

나장룡의 당적 박탈은 '억울한 면'이 있다. 1936년 회상 당시 모택동의 주변에 여전히 왕명 지지자와 '나장룡 사건' 조작자들이 득세했다. 또 이 사건에 결정적 역할을 한 것은 중공 직속상관인 공산국제 대표였다. 이것이 모택동이 '관포지교'에게 억울한 평가를 내린 주요인이다. 당시 나장룡은 변절한 것이 아니고 당적을 박탈당했을 뿐이다. 실제로 수시로 색깔을 바꾸는 카멜레온처럼 표리부동한 정치인에게 '관포지교'란 있을 수 없다.

또 다른 응모자는 연합중학교 황환(黃煥)과 '반 사람'인 이립삼이다. 통속적 해석에 따르면 '반 사람'은 불구자를 지칭하며 비하적 요소가 다분하다. '고승전(高僧傳)'에서는 습착치(習鑿齒)를 '반 사람'이라고 했다 (李捷 외, 1996: 148). 불구자 습착치를 '반 사람'이라고 부른 것은 조롱과 비하가 섞여 있다. 모택동이 이립삼을 '반 사람'으로 폄하한 것은 정치적

병사했다.

185 트로츠키(Trorsky, 1879~1940), 우크라이나 유대인이며 러시아의 혁명가이다. '10월혁명(1917)' 후 외교인민위원, 육해군인민위원, 군위(軍委) 주석, 소공(蘇共) 정치국 위원 등을 역임했다. 1927년 11월 당적을 박탈, 1929년 1월 국외로 추방됐다. 1938년 제4국제를 창건한 후 '반혁명' 활동을 진행했다. 1940년 8월 멕시코에서 암살당했다.

요소가 가미된 입삼노선(立三路線, 1930)[186]과 관련된다. 연합중학교 황환과 진성고는 요절했거나 '은거 생활'을 했다. 따라서 그들을 '극단적 반혁명'이라고 말한 모택동의 주장은 설득력이 크게 떨어진다.

1930년 6월 중공 지도자 이립삼은 모택동의 중앙홍군에게 '대도시 공격'을 강요했다. 결국 이립삼이 주도한 입삼노선은 (朱毛)홍군에게 막대한 손실을 초래했다. 1930년 7~8월 홍군의 장사 공격에 대한 보복 조치로 호남성장 하건은 모택동의 부인 양개혜를 살해(1930.11.14)했다. 당시 이립삼은 국제노선 반대와 공산국제를 비방한 '죄'로 소련에 연금됐다. '홍군 통솔자' 모택동은 '이립삼 폄하'를 통해 '공산국제 지지'를 표명했다. 결국 '실세' 왕명과 그의 추종자들을 의식했던 것이다. 이것이 모택동이 이립삼을 폄하하고 '정치적 요소'를 가미한 주된 원인이다.

1920년대 초 모택동과 이립삼은 동지였고 상하급 관계였다. 또 '상하급 관계'가 역전됐다. 당사자의 입장에서 서술한, 당시 이립삼과 모택동의 '대면(對面) 상황'을 살펴볼 필요가 있다.

'이립삼 전기'의 저자 당순량(唐純良)은 당시 상황을 이렇게 서술했다. …1917년 어느 일요일 이립삼은 성립도서관에서 모택동과 만났다. 모택동은 정치시사와 독서·수신에 대한 견해를 논리정연하게 밝혔다. 당시 이립삼은 16세의 앳된 중학생이었다. 모택동의 연설을 듣고 자신의 견식이 좁음을 실감한 이립삼은 몇 마디 응수하고 자리를 떴다(唐純

---

186 1930년 6~9월 이립삼이 추진한 '(左傾)모험주의'를 입삼노선(立三路線)이라고 부른다. 당시 중공중앙 비서장과 선전부장을 맡은 이립심은 중공 실세였다. 1930년 6월 11일 이립삼의 주도하에 '새로운 혁명고조와 수성(數省), 1개 성에서 승리'하는 결의안이 채택됐다. 결국 3개월 간 추진된 입삼노선은 지하당조직의 심각한 파괴와 홍군의 막대한 손실을 초래했다. 구추백·주은래의 주도한 6기 3중전회(1930.9)에서 입삼노선을 시정했다.

良, 2003: 14). 상기 '1917년'은 잘못된 서술이며 1915년이 정확하다. 결국 '견식의 차이'가 당시 이립삼이 모택동에게 아무런 언질도 주지 못한 주된 원인이다.

당시 이립삼은 장군(長郡)중학교 동창 나장룡의 소개로 모택동과 만났다. 모택동이 이립삼을 '반 사람'이라고 폄하한 것은 그에 대한 '인격적 모독'이다. 훗날 이립삼은 모택동을 '호한민(胡漢民) 비서'라고 풍자했다. 결국 이립삼이 모택동의 '반 사람' 폄하에 앙갚음을 한 것이다.

1920년대 초반 모택동은 이립삼의 직속상관이었다. 그 후 이립삼이 '노동운동 대부'로 성장한 것은 모택동의 신임과 지지가 중요했다. 1928~1930년 이립삼은 홍군 지도자 모택동의 상급자였다. 1929년 실각한 모택동을 홍군 지도자로 컴백시킨 '공신'은 이립삼이다. 1946년 이립삼이 15년 간의 소련 생활을 끝내고 귀국할 수 있었던 것은 모택동의 '배려'가 있었기 때문이다. 1967년 이립삼이 원한을 품고 세상을 떠나게 한 장본인은 '문혁 발기자'인 모택동이다. 모택동은 이립삼에게는 '천적' 같은 존재였다. 결국 그들 간의 질긴 인연은 '악연'으로 끝났다.

1915년 1월 일본공사 헤키 마스(日置益)는 원세개 정부에 교환조건과 각서를 제출했다. 이것이 중국의 멸망을 시도한 '21개 조(條)'[187]였다. 원세개의 야심을 간파한 일본정부는 '제제 지지'를 조건으로 '21개 조'를 제출한 것이다. 원세개는 일본을 전승할 수 없다는 것을 이유로 일본의 '최후통첩(1915.5.7)'에 굴복해 '21개 조'를 수락했다. '21개 조'는 일

---

187 '21개 조(條)'의 주된 내용은 ① 산동성의 주요 도시 개방과 철도 부설권 일본에 이양 ② 여순(旅順) 조차기간 연장, 남만철도 부설권을 일본에 위양(委讓) ③ 한치평공사(漢冶萍公司), 중일합판(合辦) 경영 ④ 중국 연안의 항만·도서를 외국에 할양해선 안 된다. 결국 '황제 등극' 야망을 달성하기 위해 원세개는 일본의 '21개조'를 수락했다.

본의 대중국 침략정책의 필연적 결과물이다. 이는 호국운동의 도화선이 됐다.

제1사범학교 교사 석윤산(石潤山)[188]은 원세개의 죄행을 폭로한 문장을 발표했다. 글을 읽고 감명받은 모택동은 '명치편(明恥篇)' 발간을 건의했다. 그의 건의를 수용한 석윤산은 '명치편'을 간행(1915.6)됐다(黃露生, 2011: 339). 모택동은 '명치편'에 이렇게 썼다. …5월 7일은 국가의 치욕일이다. 복수를 잊지 말자, 젊은 학생들이여! 5월 7일에 일본은 원세개에게 48시간 내 '21개 조'를 수락하라는 최후통첩을 내렸다. 결국 원세개는 대부분 내용을 수락했다. 5월 7일이 '국치일(國恥日)'로 지정한 주된 이유이다.

여금희는 이렇게 회상했다. …당시 대부분 시간을 장사에서 보낸 모택동은 글을 쓰고 강연을 했다. 또 그는 원세개의 '매국 행위' 비판에 필요한 자료를 수집했다. 1915년 겨울 전국에서 원세개의 '복벽'을 반대하는 '반원(反袁)' 투쟁이 최절정에 달했다(黎錦熙, 1977.9.14). 1915년 가을 탕향명은 (北京)주안회 (長沙)분회를 설립해 원세개의 '복벽'을 지지했다. 당시 '명치편'에서 아이디어를 얻은 모택동은 탕화룡·강유위·양계초의 시국에 관한 문장을 편집해 '시국통언(時局痛言)'[189]이란 소책자를

---

188 석윤산(石潤山, 1972~1948), 호남성 신소(新邵) 출신이며 모택동의 국문 교사이다. 1915년 원세개의 죄행을 폭로한 문장을 연속 발표, 1917년 교육부 총찬(總纂)을 사직, 선산학사(船山學社) 사장, 1921년 호남자수대학 국문 강사, 1938년 은퇴, 1948년 고향에서 병사했다.

189 모택동의 소책자 제목은 '탕강양(湯康梁)의 시국통언(時局痛言)'이다. 입헌파인 탕화룡·강유위·양계초의 '제제 부활'을 반대한 관련 문장을 편집한 것이다. 모택동의 동창 진창(陳昌)은 그의 일기(1916.1.1)에 이렇게 썼다. …오전 8시에 윤지(潤之)가 준 소책자(時局痛言)를 받았다(文熱心, 2013.9.29). 모택동의 '시국통언'은 '원세개 추종자' 탕향명의 심기를 불편하게 했다. 결국 모택동은 학교장 무소정의 보호로 '체포' 위기에서 벗어났다.

만들었다(高菊村 외, 1990: 64). 현재 '명치편'을 모방한 모택동의 소책자의 구체적 내용을 알 수 없다. 또 탕(湯)·강(康)·양(梁)이 모두 군주입헌파였다. 한편 모택동의 소책자는 1915년 겨울에 발간된 것으로 추정된다.

제1사범학교 모택동의 동창 주세쇠(周世釗)[190]는 이렇게 회상했다. …모택동이 소책자(時局痛言)를 발간한 후 호남성 도독 탕향명은 한무리의 군경(軍警)을 제1사범학교에 파견해 수사를 벌렸으나 아무런 단서도 얻지 못했다(湖南第一師範校史, 1983: 119). 당시 탕향명이 파견한 군경들은 소책자를 발간한 '반원(反袁) 선봉장'인 모택동을 체포하러 왔던 것이다. 결국 무소정(武紹程)[191] 교장의 도움으로 모택동은 '체포' 위기에서 벗어났다. 한편 '살인백정' 탕향명을 비호한 사범생 모택동이 탕향명이 파견한 군경에게 체포당할 뻔했다는 것은 역사의 아이러니이다.

1916년 1월 '모택동 구금' 밀령을 받은 무소정은 '퇴학고시'를 작성하고 '고시'의 낙관 날짜를 열흘 앞당겼다. 모택동이 무소정의 사무실로 찾아왔을 때 군경이 들이닥쳤다. 무소정은 사무실 침실의 침대 밑에 그를 숨게 한 후 군경 책임자를 게시판으로 데리고 가 '고시'를 가리키며 '한발 늦었다'고 말했다(趙大義 외, 2006: 23). 군경이 돌아간 후 무소정은 모택동에게 은화 10원을 주며 잠시 피신하라고 주문했다. 1949년 가

---

190 주세쇠(周世釗, 1897~1976), 호남성 녕향(寧鄕) 출신이며 교육가이다. 모택동 등과 함께 신민학회(1918.4) 설립, '장경요 축출' 운동(1919.12)에 참가했다. 1927~1945년 장사 등지에서 중학교 교사, 건국 후 호남성 교육청장, 호남성 부성장 등을 역임, 1976년 장사에서 병사했다.

191 무소정(武紹程, 1876~1947), 호남성 서보(漵浦) 출신이며 모택동의 은사이다. 재직 기간 (1915.8~1916.2) 모택동을 '체포' 위기에서 구해준 은인이다. 1902년 북경경사대학당 (京師大學堂) 입학, 1909년 국립경사우급(國立京師優給)사범대학의 연구생, 1914년 장사 태택(兌澤)중학교장, 1915년 가을 제1사범학교 교장으로 부임, 1929년부터 서보현 도서관장·교육국장, 1945년 고향에 도돈(道敦)중학교를 설립, 1947년 사고로 사망했다.

을 모택동은 '생명의 은인'인 무소정을 개국대전에 초청했다. 그러나 2년 전에 세상을 떠난 무소정은 제자의 초청에 응할 수가 없었다.

드라마 '흡동학소년(恰同學少年)'에서는 공소수가 모택동을 위기에서 구출한다. 실제로 모택동을 구해준 것은 무소정이다. 무소정의 재직 기간은 1915년 8월부터 1916년 2월까지이며 공소수 부임은 1916년 9월이다. 당시 탕향명은 장사에서 쫓겨났다(文熱心 외, 2014: 72). 한편 호남성 도독 담연개의 비서장을 맡았던 무소정은 몇 개월 간 호남성 도독으로 근무했다. 이런 경력 때문인지 무소정은 모택동의 '은사 리스트'에서 누락됐다. 학창 시절의 '불미스러운 체포' 사건이 자칫 '위대한 영수' 이미지를 실추시킬 수 있다는 우려심이 작용한 것으로 풀이된다.

당시 원세개의 매국적 행위를 성토하고 일제의 만행을 규탄한 '명치편' 간행은 모택동에게 큰 계시를 주었다. '신문 애독자' 모택동은 색다른 주장을 폈다. 그는 신문·잡지에 발표된 양계초 등이 원세개의 '복벽'을 반대한 문장을 편집해 '시국통언'을 발간했다. 모택동의 소책자 '시국통언'은 '제제 부활'에 악영향을 끼쳤다. 이는 '원세개 추종자'인 탕향명의 심기를 크게 불편하게 했다. 이것이 '제제 지지자'인 탕향명이 '모택동 체포령'을 내린 이유이다. 한편 사범생 모택동은 여전히 중학교 시절 사표(師表)였던 '강·양(康梁)'에 대한 집착을 버리지 못했다.

이 시기 사범생 모택동이 원세개의 '제제 부활' 반대를 취지로 발간한 '시국통언'의 세 주인공인 탕화룡·강유위·양계초의 정치적 행태가 원세개의 대통령 당선에 끼친 역할과 '황제 등극' 전후의 관련 활동 및 그들의 정치적 운명에 대해 좀 더 구체적으로 살펴볼 필요가 있다.

1913년 중의원 원장 탕화룡은 원세개의 독재 정치를 지지했다. 그 해 5월 '진보당'을 설립해 '2차혁명'을 반대하고 국민당과 대립했다.

원세개의 '대통령 당선'에 기여한 공로로 탕화룡은 1914년에 교육총장에 임명됐다. 1915년에 사직한 그는 호국운동에 참가했다. 1916년 3월 원세개에게 '제제 반대' 전보를 보냈다. 이는 탕향명의 '호남 독립(1916.5.29)'에 긍정적 영향을 미쳤다. 그 후 단기서(段祺瑞)[192]가 주도하는 북양정부의 내무총장에 임명됐다. 1918년 9월 캐나다에서 국민당원에게 암살됐다. 당시 탕화룡의 죄명은 원세개의 앞잡이, 단기서의 공범자였다.

1913년 강유위는 '불인(不忍)' 잡지를 꾸려 공화제를 반대하고 '국수(國粹) 보존'을 주창했다. 또 보황파(保皇派) 강유위는 존공독경(尊孔讀經)을 제창했다. 한편 원세개의 '복벽'에 불만을 표시한 강유위는 '장훈 복벽(1917.7)' 주모자가 됐다. 결국 북양정부의 수배령을 받은 강유위는 상해에서 은거했다. 만년에 천진에서 부의(溥儀)를 알현한 강유위는 철두철미한 보황파였다. 강유위의 '대동서(大同書)'[193]와 '대동사회' 구상은 청년 모택동에게 큰 영향을 미쳤다. 결국 이는 그의 후반생에 부정적 영향을 끼쳤다.

1915~1916년 양계초는 원세개의 복벽을 반대하는 호국운동을 주도했다. 이는 대통령 당선에 큰 기여를 한 양계초를 내친 원세개의 토사

---

192 단기서(段祺瑞, 1865~1936), 안휘성 합비(合肥) 출신이며 환계(皖係)군벌 두목이다. 신해혁명 시기 호광(湖廣)총독, '황제 퇴위(1912.2.12)'에 기여했다. 1916년 원세개의 '제제'를 반대, 1917년 국무총리, 1924~1926년 중화민국 임시집정(執政)을 지냈다. 1931년 일본정부의 '괴뢰정부 조직'을 거절, 1936년 11월 상해에서 병사했다.

193 '대동서(大同書)'는 강유위의 저서로, 총 10권이며 1902년에 완성됐다. 금문경학(今文經學)의 공양삼설(公羊三說)과 예기(禮記)의 예운편(禮運篇) 대동사상을 바탕으로 한다. 강유위는 국가와 계급이 없고 신분 귀천이나 빈부 격차도 없고 만민이 평등한 '대동사회'를 구상했다. 또 그는 점진적 개량을 통한 '이상적 사회' 실현을 꿈꾸었다.

구팽과 관련된다. 당시 진보당 창시자 양계초는 국민당을 공격하고 '2차혁명 진압'에 여론을 조성했다. 그러나 1914년 내각에서 밀려난 양계초는 원세개의 '21개 조' 수락(1915.5)을 반대했다. 1915년 여름 원세개가 주안회를 조직해 '제제 부활'에 박차를 가하자 양계초는 '이재소위국체문제자(異哉所謂國體問題者, 1915.8)'라는 글을 발표해 원세개의 '복벽'을 반대했다. 당시 모택동은 자신의 (時局痛言)소책자에 이 글을 게재했다. 이는 모택동의 소책자가 양계초의 주장을 되풀이했다는 반증이다.

1915년 12월 채악(蔡鍔)[194] 등과 함께 호국운동을 일으킨 양계초는 단기서의 추종자가 됐다. 당시 대내적으로 '무력통일'을 강행한 단기서는 대외적으로 일제와 결탁했다. 재정총장 양계초는 일제와 '국익 손상'의 차관 계약을 두 차례 체결했다. 이는 손중산의 호법전쟁(護法戰爭)[195] 을 유발했다. 사범생 모택동은 원세개·단기서의 앞잡이 역할을 한 어용 문인 양계초를 호국운동을 주도해 원세개의 '제제'를 뒤엎은 영웅으로 간주했다.

사범생 모택동은 양계초의 주장을 무조건 수용했다. 1916년 6월 고향으로 가던 중 은전사(銀田寺) 일대에서 발생한 혁명군 소란으로 여정

---

194 채악(蔡鍔, 1882~1916), 호남성 소양(邵陽) 출신이며 정치가·군사가이다. 1899년 일본 유학, 1910년대 운남성 도독(都督), 전국경제국 독판(督辦), 호국군(護國軍) 제1군 총사령관 등을 역임했다. 1916년 7월 사천성 독군(督軍)에 임명, 1916년 11월 일본에서 병사했다.

195 호법전쟁(護法戰爭, 1917.7~1918.5)은 손중산이 서남군벌과 연합해 북양군벌을 반대한 호법운동이다. '호법'은 중화민국 임시약법을 보호하고 민주공화국 건립을 의미한다. 1917년 8월 손중산은 '비상회의'를 열고 광주군정부(廣州軍政府)를 설립, 대원수(大元帥)로 선임됐다. 1918년 5월 지방군벌 반란, '군대가 없는' 손중산은 대원수직을 사직하고 상해로 피신했다. 호법운동 실패는 자산계급이 영도한 구민주주의 혁명의 종결을 의미한다.

이 지체된 모택동은 정국 안정의 필요성을 절감했다(逢先知 외, 2011: 25). 당시 환계(皖系)군벌[196] 단기서는 '무력통일'을 주장했다. 한편 직계(直系)군벌[197]인 풍국장은 '평화적 해결'을 주장했다. 1917년 11월 단기서 내각이 해체됐다. 단기서의 '일제 결탁'에 선봉장 역할을 한 재정총장 양계초도 해임했다. 청년 모택동은 '매국노 정치인' 양계초의 민낯을 간파하지 못했다.

모택동은 탕향명이 떠난 후 호남에서 발생된 '소극적 현상'에 주목했다. 그는 폭도들의 보복과 만행이 난무하고 프랑스 혁명의 무자비한 살인과 폭력이 재현됐다고 주장했다. 모택동의 정견은 성숙하지 못했고 '무혈혁명' 징조를 나타냈다(金沖及 외, 1996: 24). 혁명당을 무자비하게 살해한 탕향명에 대한 사범생 모택동의 '비호'는 극도로 난해하다. 호국운동을 폄하하고 '살인백정' 탕도부를 두둔한 그의 극단적 정견은 지극히 반동적이다. '매국적 정치인' 양계초의 입장에서 혁명당을 '폭도(暴徒)'라고 매도한 것은 어불성설이다. 한편 모택동의 '무혈혁명' 징조는 '혁명공구론자(革命恐懼論者)'인 강유위의 사상에서 비롯된 것이다.

---

196 환계군벌(皖系軍閥)은 안휘성 약자인 '환(皖)'에서 비롯됐다. 1916년 6월 국무총리 단기서가 북양정부 실세로 부상, 1917년 7월 '장훈 복벽'을 진압, 직계군벌을 압도했다. 1917년 7월 손중산이 호법전쟁을 일으킨 후 단기서는 '무력통일'을 주장했다. 1918년 가을 안복국회(安福國會)를 설립, 서세창을 총통으로 선출해 풍국장의 직계군벌을 압도했다. 직환전쟁(直皖戰爭, 1920.7)에서 직봉(直奉) 연합군에 패배한 환계군벌은 몰락했다.

197 직계군벌(直系軍閥)은 직례(直隸) 출신인 풍국장과 관련된다. 1917년 7월 풍국장이 총통(代理)에 부임하며 두각을 드러냈다. 1919년 12월 조곤(曹錕)·오패부(吳佩孚)가 궐기했다. 1920년 7월 직환(直皖)전쟁에서 승리, 북경정부를 통제했다. 1922년 4월 제1차 직봉(直奉)전쟁에서 승전, 1923년 조곤이 대통령이 됐다. 한편 1926년 오패부가 손정방(孫傳芳)의 북벌군에 패배, 1928년 직계군벌은 장개석의 국민혁명군으로 개편됐다.

모택동이 발간한 소책자 '시국통언'은 '명치편'의 모방작이다. 입헌파의 주장을 인용해 '제제 부활'을 반대한 모택동의 소책자를 주류적 견해와 일치했다고 보기 어렵다. 1950년대 중공 지도자 모택동이 주도한 유토피아적 인민공사화는 보황파 강유위가 역설한 대동사상의 영향을 받았다는 단적인 증거이다. '매국적 정치인' 양계초의 주장을 받아들여 소책자를 편집한 사범생의 일탈 행위는 매우 불가사의하다. 한편 국민당원에게 처형된 탕화룡은 원세개의 '추종자'였고 단기서의 '공범자'였다. 또 탕향명의 친형이며 원세개의 심복인 탕화룡의 정치적 견해를 수용했다는 것은 모택동의 일관적인 '탕도부 비호'와 결코 무관치 않다.

'국치일'과 관련해 모택동은 이렇게 주장했다. …4억의 민족이 어찌 3천만의 '도국(島國)'에게 당하고만 있겠는가? 또 소유에게 보낸 편지에서 향후 중국과 미국은 일본과 전쟁을 치를 것이며 (中美)양국은 긴밀한 협력관계를 맺을 것이라고 예견했다(R. Terrill, 2010: 36). 중국과 미국이 일본과 전쟁을 치를 것이라는 모택동의 예측은 적중했다. 20년 후 폭발한 항일전쟁(1937)과 태평양전쟁(1941) 발발이 단적인 증거이다. 한편 상기 '주장'과 '예견'은 모택동이 친구 소유에게 보낸 편지(1916.7.25)의 내용이다.

모택동의 '예견'을 분석한 로스 테릴의 주장은 모택동의 편지 내용과 다소 차이가 있다. 첫째, 편지 핵심인 '중일전쟁'을 간과했다. 모택동은 향후 20년 내 (中日)양국이 전쟁한다고 예언했다. 21년 후 1937년에 항일전쟁이 폭발했다. 둘째, 중국 학자들이 '간과'한 미일(美日) 간의 전쟁에 대한 예측이다. 당시 모택동은 10년 후에 (美日)전쟁이 일어난다고 예견했다. 물론 그의 예측은 빗나갔다. 또 그는 중국이 일본 본토를 공격하고 미국이 일본 해역을 포위한다면 일본을 정복할 수 있다고 전망했다. 한편 모택동이 '(中美)협력'을 강조한 것은 '21개 조'를 통해 중국 침략 야심을 드러낸 일본을 중국의 주적으로 간주했기 때문이다.

1915~1916년은 중화민국 역사에서 다사다난한 시기였다. 민의를 거슬러 황제에 등극했던 원세개는 호국운동으로 부득불 '제제'를 철회했다. 결국 원세개는 비명에 죽었고 독재자 탕향명은 호남에서 축출됐다. '학생운동'에 의해 장간이 파면한 후 제1사범학교에선 세 명의 학교장이 빈번히 교체됐다. '반원(反袁)' 선봉장인 모택동은 제제 반대의 소책자 발간으로 탕향명이 파견한 군경에게 하마터면 체포될 뻔했다. 한편 학교 생활에 적응하지 못한 모택동은 '좋은 학교'인 제1사범학교를 자퇴하려고 결심했다.

2) '자퇴 신청'과 후자석(候子石) 전투

1915년 9월 모택동은 여금회에게 '자퇴 의지'를 내비쳤다. 이유는 학교의 규제가 너무 많고 교사의 강의수준이 높지 않다는 것이다. 그래서 심산유곡에서 책을 읽으며 지식의 영토를 넓힌다는 것이다. 당시 '사범 자퇴'를 반대한 여금희는 왕안석(王安石)[198]의 사례를 들어 현실을 벗어나선 안 된다고 말했다(周仁秀 외, 2007: 92). 사실상 모택동은 도서관에서 자유자재로 독학하던 시절의 향수에서 벗어나지 못했던 것이다. 또 이는 '과목 편향' 심화가 정상적 학업 수행에 걸림돌이 됐다는 것을

---

198 왕안석(王安石, 1021~1086), 강서성 임천(臨川) 출신이며 북송(北宋)의 개혁가·문학가이다. 1042년 진사에 급제, 1069년 참지정사(參知政事), 1070년 재상에 임명된 후 변법을 실시했다. 1074년 파면, 1086년 왕안석의 개혁은 폐지됐다. 한편 왕안석의 문장력은 높게 평가한 모택동은 '현실을 벗어난' 왕안석의 변법에 대해 평가절하했다.

반증한다.

모택동은 소유에게 보낸 편지(1915.9.6)에 이렇게 썼다. …그동안 나는 이과(理科) 과목을 중시하지 않았다. 금번 토론을 통해 ① 기초지식과 전문지식 ② 새로운 문화와 고대 문화 ③ 중서(中西) 문화 결합 ④ 이론과 실제의 결합 중요성을 깨달았다(中共中央文獻硏究室, 1990: 7). 또 그는 여금희에게 보낸 편지(1915.11.9)에 이렇게 적었다. …까다로운 학칙과 필수과목 설정이 자유를 속박한다. 또 교육환경도 좋지 않아 곧 학교를 떠나겠다(中共中央文獻硏究室, 2008: 28). 실제로 엄격한 학칙과 (理科)과목 무시에 따른 학업 수행의 어려움이 '자퇴'를 결심한 주요인이다. 결국 모택동은 스승인 여금희에게 고통스러운 심경을 토로했던 것이다.

무려 482조에 달한 제1사범학교 학칙은 모택동의 자유분방한 성격과 충돌됐다. 또 이는 독학을 선호하는 그에게 일종의 속박이었다. 사범생 모택동은 수업시간에 늘 '난해한 질문'을 반복해 교사를 난처하게 만들었다. 일부 교사들은 스승의 존엄을 무시한다는 것을 근거로 모택동의 학적 박탈을 요구했다(唐振南 외, 2007: 85). '괴짜' 학생 모택동과 교사의 불협화음은 국문 교사 원종겸과의 반목과 불화가 단적인 증거이다. 한편 스승의 권위를 무시하는 '불량학생'은 처분을 받아 마땅하다. 이 또한 모택동이 여금희에게 '교육환경'이 좋지 않다고 말한 이유이다.

장간이 떠난 후 1년 동안 세 명의 교장이 교체됐다. 당시 그들은 모택동에 대한 선입견을 버리지 않았다. 또 스승의 존엄을 무시하는 그를 눈엣가시처럼 여겼다. 결국 '불량학생'으로 낙인찍힌 모택동은 학교측의 불공정한 대우에 항의하기 위해 자퇴를 결심했다(尹高朝, 2011: 282). 상기 학교장의 '선입견'으로 모택동이 '사범 자퇴'를 결심했다는 주장은 설득력이 크게 떨어진다. 교체된 세 명의 학교장은 무소정(1915.9~1916.2)·

윤집형(1916.3~7)·팽정추(1916.8~9)이다. 한편 모택동의 '자퇴 결심'은 까다로운 학칙(學則)과 과다한 필수과목에 대한 불만에서 비롯된 것이다. 실제로 모택동의 '자퇴'는 '독학 중독'의 결과물이었다.

모택동의 '사범 자퇴' 원인은 첫째, 진부한 교육방식과 교사의 '낮은 자질'이다. 둘째, 고루한 '존공독경(尊孔讀經)' 교재에 대한 불만이다. 셋째, 엄격한 학칙에 적응하지 못했다. 넷째, 사회 과목을 선호한 그에게 필수과목은 고역이었다. 다섯째, '문과 편애'에 따른 성적 부진이다. 여섯째, 일부 교사의 혹평을 견디기 어려웠다. 일곱째, 철저한 군사화 관리에 적응하지 못했다. '자퇴 결심'의 또 다른 원인은 ① 소책자 발간(1915.12)에 따른 '체포' 위기 ② 가짜 '퇴학고시'에 따른 불량학생 낙인 ③ '신변 위협'에 따른 불안감 ④ '열악한 환경'에서 벗어나기 위한 수단 ⑤ '장간 추방'에 따른 심리적 부담감 ⑥ 채화삼의 전학 등이다. 실제로 모택동은 호남고등사범학교 문사전과(文史轉科) 전학을 계획했다. 결국 공소수 교장의 부임(1916.9)이 모택동이 '자퇴'를 포기한 결정적인 계기가 됐다.

1916년 가을 사범생 모택동이 '자퇴 결심'을 완전히 포기하고 제1사범학교에 남아 계속 공부하기로 결정을 내리게 된 것은 두 사람의 진정어린 충고와 '대면 대화'와 크게 관련된다. 이들이 바로 모택동의 동향 선배이며 스승인 여금희와 이 시기 부임한 (師範)학교장 공소수이다.

1916년 4월 스승 여금희는 장사에서 모택동과 허심탄회한 대화를 나눴다. 당시 여금회는 모택동에게 '자퇴 계획'을 포기할 것을 진심으로 권고했다(唐振南 외, 2007: 94). 이 시기 사범생 모택동에게 진심으로 충고한 사람은 동창 선배인 소유였다. 그는 공소수 교장은 개방적 수업방식과 강한 리더십으로 사생들의 신임을 받았다며 모택동에게 학교에

남을 것을 권유했다(王小梅 외, 2003: 2). 1915~1916년 이 두 사람은 모택동과 가장 '친밀한 관계'를 유지한 지기였다. 실제로 이들의 진심어린 충고가 모택동이 제1사범학교에 남기로 한 결정에 중요한 역할을 했다.

1916년 9월 공소수 교장은 신문화운동에 부합되는 민주교육 추진과 교육환경 개선 및 진지한 학술 분위기를 마련해 합격된 인재를 배양한다는 '시정강령'을 발표했다. 이에 고무된 모택동은 자퇴를 포기했다(尹高朝, 2011: 288). 실제로 공소수의 부임은 모택동의 '자퇴 포기' 주요 인이다. 모택동이 '학우회(學友會)' 리더로 거듭난 것은 공소수의 절대적 신임이 있었기에 가능했다. 공소수 교장은 사범생 모택동의 '백락(伯樂)'이었다.

제1사범교사(校史)에 따르면 일본 유학생 공소수는 두 차례 제1사범학교 교장에 임명됐다. 1912년 여름 교사(校舍)가 신축된 후 1912년 가을부터 수업이 재개됐다. 유학을 마치고 귀국한 공소수는 1913년 봄에 학교장으로 부임했다('第一師範校史', 1980: 70). 1913년 10월 호남성 도독으로 부임한 탕향명은 교육계 인사들은 측근으로 교체했다. '담연개 사람'인 공소수는 탕향명의 눈 밖에 났다. 1914년 1월 탕향명의 군대가 '공수수 체포'를 위해 제1사범에 들이닥쳤으나 헛방을 쳤다. 사전에 소식을 입수한 공소수가 미리 피신한 것이다(尹高朝, 2011: 283). 1912년 제1사범 교사들은 학교를 떠나갔고 교학시설과 도서관 자료는 화재로 모두 소각됐다. 공소수의 노력으로 학교 면모는 일신됐다. 한편 탕향명은 '원세개 성토' 격문을 발표(1913.8)한 공소수에게 체포령을 내렸다. 담연개가 복직한 후 공소수는 제1사범 학교장에 재임명됐다. 1918년 여름 공소수는 호남성 독군 장경요(張敬堯)[199]에 의해 재차 파면됐다.

1916년 10월에 설립된 제1사범학교 학생지원군의 취지는 애국심 유발과 상무(尙武)정신 고양, '군국민 교육' 실시이다. 학생지원군의 책임자는 공소수 교장이 선정한 체육 교사가 맡았다. 당시 문서(文書)인 모택동의 임무는 상급자의 명령을 각 중대에 전달하는 것이다(周仁秀 외, 2007: 121). 이 시기 호남성은 남북 군대가 쟁탈하는 '군사적 요충지'였다. 제1사범학교는 상강(湘江)과 월한(粤漢) 철도에 인접했다. 전쟁이 일어나면 제1사범학교가 가장 큰 피해를 입을 수 있었다. 한편 학생지원군 설립은 '국군민 교육'과 '상무정신 고양'의 시대적 조류에 부합됐다.

1917년 9월 단기서는 육군 차장 부양좌(傅良佐)[200]를 호남성 독군에 임명했다. 광서 군벌 육영정은 담호명(譚浩明)[201]의 계군(桂軍) 위주로 상계(湘桂) 연합군을 편성해 북양군과 격전을 벌였다. 11월 15일 북양군이 상계 연합군에게 패배한 후 부양좌와 주조상(周肇祥)[202]은 황급히 도망쳤

---

199 장경요(張敬堯, 1881~1933), 안휘성 구현(邱縣) 출신이며 육군 상장이다. 1915년 8월 원세개의 제제(帝制)를 고취, 1916년 제2로군 사령관(上將)으로 진급했다. 1918~1920년 호남성 독군, 1919년 12월 (湖南)청년학생들의 반일(反日)투쟁을 진압했다. 1932~1933년 '위만주국(僞滿洲國) 설립'에 참여, 1933년 국민당 특무에게 척살당했다.

200 부양좌(傅良佐, 1873~1924), 호남성 건주(乾州) 출신이며 단기서의 심복(心腹)이다. 1907년 군사참의(軍事參議), 1912년 총통부 중장(中將), 1916년 육군 차장(次長), 1917년 8월 호남성 독군(督軍)으로 부임했다. 1922년 천진에 은거, 1924년 천진(天津)에서 병사했다.

201 담호명(譚浩明, 1872~1925), 광서성 용주(龍州) 출신이며 광서 군벌 육영정의 심복이다. 1913년 계군(桂軍) 사단장, '반원(反袁)'투쟁을 진압했다. 1917년 양광(兩廣)호국군사령관, 부양좌의 북양군을 격파했다. 1921년 상해에 은거, 1925년 그의 부하에게 척살당했다.

202 주조상(周肇祥, 1880~1954), 절강성 소흥(紹興) 출신이며 서화가(書畫家)이다. 1915년 대부·소경(少卿), 1917년 호남성 독군대행에 임명, 1925년 참정원 참정(參政), 1926년 중국화학(畫學)연구회장, 1933년 (北平)시민중고물보호협회장을 역임, 1954년 북경에서

다(覃曉光 외, 2014: 177). 1917년 11월 부양좌가 호남성을 떠나고 담연개가 복직[203]하기 전 제1사범학교 학생들은 전쟁의 공포로 불안에 떨었다. 당시 북양군 잔여부대의 공격을 염려한 제1사범학교 지도부는 전교 사생들을 성동(城東) 5리 떨어진 곳에 피신하기로 결정했다.

단기서는 부양좌 등을 파면하고 왕여현(王汝賢)[204]을 독군대행에 임명했다. 풍국장의 '평화적 해결'을 지지한 왕여현은 장사를 (湘桂)연합군에게 내주고 퇴각했다. 11월 22일 풍국장은 단기서의 '총리 사직'을 수락했다. 11월 30일 풍국장은 왕사진(王士珍)[205]을 국무총리로 임명했다(來新夏 외, 2016: 491). 실제로 북양군 패잔병은 부양좌의 북양군 주력이 (湘桂)연합군에게 대패해 이미 대세가 기울여졌다는 것을 인지하고 있었다. 이것이 '전투력'을 상실한 북양군 잔여부대가 끝까지 저항하지 않고 모택동이 지휘한 (學生)지원군에게 '순순히 투항'한 주요인이다.

1917년 11월 20일 북양군 패잔병 3000여 명이 사범학교에서 1리(里) 떨어진 후자석(候子石)에 주둔했다. 북양군은 민가를 약탈해 굶주림을

병사했다.

203 1917년 8월 단기서는 '전략적 요충지' 호남을 통제하기 위해 심복인 부양좌를 호남성 독군에 임명했다. 9월 3일 웅희령(熊希齡)의 건의를 수용한 담연개는 사직했다. 단기서의 북양정부는 주조상을 독군대행으로 임명했다(來新夏 외, 2016: 188). 1917년 11월 30일 왕사진(王士珍)이 국무총리로 부임, 12월 7일 담연개는 호남성 독군에 복직했다.

204 왕여현(王汝賢, 1874~1944), 북경시 밀운(密雲) 출신이며 북양군 장령(將領)이다. 1913년 육군 제8사단장(中將), 1914년 장군부(將軍府) 참군(參軍), 1915년 보정사관학교장을 맡았다. 1916년 호남성 군정처장, 1917년 11월 호남성 독군대행, 1944년 천진(天津)에서 병사했다.

205 왕사진(王士珍, 1861~1930), 하북성 정정(正定) 출신이며 원세개의 심복이다. 1899년 산동성 순무(巡撫), 1907년 강북(江北) 제독, 1911년 육군대신, 1916년 참모총장, 1917년 국무총리, 1918년 은퇴, 1926~1928년 (京師)임시치안회장 역임, 1930년 북경에서 병사했다.

면했다. 북양군이 후자석까지 왔다는 소식에 학생들은 불안에 빠졌다. 당시 피로와 기아로 전투력을 상실했다는 것을 파악한 모택동은 '주동적 출격'을 학교 당국에 건의했다(唐振南 외, 2007: 122). 당시 북양군이 장사 시내에 경찰 병력밖에 없다는 것을 알게 되면 제1사범학교가 가장 먼저 피해를 입을 것은 자명했다. 결국 '학우회' 책임자 방유하와 대책을 의논한 공소수는 모택동의 '출격 건의'를 수용했다. 또 그는 모택동을 불러 대응 조치를 토론한 후 '후자석 출격' 지휘권을 일임했다.

1917년 봄 북양군이 사범학교 숙사를 점령했다. 당시 경찰에게 총 몇 자루를 빌린 모택동과 친구들은 숙사로 쳐들어가 이렇게 소리쳤다. …부양좌는 도망쳤다. 투항해라! 이에 놀란 북양군은 순순히 투항했다. 모택동은 처음 유격전술을 경험했다(韓素音, 1979: 46). 상기 '숙사 공격'은 사실 왜곡이며 사실무근이다. 이 같은 '사실 왜곡'은 대다수 외국 학자에게 적용된다. 또 '첫 유격전술 경험'은 황당무계한 주장이며 신빙성이 제로이다.

11월 18일 3천명의 북양군 패잔군이 후자석에서 배회하자 모택동은 나무총을 든 수백명 학생을 지휘해 폭죽을 터뜨리며 불시에 공격했다. 이에 놀란 북양군은 학생들에게 순순히 무기를 바치고 투항했다. 모택동은 친히 북양군과 교섭해 백기 투항을 받아냈다(徐文欽, 2008: 54). 모택동이 '친히 교섭'해 투항을 받아냈다는 주장은 사실무근이다. 또 학교 당국의 신임과 지지, 경찰 협조, 북양군의 '전투력 상실' 등 객관적 원인을 간과했다.

1917년 11월 중순 후자석에 주둔한 북양군의 패잔병에 대한 '출격 전투' 지휘권을 부여받은 모택동의 작전 준비와 전투 과정 및 (候子石)전투의 결과를 다음과 같이 요약할 수 있다.

건장하고 담대한 학생들로 학생군을 편성한 모택동은 학교의 공문을 갖고 경찰국을 찾아가 협조를 요청했다. 또 그는 무기를 갖춘 학생군과 전신무장한 경찰 20여 명을 후자석 길목에 매복시키고 노동자야학 학원들을 가세시켰다. 어둠이 깃들자 장사 시내로 움직이는 북양군을 불시에 습격했다. 공격 개시와 함께 폭죽을 터뜨렸고 '계(桂)'·'월(粤)'이라고 쓴 초롱을 밝혔다. 학생들은 계림 말투로 이렇게 소리쳤다. … 부양좌는 도망쳤고 계군이 너희들을 포위했으니 무기를 놓고 투항하라. 당시 전투력이 막강한 계군이 온 줄로 착각한 북양군은 저항을 포기했다(文熱心 외, 2014: 179). 학교 당국은 상회(商會)가 지원한 비용을 고향으로 돌아가는 사병에게 일인당 은화 5원을 나눠줬다. 결국 모택동이 지휘한 후자석 전투는 승전했고 제1사범학교는 '병화(兵禍)'를 면했다. 상기 '출격전'에서 모택동의 담대한 아이디어와 상황 판단력 및 지휘력이 중요한 역할을 했다는 것은 자타가 인정한다. 또 '출격전 승리'는 학교 당국의 절대적 지지와 신임이 있었기에 가능했다. 실제로 '후자석 출격전'은 학생·경찰·노동자 등 많은 '장사 시민'이 자발적으로 참가한 '협동작전'이었다.

'후자석 출격전'의 승전 원인은 ① 모택동의 상황 판단력과 작전 지휘력 ② 적군의 아킬레스건을 정확히 파악 ③ 학교 당국의 절대적 지지 ④ 경찰의 적극적 협조, 전투력을 보유한 경찰 병력 투입 ⑤ '학생군'의 높은 자질과 노동자의 협력 ⑥ 북양군의 '염전(厭戰)' 분위기 확산, 전투력 상실 ⑦ 제1사범학교 사생의 협동심, 지방 상인의 협력 ⑧ 상계(湘桂) 연합군의 막강한 전투력, 북양군 대패 ⑨ 북양군에 만연된 공포심과 흩어진 군심(軍心) ⑩ 패잔병의 공포 심리를 이용한 '선전 공세' 강화 등이다.

사범생 모택동은 '후자석 출격전'을 통해 '삼군 통솔자'의 군사적 재능을 여실히 보여줬다. 제1사범학교 사생들은 모택동을 '혼신(渾身)이 담(膽, 담력)'이라고 칭찬했다. 또 모택동은 '모기(毛奇, 19세기 독일 군사전략가)'란 닉네임을 갖게 됐다. 반년 간의 군생활과 '학우회'에서 쌓은 리더십이 결정적인 역할을 했다. 훗날 모택동은 군사 작전은 후자석 전투가 효시였다고 자평했다. 한편 '후자석 출격전'이 '(中外)전쟁사의 기적'이라는 중국 학자들의 과대평가에는 모택동에 대한 우상숭배적 요소가 깔려 있다.

제5절 유심론자 양창제와 신민학회 창립

1. 유심론자 양창제의 '독실한 추종자'

'늦깎이 사범생' 모택동의 성장에 중요한 영향을 끼친 은사는 그의 장인인 양창제이다. 유심론자 양창제는 모택동의 학업과 신체 단련, 신문화·신사상 수용에 긍정적 영향을 미쳤다. 양창제의 도움으로 '신청년(新靑年)'[206] 잡지에 체육 논문을 발표했다. 진보적 단체인 신민학회에는 '정신적 지도자' 양창제의 사상이 깃들어 있다. 모택동의 북경대학 도서관리원 취직도 그의 도움이 있었기에 가능했다. 한편 양창제의 '윤리학' 과목을 수강한 모택동은 유심사관을 수용했다. 양창제는 모택동의 인생에 '길라잡이' 역할을 한 은사였으나 부정적 영향도 만만치 않다.

---

206 '신청년(新靑年)'은 1915년 진독수가 상해에서 창간, 신문화운동과 과학·민주를 제창했다. 1918년 백화문(白話文)운동을 제창, 1920년 9월부터 '공산주의소조'의 간행물이 됐다. 1923년 6월부터 중공 기관지로 선정됐다. 1926년 7월에 정간됐다. 한편 사범학교 시절 '신청년'의 애독자 모택동은 '체육지연구(體育之硏究, 1917.4.1)'를 발표했다.

모택동의 동창생 나학찬은 일기(1917.9.26)에 이렇게 썼다. …모택동이 빌려준 '서양윤리학사'를 오늘까지 독파했다. '서양윤리학사'는 양창제가 번역한 것이다. 모택동은 윤리학과 국민성 개조를 연계시켰다. 이는 진독수(陳獨秀)[207]의 신문화운동에서 비롯됐다(金冲及 외, 1996: 26). 모택동의 '국민성 개조'는 양계초의 '신민론'에서 기인했다. 주세쇠는 이렇게 회상했다. …'신청년' 애독자가 된 후 모택동은 한유의 문장에 관심이 적어졌다(唐振南 외, 2007: 246). 모택동은 이렇게 술회했다. …사범학교 시절 나는 호적(胡適)[208]·진독수의 문장을 애독했다. 그들은 한동안 나의 사표(師表)가 됐다(董樂山, 1979: 125). 사범생 모택동은 윤리학을 인생목표를 달성하는 방법론으로 간주했다. 진독수의 '신청년'이 주창한 신문화·신사상은 진보적 청년들에게 큰 영향을 끼쳤다. 한편 사범생 모택동이 호적을 그의 사표로 삼았다는 주장에는 수긍하기 어렵다.

프리드리히 파울젠의 저서인 '윤리학원리'는 1910년에 채원배(蔡元培)[209]가 번역한 것이다. 이 책에 모택동은 1만자의 평어를 달았다. 모택동은 이렇게 술회했다. …나의 '평어'가 모두 정확한 것은 아니었다. 당

---

207 진독수(陳獨秀, 1879~1942), 안휘성 회녕(懷寧) 출신이며 중공 창시자이다. 1920년 여름 상해에서 첫 공산주의소조를 창립, 1921~1927년 중공 총서기를 맡았다. 1929년 11월 당적을 박탈, 1931년 5월 중국 '트로츠키파' 조직의 서기(書記)로 추대됐다. 1932년 10월 국민당군에 체포, 1937년 8월에 출옥했다. 1942년 중경에서 병사했다.

208 호적(胡適, 1891~1962), 안휘성 적계(績溪) 출신이며 문사학가·교육가이다. 1917년 북경대학 교수, 1918년 '신청년' 편집, 1919년 '매주평론' 주관, 마르크스주의 전파를 반대했다. 1940년대 주미대사(駐美大使), 1955년 중국 대륙에서는 '(反共)분자' 호적을 비판하는 정치운동이 일어났다. 1958년 대만 이주, 1962년 대북(臺北)에서 병사했다.

209 채원배(蔡元培, 1868~1940), 절강성 소흥(紹興) 출신이며 교육가이다. 1905년 동맹회 가입, 1912년 남경임시정부의 초대 교육총장에 임명됐다. 1917년 북경대학 총장, 1924년 국민당 중앙감찰위원, 1927년 7월 '호당구국(護黨救國)'을 발표, 장개석의 '청당(淸黨)반공'을 지지했다. 1928년 중앙연구원장을 역임, 1940년 홍콩에서 병사했다.

시 우리가 배운 것은 유심주의였다(中共中央文獻硏究室, 2008: 252). 1950년 모택동이 '윤리학원리'에 단 자신의 '평어'를 부정적으로 평가했다. 유심사관의 관점에서 쓴 그의 '평어'가 역사유물주의(歷史唯物主義)[210]에 위배됐기 때문이다. 한편 모택동의 '평어' 골자인 '현실주의' 사상은 훗날 모택동이 실천가·현실주의자로 성장하는 데 중요한 역할을 했다.

지식인들이 원세개의 '복벽'과 군벌 혼전 현실을 반성하며 도출한 결론이 국민성 개조였다. 중국인의 낙후된 국민성을 개변하려면 도덕성 교육와 사회 개조가 우선돼야 한다. 모택동의 '평어'에서 강조한 '정신개인주의'는 국민성 개조가 주된 취지였다(周仁秀 외, 2007: 251). 유교 학설을 공부한 모택동은 '무아론자(無我論者)'였으나 '윤리학원리'를 읽은 후 '개성 해방'을 추구하는 '자아론자(自我論者)'로 전환했다. 즉 자아를 실현해 정신적 수요를 만족하는 '정신개인주의'를 주창했다. 실제로 모택동의 '유아론(唯我論)' 주장은 양창제의 유심사관 수용과 크게 관련된다.

모택동의 '정신개인주의'는 주관적 유심주의 관점에서 기인했다. 그는 '정신개인주는' 일찍부터 중국에서 존재했다고 여겼다. 세계에 사람과 물질이 존재하지만 눈을 감으면 물질이 보이지 않는다고 설파했다. 이는 '정신' 역할을 부풀린 것이다. 모택동의 '정신개인주의'는 계몽주의 사상가 임마누엘 칸트의 관념론과 파울젠의 이원론 수용과 관련된다. 한편 모택동이 주장한 '현실주의'는 그가 무정부주의를 추구한

---

210 독일의 철학자인 마르크스와 엥겔스가 정립한 역사유물주의(歷史唯物主義)는 마르크스주의 철학의 중요한 내용이다. 실제로 물질의 실재를 중시하는 역사유물주의는 과학적 역사관이며 사회를 개조하는 방법론이다. 한편 레닌은 역사유물주의를 '유일한 과학적 역사관(歷史觀)'이라고 역설했다. 1910년대 사범생(師範生) 모택동은 '유심주의자(唯心主義者)'였으나, 1920년대 마르크스주의자로 변신한 모택동은 역사유물주의를 신봉했다.

중요한 계기가 됐다.

모택동은 이렇게 주장했다. …나는 극고(極高)의 사람이며 극비(極卑)의 사람이다(中共中央文獻研究室, 1990: 270). 또 그는 '호기(虎氣)'와 '후기(猴氣)'로 자신의 모순적 성격을 설명했다. 모택동은 호랑이의 위엄과 원숭이의 민첩함의 '유기적 통일'을 갖췄다(蕭詩美, 2013: 10). 한편 모택동의 이런 모순된 성격은 그의 '냉혹한 일면'과 '이상주의적 측면'을 보여준다. 실제로 모택동의 성격 특징은 '다종의 모순적 통일체'[211]였다. 상기 '극고'는 독립성과 제약을 받지 않는 '정신적 자유로움'을 뜻한다. '극비'는 현실 중 여러 가지 제한을 받는 '보통 일원'임을 의미한다.

모택동은 '본원'을 완전히 이해한 '성인(聖人)'이 '우인(愚人)'을 교육해 '성역'에 함께 들어가야 한다고 주장했다(周仁秀 외, 2007: 243). '성현'은 '우주의 진리'를 터득한 소수의 엘리트 계층과 '호걸'을 가리킨다. '우인'은 '본원'을 이해하지 못한 우매한 '인민대중'을 의미한다. 모택동의 주장은 '성현'과 '호걸'이 역사를 창조했다는 일종의 유심사관이다. 이 또한 '정신'의 역할을 부풀린 그의 작문 '정신의 힘'이 극찬을 받은 이유이다.

모택동의 '정신의 힘'은 '윤리학원리'에서 영감을 얻어 쓴 것이다. 이 글은 현재 찾아볼 수 없다. 모택동이 '유심사관 신봉자'라는 것을 입

---

211 미국적 화인(華人) 한소음(韓素音)은 모택동의 '다종의 모순적 성격'을 이렇게 평가했다. ① 동서고금을 통달, 소탈한 농민 ② 위생을 강조하는 '담배 마니아' ③ 유모아가 넘치는 진지한 성격 ④ 단순하나 속지 않음 ⑤ 세심한 성격, 수수한 옷차림 ⑥ 강한 인내심, 확고한 결단력 등이다. 주은래는 이렇게 평가했다. ① 농민의 소박함, 지식인의 진지함 ② 군인의 침착성, 기민한 기동성 ③ 중국인의 겸손, 실용성 ④ 공산당원의 투지, 백절불굴의 의지력 겸비 등이다(蕭詩美, 2013: 11). 실제로 상기 '다양한 성격 특징'을 한 사람이 동시에 갖는다는 것은 불가능하다. 따라서 상기 '다종의 모순적 성격' 평가는 과장된 측면이 강하다.

증하는 유명한 일기가 있다. 그는 일기에 이렇게 썼다. …천지(天地)와 싸우고 사람과 분투하면 그 즐거움이 끝이 없다(逄先知 외, 2011: 36). 양창제로부터 전수받은 유심사관은 모택동의 일생에 큰 영향을 미쳤다. '천지와 싸운다'는 것은 '정신'의 역할을 부풀린 유심사관 극치이다. 그가 입버릇처럼 말한 '인정승천(人定勝天)'과 '우공이산'이 단적인 증거이다. 모택동이 '정신의 힘'을 강조해 '천지'와 싸운 대표적 사례는 1940년대 '대생산운동(大生産運動)'[212]과 1950년대 '대약진(大躍進)'[213]이다.

모택동이 제1사범학교 시절(1917~1918)에 쓴 일기 중 '사람과 분투(與人奮鬪)'한다는 내용이 주목된다. 현재 관련 내용의 진실 여부에 대해 국내외 학자들 간의 의견이 엇갈리고 있다.

미국 학자 로스 테릴은 소삼의 회고록 영문 번역서(XiaoSan, 1953: 42)에는 '사람과 분투'한다는 내용이 없었다고 주장했다. 그러나 소삼의 '중문 저서'에는 관련 내용이 있었고 위인(偉人)이 '구절 삭제'를 지시했다(R. Terrill, 2010: 35). 상기 '중문 저서'는 1940년대 후반 소삼이 쓴 '모택동의 청소년시대'로 이 저서에는 '사람과 분투'한다는 내용이 있다(蕭三,

---

212 1940년대 전개된 대생산운동(大生産運動)은 황무지를 개간해 농사를 짓는 대중적 생산운동이다. 1939~1941년 국민당의 경제적 봉쇄로 중공 소재지 연안(延安)과 섬감녕변구(陝甘寧邊區)는 각종 난관에 봉착했다. 결국 중공중앙은 혁명과 생산을 함께 추진한다는 취지로 대생산운동을 일으켰다. 결국 경제적 난관을 극복했으나 인간의 주관적 능동성을 부풀리는 계기로 작용했다. 또 이는 1950년대 대약진운동의 사상적 기초가 됐다.

213 대약진(大躍進, 1958~1960)은 (左傾)노선에 기인된 급진적 운동이다. 8기 3중전회(1957.9)에서 채택된 '농업발전강요(綱要)'는 농업의 대약진을 의미한다. 인민일보는 사론을 발표(1957.11.30)해 대약진 구호를 제출했다. 한편 모택동은 대약진의 '문제점'을 발견했으나, '팽덕회 사건'과 반우파 투쟁 전개로 (左的)성향이 심화됐다. 1960년 겨울 (左傾)노선이 시정되고 대약진은 중지됐다. 결국 대약진 실패로 모택동은 '2선'으로 물러났다.

1950: 33). 실제로 '구절 삭제'를 지시한 사람은 모택동이다. 당시 모택동의 전기에 대해 '삭제'를 지시할 사람은 그 자신밖에 없다. 한편 모택동의 전기 작가 김충급의 주장(金沖及 외, 2011: 35)에 따르면 상기 모택동의 일기는 1917~1918년에 썼다. 상기 일기는 양창제의 윤리학을 수강하고 쓴 것이다. 작문 '정신의 힘'도 이 시기에 쓴 것이다. 모택동의 일기와 작문은 모두 '정신 역할'을 강조하고 유심사관을 표방한 공통점이 있다.

모택동의 일기는 그가 쓴 '윤리학원리' 독서노트에서 발췌했다는 한국 학자(김형중, 2013.4.2)의 주장은 사실무근이다. 사범학교 시절 모택동의 걸작, '윤리학논리' 평어에는 상기 일기와 관련된 내용을 찾아볼 수 없다. 영국 학자 딕 윌슨이 그의 저서(D. Wilson, 2011: 37)에 모택동 일기를 모택동의 초기 작품 중 '유명한 시'라고 한 주장은 신빙성이 제로이다. 시에 일가견이 있는 (詩人)모택동은 종래로 이런 '간단한 시'를 쓰지 않았다.

1940년대 '모택동 우상화' 선봉장 소삼이 가미한 픽션을 당사자가 바로잡은 것이다. 1917년 전후 모택동이 '사람과의 싸움'을 '낙(樂)'으로 삼을 어떤 이유도 존재하지 않는다. 장경요를 쫓아낸 '구장(驅張)운동'도 1919년 하반기에 발생한 일이다. 모택동의 '사람과 분투'는 1920년 겨울 러시아의 폭력혁명을 수용한 이후이며 카우츠키(Kautsky)의 '계급투쟁'을 읽고 이를 정치적 이념으로 받아들인 후의 일이다. 실제로 1919년 여름까지 청년 모택동은 '무혈혁명'을 주장했다. 일개 사범생이 '사람과의 분투'를 '낙'으로 삼았다는 주장은 지극히 논리적인 비약이다.

유심사관을 설파한 작문 '정신의 힘'은 자칫 '영수 이미지'를 훼손할 수 있었다. 사범생 모택동의 '걸작', '정신의 힘'이 종적을 감춘 이유이다. 그의 작문이 마르크스주의 유물사관에 위배된다는 점에서 영수의 형상에 허물을 남기는 '반동 문장'이다. 그것이 '분실'된 것은 이상할 것이 없다. 모택동의 역사를 추적하면 그는 유물론자이기에 앞서 독실한 유심론자였다. 한편 모택동은 젊은 시절 자신이 신봉한 유심사관을 애써 부정했다.

모택동은 양창제를 이렇게 평가했다. …사범학교 시절 나에게 가장 큰 영향을 미친 은사는 양창제였다. 그는 우리에게 정직하고 도덕적이며 사회에 유익한 사람이 되라고 격려했다. 또 그는 '윤리학원리'에서 영감을 얻어 쓴 나의 작문을 극찬했다(毛澤東, 2008: 34). 상기 '극찬'한 작문이 바로 '정신의 힘'이다. 훗날 모택동은 학창 시절 신봉했던 유심주의를 전면 부정했으나, 그의 혁명가적 기질과 강인한 의지력에는 유심사관적 요소가 짙게 깔려 있다. 한편 모택동이 '정신의 힘'을 강조한 유심주의적 명언은 '일체 반동파는 모두 종이호랑이'이란 호언장담이다.

담사동(譚嗣同)[214]의 '인학(仁學)'을 추앙한 양창제는 '학생들에게 고하는 글(1919.10)'에 이렇게 역설했다. …물질과 세력은 불멸한다. 정신을 집중하면 금석도 뚫리며 정신력이 강하면 못해낼 일이 없다. 그의 주장은 '인학'에서 강조한 심력(心力)과 맥을 같이한다(李銳, 1994: 60). 불학의 '영혼불멸'을 수용한 양창제는 '정신의 힘'을 중요시한 유심사관을 표방했다. 양창제가 강조한 '정신력'은 서방의 유심사관을 기반으로 한 것이지만 '인학'의 심력은 불교 유심론이 근원이다. 한편 사범생 모택

---

214 담사동(譚嗣同, 1865~1898), 호남성 유양(瀏陽)출신이며 정치가·사상가이다. '무술변변' 주도한 그는 '무술6군자(戊戌六君子)'로 불린다. 그의 대표작 '인학(仁學, 1897.1)'은 불학과 대동학설을 설파한 유신파의 급진적 저서로 평가된다. 1898년 시무학당(時務學堂) 등을 창립해 변법을 선전, 1898년 9월 28일 북경 채시구(菜市口)에서 처형됐다. 한편 담사동의 헌신 정신을 높게 평가한 모택동은 그의 개량주의 사상은 찬성하지 않았다.

동은 서방의 유심사관을 수용했으나 불교의 심력은 천성하지 않았다.

1913년 '교육청장 임명'을 거절한 양창제는 '달화재(達華齋)일기'에 이렇게 썼다. …향후 국민과 친구가 될 것이며 관직과 인연을 맺지 않는다. 지식으로 나라를 구하고 진리를 추구할 것이다(唐振南 외, 2007: 160). 실제로 애국심을 고양하고 '신유학' 전수에 일생을 헌신한 양창제는 '인재 육성'을 교육자의 사명감으로 간주했다. 한편 무정부주의자 소유와 '교육구국'의 공통점을 가진 그는 공산주의자 모택동과 '특별한 인연'을 맺었다.

양창제가 전수한 유심사관은 모택동의 일생에 큰 영향을 미쳤다. 정주학과 송명이학을 섭렵한 양창제의 주된 사상은 유교였다(李銳, 2007: 104). 양창제의 학설을 '신유학'으로 주장하는 이유는 첫째, 왕부지(王夫之)[215]의 실학과 담사동의 개량주의를 수용했다. 둘째, 서방의 철학사상을 중국의 유학과 결합시켰다. 정주학의 창시자 주희(朱熹)[216]는 미신을 믿었으나 실학자 왕부지는 미신을 불신했다(王興國 외, 2016: 354). 양창제가 전통문화와 서방의 철학을 융합시킨 '신유학가'라는 주장은 일견 수긍된다. 실제로 양창제는 과학문명을 중시한 왕부지의 추종자였다.

양창제의 학설이 '신유학'인 이유는 첫째, 개인의 권리와 자유를 억

---

215 왕부지(王夫之, 1619~1692), 호남성 형양(衡陽) 출신이며 사상가이다. 1638년 장사 악록서원(岳麓書院)에서 유학을 공부, 만년에 석선산(石船山)에 거주, '왕선선(王船山)'으로 불린다. 왕부지의 실학과 애국주의 사상은 후세에 큰 영향을 끼쳤다. 한편 왕부지의 유물사관은 모택동이 유물론자로 거듭나고 실사구시를 추구한 사상적 계기가 됐다.

216 주희(朱熹, 1130~1200), 복건성 용계(龍溪) 출신이며 송조의 이학가(理學家)이다. '이정(二程)'의 제자 이동(李侗)의 학생이며 '이정'과 함께 정주학파(程朱學派)로 불린다. 19세에 진사에 급제, 복건지부(知府)·절동순무(浙東巡撫) 등을 역임했다. 한편 정주학은 왕양명의 심학(心學)에 중요한 영향을 미쳤으나 사회적 변혁에 걸림돌 역할을 했다.

압한 '삼강오륜'을 비판했다. 둘째, 서방의 철학사상으로 송명이학을 새롭게 해석했다. 셋째, 왕부지의 실학을 수용하고 선산학사(船山學社)[217] 에 관심을 가졌다. 넷째, 담사동의 유신사상을 지지했다. 다섯째, 전통적 도덕관을 비판하고 새로운 윤리관을 제창했다. 여섯째, 도덕 중심의 '덕지체' 교육사상을 주창했다. 일곱째, 서방의 철학사상과 중국의 전통문화를 융합시켰다. 여덟째, 중국인의 진부한 악습과 '국민성 개조'를 주창했다. 한편 양창제의 '신유학'은 사범생 모택동에게 큰 영향을 미쳤다.

1914년 '공언(公言)' 잡지에 발표된 양창제의 '사회개량의견'은 퇴폐적 악습을 개선하고 민주와 진보사상을 선양했다. 또 그는 사상을 통제하고 언론자유를 박탈하는 독재자 탕향명의 전제정치를 직설적으로 비판했다(王興國, 1981: 76). 1914년 겨울 '공언' 잡지는 진보적 언론과 자유민주 사상을 탄압한 탕향명에 의해 폐간됐다. 이는 독재 정치가 강행된 호남에서 언론 자유가 없었다는 반증이며 양창제가 '자유민주'를 주창한 원인이다.

소유는 이렇게 회상했다. …당시 양창제의 강의는 내용 분석도 없었고 토론도 불허해 우리는 크게 실망했다. 학급장들은 회의를 열고 '강사 교체'를 학교측에 건의했다(蕭瑜, 1989: 23). 북경대학 윤리학 교수인 양창제의 강의 수준이 '낮다'는 주장은 신빙성이 낮다. 한편 양창제는 '고루한 유학자'가 아닌 '신유학'을 주창한 중체서용론자(中體西用論者)였

---

217 선산학사(船山學社)는 1914년 유인희(劉人熙)가 왕부지의 사상을 선양하기 위해 설립했다. 민국 초기 국수(國粹) 보전을 주장한 유인희는 당시 사회적 혼란이 '도덕성 상실'과 관련된다고 생각했다. 따라서 공자의 학설을 선양하고 삼강오륜(三綱五倫)을 주창했다. 1921년 9월 모택동은 선산학사의 옛터에 호남자수(自修)대학을 설립했다.

다. 실제로 소유는 '스승 폄하'를 통해 양창제의 애제자 모택동을 평가 절하한 것이다.

　1915년 상반기 양창제의 지도하에 모택동·장곤제(張昆弟)[218] 등은 '철학학습팀'를 조직했다. '학습팀'은 양창제의 숙소를 방문해 철학에 관한 가르침을 받았다(劉思齊 외, 1998: 126). 양창제의 자택문에는 '판창양(板倉楊)'이라는 세 글자가 씌어져 있었다. 사범생 모택동은 '판창양'의 단골이었다(尹高朝, 2011: 168). 양개지(楊開智)[219]의 회상에 따르면 모택동은 1916년 여름방학을 양창제의 자택에서 보냈다. 훗날 모택동은 '판창양'의 '백년지객'이 되었으나 당시 15세인 양개혜와 연인(戀人)관계는 아니었다. 1920년대 모택동은 일곱 차례 판창(板倉)을 방문했다.

　양창제는 그의 일기(1915.4.5)에 이렇게 썼다. …상담현에서 태어난 모택동군의 부친은 상업에 종사하며 동생은 집에서 농사를 짓고 있다. 나는 자질이 우수한 그에게 농가(農家) 출신 증국번의 사례를 들어 격려했다. 2년 간 농사를 지은 그는 반년 간 군생활을 했다(王小梅 외, 2003: 175). 1915년 3월 모택동은 학생운동의 '주모자'로 지목돼 '퇴학' 위기에 처했다. 모택동과 허심탄회한 대화를 나눈 양창제는 그의 개인적 상황을 상세히 알게 됐다. 당시 그들은 모두 증국번을 숭배했다. 한편 '호남

218　장곤제(張昆弟, 1894~1932), 호남 익양(益陽) 출신이며 노동운동가이다. 1922년 중공에 가입, 1925년 전국철도총공회 총간사, 1927년 순직성(順直省) 공위서기(工委書記), 1932년 1월 상악서성 4차 대회에서 '반혁명 분자'로 지목, 그해 가을 호북성 홍호(洪湖)에서 살해됐다.

219　양개지(楊開智, 1898~1982), 호남성 장사(長沙) 출신이며 양창제(楊昌濟)의 아들이다. 1921년 북경에서 '사회주의연구소조' 설립, 1930년 남경(南京)중앙대학 조교(助敎), 건국 후 호남차엽(茶葉)학회장, 전국 정협 위원, 호남정 정협 부주석 등을 역임, 1982년 장사에서 병사했다.

의 명장' 증국번과 스승 양창제는 사범생 모택동의 사표(師表)였다.

모택동은 양창제의 학설을 무조건 찬성하지 않았다. '중서 융합'의
교육방법은 찬성했으나 서방문화 숭배는 반대했다. 그는 여금희에게
보낸 편지(1917.8.23)에서 이렇게 주장했다. …서방문화는 다 좋은 것은
아니며 동방문화와 함께 개선해야 한다(中共中央文獻硏究室, 2008: 74). 양창
제는 담사동의 '인학'을 숭배했다. 한편 모택동은 담사동의 희생 정신
은 존경했으나 그의 개량주의는 찬동하지 않았다(唐振南 외, 2007: 225). 이
는 이 시기 모택동의 '독립적 사고력' 형성을 의미한다. 실제로 '서방문
화 숭배'를 반대한 모택동은 중국문화에 더욱 많은 관심을 가졌다.

모택동의 강당록(講堂錄, 1913.10~12)에는 원종겸과 양창제의 강의 개
요가 기록돼 있다. 47페지의 '잔본' 강당록의 앞부분 11페지는 굴원(屈
原)[220]의 '이소(離騷)'를 베낀 것이다(李捷 외, 1996: 43). 강당록을 모택동의
개인적 주장으로 보긴 어렵지만 사범생 모택동의 정견을 엿볼 수 있다.
당시 모택동은 양창제의 수신(修身) 과목을 수강했으나 사제 간에 별다
른 교제가 없었다. 그들의 실질적 접촉은 1915년 봄부터 본격적으로 이
뤄졌다.

국가 이익을 위해 개인과 가족의 행복을 서슴없이 포기해야 한다는
강당록(1913.11.15)은 그의 국가관을 적나라하게 보여준다. 이는 모택동이
국가주의자로 거듭한 사상적 기초이다. 한편 사범생 모택동은 식민지

---

220 굴원(屈原, 기원전 340~전 278), 호북성 의창(宜昌) 출신이며 초나라의 애국 시인이다. 낭
    만주의 문학 창시자이며 '중화시조(中華詩祖)'로 불린다. 초회왕(楚懷王)의 신임을 얻어
    좌도(左徒)·삼여대부(三閭大夫)로 임명, 귀족의 배척을 받아 한북(漢北)·원상(沅湘)에 유
    배, 초나라가 진군(秦軍)에게 멸망된 후 멱나강에 투신 자살했다. 주요 작품은 '이소(離
    騷)'·'구가(九歌)' 등이 있다. 대표작 '초사(楚辭)'는 낭만주의 문학의 원천이다.

국가는 자유와 주권을 상실했다는 점에 주목했다. 강당록의 '장사단완 (壯士斷腕)'은 담사동의 희생정신을 추앙한 양창제의 사상과 관련된다.

독사에게 팔을 물린 장사(壯士)는 주저없이 팔을 잘랐다. 팔을 자르지 않으면 전신을 보호할 수 없었기 때문이다. 인인지사(仁人志士)는 천하대사를 전신(全身), 개인을 완(腕)에 비유했다. 국가 이익을 위해선 개인의 행복을 희생해야 한다(中共中央文獻研究室, 2008: 532). 이는 모택동이 국가·개인 관계를 천명한 것이다. 1927년 가을 공산주의자 모택동은 '천하대사'를 위해 가족의 행복을 포기하고 정강산에 올라 공농홍군을 창건했다.

모택동은 이렇게 썼다. …정복된 민족은 자유롭지 못하다. 가까운 실례로 조선(朝鮮)을 들 수 있다. 중국은 베트남과 고려(高麗) 등 부속국에 관대했다. 차(茶)와 같은 공물을 바치는 외 그들은 비교적 자유로웠다. 한편 프랑스 식민지 베트남은 5인 이상의 모임과 병기 은닉이 금지된다. 또 조선 백성은 양처럼 순종했다(劉思劑 외, 1998: 121). 이는 모택동의 강당록(1913.11.15)의 내용이다. 국수주의적 입장에서 주변국(식민지 국가와 민족)의 상황을 바라본 것이다. 실제로 사범생 모택동은 중국 역시 불원간에 일본의 식민지가 될 수 있다는 것을 우려했던 것이다.

양창제는 달화재일기(1914.6.24)에 일본의 중국 침략 가능성을 예측하고 중국은 일본의 침략 야심을 간과해선 안 된다고 썼다. 1900년대 일본에서 6년 간 유학한 양창제는 일본의 침략 야심을 간파한 것이다. 제자인 모택동이 양창제의 영향을 받았을 것은 불 보듯 뻔하다. 과연 모택동은 소유에게 보낸 편지(1916.7)에 20년 내 중일전쟁이 일어날 것이라고 예측했다. 이를 근거로 중국 학자들은 사범생 모택동을 '예언가'로 극찬했다.

양창제는 자유주의와 왕양명(王陽明)[221]의 사상이 연관된다고 생각했다. 왕양명은 개인에게 중요한 가치를 부여한 사상가이다. 또 그는 왕부지의 사상 전파에 주력했다. 후자는 개인 인격의 독립성을 강조했다(A. Pantsov, 2015: 47). 이는 자유주의적 시각이다. 자유주의와 왕양명·왕부지의 철학사상은 공통점을 찾기 어렵다. 실제로 자유주의는 중국 유학자들에겐 매우 생소했다. 한편 1937년 모택동은 '자유주의를 반대하자'는 글을 썼다.

주희는 '이정(二程)'[222]인 정호(程顥)·정이(程頤)의 제자 이통(李侗)의 학생이다. 정주학과 송명이학은 원·명·청 삼대의 '관방학(官房學)'으로 왕양명에 의해 '유교 극치'인 심학(心學)으로 발전했다. 한편 사상가 고염무는 송명이학의 '공담심성(空談心性)'을 비판했다. 철학자 왕부지는 정주학은 현실을 이탈한 허황된 이론이라고 혹평했다. 마루야마 마사오(丸山真男)는 송명이학이 중국 근대화를 좌절시킨 장본인이라고 폄하했다.

영국에서 유학한 양창제는 철학·교육이론 등 방면에서 영국 학자 스펜서(Spencer)의 영향을 받았다. 스펜서의 지덕체(智德體) 교육사상을 중국의 교육사상과 결합시킨 양창제는 도덕교육을 중심으로 한 덕지체(德智體)가 동시에 발전해야 한다는 교육방침을 제창했다. 양창제의 교

---

221 왕양명은 왕수인(王守仁, 1472~1529)이며 절강 소흥(紹興) 출신이다. 명대의 사상가·철학가·군사가이며 육왕(陸王) 심학의 집대성자이다. 1499년 진사에 급제, 양광총독(兩廣總督)·병부상서·좌도어사(左徒御史) 등을 역임했다. 1525년 소흥에서 양명서원(陽明書院)을 설립, 왕학(王學)을 전수했다. 1529년 강서성 남안(南岸)에서 병사했다.

222 '이정(二程)'은 정호(程顥, 1032~1085)와 정이(程頤, 1033~1107)를 가리킨다. 호북성 황안(黃安) 출신인 그들은 송대(宋代)의 저명한 이학가·철학가·교육가이다. 남송의 주희가 '이정'의 사상을 '정주학(程朱學)'으로 발전시켰다. 한편 '이정'과 주희의 학술사상은 차이가 있으나, 그들은 모두 공맹의 '삼강오륜'을 주창한 공통점을 갖고 있다.

육사상은 중공 영수 모택동이 덕지체가 전면 발전하는 교육방침 제정의 밑바탕이 됐다. 문혁 시기 도덕교육은 영수에 대한 '무한한 충성심'으로 변질됐다.

모택동은 '체육지연구(體育之研究)'에 이렇게 썼다. …현재 중국에는 많은 학과가 설치돼 있다. 교육자들은 과다한 학과를 설정해 학생들을 괴롭힌다. '삼육(三育)'을 강조하지만 덕지(德智)만 중시되고 체육은 무시됐다(中共中央文獻研究室, 2008: 58). 문혁 시기 교육혁명을 일으킨 모택동은 이렇게 주장했다. …교육제도와 학칙을 간소화하고 독학을 중시해야 한다. 강의가 마음에 들지 않으면 수업시간에 잘 수 있다(李銳, 2013: 79). 20세기 전후 중국은 일본의 교육정책을 모방했다. 제1사범학교는 과다한 학과를 설정하고 엄격한 시험제도를 시행했다. 한편 일본의 교육제도를 비판한 양창제의 교육사상은 모택동에게 부정적 영향을 끼쳤다.

양창제는 달화재일기(1914.6.3)에서 중국인의 고루한 악습을 이렇게 비판했다. …당시 중국의 시골에서는 침실에 소변통을 놓았는데 그 냄새가 매우 고약했다. 당시 우리집에서도 그랬는데 내가 귀국한 후 간신히 악습을 고쳤다. 한편 청조 말기 북경인은 거리에서 대소변을 봤다고 한다. 경자년(庚子年, 1900)에 8국 연합군이 북경을 점령한 후에 금지됐다(王興國 외, 2016: 398). 결국 이는 중국인의 '후진적 국민성'을 비판한 것이다. 이 또한 유심론자 양창제가 '국민성 개조'를 주장한 이유이다. 실제로 모택동의 '국민성 개조' 주장은 스승 양창제의 영향을 받았다.

청나라의 쇄국정책 실시는 외세의 침략을 당한 주된 원인이다. 한편 흥선대원군(李昰應)[223]의 쇄국정책은 조선(朝鮮)의 근대화를 지연시켰고

---

223 흥선대원군·이하응(李昰應, 1820~1898)은 국태공(國太公)으로 불리며 1843년 흥선군(興宣

일제의 '식민지 전략'을 초래했다. 쇄국정책이 전제주의 강화와 국력의 쇠퇴를 불러온다는 역사적 교훈을 망각해선 안 되는 중요한 이유이다.

사범생 모택동이 '사범 자퇴' 결심을 접고 '학우회' 리더로 성장한 것은 은사 양창제의 훈도(訓導)과 크게 관련된다. 한편 영국에서 유학하며 서방 윤리관을 수용한 교육자 양창제가 '정신의 힘'을 강조하고 사범생 모택동에게 유심사관을 주입한 것은 부정적 역할을 했다. 그의 철학사상은 청년 모택동이 무정부주의자로 전락하는 데 일조했다. 결국 '유심론자' 양창제는 그의 추종자인 제자를 '오도(誤導)'했다는 지적을 면키 어렵다.

2. 사범생이 숭배한 실학자와 '성현'

1) 실학자 왕선산(王船山)과 실사구시

만년에 석선산(石船山)에 거주한 철학자 왕부지는 왕선산(王船山)으로 불린다. 실학(實學)[224]을 주창한 그는 경세치용(經世致用)을 강조했다. '지(知)'보다 '행(行)'을 강조한 그의 지행관은 후세에 큰 영향을 미쳤다 (徐文欽, 2008: 49). 실학자 왕선산의 실학사상은 후세에 큰 영향을 끼쳤다.

君)에 봉해졌다. 아들 명복(命福)이 왕위에 오른 후 흥선대원군에 진봉(1863.12), 철저한 쇄국정책을 실시, 서학 세력을 탄압했다. 1860년대 '병인양요(1866.8)'와 '남연군 분묘 도굴사건(1868.4)'은 그의 척화사상이 굳어진 계기가 됐다. 흥선대원군의 쇄국정책은 조선의 근대화를 지연시켰고 일제의 식민지 전략을 초래했다는 평가가 지배적이다.

224 실학(實學)은 실체달용(實體達用)을 취지로 경세치용(經世致用)을 주된 내용으로 하는 사상 조류와 학설이다. 송대에서 시작된 실학사상은 명청(明淸) 시기 절정에 이르렀고 시대에 따라 서로 다른 함의를 갖고 있다. 공통된 주장은 치국이정(治國理政)과 경세치용을 도모하는 것이다. 명말청초(明末淸初) 실학의 대표적 인물은 고염무·왕부지·안원(顔元) 등이다. 한편 왕부지의 실학사상은 청년 모택동이 실사구시를 추구한 중요한 계기로 작용했다.

양창제의 영향하에 '왕선산 추종자'가 된 모택동은 그의 기일원론(氣一元論)·지행통일관을 실사구시적 실학사상과 변증법적 유물론으로 승화시켰다.

왕선산의 유물사관을 수용한 모택동은 그의 '편협한 민족주의'와 농민운동 진압은 반대했다. 한편 증국번은 '농민봉기 진압'에 관한 왕부지의 주장을 찬동했다. 훗날 모택동은 태평천국(太平天國)[225] 진압자 증국번을 '지주계급 대표'로 비판했다. 염군(捻軍)[226]의 유격전에 패배한 증국번의 사례를 통해 유격전술 중요성을 인지한 모택동은 이를 '치명적 전술'로 발전시켰다. 한편 왕선산의 유물사관은 모택동의 '유심사관 포기'에 일조했다.

시대적 배경과 경력 차이에 따라 왕선산과 주희의 철학사상 평가는 크게 엇갈린다. 전제 제도에 대한 왕선산의 인식은 주희에 비해 더 투철하고 비판적이었다. 명나라의 몰락을 경험한 왕선산은 산속에서 은거하며 극심한 생활고를 겪었다(王立新, 2017: 220). 명청의 관방철학으로 군림한 주희의 이학사상은 '군주제 수호'에 기여했다. 한편 왕선산의 민족주의는 유신파 담사동·양계초의 추앙을 받았고 민족주의자 손중산의 추종을 받았다.

---

225 태평천국(太平天國, 1851~1864)은 홍수전이 건립한 농민정권이다. 1951년 반청 무장봉기를 일으킨 홍수전은 남경을 점령(1953.3), 천경(天京)으로 개명했다. 1956년의 '천경사변(天京事變)'은 태평천국의 실력을 약화시켰다. 1864년 6월 홍수전이 '병사', 상군은 곧 천경을 공략했다. 1872년 석달개(石達開)의 잔여부대가 귀주에서 패망했다.

226 염군(捻軍, 1853~1868)은 안휘·강소·산동·하남성에서 활동한 반청 농민무장이다. 8개성(省)을 종횡무진한 염군은 한때 병력이 20만에 달했다. 1965년 증국번은 상군과 회군(淮軍) 8만을 통솔해 염군을 포위했으나, 염군의 유격전술을 당해내지 못하고 실패했다. 1866년 이홍장이 계임(繼任), 1968년 좌종당·이홍장에게 전멸됐다.

5.4운동 전후 청년 모택동의 사상에서 주도적 지위를 차지한 것은 무정부주의와 강유위의 대동사상(大同思想)이었다. 담사동의 '인학'으로 계승된 대동사상은 손중산의 삼민주의에서도 엿볼 수 있다. 사범생 모택동은 대동사상의 추앙자였다. 작금의 중국정부가 '정책 목표'로 추진하는 '사오캉(小康)사회 실현'에도 대동사상이 스며있다. 실제로 모택동이 평생 추종한 대동사상은 1950년대 그가 주도한 인민공사화의 사상적 기초였다.

심학의 집대성자 왕수인(王守仁)은 공맹과 어깨를 겨룬 유심주의 철학자이다. 그의 유심주의 철학사상은 일본과 한반도·동남아에 전해졌다. 당시 송명이학의 유심사관을 비판한 왕선산은 '기일원론'을 역설한 소박한 유물론자였다. 한편 실사구시적 학문을 중시하고 행선지후(行先知後)를 주창한 왕선산은 한족 중심의 '편협한 민족주의'를 설파했다. 실학자 왕선산의 유물론적 철학사상은 사범생 모택동의 '유물론자 변신'에 기여했다.

사범생 모택동은 '현실 중시'의 사고방식으로 전통적 철학사상 연구에 임했다. 사상가 고염무의 실학사상과 왕부지가 주창한 실사구시, 안원(顔元)[227]의 실행을 중시하는 습행(習行)철학은 모택동에게 중요한 영향을 미쳤다(金沖及 외, 1996: 21). 양창제는 왕수인의 '지행합일' 유심사관을 추앙했으나 제자 모택동은 왕선산의 실학사상을 추종했다. 결국 왕선산의 유물사관에 대한 추앙은 모택동이 실사구시를 추구한 사상적

---

227 안원(顔元, 1635~1704), 하남성 보정(保定) 출신이며 '안리학파(顔李學派)'의 창시자이다. 공자의 교육사상을 추앙하고 습행(習行)·실학을 주장, 문무가 겸비하고 경세치용(經世致用)의 인재를 배양해야 한다고 강조했다. 또 그는 송명이학가의 '정좌명상(靜坐冥想)'을 비판했다. 안원의 습행철학은 사범생 모택동에게 중요한 영향을 미쳤다.

계기가 됐다.

　모택동사상 핵심인 실사구시는 실제 상황에 입각해 '고유한 특성'을 찾아 행동지침으로 삼는 것이다. '한서·하간헌왕유덕전(漢書·河間獻王劉德傳)' 기록이 효시이며 실사구시적 학문 태도를 강조했다. 한편 왕선선의 '격물치지(格物致知)'에는 실사구시의 사상이 스며있다. 실사구시는 왕선산·고염무 등 명청(明淸) 사상가가 주창한 실학사상에서 기인했다는 것이 학계의 중론이다. 또 실사구시는 왕부지→증국번→양창제→모택동으로 이어졌다는 것이 일각의 주장이다. 실제로 왕부지의 실행을 중시한 양창제가 추앙한 '지행합일' 철학사상과 크게 관련된다. 한편 사범생 모택동은 스승인 양창제를 통해 왕선산의 유물사관을 수용했다.

　왕수인의 심학을 '치양지(致良知)'라고 한다. 양지(良知)란 개인의 마음속에 존재하는 도덕성과 판단력이며 '치양지'는 지식과 실천을 결합해야 한다는 뜻이다. 최근 습근평(習近平)[228] 국가주석은 '지행합일'을 여러 번 강조했다. 기존 '지행합일'을 이론(知)과 실천(行)의 변증법적 통일로 새롭게 해석하고 실사구시를 강조한 것이다. 한편 마르크스주의자 습근평이 유심론자 왕수인의 사상을 추앙한다고 생각하면 이는 섣부른 짐작이다.

　양창제는 육구연(陸九淵)[229]과 왕수인의 영향을 받았으나, 양창제와

228　습근평(習近平, 1953~), 섬서성 부평(富平) 출신이며 공산주의자, 국가원수이다. 1974년 중공에 가입, 1979년 청화대학 화학학부 졸업, 1980~1990년대 하북성 정현(正縣)현위 서기, 복건성 하문(廈門)시 부시장, 복주(福州)시위 서기 등을 맡았다. 2002년 청화대학 대학원에서 법학박사 취득, 2000년대 복건성장, 절강성위 서기, 상해시위 서기, 국가 부주석을 역임, 2013년부터 중공중앙 총서기·국가주석·중앙군위 주석을 맡고 있다.

229　육구연(陸九淵, 1139~1193), 강서성 금계(金溪) 출신이며 남송 철학가이다. 1172년 진사에 급제, 정안(靖安) 현장을 지냈다. 1186년 태주숭도관(台州崇道觀)을 사직, 상산서원(象

왕양명(王守仁)의 철학사상은 차이가 있다. 첫째, 왕양명은 '심외무물'을 주장했으나, 양창제는 '외물'의 존재를 부정하지 않았다. 둘째, 양창제는 왕양명의 지행합일을 찬성했으나, 주희의 '격물치지'도 수용했다. 셋째, 양창제는 실행을 중시했으나, 왕양명은 실천의 중요성을 부정했다(王興國, 1981: 101). 격물(格物)과 치지(致知)를 결합시킨 양창제는 도리와 이치를 인식한 후 실행에 옮기는 것이 '지행합일'이라고 주장했다. 결국 이는 양창제가 왕선산의 실학사상을 수용한 것과 크게 관련된다.

소박한 생활태도를 강조한 양창제는 정좌(靜坐)수련과 냉수욕을 선호했으나 흡연과 거짓말, '무료한 초대'를 반대했다. 한편 양창제의 생활 태도는 제자들에게 큰 영향을 미쳤다. 양창제의 영향을 받은 채화삼은 정좌를 선호했으나, 의지력을 키우는 냉수욕을 선호한 모택동은 정좌수행은 아주 질색했다. 한편 술에 약한 모택동은 담배 마니아로 유명하다. 훗날 '흡연 중독자' 모택동은 담배는 그의 '군량(軍糧)'이라고 입버릇처럼 말했다.

모택동이 추종한 것은 양창제의 '실행 중시'와 왕부지의 실학사상이었다. 실제로 실천과 실행을 중시한 왕선산의 유물사관은 사범생 모택동이 실사구시를 추구하게 된 사상적 근원이다.

증국번은 실사구시적 학문을 '내성외왕지도(內聖外王之道)'라고 주장했다. '내성외왕지도'는 성인의 학문과 임금의 덕을 갖춘 통치자가 덕으로 나라를 다스려 태평성세를 이룬다는 것이다. 실사구시는 객관적이고 구체적 자료를 근거로 진리를 추구하는 방법론이다(汪澍白, 1987: 23).

山書院)에서 유학을 가르쳤다. 1191년 지형문군(知荊門軍), 1193년에 졸사했다. 육구연의 철학사상은 왕수인(王守仁)에 의해 계승됐고 '육왕(陸王)학파'를 형성했다.

연안정풍(延安整風)[230] 기간 실사구시를 제창한 모택동은 이를 근거로 마르크스주의 원리를 해석했다. 한편 실사구시는 '중국 특색의 사회주의'를 제창한 등소평(鄧小平)[231]이론의 핵심적 사상이다. 또 작금의 중국정부는 '실사구시 핵심'의 모택동사상을 당의 지도사상으로 삼고 있다.

모택동의 실사구시 사상을 체현한 증거물이 있다. '실천론(實踐論)' 등 그의 저서 외 현재 연안혁명기념관에 보관된 석각(石刻)이다. 사각형 돌 위에 모택동의 친필인 '실사구시'란 네 글자가 새겨져 있다. 모택동이 별로 사용하지 않았던 해서(楷書)체로 씌어졌다(龍劍宇, 2013: 263). 1943년 (延安)중앙당학교의 정문 벽에는 모택동의 친필인 '실사구시'가 새겨진 네 개의 석각이 붙여졌다. 1947년 국민당 장군 호종남(胡宗南)[232]이 연안을 공격했을 때 사람들은 석각을 뜯어내 땅에 묻어두었다. 이것이 현재 (延安)혁명기념관에 보존되어 있는 '실사구시' 석각이다.

왕선산의 지행관과 모택동의 '실천론'은 인식론 발전사에서 이정

---

230 연안정풍(延安整风, 1941~1945)은 모택동이 일으킨 정풍운동이다. 1941년 5월 '우리의 학습을 개조하자'라는 모택동의 연설은 정풍 개시를 의미한다. 6기 7중전회에서 통과(1945.4.20)한 '역사문제 결의'는 정풍운동의 종결을 뜻한다. 연안정풍 성과는 ① 모택동의 중공 영수 지위 확보 ② 모택동사상을 중공의 지도사상으로 확정 ③ 마르크스주의 '중국화'의 사상적 기초 마련 ④ 모택동을 핵심으로 한 중공 제1세대 영도집단 탄생 등이다.

231 등소평(鄧小平, 1904~1997), 사천성 광안(廣安) 출신이며 중공 제2세대 핵심 지도자이다. '부도옹(不倒翁)'으로 불리며 개혁개방의 '총설계사', 등소평이론의 창시자이다. 1924년 중공에 가입, 1930~1940년대 팔로군 129사단 정치위원, 북방국 (代理)서기, 화동국(華東局) 서기 등을 지냈다. 건국 후 서남국(西南局) 제1서기, 국무원 부총리, 중앙서기처 총서기, 전국 정협(政協) 주석, 중앙군위 주석 등을 역임, 1997년 북경에서 병사했다.

232 호종남(胡宗南, 1896~1962), 절강성 진해(鎭海) 출신이며 국민당 우파이다. 동정(東征)·북벌에 참가, '홍군 토벌'과 국공내전에서 중공군과 대적했다. 1940년대 제1전구(戰區) 사령장관, 서안수정공서(綏靖公署)를 역임, 1959년 '총통부(總統府)' 고문, 1962년 대만에서 병사했다.

비로 간주된다. 1937년 모택동은 '실천론'을 집필할 때 장사의 서특립에게 편지를 보내 수중에 없는 '선산유서'를 부탁했다(王澍白, 1987: 30). 모택동의 '실천론' 부제목은 '인식과 실천 관계, 지(知)와 행(行)의 관계'이다. 그는 '실천론' 결론에 이렇게 썼다. …이것이 바로 변증유물론의 인식론이며 변증법적 유물론의 지행통일관이다(毛澤東, 1991: 297). 결국 이는 모택동의 '실천론'이 왕선산의 지행관을 계승하고 발전시켰다는 단적인 반증이다.

양창제는 모택동에게 '왕선산 추종' 단체인 선산학사를 소개했다. 실학을 주창한 왕선산은 물질인 '기(氣)'를 객관적 규율인 '이(理)'보다 중시했고 '이'는 '기'에 종속된다고 주장했다. 양창제의 영향하에 사범학교에서는 '왕선산 연구' 학풍이 형성됐다. 모택동은 유인희(劉人熙)[233]가 발족한 선산학사의 독실한 청강생이었다. 정신보다 물질을 중시한 왕선산은 전통적 유물주의를 주창한 유물론자였다. 사범생 모택동이 유심론자 양창제의 영향을 받아 왕부지의 유물사관을 수용했다는 것은 실로 아이러니하다.

유신투사 담사동의 '왕선산 추종'은 곽숭도(郭崇燾)[234]를 능가했다는 것이 일각의 주장이다. 당시 상군(湘軍) 중 왕선산을 가장 높게 평가한

---

233 유인희(劉人熙, 1844~1919), 호남 류양(瀏陽) 출신이며 왕부지의 추종자이다. 1867년 거인(擧人), 1877년 진사(進士)에 급제, 1910년대 중로(中路)사범학교 학감, 호남교육총회장을 지냈다. 1914년 선산학사 설립, 1918년 '상해영구(永久)평화회' 회장을 역임, 1919년에 병사했다.

234 곽숭도(郭崇燾, 1818~1891), 호남성 상음(湘陰) 출신이며 왕선산 추종자이다. 1847년 진사에 급제, 1875년 복건성 안찰사(按察使), 1877년 영국과 프랑스 주재 공사(公使), 1881년 선산학사의 전신 사현강사(思賢講舍)를 창설, 왕선산의 사상을 연구했다. 1891년에 병사했다.

사람은 곽숭도였다. 선선사(船山祠)를 설립한 그는 왕선산의 심오한 철학사상은 송대의 주희를 초과한다고 평가했다(郭嵩燾, 1983: 352). 1881년 사현강사(思賢講舍)를 창설한 곽숭도는 왕부지·증국번의 사상을 하나로 융합시켜 칭송했다. 선산학사의 전신인 사현강사는 훗날 호남 출신의 학자들이 '왕선산 사상'을 전파하는 중요한 기지로 발전했다. 이는 곽숭도가 담사동 못지않은 왕선산의 '사숙 제자'라는 것을 반증한다.

민국 초기 국수(國粹) 선양을 사명감으로 삼은 대표적 지식인이 유인희였다. 당시 '국수 보전'을 주창한 대표적 보수파는 모택동의 '사표'인 강유위였다. 이 시기 왕선산을 추종하고 그의 사상을 숭상한 명인(名人)은 채악·진독수 등이다. 한편 왕선산의 학설은 선산학사 운영자에 의해 개량주의자의 복고주의에 영합하는 등 부정적 역할을 했다. 그러나 왕부지의 민족주의는 외세 침략에 대항하는 애국심 고취에 긍정적 역할을 했다.

사범생 모택동은 강당록(1913.11.5)에 '성현'과 '호걸'에 관해 이렇게 썼다. …왕선산은 성현이 아니면 '진정한 호걸'로 볼 수 없다고 주장했다. 성현은 덕업(德業)이 겸비된 자, 호걸은 군공을 세워 이름을 떨친 자이다. 나폴레옹(Napoleon)[235]은 호걸이지만 성현으로 보긴 어렵다(李國強 외, 1998: 120). 이는 '성현'을 추앙한 모택동이 '호걸'은 폄하했다는 반증이다. 사범생 모택동의 인식에 따르면 '성현'은 사상과 도덕성이 훌륭하고 문무가 겸비하며 위대한 업적을 남긴 위인이었다. 한편 이른바

---

[235] 나폴레옹(Napoléon, 1769~1821), 지중해 코르시카섬 아작시오 출생이며 19세기 프랑스 군사가·정치가이다. 제1공화국 집정(執政), 프랑스의 첫 황제이다. 1804년 황제로 즉위, 1812년 러시아 원정과 1815년 워털루 전투에서 패배, 세인트헬레나 섬에 유배, 1921년에 사망했다.

'호걸'은 정권을 장악한 통치자로 비하한 모택동은 호걸을 무시했다.

왕선산의 민족주의 사상을 추앙한 손중산은 이렇게 주장했다. … 황종희(黃宗羲)[236]는 '이하지방(夷夏之防)'을 주장했으나 왕선산은 끝까지 고군분투했다. 왕선산의 민족주의는 후세를 교육했고 강한 의협심은 인심을 격려했다(王立新, 2017: 5). 이는 손중산의 '동맹회 선언(1911.12)' 한 구절이다. 한편 한족이 통치한 명조를 숭상하고 만족이 통치한 청조를 반대한 왕부지의 민족주의와 손중산의 '반청배만(反淸排滿)' 사상은 대동소이했다.

손중산은 왕선산의 민족주의 사상을 반청(反淸)의 중요한 사상무기로 삼았다. 왕부지 등 명청 사상가가 주장한 '화이지변(華夷之辨)'[237]은 이민족을 배척하고 한족 중심의 중화사상을 고취한 것으로 편협한 민족주의적 성격이 강했다. 이런 '편협한 민족주의'는 다민족국가인 중국의 평화적 발전과 안정에 걸림돌 역할을 했다는 비판을 받았다. 한편 민족주의자 손중산은 왕선산의 애국적 민족주의를 '반청배만'의 민주혁명에 이용했다.

양창제의 격려하에 모택동은 왕부지의 유물사관을 공부했다. 이는 사범생 모택동이 유물론자로 거듭난 사상적 기초였다. 실제로 '유심사

---

236 황종희(黃宗羲, 1610~1695), 절강성 소흥(紹興) 출신이며 사상가·교육가이다. 군주의 독재권을 반대한 그는 '천하지법(天下之法)'을 제정, 군권(君權)을 제한해야 한다고 주장했다. 1663~1679년 '명유학안(明儒學案)' 등 저서 집필과 서원(書院) 강의에 열중, 1695년에 병사했다.

237 '화이지변(華夷之辨)'은 문명한 화하(華夏)민족과 '미개한 족속'인 오랑캐(夷狄)를 구분하는 '문화민족주의'를 일컫는다. 중국 고대에서는 중원(中原)의 화하족은 문명한 민족, 이적(夷狄)은 미개한 족속으로 여겨졌다. 한편 '화이지변'의 형성과 발전은 '세 개 단계'를 거쳤다. ① 혈연 기준 ② 지연 기준 ③ 옷차림·예의 등 문화 기준이다.

모택동과 중국혁명 1

관 추앙자'인 모택동의 '유물론자 변신'은 스승 양창제가 결자해지(結者解之) 역할을 했다. 한편 모택동이 추구한 실사구시는 왕선산의 실학과 증국번의 '실사구시' 사상을 추종한 양창제와 관련된다. 왕부지의 실학 사상을 수용한 모택동이 유물론자로 거듭난 것은 양창제의 '디딤돌 역할'이 중요했다.

1920년 가을 모택동은 선산학사에서 기숙하며 업무를 처리했다. 1937년 모택동은 (延安)항일군정대학에서 철학과를 강의할 때 '선산유서'를 교재로 사용했다. 1959년 모택동이 외출 중에 지참한 '서적(書籍) 리스트'에 왕부지의 철학서가 있었다(逄先知, 1986: 20). 이는 왕부지의 저서가 모택동의 필독서가 됐다는 것을 의미한다. 1920년대 초 모택동은 하숙형(何叔衡)[238]과 함께 선산학사 장소에 호남자수(自修)대학을 운영했다.

중국 고대의 '불인(不仁)'을 비판한 양창제는 이렇게 썼다. …한무제(漢武帝)[239]가 자자(刺字)·궁형(宮刑) 등 육형(肉刑)을 폐지한 것은 중대한 개혁이다. 담사동은 전족(纏足)을 '불인 행위'로 지탄했다. 과거 중국의 농촌에서는 갓난 여자애를 익사하는 악습이 유행됐다(王興國 외, 2016: 355). 실제로 남존여비(男尊女卑)가 강한 심한 중국의 시골에서는 1980년대까지 갓난 여자애를 익사하는 악습이 잔존했다. 한편 오마분시(五馬分屍)와

---

238 하숙형(何叔衡, 1876~1935), 호남성 녕향(寧鄕) 출신이며 공산주의자이다. 1920년 '러시아연구회'와 호남공산주의소조를 설립, 1921년 여름 중공 창립대회에 참석했다. 1931년 중화소비에트공화국 내부부장, 중앙홍군이 장정을 떠난 후 남방 근거지에 남아 유격전쟁을 진행했다. 1935년 3월 복건성 장정(長汀)에서 국민당군에게 살해됐다.

239 한무제·유철(劉徹, 기원전 156~전 87)은 서한(西漢)의 제7대 황제이다. 16세에 등극해 중앙집권 공고화를 위해 중조(中朝)를 설치, 제후와 지방관료 감찰을 강화했다. 유학을 중시하고 유가사상을 통치이념으로 삼았다. 기원전 87년 오작궁(五柞宮)에서 붕어했다. 한편 침략전쟁을 자주 발동한 한무제는 국고를 탕진, 백성에게 큰 폐해를 끼쳤다.

같은 잔혹한 처형법이 한반도에도 전해졌다. 조선시대에서 실행됐던 곤형(棍刑)·참형(斬刑)·거열형(車裂刑)이 단적인 증거이다. 한편 조선왕조실록에 기록된 고려장(高麗葬)은 '불인의 극치'로 평가된다.

러시아의 푸시킨(Pushkin)은 왕선산을 풍부한 역사지식과 문화사상을 겸비한 '인문대학'에 비유했다. 왕부지의 실학사상과 유물사관을 수용한 사범생 모택동은 유물론자로 거듭났다. 민족주의자 왕선산이 '소박한 유물론자'라면 공산주의자 모택동은 철두철미한 유물론자이다. 또 마르크스주의자 모택동은 왕선산의 지행관을 변증법적 유물론으로 승화시켰다.

2) 호남인들이 숭배한 '성현(聖賢)' 증국번

'호남의 명장' 증국번은 입덕(立德)·입공(立功)·입언(立言)의 '삼불후(三不朽)'의 위업을 달성한 '성현'으로 간주되는 반면, 태평천국을 진압한 원흉이라는 이중적 평가를 받고 있다. 또 그는 태평군과 민간인에 대한 무자비한 학살로 '증도부(曾屠夫)'라는 악명을 얻었다. 이 또한 증국번에 대한 모택동의 평가가 크게 엇갈린 주된 원인이다. 실제로 사범생 모택동의 '증국번 숭배'는 스승 양창제의 영향을 받았다. 한편 증국번의 군사사상은 장개석(蔣介石)[240]과 중화민국 군사가(軍事家)들에게 큰 영향을 끼쳤다.

---

240 장개석(蔣介石, 1887~1975), 절강성 봉화(奉化) 출신이며 국민당 총재이다. 1910년 (東京) 진무학교 졸업, 1913년 중화혁명당에 가입, 1926년 국민혁명군 총사령관, 4.12정변(1927)을 일으켜 국공합작을 결렬, 1930~1931년 세 차례의 (紅軍)포위토벌 감행했다. 서안사변(1936.12.12) 후 항일민족통일전선을 결성, 1945년 모택동과 중경담판을 진행, 국공내전(1946~1949) 패전 후 대만으로 이주, 1975년 대북사림(臺北士林)에서 병사했다.

양창제가 숭배한 증국번은 치학(治學)과 문장 등 방면에서 뛰어난 재주를 지녔으며 엄격한 율기(律己)로 사대부들의 존경을 한 몸에 받았다. 한편 증국번이 거느린 상군(湘軍)은 태평군과 무고한 백성을 무자비하게 탄압했다. 결국 증국번은 '한간회자수(漢奸劊子手)'로 불렸다. 상군의 태평군 진압은 증국번이 엇갈린 평가를 받는 주요인이다. 이 또한 모택동이 농민봉기군을 탄압한 증국번을 시종일관 '사표'라고 부르지 않은 이유이다.

양창제의 '달화재일기(1899~1915)'에 기록된 증국번에 관한 내용은 …증국번은 매일 역사 저작 10페지를 읽었다(1899.8.18). 그의 가훈과 일기를 정리해 '증씨가언(曾氏嘉言)'을 출간했다(1914.10.23). 병영에서도 책을 읽으며 심성을 수양했다(王興國 외, 2016: 382, 433, 453). 중국번의 숭배자인 양계초는 이렇게 썼다. …'시무학당'은 증국번의 사상으로 학생들을 교육한다. '반청' 인사들의 '증국번 매도'를 반대한다. 만약 증국번이 살아 있었다면 '위기에 몰린' 중국을 구했을 것이다(彭大成, 1991: 162). 양창제의 '증국번 숭상'은 사범생 모택동이 증국번을 추종하는 계기로 작용했다. 개량주의자 양계초는 태평천국을 진압한 증국번을 영웅으로 간주했다. 이는 사범생 모택동의 '증국번 숭배'에 중요한 역할을 했다.

채화삼은 모택동에게 보낸 편지(1917.7)에 이렇게 썼다. …'증호(曾胡)'의 호임익(胡林翼)[241]은 증국번처럼 학문에 열중하지 않았다. 이는 그의 영향력이 증국번보다 낮은 이유이다(新民學會資料, 1980: 50). 증국번의

---

241 호임익(胡林翼, 1812~1861), 호남성 익양(益陽) 출신이며 상군(湘軍) 장령이다. 1955년 호북성 순무(巡撫), 1858년 태자소보(太子少保), 1859년 태평군 석달개(石達開)와 염군(捻軍)을 격파했다. 1861년 기도위세(騎都尉世), 1861년 8월 무창(武昌)에서 병사했다. 한편 모택동의 자(字) 윤지(潤之)는 호임익의 호(號, 潤芝)를 모방한 것이다.

'구궐재(求闕齋)일기'를 탐독한 교육자 사각재(謝覺哉)[242]는 증국번의 사상으로 학생들을 교육했다. 또 그는 학생들에게 '증문정가언초(曾文正嘉言鈔)'를 읽을 것을 권장했다(謝覺哉日記, 1984: 80). 증국번의 사상이 호남인들에게 미친 큰 영향력을 짐작할 수 있는 대목이다. 한편 1920년대 마르크스주의자인 모택동·채화삼은 점차 증국번을 포기했다.

근현대의 위인 이홍장·원세개·장개석은 증국번의 군사적 리더십을 숭상했다. 호남 출신인 양계초·양창제·모택동은 증국번을 '성현'으로 추앙했다. 모택동의 전기 작가 이예(李銳)[243]는 1980년 이전까지 중국 학자들은 '증국번 평가'를 기피했다고 주장했다. 이는 증극번에 대한 모택동의 엇갈린 평가와 관련된다. 사범생 모택동은 증국번을 '성철(聖哲)'로 추종했으나 공산당원 모택동은 증국번을 지주계급의 '대표적 인물'로 폄하했다.

태평천국 진압에서 '전공'을 세운 증국번은 직위가 재상급에 이르렀고 '증문정(曾文正)'이란 시호를 얻었다. 당시 청정부는 '진압' 수훈갑 증국번을 국가에 충성하는 굳은 절개와 백절불굴의 의지력을 지녔다고 평가했다(李銳, 2007: 115). 한편 민간에서는 태평군을 무자비하게 학살한 '살인백정', '반청' 지사들은 그를 '매국적'으로 매도했다. 이처럼 증

---

242 사각재(謝覺哉, 1884~1971), 호남성 녕향(寧鄕) 출신이며 공산주의자이다. 1925년 중공에 가입, 1930~1940년대 중공중앙당학교 부총장, 서북국 부서기, 중앙법제위원회 부주임, 건국 후 국무원 내부부장, 최고인민법원장, 전국 정협 부주석 등을 역임, 1971년 북경에서 병사했다.

243 이예(李銳, 1917~2019), 북경(北京) 출신이며 공산주의자이다. 1937년 중공에 가입, 1950년대 호남성위 선전부장, 수리전력부(水利電力部) 부부장, 모택동의 비서를 맡았다. 1959년 여산(廬山)회의에서 비판을 받았고 당적을 박탈당했다. 문혁 시기 8년 동안 옥살이를 했다. 1980년대 중공조직부 간부국장을 역임, 2019년 북경에서 병사했다.

극번 공과는 크게 엇갈린다. 이 또한 '성현' 증국번이 '증도부'로 불리는 이유이다.

모택동은 여금희에게 보낸 편지(1917)에 이렇게 썼다. ···나는 근대사에서 유독 증국번을 숭배한다. 그가 철저하게 '홍양일역(洪楊一役)'을 수습했기 때문이다. '홍양(洪楊)'은 태평천국 설립자 홍수전·양수청(楊秀淸)²⁴⁴을 가리킨다(中共中央文獻硏究室, 2008: 73). 사범생 모택동은 태평천국 진압자 증국번을 '성현'으로 숭배했다. 한편 '파리공사(巴黎公社) 기념 의의' 문장(1926.3)에서 증국번을 지주계급의 '대표적 인물'이라고 비판했다.

장개석의 책상 위에는 성경과 '증문정공전집(曾文正公全集)'이 놓여 있었다. 또 채악이 편집한 '증호치병어록(曾胡治兵語錄)'은 황포군관학교의 교재로 사용됐다. 주은래의 회상(周恩來, 1980: 151)에 따르면 장개석은 '치병어록'과 '나폴레옹전'을 교재로 선택했다. 장개석이 '치병어록'을 황포 교재로 선택한 것은 증국번의 군사사상을 추앙했다는 단적인 증거이다. 한편 성경은 기독교 신도 송미령(宋美齡)²⁴⁵의 환심을 사기 위한 것이었다.

양계초의 제자 채악은 증국번과 호임익의 군사사상을 계통적으로 연구해 '증호치병어록'을 출간했다. 채악은 홍군의 지도자 주덕(朱德)²⁴⁶

---

244 양수청(楊秀淸, 1823~1856), 광서성 계평(桂平) 출신이며 태평천국 동왕(東王)이다. 1851년 '동왕'으로 봉해진 후 '9천세(九千歲)'로 불렸다. 1856년 '만세(萬歲)' 칭호를 강요, 이는 양수청과 가족이 주멸되는 '천경사변(天京事變, 1856.9)' 빌미가 됐다. 한편 모택동은 '홍양(洪楊)' 권력투쟁이 태평천국 실패를 자초한 주된 원인이라고 평가했다.

245 송미령(宋美齡, 1898~2003), 해남 문창(文昌) 출신이며 장개석의 부인이다. 1927년 12월 장개석과 결혼, '서안사변(1936.12)' 발생 후 '장개석 구출'을 위해 외교적 능력을 발휘했다. 무신론자인 장개석을 '기독교 신자'로 변신, 장개석 부자를 위해 미국의 '반공정책' 추진을 일조했다. 1975년부터 미국에서 정주, 2003년 뉴욕에서 병사했다.

246 주덕(朱德, 1886~1976), 사천성 의롱(儀隴) 출신이며 개국원수(元帥)이다. 1922년 중공에

의 사표였다. 중국의 '10대 원수' 중, 4명이 황포군관학교의 군사교관 또는 졸업생이다. 섭영진·엽검영은 군사교관이며 서향전(徐向前)[247]·임표(林彪)[248]는 황포군관학교의 졸업생이었다. 유백승(劉伯承)[249]은 중국번의 군사사상에 익숙했고 군사가(軍事家) 팽덕회도 증국번의 군사사상을 숭상했다.

천경을 공략한 상군은 태평군과 무고한 민간인을 학살했다. 증국번의 막료 조열문의 '능정거사일기(能靜居士日記, 1864.7.21)'는 이렇게 썼다. …거리에 시체가 즐비했는데 대부분 노약자들이었다. 2~3세의 어린애도 처참하게 학살됐고 젊은 여성들은 모두 잡혀갔다(戴逸 외, 2011: 68). 청정부에 보고한 숫자는 10만이지만 상군에 의해 처형된 자는 50만명을 초과한다고 전해진다. 당시 남경에선 '증도부(曾屠夫)'가 온다고 하

가입, 1928년 정강산에 진출해 '홍4군(紅四軍)' 군단장을 맡았다. 1930~1940년대 공농홍군 총사령관, 팔로군 총지휘, 중앙군위 부주석, 중앙서기처 서기를 지냈다. 건국후 국가 부주석, 전국 인대(人大) 위원장 등을 역임, 1976년 북경에서 병사했다.

247 서향전(徐向前, 1901~1990), 산서성 오대(五臺) 출신이며 개국원수이다. 1927년 중공에 가입, 1930~1940년대 홍군전적(前敵)지휘부 총지휘, 팔로군 129사단 부사장(副師長), 섬강녕진수연방군(陝甘寧晉綏聯防軍) 부사령관, 항일군정대학의 총장을 맡았다. 건국 후 군위(軍委) 부주석, 국무원 부총리, 국방부장을 역임, 1990년 북경에서 병사했다.

248 임표(林彪, 1907~1971), 호북성 황강(黃岡) 출신이며 개국원수이다. 1925년 중공에 가입; 1930년대 '홍4군' 군단장, 섬감지대(陝甘支隊) 부사령관, 항일군정대학 총장을 지냈다. 1940년대 팔로군 115사단장, 동북국 서기, 제4야전군 사령관, 건국 후 중앙군위 부주석, 국무원 부총리, 중공중앙 부주석, 국방부장을 역임했다. '중공 9대(1969.4)'에서 모택동의 후계자로 당장(黨章)에 명기, 1971년 9월 몽골에서 '비행기 추락'으로 사망했다.

249 유백승(劉伯承, 1892~1986), 중경(重慶) 출신이며 개국원수이다. 1926년 중공에 가입, 1930~1940년대 중앙군사정치학교장, 공농홍군 중앙종대 사령관, 팔로군 129사단장 등을 역임, 등소평과 함께 태항산(太行山) 근거지를 개척했다. 건국 후 국방위원회 부주석, 군사학원장, 중앙군위 부주석, 국방부장을 지냈다. 1986년 북경에서 병사했다.

면, 애들도 울음을 그쳤다고 한다. 이 또한 일각에서 '천경대도살(天京大屠殺)'을 일본군의 '남경대도살(南京大屠殺)'[250]에 비견하는 이유이다.

증국번에 대한 '엇갈린 평가'는 각자의 정치적 입장에서 기인한다. 청정부의 입장에선, 태평천국을 진압한 증국번이 '중흥(中興)의 제일 명신'이었다. 유신파 양계초의 입장에선, 청조를 위기에서 구한 '영웅호걸'이었다. 한편 혁명파인 손중산의 입장에선, 증국번이 당연한 '한간회자수'였다. 1926년 농민운동강습소를 주관한 모택동은 농민운동을 새롭게 인식했다. 결국 태평천국 농민운동을 진압한 증국번을 '지주계급 대표'로 혹평했다.

동치제(同治帝)[251] 시대에서 증국번은 통치계급의 정신적 우상이었다. 모택동이 증국번의 영향을 받은 것은 '성철화상기(聖哲畵像記)'와 관련된다. '화상기'에는 증국번이 숭배한 현인(賢人) 33명이 수록됐다. 증국번이 실현한 '삼불후' 업적은 '증문정공전집'에 수록됐다. 사범생 모택동이 평어를 단 '증문정공전집'은 소산모택동기념관에 보존돼 있다. '증문정공전집'의 책 표지에는 모택동이 쓴 '영지진장(詠芝珍藏)'이란 글

---

250 남경대도살(南京大屠殺, 1937.12~1938.1)은 중화민국 수도 남경을 점령한 일본군이 중국인을 무차별 참살한 사건이다. 제6사단장 다니 히사오(谷壽夫)의 지휘하에 6주 간 진행됐다. 약 30만의 중국군 포로와 무고한 백성이 처참히 학살됐다. 많은 중국인이 일본군의 총검술 훈련용과 '참수시합' 희생물이 되었고 산채로 생매장됐다. 오사카마이니치신문(大阪每日新聞, 1937.11.30)은 일본군 두 소위가 감행한 '100인 참수' 경쟁을 보도했다.

251 동치제·애신각라 재순(愛新覺羅 載淳, 1856~1875)는 청조 제10대 황제이며 연호(年號)가 동치(同治), 생모는 엽혁나랍씨(葉赫那拉氏, 자희태후)이다. 재직 기간(1865~1873) 증국번·이홍장·좌종당에 의해 태평천국을 진압, 염군(捻軍)반란·섬감회변(陝甘回變)을 평정했다. 동시기 양무운동이 성행하며 정치적 안정이 출현, 이를 '동치중흥(同治中興)'이라고 부른다. 1875년 자금성 양심전(養心殿)에서 붕어, 19세에 요절한 '불행한 황제'로 불린다.

씨가 적혀 있다.

증국번의 '평가 기준'이 학식과 도덕성에 치중했다면 모택동은 정치적 성향과 철학사상을 더욱 중시했다. 증국번에 대한 모택동의 '엇갈린 평가'에서 알 수 있듯이 그들의 계급적 입장과 역사관은 전혀 달랐다. 예컨대 증국번의 '성철화상기'에 선정된 군사가 제갈량(諸葛亮)[252]에 대한 모택동의 평가는 결코 높지 않았다. 만약 모택동의 '성철화상기'가 있었다면, 정치가 조조(曹操)[253]와 증국번의 '성철화상기'에 없는 강유위·양계초·강희제(康熙帝)[254] 등을 선정했을 것이다. 한편 '성찰화상기'에 '철학의 대가'인 왕양명과 왕부지가 없다는 것이 매우 난해하다.

모택동은 조조를 이렇게 평가했다. …정치개혁을 단행하고 둔전제(屯田制)를 실시해 국력을 강화한 위나라 창립자 조조는 법치를 강화해 사회적 안정을 도모했다. 조조를 '간신배'로 폄하한 것은 잘못된 것이다(王小寬 외, 2015: 60). 또 그는 제갈량을 이렇게 평가했다. …촉나라 패인은 병력 분산이다. 결국 관우는 형주(荊州)를 잃었고 유비의 '동오(東吳)

---

252 제갈량(諸葛亮, 181~234), 산동성 임기(臨沂) 출신이며 삼국 시기 정치가·군사가이다. 유비의 책사이며 동오(東吳)의 손권(孫權)과 연합해 '적벽대전(赤壁大戰, 208)'에서 조조(曹操)의 80만 대군을 격파했다. 221년 유비가 성도(成都)에서 촉한(蜀漢)의 황제로 등극한 후 승상(丞相)으로 부임했다. 234년 섬서성 보계기(寶鷄岐)산에서 병사했다.

253 조조(曹操, 155~220), 안휘성 박현(亳縣) 출신이며 정치가·군사가이다. 196년부터 한헌제(漢獻帝)를 '보호'하며 조정에 참여, 대장군으로 임명돼 군정대권을 장악했다. 200년 원소(袁紹)의 10만 대군 격파, 2007년 북방지역을 통일했다. 208년 촉한 승상, 216년 위왕(魏王)에 진봉됐다. 220년 낙양(洛陽)에서 병사, 위무제(魏武帝)로 추봉됐다.

254 강희제·애신각라 현엽(爱新覺羅 玄燁, 1654~1722)은 청조가 북경에 수도를 정한 후의 제2대 황제이다. 8세에 등극, 62년 동안 재위했다. 재위 기간 영토를 확장하고 중앙집권을 강화, 국가경제를 발전시켰다. 1722년 창춘원(暢春園)에서 붕어했다. 한편 모택동은 '통일된 다민족국가'를 건설한 강희제의 지략과 통치력을 매우 높게 평가했다.

토벌'은 대패했으며 제갈량의 '중원 북벌'도 실패했다(張明林 외, 2017: 99). 한편 제갈량의 민족 정책을 높게 평가한 모택동은 그의 '병력 분산'을 촉나라 멸망의 주요인으로 분석했다. 실제로 모택동은 문무가 겸비한 조조를 책사 제갈량보다 더욱 '성현'에 가까운 위인으로 간주했다.

증국번은 한유의 문장을 이렇게 극찬했다. …천고를 웅시(雄視)하는 '한문(韓文)'은 완벽하며 최고의 경지에 이르렀다(何貽焜, 2015: 376). 사범학교 초기 원중겸의 영향을 받은 모택동은 한유의 문장을 애독했다. 훗날 그는 한유의 문장을 이렇게 평가한다. …문학 작품은 함축성이 중요하다. 그러나 한유의 문장은 의도를 너무 노골적으로 드러냈다(人民網, 2014.10.12). '당송8대가(唐宋八大家)' 중 모택동이 가장 선호한 작품은 유물주의 철학자인 유종원(柳宗元)[255]의 문장이었다. 한편 '신청년'의 애독자가 된 모택동은 더 이상 한유의 작품에 맹목적으로 집착하지 않았다.

증국번이 좌종당보다 더욱 '성현에 가깝다'고 극찬한 모택동은 이렇게 주장했다. …'사무를 처리(辦事)'하는 사람과 '전교(傳敎)'하는 사람이 있다. 제갈량·범중엄은 '판사인(辦事人)'이며 주희·왕양명 등은 '전교자'이다. 송대의 한기(韓琦)[256]와 좌종당은 '판사인'에 속하며 범중엄·증국번은 문무가 겸비한 성현이다(周溯源, 2015: 265). 상기 '판사인'은 업적

---

255 유종원(柳宗元, 773~819), 산서성 하동(河東) 출신이며 당조의 문학가·철학가이다. 그의 시문(詩文)은 600편이 넘으며 대표작은 '계거(溪居)'·'강설(江雪)'·'어부' 등이다. '영정혁신(永貞革新)'이 실패(805)한 후 영주사마(永住司馬)로 좌천됐다. 영주에서 10년 간 생활하면서 철학·역사·문학 공부에 몰두했다. 819년 유주(柳州)에서 병사했다.

256 한기(韓琦, 1008~1075), 하남성 안양(安陽) 출신이며 북송의 정치가이다. 1027년 진사에 급제, 1039년 안무사, 1043년 '경력신정(慶歷新政)'을 추진했다. 1058년 재상으로 부임, 재위 기간 삼조(三朝) 황제를 보필하며 북송의 번영에 기여했다. 1075년 상주(相州)에서 병사했다.

을 이룬 영웅호걸을 뜻하며 '전교자'는 사상을 후세에 남긴 성현을 가리킨다. 사범생 모택동은 송대의 범중엄과 태평천국 농민운동을 무자비하게 탄압한 증국번을 '판사'·'전교'를 겸비한 성현으로 칭송했다.

모택동은 여금희에게 보낸 편지(1917)에 이렇게 썼다. …현재 위인으로 꼽을 수 있는 사람은 원세개·손문·강유위이다. 강유위의 사상은 현실과 동떨어져 있어 실현 가능성이 적다. 모택동은 강유위·양계초의 개량주의를 비판했다(唐振南 외, 2007: 240). 상기 '강유위 비판' 주장은 수긍하기 어렵다. 실제로 강유위의 대동사상을 평생 포기하지 않은 모택동은 양계초의 '국민성 개조'에 대한 집착을 버리지 않았다. 한편 민의를 거슬러 황제가 된 복고주의자 원세개를 '위인'으로 평가한 것은 불가사의 그 자체이다.

양무운동(洋務運動)[257]은 증국번의 중요한 업적으로 간주된다. 1961년 군계소(軍械所)를 세워 인재를 모집했다. 1963년 용굉(容宏)을 미국에 파견해 무기를 구입했다. 1865년 이홍장은 상해에 '강남제조총국'을 세웠다. 1872년 영국에 유학생 30명을 파견했다(李劍華, 2005: 39). 30년 간 추진된 양무운동은 중국의 부강은 실현하지 못했으나 서방기술을 유입해 군수공업을 발전시키는 등 긍정적 역할을 했다. 이 시기 성행한 사상은 '사이제이(師夷制夷)'와 '중체서용(中體西用)'이었다. 이른바 '사이제이'는 서방기술을 배워 서방의 침략자들을 제압한다는 뜻이다.

태평군과의 전투에서 참패한 후 증국번은 자살을 시도했다. 왕개

---

257 양무운동(洋務運動, 1961~1995)은 내우외환에 처한 청정부가 서방의 장비와 과학기술을 유치해 청나라의 통치를 수호하는 자구적 운동이다. 양무운동의 지도사상은 '중체서용(中體西用)'·'사이제이(師夷制夷)'이다. 한편 양무운동은 '부국강병'의 목적에는 도달하지 못했으나, 일부 군수기업의 출현으로 중국의 민족자본주의 발전을 촉진했다.

운(王開運)[258]은 '상군지(湘軍志)'에서 증국번의 작전지휘 능력은 별로 탁월하지 않았다고 혹평했다. 또 홍수전의 '배상제교'와 기독교의 '평등사상'은 중국사회에서 기반이 약했다(李銳, 2013: 127). 홍수전의 '유교 부정'은 통치계급의 강한 반대를 받았다. 적의 '약점'을 간파한 증국번은 격문을 발표해 '명교(名敎, 유교)를 보위하자'고 호소했다. 한편 '사교설(邪敎說)'은 증국번의 '태평천국 탄압'에 정당성을 부여하는 궤변이라는 것이 일각의 주장이다.

'배상제교(拜上帝敎)'라는 종교결사(宗敎結社)를 창립해 포교활동에 나선 홍수전은 기독교의 '평등사상'을 설파하고 유교의 통치이념을 비판했다. 또 1851년 '예수(Jesus)의 동생'으로 자처한 '천왕(天王)' 홍수전은 유교사상(儒敎思想)을 철저히 부정했다(汪澍白, 1987: 15). 한편 오랫동안 봉건사회의 통치이념으로 지속된 유교사상은 뿌리가 깊었고 홍수전이 설파한 기독교의 사상은 사대부(士大夫)들의 강렬한 반대를 받았다. 결국(太平軍)내부의 권력투쟁 심화와 종족(種族)·혈연관계 집착에 따른 태평군의 사분오열(四分五裂)은 '천경비극(天京悲劇)'을 초래했다.

홍수전이 사서오경을 금서(禁書)로 정했으나 군정대권을 장악한 '동왕' 양수청은 이를 반대했다. 1856년 양수청은 자신을 '만세'로 봉해 달라고 홍수전을 강요했다. 홍수전은 위창휘(韋昌輝)[259]와 '익왕' 석달개(石

---

258 왕개운(王闓運, 1833~1916), 호남성 장사(長沙) 출신이며 (晚晴)사학가·문학가이다. 1852년 거인(擧人), 1862년 증국번의 막료로 임명, 1880년부터 성도(成都)의 존경서원(尊經書院)에서 유학(儒學)을 가르쳤다. 1914년 국사관장(國史館長)에 임명, 1916년 고향에서 병사했다.

259 위창휘(韋昌輝, 1823~1856), 광동성 남해(南海) 출신이며 태평천국 장령이다. 1851년 '북왕(北王)'에 임명, '6천세(六千歲)'로 불렸다. 1856년 9월 동왕부(東王府)를 공격해 양수청과 그의 가족을 몰살, 1956년 11월 홍수전에게 처형, 오마분시(五馬分屍)의 극형을 당했다.

達開)[260]에게 밀령을 내렸다. 1856년 9월 양수청과 그 가족이 주멸되는 '천경사변'이 일어났다(盛巽昌, 2017: 281). 그해 11월 천왕부를 공격한 위창위는 홍수전에게 처형됐다. 홍수전은 실세인 석달개 견제를 위해 두 친형을 '왕'으로 책봉했다. 결국 석달개는 천경을 떠났고 홍수전이 대권을 독점했다. 사실상 내홍은 태평천국 실패를 자초한 주요인이다.

1853년 태평군은 무창(武昌)을 점령했다. 36명의 처첩을 둔 홍수전은 무창에서 60명의 '부인'을 새로 선발했다. 번호를 매기는 방법으로 부인을 식별한 홍수전의 '부인'은 88명에 달했다. 한편 홍수전은 자신을 욕한 한 선비와 위창휘를 오마분시의 극형에 처했다. 또 태평천국을 홍씨 가족의 '이상국'[261]으로 만들려고 시도했다. 두 친형을 '왕'으로 책봉하고 석달개·이수성(李秀成)[262] 등 충신을 배척하고 불신한 것이 단적인 증거이다.

모택동은 홍수전을 이렇게 평가했다. …홍수전의 '천주교'는 중국의 실정을 외면했다. 증국번은 홍수전의 '약점'을 이용해 태평천국을 진압했다. 홍수전의 선전수단이 잘못됐다(廣州農民運動講習所材料, 1987:

---

260 석달개(石達開, 1831~1863), 광서성 귀현(貴縣) 출신이며 태평천국 장령이다. 1851년 '익왕(翼王)'에 진봉(進封), 1856년 좌군주장(左軍主將)·의왕(義王) 진봉, 1863년 5월 대도하(大渡河)에서 청군(清軍)에게 전멸, 1863년 6월 성도(成都)에서 능지처참(陵遲處斬)을 당했다.

261 홍수전은 '석달개 견제'를 위해 장형(長兄) 홍인발(洪仁發)을 '안왕(安王)', 차형(次兄) 홍인달(洪仁達)을 '복왕(福王)'으로 진봉했다. 당시 태평천국의 요직은 그의 형제와 조카 및 부마(駙馬)가 도맡았다. 실제로 홍수전은 태평천국을 '홍씨 가족'의 '이상국(理想國)'을 만들려고 시도했다. 결국 이는 태평천국의 멸망을 자초한 주된 원인이다.

262 이수성(李秀成, 1823~1864), 광서성 등현(藤縣) 출신이며 태평천국 장령이다. 1858년 삼하대첩(三河大捷)을 거둔 후 '충왕(忠王)'으로 진봉됐다. 1860~1861년 소복성(蘇福省)·천절성(天浙省)을 설립, 1863년 '천경보위전'에 참가했다. 1864년 6월 천경이 함락된 후 체포, 옥중에서 '자술(自述)'을 집필했다. 1864년 8월 증국번에게 처형됐다.

195). 또 그는 태평천국 전쟁을 이렇게 평가했다. …증국번은 단련(團練) 출신이며 단련은 농민을 압박하는 지주무장이다. 결국 그들은 농민혁명을 무력으로 진압했다. 태평천국 전쟁은 농민과 지주 간의 계급투쟁이다(毛澤東, 1993: 35). 상기 주장은 설득력이 떨어진다. 당시 '배상제교'를 수단으로 지지자를 결집한 홍수전이 태평천국의 설립에 성공했기 때문이다.

모택동은 태평천국의 '실패 원인'을 이렇게 분석했다. 첫째, 투쟁수단이 잘못 선택됐다. 홍수전이 천주교를 이용한 것은 중국의 현실에 부합되지 않았다(廣州農民運動講習所文獻, 1983: 100). 둘째, 홍수전과 양수청 간의 권력투쟁은 실패를 자초한 주된 원인이다. 셋째, 자만심과 교만심이 실패의 원인이다. 그는 이렇게 말했다. …이자성(李自成)[263]과 홍수전을 거울로 삼아아 하며 승리 후 교만해지는 과오를 범해선 안 된다(南京日報, 2014.7.18). 상기 모택동의 평가는 정치가의 입장에서 분석한 것이다. 한편 태평천국의 실패는 주관적 요소와 객관적 원인이 공존한다.

홍수전의 '치군(治軍)' 사상이 모택동의 치국방략에 미친 영향은 ① 절대 평균주의 ② 대동사상 ③ 재물을 '성고(聖庫)'에 납부하는 공산화 ④ 음주 금지, 엄격한 군사화 관리 ⑤ 백성 지지의 중요성 ⑥ 군대 내 공급제 실시 ⑦ 여병의 전투력 중시 ⑧ 사유제 취소 ⑨ 절약정신 강조, 장병의 '유니폼' 착용 등이다. 상기 '절대 평균주의'와 공동취사, 사유제 취소 등 대동사상은 모택동의 치국방침에 큰 영향을 끼쳤다. 유토피아

---

263 이자성(李自成, 1606~1645), 섬서성 미지(米脂) 출신이며 명말(明末) 농민봉기군 지도자이다. 1643년 양양(襄陽)에서 '신순왕(新順王)'으로 진봉, 1644년 1월 북경에 대순(大順)정권을 설립했다. 1645년 5월 호북성 구궁산(九宮山)에서 피살됐다. 한편 1949년 3월 북경으로 진입할 때 모택동은 '제2의 이자성'이 되지 않을 것이라고 말했다.

적 인민공사화가 단적인 사례이다. 모택동은 만년에도 '태평천국 연구'를 지속했다. 한편 문혁 시기 '농민 영수' 홍수전에 대한 우상화는 농민전쟁인 태평천국에 대한 모택동의 '높은 평가'에서 기인된 것이다.

증국번의 '사숙 제자'로 자처한 장개석이 증국번의 '군사 리더십'과 군사사상에 대해 정적 모택동보다 더욱 숭상했다는 것이 학계의 중론이다. 아이러니한 것은 증국번의 군사사상을 그토록 숭배한 장개석이 염군의 게릴라전술을 답습한 모택동의 유격전술에 여러 차례 참패했다는 점이다. 이는 증국번의 군사사상은 백전백승의 '만능키'가 아니라는 반증이다. 실제로 증국번의 상군은 농민봉기군 염군(捻軍)의 유격전술에 대패했다.

1865년 청정부는 증국번을 흠차대신으로 임명해 '염군 토벌'을 명령했다. 증국번은 상군과 회군(淮軍)²⁶⁴ 8만을 통솔해 염군을 포위했으나 염군의 게릴라적 전술을 당해내지 못하고 '토벌'에 실패했다. 결국 청정부는 증국번을 해임하고 이홍장을 임명했다. 한편 염군이 사용한 유격전술을 '치명적 전술'로 발전시킨 전략가는 모택동이었다. 정강산 시기 모택동은 그가 창안한 유격전술을 사용해 장개석의 '홍군 토벌'을 수차례 격파했다.

증국번은 상군의 단점을 이렇게 평가했다. …상군은 북정(北征)에 적합하지 않다. 회하(淮河) 이북은 밀가루 음식을 먹으며 북방의 혹한에 견딜 수 없다. 전쟁에서 기후환경에 적응하지 못하면 실패한다. 나폴레

---

264 회군(淮軍)은 증국번의 지시를 받아 이홍장이 조직한 청조의 국방군이다. 장병의 대부분이 안휘성 강회(江淮) 일대의 출생이므로 회군(淮軍)으로 불린다. 1861년 증국번은 막료 이홍장에게 회용(淮勇) 모집을 지시, 1862년 안경(安慶)에서 6500명의 회군이 조직됐다. 1865~1868년 청군의 주력군인 회군은 염군(捻軍) 격파에 크게 기여했다.

옹의 '모스크바 패전'이 단적인 증거이다(何贻焜, 2015: 341). 강한 팀워크와 협동작전이 상군의 장점이라면 고토를 떠나면 적응력이 약한 것이 단점이었다. 한편 상군이 패전한 주요인은 '기후 적응력'이 아닌 염군의 유격전술이었다.

염군을 격파한 좌종당은 '섬감회변(陝甘回亂)'을 평정하고 신강을 수복했다. 좌종당이 증국번보다 강한 리더십을 소유했다는 반증이며 왕개운이 증국번의 군사 리더십을 혹평한 이유이다. 작전 능력은 좌종당이 증국번보다 탁월했으나 증국번 평가가 좌종당보다 더 높다. 한편 '사상과 업적'을 겸비한 모택동이 군사가 주덕보다 더 높게 평가된다. 결국 이는 학문·업적·사상을 겸비한 자가 '성현에 가깝다'는 것을 의미한다. 문무가 겸비한 모택동이 '성현'에 가깝다면 정치적 사상이 부재한 장개석은 '호걸'에 가깝다. 결국 모택동은 '승자', 장개석은 '패자(敗者)'가 됐다.

모택동의 정강산 진출은 파란만장한 '융마(戎馬)' 인생의 효시였다. 군민관계를 중시한 모택동은 '3대기율·8항주의'[265]를 제정하고 전쟁의 인적 요소와 '인정승천'의 정신력을 강조했다. 증국번과 모택동의 군사사상은 큰 차이가 있다. 유교적 '충의'로 무장한 상군은 견고한 성에 대한 대규모 공격전이 특징인 반면, '혁명 필승' 신념으로 무장한 홍군은 험악한 산세를 이용한 유격전 위주였다. 이것이 상군과 홍군의 가장 큰

---

265 1928년 4월 모택동은 계동사전(桂東沙田)에서 '3대기율·6항주의'를 반포했다. '3대기율(三大紀律)'은 첫째, 백성에게 물건을 요구해선 안 된다. 둘째, 전리품을 착복해선 안된다. 셋째, 지휘관의 명령에 복종한다. '6항주의'는 ① 뜯어낸 문짝은 맞춘다 ② 볏짚은 묶어놓는다 ③ 말은 온화하게 한다 ④ 매매는 공평하게 한다 ⑤ 빌린 물건을 돌려준다 ⑥ 물건을 파손하면 배상한다. 한편 1929년 '8항주의(八項注意)'로 보완됐다.

차이점이다.

홍군 지도자 모택동이 숭상한 것은 증국번의 정신교육과 애민사상이었다. 상군 창건시 증국번은 농민 출신의 사병을 대거 징병했다. 그들은 상급자 지휘에 복종하고 충성심 교육이 쉬우며 전쟁의 잔혹성에 쉽게 적응했기 때문이다. 훗날 농민 주축의 공농홍군을 창건한 모택동은 그들에게 혁명사상을 주입해 강인한 정신력으로 무장한 '불패의 홍군'을 육성했다. 결국 장정을 승리로 이끈 모택동은 홍군 통솔자로 자리매김했다.

20대의 늦깎이 사범생이 '탕도부 비호'에 이어 농민운동을 무자비하게 탄압한 '증도부'를 숭배한 것은 불가사의하다. 이는 수십 년 후 발생한 '인재지변(人災之變)'을 예고한 것이다. 또 민의를 역행해 황제로 등극한 후 '비명횡사'한 원세개를 위인으로 평가한 것은 난해하기 그지없다. '농민 영수' 홍수전과 모택동은 공통점과 차이점이 있다. 한편 모택동이 장기 집권에 성공한 것은 홍수전의 과오를 답습하지 않은 것과 크게 관련된다.

사범생 모택동이 숭배한 인물은 실학자 왕선산과 '성현' 증국번이다. 그러나 모택동은 종래로 증국번을 사표로 인정하지 않았다. 1920년대 계급적 입장의 차이를 실감한 마르크스주의자 모택동은 증국번을 혹평했다. 결국 '농민무장'에 의해 신중국을 창건한 모택동은 증국번이 이루지 못한 '황제의 꿈'을 실현했다. 한편 장기간의 중국혁명을 통해 '농민정권' 설립에 성공한 모택동은 농민을 '잘 살게 하는' 궁극적 목표를 이루지 못했다.

3. 제1사범의 '학우회' 총무, 체육 애호자

1916년 가을 공소수의 부임은 그동안 좌절감에 빠졌던 모택동에게 전화위복이 됐다. 당시 모택동이 지휘한 '후자석 출격전(1917.11)' 승리로 그의 인기는 절정에 달했다. 또 그는 '학우회 리더'로 활약하며 노동자 야학을 경영하는 등 사회활동가로서의 재능과 리더십을 보여줬다. 실제로 모택동의 '눈부신 활약'에는 2명 은사의 숨은 공로가 컸다. 한편 체육 애호자로 변신한 사범생 모택동은 '신청년' 잡지에 체육 관련 논문을 발표했다.

1917년 모택동의 활약은 공소수의 혁신과 방유하의 신임이 있었기에 가능했다. 1916년 가을 학교장 공수수는 '학생지원군'을 성립하고 친히 총지휘를 맡았다. 그는 기존 유명무실한 학우회를 개편하고 사범학교 경비대를 설립했다. 이는 당시 '군국민 교육'과 군벌 혼전, 호법전쟁으로 인한 불안한 정세와 밀접히 연관된다. 1917년 하반기 모택동이 '학우회' 총무로 임명된 것은 상기 2명 은사의 절대적 신임과 확고한 지지와 관련된다.

1917년 가을 '학우회' 회장 공소수는 막중한 업무와 건강상 이유로 회장직을 사직했다. 결국 '학우회' 회장은 방유하, 모택동이 총무직을 맡았다. 학생이 총무직을 맡은 것은 모택동이 효시였다. 한편 총무직은 '민주 선거'를 통해 선임된 것은 아니었다. '제1사범교지(校誌)'에 따르면 모택동의 '학우회' 활약은 1917년 10월부터 1918년 상반기에 펼쳐졌다.

공소수의 학교 개혁은 '학우회 개혁'으로 이어졌다. 그는 모택동을 학생지원군 문서로 임명했다. '후자석 전투'에서 전공을 세운 모택동은 1918년 봄 '학교 보위'를 책임진 경비대장에 부임했다. 모택동이 거느린 경비대는 주야로 순라하며 학교를 지켰다(王小梅 외, 2003: 4). 공소수는 경비대 공로를 기리기 위해 기념 사진을 찍고 사진에 친히 제사(題詞)를 썼다. …무오(戊午, 1918) 상반기 본교 사생의 현가(絃歌)가 끊이지 않았고 병화(兵禍)를 잊을 정도였다. 이 사진은 '제1사범모택동기념관'에 보존 돼 있다.

1917년 10월 '학우회' 총무로 임명된 모택동은 강연회·변론회·운 동회 등 많은 사회적 활동을 전개했다. 특히 용두사미(龍頭蛇尾)로 흐지 부지 끝났던 노동자야학의 정상적 운영은 자타가 공인하는 그의 공로 였다(金沖及 외, 1996: 35). 당시 모택동은 '야학(夜學)'을 학교와 사회를 연결 시키는 중요한 수단으로 간주했다. 또 그는 교사 위주의 기존 경영방식 을 바꿨다. 즉 고학년 학생들이 구체적 업무를 담당하고 '학우회' 교육 연구부가 직접 운영을 책임졌다. '야학'의 정상적 운영을 통해 모택동 은 조직력과 리더십을 겸비한 사회활동가로 두각을 나타냈다.

모택동은 '학우회'의 사회적 활동을 통해 강한 지도력과 융통성, 빈 틈없는 관리력을 남김없이 보여주었다. 특히 '기사록(記事錄)'은 총무의 독촉하에 '학우회' 회원들은 철저하게 준수했다. 학교 운동회에서 기록 을 맡은 모택동은 이것을 편집해 '쾌보(快報)'를 발간했다(李銳, 1980: 76). 당시 '학우회'의 중요한 포고문(布告文)는 문장력이 좋은 모택동이 직접 썼다. 모택동의 지도력이 가장 빛났던 점은 개개인의 장점을 살려 적재 적소에 배치한 것이다. 강의 수준이 낮으나 편집력이 강한 교사를 초빙 해 '학우회'의 신문 편집을 담당하게 한 것이 단적인 증거이다.

정국의 불안정으로 사범 교사들은 학교를 떠났고 학생들은 진로에 만 신경을 썼다. 당시 수업 외 교사와 학생들은 거의 접촉하지 않았다. 정상적 수업이 불가능한 상태에서 '야학 운영'은 현실에 입각한 실사 구시적 접근이며 교육제도에 대한 불만 표출이었다(李銳, 1994: 128). 사범생 모택동의 교육제도와 학칙에 대한 불만은 '여금희 편지'와 '체육지 연구'에서 이미 언급했다. 한편 노동자들의 '실학(失學)' 현실을 중시한 모택동은 '야학 운영'을 통해 그들에게 배움의 기회를 제공했다. 이는 1920년대 초반 모택동이 노동운동 리더가 된 사상적 기초가 됐다.

1917년 10월 '학생모집 광고'를 거리에 붙였는데, 겨우 9명의 노동자만 등록했다. '등록 부진'의 원인은 노동자들이 '무료 강의'를 불신했기 때문이다. '원인'을 찾은 모택동은 노동자 숙소를 찾아가 상황을 설명했다. 5일 후 100여 명 노동자가 등록했다(逢先知 외, 2011: 39). '원인' 분석과 소통이 효과를 거둔 것이다. 결국 실사구시적 태도와 융통성이 노동자들의 신임을 얻었다. 이는 훗날 모택동의 노동운동 전개에 귀중한 경험이 됐다.

당시 백성에 대한 시각이 바뀌면서 성숙해진 모택동은 노동자들을 무시하지 않았다. 그러나 자신의 사회적 지위가 그들보다 높다는 생각을 버리지 않았다. 야학교(夜學校)에서 '인류의 구세주'인 모택동은 '중국 역사'를 강의했다(A. Pantsov, 2015: 60). 청년 모택동이 노동자를 무시할 수 있는 그 어떤 이유도 찾아보기 어렵다. 농가자제(農家子弟)인 모택동이 가난한 노동자들보다 '사회적 지위가 높다'고 생각했다는 주장은 근거가 빈약하다. 한편 '평범한 사범생'인 모택동을 '인류의 구세주'라고 한 것은 어불성설이다. 이는 이념이 가미한 악의적 '모택동 폄하'이다.

모택동은 '야학 고지'를 발표(1918.3)해 야학 운영의 경험담을 소개했다. 당시 노동자들은 그를 '모선생(毛先生)'이라고 불렀다. 사범생 모택동은 노동자들의 사상을 이해하고 소통력을 키웠다. '야학'에서 얻은 소중한 경험은 훗날 모택동이 노동운동의 성공적 전개에 도움이 됐다. 또 '야학'을 통해 강한 소통력과 추진력 및 '융통성 있는' 유연한 리더십을 키웠다. 4~5년 후 모택동이 노동운동 지도자가 된 것은 결코 우연한 일이 아니었다.

　모택동은 신문을 통해 국내외 정세를 파악했다. 그는 열람실에서 매일 2~3시간의 품을 들여 신문을 읽었다. 당시 동창생들은 어려운 정치시사에 대해 막힘없이 해석하는 모택동을 '시사통(時事通)'으로 불렀다(曺志爲 외, 1991: 83). 주세쇠는 이렇게 회상했다. …그는 지도와 신문을 함께 보며 도시와 항구 등의 이름을 영문으로 번역했다. 또 이를 시사·지리·영어를 함께 공부하는 '일거삼득'이라고 말했다. 소삼은 이렇게 썼다. …당시 그는 매주 '시사뉴스'를 전달했다. 예컨대 독일의 선전 포고와 미국의 '참전' 원인, 일본의 '21개 조' 등이다(李銳, 2007: 137). 상기 '회상'은 모택동이 '시사통'이었다는 단적인 증거이다. 신문 애독은 모택동이 '시사통'이 된 주된 원인이다. 당시 각종 신문과 잡지를 열심히 읽은 사범생 모택동은 '시국의 발전'에 대해 정확히 판단했다. 한편 열람실에서의 '신문 읽기'는 모택동의 '특별한 취미'인 독학 집착과 관련된다.

　소삼은 모택동에 관해 이렇게 썼다. …당시 '시사통'으로 불린 모택동의 성숙한 정치의식은 동창들 중 군계일학(群鷄一鶴)이었다. 또 그는 손중산을 존경하고 동맹회를 추종했다(唐振南 외, 2007: 202). 이는 소삼이 소련에서 발표(1939)한 '모택동'의 한 구절이다. 한편 모택동의 '동맹회 추종'는 주장은 신빙성이 제로이다. 사범생 모택동은 소유에게 보낸 편지(1916.7.18)에서 독재자 탕향명을 비호하고 동맹회원을 '폭도'로 매도했다. 실제로 1939년 모택동은 연안에서 '중공 영수'로 자리매김한 상태였다. 이는 작가 소삼이 '영수 우상화'를 시작했다는 반증이다.

　모택동은 이렇게 회상됐다. …장사에서 공부할 때 나는 등록금을 포함해 160원을 썼다. 이 중 1/3은 신문 구독에 사용했다. 이에 아버지는 내가 부질없는 짓을 한다고 야단쳤다. 신문 애독자인 나는 정강산 진출 전까지 북경·생해·호남의 신문을 읽는 것을 중단하지 않았다(毛澤東, 2008: 39). 이 시기 모택동은 신문 구독을 통해 국내외 정세를 판단했다. 또 '정강산 진입' 후에도 신문을 구해 읽었고 이를 통해 적의 동태를 파악했다. 당시 하산한 하자진이 신문을 구입하다가 하마터면 적군에게 체포될 뻔했다.

'우수학생 평가'에는 '덕지체(德智體)' 세 개 방면의 17개 평가 사항이 설정됐다. 모택동은 '덕지체'의 6개 사항에서 '우수'로 평가됐다. 그를 선거한 투표수는 총 49표로, 이는 전교에서 으뜸이었다. '덕지체' 세 개 방면의 평가 사항에서 모두 최다표를 획득한 것은 모택동이 유일했다(周仁秀 외, 2007: 204). 평가 사항 중 '담략'과 '문장' 2개 사항에서 만표를 얻은 것은 모택동뿐이었다. 동창 주세쇠가 47표로 2등에 당선됐다. 당시 모택동이 '최우수'로 당선된 것은 방유하의 절대적 신임과 강력한 추천과 관련된다. 얼마 후 모택동은 '학우회' 총무로 임명됐다.

'우수학생 평가' 활동을 총괄한 방유하는 덕재(德才)가 겸비한 우수 인재 선발을 위해 각 학급을 다니며 취지를 설명했고 모택동과 주세쇠 등 우수 학생의 활동을 소개했다. 방유하의 '모택동 편애'는 그의 능력과 리더십을 인정한 절대적 신임에서 기인했다(尹高朝, 2011: 253). 한편 방유하의 '모택동 신임'은 그동안의 원활한 협력관계, 즉 '학우회'에서 함께 일하면서 구축된 신뢰관계에서 비롯됐다. 또 이는 모택동이 '학우회' 총무로 발탁된 '사실적 근거'로 작용했다. 훗날 모택동과 방유하는 '혁명 동지'가 됐다.

제1사범학교 시절 모택동은 성공자였다. 양창제의 제자 중 '가장 출중한 제자'로 그가 3위였다. 소유가 1위, 2위는 채화삼이었다. 1917년 그는 도덕성·담략·문장 등 방면에서 인정받아 '전교의 모범'으로 선출됐다. 동창들은 그를 '기재(奇才)'라고 불렀다(R. Terrill. 2010: 39). 상기 '제자 서열'은 황당무계하다. 이는 '모택동 폄하'로 일관된 소유의 회고록을 맹신한 결과물이다. 모택동의 '3년 선배' 소유는 1915년 6월에 졸업했다. 이 시기 채화삼은 다른 학교로 전학했다. 한편 그들은 '학우회' 총무와 경비대장, 야학 운영과 '후자석 전투'와 같은 활약이 없었다.

체육 애호자 모택동의 신체 단련 항목은 냉수욕·등산·수영·원족·풍욕·우욕 등이었다. 냉수욕과 원족은 양창제의 영향을 크게 받았다. 또 '신청년'에 발표한 '체육지연구'는 그가 이론과 실천을 겸비한 스포츠 애호자라는 것을 반증한다. 꾸준한 체육운동을 통해 단련된 그의 건장한 신체와 강한 의지력은 몇 십년 동안의 혁명활동을 뒷받침한 밑바탕이었다. 훗날 그가 회상했던 것처럼 튼튼한 몸과 강인한 인내력은 '고난의 행군'인 장정(長征)을 승리로 이끈 원동력이었다. 결국 이는 모택동이 1950년대 '덕지체' 겸비의 교육방침을 제정한 사상적 기초였다.

모택동이 처음 발표한 논문은 '신청년'에 발표(1917.4.1)한 '체육지연구'이다. 전문은 7000여 자에 달하며 기고인은 '28획생'이었다(逢先知 외, 2011: 35). 일개 사범생의 논문이 유명한 잡지 '신청년'에 발표된 것은 스승의 강력한 추천이 있었기에 가능했다. 그의 논문을 단순한 '체육 논문'이 아니었다. '논문'에 교육제도 비판과 철학적 사상이 깃들었기 때문이다. '논문'의 골자는 ① 선진국은 무예(독일의 검술, 일본의 무사도)를 숭상 ② 체육은 덕지(德智)를 보장 ③ 체육 경시로 요절과 단명이 속출 ④ 문명과 도덕성 제고는 건장한 신체가 필수 ⑤ 체육은 심신 안정과 의지력을 연마 ⑥ 군인 경시, '중문경무(重文輕武)' ⑦ 운동은 지구력과 '요령' 장악이 필수이다. 한편 모택동은 '정좌'를 숭배한 송명이학을 비판하고 실천의 중요성을 강조했다. 실제로 중국의 후진적 교육제도를 비판한 것이다.

모택동이 지적한 것처럼 당시 신체 단련과 체육이 경시됐다. 안회(顏回)[266]는 단명했고 가의(賈誼)[267]는 32세에 요절했다. 제1사범학교에서도 신체가 허약해 요절한 사례가 발생했다. 모택동의 동창 역영휴(易咏畦)가 병사한 것이 단적인 증거이다(高菊村 외, 1990: 54). 당시 중국에선 '무인(武人)'을 경시하는 사회풍조가 성행했다. '체육 경시' 결과에 따른 단명과 요절, 신변에서 발생한 비극적 사례가 모택동이 논문을 쓰게 된 계기였다.

모택동은 논문 서두에서 이렇게 썼다. …무풍(武風)이 쇠약하고 민족의 체질이 날로 약해지고 있어 걱정스럽다. 국가 발전은 국민 체질의 좋고 나쁨에 관련된다. 국민 체질의 약화는 체육 경시가 주요인이다(唐振南 외, 2007: 237). 한편 모택동이 논문에서 '삼육(三育)' 병행을 강조하고 체육의 중요성을 역설한 것은 사범학교의 까다로운 학칙과 '현실을 벗어난' 학제 설정, 현행 교육제도에 대한 불만을 발설했다는 것이 일각의 주장이다.

양창제는 학생들에게 '삼육' 병행과 심신 건강을 강조했다. 즉 학생은 도덕성과 문화지식, 건강한 신체를 겸비해야 한다는 것이다. 또 정

---

266 안회(顏回, 기원전 521~전 481)는 춘추(春秋) 말기 노나라의 학자이다. 공자의 '72현(賢)' 중 서열 1위이다. 14세에 공자를 스승으로 삼은 그의 학문은 매우 풍부했다. 공자는 수제자 안회를 '인인(仁人)'이라고 극찬했다. 한편 평생 관직에 오르지 않은 안회는 신체가 허약해 31세에 요절했다. 그의 학문과 사상은 논어(論語)에 수록돼 있다.

267 가의(賈誼, 기원전 200~전 168), 하남성 낙양(洛陽) 출신이며 정론가·문학가이다. 22세에 한문제(漢文帝)로부터 '박사(博士)'로 임명된 그는 많은 개혁안을 제출했다. 장사왕대부(長沙王大夫)로 좌천된 그는 유명한 문학 작품인 '조굴원부(弔屈原賦)'와 '봉조부(鵩鳥賦)' 등을 창작했다. 한편 허약자인 그는 32세의 젊은 나이에 요절했다.

좌·냉수욕 등 신체 단련 방법을 제자들에게 전수했다. 그의 솔선수범적 역할은 체육운동 전개에 긍정적 역할을 했다(尹高朝, 2011: 174). 양창제의 체육 중시는 모택동에게 큰 영향을 미쳤다. 한편 냉수욕·원족을 선호한 모택동은 정좌는 찬성하지 않았다. 그는 유심주의자들이 추앙한 정좌가 불교의 '좌선삼매경'과 맥을 같이한다고 여겼다. 청년 모택동은 '불교 반대자'였다.

양창제는 정좌의 '심신 단련'을 주장했다. 채화삼은 양창제를 모방해 정좌 수련에 몰두했으나 모택동은 건강한 신체는 운동을 통해 만들어진다고 생각했다. 허약자도 꾸준히 운동하면 건강해지고 건강한 사람도 운동을 게을리하면 허약해진다고 주장했다(李銳, 1980: 58). 모택동은 동(動)적 입장에서 정(靜)적 정좌를 비판했다. 당시 왕부지의 유물론적 사상을 수용한 모택동은 동적인 체육과 실천을 중시했다. 모택동이 정좌를 반대한 이유였다. 한편 정좌는 주희·육구연 등 유심주의 이학가의 추종을 받았다.

수영 애호가 모택동과 채화삼은 늦가을 날씨에도 상강에서 헤염을 쳤다. 여름방학에 악록산에서 기거한 모택동과 친구들은 상강에서 수영을 즐겼다. 그들은 등산·야영 등을 통해 체력을 단련했다. 모택동과 장곤제는 학교 옆 '군자정(君子亭)'에서 노숙했다. 또 절에서 자거나 야외에서 노숙했다(李銳, 1994: 117). 모택동의 신체 단련은 나학찬 일기(1917년 가을)에 상세하게 적혀 있다. 또 모택동은 운동을 통해 강한 의지력과 역경을 이겨내는 강인한 정신력을 키웠다. 한편 '천지(天地)와의 싸움이 즐겁다'는 그의 일기도 이 시기에 썼다는 주장에 힘이 실린다.

모택동은 냉수욕과 수영을 통해 신체를 단련했다. '인생 2백년 수격(水擊)삼천리'라는 모택동의 수영시는 호방한 기개를 보여준다. '대붕이 날 때 (水擊)3천리'라는 고사를 인용했다. 대붕과 같은 거대한 풍랑으로 세상을 바꾸려는 그의 웅심을 표현했다(黃露生, 2011: 168). 또 무용(武勇)은 담력과 지구력 등 강한 의지력으로 표현된다고 주장했다. 1972년 모택동과 면담한 닉슨 대통령은 역경을 이겨낸 모택동의 의지력을 높게 평가했다. 실제로 모택동의 강한 의지력은 역경과 좌절을 극복한 원동력이었다.

수영 애호자 모택동은 하마터면 목숨을 잃을 뻔했다. 어느 날 모택동은 진소휴(陳紹休)[268] 등과 상강에서 수영했다. 한참 헤엄치던 모택동이 물살에 휩쓸려 허우적거리며 구원을 청했다. 진소휴와 친구들이 뗏목을 몰고와 대나무로 모택동을 끌어올렸다. 물을 토하고 정신이 든 모택동은 친구들에게 '시냇물에 배를 번졌다'며 농담했다(趙大義 외, 2006: 16). 파란만장한 그의 일생에서 '구사일생'의 기적은 한 두 번이 아니었다. 1957년 모택동은 장강에서 수영하며 건장한 체력을 과시했다. 당시 그는 장강과 미제(美帝)는 무서워 보이나 '종이호랑이'라고 조롱했다.

모택동은 실천을 통해 냉수욕의 두 가지 좋은 점을 발견했다. 첫째, 혈액순환을 촉진하고 면역력을 증강하며 근골을 강화한다. 둘째, 강인한 의지력과 정신력을 배양한다. 그가 장기간 냉수욕을 견지한 이유이다. 모택동은 냉수욕을 수십 년 간 견지했다(蔣建農, 2009: 23). 모택동에게 냉수욕은 신체 단련이며 의지력을 키우는 일종의 수단이었다. 만년에도 '냉수욕'을 견지했는데 다만 온수로 찬물을 바꾸었을 뿐이다. 또 그는 욕조를 사용하지 않았다. 당시 모택동은 이것이 '신체 단련'에 도움

---

268 진소휴(陳紹休), 호남성 문가시(文家市) 출신이며 모택동의 사범학교 동창이다. 1917년 여름 상강에서 수영하던 중 '위기에 처한' 모택동을 구해준 생명의 은인이다. 1920년 프랑스 '근공검학(勤工儉學)', 1921년 학업과 아르바이트 병행, 과로로 중병에 걸려 프랑스에서 병사했다.

된다고 생각했다.

1916년 양창제는 모택동에게 체육 운동가인 유오정(柳午亭)[269]을 소개했다. 유오정 자택을 방문한 모택동은 유오정과 유직순(柳直荀)[270]부자의 열정적 환대를 받았다. 1980년대 유오정의 외손녀 낙하(駱霞)의 회상에 따르면 당시 유오정은 모택동에게 권술(拳術) 몇 가지를 가르쳐 주었다(覃曉光 외, 2014: 78). 당시 양창제가 '체육이론 연구'에 몰두하는 제자 모택동에게 문무가 겸비한 무림고수 유오정을 소개해 준 것은 목적이 있었다. 즉 그의 체육논문 집필에 '일정한 도움'이 되기를 기대했던 것이다. 훗날 모택동은 '유오정 방문'이 매우 유익했다고 술회했다.

모택동은 신체 단련의 중요성을 이렇게 말했다. …'홍루몽(紅樓夢)'의 두 주인공을 반면교사로 삼아야 한다. 평소 가보옥(賈寶玉)은 손가락 하나 까닥하지 않았다. 병약한 임대옥(林黛玉)은 폐병에 걸려 요절했다. 우리는 건장하고 의지력이 강한 청년을 배양해야 한다(柯延 외, 2009: 47). 당시 모택동은 신체 단련을 멀리하고 독립성이 결여된 '홍루몽' 두 주인공의 사례를 통해 '병약한 신체'를 가진 사대부(士大夫) 자녀들의 '호의호식'을 비판했다. 훗날 모택동은 끈질긴 단련을 통한 건강한 신체와 강한 의지력이 '험난한 장정' 길에서 매우 큰 도움이 되었다고 술회했다.

모택동은 이렇게 회상했다. …우리는 비가 오면 빗물에 목욕하는

---

269 유오정(柳午亭, 1876~1957)은 모택동의 스승인 양창제의 친구이다. 일본 유학을 다녀온 그는 유명한 무림고수(武林高手)였다. 1913년 고향 고교(高橋)에서 체육 교사, 1916년 여름 모택동은 유오정을 방문, 1943년 성화(聖和)중학교를 설립, 1957년 고향(高橋)에서 병사했다.

270 유직순(柳直荀, 1898~1932), 호남성 장사(長沙) 출신이며 공산주의자이다. 1924년 중공에 가입, 1930~1940년대 호남성 농민협회 비서장, 호북(胡北)성위 서기, '홍6군' 정치위원, 악서북(鄂西北)특위 서기 등을 역임, 1932년 9월 숙청운동 중 하희(夏曦)에게 살해됐다.

우욕(雨浴), 여름철엔 웃통을 벗고 태양욕(太陽浴)을 하고 봄바람을 맞으며 풍욕(風浴)을 했다. 서리가 내린 날씨에 노숙하고 11월에도 수영했다(李捷 외, 1996: 77). 체육 애호자 모택동은 냉수욕·수영 등을 통해 '건강한 신체'를 단련했다. 사범생 모택동이 '체육 논문'을 발표하고 '스포츠 실천가'로 성장한 데는 스승 양창제의 영향이 매우 컸다. 결국 청년 모택동은 꾸준한 운동을 통해 역경을 이겨내는 지혜와 용기 및 강한 의지력을 키웠다.

4. 신민학회 간사(幹事)

1917년은 사범생 모택동에게 획기적인 해였다. 체육 논문을 '신청년'에 발표했고 '우수학생 평가'에서 최우수생으로 선발됐다. '학우회' 총무로 임명된 그는 노동자야학을 운영했다. 또 '후자석 출격전' 승전 후 그는 학교 당국으로부터 경비대장에 임명됐다. 그해 겨울 소유와 함께 신민학회 설립을 준비했다. 또 여름에 소유와 함께 한 달 간 '유학(游學)'[271]을 다녀왔다. 이는 그들은 절친이며 신민학회 공동창립자라는 단적인 증거이다.

1917년 7~8월 모택동과 친구 소유가 호남성 내 5개 현(縣)을 주파한 '유학' 계기와 평가에 대해 중국 학자와 당사자의 주장은 크게 엇갈린다. '단순한 여행' 그 자체에 우상화와 이념이 가미된 것이다. 중국 학

---

271 유학(游學)의 본래 뜻은 전통사회에서 큰 뜻을 품은 지식인이 스승을 찾아 떠돌아다니며 학문을 추구하는 일종의 방식이었다. 한편 일부 실의(失意)에 빠진 지식인이 '유학'을 통해 시를 짓거나 대련(對聯)을 써주고 생계를 유지하는 일종의 구걸 행위로 변질됐다. 실제로 '유학'은 지식을 팔아먹는 구차한 구걸 행위이다. 훗날 소유가 주장한 것처럼 '걸인'의 스릴과 낭만에 대한 호기심이 소유와 모택동이 '유학'을 떠난 주된 이유였다.

자들이 그들의 걸인(乞人) 생활을 '유학'이라고 하는 것은 '영수'에 대한 우상숭배라는 지적을 면하기 어렵다. 이른바 '유학'은 지식을 팔아먹는 비정상적 구걸 행위였다. 또 '무전여행'은 걸인의 떠돌이 생활에 다름 아니었다.

사범생 모택동은 백성의 실상을 파악하기 위해 1917년 여름 소유와 함께 동정호(洞庭湖) 주변의 5개 현을 한 달 간 '유학'했다. 이는 백성의 생활고를 이해하기 위한 것이다(李銳, 2013: 212). 소산충에서 2년 간 농사일을 경험한 모택동이 '유학'을 통해 농민 고충과 농촌 실정을 파악했다는 주장은 설득력이 떨어진다. 오히려 '체육지연구'를 발표한 모택동이 운동 실천과 의지력 단련을 취지로 '무전여행'을 했다는 것이 설득력이 크다.

당사자 소유는 이렇게 썼다. …여름방학이 다가오자 나는 생활의 변화를 갈망했다. 그래서 결심한 것이 거지처럼 떠돌며 구걸 생활을 하는 것이다. 서방의 걸인은 '빈곤의 상징'이지만 중국에서는 구걸을 하나의 직업으로 간주한다. 나의 이 '계획'에 모택동이 동참을 요구했고 나는 흔쾌히 승낙했다(蕭瑜, 1989: 60). 당시 소유는 두 차례의 '걸인 경력'을 갖고 있었다. 또 그는 거지의 '자유로움'과 낭만 및 스릴을 친구인 모택동에게 이야기했다. 이에 큰 호기심을 느꼈던 모택동이 '걸인 경력'이 있는 친구(蕭瑜)와 함께 스릴이 넘치는 '무전여행'을 결심했던 것이다.

훗날 모택동은 소유와의 '무전여행'을 이렇게 회상했다. …1917년 여름 나와 소유는 호남성 5개 현을 주파하는 도보(徒步)여행에 나섰다. 당시 농민들은 우리에게 먹을 것을 주었고 잘 곳도 마련해주었다. 우리는 가는 곳마다 환대를 받았다(胡哲峰 외, 1993: 24). 상기 '가는 곳마다 환대를 받았다'는 주장은 역사적 사실과 동떨어진다. 그들은 대련(對聯)을 써주고 시를 지어 푼돈을 벌었다. 당시 '대련'은 소유가 썼고 모택동은 그것을 돈으로 바꿔왔다. 실제로 '환영'보다 냉대가 더욱 많았다. 이 시기 대다수의 사람들이 '지식인 거지'를 아니꼽게 보았기 때문이다.

8월 16일 '유학'을 끝낸 그들은 장사로 돌아왔다. 한달 동안 그들은 장사·녕향·안화·익양·침강 5개 현을 주파하고 천리 길을 걸었다. 또 모택동은 수많은 기록을 남겼다. 당시 사밤학교 동창들은 '푼돈 한 푼 없어도 천하를 걱정한다'고 그를 칭찬했다(何明, 2003: 71). 상강에서 윤선을 타고 장사로 돌아오는 길에 모택동은 '유학' 경험을 이렇게 정리했다. …오로지 목표를 확정하고 꾸준히 노력하면 그 어떤 곤란도 극복할 수 있다. 한편 '걸인 생활'을 통해 자유와 스릴을 만끽한 소유는 '거지 생활 3년을 하면 관리직도 마다한다'는 속담의 뜻을 실감했다.

그들은 구걸을 통해 '여비(旅費)'를 마련했다. 모택동은 이렇게 술회했다. …당시 대련을 쓴 소유는 낯가림으로 나서지 못했고 내가 그것을 돈으로 바꿔왔다. 여행 기간 우리는 80원을 벌었다. 나는 농민생활 개선이 중국의 사회문제라는 것을 깨달았다(覃曉光 외, 2014: 91). 이번 '유학'이 사범생 모택동이 최하층의 '실상 이해'에 도움이 된 것은 분명했다. 또 '걸인 생활' 호기심으로 '무전여행'을 시작했다는 소유의 주장도 일리가 있다. 한편 두 청년의 '무전여행'을 구국구민과 연계시키는 것은 견강부회이다.

신민학회의 주요 발기인은 모택동과 소유이며 초기에는 '진보적 학술' 단체였다. 신민학회 회원들은 주로 호남성과 프랑스에서 활동했다. 국내 책임자는 모택동이며 프랑스의 책임자는 소유와 채화삼이었다. 5.4운동 후 신민학회의 취지가 바뀐 후 정치적 조직으로 발전했다. 1920년 겨울 대부분의 회원들이 사회주의청년단과 공산주의소조(共産

主義小組)[272]에 가입했다. 1921년 여름 중국 공산당이 설립된 후 신민학회의 활동은 중지됐다. 이 시기 모택동과 소유는 결별했다. 모택동은 '중공 창시자'로, 소유는 '자유민주주의자'로 잔락했다. 한편 공산당에 가입한 대다수 신민학회 회원들은 1930년 전후 혁명을 위해 소중한 목숨을 바쳤다.

훗날 '정적이 된' 모택동과 소유는 '자서전'을 통해 서로 상대를 폄하했다. 또 그들의 '자서전'에는 많은 기억착오와 왜곡된 주장 및 이념논리로 점철돼 있다. 그들의 '회고록'에는 신민학회에 대한 잘못된 기록이 허다하다. 소유의 책에는 사건 발생 순서가 잘못된 모택동의 '자서전' 내용이 그대로 적혀 있다. 그들의 기억착오와 잘못된 서술은 연구자들의 착각과 오판을 초래했다. 한편 중국 학자들은 모택동의 '자서전'을 절대적 기준으로 삼는 반면, 외국 학자들은 '모택동 폄하'로 일관된 소유의 '회고록'을 맹신한다. 결국 '사실 왜곡'이 역사 왜곡을 낳았다.

신민학회의 시대적 배경은 ① 군벌 혼전, 내우외환 ② 세계대전 막바지 단계 ③ 러시아 10월혁명 폭발 ④ '개성 추구'의 신사조 등이다. 모택동이 개괄한 '학회 설립' 원인은 ① 친구 간 협력과 상호 도움의 필요성 ② 단체를 통한 단합된 행동의 절박성 ③ 학생 대부분이 양창제의 제자 등이다(李銳, 2007: 202). 1917년 겨울 모택동과 소유는 '학회 설립'을 본격적으로 추진했다. 이 시기 '학우회' 총무인 모택동의 주위에 진보

---

272 공산주의소조(共產主義小組)는 최초의 (中共)조기 조직을 가리킨다. 중공 최초의 당조직은 1920년 8월 상해에서 설립, 진독수가 서기를 맡았다. 당시 상해의 공산주의소조는 전국 당조직의 중추기관으로, 공산당 창건에 중요한 역할을 했다. 1920~1921년 북경·무한·장사·광동·일본·프랑스 등지에서 공산주의소조가 설립, 1920년 11월 모택동과 하숙형 등은 신민학회의 멤버를 주축으로 장사(長沙)에서 공산주의소조를 조직했다.

적 학생들이 뭉쳤다. 당시 그들은 인생관과 '구국국민(救國救民)'에 대한 토론을 자주 진행했다. 결국 '(學生)단체 결성'이 의사일정에 올랐다.

훗날 모택동은 이렇게 회상했다. …이 시기 나를 중심으로 많은 학생들이 뭉쳤다. 진보적 사상을 가진 그들은 사소한 일을 논의하지 않았다. 우리는 개인적인 문제나 여자에 대해 토론하지 않았다. 당시 나는 여자에 대해 흥취가 없었다(汪衡, 2009: 50). 실제로 사상이 진보적인 그들은 애정과 금전 등을 '개인적 문제'로 간주했으며 이와 관련된 토론을 거부했다. 한편 1~2년 후 청년 모택동은 '두 여인' 사이에서 '양다리 걸치기'를 했다.

1915~1917년 약 15명의 학생들이 '개인생활 향상'에 관한 토론을 100차 이상 진행했다. 결국 단체의 설립은 의사일정에 올랐다. 그들은 개인의 도덕성을 높이고 학술 혁신을 갈망했다. 이것이 학회를 발족한 주된 원인이다(新民學會資料, 1980: 2). 학회 설립은 당시 성행된 신문화운동의 신사조와 관련된다. '신청년'이 주창한 신문화운동은 새로운 도덕관·윤리관 수립을 제창했다. 이는 '신청년' 애독자인 모택동과 진보를 추구한 그들의 인생관에 부합됐다. 학회의 취지는 '사회 개조'와 '인류생활 향상'이었다.

당시 진보적 학생들은 새로운 생활을 추구하고 단체적 활동과 조직을 갈망했다. 이 역시 학회 설립의 주된 요인이다. 또 단체활동에 참가한 학생 대다수가 양창제의 제자들이었다는 것도 한 원인이다. 양창제가 그들에게 설파한 인생관 함양과 개인수양, 입지(立志)를 중요시하는 신민학회가 드디어 출범했다(李捷 외, 1996: 112). 한편 진보적 학생들이 추구한 것은 개인의 입신양명과 개인적 영달은 결코 아니었다. 또 신민학회 설립은 그들에게 적극적 인생관을 추구하고 사회에 '유익한 인물'

이 돼야 한다고 강조한 '정신적 도사(導師)'인 양창제와 크게 관련된다.

모택동의 주위에 '뭉친 친구'는 채화삼·장곤제·나학찬·하숙형·추정승(鄒鼎丞)[273]·이유한(李維漢)[274] 등이다. 당시 그들은 등산·원족·수영을 통해 함께 활동하며 토론회를 진행했다. 토론 내용은 수신·입지·사회 풍조였다(周仁秀 외, 2007: 176). 1917년 9월 모택동·채화삼·장곤제는 악록산에서 사회문제와 국민성 개조를 담론했다. 당시 모택동은 상담동향회를 설립했다. 또 '학우회' 수영부에는 80명의 수영 애호자가 있었다.

우선 신민학회와 관련된 국내외 학자들의 '잘못된 기록'을 살펴보기로 한다. 이런 '잘못된 기록'은 주요 당사자인 소유·모택동·소삼의 잘못된 서술과 '기억착오'에서 비롯된 것이다.

1918년 4월 14일 모택동 등 13명 회원이 채화삼의 집에서 학회 설립을 토론했다. 총간사(總幹事)로 선정된 모택동은 사절했다. 그 후 그는 실질적 책임자가 됐다(胡眞, 1999: 156). 신민(新民)은 소유가 '신민총보'에서 따온 것이다. 또 신민학회에는 향경여(向警予)[275]·이사안(李思安)[276]·도

---

273 추정승(鄒鼎丞, 1894~1919), 호남성 상음(湘陰) 출신이며 모택동의 동창이다. 1918년 봄 모택동과 함께 신민학회 장정(章程) 작성, 1918년 10월 북경에서 프랑스 유학 예비반에 참가, 과로로 중병에 걸려 1919년 1월 호남으로 돌아왔다. 1919년 25세의 젊은 나이에 요절했다.

274 이유한(李维汉, 1896~1984), 호남 장사(長沙) 출신이며 공산주의자이다. 1922년 중공에 가입, '8.7회의(1927)' 후 중공의 '주요 지도자'가 됐다. 1930~1940년대 중공 조직부장, 섬감(陝甘)성위 서기, (中共)선전부 부부장, 통전부장을 지냈다. 건국 후 국무원 비서장 등을 역임, '문혁' 기간 8년 동안 옥살이를 했다. 1984년 북경에서 병사했다.

275 향경여(向警予, 1895~1928), 호남성 숙포(淑浦) 출신이며 공산주의자이다. 1919년 신민학회 가입, 1920년 프랑스 유학, 그해 5월 채화삼과 결혼했다. 1922년 중공에 가입, 1922년 중앙부녀(婦女)부장, 1927년 한구(漢口)시위 선전부장, 1928년 5월 국민당 군대에게 살해됐다.

276 이사안(李思安, 1892~1969), 호남성 장사(長沙) 출신이며 공산주의자이다. 1919년 신민학

의 등 여회원도 있었다. 도의는 양창제의 훌륭한 제자였다(Levine, 2017: 81). 모택동의 '총간사 선정'과 '모택동 사절'은 소삼의 잘못된 기록에서 비롯됐다. 상기 소유가 신민학회의 이름을 지었다는 주장은 정확하지 않다. 도의가 '양창제 제자'라는 것은 사실무근이다. 상기 주장은 소삼 형제가 출간한 '모택동 저서(英文)'에서 기인한 것이다.

소유는 회고록에 이렇게 썼다. …1914년 나와 모택동이 설립한 신민학회는 정치조직과 당파에 예속하지 않았다. 모택동이 공산주의를 수용한 후 정치조직으로 변질했다. 현재 많은 중공 지도자가 신민학회 출신이다(蕭瑜, 1989: 43). 또 그는 이렇게 회상했다. …학회 장정(章程)은 내가 작성했고 모두 7조였다. 어느 일요일 회원 11명은 제1사범학교 교당에서 창립식을 거행했다. 학회 비서로 내가 당선됐고 회장직은 설정하지 않았다(曾誠 외, 2011: 315). 신민학회는 1918년에 설립됐다. 신민학회 출신의 '중공 지도자'는 모택동·이유한·채창(蔡暢)[277] 등 소수였다. 한편 11조로 된 장정은 모택동과 추정승이 작성했다. 창립 멤버는 13명이며 설립 장소는 채화삼의 집이었다. 또 소유는 '비서'가 아닌 총간사로 선출됐다.

'창립 준비' 회의(1917.12)에서 모택동과 추정승의 '장정 작성'을 결정했다. 소삼의 일기에 따르면 장정에 대해 회원들이 두 차례 이상 토

회 가입, 1924년 중공에 가입, 1926년 호남성 총공회 부녀부장, 1929년 재차 남양으로 가서 교사로 근무, 1952년부터 호남성 문사과(文史科)에서 근무, 1969년 장사에서 병사했다.

277 채창(蔡暢, 1900~1990) 호남성 쌍봉(雙峰) 출신이며 공산주의자이다. 1923년 중공에 가입, 1930~1940년대 `강서성 조직부장, 섬서성 통전부장, 중앙부위(婦委) 서기, 국제부련(婦聯) 부주석, 건국 후 전국 부녀연합회 주석, 전국 인대 부위원장을 역임, 1990년 북경에서 병사했다.

론했고 일부 쟁론도 있었다. 당초 장정은 내용이 꽤 많았다(唐振南 외, 2007: 182). 1918년 봄 소삼은 일기에 이렇게 썼다. …둘째 형(蕭瑜)은 학회 명칭을 '신민회'라고 하는 것이 좋다고 했다(1918.3.31). 둘째 형이 윤지(潤之)가 쓴 '장정'을 수정했다(1918.4.8). 또 창립식은 1918년 4월 14일 채화삼의 집에서 거행됐다. 둘째 형이 총간사, 모택동·진서농(陳書農)[278]이 간사로 선출됐다(新民學會資料, 1980: 166). 소삼의 일기는 신빙성이 높다. 이 또한 소유의 '총간사 선출' 이유를 알 수 있는 대목이다.

신민학회 취지는 …학술 혁신과 품행을 함양하며 인심·풍속을 개량한다. 회원 기율은 ① 거짓말 반대 ② 게으름 불가 ③ 낭비 삼가 ④ 도박 금지 ⑤ 기생집 출입 금지 등이다(覃曉光 외, 2014: 185). 신민학회의 본부는 장사에 설치됐고 회원은 회비로 1원을 납부했다. 소유가 유학간 후 모택동이 실질적 책임자였다. 한편 채화삼이 '학회 발기자'라는 것이 일각의 주장이다. 그러나 채화삼이 '학회 책임자'에서 제외된 것은 매우 난해하다.

모택동과 채화삼 등 진보적 학생들은 반복되는 토론을 통해 새로운 윤리관과 고상한 도덕관을 추구했다. 그들은 중국의 '후진적 원인'으로 낙후한 도덕성과 사회풍기 문란을 꼽았다. 따라서 학술 교류와 도덕성 함양, '사회 개조'를 학회 취지로 삼았다. 실제로 신민학회 취지는 신문화운동의 영향을 크게 받았고 양창제의 덕지체 교육사상과 밀접히 연관된다. 설립 초기 신민학회는 정치적 이념이 가미되지 않은 단순

---

278 진서농(陳書農, 1898~1970), 호남 장사(長沙) 출신이며 신민학회 회원이다. 호남제1사범학교 졸업, 장사주남(長沙周南)여자학교 교사, 1918년 신민학회 간사(幹事), 1920년 모택동의 '중국·세계 개조' 취지 변경을 지지, 1950년대 호남대학 교수, 1970년 장사에서 병사했다.

한 학술단체였다.

신민학회 명칭은 '학회 주도자'인 채화삼과 크게 관련된다. 당시 회원들은 '신민지도(新民之道)'의 '신민'은 진보와 혁명의 뜻이 포함됐다는 그의 주장을 모두 찬성했다(尹高朝, 2011: 180). '신민'에 포함된 세 가지 뜻은 ① 새로운 국민과 인간 혁신 ② 양계초의 '신민설' ③ '신민' 교육은 유교학자의 책임이다(P. Short, 2010: 68). 당시 모택동은 '신학회', 소유는 '신민회'를 주장했다는 소삼의 일기는 신빙성이 매우 높다. 창립식(1918.4.14)에서 추정승이 상기 두 사람의 견해를 합쳐 '신민학회'라고 부르자는 의견을 대다수 회원이 찬성했다는 주장이 정설에 가깝다.

모택동은 이렇게 회상했다. …나는 1917년에 신민학회를 설립했다. 회원은 70~80명이었고 후세에 이름을 남긴 사람들이 많았다. 저명한 인사는 이유한·채화삼·하희(夏曦)[279]·곽량(郭亮)[280]·역례용(易禮容)[281]·소정(蕭靜)이다. 신민학회 회원 대다수는 1927년의 반혁명 정변으로 처형됐다(新民學會資料, 1980: 362). 실제로 신민학회는 1918년 4월에 창립됐고 회

---

[279] 하희(夏曦, 1901~1936), 호남성 익양(益陽) 출신이며 공산주의자이다. 1921년 중공에 가입, 1920~1930년대 호북성위 서기, 강소성위 선전부장, '홍2군단' 정치위원, 상악서(湘鄂西)서기를 역임, 1932~1933년 숙반운동(肅反運動)을 주도, 1936년 귀주성 필절(畢節)에서 익사했다.

[280] 곽량(郭亮, 1901~1928), 호남성 장사(長沙) 출신이며 공산주의자이다. 1921년 중공에 가입, 1923년 중공상구(湘區) 공농부장, 호남공단(工團)연합회 총간사, 1926년 전국총공회 집행위원, 1927년 중공중앙 후보위원, 호북성위 서기를 역임, 1928년 3월 장사에서 희생됐다.

[281] 역례용(易禮容, 1898~1997), 호남성 상향(湘鄉) 출신이며 공산주의자이다. 1921년 중공에 가입, 1928년 탈당(脫黨), 1930~1940년대 호북성정부 비서장, 중국노동협회 서기장, 건국 후 전국총공회 노동보호부장, 전국 정협 상임위원을 역임, 1997년 북경에서 병사했다.

원수(1921년 기준)는 50여 명이었다. 그들 대다수는 1930년 전후에 희생됐다. 미스터리적 인물 '소정'의 정체는 아직 밝혀지지 않고 있다. 한편 모택동 외 후세에 '이름을 남긴' 사람은 별로 없다.

모택동은 학회 취지를 '중국·세계 개조'로 정하고 '축첩 반대' 등 기율을 제정했다. 1918년에 수십명 회원을 받아들였는데 유소기(劉少奇)[282]·임필시(任弼時)[283]·왕약비(王若飛)[284]가 있었다(D. Wilson, 2011: 40). 또 이부춘(李富春)[285]·등대원(滕代遠)[286]·소경광(蕭頸光)[287]이 있으며 유일한 여성은 채

---

[282] 유소기(劉少奇, 1898~1969), 호남 녕향(寧鄉) 출신이며 공산주의자이다. 1921년 중공에 가입, 1920~1930년대 전국총공회 부위원장, 복건성위 서기, 북방국·중원국 서기, 1940년대 신사군 정치위원, 중앙서기처 서기, 중공중앙 주석대리를 지냈다. 건국 후 중앙정부 부주석, 전국 인대(人大) 위원장, 중공중앙 부주석, 국가주석 등을 역임, 문혁시기 '주자파(走資派)'로 몰려 잔혹한 박해를 받았다. 1969년 11월 억울하게 죽임을 당했다.

[283] 임필시(任弼時, 1904~1950), 호남 멱나(汨羅) 출신이며 공산주의자이다. 1922년 중공에 가입, 1920~1930년대 공청단(共青團) 서기, 홍군 제2방면군 정치위원, 팔로군 정치부 주임, 모스크바 주재 중공 대표를 지냈다. 1940년대 중공중앙 비서장, 중앙서기처 서기, 신민주주의청년단 명예주석 등을 역임, 1950년 10월 북경에서 병사했다.

[284] 왕약비(王若飛, 1896~1946), 귀주성 안순(安順) 출신이며 공산주의자이다. 1922년 유럽 '소년공산당' 창립, 모스크바에서 중공 당원이 됐다. 1920~1940년대 강서성위 선전부장, 화북국(華北局) 비서장, 남방국 공위(工委)서기 등을 역임, 1946년 4월 비행기 사고로 사망했다.

[285] 이부춘(李富春, 1900~1975), 호남성 장사(長沙) 출신이며 공산주의자이다. 1922년 중공에 가입, 1920~1930년대 북벌군 제2군 당대표, 강서성위 서기, '홍3군단' 정치위원, 1940년대 섬감녕(陝甘寧)성위 서기, 중공중앙 비서장, 동북국 부서기, 동북군구 부정치위원, 건국 후 중공업부장, 국무원 부총리 등을 역임, 1975년 북경에서 병사했다.

[286] 등대원(滕代遠, 1904~1974), 호남성 회화(懷化) 출신이며 공산주의자이다. 1925년 중공에 기입, 1920~1940년대 호남성 농민협회장, '홍5군' 당대표, 팔로군 참모장, 철도병단 사령관을 지냈다. 건국 후 철도부장, 전국 정협 부주석 등을 역임, 1974년 북경에서 병사했다.

[287] 소경광(蕭頸光, 1903~1989), 호남성 장사(長沙) 출신이며 개국대장(大將)이다. 1922년 중

창이다. 양창제와 서특립이 후원자였다(Edgar Snow, 1985: 70). 상기 잘못된 서술을 정리하면 ① '중국·세계 개조'는 변경된 취지 ② '축첩 반대', 사실무근 ③ '수십명 회원(1918)', 기억착오 ④ 유소기 등의 '학회 회원' 주장은 사실 왜곡 ⑤ 채창은 1920년에 신민학회에 가입 ⑥ 당시 서특립은 신민학회 '후원자'가 아니었다.

비슷한 단체로 호북의 '호조사(互助社)'가 유명했다. 당시 '호조사'의 책임자는 운대영(惲大英)[288]이었다. 홍군대학 총장인 임표(林彪)와 백구(白區) 책임자인 임육영(林育英)[289]도 회원이었다. 북경·천진(天津) 등지에 설립된 급진적 단체는 중국 정치사에 커다란 영향을 끼쳤다(李捷 외, 1996: 111). 모택동은 이렇게 회상했다. …상기 급진적 단체는 '신청년' 잡지의 영향을 받아 출범됐다. 나는 제1사범학교 시절부터 '신청년' 잡지를 애독했다. 이 시기 진독수와 호적은 나의 사표였다(張彦 외, 1993: 27). 당시 임표는 '호조조'의 성원이 아니었고 '각오사(覺悟社)'[290]의 발기자는 주은

<hr>

공에 가입, 1930~1940년대 '홍12군' 참모장, (紅軍)후방사령부 참모장, 호남군구 사령관, 건국 후 해군사령관, 국방부 부부장, 전국 인대 부위원장을 역임, 1989년 북경에서 병사했다.

288 운대영(惲大英, 1895~1931), 호북성 무창(武昌) 출신이며 공산주의자이다. 1921년 중공에 가입, 1923년 공청단 선전부장, 1925년 황포군관학교 교관, 1927년 중앙위원, 1928년 중앙선전부 간사, 1930년 반역자의 밀고로 상해에서 체포, 1931년 남경에서 살해됐다.

289 임육영(林育英, 1897~1942), 호북성 황강(黃岡) 출신이며 공산주의자이다. 1922년 중공에 가입, 1924년 모스크바노동대학 연수, 1930년 만주(滿洲)성위 서기, 1933년 모스크바 주재 중공 대표로 파견됐다. 1937년 팔로군 129사다 정치위원, 1938년 봄 중병으로 연안으로 복귀했다. 1938년 중앙위원에 보선, 1942년 연안에서 병사했다.

290 각오사(覺悟社)는 5.4운동 기간 주은래 등 진보적 청년들이 설립한 혁명 단체이다. 1919년 9월 16일 천진학생연합회와 천진여계(女界)애국동지회의 20명 청년들이 공동으로 발족했다. 당시 학생조직 골간(骨幹)들은 남녀 구분을 타파하고 통일된 조직을

래와 등영초(鄧穎超)[291] 등이다. 한편 신문화운동을 주창한 '신청년'은 신민학회 등 진보적 단체의 출범에 긍정적인 역할을 했다.

'신청년' 애독자인 모택동은 신문화운동의 추종자였다. 이는 신민학회 창립에 긍정적 요인으로 작용했다. 진독수는 청년 모택동의 '무정부주의 신봉'에 일조했다. 그러나 진독수의 지지로 모택동은 (長沙)공산주의소조를 창건하고 '중공 창시자'가 됐다. 한편 국공합작(1924~1927) 시기 진독수의 신임을 잃은 모택동은 중공 요직에서 밀려났다. 1936년 모택동이 진독수를 '사표'라고 한 것은 정치적 의도가 깔려 있었다. 이 시기 중공 영수의 지위를 확보하지 못한 그는 중공의 주요 창시자인 진독수와의 인연을 강조해 자신이 '중공 창시자'임을 부각시켰던 것이다.

사범생 모택동의 숭배를 받았던 개량주의자 호적을 모택동의 사표로 보기 어렵다. 진독수가 창간(1918.12)한 '매주평론'은 모택동의 상강평론(湘江評論)[292]에 큰 영향을 미쳤다. 1919년 7월 호적은 '문제를 많이 연구하고 주의(主義)를 적게 말하자'는 글을 발표해 마르크주의를 반대했

설립했다. 1984년 중국정부는 천진에 '각오사기념관(覺悟社記念館)'을 설립했다.

291 등영초(鄧穎超, 1904~1992), 광서성 남녕(南寧) 출신이며 공산주의자, 중국 부녀운동의 선구자이다. 1925년 중공에 가입, 그해 여름 광주에서 주은래와 결혼했다. 1930~1940년대 (中共)부녀위원회 서기, 중앙국 비서장, 남방국 부녀부장, 전국 부련회(婦聯會) 부주석, 건국 후 전국 부련회 명예주석, 전국 인대 부위원장, 전국 정협 주석을 역임, 1992년 북경에서 병사했다. 등영초는 중공 역사상 유일한 '정국급(正國級)' 여성 지도자이다.

292 상강평론(湘江評論)은 1919년 7월 14일 장사에서 창간, 모택동이 주필, 또 주요 기고자였다. 창간호에 실린 '창간선언' 골자는 ① 평민주의로 독재를 타도 ② 학술연구를 통해 진리를 추구 ③ 민중과 연합해 독재자와 지속적 투쟁을 진행 등이다. 제2기부터 연재한 '민중의 대연합'은 민중의 혁명역량을 부각시켰다. 이는 통지자의 불안과 공포를 불러일으켰다. 1919년 8월 호남성 독군 장경요(張敬堯)가 파견한 군대에 의해 차압됐다.

다. 당시 청년 모택동은 호적이 주장한 실용주의를 찬성했다. 1940년 대 주미(駐美) 대사 호적은 국민당을 위해 일했다. 1955년 중국 대륙에선 '반공분자' 호적을 비판하는 운동이 일어났다. 호적이 당시 모택동의 지식 수준으로 북경대학 입학이 불가능했다고 말한 것이 화근이 됐다.

1918년 6월 모택동은 공독동지회(工讀同志會)를 설립했다. 당시 그의 친구들은 이렇게 비난했다. …일전 한 푼 벌지 못했으나 금전 걱정은 없었다. 푼돈 한 푼 없이 천하를 걱정한다(A. Pantsov, 2015: 64). 1918년 3월 장경요 군대의 학교 주둔으로 수업이 중단됐다. 또 '공독생활'은 일본 의 '신촌주의(新村主義)'[293]와 관련된다. 한편 '푼돈 한 푼 없이 천하를 걱 정한다'는 서술은 모택동과 소유의 '유학'과 관련된다. 이는 잘못된 인 용이다.

1918년 봄 악록산 반학재(半學齋)에서 기거한 모택동·장곤제 등은 매일 같이 일하고 함께 생활하며 철학을 연구했다. 그들의 생활방식은 신촌주의식 성격이 강했다(覃曉光 외, 2007: 254). 일본의 신촌운동은 무사 노코지 시네야스(武者小路实笃) 등 백화파(白樺派) 작가들이 추진한 '공상 적 사회주의' 운동이다. 모택동은 1919년 주작인(周作人)[294]이 쓴 '일본의

---

293 무정부주의를 주창한 '신촌주의(新村主义)'는 평화적 사회개조를 통해 '이상적 사회'인 신촌(新村)을 건설한다는 것이다. 일본 작가 무사노코지 시네야스(武者小路實篤)가 1910 년 백화(白樺) 잡지에 '신촌'을 선양, 모든 사람이 평등하고 호조·우애하는 신촌을 실 현한다는 것이다. 5.4운동 시기 '신촌주의'는 중국의 애국적 청년들의 추앙을 받았다. 1918년 봄여름 모택동과 친구들은 악록서원(岳麓書院)에서 일본식 '신촌주의'를 실천 했다.

294 주작인(周作人, 1885~1967), 절강 소흥(紹興) 출신이며 무정부주의자이다. 1906년 일본 유학, 1918년 북경대학 교수, 1919년 '신청년'에 일본의 신촌운동을 소개했다. 1944 년 '중일문화협회' 이사, 1947년 '한간죄(漢奸罪)'로 징역형 10년을 선고, 1967년 북경 에서 병사했다.

신촌'을 통해 신촌주의를 알게 됐다. 실제로 모택동의 신촌주의식 '공독생활'은 1년 전에 시작됐다. 이는 모택동이 무정부주의자로 전락한 계기가 됐다.

1960년 일본 대표단을 접견한 모택동은 이렇게 술회했다. …나의 학교 생활은 사숙의 '공부자 공부'와 사범학교의 '자본주의 수용'이다. 나는 칸트의 관념론을 공부했고 서양의 유심사관을 수용했다. 나는 군벌을 반대했고 일제(日製) 상품을 보이콧했다(唐振南 외, 2007: 257). 당시 일본을 적대국으로 간주한 모택동은 1919년 일본 상품을 배격하는 학생운동을 주도했다. 한편 '신촌운동'에 관심이 컸던 그는 한때 '일본 유학'을 계획했다.

모택동은 '사범 시절'을 이렇게 회상했다. …이 시기 나의 사상은 자유주의와 민족 개량주의, 공상적 사회주의 등 각종 이념의 혼합체였다. 나는 군벌과 제국주의를 반대했다. 1918년에 사범학교를 졸업했다(王衡, 2009: 51). 사범생 모택동의 사상이 각종 이념의 '혼합체'로 된 것은 당시의 사회적 배경과 신문화운동과 관련된다. 이는 개량주의자 강유위·양계초, 유심주의자 양창제, 자유주의자 호적의 영향을 받은 것과 크게 관련된다. 또 당시 성행한 무정부주의적 사조(思潮)와 연관된다. 1921년 전후 '폭력혁명'을 수용한 모택동은 마르크스주의자로 전환했다.

제1사범은 모택동이 졸업한 '유일한 학교'였다. 대학공부나 외국유학을 한 적이 없는 모택동의 지식 기반은 사범 시절에 쌓았다. 실제로 '사범 5년 반'은 모택동의 파란만장한 인생의 축소판이다. 사범학교에서 많은 사건사고와 위기를 겪은 모택동은 야학 운영을 통해 강한 조직력을 과시했다. 경비대장과 후자석 전투는 그의 험난한 '융마 인생'을 예고했다. 한편 진보단체 신민학회는 청년 모택동이 공산주의자가

된 디딤돌이었다.

　사범생 모택동이 지휘한 '후자석 출격전'은 군사적 재능을 보여준 단적인 사례이다. 이는 6개월의 군생활과 무관치 않다. 성공적 '야학 운영'은 공산주의자 모택동이 노동운동가로 거듭난 밑바탕이 됐다. 또 그는 학술단체 신민학회를 이념이 가미된 '정치단체'로 발전시켰다. 한편 은사 양창제로부터 전수받은 유심사관은 상당한 후유증을 낳았다. 이는 1950년대 중공 지도자 모택동이 '공상적 사회주의'를 추구한 사상적 기초가 됐다.

1920년 7월 모택동은 '학생운동 리더' 자격으로 환고향했다. 지방정부 실세 역배기의 지지와 장사쇠의 '협찬금', 진독수의 신임을 받은 '혁명가' 모택동에게 탄탄대로가 열렸다. 1920년 겨을 양개혜와 결혼한 모택동은 본격적인 '창당 활동'을 개시했다.

한편 '신촌'에 대한 집념을 포기하지 않은 모택동은 무정부주의적인 '호남공화국'을 꿈꾸었다. 공독호조의 '공산몽(共産夢)'에 대한 불씨는 결코 꺼지지 않았다. 수십 년 후에 되살아난 '불씨'는 중국인들에게 엄청난 재앙을 몰아왔다.

혁명가 모택동은 계급투쟁으로 시작했고 계급투쟁에 의해 성공했다. 또 계급투쟁에 의해 '역사의 죄인'이 됐다. 이는 만년에 그가 문화대혁명과 같은 중대한 과오를 범하게 된 사상적 배경이다. 실제로 모택동은 계급투쟁의 화신(化身)이었다.

'중공 3대'에서 모택동이 중앙국에 진입한 것은 진독수의 '절대적 신임'이 결정적 요인이다. 중공의 인사권은 진독수에게 절대적 권한이 있었다. 한편 좌경분자 다링이 제기(1924.3.30)한 '마링의 사람'은 '중공 4대'의 모택동 낙선에 빌미를 제공했다. 이른바 '마링의 사람'은 공산국제 좌파가 '우경 대표' 모택동에게 씌운 '이념적 누명'이다.

손중산의 노력이 결실을 맺은 황포군교는 국공합작의 결과물이다. '괴뢰' 역할을 한 중공은 국민당의 이해타산과 '소련 국익' 도모의 정치적 도구로 전락했다. 한편 장개석은 황포군을 기반으로 북벌에 성공했다. 당내 정적과 지방 군벌은 그의 적수가 되지 못했다. 그런 그에게도 천적은 있었다. 그가 바로…

모택동은 상해를 떠나 '무창농강소(武昌農講所)' 설립에 몰두했다. 2년 전 모택동의 '상해 실각'은 큰 트라우마로 남았다. 그 무렵 모택동은 후반생 내내 그를 고통에 시달리게 한 신경쇠약에 걸렸다. 당시 모택동의 '상하이(上海) 콤플렉스'가 생겨났다.

중공 창시자인 진독수와 중화인민공화국 창건자인 모택동이 공유한 '공통점'이 있다. 그것은 독선적이고 권위적이며 타고난 독재자의 기질이다. 결국 모택동은 당내의 막강한 라이벌을 누르고 최대 정적인 장개석을 전승했다. 모택동이 '최후의 승자'가 된 주된 원인은 타고난 군사전략가의 자질과 강인한 인내력, 강철 같은 의지력이다.

스탈린의 '계급투쟁 중심' 지도이념과 고도의 집권(集權)적 정치시스템, 중앙집권적 계획경제와 생산수단 전면적 국유화, 공업화·집단화 등의 치국방략은 사회주의 국가 신중국을 창건한 모택동에게 막대한 영향력을 끼쳤다. 실제로 모택동은 건국 초기 스탈린이 창도한 계획경제 체제를 그대로 도입했다.

제2장
공산당 창건과 국공합작(1924~1927)

제1절 북경대학 취직, 마르크스주의 신봉

1. 두 차례의 '북경행'과 장사의 혁명활동

1918년 신민학회의 회원들은 향후 진로를 고민했다. 당시 대다수의 회원들은 일본 유학을 선호하고 있었고 일부는 화교가 많은 동남아를 선망했다. 이 시기 일본에서 유학하고 있는 중국 유학생은 1만명이 넘었고 호남성 출신만 천여 명이 됐다. 명치유신 후 서구의 문명을 받아들인 일본은 자본주의 경제가 급속히 발전했고 동서방의 문화교류 중심지였다. 모택동이 존경한 양창제·노신·이대쇠 등은 모두 일본 유학을 다녀왔다.

사범생 모택동은 여금회에게 보낸 편지(1917.8.23)에서 4년 간의 시간을 들여 외국 유학을 하겠다는 계획을 밝혔다. 실제로 소삼의 일기(1918.3.31)에도 모택동이 일본 유학을 계획했다고 적혀 있다. 이 시기 신민학회는 주명제(周名弟)[295]와 나장룡을 일본에 유학을 보내기로 결정했

---

295 주명제(周名弟, 1895~1947), 호남성 상담현 출신이며 신민학회 회원이다. 1918년 신민학회에 가입, 1918~1931년 일본에서 유학, 항전 시기 '팔로군 항전승리' 제목의 소책자를 출간, 1945년 연안으로 출발한 후 가족과 연락이 두절, 1947년 곤명(昆明)에서 병사했다.

다. 결국 나장룡의 일본 유학이 무산된 후 모택동은 일본 유학을 포기했다.

1918년 6월 북경대학의 교수로 발탁된 양창제가 '프랑스유학근공검학회(留法勤工儉學會)'에 관한 소식을 전해왔다. 채원배·이석증(李石曾)[296]·오옥장(吳玉章)[297] 등이 설립한 '화법교육회(華法敎育會)'에서 북경·보정(保定) 등지에서 (留學)예비반을 편성해 학생을 모집한다는 것이었다 (唐振南 외, 2007: 262). 당시 신민학회는 채화삼을 북경에 파견해 구체적 상황을 알아보도록 결정했다. 한편 모택동은 채화삼에게 되도록이면 북경에서 일자리를 찾아 생활비를 해결하고 북경대학의 수강생이 되고 싶다는 자신의 계획을 은사인 양창제에게 전해줄 것을 부탁했다.

6월 25일 북경에 도착한 채화삼은 모택동에게 편지를 보내 '북경 출발'을 재촉했다. 또 '북경대학 진학'을 희망한다는 스승 양창제의 의견을 모택동에게 전달했다. 당시 신민학회 회원의 프랑스 '근공검학(勤工儉學)'을 적극 추진한 모택동은 '유럽 유학'을 망설이고 있었다. 결국 채화삼의 연속되는 '재촉 편지'를 받은 모택동은 드디어 북경행을 결심했다.

북경 출발 전 모택동은 일곱째·여덟째 외숙부에게 편지를 보냈다. …저는 8월 13일 동행자 13명과 함께 북경으로 떠납니다. 이번 북경행

---

296 이석증(李石曾, 1881~1973), 하북성 고양(高陽) 출신이며 교육가이다. 1906년 동맹회에 가입, 1917~1919년 북경대학 교수, 1920년 북경과 프랑스에서 중법(中法)대학을 창건, 1924년 국민당 감찰위원, 1948년 '총통부' 자정(資政), 1973년 대북(臺北)에서 병사했다.

297 오옥장(吳玉章, 1878~1966), 사천성 영현(榮縣) 출신이며 공산주의자이다. 1925년 중공에 가입, 1927년 남창봉기에 참가했다. 1938년 연안(延安)대학 총장, 1946년 사천성위 서기, 1950~1966년 (北京)중국인민대학 총장을 지냈다. 1966년 북경에서 병사했다.

은 여행이 주목적입이다. 가모(家母)가 외숙부님 댁에서 머물며 치료를 받게 해주어 진심으로 감사드립니다(中共中央文獻研究室, 2008: 266). 동행자인 나학찬·나장룡의 회상에 따르면 그들은 8월 15일에 출발해 8월 19일에 북경에 도착했다. 당시 동행자는 24명이었다. 한편 모택동이 편지에서 '여행이 주목적'이라고 한 것은 투병 중인 어머니를 외숙부에게 맡겨두고 '먼 출장'을 떠나는 데 대한 강한 죄책감이 들었기 때문이다.

모택동은 '근공검학'에 관해 이렇게 회상했다. …내가 졸업한 해에 어머니가 세상을 떠났다. 나는 그해 여름에 북경에 갔고 신민학회 회원의 프랑스 '근공검학'을 도와주었다. 훗날 많은 호남사범학교 출신이 공산주의자가 됐다. 40세가 넘어 프랑스로 간 서특립은 1927년에 공산당에 가입했다(孫彦 외, 1993: 28). 상기 '졸업한 해(1918)'는 기억착오이며 모택동의 어머니가 병사한 것은 1919년 10월 5일이다. 한편 서특립은 모택동의 (湖南)제1사범학교의 은사였다. 또 모택동의 '회상' 당시 (1936.10) '프랑스 유학'을 다녀온 대부분의 신민학회 회원들은 희생됐다.

당시 채화삼은 '근공검학' 운동의 선봉장이었다. 프랑스 체류 기간 마르크스주의 저서를 열심히 읽은 그는 마르크스주의자가 됐다. 또 무정부주의를 반대하고 폭력혁명을 선호한 채화삼의 주장은 '무정부주의 추종자'인 모택동의 마르크스주의 전향에 중요한 역할을 했다. 1920년 5월 프랑스에서 향경여와 결혼해 유명한 '향채동맹(向蔡同盟)'[298]을 결성했다.

---

298 채화삼과 향경여는 1920년 5월 프랑스에서 결혼했다. 당시 그들은 연애할 때 주고받은 시작(詩作)을 편집해 발간한 '향상동맹(向上同盟)'을 축하객에게 나눠줬다. 이것이 '향채동맹(向蔡同盟)'으로 불린 이유이다. 1926년 '향채'는 모스크바에서 이혼했다. 한편 '향채동맹' 실패는 일부 공산당원의 도덕성 타락과 혼인관의 문제점을 보여준다.

모택동은 모든 회원이 프랑스 한 곳으로 몰려가는 것을 반대했다. 일본·동남아 유학도 필요하고 국내의 인재 배양도 중요하다고 생각했다. 그는 나학찬에게 편지(1918.8.11)를 보내 출국을 심중하게 고려할 것을 권고했다(周仁秀 외, 2007: 265). 당시 장사를 신민학회 본거지로 생각한 모택동은 '학회 주축' 멤버 하숙형의 출국을 만류했다. 한편 모택동은 자유로운 방식의 '학문 연구'를 추구했다. 예컨대 '자수대학' 같은 것이었다.

프랑스 '근공검학'이란 새로운 계획이 무정부주의자들에 의해 발표됐다. 그들은 사유재산과 개인에 대한 속박을 폐지하는 무정부주의 이론을 연구했다. '후원자' 중 북경대학 총장 채원배도 있었다. 모택동은 그가 번역한 파울젠의 책을 읽었다(D. Spence, 2007: 53). 당시 모택동은 양창제와 채원배의 도움으로 북경대학 도서관에 취직할 수 있었다. 또 다른 '후원자'들로는 무정부주의자인 이석증과 오치휘(吳稚暉)[299] 등이다. 이 시기 소유는 무정부주의자 채원배와 이석증이 설립한 '화법교육회'에서 비서로 일했다. 1919년 프랑스로 유학간 소유는 신민학회의 리더직을 사실상 모택동에게 넘겨줬다. 결국 이는 신민학회의 분열을 초래했다.

모택동의 '대학 취직'을 도와준 북경대학 총장(1916.12) 채원배는 모택동의 자수대학 설립을 지지했다. 채원배가 홍콩에서 병사(1940)한 후 모택동은 조전(弔電)을 보내 '학계의 태두(泰斗)'라고 높게 평가했다. 한

---

299 오치휘(吳稚暉, 1865~1953), 강소성 무진(武進) 출신이며 국민당 우파·무정부주의자이다. 1905년 프랑스에서 '신세기(新世紀)' 주간을 발행, 무정부주의를 고취했다. 1922년 프랑스 중법대학 총장, 1924년 국민당중앙 감찰위원, 1927년 장개석의 '반공청당(反共淸黨)'을 지지했다. 1949년부터 대만에 정착, 1953년 대북(臺北)에서 병사했다.

편 모택동의 '높은 평가'는 소유의 '채원배 숭배'와 차이가 있다. 채원배에 대한 모택동의 공식적 평가를 찾아보기 어렵다. 이는 국민당 감찰원장(1927) 채원배가 장개석의 '반공(反共)'을 공개적으로 찬성한 것과 관련된다.

고궁박물원 설립자인 이석증은 소유를 '화법교육회' 비서로 임명했다. 또 그는 자신이 창립한 중법대학의 교수로 채용했다. 소유가 농광부(農廣部) 차장이 된 것도 그의 추천과 관련된다. 고궁박물원 초대 원장인 그는 사돈 역배기를 원장, 조카 이현백(李玄伯)[300]을 비서장으로 임명했다. 또 그의 추천을 받은 소유는 고궁박물원 감수(監守)가 됐다. 이는 역배기와 소유가 '문물절도안'에 휘말린 직접적 계기가 됐다. 훗날 모택동은 소유를 '물문절도안' 주모자로 지목했다. 실제로 '절도안사건'에 빌미를 제공한 장본인은 실세 이현백이며 소유가 덤터기를 쓴 것이다.

1920년 말 프랑스의 중국 유학생은 수천 명에 달했다. 1921년 1월 '화법교육회'는 유학생에게 지급하던 '보조금(매인당 매일 5프랑)'을 중단됐다. 당시 소유는 '근공검학'이 곤경에 빠졌다며 자신도 파리를 떠나겠다는 편지를 보내왔다(羅章龍, 1984: 13). 결국 '근공검학'은 용두사미(龍頭蛇尾)로 끝났다. 경제적으로 부유한 소수 유학생만 프랑스 대학에 진학했고 일부는 소련으로 건너갔다. 1921년 겨울 그들 대부분은 강제 송환됐다.

---

300 이현백(李玄伯, 1895~1974), 북경 출신이며 역배기의 사위, 이석증의 조카이다. 1924년 북경대학 교수, 1928년 고궁박물관 비서장을 맡았다. 항전 승리 후 그동안 집에 '보관'했던 중앙도서관 도서를 정부에 반환했다. 1948년 대만대학 교수, 1974년 대만에서 병사했다.

북경에 도착한 후 모택동은 한동안 양창제의 자택에 머물었다. 얼마 후 북경대학 부근의 심안정(三眼井)에 위치한 셋방으로 옮겨갔다. 셋집은 '방 하나에 절반이 구들'인 작은 방이었고 돌아누울 때면 미리 옆사람에게 알려야 했다(文熱心 외, 2014: 194). 소유는 이렇게 회상했다. …그해 겨울 북경의 날씨는 혹독하게 추웠다. 당시 우리는 외투 하나를 갖고 있었는데 외출할 때 돌아가며 입었다(曾誠 외, 2011: 405). 남방에서 온 그들이 적응하지 못한 것은 북방의 기후만이 아니었다. 쌀밥에 습관된 그들이 북방의 주식인 면식(面食)을 먹는 것도 고역이었다. 이 또한 훗날 모택동이 북경의 생활을 '매우 비참했다'고 술회한 원인이다.

'화법교육회'는 당초 승낙한 '비용 부담'을 식언했다. 모택동은 호남 출신 웅희령과 범정생(范靜生)[301]이 '철도 부설'을 위해 모금한 자금 3백만원을 은행에 비축했다는 소식을 입수했다. 모택동과 친구들의 거듭된 교섭으로 '유학 비용' 1만6천원을 협찬 받았다(張錦力, 2018: 207). 당시 나학찬은 조부에게 보낸 편지(1918.10.16)에 학자금 해결에 모택동의 공로가 가장 컸다고 썼다. 한편 '유학 비용' 해결을 모택동의 개인 공로로 보긴 어렵다. 양창제가 애국지사 웅희령에게 도움을 청했다는 것이 정설에 가깝다.

'유학 비용'에 관해 장사쇠의 딸 장함지(章含之)는 이렇게 회상했다. …1963년 모택동은 나에게 이렇게 말했다. 1920년 부친께서는 사회 각계로부터 모금한 기부금 2만원을 우리에게 주었다. 기부금은 '공산당

---

301 범정생(范靜生, 1875~1927), 호남성 상음(湘陰) 출신이며 교육가이다. 1911년 청화대학 총판(總辦), 1912~1920년 세 차례 교육총장에 임명, 1918~1919년 남개대학 창건에 전념, 신민학회의 프랑스 유학을 도와줬다. 1922년 북경사범대학 총장, 1927년 북경에서 병사했다.

성립'에 큰 도움을 주었다. 일부는 신민학회의 '유학 비용'으로 사용했다(胡哲峰 외, 1993: 33). 한편 장사쇠의 '경제적 도움'은 양창제의 부탁과 관련된다. 1919년 12월 양창제는 동향인 장사쇠에게 모택동과 채화삼을 추천하는 편지를 썼다. 건국 후 모택동이 2만원을 전부 상환한 점을 감안하면 기부금을 '혁명활동 경비'로 사용했을 것으로 추정된다.

대다수 회원들은 '유학 예비반'에 참가했으나 모택동은 북경에 남았다. 결국 은사의 기대를 저버린 모택동은 '북경대학 진학'을 포기하고 '도서관 취직'을 선택했다. 모택동이 '북경대학 진학'을 포기한 원인은 첫째, 25세인 그가 계속 공부한다는 것은 간단한 일이 아니었다. 둘째, 경제상황이 여의치 않았고 투병 중인 어머니가 있었다. 셋째, '도서관 독학' 경력과 관련된다. 넷째, 외국어 콤플렉스와 '필수과목' 이수는 고역이었다. 다섯째, 북경대학 시험을 통과할 자신이 없었다. 여섯째, 도서관 취직은 '생활비 마련'과 독학 및 방청이 가능한 일거삼득이었다.

소유가 분석한 모택동의 '북경 잔류' 원인은 첫째, 경제적 원인이다. 당시 그는 관련 비용을 해결할 수 없었다. 둘째, 외국어 실력이다. 그의 영어 수준은 매우 낮았다. 셋째, 북경에서 신민학회 회원을 모집하기 위해서다. 넷째, 유학보다 조직의 리더가 되는 것을 중시했다(蕭瑜, 1989; 145). '경제적 원인'과 '외국어 실력'은 유학 포기의 주된 원인이 될 수 없다. 한편 '셋째·넷째' 원인은 어느 정도 일리가 있으며 그런대로 수긍이 간다.

모택동은 국내 연구의 '좋은 점'을 이렇게 설명했다. 첫째, 빠른 시일 내 번역본을 읽을 수 있고 많은 지식을 습득할 수 있다. 둘째, 중국 문화 연구가 더욱 중요하다. 셋째, 국내와 현실에 입각한 실사구시적 연구가 급선무였다. 넷째, 현지조사와 연구를 통한 국정 이해가 유학보다 중요하다(李銳, 1994: 191). 사범학교 시절 맹목적 '서방문화 숭배'를 반대한 모택동은 '국내 사정' 이해가 '서방문화 수용'보다 더욱 중요하다고 생각했다.

외국 학자들이 분석한 모택동의 '국내 잔류' 주요인은 첫째, 당시 모택동은 많은 빚을 지고 있었다. 둘째, '연인' 양개혜가 마음에 걸렸다. 양개혜는 '근공검학'을 반대했다. ③ 출국 의욕이 강하지 못했다(R. Terrill, 2010: 45). 양창제의 '장상명주(掌上明珠)' 양개혜를 '근공검학'과 연계시키는 것은 무리가 있다. 또 다른 외국 학자(A. Pantsov, 2015: 89)는 '저자세 아첨'을 질색한 모택동의 강한 자존심이 '유학 포기' 주요인이라고 주장했다.

모택동의 '유학 포기'는 그의 생애에 큰 영향을 미쳤다. 북경대학 도서관 경력과 두 차례의 북경행, 장사의 혁명활동은 그가 '중공 창건자'가 된 밑바탕이 됐다. 만약 프랑스행을 강행했다면 소유처럼 무정부주의자로 전락했거나 채화삼처럼 강제로 송환됐을 것이다. 한편 '유학 포기'는 모택동이 서방 민주와 문명을 접촉할 기회를 놓쳤다. 이는 만년에 국수주의에 집착한 모택동이 문혁과 같은 심각한 (左的)과오를 범한 사상적 배경이다.

북경대학 교수로 전근된 양창제와 그의 가족은 북경 고루(鼓樓)의 사합원(四合院)에 거주했다. 17세인 양개혜는 집에서 독학했다. 당시 그의 어머니가 그녀에게 고급 의상과 장식품을 사주었으나 모두 새언니 이일순(李一純)[302]에게 선물했다(陳冠任 외, 2008: 55). 당시 양개혜는 아버지

---

302 이일순(李一純, 1899~1984), 호남성 장사 출신이며 선후로 양개지·이립삼·채화삼과 결혼했다. 1925년 중공에 가입, 1926년 (蘇聯)중산대학에서 연수할 때 채화삼과 결혼, 채화삼이 처형된 후 '독신'인 그녀는 1940년 연안에서 딸을 출산, '부친'은 알려지지

의 영향하에 '신청년' 등을 읽으며 신사상을 수용했다. 그 후 장사의 복상(福湘)여자중학교(1920.3)와 악운(岳雲)남자중학교(1920.9)에서 공부했다.

모택동이 북경대학 도서관에서 근무할 때 '연인' 양개혜는 그의 더러운 옷을 가져가 씻어오고 맛 잇는 음식을 갖다 주었다. 또 그들은 틈을 내어 고궁이나 북해(北海)공원을 산책했다(張錦力, 2018: 221). 모택동은 1919년 초 감상적인 기분에 젖어 있었다고 회상했다. 이는 그가 양개혜의 눈을 통해 세상을 바라보았기 때문이다(D. Spence, 2007: 61). 실제로 모택동은 스노우와의 인터뷰(1936)에서 양창제의 딸인 양개혜와 사랑을 나눴다고 술회했다. 한편 1919년 봄 장사로 돌아온 후 모택동에게 또 다른 '애인'이 생기면서 그들의 사랑은 시련을 겪게 되었다.

1918~1919년 모택동은 북경과 장사에서 양개혜와 신민학회 회원인 도의(陶毅) 사이에서 '양다리 걸치기'를 했다. 결국 '정견(政見) 차이'와 도의 부모의 반대로 그들의 '혼인'은 성공하지 못했다. 당시 양개혜와 도의에게는 모택동이 첫사랑이었다. 한편 모택동은 소산충에서 '연상의 여인' 나씨(羅氏)와 2~3년 간의 혼인 경력을 갖고 있었다. 실제로 모택동은 강인한 의지력을 갖춘 공산주의자였으나 확고한 애정관과 '올바른 혼인관(婚姻觀)'을 갖추지 못했다. 1928년 여름 정강산에서 모택동은 '조강지처'인 양계혜를 배반하고 19세의 처녀 하자진과 동거했다.

북경대학 도서관 직원은 비정규직이며 모택동의 월급 8원은 생계유지가 가능한 박봉(薄俸)이었다. 이대쇠는 그의 조수인 모택동을 호남 청년들의 리더로 간주했다(李銳, 1980: 175). 이대쇠는 북경대학의 각종 연구회를 소개하며 모택동의 참가를 적극 권장했다. 훗날 모택동은 북경

않고 있다. 1968~1978년 강서성에 하방돼 노동개조, 1984년 북경에서 병사했다.

대학에서 '호인(好人)'을 만났다고 회상했다(何明, 2003: 107). 한편 그들 관계가 친밀했다는 공식적 자료를 찾아보기 어렵다. 실제로 '무정부주의자' 모택동과 마르크스주의자 이대쇠 간에는 '정견(政見) 차이'가 존재했다. 1919년 여름 이대쇠와 라이벌 호적의 '문제와 주의' 쟁론[303]에서 모택동은 자유주의자 호적의 주장을 찬동한 것이 단적인 증거이다.

모택동은 북경대학에서 두 개의 학술 단체에 참가했다. 하나는 1918년 10월 14일 소표평(邵飄萍)[304] 등이 발기한 신문학연구회이다. 또 다른 단체는 1919년 1월에 설립된 철학연구회로 양창제·양수명(梁漱溟)[305]·호적·진공박(陳公博)[306] 등이 설립했다. 또 담평산(譚平山)[307]·왕광기

---

303 1919년 7월 자유주의자 호적은 '매주평론' 31호에 '문제를 많이 연구하고 주의(主義)를 적게 담론하자'라는 문장을 발표했다. 마르크스주의자 이대쇠가 주장한 러시아 폭력혁명을 반대하기 위한 것이 글의 취지였다. 당시 고향에서 피신하고 있던 이대쇠는 '매주평론'에 호적의 주장에 반론을 제기했다. 당시 '무정부주의 추종자'였던 모택동은 호적의 '문제 연구' 주장을 지지했다. 모택동의 '문제연구회' 설립(1919.10)이 단적인 증거이다.

304 소표평(邵飄萍, 1886~1926), 절강성 금화(金華) 출신이며 언론인이다. 1918년 '경보(京報)' 창간, 1918년 겨울 북경대학에서 '신문학연구회' 운영, 제1기 졸업생은 모택동과 나장룡 등이다. 1925년 중공에 가입, 1926년 4월 '적화(赤化) 선전' 죄명으로 장작림에게 처형됐다.

305 양수명(梁漱溟, 1893~1988), 몽고족이며 '중국 최후의 대유교(大儒教)'로 불린다. 1919년 철학연구회 발족, 1923년 북경대학에 '공자사상사' 과목 설치, 1933년 산동(山東)향촌건설연구원장, 1941년 '광명보' 창간, 1970년대 '공자 비판'을 반대했다. 1988년 북경에서 병사했다.

306 진공박(陳公博, 1892~1946), 광동성 남해(南海) 출신이며 중공 '창건자', 한간으로 전락했다. 1921년 7월 중공 창건대회에 참가, 1922년 탈당, 1925년 국민당에 가입, 1944년 괴뢰정부의 대리주석·행정원장을 지냈다. 1946년 6월 대한간 진공박은 국민정부에 의해 처형됐다.

307 담평산(譚平山, 1886~1956), 광동성 고명(高明) 출신, 공산주의자이다. 1920년 (廣州)공산주의소조를 설립, 1924년 국민당 조직부장, 1927년 11월 정치국 회의에서 통과된

(王光祈)[308]·장국도(張國燾)[309] 등 유명한 인물을 만났다(逢先知 외, 2011: 45). 당시 모택동은 동향이며 북경대학 학생인 등중하(鄧中夏)[310]와 '돈독한 우정'을 맺었다. 상기 신문학연구회의 방청(傍聽)은 훗날 모택동이 장사에서 '상강평론(湘江評論)' 발간에 큰 도움이 됐다.

　　모택동이 호적에게 무시당한 유명한 일화가 있다. 어느 날 철학연구회 강의를 방청한 모택동은 호남 방언으로 질문했다. 호적은 그가 '도서관 직원'이라는 것을 듣고 대답을 거절했다(柯延 외, 1996: 65). 자신의 낮은 지위를 실감한 모택동은 자신이 무산계급이라는 것을 느꼈다. 또 모택동은 '공산당선언(共産黨宣言)'[311] 등 저서를 섭렵했다(曾誠 외, 2011:

　　'정치기율결의안'으로 당적이 박탈됐다. 1948년 (中國)국민당위원회 상임위원, 1956년 북경에서 병사했다.

308　왕광기(王光祈, 1892~1936), 사천성 성도(成都) 출신이며 무정부주의자이다. 1918년 '소년중국학회'의 집행부장, 1919년 북경공독호조단을 설립, 1920년 3월 진독수모택동 등과 함께 상해공독호조단을 설립, 1922~1932년 독일에서 음악학을 전공, 1936년 독일에서 병사했다.

309　장국도(張國燾, 1897~1979), 강서성 평향(萍鄉) 출신이며 중공 '창건자'이다. 1920년 북경공산주의소조 창건에 참여, 1921년 7월 중공 창건대회 조직부장, 1920~1930년대 중공 조직부장, 중앙국 상임위원, 홍군 서북국 서기, 섬감녕(陝甘寧) 변구 부주석을 지냈다. 1938년 4월 국민당에 투항, 중공중앙은 그의 당적을 박탈했다. 1948년 대만으로 이주, 1949년부터 홍콩에 정착했다. 1968년 캐나다로 이주, 1979년 토론토에서 병사했다.

310　등중하(鄧中夏, 1984~1933), 호북성 의장(宜章) 출신이며 공산주의자이다. 1920년 북경공산주의소조 설립에 참여, 1925년 중화전국총공회 비서장, 1930년 '홍2군' 정치위원, 1932년 상해에서 '전국적색호제회총회' 당단(黨團) 서기를 역임, 1933년 국민당군에게 처형됐다.

311　'공산당 선언'은 마르크스와 엥겔스가 공산주의자 동맹의 이론적이고 실천적 강령으로 삼기 위해 공동으로 집필한 선언이다. 1848년 2월 런던에서 독일어 판을 발간했다. '공산당선언'은 마르크스주의 탄생의 표징이며 국제공산주의 운동의 강령성적 문건이다. 중국에서 '공산당선언' 번역본은 1920년 8월에 출간됐다. 당시 모택동이

223). 모택동은 이렇게 회상했다. …당시 그들은 나에게 별다른 관심을 보이지 않았다. 나는 부사년(傅斯年)[312]·나가륜(羅家倫)[313] 등 학생운동 지도자와 대화를 시도했으나 바쁜 그들은 도서관 직원의 사투리를 들어줄 시간이 없었다(毛澤東, 2008: 40). 당시 도서관 직원은 지위가 낮고 월급도 박봉이지만 결코 '최하층 계급'을 뜻하는 무산계급은 아니었다. 또 모택동이 '공산당선언'을 읽은 시기는 제2차 북경행 기간이다. 당시 모택동이 읽은 것은 무정부주의에 관한 저서였다. 한편 모택동의 '낮은 지위'로 당한 수모가 '북경을 떠난' 원인이라는 것이 일각의 주장이다.

모택동은 어머니가 위독하다는 전갈이 오자 북경을 떠나기로 결심했다. 상해에서 동창들의 프랑스 출발을 환송한 후 4월 초 장사에 도착했다. 모택동은 과연 돌아온 탕아였을까? 그는 친지들에게 자신을 북경대학 간부 직원이라고 말했다(남경태, 2003: 62). 상기 '돌아온 탕아'는 부적절한 비유이다. 유독 어머니에게 효심이 지극한 모택동의 효도로 보는 것이 적절하다. 한편 반년 간의 북경생활은 얻은 것이 많은 뜻 깊은 '여행'이었다.

수업(修業)학교 역사 교사로 취직한 모택동은 어머니를 모셔와 상아

1919년 12월에 발행된 '국민' 잡지의 제2권에 실린 '공산당선언'을 읽었다는 것이 학계의 정설이다.

312 부사년(傅斯年, 1896~1950), 산동성 료성(聊城) 출신이며 교육가이다. 1916년 북경대학 입학, 1926년 겨울 중산대학 문학원장, 1928년 중앙연구원 역사언어연구소장을 지냈다. 1945~1946년 북경대학 총장, 1949년 대만대학 총장을 역임, 1950년 대북(臺北)에서 병사했다.

313 나가륜(羅家倫, 1897~1969), 절강 소흥(紹興) 출신이며 교육가이다. 1920~1925년 미국·영국·독일에서 유학, 1928~1930년 청화대학 총장, 항전 시기 국민당중앙당사(黨史) 편찬위원회 부회장, 1950년대 고시원(考試院) 부원장, 국사관장을 역임, 1969년 대만에서 병사했다.

(湘雅)병원에서 진단을 받았다. 검사 결과 '불치병'인 악성 임파선염이었다. 모택동은 어머니에게 비밀에 부치고 두 외숙부에게 어머니의 병이 호전됐고 자신은 4월 6일에 돌아왔다는 편지를 보냈다(龔一, 2014: 298). 삼형제의 극진한 효성으로 문칠매의 병은 호전됐다. '불효자'인 모택동이 마지막 효도를 한 것이다. 또 그들 삼형제는 어머니를 모시고 가족사진을 남겼다.

5월 중순 북경학생연합회는 모택동과 친분이 있는 등중하를 호남에 파견했다. 장국기(張國基)[314]·팽황(彭璜)[315] 등 신민학회 회원들은 등중하로부터 '북경 정세'를 전해 들었다. 그들은 호남학생연합회를 설립하고 6월 초 학생들의 파업을 조직했다(逢先知 외, 2011: 49). 이는 모택동이 신미학회 리더가 되었음을 뜻한다. 한편 '동향지교' 등중하의 전폭적 지지는 모택동이 호남학생운동의 리더 입지를 굳히는데 중요한 역할을 했다.

7월 14일 장사에서 출간된 '상강평론'은 모택동의 또 다른 걸작이다. 모택동은 잡지의 편집인이자 주요 기고자였다. '상강평론'은 통치자에 대한 '경고'가 발행 취지였고 '무혈혁명'을 주장했다. 8월 중순 장경요에 의해 폐간된 것은 '상강평론' 제2~4기에 연재된 '민중의 대연

---

314 장국기(張國基, 1894~1992), 호남성 익양(益陽) 출신이며 교육가이다. 1919년 신민학회 가입, 1927년 모택동의 소개로 중공에 가입, 1927년 남창봉기 참가, 중앙독립제1사 단장, 1959~1974년 북경화교학교장, 1985년 연경(燕京)화교대학 이사장, 1992년 북경에서 병사했다.

315 팽황(彭璜, 1896~1921), 호남성 상향 출신이며 신민학회 회원이다. 1919년 호남학생연 합회장, 1920년 2월 '천문(天問)' 주간 창간, 8월 문화서사 준비위원, 9월 '러시아연구회' 회계 간사를 맡았다. 1920년 겨울 (長沙)공산주의소조의 멤버, 1921년 가을 '과로'로 병사했다.

합'과 관련된다. 러시아 10월혁명을 찬양한 모택동은 사회 개조의 근본적 방법은 '민중의 대연합'이라고 주장했다. '상강평론'이 한달 후 강제 폐간된 이유이다.

1919년 9월 하순 모택동은 용백견(龍伯堅)[316]이 칙임진 '신호남(新湖南)' 잡지의 주필로 초빙됐다. 잡지에 '혁명성'을 가미한 모택동은 장경요의 전제 정치를 비판했다. '신호남'은 모택동에 의해 '상강평론' 화신으로 부활했다. 10월 말 '신호남'은 독재 정권에 의해 폐간됐다(覃曉光외, 2014: 214). '언론 통제'는 군벌 장경요가 독재 정치를 펼쳤다는 단적인 증거이다. 이는 모택동이 '구장(驅張)'운동을 추진하게 된 중요한 계기가됐다.

1919년 10월 초 어머니가 위독하다는 편지를 받고 급히 돌아갔으나 이미 숨을 거둔 뒤였다. 임종 전 어머니가 그의 이름만 불렀다는 이야기를 듣고 더욱 후회했다. 얼마 전 임종을 앞둔 문칠매가 아들을 보고싶어 한다는 전갈을 받았으나, 일을 핑계로 '귀향'을 미룬 것이 평생의 한이 됐다. 1919년 11월 모택동은 '대공보(大公報)'에 '봉건적 혼인'을 반대하고 혼인 자유를 주창한 격문 9편을 잇따라 발표했다. 그 역시 '봉건적 혼인'의 피해자였기 때문이다. 훗날 모택동은 양개혜와 신식 혼례를 치렀다.

12월 2일 학생연합회는 '일화(日貨)소각대회'를 거행했다. 학생들이 일제의 침략을 성토하고 있을 때 한무리의 무장군경이 회의장을 포위

---

316 용백견(龍伯堅, 1900~1983), 장사(長沙) 출신이며 의학자이다. 1919년 '신호남' 주간 창간, 1920년대 호남폐병(肺病)요양원장, 1933년 호남위생처장, 건국 후 중앙위생연구원 중의연구소장, 1957년 우파(右派)로 몰려 중국의학과학원으로 전근, 1983년 고향에서 병사했다.

했다. 군경들은 학생들을 무릎을 꿇게 한 후 귀쌈을 때리며 인격을 모독했다(李銳, 1980: 115). 이는 '구장운동' 도화선이 됐다. 12월 6일 호남학생회는 장경요를 축출하는 '구장운동'을 선포했다. 12월 7일 수업을 거부하는 총파업에 결정적 역할을 한 것은 진윤림·서특립·주검범(朱儉凡)[317] 등 원로가 설립한 '건학회(健學會)'[318]였다. 한편 교육계의 '원로 동원'은 청년 모택동의 강한 조직력을 보여준 단적인 사례이다.

학생연합회와 교직원 대표가 참석한 연석회의(12.3)에서 모택동이 제출한 방안은 ① 구장(驅張)대표단은 북경·상해·광주·형양 등지에서 동시 출발 ② 학계와 상계(商界)로 구성된 대표단은 북경정부를 찾아 장경요를 고발 ③ 상해·광주·형양 대표단은 영향력을 확대하고 상군과 오패부(吳佩孚)[319]를 설복 ④ 일부분은 장사에 남아 각지 대표단과 연락한다(李銳, 2013: 324). 북경대표단의 실질적 책임자는 역배기였고 모택동은 '공민대표단장'이었다. 12월 18일 그들은 한구와 상해를 거쳐 북경에 도착했다.

모택동은 장사의 혁명활동(1919)을 이렇게 회상했다. …5.4운동 후

---

317 주검범(朱儉凡, 1883~1932), 호남성 녕향(寧鄕) 출신이며 교육가이다. 1910년 주남여자사범학교장, 1916년 호남사립주남여자중학교장, 1918년 건학회(建學會) 설립, 1927년 장개석의 반혁명 죄행을 성토하는 집회를 조직, 일본으로 피신했다. 1932년 상해에서 병사했다.

318 1919년 6월 진윤림·서특립·주검범 등 교육가들이 장사에서 설립한 '건학회(建學會)'는 '철학사상과 인생관 혁신'을 취지로 신교육사상을 전파하고 신문화운동을 추진했다. 또 그들은 당시 모택동 등이 영도하는 '장경요 추방' 운동을 적극 지지했다. 1919년 12월 7일 '건학회'는 장사의 73개 학교 총파업 단행에 중요한 역할을 했다.

319 오패부(吳佩孚, 1974~1939), 산동송 봉래(蓬萊) 출신이며 직계군벌이다. 1910~1920년대 양호(兩湖) 순열사(巡閱使), 육군 상장, 1923년 경한(京漢)철도 노동자를 학살한 '2.7참안(慘案)'을 일으켰다. 1927년 4월 북벌군에게 대패, 1939년 (日本)치과의사에게 살해됐다.

학생운동에 전념한 나는 호남 학생지 '상강평론'을 출간하고 '문화서사(文化書社)'[320]를 설립했다. 신민학회는 독재자 장경요를 축출하는 학생운동을 전개하고 북경 등지에 '장경요 추방' 대표단을 파견했다. 장경요는 보복 조치로 '상강평론'을 탄압했다(董樂山, 2002: 114). 상기 서술은 사건 발생 순서가 뒤바꼈다. '상강평론'은 1919년 8월에 폐간됐고 '장경요 추방' 대표단은 그해 12월에 파견됐다. 또 '문화서사'는 1920년 8월에 설립됐다.

1919년 12월 모택동은 북경의 양씨(楊氏) 가족을 만나러 갔다. 또 이대쇠 등과 만나 친분을 다지고 '장경요 축출' 운동에 대한 지지를 얻기 위해서이다(D. Spence, 2007: 68). 모택동이 북경에 간 것은 개인적 사정 때문이다. 양창제 사망 후 외롭게 보내는 양개혜를 위안하기 위한 것이었다(R. Schram, 1996: 40). 모택동의 북경행의 주목적은 '장경요 추방'이며 '양씨 가족'을 만나기 위해 간 것은 아니다. 당시 모택동은 도의와 '열애' 중이었다. 그들의 연애 기간은 1919년 하반기부터 1920년 봄으로 추정된다. 북경에서 외롭게 음력설(1920)을 보낸 모택동은 양개혜와의 '단독 미팅'은 없었다. 이 시기 그들의 관계는 매우 소원했다.

1920년 1월 17일 양창제는 북경에서 사망했다. 1월 22일 양개지는 '북경대학일보'에 부고(訃告)를 게재했다. 같은 날 채원배·장사쇠·여금희·모택동 등은 추도문을 발표하고 '구제금 협찬'을 호소했다. 1월 24

---

320 문화서사(文化書社)는 1920년 8월 모택동 등이 장사에 설립한 문화단체이다. 역례용이 사장, 모택동은 '특별교섭원'을 맡았다. 1921~1923년 호남 공산당의 비밀연락장소로 사용, 1926년 7월 수풍정(水風井)에 이전됐다. 또 많은 학교에 판매부를 설치, 평강(平江) 등지에 9개 지사를 설립했다. 1927년 8월 국민당정부에게 차압당했다.

일 채원배·마인초(馬寅初)[321] 등은 신문에 '모금계(募金啓)'를 실었다. 2월 4일 북경대학은 고인의 2개월 월급을 조의금으로 지급했다(王興國, 1981: 205). 2월 중순 양창제의 가족은 고인의 영구(靈柩)를 고향에 옮겨와 안장했다. 한편 모택동은 무한까지 동행하고 돌아갔다. 당시 장경요가 학생운동의 주모자인 그에 대한 '체포령'을 내렸기 때문이다.

모택동은 '평민통신사'를 조직하고 '청원서'를 직접 작성했다. 장경요의 죄행을 성토한 그의 격문은 북경의 호남 출신 명사들에게 전해졌다. 이는 모택동의 지명도와 영향력 확대에 크게 도움됐다. 당시 국회의원인 부정일은 모택동에게 '활동 경비'를 지원했다(新民學會資料, 1980: 588). 1920년 1월 진독수는 '호남인의 혁명정신을 찬양한다'는 글을 써서 모택동의 '장경요 추방' 운동을 지지했다(朱洪, 20110: 105). 한편 이 시기 모택동은 진독수와 호적을 방문했다. 특히 진독수에게 '좋은 인상'을 남긴 것이 모택동이 두 번째의 북경행에서 얻은 가장 큰 수확이었다.

1920년 1월 28일 모택동은 '북경 대표단'을 이끌고 신화문(新華門) 총리부와 근운붕 사저에 가서 청원했다. 그러나 근운붕은 (湖南)청원단을 만나주지 않았다. 2월 4일 또 총리부를 찾아 갔으나 만족스러운 결과를 얻지 못했다(覃曉光 외, 2014: 260). 결국 '장경요 추방' 청원은 실패로 돌아갔다. 당시 국무총리 근운붕은 과도기적 인물이었고 북경정부의 실세는 단기서였다. 또 장경요는 단기서의 심복이었고 단기서·근운붕·장경요는 모두 환계(皖系)군벌이었다. 실제로 군벌에 의한 '군벌 타도'는

---

321 마인초(馬寅初, 1882~1982), 절강성 승주(嵊州) 출신이며 경제학자·인구학자이다. 1910년대 미국에서 박사학위를 취득, 1926년까지 북경대학 경제학 교수로 근무했다. 건국 후 북경대학 총장, 전국 인대(人大) 상임위원을 지냈다. 한편 1950년대 그의 '신인구론'은 모택동의 비판을 받았다. 1978년 명예를 회복, 1982년 북경에서 병사했다.

그 가능성이 제로이다. 손중산의 호법전쟁(1917)이 단적인 사례이다.

북경에 홀로 남은 모택동은 1920년 음력설을 외롭게 보냈다. 중국 최대의 명절인 음력설은 가족단원(團圓)의 명절이다. 반년 사이 모택동은 어머니·스승·아버지(1920.1.23)를 잇따라 하늘나라로 보냈다. 아버지의 장례식에 참가하지 못한 것은 그의 '일생의 회한'이 됐다. 한편 '청원 실패'는 감내하기 힘든 정신적 고통이었다. 연인 양개혜와의 '소원한 관계'도 고독의 한 원인이었다. 이 또한 그가 '연인'인 도의에게 편지(1920.2)를 보낸 원인이다. 결국 '추방 운동'의 좌절과 연인 간의 불화, 스승과 부모의 사망은 청년 모택동을 더욱 고독하게 만들었던 것이다.

모택동이 북경을 떠난 것은 '청원 실패'로 역할이 끝났기 때문이다. 또 다른 원인은 '먹고 사는 것'이 문제가 됐기 때문이다. 동행자 이사안 (李思安) 등을 상해에 보낸 것이 단적인 증거이다. 5월 5일 상해에 도착한 그는 '호남개조촉성회' 명의로 각계 인사와 만났다. 당시 진독수를 방문해 만나 '호남 개조' 문제를 토론한 모택동은 손중산·요중개(廖仲愷)[322] 등 국민당 지도자와 만났고 장인 친구인 장사쇠에게 '협찬'을 부탁했다.

장사쇠는 모금한 돈 2만원을 모택동에게 주었다. 이는 프랑스 유학생들에게 설중송탄(雪中送炭)이 됐다. 당시 모택동은 자신에게 1600원을 남겼다(張錦力, 2018: 285). 모택동은 1만원을 프랑스 유학생들에게 나눠주고 나머지는 장사의 혁명활동 전개에 사용했다(龔一, 2014: 296). 소삼 등의 노력으로 화공국(華工局) 웅희령은 유학 경비를 지원하기로 결정했

---

322 요중개(廖仲愷, 1877~1925), 미국 샌프란시스코 출신이며 국민당 좌파이다. 1905년 동맹회 가입, 1910년대 광동군정부 재정청장, 중화혁명당 재정차장, 1920년대 중화민국 재정총장, 광동성장, 황포군관학교 당대표(黨代表)를 역임, 1925년 8월 국민당 우파에게 암살됐다.

다. 이 소식은 '대공보(大公報)'에 공표됐다(王政明, 1996: 82). 한편 장사쇠의 '기부금'이 5월 11일 프랑스로 떠난 소삼 등에게 지급됐을 가능성은 매우 낮다. 모택동이 '기부금'을 장사에서 '창당 경비'로 사용했을 가능성이 매우 높다. 건국 후 모택동은 10년에 걸쳐 '빚'을 갚았다.

1925~1926년 장사쇠는 환계군벌 두목이며 '입시집정(臨時執政)' 단기서의 앞잡이 역할을 했다. 당시 사법총장·교육총장·정부 비서장 등 요직을 맡은 그는 신문화운동을 반대하고 학생운동을 탄압했다. 당시 문학 거장 노신(魯迅)은 '군벌 앞잡이' 장사쇠를 '물에 빠진 개'로 매도했다. 그러나 청년 모택동에게 '경제적 도움'을 준 장사쇠는 건국 전후 중공 영수 모택동으로부터 '은사' 예우를 받았다. 이 또한 역사의 아이러니이다.

1920년 6월 장경요가 호남을 떠난 것은 직환전쟁(直皖戰爭)[323]과 관련된다. 당시 형양에 주둔한 직계군벌 오패부의 군대는 담연개의 상군과 대치했다. 담연개의 지시를 받은 역배기는 형양에서 오패부를 만나 '북경 정세'를 전달했다. 1920년 5월 형양을 떠난 오패부는 자신이 장악한 지역을 전부 담연개의 상군에게 넘겨줬다. 호남 도독 담연개는 '수훈갑' 역배기를 중용했다. 이는 역배기의 제자 모택동에게 '복음(福音)'이 됐다.

1920년 7월 모택동은 '학생운동 리더' 자격으로 환고향했다. 지방정부 실세인 역배기의 전폭적 지지와 장사쇠의 '협찬금', 진독수의 신

---

323 직환전쟁(直皖戰爭)은 1920년 7월 단기서를 두목으로 하는 환계군벌과 오패부·조곤의 직계군벌 간에 벌어진 전쟁이다. 전쟁은 북경 일대의 경진(京津)·경한(京漢) 철도 부근의 고비점(高碑店) 등지에서 5일 간 진행, 환군(皖軍)이 대패했다. 7월 19일 단기서는 '정국군 해산' 통전(通電)을 발표, 북양정부는 직계군벌의 통치시대에 진입했다.

임을 받은 '혁명가' 모택동에게 탄탄대로가 열렸다. 한편 1920년 여름 역배기는 '구장운동' 공신 모택동을 제1사범 부속초등학교장에 임명했다. 이 시기 모택동은 복상여자중학교 재학 중인 양개혜와 연인 관계를 회복했다. 1920년 겨울 양개혜와 결혼한 모택동은 본격적인 '창당 활동'을 개시했다.

2. 무정부주의 추종자, 마르크스주의로 전향

1918년 봄부터 1920년 여름까지 청년 모택동은 '공독호조(工讀互助)'와 일본식 신촌주의 등 무정부주의에 심취했다. 이 기간 장사에서 '공독동지회'를 설립한 모택동은 북경·상해의 '공독호조단(工讀互助團)'[324]에 가입했다. 또 그는 북경대학 도서관에서 근무할 때 무정부주의자들을 접촉하고 무정부주의 저서를 섭렵했다. '공동호조단'과 호남자치운동이 실패한 후 무정부주의를 포기한 모택동은 1920년 겨울 마르크스주의로 전향했다. 한편 '세 권의 책'은 모택동의 사상 전환에 큰 영향을 미쳤고 (長沙)공산주의소조(小組) 창건은 공산주의자 변신을 의미한다.

5.4운동시기 무정부주의를 선전하는 간행물만 70여 종에 달했고 무정부주의자가 운영한 학술 단체가 많았다. 모택동이 방청한 '철학연구회'가 대표적이다. 북경대학에서 무정부주의가 성행한 것은 총장 채원배와 관련된다. 무정부주의 번역본은 많은 독자층을 보유했다. 모택동에

---

324 1919년 겨울 이대쇠와 왕광기 등 17명의 발기인은 '공독호조단(工讀互助團)'의 경비 모금계를 발표했다. '교육과 직업을 결합'시키는 것이 설립 취지였다. 한편 설립된 지 2개월 후 '호조단'의 제1조가 해산을 선포했다. 결국 현실을 무시한 '공산(共産)'적 공동체 생활을 실패할 수밖에 없었다. 1919년 겨울부터 1920년 상반기까지 모택동은 북경·상해에서 '공동호조단'에 참가했다. 실제로 이 시기 모택동은 무정부주의 추종자였다.

게 가장 큰 영향을 끼친 것은 크로폿킨(Kropotkin)[325]의 호조론(互助論)이다.

1918년 10월 모택동은 왕광기의 소개로 소년중국학회(少年中國學會)[326]에 가입했다. 당시 무정부주의자 채원배는 이대쇠·왕광기 등과 함께 '공독호조단'을 발기했다. '공독호조단' 활동에 참가한 모택동은 '공독' 생활에 큰 흥취를 가졌다(李銳, 2007: 228). 모택동의 무정부주의 추종에 큰 영향을 미친 사람은 무정부주의자 왕광기였다. 1918~1919년 그는 이대쇠·증기(曾琦)[327] 등과 함께 소년중국학회와 '공독호조단'을 설립했다. 1920년 봄 모택동은 왕광기의 '공독호조단'을 장사 신민학회에 소개했다.

5.4운동 후 사회주의는 마르크스주의와 무정부주의의 혼합체로 간주됐다. 이 시기 모택동은 무정부주의에 집착했고 진독수 등 조기 공산주의자들도 여전히 무정부주의를 추종했다(逢先知 외, 2011: 54). 일찍 악록산에서 유토피아적 '공독호조'를 경험한 모택동이 무정부주의 사조가 범람한 북경대학에서 무정부주의 저서를 탐독한 것은 지극히 자연스러운 일이었다. 이 시기 모택동은 무정부주의자들이 조직한 '공독호조

---

325 크로폿킨(Kropotkin, 1842~1921), 모스바에서 출신이며 '무정부공산주의' 창시자이다. 1876년 스위스·프랑스에서 무정부주의자로 활동, 1888년 런던에서 '자유(自由)'를 발행, 무정부주의를 선전했다. 1921년 모스크바에서 병사했다. 주요 저서는 '빵의 정복', '상호부조론'이다.

326 소년중국학회(少年中國學會, 1919~1925)는 5.4운동 시기 출범한 학술 단체이다. 왕광기·증기(曾琦) 등이 1918년 여름부터 준비, 1919년 7월 1일에 정식으로 설립됐다. 학회는 기관간행물 '소년중국(少年中國)'을 창건했다. 1918년 가을 모택동은 왕광기의 소개로 '소년중국학회'에 가입했다. 1925년 겨울 소년중국학회는 활동을 중지했다.

327 증기(曾琦, 1892~1951), 사천성 융창(隆昌) 출신이며 중국청년당 창시자이다. 1919년 소년중국학회 설립, 1923년 12월 프랑스에서 중국청년당을 창건했다. 1938년 국민참정회의 참정원(參政員), 1947년 '총통부' 자정(資政)을 역임, 1951년 워싱턴에서 병사했다.

단' 일원이었다.

1918~1919년 진독수는 마르크스주의자가 아니었다. 그는 공업화 수준이 매우 낮은 중국에서 사회주의가 적합하지 않다고 주장했다. 또 개인 자유와 민주, 인도주의를 주창한 진독수의 사상은 모택동에게 큰 영향을 끼쳤다(A. Pantsov, 2015: 87). 1920년 여름 진독수의 '마르크스주의자 변신'은 두 가지 사건과 관련된다. 첫째, 1919년 6~9월 '삐라 살포'로 북양정부에 의해 투옥됐다. 둘째, 1920년 상반기 공산국제 대표인 보이틴스키(Voytinskiy)[328]와의 만남이다. 결국 1920년 여름 상해에서 공산주의 소조를 창건한 진독수는 마르크스주의자로 변신했다.

모택동은 이렇게 회상했다. …당시 나의 사상은 매우 혼란했고 여전히 방황하고 있었다. 특히 무정부주의 영향을 받은 나는 관련 저서를 열심히 읽었다. 나는 주겸지(朱謙之)[329]라는 북경대학 학생과 무정부주의를 연구하고 향후 '실현 가능성'을 토론했다(毛澤東, 2008: 41). 제1차 북경 체류 기간 모택동은 철두철미한 무정부주의 추종자였다. 결국 이는 그가 사범학교 시절에 추구한 대동사상·개량주의·공상적 사회주의에서 완전히 벗어나지 못했기 때문이다. 또 이는 당시 북경대학의 학술적 분위기와 사회적으로 성행한 무정부주의 사조와 밀접하게 관련된다.

---

328 보이틴스키(Voytinskiy, 1983~1953), 러시아 출신이며 중국 이름은 오정강(吳庭康)이다. 1918년 볼셰비키당에 가입, 1920년 봄부터 1921년 1월까지 중국에 머물며 공산당 창건에 중요한 역할을 했다. 1923년 10월 마링(Marling)이 중국을 떠난 후 공산국제 대표를 맡았다. 1929년부터 교육사업에 종사, 1953년 모스크바에서 병사했다.

329 주겸지(朱謙之, 1899~1972), 복건성 출신이며 철학자이다. 1918년 북경대학 입학, 1919년 '분투(奮鬪)' 잡지 편집장, 1932~1949년 중산대학 교수, 1950년부터 북경대학 교수를 역임, 1964~1970년 중국사회과학원 세계종교연구소에서 종교학을 연구, 1972년 북경에서 병사했다.

1919년 겨울 진독수·왕광기 등이 조직한 '공독호조단'은 모택동이 장사에서 경험한 '신촌생활'과 대동소이했다. 당시 '공독호조단' 성원인 모택동과 진독수는 모두 무정부주의 추종자였다. 1920년 여름 모택동은 두 차례 진독수를 방문해 '장경요 추방'과 '호남 개조'에 관한 의견을 나눴다. 당시 청년 모택동의 우상인 진독수는 '병 주고 약 주는' 역할을 했다. 한편 진독수는 모택동의 '마르크스주의 전향'에 중요한 역할을 했다.

1917년 신민학회를 조직한 모택동은 혁명적 지식인들의 가운데 섰다. 또 북경대학 도서관에서 근무하며 당시 지식인들 사이에 선풍적 인기를 끌었던 마르크스주의에 탐닉했다. 5.4운동 후 '상강평론'을 펴냈으나 금지당하고 북경으로 도망쳤다(유일, 2016: 25). 신민학회는 1918년에 발족된 학술 단체이다. 1917년 '혁명적 지식인들의 중심에 섰다'는 상기 주장은 사실 왜곡이다. 당시 지식인들 사이에 '선풍적 인기'를 끌었던 것은 무정부주의였다. 북경대학 도서관에 취직한 모택동은 무정부주의 저서를 탐독했다. 한편 '상강평론'은 1919년 8월 장경요에 의해 폐간됐다. 그해 12월 중순 모택동은 '장경요 추방'을 위해 재차 북경에 갔다.

모택동의 '상강평론'에는 무정부주의적 요소가 다분했다. '독재 정권 타도'의 문제에서 모택동은 파업과 시위 등 '충고 위주'의 무혈혁명을 주장했다(曹志爲 외, 1991: 116). 제2기부터 연재된 '민중의 대연합'은 무정부주의자 크로포트킨의 호조(互助) 사상으로 점철돼 있다. 또 그는 사회혁명을 유혈(流血)과 무관한 평화적 운동으로 간주했다(A. Pantsov, 2015: 101). 이는 '무혈혁명'을 주장한 모택동이 개량주의·무정부주의 추종자였다는 단적인 반증이다. 이 또한 '무정부주의자'인 모택동이 개량주의자 호적의 '실용주의적 견해'를 지지한 주된 원인으로 간주된다.

1919년 여름 '매주평론'을 책임진 호적은 '문제를 많이 연구하고 주의(主義)를 적게 말하자'는 글을 발표했다. 그는 위험한 '주의'보다 백성의 생계와 '여성 해방' 등 구체적 문제를 연구해야 한다고 주장했다. 당시 그가 반대한 것은 사회를 철저히 개조하는 마르크스주의였다(李銳, 2007: 233). 훗날 호적은 이는 마르크스주의자와의 '첫 대결'이었다고 술회했다. 실제로 '문제와 주의' 쟁론은 마르크스주의자 이대쇠와 개량주의자 호적의 '이념 대결'이었다. 한편 호적의 주장을 찬성한 모택동은 '문제연구회'를 설립하고 장정(章程)을 작성했다. 이는 당시 무정부주의자 모택동과 마르크스주의자 이대쇠의 관계가 소원했다는 반증이다.

호적의 주장은 실용주의적 성격이 강했다. 호적은 실용주의 철학자 존 듀이(John Dewey)의 제자였다. 개량주의자 양계초를 사표로 삼았던 모택동의 '호적 지지'는 펼연적 결과였다. 당시 모택동이 설립한 '문제연구회(1919.10)'는 호적을 추종했다는 반증이다. 1920~1930년대 '정치를 외면'한 호적은 학문에 몰두했다. 그가 '반공(反共) 분자'로 전락한 것은 1940년대 전후였다. 모택동이 회상(1936) 당시 호적은 '자유주의자'에 불과했다. 한편 호적을 모택동의 '사표'로 보긴 어렵다. 모택동의 '무정부주의 추종' 기간이 짧았고 1~2년 후 마르크스주의자로 변신했기 때문이다. 실제로 창당 전후 모택동의 진정한 '사표'는 진독수였다.

'악려산신촌건설계획'을 작성한 모택동은 신촌 건설의 일환으로 '학생의 사명'이란 글을 호남교육월간에 발표(1919.12.1)했다. 모택동은 신식 학교에서 신교육을 실시하며 학생은 농촌에서 일과 공부를 병행해야 한다고 주장했다(肖顯社 외, 2007: 63). 모택동이 구상한 '신촌'에서는 모든 것이 '공동소유'이며 호조우애(互助友愛)의 공동체 생활이 궁극적 목표였다. 결국 이는 공상적 사회주의에 대한 집착이며 실현 가능성이

제로였다. 한편 수십 년 후에도 모택동은 '신촌'에 대한 집념을 버리지 않았다. 1958년의 인민공사(人民公社)[330]가 단적인 사례이다. 결국 수많은 지식청년을 농촌에 하방(下放)시켜 농민의 재교육을 받게 했다.

모택동은 왕광기가 조직한 여자공독호조단을 견학한 후 '연인' 도의에게 편지(1920.2)를 보내 관련 상황을 소개했다. …현재로서는 성공을 장담할 수 없으나 매우 흥미진진하다. 성패는 호조단의 의지력과 도덕적 능력에 따라 결정될 것이다. 남자호조단은 재정적 문제로 실패했다 (金冲及 외, 1996: 56). 실제로 신촌식의 개량(改良)으로 '사회 개조'를 실현한다는 것은 근본적으로 불가능했다. 공독호조단의 남자팀이 3~4개월 후 전부 실패한 것이 명백한 증거이다. 한편 실패를 결코 달가워하지 않았던 모택동은 1920년 봄여름 상해의 공독호조단에 참가했다.

1920년 봄 모택동은 신촌운동의 창시자 주작인을 방문했다. '신청년'에 '일본의 신촌'이라는 글(1919.4)을 발표한 주작인은 직접 신촌생활을 고찰한 후 1920년 2월 북경에 신촌사업본부를 차렸다. '주작인 일기'에는 이렇게 적혀있다. …1920년 4월 7일 모택동군이 내방했다. 1940년대 주작인은 한간으로 전락했다. 건국 후 모택동은 살인방화(殺人放火)를 하지 않은 '문화한간(文化漢奸)' 주작인에게 '번역업 종사'를 지시했다.

5월 초 상해에 도착한 모택동은 신민학회 회원인 팽황 등과 함께 '공독호조단'에 참가했다. 주세쇠의 이렇게 회상했다. …옷 세탁을 전담한 모택동은 10원의 '월급' 중 절반을 교통비로 지출됐다. 결국 수입

---

330 인민공사(人民公社)는 정사합일(政社合一)의 농촌의 기층조직이며 1958년의 총노선·대약진(大躍進)의 결과물이다. 1958년 7월 1일 '홍기(紅旗)' 잡지에 발표된 진백달(陳伯達)의 문장에서 처음으로 제기, 인민공사의 3급(三級)조직은 공사(公社)·생산대대·상산대이다. '공상적 사회주의'에 집착한 부산물인 인민공사는 1983년에 해체됐다.

부족으로 그들은 끼니를 굶기가 일쑤였다(張錦力, 2018: 283). 공동호조 '실패'를 시인한 당사자 팽황은 현실에서 공독호조가 근본적으로 불가능했다고 술회했다. 한편 모택동은 유토피아적 '공독호조'를 종래로 포기하지 않았다.

1918년 봄부터 청년 모택동이 집착한 '신촌생활'은 결국 실패했다. 1919년 겨울부터 1920년 상반기 북경·상해 등지에서 설립된 '공독호조단'의 해체가 단적인 증거이다. 현실을 벗어난 공상적 이상사회에 대한 환상이 실패를 초래한 것이다. 한편 '신촌'에 대한 집념을 포기하지 않은 모택동은 보다 방대한 '신촌계획'을 구상했다. 1920년 하반기의 호남자치운동이다. 당시 그는 무정부주의적인 '호남공화국'을 꿈꾸었다. 공독호조의 '공산몽(共産夢)'에 대한 불씨는 결코 꺼지지 않았다. 수십 년 후에 되살아난 '불씨'는 중국인들에게 엄청난 재앙을 몰아왔다.

상해공독호조단이 실패한 후 모택동은 여금희에게 보낸 편지(1920.6.7)에서 당시 착잡한 심경을 이렇게 밝혔다. …공독호조는 아쉽게 실패했다. 자수학사(自修學社)를 꾸려 반공반독(半工半讀)을 추진하려고 생각한다. 1~2년 후 러시아로 유학을 가겠다(中共中央文獻硏究室, 2008: 431). 몇 달 전 그는 신민학회 회원인 도의에게 보낸 편지에서 '러시아 유학'을 권고했다. 당시 모택동은 러시아를 '세계에서 첫째가는' 문명국으로 간주했다.

모택동의 '러시아 유학' 계획은 끝내 실현되지 못했다. 7월 초 모택동은 상해의 고된 생활을 접고 장사로 돌아가기로 결심했다. 당시 공독호조의 실패로 거의 절망에 빠졌던 그에게 새로운 기회와 희망이 생겼던 것이다. 모택동이 회상했던 것처럼 마르크스주의자로 전환한 진독수와의 만남이 매우 중요했다. 6월 11일 호남 독군 장경요가 장사에서 쫓겨났다. 반년 간 타향에서 전전긍긍하던 모택동이 드디어 장사로 돌아갈 수 있었다.

7월 31일 모택동은 '대공보'에 '문화서사 발기문'을 발표했다. …현재 호남에는 신문화가 없다. 신문화가 없으면 신사상과 신연구가 없다. 신문화에 목마른 호남청년들은 신문화를 갈망한다. 문화서사는 최신 정보를 호남인에게 전해줄 것이다(于俊燾 외, 2018: 167). 문화서사는 투자자가 손익을 따지지 않는 '혁명적 서사(書社)'로 투자자 공유의 공산적 (共産的)인 요소를 지녔다. 결국 이는 모택동의 '탄탄한 인맥'과 리더십을 과시했다.

8월 2일의 발기인대회에는 각계 유명인사들이 참석했다. 장사현장 강제환(姜濟寰)[331], 상회회장 좌학겸(左學謙)[332], 주남여자학교장 주검범, 상아(湘雅)학교 대표 조운문(趙運文), 제1사범학교장 역배기, 선산학사 대표 구오(仇鰲)[333] 등이다. 대회에서는 조운문을 준비위원장, 역례용·팽황·모택동을 준비위원으로 선임했다(李銳, 2007: 238). 당시 17명이 참가한 발

---

331 강제환(姜濟寰, 1879~1935), 호남성 장사(長沙) 출신이며 모택동의 '동지'였다. 1920년 문화서사의 주요 투자자, 러시아연구회 총간사로 선임됐다. 1920년대 호남성 재정청장, 상군(湘軍)총사령부 비서장을 역임, 1927년 일본으로 망명했다. 1929년에 귀국, 1935년에 병사했다.

332 좌학겸(左學謙, 1876~1951), 호남성 선화(善化) 출신이며 호남상회회장이다. 1911년 동맹회 가입, 1919년 '장경요 추방' 운동에 참가, 1920년 모택동이 설립한 문화서사의 투자자였다. 건국 후 호남성 인민 대표, 장사시 공상연합회장 등을 역임, 1951년 장사 (長沙)에서 병사했다.

333 구오(仇鰲, 1879~1970), 호남성 상음(湘陰) 출신이며 국민당 좌파이다. 1905년 동맹회에 가입, 1912년 국민당 호남지부장, 1926년 '국민일보' 발행, 농민운동을 지지, 1948년 호남의 '평화적 해방'에 기여, 건국 후 전국 정협 위원 등을 역임, 1970년 장사(長沙)에서 병사했다.

기인대회는 하숙형의 초이학교에서 열렸다. 상기 강제환·좌학겸·역배기는 '27명 투자자' 멤버이지만 발기인대회에는 참석하지 않았다. 한편 선산학사 책임자 구오는 발기인도 투자자도 아니었다.

8월 20일 조운문은 상아학교의 방 세 칸을 사무실로 제공했다. '특별 교섭원' 모택동은 운영자금 확보를 위해 투자자 모집에 전력했고 호남성 독군 담연개에게 '서사'의 편액을 부탁했다. 또 영업범위 확대를 위해 60~70개의 신문사·도서관과 업무협약을 체결했다. 훗날 문화서사는 공산당의 아지트로 활용됐다(逄先志 외, 2011: 64). 한편 '러시아연구회'[334]도 문화서사를 운영본부로 활용했다. 모택동은 진독수·이대쇠·운대영 등을 '신용보증인'으로 초빙하고 경영 수완이 뛰어난 역례용을 책임자로 추천했다. 실제로 '특별 교섭원'은 사회적 관계를 의미한다.

오픈식 행사에 불청객인 호남 독군 담연개가 '문화서사' 편액을 갖고 왔다. 한편 담연개의 '오픈식 참석'을 두고 여러 가지 설이 존재한다. ① 모택동이 직접 찾아가 초청 ② 은사 역배기에게 의뢰 ③ 강제환의 인맥 이용 ④ 담연개의 친구 구오가 도와줬다(覃曉光 외, 2014: 288). 상기 세 사람은 모두 담연개와 막역지교(莫逆之交)였다. 한편 모택동이 정부의 실세이며 스승인 역배기에게 담연개의 '오픈식 참석'을 부탁했을 가능성이 가장 높다. 또 '장경요 추방'의 일등공신이며 그의 '복직(復職)'에 일조한 모택동의 '부탁'을 담연개가 마다할 이유가 없었다.

문화서사의 운영자금에 대해 소삼은 이렇게 회상했다. …모택동은

---

334 러시아연구회(俄羅斯研究會)는 1920년 8월 모택동·하숙형 등이 장사의 교육계·유명인사와 함께 설립한 혁명 단체이다. 러시아혁명을 연구하는 것이 설립 취지이다. 9월 16일 '연구회' 설립 대회에서 강제환을 총간사, 모택동을 (書記)간사로 추대했다. 러시아연구회는 모택동이 무정부주의 추종자에서 마르크스주의자로 전환했다는 표징이다.

교육계 인사와 신민학회 회원들과 의논해 매인당 10원을 투자하기로 합의했다. 초기의 모금액은 400원이었고 그후에 1000원을 모금했다. 또 자금 절약을 위해 직원을 2명만 고용했고 그들에게 입에 풀칠할 정도의 급여를 지급했다(李捷 외, 1996: 247). 초기 운영자금이 '400원'이었다는 상기 주장에 당사자 역례용은 반대되는 주장을 펼쳤다. 한편 문화서사의 주요 발기자인 모택동과 도의가 10원을 투자한 것을 감안하면 '매인당 10원'을 투자를 합의했다는 상기 주장은 나름의 일리가 있다.

1979년 역례용은 이렇게 술회했다. ⋯초기 문화서사는 20원으로 시작했고 직원은 나와 진자박(陳子博)[335]뿐이었다. 유명 인사인 좌학겸 (200원)·강제환 등이 투자한 후 상황이 다소 호전됐다. 그리고 식사는 무료였으나 직원 급여는 없었다(于俊道 외, 2018: 171). 당시 '제1차 영업보고(1920.10)'에 따르면 27명 투자자의 출자금이 519원이었다. 한편 이 시기 주요 발기자 모택동에게는 '은화 2만원'이란 거금이 있었다. 그러나 그의 출자는 겨우 은화 10원이었다. 한편 양개혜가 '조의금(弔意金)' 몇백 원을 협찬했다는 일각의 주장에는 큰 의구심이 든다.

모택동이 모금한 운영자금 400원이며 이는 턱없이 부족했다. 양개혜는 어머니를 설복해 아버지의 '조의금'과 생활비를 전부 모택동에게 주었다. 이렇게 모택동이 '모금'한 1000원으로 문화서사를 오픈했다(曾維東 외, 1993: 34). '문화서사 사무보고(1921.4)'에 따르면 당시 모금액은 692원이었다. 강제환이 228원, 모택동의 출자금은 10원이다. 양개혜의 '조

---

335 진자박(陳子博, 1892~1924), 호남성 상향(湘鄕) 출신이며 신민학회 회원이다. 1919년 신민학회에 가입, 1920년 9월 문화서사 경영, 1921년 (湖南)청년단의 책임자였다. 1923년 겨울 독재자 '조항척 암살'에 실패한 후 고향에 돌아가 피신했다. 1924년 고향에서 병사했다.

의금'을 포함해 모택동이 1000원을 '출자(出資)'했다는 주장은 사실무근이다(田樹德, 2002: 261). 실제로 모택동 부부의 이른바 '출자금'은 개인 숭배에 집착한 중국 학자들이 '상상력을 가미'한 픽션이다.

당시 양창제 가족의 경제적 상황은 매우 어려웠다. 양개혜는 장사 복상중학교에서 공부했고 양개지는 대학입시 준비 중이었다. 양개혜의 어머니도 일자리가 없었고 생활비는 '조의금'에 의존하고 있었다(陳冠任 외, 2008: 102). '조의금'은 고정수입이 없는 양창제 가족의 생명줄이나 다름없었다. 양개혜와의 '소원한 관계'를 회복한 지 얼마 안 된 상황에서 모택동이 양개혜로부터 '조의금'을 받는다는 것은 상식적으로 납득되지 않는다.

1920년 7월 모택동은 양개혜와 연인 관계를 회복했다. 제1사범 부속초등학교장에 임명된 모택동은 경제적 수입이 보장된 상태였고 도의와의 연인관계도 사실상 끝났다. 도의가 그의 '유학 권고'를 거절한 것이 모택동이 '러시아 유학'을 포기한 한 원인으로 간주된다. 실제로 부모의 반대와 '정견 차이'가 그들의 갈라진 주요인이다. 결국 모택동은 '교육구국'을 선호한 도의를 포기하고 '과격파(過激派)'[336] 양개혜를 선택했다. '두 여인' 사이에서 1년 간에 거쳐 진행된 모택동의 '양다리 걸치기'는 종말을 고했다.

영업성이 강한 문화서사를 통해 모택동은 정치활동 경비를 마련할

---

336 1920년 봄 양개혜는 장사복상(福湘)여자중학교에 입학했다. 재학 기간 그녀는 '호남통 신일보'에 '불평등 근원을 공격한다' 등 문장을 발표해 봉건 도덕과 예교(禮敎)를 비판했다. 그해 9월 악운(嶽雲)남자중학교에 '전학'한 그녀는 앞장서 단발(短髮)을 했다. 학교 당국은 진보적 사상을 가진 양개혜를 '과격파'로 여겼다. 이는 이 시기 그녀가 혁명가 모택동의 영향과 5.4운동의 발원지인 북경에서 받은 신문화운동의 영향과 관련된다.

수 있었다. 당시 파트너는 양창제의 수제자인 도의였다(D. Wilson, 2011: 56). 모택동은 도의의 도움으로 문화서사를 설립했고 양개혜 어머니의 경제적 도움을 받았다(R. Terrill. 2010: 61). 문화서사 동업자는 도의·역례용 등이며 공산주의 서적(書籍)과 잡지를 출간했다. 도의는 모택동의 첫사랑이었다(유일, 2016: 57). 문화서사는 '정치활동 경비' 마련을 위해 설립한 것이 아니며 출판사는 더욱 아니다. 도의는 파트너·동업자가 아니며 '17명 발기인'의 멤버이다. 또 도의는 모택동의 첫사랑이 아니었다. 실제로 소년 모택동에게는 왕십고(王十姑)라는 '첫사랑'이 있었다.

도의가 문화서사의 '합작파트너'였다는 외국 학자들의 주장은 소유의 책(蕭瑜, 1989: 148)에서 기인됐다. 이는 당시 도의와 모택동이 '연인 관계'였다는 것을 강조하기 위한 것이다. 한편 중국 학자들이 주장하는 양개혜 또는 어머니의 '조의금 지원'은 모택동 가족의 혁명성을 부각시키고 '위대한 영수' 모택동에 대한 우상 숭배가 근저에 깔려 있다. 결국 '여자 친구' 도의와 부인 양개혜는 모택동 '폄하'와 '숭배'의 판단 기준이 됐다.

운영 초기 200여 종의 서적과 40여 종의 잡지를 판매했다. 베스트셀러는 '마르크스 자본론입문'·'사회주의사'·'신러시아연구' 등이었다. 가장 많이 팔린 잡지는 '노동계(勞動界)'·'신청년'·'신생활' 등이었다. 판매량이 많아지자 본부를 두 차례 이전했다(李銳, 1994: 279). 당시 '듀이의 5대 연설'·'크로폿킨의 사상'·'톨스토이전' 등 무정부주의 서적도 많이 팔렸다. 문화서사는 신문화운동 추진과 마르크스주의 전파에 중요한 역할을 했다. 초기 '신문화 전파'에서 점차 '창당'의 비밀 연락거점으로 활용됐다.

첫번째 공식회계 기간에 올린 수익은 136원이었다. 잡지 '신청년'

을 포함해 러셀(Russell)·호적·크로포트킨 등의 무정부주의 관련 서적들을 판매한 결과로 문화서사는 35원의 순익을 얻어 30%가 넘는 수익률을 기록했다(D. Spence, 2007: 76). 실제로 이 시기 모택동은 무정부주의를 포기하고 마르크스주의자로 변신하는 '전변(轉變)' 과정에 있었다. 그런 그가 '무정부주의 서적'을 팔아 수익률을 높였다는 것은 조금은 아이러니하다. 역설적으로 무정부주의자 크로포트킨의 서적이 많이 팔렸다는 것은 그의 주장을 지지하는 독자층이 많았다는 단적인 증거이다.

당사자인 역례용은 이렇게 회상했다. …1924년 모택동은 호남성위 서기 이유한에게 문화서사의 채무 청산에 필요한 '800원 조달'을 지시했다. 1926년 모택동은 담연개에게 '운영자금 지원'을 부탁했다. …당시 담연개는 나에게 '운영 경비' 400원을 보내왔다(新民學會資料, 1980: 528). 1927년 마일사변(馬日事變)[337] 후 문화서사는 폐간됐다. 문화서사는 초기 책을 판매하는 '서점'에서 점차 중공의 아지트로 전락했다. 한편 문화서사 운영자들은 (長沙)공산주의소조의 창립 멤버가 됐다. 실제로 국공합작 시기 호남성 동향인 모택동과 담연개는 '정치적 동지'였다.

문화서사가 설립된 후 모택동은 방유하·팽황·하숙형 등과 함께 '러시아연구회'를 발족했다. 8월 22일 발기인 대회에서 '러시아혁명 연구'를 종지(宗旨)로 확정했다. 9월 15일에 설립된 '연구회'는 유소기·임필시·소경광 등 진보적 청년들을 '상해외국어학사(學社)'에 보내 러시아어를 배우게 했다(逄先知 외, 2011: 65). 발기인 대회는 장사현 지사공서(知

---

337 1927년 5월 21일 허극상(許克祥)은 불시에 공격해 노동자규찰대·농민자위군 무장을 해제, 100여 명의 공산당원을 살해했다. 21일의 전보대일(代日) 운목(韻目)이 '마(馬)'자이므로, '마일사변(馬日事變)'이라고 부른다. 한편 호남의 당조직과 혁명 단체를 심각하게 파괴한 '마일사변'은 (湖南)혁명투쟁이 저조기(低潮期)에 빠지게 한 전환점이다.

事公署)에서 열렸다. 당시 장사의 정계 요인이며 총간사인 강제환과 '창립 멤버' 하민범(賀民范)[338]의 역할이 간과됐다. 실제로 유소기 등의 '러시아 유학'은 주요 책임자인 하민범의 추천이 중요한 역할을 했다.

총간사 강제환은 '러시아연구회' 경비로 은화 100원을 협찬했다. 호남성 재정청장이며 문화서사의 최대 투자자인 그는 모택동의 '든든한 후원자'였다. 또 그들의 인연은 지속됐다. 1925년 12월 1일 강제환이 광주에서 창간한 잡지 '혁명(革命)'에 모택동이 쓴 '중국사회 각 계급의 분석'을 게재했다. 1955년 강제환의 부인 강황영(姜黃英)의 '구제 요청' 편지를 받은 모택동은 통전부 차관 이유한에게 '적극 도와주라'는 지시를 내렸다.

'연구회'는 하숙형·모택동·팽황을 준비위원에 임명하고 회무(會務)를 세 가지로 확정했다. ① '연구회' 명의로 '러시아종간(從刊)' 발행 ② 러시아에 '업무 대표' 파견 ② 러시아 '근공검학' 제창 등이다. 강제환이 총간사, 모택동이 서기간사, 팽황이 회계간사로 선임됐다. '러시아 연구회'의 주요 발기인은 강제환·하민범·모택동·하숙형·팽황이다. 한편 '연구회' 취지는 러시아혁명을 연구하고 주된 회무는 회원의 러시아 유학이었다.

모택동은 진보적 청년을 상해외국어학교에 보내 러시아어를 배우게 한 후 러시아로 유학보냈다. 임필시·소경광이 대표적이다(于俊道 외, 1996: 260). 소경광은 이렇게 회상했다. … 1920년 8월 나와 임필시는 선

---

338 하민범(賀民范, 1866~1950), 호남 보경(寶慶) 출신이며 공산주의자였다. 1912년 호남성임시의회 비서장, 5.4운동 후 선산학사 사장과 선산중학교장을 지내며 마르크스주의를 선전했다. 1920년 겨울 모택동과 함께 (長沙)공산주의소조를 설립, 1921년 가을 호남자수대학 총장으로 부임했다. 1922년 '모든 직무'를 사직, 1950년 고향에서 병사했다.

산(船山)중학교장 하민범의 소개로 '러시아연구회'에 가입했다. 또 그의 추천을 받아 상해외국어학사로 파견됐다(蕭勁光, 1987: 12). 1920년 겨울 유소기는 하민범의 소개로 공청단에 가입했다. 하민범은 상해외국어학사 책임자인 양명재(楊明齋)[339]에게 추천 편지를 써주었다(王光美, 1996: 4). 한편 임필시·소경광은 상해에서 공청단에 가입했다. 실제로 모택동은 상기 세 사람의 '유학'·'입단(入團)'과 직접적 관련이 없었다.

'러시아연구회'의 주요 책임자는 하민범이며 모택동·하숙형 등은 조직자였다. 진독수의 위탁을 받은 그는 진보적 청년들을 물심양면으로 지원했다. 당시 모택동이 조직한 '러시아연구회'는 하민범의 높은 지명도와 영향력을 이용했다(金冲及 외, 1998: 24). 당시 유소기의 '입단(入團)' 소개인인 하민범은 모택동의 '정치적 협력자'였다. 그 후 하민범은 모택동의 '정적(政敵)'이 됐다. 1922년 모택동과의 권력투쟁에서 패배한 그는 모든 직무에서 해임됐다. 결국 이는 '중공 1인자' 진독수가 혁명가적 기질과 리더십을 소유한 모택동을 지지한 것과 밀접하게 연관된다.

모택동은 이렇게 회상했다. …제2차 북경행에서 나에게 큰 영향을 끼친 책은 진망도(陳望道)[340]가 번역한 '공산당선언', 카우츠키(Kautsky)의 '계급투쟁', 커컵(Kirkup)의 '사회주의사'이다. 1920년 여름 나는 마르

---

339 양명재(楊明齋, 1882~1938), 산동성 평도(平度) 출신이며, 공산주의자이다. 1917년 볼셰비키당에 가입, 1922년 7월 '(上海)중공 2대'에 참석, 1925년 여름 소련 고문단(顧問團) 통역, 1934년 모스크바로 회귀, 1938년 2월 날조된 죄명으로 체포, 그해 5월에 처형됐다.

340 진망도(陳望道, 1891~1977), 절강성 의오(義烏) 출신이며 교육가이다. 1920년 여름 '공산당선언' 번역 출간, 8월에 (上海)공산주의소조에 가입, 1921년 탈당, 1940년대 복단대학 교수, 건국 후 상해시 접협 부주석, 민맹(民盟)중앙 부주석 등을 역임, 1977년 상해에서 병사했다.

크스주의자가 됐다(毛澤東, 2008: 45). 실제로 '공산당선언'은 1920년 8월에 발간됐고 운대영이 번역한 '계급투쟁'은 1921년 1월에 출판됐다. 이계 (李季)[341]가 번역한 '사회주의사'는 1920년 10월에 출간됐다. 따라서 '제2차 북경행(1919.12~1920.4)'에서 읽었다는 것은 그의 '기억착오'이다. 한편 1920년 여름 모택동은 '마르크스주의자'가 아니었다.

여금희의 회상(1977.9.14)에 따르면 1920년 1월 4일 모택동의 '평민통신사'를 방문했을 때 그의 책상 위에 '공산당선언'이 놓여 있었다. 당시 그가 읽은 것은 진망도의 번역본이 아니었다. 1919년 12월에 발행된 '국민' 잡지 제2권에 실린 것이었다(何明, 2003: 128). '공산당선언'을 읽은 모택동은 계급투쟁을 사회발전의 원동력으로 간주했다. 또 그는 사회발전의 역사는 '계급투쟁 역사'라고 역설한 '공산당선언'을 금과옥조로 간주했다.

모택동은 마르크스주의 이론 중 계급투쟁 이론을 가장 중시했다. 만년에도 유물사관(唯物史觀) 문제는 주요하게 '계급투쟁 문제'라고 주장했다(中央文獻硏究室, 1983: 602). 또 그는 이렇게 말했다. …우리는 민주혁명과 사회주의혁명 중 군중을 동원해 계급투쟁을 진행했다. 모택동은 일생동안 오로지 군중을 동원해 계급투쟁을 진행하는 한 가지 일에만 몰두했다. 혁명가 모택동은 계급투쟁으로 시작했고 계급투쟁에 의해 성공했다(蕭詩美, 2013: 41). 한편 모택동은 계급투쟁에 의해 '역사의 죄인'이 됐다. 또 이는 그가 만년에 문화대혁명과 같은 중대한 과오를 범하게

---

341 이계(李季, 1892~1967), 호남성 평강(平江) 출신이며 번역가이다. 1918년 북경대학 졸업, 1920년 10월 '사회주의사'를 번역·출간, 1925년 상해대학 교수, 1927년 무한중앙군사정치학교 교수, 1928년 상해에 정착, 1928~1964년 번역에 몰두, 1967년 상해에서 병사했다.

된 사상적 배경이 됐다. 실제로 모택동은 계급투쟁의 화신(化身)이었다.

모택동이 한평생 집착한 계급투쟁은 그의 인생에 악영향은 끼쳤다. '사회발전 원동력'인 계급투쟁을 국정이념으로 확정한 중공 지도자 모택동은 평화 시대의 가장 중요한 '과학적 경제발전'을 간과했다. 1950~1960년대 그가 주도한 반우파투쟁[342]·문화대혁명은 계급투쟁의 산물이다. 한편 모택동이 추앙한 계급투쟁은 '혁명의 원동력'이었으나, 사회 전체를 마비시키고 중국경제를 '침체의 나락'으로 빠지게 한 '악의 원천'이다. 실제로 국가를 '무정부 상태'로 만들고 나라를 분열시킨 계급투쟁은 최대의 사회악이며 중국 경제사회 발전의 가장 큰 걸림돌이었다.

제2차 북경행은 모택동에게 사상의 근본적 변환을 가져오지 못했다. 물론 마르크스 저서의 섭렵을 통해 러시아 공산주의를 관심하고 또 '러시아 유학'을 계획했다. 한편 1920년 여름 모택동은 마르크스주의자가 아니었다. 그가 추진한 호남자치운동(1920.9~11)은 무정부주의적 요소가 다분했다. 또 '호남공화국'은 확대된 '신촌운동' 성격이 강했다. '호남자치운동' 실패는 모택동이 마르크스주의자로 변신한 결정적인 계기가 됐다.

1920년 9월 3일 모택동은 대공보(大公報)에 발표한 '호남 독립, 호남 공화국'이라는 글은 이렇게 썼다. …북양정부의 통치에서 벗어나 독립

---

342 반우파투쟁(反右派鬪爭)은 1957년 7월부터 1958년 여름까지 1년 간 진행된 정치운동이다. 1957년 4월 모택동은 관료주의·종파주의·주관주의를 반대하는 정풍운동을 주도했다. 일부 자산계급 우파분자는 이를 이용해 사회주의 제도를 공격했다. 인민일보는 '이는 무엇때문인가'라는 사론을 발표(1957.6.8), 전국적 반우파투쟁을 본격적으로 개시했다. 1년 간 추진된 반우파투쟁으로 많은 지식인이 억울하게 '우파(右派)'로 몰렸다.

적 호남공화국을 설립해야 한다. 3000만의 호남인은 자결자치(自決自治)의 호남공화국을 설립해야 한다(李捷 외, 2018: 147). 이는 '호남인이 호남을 다스린다(湘人治湘)'는 '관방 자치'의 취지에 부합됐다. 당시 '호남 독립'은 북양군벌의 독재정치에서 벗어나려는 대다수 호남인의 염원을 반영했다.

'호남자치'에 대한 모택동의 '평론' 골자는 첫째, 호남자치운동의 주체는 인민대중이다. 둘째, 러시아식 방식으로 중국의 문제를 근본적으로 해결해야 한다. 셋째, 중국은 아직 러시아와 같은 '근본적 해결'의 조건을 갖추지 못했다(黃允升 외, 2011: 50). 상기 '둘째'·'셋째' 주장은 자가당착적 모순에 빠졌다. 한편 모택동의 '평론'을 살펴보면 담연개의 '관방 자치'에 영합했다는 것을 알 수 있다. 독재 정치가 만연된 사회적 환경에서 '인민 자치'는 궁극적으로 실패할 수밖에 없었다. 실제로 모택동이 주장한 '러시아식 방식' 수용 결과는 호남자치운동의 실패였다.

1920년 7월 22일 담연개는 '자치운동' 효시인 국민참여 정책을 발표했다. 통치기반을 확고히 하고 북양정부의 간섭에서 벗어나기 위한 것이 궁극적 목적이었다. 당시 호남인들은 북양군벌의 독재 정치를 혐오했다. 이것이 호남의 각계 인사들이 '자치운동'을 지지한 이유였다. 모택동이 '대공보'에 발표한 10여 편의 격문은 담연개의 '자치정책'을 지지한 것이다. 결국 북양군벌의 피해자였고 '동병상련' 처지인 그들은 의기투합했다.

장경요가 추방되고 '개명신사' 담연개가 복직한 후 모택동은 북양군벌의 통치에서 벗어났다고 여겼다. 모택동이 주장한 '호남공화국'은 은행·실업·교육이 독립적으로 운영되며 집회·결사(結社)·언론 자유가 보장됐다(金冲及 외, 1996: 64). 유토피아적 '호남공화국'은 확대된 '신촌'에 진배없다. 이는 당시 모택동의 사상에 존재한 내적 갈등의 반영이며 그 동안 그가 주장한 '무혈혁명'과 일맥상통했다(龔一, 2014: 318). 당시 '호남 공화국'은 공산(共産)적이고 사회개량주의 성격이 강했다. 실제로 1920 년 가을까지 모택동은 진정한 마르크스주의자가 아니었다.

'자치운동'의 장애물은 독군(督軍)이 아니며 많은 사람들이 갈망하는 '남북 통일'이다. 나는 '남북 대립'이 필요하다고 생각한다. 20년 간 '정치 외면'을 주장한 호적 선생처럼 나도 20년 간 '중앙정치'를 논하지 않을 것이다. 중화민국의 국경절(國慶節, 10월 10일)에 나는 '남북 통일'을 반대하며 '성경(省慶)'을 갈망한다(中共中央文獻研究室, 2008: 478). 이는 모택동이 상해 '시사신보(時事新報)'에 발표(1920.10.10)한 글이다. 당시 북양정부와 '손중산 정부'의 대결 상태에서 '연성자치(聯省自治)'[343]가 시대적 주류였다. 실제로 '호남자치'는 이런 사회적 환경과 관련된다.

모택동은 호남자치운동의 '실패 원인'을 이렇게 분석했다. …담연개가 호남성에서 축출된 후 '연성자치'를 옹호한 조항척은 호남자치운동을 탄압했다. 우리는 성의회(省議會)에 쳐들어가 대련(對聯)과 편액(扁額)을 뜯어냈다. 신민학회는 민주항쟁을 억압한 군벌 조항척에게 투쟁의 화살을 돌렸다(孫彦 외, 1993: 32). 1920년 11월 담연개의 '하야'와 독재자 조항척의 등장은 호남자치운동이 실패한 주된 원인이다. 한편 '자치운동'의 실패는 모택동이 무정부주의를 포기하고 마르크스주의자로 전환한 중요한 계기였다. 1920년대 초반 조항척과 모택동은 '정적'이었다.

---

343 연성자치(聯省自治)는 1920년대 유행된 정치제도 개혁 방안이다. '연성자치'를 가장 먼저 제기한 정치인은 양계초이다. 1920년 7월 담연개가 '상인자치(湘人自治)'를 발표, '연성자치'를 제출했다. 한편 '연성자치'를 반대한 손중산은 중앙집권을 주장했다. 1926년 여름 장개석이 북벌전쟁을 개시(1926.7)한 후 '연성자치'는 사라졌다.

1925년 11월 모택동이 향경여·나장룡에게 편지를 보내 정리한 '자치운동' 교훈은 ① 호남의 독재 정치는 극도에 도달 ② 온화한 개량주의 불가능 ③ 새로운 투쟁방법 모색 ④ 철저한 사회 개조와 강력한 수단 동원 ⑤ '근본적 해결' 선택 등이다(曹志爲 외, 1991: 165). 결국 모택동은 '자치운동' 실패를 통해 평화적 청원 방식의 '무혈혁명'과 사회개량은 통할 수 없고 '근본적 해결'이 가능한 러시아식 '폭력혁명'의 중요성을 통감했다.

1920년 12월 모택동은 채화삼에게 보낸 회신에 '러시아식 혁명'을 찬성한다는 입장을 밝혔다. 또 채화삼에게 보낸 또 다른 회신(1921.1.21)에 이렇게 썼다. …유물사관은 우리당의 철학적 근거이다. 당신의 주장에 100% 공감한다(逢先知 외, 2011: 71). 1920년 겨울 모택동은 드디어 마르크스주의자로 전환했다. '자치운동'의 실패를 통해 청년 모택동은 군벌 통치하에 있는 중국에서 '무혈혁명'과 사회개량주의는 성공할 수 없다는 것을 통감했다. 1921년 '풋내기 혁명가' 모택동은 공산주의자로 변신했다.

제2절 중공 '창건자', 노동운동 리더

1. 마르크스주의자에서 공산주의자로 탈바꿈

1920년 겨울 모택동이 마르크스주의자가 됐다. 동시기 모택동은 공산주의로 전향했다. 이 시기 모택동은 공산주의소조와 청년단(靑年團) 설립을 본격 추진했다. 1921년 1월 신민학회 '취지 변경'과 청년단의 출범은 신민학회 해체를 의미한다. 1921년 여름 중공 창건대회에 참석한 모택동은 10월에 중공 호남지부를 발족했다. 그해 8월에 모택동은 '무정부주의' 성격이 강하고 정규 교육과 거리가 먼 자수대학(自修大學)을 설립했다.

　1920년 여름 장사로 돌아온 모택동은 진독수와 밀접한 관계를 유지했다. 그해 10월 상해에서 부쳐온 '청년단 장정(章程)'을 받은 모택동은 호남청년단 설립에 착수했다. 당시 (上海)청년단 책임자는 유수송(兪秀松)[344]이다. 제3차 전국대표대회(1925.1)에서 청년단은 공청단(共靑團)[345]으로 개명했다. 진보적 청년들로 구성된 청년단은 공산당의 '예비군(豫備軍)'이었다. 한편 모택동은 신민학회 회원 중에서 청년단원을 물색했다. 2~3개월의 준비과정을 거쳐 1921년 1월 (湖南)청년단이 정식으로 발족했다.

　호남청년단에 가입한 신민학회 회원은 팽평지(彭平之)[346]·소술범(蕭述凡)·하희 등이다. 녕향(寧鄕) 출신 소술범은 모택동이 육성한 청년단 간부였다(李銳, 1994: 305). 제1사범 학생 장문량(張文亮)은 일기에 '청년단 설립'을 이렇게 썼다. …12월 2일 모택동은 진독수가 장사에 오면 '청년

344　유수송(兪秀松, 1899~1939), 절강성 출신이며 청년단 창건자이다. 1920년 8월 (上海)청년단 초대 서기, 1925년 모스크바의 (中共)당지부 책임자, 1927년 소련의 레닌학원에서 연수했다. 1937년 신강 군벌 성세재에 의해 체포·투옥, 1939년 소련 감옥으로 이송, '숙반(肅反)' 확대화에 연루돼 소련 최고법원으로부터 사형 선고를 받았다.

345　공청단(共靑團)은 공산당이 영도하는 진보적 청년들의 정치단체이다. 1920년 8월 상해에서 첫 사회주의청년단이 설립, 1925년 1월 공산주의청년단(共靑團)으로 개명, 1935년 11월 항일구국의 청년단체로 탈바꿈했다. 문혁 기간 공청단 조직은 유명무실, 1980년대 후 공청단 요직을 담당한 젊은 책임자들이 '공산당 1인자'로 발탁됐다.

346　팽평지(彭平之), 호남성 상향(湘鄕) 출신이며 공산주의자이다. 1920년 겨울 (長沙)공산주의소조의 6명의 '창당 멤버'로 간주된다. 1920년대 청년단 상구(湘區)위원회 조직부장, 형양(衡陽)현위 서기 등을 역임, 1930년대 강서성 혁명근거지에서 희생된 것으로 추정된다.

단 설립' 대회를 개최한다고 말했다. 12월 15일 모택동은 학생들 중 '진정한 동지'를 물색해야 한다고 강조했다(金沖及 외, 1996: 75). 모택동의 소개로 청년단에 가입한 소술범은 호남학생연합회장·공청단 호남구위 서기를 맡았다. 1921년 1월 13일 호남청년단이 정식 출범했다. 한편 진독수는 12월 중순 '광주 취임'[347]으로 '설립 대회'에 불참했다.

모택동이 설립한 호남청년단에 맨 처음 가입한 청년단원은 팽평지이다. 그의 입단 시간은 1920년 10월이다. 1921년 10월 모택동이 (中共)호남지부를 창건할 때 팽평지는 당지부 성원이다. 팽평지가 (長沙)공산주의소조의 '6명 멤버'라는 것이 학계의 중론이다. 한편 모택동이 회상한 '6명 멤버'에 대한 학자들의 주장이 엇갈린다. 특히 그가 언급한 '소쟁(蕭錚)'은 가장 미스터리적 인물이며 아직까지 학계의 통일된 정설은 없다.

1920년 8월 진독수와 이달(李達)[348] 등은 상해공산주의소조를 창건했다. 이달의 회상에 따르면 당시 진독수와 이한준(李漢俊)[349]은 '호남 창당'을 모택동에게 위탁했다(蔣建農, 2009: 45). 주불해(周佛海)[350]의 회상에 따

---

347 1920년 11월 진독수는 광동군정부의 실세인 진형명으로부터 광주정부 교육부장에 위촉됐다. 12월 중순 진독수는 모택동에게 편지를 보내 '광주 취임'으로, '(湖南)청년단 설립' 대회에 참석하지 못함을 통보했다. 12월 16일 진독수는 상해에서 광주로 출발하는 여객선에 올랐다. 1921년 8월 말 상해로 돌아와 (中共)중앙국 서기로 부임했다.

348 이달(李達, 1990~1966), 호남성 영주(永州) 출신이며 '중공 창건자'이다. 1920년 상해공산주의소조 가입, 그해 11월 '공산당' 월간을 창간, 중공 창건대회(1921.7) 선전부장, 1923년 가을에 탈당했다. 건국 후 호남대학교·무한대학교 총장 등을 역임, 1966년 무한에서 병사했다.

349 이한준(李漢俊, 1890~1927), 호북성 잠강(潛江) 출신이며 '중공 창건자'이다. 1920년 8월 상해공산주의소조 가입, '신청년' 편집장, 1921년 7월 중공 창건대회에 참석, 1923년 여름에 탈당했다. 1927년 12월 호북 군벌 호종탁(胡宗鐸)에 의해 체포, 한구(漢口)에서 처형됐다.

350 주불해(周佛海, 1897~1948)는 호남성 원릉(沅陵) 출신이며, '중공 창건자'였으나 한간으

르면 1920년 여름 진독수를 만나 '창당'을 의논했다. 공산주의소조를 설립한 이듬해 여름에 '공산당 창건'을 결정했다(何明, 2003: 135). 훗날 장국도는 이렇게 회상했다. …당시 진독수는 장사에서 '상강평론'을 발간한 모택동과 통신 연락을 주고받았다. 모택동의 능력을 인정한 진독수는 호남의 공산주의소조 창립을 위탁했다(逢先知 외, 2011: 76). 당시 진독수와 모택동이 서로 신임하고 지지하는 '혁명 동지'였다.

1920년 11월 모택동은 진독수가 보낸 '공산당 설립'을 정식으로 위탁한 편지를 받았다. 그들은 (上海)공산주의소조 설립과 '중공 선언' 작성 등 상황을 통보하고 '공산당(共産黨)' 월간[351]을 부쳐왔다. 11월 중순 모택동은 진독수에게 편지를 보내 '청년단 설립' 참석을 요청했다(金冲及 외, 1996: 74). 이달이 편집한 '공산당' 월간은 11월 7일에 창간호를 발간했다. 내부 간행물인 '공산당' 월간은 모택동의 사상 전환에 중요한 역할을 했다. 한편 진독수의 '광주 부임'은 (上海)공산주의소조의 분열을 초래했다.

1920년 여름 진독수는 보이틴스키의 도움을 받아 상해공산주의소조를 창건했다. 상해·북경의 '소조 멤버'인 임백거(林伯渠)[352]·나역농(羅亦

로 전락했다. 1917년 일본 유학, 1920년 여름 상해공산주의소조 설립, 1921년 7월 중공 창건대회 (代理)서기, 1924년 9월 탈당했다. 1927년 남경중앙육군군관학교 총교관, 1937년 국민당 선전부장, 1938년 9월 매국노로 전락했다. 1945년 체포 후 중경으로 압송, 1946년 사형에 선고, 1947년 무기도형으로 감형, 1948년 남경에서 병사했다.

351 '공산당' 월간은 1920년 11월 상해에서 창간, 이달이 주필을 맡았다. 최고 발행량이 5000부에 달했고 1년 후 정간됐다. 마르크스주의를 선전, 러시아 공산당의 혁명경험을 소개했다. 각지 당조직의 필독서인 '(共産黨)월간'은 모택동의 '공산주의 전향'에 중요한 역할을 했다.

352 임백거(林伯渠, 1886~1960), 호남성 임풍(臨澧) 출신이며 공산주의자이다. 1921년 상해공

農)[353]·등중하·나장룡·하맹웅(何孟雄)[354] 등은 호남성 출신이며 그들은 장사 '소조'와 연락이 있었다. 1920년 겨울 모택동·하숙형·팽황·하민범 등은 공산주의소조를 설립했다. '(長沙)소조'의 중요한 멤버인 하민범은 높은 명망을 갖고 있었다. 당시 모택동과 하민범은 '혁명 동지'였다.

모택동의 회상에 따르면 장사공산주의소조의 '창당 멤버'는 6명이 었다. 이 '6명 멤버' 중 모택동·하숙형·팽황·하민범은 확실한 '창당 성원'이었다. 그 외 '2명 멤버'로 진자박·팽평지·역례용·하희가 거론된다. 이 중에서 신빙성이 가장 높은 '2명 멤버'는 진자박과 팽평지이다.

모택동은 이렇게 회상했다. …신민학회 회원 중 중국혁명사에 이름을 남긴 인사가 적지 않다. 당 지도자 소쟁(蕭錚)은 '창당 문서'에 서명한 6명의 멤버였으나 오래 전에 병사했다(毛澤東, 2008: 37). 현재까지 '소쟁'의 정체는 밝혀지지 않고 있다. 모택동의 회상에 많은 오류가 있는 점을 감안하면 '소쟁'은 '기억착오'라는 것이 학계의 중론이다. 장사 '소조'의 6명 멤버이며 '오래 전에 병사'한 '소쟁'은 결코 허구적 인물이 아닌 실존 인물임에 분명하다. 한편 소유가 '소쟁'이라는 주장은 신빙

산주의소조에 가입, 1930~1940년대 섬감녕변구(陝甘寧邊區)정부 주석, (八路軍)서안판사처 대표, 건국 후 중앙인민정부 비서장, 전국 인대 부위원장 등을 역임, 1960년 북경에서 병사했다.

353 나역농(羅亦農, 1902~1928), 호남성 상담(湘潭) 출신이며 공산주의자이다. 1921년 중공에 가입, 1923년 모스크바 동방대학의 중국어언조(語言組) 서기, 1926년 강절(江浙)구위 서기, '8.7회의(1927)' 정치국 위원, 장강국(長江局) 서기 등을 역임, 1928년 (上海)조계지에서 처형됐다.

354 하맹웅(何孟雄, 1898~1931), 호남성 염릉(炎陵) 출신이며 공산주의자이다. 1920년 11월 북경공산주의소조 가입, 1920년대 북경지위(地委) 서기, 한구(漢口)시위 조직부장, 강소성위 상임위원 등을 역임했다. 1930년 9월 입삼노선으로 파면, 1931년 2월 상해에서 처형됐다.

성이 제로이다.

모택동이 회상한 '6명 멤버'에 가장 근접한 인물은 진자박이다. 진자박이 '소쟁'으로 추정되는 이유는 ① 1919년 신민학회 가입 ② '상강평론' 주요 기고자 ③ 문화서사 운영자 ④ 1920년 가을 (湖南)청년단의 주요 책임자 ⑤ 청년단 제1차 전국대표대회(1922.5)에 참석 ⑥ 1924년 1월 병사 ⑦ 모택동이 회상한 '유명 인사' 중 진자박의 이름 누락 등이다. 한편 1924년까지 당원과 청년단원의 임무와 역할이 구분되지 않았다. 따라서 (湖南)청년단의 주요 책임자인 진자박을 '당 지도자'로 간주할 수 있다.

장사(長沙)공산주의소조 설립에 관해 팽술지(彭述之)[355]는 이렇게 회상했다. …호남 당조직의 발기자 하민범의 서술에 따르면 (長沙)공산주의소조는 (上海)공산주의소조와 달랐다. 또 (長沙)공산주의소조는 진독수의 위탁을 받은 하민범이 설립했다(中共中央黨史資料委員會, 1987: 474). (長沙)공산주의소조는 1920년 겨울에 설립됐다. 당시 진독수의 신임을 받은 모택동이 (湖南)청년단과 (長沙)공사주의소조를 창립했다는 것이 정설이다.

모택동은 '중공 7대(1945.4.21)'에서 이렇게 말했다. …소련 공산당은 마르크스주의소조에서 소비에트연방당으로 발전했다. 중국 공산당도 '소조(小組)'에서 전국적 조직으로 발전했다. 초기 장사 당조직은 작은 '소조'였다(于俊道 외, 1996: 306). 1960년대 모택동은 공산주의소조에 관해 두 차례 언급했다. 즉 공산주의소조를 설립해 마르크스주의를 전파하

---

355 팽술지(彭述之, 1895~1983), 호남성 소양(邵陽) 출신이며 공산주의자이다. 1921년 중공에 가입, 1924년 '향도(嚮導)' 주필, 1925년 중앙선전부장, 1927년 순직(順直)성위 서기, 1929년 11월 당적을 박탈, 건국 후 홍콩·유럽·미국에서 생활, 1983년 미국에서 병사했다.

고 그와 하숙형은 (長沙)공산주의소조를 대표해 (中共)창건대회에 참가했다고 회상했다. 한편 모택동은 '설립 시간'과 '창당 멤버'를 정확히 기억하지 못했다.

모택동은 진독수에 대해 이렇게 회상했다. …상해에서 진독수와 만나 내가 읽은 마르크스 저서에 대해 토론했다. 이 시기는 나의 일생에서 가장 관건적 시기였다. 특히 진독수가 말한 자신의 신앙에 대한 이야기는 나에게 깊은 인상을 남겼다(孫彦 외, 1993: 34). 청년 모택동의 '진독수 존경'은 숭배에 비견할 수 있다. '상강평론' 창간호(1919.7)에 모택동은 진독수를 '사상계의 스타'라고 치켜세웠고 '진독수 만세'를 주창했다. 1920년 여름의 '상해 미팅'은 모택동의 마르크스주의자 변신에 결정적 역할을 했다.

1921년 봄 광동(廣東)군정부의 교육부장 진독수는 노동운동 추진을 의해 광주(廣州)공산주의소조를 건립했다. 담평산이 서기, 담식당(譚植棠)[356]이 조직부장, 진공박이 선전부장을 맡았다. 또 '광주군보(廣州群報)'를 당의 기관보로 개편했다(朱洪, 2011: 132). 당시 광주 '소조'는 광동 군벌 진형명(陳炯明)[357]과의 관계가 밀접했다. 이 또한 진공박이 탈당(1922)한 주된 원인이다. 이 시기 진독수는 (廣州)무정부주의자들과 대결에서 진

---

356 담식당(譚植棠, 1893~1952), 광동성 불산(佛山) 출신이며 공산주의자이다. 1921년 광주 공산주의소조 선전간사, 1923년 국민당에 가입, 1925년 국민당 농민부 조직간사, 1937년 항일구국운동에 참가, 1952년 '계급이색분자'로 당적을 박탈, 그해 6월 광주(廣州)에서 병사했다.

357 진형명(陳炯明, 1878~1933), 광동성 해풍(海豊) 출신이며 광동 군벌이다. 1911년 광동군정부 도독, 1920년 광동성장·월군(粵軍) 사령관, 1921년 육군총장·내무부장, 1922년 손중산의 북벌을 반대, 그해 6월 군사정변을 일으켜 총통부를 공격, 1933년 홍콩에서 병사했다.

퇴양난(進退兩難)에 빠졌다. 이 또한 1921년 8월 중순 '교육부장'을 사직하고 상해로 돌아와 중앙국(中央局) 서기로 부임한 주요인이다.

진독수의 지시를 받은 진연년(陳延年)[358]과 진교년(陳喬年)[359]은 1920년 겨울 프랑스에서 공산당 조직을 설립했다. 1922년 조세염(趙世炎)[360]과 임탁선(任卓宣)[361]은 프랑스 청년단을 설립했다. 1919년 겨울 '근공검학'으로 프랑스에 온 진연년 형제는 무정부주의자였다. 1922년 그들 형제는 조세염·주은래 등이 조직한 유럽중국소년공산당에 가입했다. 1928년 호남성위 서기 임탁선은 변절해 반공(反共)분자로 전락했다. 임탁선은 1930년 양개혜를 살해한 하건의 '공범자'이다. 1921년 봄 장신부(張申府)[362]와 주은래 등은 프랑스에서 공산주의소조를 창건했다.

---

358 진연년(陳延年, 1898~1927), 안휘성 회녕(懷寧) 출신이며 진독수의 장자이다. 1922년 중국소년공산당 선전부장, 1924년 광동구위 서기, 1925년 성항(省港)대파업을 일으켰다. 1927년 강소성위 서기, '중공 5대'에서 정치국 후보위원, 1927년 7월 상해(上海)에서 처형됐다.

359 진교년(陳喬年, 1902~1928), 안휘성 회녕(懷寧) 출신이며 진독수의 차자(次子)이다. 1922년 중국소년공산당에 가입, 1924년 북경지위(地委) 조직부장, '중공 5대'에서 중공중앙 비서장으로 선임, 1927년 가을 강소성위 조직부장을 역임, 1928년 6월 상해에서 처형됐다.

360 조세염(趙世炎, 1901~1927), 중경(重慶) 유양(酉陽) 출신이며 공산주의자이다. 1921년 봄 주은래 등과 함께 프랑스 당조직을 설립, 1922년 중국소년공산당 집행서기, 1924년 북경지위(地委) 집행위원장, 1927년 상해총공회 위원장, 1927년 7월 상해에서 처형됐다.

361 임탁선(任卓宣, 1896~1990), 사천성 남충(南充) 출신, 공산주의자(후 변절)이다. 1922년 소년공산당 가입, 1926년 광동구위 선전부장, 1927년 호남성위 서기, 1928년 국민당 선전부 부부장, 1950년 국민당중앙평의(評議)위원, (臺北)정치대학 교수, 1990년 대만에서 병사했다.

362 장신부(張申府, 1893~1986), 하북성 헌현(獻縣) 출신이며 공산주의자이다. 1914년 북경대학 입학, 1920년 10월 이대쇠와 함께 북경공산주의소조를 창건, 1921년 프랑스공산주의소조를 설립, 1924년 황포군관학교 정치부 부주임, 1925년에 탈당했다. 건국 후 북경도서관 연구원, 1957년 우파로 비판을 받았다. 1986년 북경에서 병사했다.

1920년 11월 1일 장동손(張東孫)[363]등과 함께 장사에서 연설한 철학가 러셀(Russell)은 무력혁명을 강행한 러시아 공산당은 엄중한 과오를 범했다고 역설했다. 장동손 등은 '무혈혁명'과 개량주의를 주창한 러셀의 주장을 찬동했다(李捷 외, 2018: 189). 모택동은 신민학회 회원과 함께 러셀의 강연을 청취했다. 당시 러셀의 주장에 대한 찬반 양론이 엇갈렸다. 한편 '무혈혁명'은 중국에서 통할 수 없다고 주장한 모택동은 러시아 무력혁명을 찬성했다. 이는 모택동이 마르크스주의로 전향했다는 것을 의미한다.

당시 중국의 교육계와 지식인 사회에서는 무정부주의적 사조가 범람했다. 사회주의의 간판을 내건 각종 무정부주의가 난무했고 무정부주의자들은 마르크스주의와 '폭력혁명'을 반대했다. 결국 마르크스주의와 대립된 무정부주의는 공산당 조직의 발전에 큰 걸림돌이 됐다. 한편 '무정부주의자' 진독수·모택동 등은 창당을 계기로 마르크스주의자로 전행했다.

호남(湖南)노동자공회의 지도자 황애(黃愛)[364]·방인전(龐人銓)[365]은 무

---

363 장동손(張東孫, 1886~1973), 절강성 항주 출신이며 철학자이다. 1927년 국가사회당(國家社會黨)에 가입, '재생(再生)' 잡지를 창간해 국가사회주의를 선전했다. 건국 후 전국 정협 위원, '민맹(民盟)' 상임위원 등을 역임, 1968년 체포, 1973년 진성(秦城)감옥에서 옥사했다.

364 황애(黃愛, 1897~1922), 호남성 상덕(常德) 출신이며 노동운동 지도자이다. 1920년 11월 호남노동자공회 설립, 1921년 청년단에 가입, 1922년 1월 13일 (長沙)제1방직공장 노동자 파업을 일으켰다. 1월 17일 조항척의 군대에게 살해, 모택동은 장사에서 성대한 추도회를 거행했다.

365 방인전(龐人銓, 1897~1922), 호남성 상담(湘潭) 출신이며 노동운동가이다. 1920년 11월 호남노동자공회를 설립, 1921년 겨울 청년단에 가입, 1922년 1월 조항척의 반포한 헌법을 '관치(官治)'라고 비판, 1월 17일 조항척의 군대에게 체포, 장사 유양문외(瀏陽門外)에서 처형됐다.

정부주의를 노동자 이익을 쟁취하는 수단으로 삼았다. '노공회'의 무정부주의적 경향은 ① 엄밀한 조직과 구체적 목표 부재 ② 경제적 투쟁과 공회의 이익에 치중 ③ 마르크스주의 외면 ④ 폭탄 등을 사용해 정부요원을 처단하는 맹동적 테러 등이다(于俊道 외, 2018: 191). 중국 학자들은 '무정부주의자' 황애와 방인전은 공산주의자 모택동의 영향을 받아 1921년 겨울 청년단에 가입했다고 주장하고 있다. (湖南)노동운동의 지도자인 그들은 1922년 1월 17일 반동 군벌 조항척에게 처형됐다.

상기 폭탄 등을 사용해 정부요원을 처단하는 '맹동적 테러'는 무정부주의자만의 전유물이 아니었다. 특히 (長沙)공산주의소조의 '창당 멤버'로 간주되는 진자박이 '맹동적 테러'를 범했다는 것은 참으로 불가사의하다. 1923년 겨울 폭탄 두개를 준비해 길가에 매복해 있던 진자박은 조항척이 탄 차에 폭탄을 던졌다. 그러나 그가 너무 긴장한 탓에 목표를 제대로 명중하지 못했다. 결국 조항척이 전성(全城) 계엄령을 내리고 샅샅이 수색하자 진자박은 민가의 뒷간에 몸을 숨겼다. 간신히 위기에서 벗어났으나 대변에 중독된 그는 1924년 1월 고향에서 사망했다.

1921년 원단 신민학회 회의에서 모택동은 각종 무정부주의를 비판했다. 당시 그들은 신민학회 취지를 '중국·세계 개조'로 변경할 것을 토론했다. 모택동이 제기한 사회문제 해결 방법은 개량주의·사회민주주의·마르크스주의·러셀의 가짜공산주의·무정부주의 등이었다. 하숙형은 '격렬한 수단'의 공산주의를 주장했다(于俊道 외, 1996: 275). 당시 모택동은 러셀의 '가짜공산주의'를 비판하고 러시아 폭력혁명을 주장했다. 3일 간의 격렬한 논쟁을 통해 신민학회는 마침내 학회의 취지를 변경시켰다. 열흘 후 장사의 사회주의 청년단이 정식으로 탄생했다.

1921년 '(元旦)회의'는 신민학회의 마지막 회의였다. 1921년 1월 사회주의 청년단이 설립된 후 신민학회는 '좌우익(左右翼)'으로 갈라졌다. 당시 신민학회의 많은 회원이 (湖南)공산당 조직에 가입했으나 적지 않은 회원은 여전히 '교육구국(敎育救國)'을 지향했다. 이는 학술 단체로 출범한 신민학회가 이념이 가미된 '정치 단체'로 변질됐다는 방증이다.

1921년 전후 신민학회는 엄밀한 조직과 마르크스주의를 신봉하는 혁명적 단체로 거듭났다. 신민학회의 74명 회원 중 공산당 조직에 가입한 회원은 30여 명에 달했다. 나머지 30여 명은 교육과 과학연구에 종사했고 교수로 임명된 회원만 10명에 달했다(李銳, 2007: 215). 공산당 조직에 가입해 혁명가의 길을 선택한 신민학회 회원들은 1930년 전후 대부분 희생됐다. 또 '교육구국'을 선택한 대표적인 회원은 모택동의 '연인'인 도의와 주세소·장국기 등이다. 한편 무정부주의자 소유와 웅몽비(熊夢飛)[366]·임배도(任培道)[367]는 '반공 분자(反共分子)'로 전락했다.

1921년 봄 좌우익으로 분열된 신민학회는 역사적 사명을 완수했다. 새로 출범한 청년단이 학회 역할을 대신했다. 1920년에 입단(入團)한 회원수는 16명이며 1921년 7월까지 36명이 입단했다. 당시 모택동의 '창단(創團)' 방침은 '진정한 동지'를 찾는 것이었다. 한편 대다수 '진정한 동지'가 맞이한 비극적 결과를 간과할 수 없다. 이는 1920~1930년대 혁명가들이 처한 험난한 역경과 모택동의 파란만장한 정치인생과 관련된다.

---

366 웅몽비(熊夢飛, 1895~1962), 호남성 녕향(寧鄕) 출신이며 무정부주의자이다. 1915년 북경사범대학 학생회장, 1925년 국민당에 가입, 국민당 '중앙구락부(中央俱樂部)' 호남골간(骨幹) 분자로 활동, 건국 후 체포돼 판결을 받았으나 가석방됐다. 1962년 장사에서 병사했다.

367 임배도(任培道, 1895~1988), 호남성 상음(湘陰) 출신, (反共)분자이다. 1919년 신민학회에 가입, 1930~1940년대국민당천진(天津)시당무위원회 상임위원, 국민당입법원 입법위원, 1950년대 '청년반공구국단(反共救國團)' 지도위원을 역임, 1988년 대만에서 병사했다.

모택동의 '진정한 동지'인 팽황과 그가 육성한 장문량은 정신분열증에 걸리는 비극적인 결과를 맞이했다. 또 진자박의 '맹동적 테러'에 따른 요절과 역례용의 '탈당(1928)'에 따른 정치생명 종결은 비극적 결말이었다. 1930년대 하숙형의 희생과 팽평지의 '무명 죽음'은 당시 모택동의 '낙마'와 관련된다. '살인마'로 악명이 높았던 하희의 '익사(溺死)', 소술범의 '과로사(過勞死)'를 무작정 혁명을 위해 목숨을 바쳤다고 주장한다면 이는 견강부회이다. 한편 '권력투쟁'에서 밀린 하민범의 자원 탈당은 '진정한 공산주의자'로서 자격 미달이다. 결국 구사일생으로 살아남은 모택동은 1920~1930년대 세 차례 실각하는 수모를 겪었다.

모택동은 '대공보' 편집장이며 동향인 장평자(張平子)[368]와 밀접한 관계를 유지했다. 장평자의 회상에 따르면 모택동은 마르크스주의 문장을 자주 추천했다. 또 '대공보'는 '공산당' 월간의 '러시아 공산당 역사' 등을 전재했고 '노공(勞工)' 월간은 유럽 노동자의 파업 소식을 실었다(李捷 외, 1996: 308). 문혁 시기 장평자는 조리돌림을 당했다. 당시 그는 이렇게 모택동을 욕했다. …모택동이 무엇이 대단하냐? 젊은 시절 온종일 시위행진을 하다가 잘 곳이 없으면 나의 침대로 기어들었다. 고약한 발 냄새에 죽는 줄 알았다. '영수 모욕죄'로 그는 사형에 선고됐으나 수십 년 간의 모택동과의 서신 왕래가 입증돼 다행히 죽음을 면했다.

1920년 겨울 제1사범학교에서 교사로 근무한 모택동은 노동자야학과 실업청년보습(補習)반을 꾸렸다. 모택동 등은 부근 공장의 노동자 40여 명을 모집했다. 노동자야학은 노동자에게 마르크스의 잉여가치 학설

---

368 장평자(張平子, 1885~1972), 호남성 상담(湘潭) 출신이며 모택동의 동향지기(同鄉知己)이다. 1915년 '대공보(大公報)' 편집장, 1920년대 모택동과 친밀한 관계를 유지했다. 건국 후 호남성 정협 위원, 호남성 문사(文史)연구원 등을 역임, 1972년 장사(長沙)에서 병사했다.

등을 알기 쉽게 가르쳤다(何明, 2003; 137). 제1사범학교 시절 모택동은 노동자야학을 운영한 경험을 갖고 있었다. 결국 이는 1922~1923년 그가 호남노동운동을 성공적으로 전개하고 성공할 수 있었던 밑바탕이 됐다.

1921년 3월 모택동·하숙형 등 28명은 '중조(中朝)호조사'를 조직해 조선인의 일본 제국주의 침략을 반대하고 민족 독립을 쟁취하는 투쟁을 지원했다. 모택동·하숙형·하민범은 '호조사'의 통신부·선전부·경제부의 책임자였다. 당시 조선측 책임자는 황영희(黃永熙)·이기창(李基彰)·이우맹(李愚氓)이었다(中共中央黨史資料委員會, 1987: 478). 이는 중국인들과 조선인들 간에 구축된 '돈독한 관계'를 보여준 사실(史實)이다. 또 이는 (長沙)공산주의소조가 국제주의에 충실(忠實)했다는 반증이다. 한편 1920년대 일본 제국주의는 중국과 조선의 '공동의 적'이었다.

이달은 공산주의소조를 이렇게 평가했다. …북경 '소조'는 장신점(長辛店) 노동운동에서 성과를 거두었고 무한 '소조'는 경한철도 노동운동을 조직했다. 마르크스주의 선전과 노동운동에서 큰 성과를 거둔 장사 '소조'는 엄밀한 조직성을 갖췄다(金冲及 외, 2011: 79). 당시 공산주의소조의 혁명활동은 마르크스주의 선전과 노동운동 전개였다. 한편 호남노동자공회가 거둔 노동운동 성과를 장사 '소조'의 성과로 간주하기엔 무리가 있다.

1920년 나는 장사에서 3개월 간 머물렀다. 장사를 떠날 무렵 모택동은 나에게 이렇게 말했다. …현재 상해·북경 등지에서 공산주의소조가 성립됐다. 각지 대표 10여 명이 상해에서 중공 창건대회를 개최한다. 나는 장사 '소조'의 대표이며 자네가 나와 함께 대회에 참석하길 희망한다(蕭瑜, 1989: 166). 상기 소유의 서술은 '악의적 상상력'을 가미한 픽션이며 황당무계의 극치이다. 공산주의자 모택동이 정신이상자가 아니라면 무정부주의자(蕭瑜)에게 중공 창건대회 '참석 요청'을 할리가 만무하다. 역사 왜곡자 소유의 황당한 주장은 좀처럼 납득이 가지 않는다.

1921년 6월 모택동은 '상해 회의'에 참석하라는 편지를 받았다. 6월 29일 그와 하숙형은 장사의 소서문(小西門) 부두에서 상해로 떠나는 화륜선을 탔다. 여비(旅費)는 신민학회 회원인 웅근정(熊瑾玎)[369]이 모금했다. 비밀리에 떠난 그들은 누구의 배웅도 받지 않았다(逄先知 외, 2011: 79). 당시 하숙형과 함께 '호남통속보'에 근무한 사각재는 일기에 이렇게 썼다. …오후 6시 하숙형은 상해로 떠났다. 그의 동행자는 윤지(潤之)였다. 그들은 전국 ○○○○○회의에 참석하러 떠난 것이다(謝覺哉, 1984: 49). 한편 사각재의 해석에 따르면 상기 5개의 동그라미는 '공산주의자'를 뜻한다. 또 '중요한 사안'이므로 동그라미로 대체했다는 것이다.

1926년 모택동은 이렇게 술회했다. …1921년 5월 나는 상해에 도착해 공산당 창건대회에 참석했다(Edgar Snow, 1979: 132). 대회 조직자인 이달은 이렇게 서술했다. …6월 초 나는 각 '소조'에서 대표 2명을 파견해 7월 1일에 열리는 '상해 회의'에 참석하라는 편지를 보냈다(田樹德, 2002: 86). 6월 29일은 음력 5월 24일이 된다. 만약 모택동의 '5월'이 음력이었다면 대체적으로 맞는 말이다. 호북성 대표인 동필무(董必武)[370]·진담추

---

369 웅근정(熊瑾玎, 1886~1973), 호남성 장사 출신이며 공산주의자이다. 1918년신민학회 가입, 1927년 중공에 가입, 1931년 홍호(洪湖)지역 선전교육부장, 1938년 신화일보(新華日報) 사장으로 부임, 건국 후 홍십자총회(紅十字總會) 부회장 등을 역임, 1973년 장사에서 병사했다.

370 동필무(董必武, 1886~1975), 호북성 황안(黃安) 출신이며 '중공 창건자'이다. 1920년 가을 무한공산주의소조를 설립, 1921년 7월 중공 창건대회에 참석, 1930~1940년대 중공 중앙당교장, 최고법원장, 중공 남방국 부서기, 국공담판 대표, 건국 후 국무원 부총리, 전국 정협 부주석, 전국 인대 부위원장 등을 역임, 1975년 북경에서 병사했다.

모택동과 중국혁명 1

(陳潭秋)[371]는 7월 20일에 도착했고 광동성의 대표인 진공박은 7월 22일에 도착했다(王曉明 외, 2012: 203). 실제로 장사에서 출발한 화륜선이 무한을 거처 상해 도착에 소요되는 시간은 5일 정도이다.

6월 29일 장사에서 출발한 화륜선은 고장이 났다. 구강(九江) 부두에서 배 수리로 일정이 지체된 모택동은 회의 전날(22일)에 상해에 도착했다(唐春元, 2003: 109). 7월 상순 상해에 도착한 모택동은 남경(南京) 등지를 유람했다(陳英君 외, 1991: 72). 회의 후 모택동은 남경을 방문해 주세쇠를 만났고 항주를 관광했다(李捷 외, 2018: 223). 상기 '22일 도착'은 사실과 어긋나며 7월 상순 '남경 방문'은 신빙성이 높다. 실제로 모택동은 남경금릉(金陵)여자대학에서 연수 중인 도의와 재회했다. 따라서 그가 미리 출발한 주된 목적이 '도의 만남'이라는 가정이 성립된다.

이달의 편지를 받은 모택동은 곧 회의를 열어 대표 인선과 출발 시간을 확정했다. 또 노비(路費) 마련을 위해 1년 전 이대쇠가 선물한 금도금 회중시계를 전당잡혔다(唐春元, 2003: 104). 1920년 모택동은 이대쇠를 만난 적이 없고 '금시계 선물'은 상상력이 가미된 픽션이다. 당시 상해공산주의소조는 각지 대표들에게 '여비(旅費)' 100원을 지급했다(王曉明 외, 2012: 200). 한편 그들의 '여비'는 신민학회 회원 웅근정이 마련했다(金沖及 외, 1996: 77)는 것이 정설이다. 또 이 '여비'는 모택동의 '남경 방문'과 항주 유람 등 사적인 용도로 사용했을 가능성이 매우 높다.

1920년 8월 상해공산주의소조가 창립된 후 전국 각지에서 공산당

---

371 진담추(陳潭秋, 1896~1943), 호북성 황강(黃岡) 출신이며 '중공 창건자'이다. 1920년 무한 공산주의소조 설립, 1921년 여름 중공 창건대회에 참석했다. 1920~1940년대 강서 성위 서기, 북방국 조직부장, 만주(滿洲)성위 서기, 복건성위 서기, 신강(新疆) 주재 대표 등을 역임했다. 1943년 9월 신강 군벌 성세재에게 비밀리에 처형됐다.

조직이 출범했다. 1921년 6월 전국 각지에 공회(工會) 조직이 설립됐다. 이 시기 당조직의 영도 하에 각지 노동운동이 신속하게 전개되었다. 따라서 전국적으로 통일된 공산당 조직의 설립 조건이 이미 성숙됐다.

1921년 6월 3일 공산국제가 파견한 마링(Maring)[372]과 니콘스키[373]가 상해에 도착했다. '공산당 창건'이라는 특수한 사명을 지니고 상해에 온 마링 등은 각지 공산당 조직의 현황을 보고받은 후 빠른 시일 내 공산당 창건대회 개최를 건의했다(王炯華 외, 2004: 78). 공산국제 대표의 '창당 지시'를 받은 이달은 각지 공산주의소조에 '창건대회' 참석 편지를 보냈다. 또 이달은 공산국제 대표의 '창당 지시'를 광주의 진독수에게 통보했다.

'창건대회' 조직자 이달은 회의 장소를 이한준과 상의해 그의 친형 이서성(李書城)[374]의 사저로 정했다. 마침 이서성 일가가 소주(蘇州)로 피서를 떠나서 사저가 비었다. 또 그는 부인 왕회오(王會悟)에게 부탁해 박문(博文)여자학교의 방 세 칸을 빌려 대표들의 숙소로 사용했다. 당시

---

372 마링(Maring, 1883~1942)은 네덜란드 출신의 국제공산주의자이며 제1차 국공합작(國共合作)을 성공시킨 주인공이다. 1920년 7월 공산국제 제2차 대표대회에 참석, 공산국제 집행위원에 선임, 1921년 6월 상해에 도착, (中共)창건대회를 주최했다. 중국 체류 기간(1921.6~1923.10) 국공합작을 성공적으로 추진, '중공 3대(1923)'에 참석했다. 1923년 10월에 중국을 떠났다. 1942년 네덜란드에서 체포, 나치(Nazi) 분자들에게 처형됐다.

373 니콘스키(1889~1938)는 러시아 군인 출신, 공산국제 원동서기처 대표이다. 1921년 6월 상해에 도착, 중공 창건대회에 출석했다. 1922~1925년 만주리(滿洲里)에 파견돼 지하공작에 참가, 1935~1937 중국에서 지하공작을 전개, 1938년 '간첩죄'로 하바롭스크에서 처형됐다.

374 이서성(李書城, 1882~1965), 호북성 잠강(潛江) 출신이며 민주혁명가이다. 1905년 동맹회 가입, 항전 시기 공산당이 제창한 '항일민족통일전선'을 찬성, 1948년 '반장평화(反蔣平和)' 운동을 주도했다. 1949년 중앙정부의 초대 농민부장으로 임명, 1965년 북경에서 병사했다.

박문학교에 묵었던 대표는 모택동 등 9명이다. 진공박 부부는 대동여사(大東旅社)에 머물렀고 6월 하순 상해에 도착한 장국도는 따로 숙소를 잡았다.

'(中共)창건대회'에 참석한 정식대표는 국내외 7개 공산주의소조에서 파견한 12명이다. 즉 이달·이한준(上海), 북경의 장국도·유인정(劉仁靜)[375], 모택동·하숙형(長沙), 동필무·진담추(武漢), 산동의 왕진미(王儘美)[376]·등은명(鄧恩銘)[377], 진공박(廣州)·주불해(日本)이다. 그 외 진독수의 '특별대표'로 열석한 포혜승(包惠僧)[378]과 공산국제 대표 마링과 니콘스키이다(金沖及 외, 2011: 79). 참석자 중 가장 연장자는 하숙형(45세)이었고 가장 젊은 대표는 유인정(19세)이었다. 한편 대다수의 대표들은 양복을 착용했으나 호남 대표인 모택동은 장포(長袍)를 입었다.

1936년 모택동은 '창건대회'에 참석한 정식대표는 12명이라고 회

---

375 유인정(劉仁靜, 1902~1987), 호북성 응성(應城) 출신이며 공산주의자이다. 1920년 북경공산주의소조 가입, 1921년 7월 중공 창건대회 참석, 1923년 단중앙(團中央) 서기, 1929년 당적을 박탈, 1950년대 북경사범대학 교수, 문혁 시기 12년 간 옥살이, 1987년 차사고로 사망했다.

376 왕진미(王儘美, 1898~1925), 산동성 제성(諸城) 출신이며 공산주의자이다. 1921년 봄 제남(濟南)공산주의소조를 설립, 7월에 중공 창건대회에 참석했다. 1923년 경봉철로 총공회(總工會) 비서, 1924년 11월 중공 산동성위 서기를 역임, 1925년 8월 청도(靑島)에서 병사했다.

377 등은명(鄧恩銘 1901~1931), 귀주성 여파(荔波) 출신이며 공산주의자이다. 1921년 여름 산동(山東)공산주의소조를 대표로 중공 창건대회에 참석했다. 1924년 청도(靑島)시위 서기, 1925년 8월 산동성위 서기로 임명됐다. 1928년 12월 제남(濟南)에서 체포, 1931년 처형됐다.

378 포혜승(包惠僧, 1894~1979), 호북성 황강(黃岡) 출신이며 공산주의이다. 1920년 무한공산주의소조 창건, 1921년 7월 중공 창건대회에 참석, 1924년 국민당에 가입, 1927년 당조직을 이탈, 1936~1948년 국민당 내정부 참사(參事), 건국 후 국무원 참사, 1979년 북경에서 병사했다.

상했다. 이달은 그의 자서전(1949)에서 포혜승은 지방 당조직이 선출한 대표가 아니며 광주 대표는 진공박 1명이라고 서술했다. 1970년대 동 필무는 포혜승을 '열석(列席) 대표'하고 주장했다. 1969년 모택동은 중공 9차 당대회에서 재차 '12명 대표'를 강조했다. 포혜승이 '정식대표'에서 배제된 것은 탈당(1927)과 1930년대 국민당 군대에서 근무한 그의 경력 과 관련된다. 또한 모택동이 대회에 불참한 진독수가 '특별대표'를 파 견한 데 대한 불만에서 기인됐다는 것이 일각의 주장이다. 한편 포혜승 은 '옵서버(observer)'가 아닌 정식대표라는 것이 학계의 중론이다.

중공 창건대회에 참석한 정식대표에 관해 '12명설'과 '13명설'이 존 재한다. '특별대표' 포혜승을 배제한 '12명설'은 주로 당사자들의 회상에 서 기인된 것이다. 또 제외된 '대표 1명'에 대한 견해도 서로 엇갈린다. 이런 '정식대표 논쟁'에는 정치적 이념이 가미됐다. 한편 '대표 논쟁'을 일으킨 장본인은 중공 역사의 '최대 라이벌'인 모택동과 장국도이다.

당사자 주불해(1927)와 진담추(1936)는 포혜승을 정식대표로 인정한 '13명설'을 주장했다. 포혜승을 배제한 '12명설'을 모택동이 제기했다. 또 장국도는 자서전에서 하숙형이 정식대표가 아니라고 주장했다. 공 산국제 보고서(1959)는 대회 폐막식에 불참한 진공박을 정식대표에서 배제했다(孟醒, 2008: 7). 상기 탈당한 포혜승과 변절자이며 한간으로 전락 한 진공박이 '창건대회' 정식대표에서 배제된 것은 공산당의 입장에선 '당연한 결과'였다. 그러나 '하숙형 배제'는 이념이 가미된 장국도의 사 견이며 그 이유도 황당무계하다. 한편 1950년대까지 '13명설'을 주장했 던 동필무의 '입장 변화'는 모택동의 회상(1936)을 염두에 둔 것이다.

1981년 '중공당사대사년표(中共黨史大事年表)'는 중국 공산당의 탄생 일을 정식으로 '7월 23일'로 확정했다. 주된 이유는 중공 창건대회가

1921년 7월 23일에 상해에서 개최됐기 때문이다.

장국도가 '(中共)창건대회' 사회자가 된 것은 마링의 '추천'과 본인의 노력과 관련된다. 6월 하순 상해에 도착한 장국도는 대회 조직자인 이달 등을 방문해 관련 상황을 파악했다. 당시 마링과 이달·이한준 간 '불협화음'을 포착한 그는 공산국제 대표의 환심을 사려는 노력을 아끼지 않았다. 결국 장국도는 북경대학 학생회장과 북경대학생연합회 리더의 조직력을 충분히 발휘했다. 중공 주요 창건자 진독수·이대쇠가 불참한 가운데 장국도가 대회 사회자로 선임된 것은 '당연한 결과'였다. 또 이는 '친구 방문'과 명승지 유람에 신경을 쓴 모택동과 사뭇 대조된다.

장국도의 '조직부장 당선'은 마링의 신임이 중요했다. 그러나 마링이 주도한 국공합작을 반대한 장국도는 '중공 3대(1923.6)'에서 낙선됐다. 당시 진독수와 마링의 신임을 얻은 모택동은 중앙국에 진입했다. '중공 4대(1925.1)'에서 장국도는 중앙국에 진입했으나, '실권자(失權者)' 모택동으로 소산층으로 돌아갔다. 장정 중 모택동의 가장 강력한 정적은 '군권(軍權)'을 장악한 장국도였다. 장국도와 모택동에게 모두 '충성'한 허세우(許世友)[379]는 당내에서 장국도의 '유일한 적수'는 모택동밖에 없다고 말했다. 한편 최종 승자는 '삼낙삼기(三落三起)'한 모택동이었다.

대회 기간 기록을 담당한 모택동은 거의 발언하지 않았다. 24일 (長沙)공산주의소조의 현황을 간단하게 소개했을 뿐이다(何明, 2003: 141). 마

---

379 허세우(許世友, 1905~1985), 하남성 신양(信陽) 출신이며 개국상장이다. 1927년 중공에 가입, 1930~1940년대 '홍4군' 군단장, 팔로군 386여단 부여단장, 산동군구 사령관, 건국 후 남경군구 사령원, 국방부 부부장, 광주군구 사령관을 역임, 1985년 남경(南京)에서 병사했다.

르크스의 저서를 숙독한 이한준·유인정 등은 경전을 인용해가며 마르크스주의 이론을 장황하게 설명했다. 당시 모택동이 참석자에게 남긴 인상은 노련한 모습이었다(逄先知 외, 2011: 80). 당시 모택동이 발언을 적게 한 것은 마르크스주의 이론 지식이 부족했던 것이 한 원인이다. 또 이는 실천을 중시한 모택동의 혁명가적 기질과 관련된다. 한편 (長沙)공산주의소조 리더인 모택동은 실천가로서의 풍부한 경험을 갖고 있었다.

대표들은 한가한 틈을 타 연애와 사랑을 담론했다. 당시 모택동은 늘 깊은 사색에 빠져 있었다. 일부 대표들은 그를 '괴팍하고 신경질적 사람'이라고 험담했다(王炯華 외, 2004: 81). 대표들 중 노동자나 농민 출신은 없었다. 그들의 사회적 신분은 모택동보다 높았다. 장포를 입은 모택동은 농촌의 도사(道士)를 방불케 했고 그의 언행은 투쟁적 색채가 농후했다. 대표들은 그에게 반감을 느꼈다(R. Terrill. 2010: 66). 이는 '미국인 입장'에서 모택동을 폄하한 것이다. 농민 출신과 사회적 신분은 별개의 문제이다. '농민 출신' 모택동은 강인한 인내력과 강한 의지력을 갖춘 반면, '사회적 신분'이 높은 대표들은 나중에 탈당했거나 변절했다.

장국도는 '자서전'에서 하숙형을 이렇게 평가했다. …대회 직전 나는 대표들의 자격을 심사했다. 마르크스주의에 무지하고 경험이 전무한 하숙형을 자격 미달로 간주했다. 나는 모택동에게 핑계를 만들어 그를 돌려보내라고 했다(張國燾, 1980: 58). 이는 장국도가 꾸며낸 픽션이며 신빙성이 제로이다. 역례용은 모택동과 하숙형이 함께 돌아왔다(中國現代史硏究室, 1980: 282)고 주장했다. 또 장국도는 '대표 자격'을 심사할 권한이 없었다.

장국도는 '자서전'에서 모택동을 이렇게 폄하했다. …당시 모택동의 마르크스주의 이해 수준은 '학생 대표'와 엇비슷했다. 대회 기간 그는 아무런 주장도 내놓지 못했다(孟醒, 2008: 150). 당시 모택동이 장국도에 비해 주목받지 못한 것은 사실이다. 한편 장국도가 모택동을 폄하한 '중요한 이유'가 있다. 1961년 장국도는 캔사스(Kansas) 대학 요청으로 '자서전'을 집필했다. 대학측은 매월 그에게 홍콩돈 2000달러를 지불했다(王曉明 외, 2012: 55). 장국도가 미국인의 비위를 맞춰 '픽션을 꾸민' 주된 이유이다. 1958년 생활고에 시달린 그는 중국정부에 '생활비 보조'를 요청했다. 1966년 '신변 위협'을 느낀 장국도는 캐나다로 이주했다.

1945년 4월 모택동은 이렇게 말했다. …'창건대회' 12명 대표 중 생존한 공산당원은 나와 진담추·동필무이며 한간(漢奸)으로 전락한 주불해와 진공박이 있다(于俊道 외, 2018: 220). 1943년 9월 진담추는 신강 군벌 성세재(盛世才)[380]에게 살해됐다. '중공 창건자' 동필무는 건국 후 모택동의 신임을 받아 줄곧 '중공 지도자'로 활약했다. 무기징역에 선고된 주불해는 1948년에 옥사하고 진공박은 1946년에 국민정부에 의해 처형됐다.

모택동은 이렇게 회상했다. …프랑스 공산당 창건자는 주은래·이립삼·채화삼·향경여·이유한 등이다. 독일 당조직의 성원은 고어한(高語罕)[381]·주덕 등이다. 모스크바 지부의 창건자는 구추백(瞿秋白)[382], 일본

---

380 성세재(盛世才, 1895~1970), 요녕성 개원(開原) 출신이며 '신강왕(新疆王)'으로 불린다. 1923~1925년 일본 육군대학에서 연수, 1930년 신강육군초급군관학교 총교관, 1933년 신강성(新疆省) 최고 책임자가 됐다. 1943년 국민당에 가입, 그해 9월 진담추·모택민을 살해했다. 1949년 (臺灣)총통부 국책고문을 역임, 1970년 대북에서 병사했다.

381 고어한(高語罕, 1888~1948), 안휘성 수현(壽縣) 출신이며 공산주의자이다. 1923년 중공에 가입, 1925년 황포군관학교 교관, 1928년 진독수의 정치적 주장을 수용, 트로츠키주의를 선전했다. 1929년 11월 당적을 박탈, 북경대학 교수로 근무, 1948년 남경(南京)에서 병사했다.

382 구추백(瞿秋白, 1899~1935), 강소성 상주(常州) 출신이며 공산주의자이다. 1922년 중공에 가입, '8.7회의(1927)' 후 '중공 1인자'가 됐다. 1928년 모스크바 주재 중공대표단장, 6

은 주불해이다(毛澤東, 2008: 47). 프랑스 당조직은 1921년 봄 장신부·유청양(劉淸楊)[383]·주은래·조세염·진공배(陳公培)[384]가 창건했다. 한편 진독수로부터 '입당 신청'을 거절당한 주덕은 1922년 11월 독일에서 장신부와 주은래의 소개로 입당했다. 또 구추백의 입당소개인은 장태뢰(張太雷)[385]이며 일본의 또 다른 성원은 시존통(施存統)[386]이다.

상기 모택동이 언급한 이립삼과 채화삼·향경여 부부는 프랑스 공산당 창건자가 아니다. 프랑스 공산당 창건자는 장신부와 주은래 등이다. 독일 지부 역시 1922년 장신부와 주은래 등이 창건했다. 1922년 여름에 성립된 유럽중국소년공산당의 주요 책임자는 조세염·주은래·이유한이다. 구추백은 1921년 5월 공산국제 원동서기처 중국과(中國科) 서

기 3중전회(1930.9)에서 '입삼노선(立三路線)'을 시정, 1934년 중화소비에트공화국 교육부장을 맡았다. 1935년 2월 복건성 정정(長汀)에서 체포, 그해 6월에 처형됐다.

383 유청양(劉淸楊, 1894~1977), 천진(天津) 출신이며 공산주의자이다. 1921년 중공에 가입, 1927년 탈당, 1944년 (重慶)민주동맹 여성부장을 맡았다. 건국 후 하북성 정협 부주석, 전국 부련회(婦聯회) 부주석을 역임, 1961년 재차 중공에 가입, 1977년 북경에서 병사했다.

384 진공배(陳公培, 1901~1968), 호남성 장사 출신이며 공산주의자이다. 1921년 프랑스공산주의소조 설립에 참여, 1924년 황포군관학교 졸업, 1927년 탈당, 1949년 북경에서 소수민족 연구에 종사, 건국 후 국무원 참사(參事), 전국 정협 위원을 역임, 1968년 북경에서 병사했다.

385 장태뢰(張太雷, 1898~1927), 강소성 상주(常州) 출신이며 공산주의자이다. 1920년 10월 북경공산주의소조에 가입, 1925년 1월 공청단중앙 서기, 1927년 광동성위 서기, 남방국 서기로 임명, 1927년 12월 11일 (廣州)소비에트정부 (代理)주석, 12월 12일 전투 중 희생됐다.

386 시존통(施存統, 1898~1970), 절강성 금화(金華) 출신이며 공산주의자이다. 1920년 여름 상해공산주의소조에 가입, (東京)공산주의소조를 설립, 1922년 청년단(靑年團) 서기, 1927년 탈당했다. 건국 후 노동부 부부장, 전국 인대(人大) 상임위원을 역임, 1970년 북경에서 병사했다.

기 장태뢰의 소개로 러시아 공산당에 가입했다. 주은래·주덕의 입당소개인인 장신부는 프랑스·독일 공산당의 주요 창건자였다. 한편 모택동의 북경도서관(1918~1919) '직속상관'인 장신부는 1925년에 탈당했다.

남호의 유선(遊船)에서 진행된 폐막식(1921.7.31)에는 '안전' 문제로 공산국제 대표와 진공박·이한준은 불참했다. 대회는 공회(工會) 조직과 노동운동 전개를 당면과제로 확정했다. 또 진독수를 중공 총서기, 이달을 선전부장, 장국도를 조직부장으로 선임했다. 중공 창건대회에서 모택동은 두각을 드러내지 못했다. 한편 '중공 창건자' 신분은 훗날 모택동이 정적을 제거하고 중공 지도자로 자리매김을 하는 데 중요한 역할을 했다.

8월 중순 장사로 돌아온 모택동은 한동안 선산학사에 머물며 마르크스주의 저서를 열독했다. 이는 '창건대회'를 통해 자신의 '이론 부족'을 절감했기 때문으로 풀이된다. 모택동은 오랜 숙원인 자수대학 설립을 추진했다. 이 또한 그가 선산학사에 머문 이유였다. 모택동은 사범학교와 노동자 출신 당원을 양성해 노동운동을 전개하기로 결정했다. 한편 모택동이 본격적으로 추진해야 할 당면과제는 '호남지부(湖南支部)' 설립이었다.

마르크스주의 이론을 공부할 수 있는 교육기관의 필요성을 실감한 모택동은 하숙형·하민범 등과 상의해 선산학사에 자수대학을 설립하기로 결정했다. 또 자수대학은 모택동의 염원이었다(逢先知 외, 2011: 81). 중공 창건 후 출범한 호남자수대학(1921.8)은 (長沙)당조직의 아지트로 활용됐다. 한편 무정부주의자 모택동이 꿈꾼 자수대학은 '공독호조' 성격이 강했다면 공산주의자인 그가 설립한 자수대학은 '당간부 양성'이 취지였다.

자수대학의 초대 총장은 하민범, 모택동은 교무장을 맡았다. 당시 정부는 선산학사에 매년 4000원의 경비를 제공했다. 8월 16일 '자수대학 조직대강'이 '대공보'에 발표됐다. 15명으로 구성된 이사회가 운영자금 조달을 책임졌다. 하민범·모택동·이달이 선후로 총장을 맡았다. 하민범이 사직(1922.4)한 후 모택동은 1922년 겨울 이달을 총장으로 위촉했다.

모택동은 주세쇠에게 보낸 편지(1920.3.14)에 이렇게 썼다. …향후 자수대학에서 '공산적(共産的) 생활'을 추구할 수 있다. 이는 '공동연구'와 서로 돕는 '공독호조'의 성격을 띤다(中共中央文獻研究室, 2008: 429). 호남자수대학은 구식 교육제도를 타파하고 새로운 교육방식을 도입했다. 즉 구식 서당과 현대식 학교의 장점을 극대화해 독학과 '공동적 연구'를 병행했다. 또 학비를 면제하고 기숙생은 소정의 숙식비만 부담했다(李捷 외, 1996: 330). 당시 모택동이 추구한 자수대학은 정규 교육과 거리가 면 '자학자습(自學自習)'의 교육기관이었다. 실제로 호남자수대학의 교육방침은 '주입식 교육'을 반대하고 도서관을 통한 '독학 위주'였다.

자수대학의 교육방식은 학생이 독학한 후 강사의 지도하에 '공동 연구'를 진행하는 것이다. 학과목은 실제 현황과 수요에 따라 설정했다. 교육자 채원배는 '신교육' 잡지에 글을 발표해 호남자수대학은 사숙과 대학의 장점을 최대한 활용했다고 극찬했다(何明, 2009: 67). 자수대학 부설학교는 하숙형이 교장, 모택동이 지도부장, 하명한(夏明翰)[387]이 사무장을 맡았다. 또 이론과 실천을 결합하는 교육방침을 제정한 학교

---

387 하명한(夏明翰, 1900~1928), 호남성 형양(衡陽) 출신이며 공산주의자이다. 1921년 겨울 중공에 가입, 1924년 호남성 농회(農會) 책임자, 1925년 호남성 조직부장, 1927년 전국농민협회 비서장, 유양(瀏陽)특위 서기를 역임, 1928년 한구(漢口)에서 국민당 반동파에게 처형됐다.

는 혁명사상을 주입했다(馬玉卿 외, 1991: 24). 한편 호남자수대학은 수구파의 반대와 공격을 받았다. 부설학교의 학원생은 진보적 청년 학생과 노동자들이었다. 실제로 부설학교는 당간부를 양성하는 '당교(黨校)'였다.

1923년 4월 자수대학은 '신시대(新時代)' 월간을 창간했다. 1923년 11월 조항척은 '학설이 이단적'이라는 이유로 강제 폐교했다. 호남자수대학은 2년 3개월 간 200명의 혁명 간부를 양성했다(蔣建農, 2009: 50). 한편 '(中共)호남지부'는 당조직이 장악한 상강학교(湘江學校)를 설립했다. 자수대학과 부설학교 학원생들은 상강학교에서 계속 공부할 수 있었다. 1927년 3월까지 운영된 상강학교의 사생(師生) 대부분이 혁명에 참가했다.

1921년 10월 10일 중공 호남지부가 정식 설립됐다. 모택동이 서기로 선임됐고 중요한 성원은 하숙형·역례용 등이다. 10월 중순 모택동은 청수당(清水塘)의 단층 주택을 임대해 비밀활동 본부로 사용했다(金冲及 외, 1996: 80). 교외에 위치한 청수당에는 채소 농가가 있었고 이곳 연못의 물은 매우 맑았다. '청수당'으로 불린 원인이다. 모택동 부부는 이곳에서 1923년 4월까지 생활했다. 당시 양개혜는 호남지부 기요(機要)비서를 맡았다.

호남지부가 설립된 후 '진정한 동지'를 찾는 창당 방침을 견지한 모택동은 청년단의 열성분자와 진보적 사상을 가진 노동자를 물색해 입당시켰다. 10월 중순 모택동과 하명한은 형양(衡陽)사범학교를 찾아가 좌담회를 개최했다(何明, 2003: 144). 당시 호남자수대학 교무장인 모택동은 '학생 당원'을 발전시킬 수 있는 유리한 직업적 환경을 갖고 있었다. 얼마 후 호남자수대학과 제1사범학교·형양사범학교에 잇따라 당지부가 설립됐다.

중공 창건대회에 참석한 모택동은 '중공 창건자' 신분으로 (黨校)호남자수대학을 설립했다. 이를 통해 수많은 당간부를 양성한 모택동의 당내 영향력은 더욱 커졌다. 이 시기 중공 호남지부 설립과 상대적으로 안정된 '청수당 생활'은 그가 노동운동에 전념하게 된 중요한 보장이 됐다. 결국 '중공 창건자' 모택동은 본격적으로 직업혁명가의 길을 걷게 됐다. 한편 노동운동 전개는 모택동의 혁명생애(生涯)에서 중요한 전환점이 됐다.

2. 노동운동 리더, 중앙국 진출

모택동은 제1방직공장 등 노동자 중에서 열성분자를 물색했다. 노동자야학을 운영한 경험이 있는 그는 노동자에게 친근감을 주기 위해 허름한 옷차림에 짚신을 신고 그들과 함께 생활하며 친구로 사귀었다. (中共)안원지부(安源支部, 1922.2)는 호남지부가 설립한 최초의 산업노동자 당조직이다. 장선운(蔣先雲)[388]·모택민·황정원(黃靜源)[389]·양개혜 등은 이 시기 입당했다. 한편 노동운동 전개는 중공 창건대회에서 결정한 것이다.

1921년 8월 중순 중국노동조합서기부(中國勞動組合書記部)[390]가 상해에

---

388 장선운(蔣先雲, 1902~1927), 호남성 신전(新田) 출신이며 공산주의자이다. 1921년 중공에 가입, 1924년 황포군관학교 입학, 1925년 동정군(東征軍) 제3사단 정치부 주임, 1927년 3월 호북성 총공회(總工會) 노동자규찰대장, 1927년 5월 북벌전쟁에서 희생됐다.

389 황정원(黃靜源, 1900~1925), 호남성 침현(郴縣) 출신이며 공산주의자이다. 1921년 중공에 가입, 1924년 안원(安源)노동자구락부 주주(株州)판사처장, 1925년 안원탄광노동자구락부 부주임, 안원노동자를 조직해 상해의 반제(反帝)투쟁을 성원, 1925년 10월 안원에서 처형됐다.

390 중국노동조합서기부(中國勞動組合書記部)는 전국의 노동운동을 영도하는 지도기관이다. 1921년 8월 중공중앙은 상해에 노동조합서기부를 설립, 장국도를 책임자로 임명했다. 1922년 등중하가 '노동조합서기부' 책임자로 선임, 초기 철로노동자 파업을 중심으로 노동운동을 전개했다. 1925년 5월 '조합서기부'는 중화전국총공회로 개명했다.

서 성립됐다. 그해 10월 장사에 '노동조합서기부' 호남지부가 설립됐고 모택동이 서기를 맡았다. 전국 노동운동을 영도하는 중국노동조합서기부는 중화전국총공회(中華全國總工會)[391]의 전신이다. 1920년대 '총공회' 책임자를 역임한 노동운동 지도자는 임위민(林偉民)[392]·소조정(蘇兆征)[393]·항영(項英)[394] 등이 있다. 이 시기 장국도는 모택동의 직속상관이었다.

유소기는 이렇게 회상했다. …노동조합서기부는 공회(工會)조직이다. '노동조합'은 일본어에서 유래됐고 '서기부'는 비서처(秘書處)를 의미한다. 전국 노동운동을 영도하는 공회의 비서처를 뜻하는 노동조합서기부 책임자는 장국도였다(劉少奇, 1988: 282). 당시 '서기부'의 간행물은 '노동주보(勞動週報)'였다. 1922년 본부가 북경으로 이전한 후 등중하가 '서기부' 책임자로 선임됐고 간행물 이름을 '노동자주간(勞動者週刊)'으로 변경했다.

---

391 중화전국총공회(中華全國總工會) 전신은 전국의 노동운동을 영도하는 중국노동조합서기부이다. 1922년 5월 제1차 전국노동대회를 통해 전국적 공회(工會)조직으로 발전했다. 1925년 5월 제2차 전국노동대회에서 중화전국총공회가 설립, 임위민(林偉民)이 초대 위원장에 선임됐다.

392 임위민(林偉民, 1887~1927), 광동성 향산(香山) 출신이며 노동운동가이다. 1921년 중화해원공업연합총회 간사, 1924년 중공에 가입, 1925년 5월 중화전국총공회 위원장으로 선임, 1926년 6월 전국총공회를 대표해 성항(省港)파업을 지도, 1927년 9월 광주(廣州)에서 병사했다.

393 소조정(蘇兆征, 1885~1929), 광동성 향산(香山) 출신이며 노동운동가이다. 1908년 동맹회에 가입, 1925년 중공에 가입, 1927년 중화전국총공회 집행위원장, (廣州)소비에트정부 주석으로 선임됐다. 1928년 6월 (六大)중앙위원으로 피선, 1929년 2월 상해(上海)에서 병사했다.

394 항영(項英, 1898~1941), 호북성 무한(武漢) 출신이며 공산주의자이다. 1922년 중공에 가입, 1920~1930년대 강소성위 서기, 중화전국총공회 위원장, 장강국 서기, 1941년 1월 동남국 서기, 신4군(新四軍) 부군장에 임명, 1941년 3월 안휘성 경현(涇縣)에서 반역자에게 살해됐다.

중공 창건대회는 '공회 설립'을 각지 당조직의 당면과제로 확정했다. 호남노동자공회(勞工會)에 대한 '개조'는 호남지부의 주된 성과로 간주된다. 1920년 11월 황애·방인전이 장사에 설립한 노동자단체인 '노공회'는 노동자의 이익을 보호하고 그들의 생활을 개선하는 것을 궁극적 취지로 삼았다. 1년 후 20개의 기층 공회가 설립됐고 회원이 7000명에 달했다. '노공회'는 노동자야학과 독서회를 운영했고 '노동주간(勞動週刊)'을 출간해 노동자들을 교육하고 강한 단결심과 응집력을 키웠다. 당시 '노공회' 지도자 황애 등은 노동자들과 돈독한 신뢰관계를 구축했다.

무정부주의 영향을 깊게 받은 황애 등은 마르크스주의를 강하게 거부했다. 극단적 자유를 주장한 그들은 독재 정부와 제도를 혐오했다. 또 재산을 고루 나누는 등의 경제적 이익에 집착했다(蔣建農, 2009: 51). 한편 진보적 사상을 가진 황애를 무정부주의자와 구분한 모택동은 그를 만나 허심탄회한 대화를 나눴다. 당시 모택동은 정치투쟁의 중요성을 강조하고 정치적 목표를 가진 '엄밀한 조직'으로 거듭날 것을 황애에게 건의했다.

'장경요 추방' 운동에 적극 참가한 황애·방인전은 완고한 무정부주의자는 아니었다. 주은래와 함께 각오사를 설립했던 황애는 상해의 '신청년' 편집으로 근무한 경력을 갖고 있었다. 또 '북경공독호조단'에 참가한 모택동과 황애는 진독수와 '특별한 인연'을 맺은 공통점도 갖고 있었다. 결국 이는 그들이 허심탄회한 대화를 나누고 '혁명 동지'로 발전할 수 있는 밑바탕이었다. 이 또한 황애가 모택동의 '건의'를 수용한 주된 원인이다.

역례용은 이렇게 회상했다. …1921년 겨울 모택동은 황애와의 '만남 주선'을 나에게 부탁했다. 그들이 문화서사에서 면담한 후 청년단에 가입한 황애는 당의 지도이념을 수용했다. 그러나 그들이 만난 지 얼마 안 돼 황애는 조항척에게 살해됐다(中國現代史硏究室, 1980년, 282). 한편 황애의 죽음은 '청년단 가입'과 무관하다. 실제로 자본가의 '황애 처형' 청탁을 수락한 조항척이 거액의 뇌물을 받고 '노공회' 책임자 황애를 살해한 것이다.

1921년 11월 모택동이 제출한 '노공회 개조' 건의 골자는 첫째, '노공회'는 단순히 경제투쟁에만 치중해선 안 된다. 둘째, 민주적이고 엄밀한 조직으로 거듭나야 한다. 셋째, '노공회'는 경제적으로 자립하고 회원은 회비를 납부해야 한다(金沖及 외, 2011: 83). 모택동의 건의를 수용한 '노공회'가 단행한 조직 개편은 ① 기존 8개 부서, 3개 부서로 감축 ② 모택동을 '노공회' 회무(會務) 지도로 초빙 ③ '작은 조직 큰 연합' 주장을 수용 ④ 기층 조직을 개선, 10개 공회 설립 ⑤ 회원의 회비 납부 확정 등이다(李捷 외, 1996: 353). '노공회'는 혁신을 통해 새로운 조직으로 거듭났다. 이는 '노공회'가 당조직의 영도를 받았다는 반증이다.

모택동은 이렇게 회상했다. …1922년 1월 조항척은 황애를 처형했다. 그 결과 '조항척 반대' 운동이 본격적으로 전개됐다. 당시 당조직은 '노공회'를 지지했으나 그들의 경솔한 행동을 제지했다(毛澤東, 2008: 48). 한편 모택동은 호남노동운동 지도자 황애에 대해 호남 당조직을 반대한 '(右翼)노동운동 지도자'로 저평가했다. 결국 이는 그들이 결코 '혁명동지'는 아니었다는 반증이다. 또 이는 스스로 '노공회 개조' 실패를 자인한 셈이다.

1921년 12월 공산국제 대표 마링과 통역 장태뢰가 손중산을 만나러 계림(桂林)으로 가는 도중 장사에 머물렀다. 문화서사에서 마링 등과 만난 모택동은 황애 등을 마링에게 소개했다. 당시 마링은 그들에게 계급투쟁과 러시아 혁명에 관해 밤새껏 설명했다(逢先知 외, 2011: 84). 모택동은 그날 만남이 있은 후 황애는 당의 지도이념을 수용했다고 말했다. 또 이번 만남이 황애의 '청년단 가입' 계기가 됐다는 것이 일각의 주장이다.

1921년 12월 25일 '노공회'는 1만명의 노동자가 참가한 대규모 시위행진을 진행했다. 황애가 시위의 총지휘를 맡았다. 당시 정부는 이렇게 주장했다. …'노공회'가 살포한 전단지는 노동자 무장을 강력히 호소했다(金沖及 외, 1996: 83). 시위의 취지는 영미(英美) 등이 워싱톤에서 개최한 '태평양회의(1921.11)'를 반대하기 위한 것이다. '노공회'의 위험한 '정치적 주장'이 조항척이 황애를 비밀리에 살해한 또 다른 원인으로 간주된다.

1922년 1월 '노공회'는 임금 인상을 위한 총파업을 단행했다. 자본가는 '파업 지도자 처형'를 조건으로 5만원을 조항척에게 전달했다. 1월 17일 조항척은 황애 등을 체포·참수(斬首)했다. 죄명은 비밀리에 무기를 구매해 '사회적 안정'을 위협했다는 것이다(中央文獻研究室, 2003; 195). 황애가 살해된 후 모택동은 선산학사에서 추도회를 개최했다. 조항척은 각 신문사를 엄격히 통제했다. 당시 모택동은 이립삼에게 황애의 부친을 모시고 상해에 가서 조항척의 만행을 성토하도록 지시했다(李捷 외, 2018: 247). 상기 '죄명'은 조항척의 지시로 언론이 만들어낸 것이다. 한편 자본가의 뇌물을 착복한 조항척은 '노공회'를 강제로 해산시켰다.

1921년 11월 이립삼은 장사에서 모택동과 만났다. 당시 모택동은 그와 채화삼이 프랑스에서 좋은 친구였다는 점을 감안해 열성적으로 맞이했다. 그 후 이립삼은 공산당에 가입했다. 이립삼은 노동자들 속에서 평판이 높았다(A. Pantsov, 2015: 156). 이립삼이 장사에서 모택동과 만난 시간은 1921년 12월 하순이다. 12월 중순 이립삼은 상해에서 진독수를 만난 후 곧 입당했다. 한편 프랑스에서 채화삼과 이립삼은 라이벌 관계였다.

1921년 2월 프랑스 (華法)교육회는 유학생에 대한 '경비 조달'을 중지했다. 채화삼·향경여 등 신민학회 회원들은 학생운동을 전개해 유학생의 '경비 해결'을 강력히 요구했다. 당시 이립삼·유백견(劉伯堅)[395] 등 유학생들은 근공검학을 지지했다. 결국 채화삼·이립삼을 필두로 하는 두 파로 갈라져 대립했다. 채화삼·이립삼의 알력관계는 1920년대를 통틀어 지속됐다. 당시 그들은 '악명 높은' 연적(戀敵)이자 정적이었다.

프랑스에서 맺어진 '향채동맹(向蔡同盟, 1920.5)'은 1926년 모스크바에서 결렬됐다. 채화삼이 휴양하는 기간 향경여는 선전부장 팽술지와 불륜관계를 맺었다. 그해 10월 당중앙은 그들을 모스크바에 파견했다. 당시 채화삼은 이립삼의 부인인 이일순(李一純)과 불륜에 빠졌고 그들은 1926년 겨울에 결혼했다. 실제로 이립삼도 양개지의 본처 이일순과 불륜을 저질러 부부가 됐다. 이일순은 '미봉책'으로 친동생을 전부(前夫)와 결혼시켰다. 1928년 10월 이립삼은 총서기 향충발(向忠發)[396]을 종용해 채화삼을 해임했다. '부인을 빼앗아간' 채화삼에게 복수를 한 것이다.

1921년 9월 모택동은 2명의 '노공회' 주요 지도자와 함께 안원탄광을 방문했다. 모택동은 이립삼에게 노동자야학을 꾸릴 것을 건의했다. 이립삼은 모택동이 사범학교 시절 '친구 찾기'를 통해서 사귄 '어중

---

395 유백견(劉伯堅, 1895~1935), 사천성 평창(平昌) 출신이며 공산주의자이다. 1922년 중공에 가입, 1926년 국민혁명군 정치부 부부장, 1930년대 중앙군위 비서장, 홍군당교(黨校) 정치부 주임, 감남군구(贛南軍區) 정치부 주임을 역임, 1935년 3월, 강서성 대여(大余)에서 희생됐다.

396 향충발(向忠發, 1880~1931), 호북성 한천(漢川) 출신이며 중공 총서기를 역임했다. 1922년 중공에 가입, 1926년 호북성 총공회 위원장, 1927년 '8.7회의' 정치국 위원, 공산국제 주재 중공 대표를 지냈다. 중공 6차 당대회(1928.6)에서 중공 총서기로 선임, 입삼노선(1930.6)의 주도자이다. 1931년 6월 체포·변절한 후 곧 처형됐다.

간한 친구'였다. 당시 이립삼은 모택동의 정적이었다(D. Wilson, 2011: 64). 상기 2명의 '노공회' 주요 지도자가 안원탄광을 방문했다는 서술은 사실과 어긋난다. 1921년 12월 모택동은 '노공회' 조직위원 장리전을 요청해 이립삼과 함께 안원탄광을 고찰했다. 이 시기 이립삼은 모택동의 '정적(政敵)'이 아니었다. 당시 그들은 혁명 동지이며 상하급 관계였다.

1921~1923년 모택동은 이립삼의 '직속상관'이며 그들은 동지적 관계였다. 1923년 모택동과 채화삼은 국공합작에 대한 '정견 차이'로 관계가 소원해졌다. 중공 4차 당대회(1925.1)에서 모택동이 낙선했고 이립삼은 중앙위원에 선출됐다. 1927년 7월 이립삼이 정치국 상임위원이 된 후 그들의 지위는 역전됐다. 1929~1930년 실질적 '중공 1인자' 이립삼은 홍군 지도자 모택동의 '직속상관'이었다. 1929년 8월 이립삼은 주모(朱毛)홍군에서 실각한 모택동의 '홍군 복귀'를 지지했다. '중공 7대(1945.5)'에서 모택동은 '실권자(失權者)' 이립삼을 중앙위원에 당선시켰다.

1921년 12월 상해에 도착한 이립삼과 채화삼은 진독수와 면담했다. 당시 그들의 '혁명 참가' 요구를 수락하고 입당을 비준한 진독수는 이립삼을 호남에 파견하고 채화삼은 상해 당중앙에 남아 일하도록 배치했다(唐純良, 2003: 37). 12월 하순 이립삼은 장사에 도착해 모택동을 만났다. 당시 모택동의 '노동운동 성공'은 이립삼의 역할이 매우 중요했다. 한편 이립삼이 '노동운동 대부'로 성장한 것은 모택동의 지지가 있었기에 가능했다.

호남 '노공회'에 대한 '개조'를 통해 모택동은 노동운동에 필요한 당간부 양성과 엄밀한 공회조직의 중요성을 더욱 실감했다. 모택동은 당조직의 베테랑 간부를 파견해 안원탄광·월한(粵漢)철로 노동자구락부(工人俱樂部)를 설립했다. 노조(勞組)를 의미하는 '노동자구락부' 명칭은 모택동의 의견에 따른 것이다(金沖及 외, 2011: 85). 한편 노동자구락부는 '황애 사건'으로 '노공회'에 민감한 정부의 감시를 회피하기 위한 것이다. 당시 호남 당조직은 장사의 주요한 기업에 공회(工會)를 설립했다. 당조직이 통제한 기업 공회는 노동운동의 성공에 중요한 역할을 했다.

모택동이 영도한 호남 당조직은 안원탄광·장사니목(泥木)·월한철로 등 노동자파업을 성공시켰다. 투쟁의 고조는 안원탄광의 파업에서 시작됐다. 강서성 평향(萍鄉)에 위치한 안원탄광은 1.7만명의 노동자를 가진 대형 기업이었다. 또 평향과 장사 간에 철도가 개통해 교통이 편리했으므로 안원탄광은 호남 당조직의 영도를 받았다. 1920년 11월 평향에서 '휴가'를 보냈던 모택동은 안원탄광을 고찰했다. 1921년 겨울 안원탄광 노동자들은 노동조합서기부에 편지를 보내 '간부 파견'을 요구했다. 이 또한 모택동이 이립삼을 안원에 파견한 주된 원인이다.

노동운동 추진에서 합법적 수단과 투쟁방식을 강조한 모택동은 이립삼에게 정부 지지를 받는 '평민교육'을 활용한 노동자야학 설립을 지시했다. 안원 도착 후 이립삼은 합법적 투쟁을 위해 평민초등학교를 설립했다(金沖及 외, 2011: 87). 1922년 1월 이립삼이 설립된 노동자보습(補習)학교는 노동자들에게 마르크스주의를 선전하고 혁명의식을 주입했다. 1922년 2월 이립삼이 설립한 안원지부(安源支部)는 '노동자 당원'으로 구성됐다.

5.4운동 후 '평민교육'은 마르크스주의자들이 노동자를 교육하는 합법적 수단으로 활용됐다. '평민교육'을 주창한 이육여(李六如)[397]는

---

397 이육여(李六如, 1887~1973), 호남성 평강(平江) 출신이며 공산주의자이다. 1921년 중공에 가입, 1930년대 복건성 재정부장, 연안(延安)행정원장, 중앙재정경제부 차장을 맡았다. 건국 후 최고인민검찰서(檢察署) 부검찰장 등을 역임, 1973년 북경에서 병사했다.

1920년 가을 호남평민교육촉성회를 설립했다. 당시 장사의 노동자야학은 100여 개에 달했다(李銳, 1994: 329). 1921년 이육여는 모택동의 소개로 공산당에 가입했다. 또 호남평민교육촉성회는 각 지방에 지회를 설립하고 교육 경비를 조달했다. 각지 당조직은 '평민교육'을 통해 노동운동을 전개했다.

'평민교육' 명분으로 설립된 노동자야학은 각지 당조직이 노동자에게 마르크스주의를 전파하고 노동자 의식을 각성시키는 계몽활동 장소였다. 당시 호남 당조직은 우수한 당원을 각지에 파견해 노동운동을 전개했다. 파견된 당원들은 노동자야학과 공회조직을 설립했다. 대표적인 성공 사례가 안원탄광에 설립된 노동자야학과 노동자구락부이다. 실제로 모택동은 사범학교와 창당 시기 노동자야학을 운영한 경험을 가진 베테랑이었다.

1922년 5월 1일 안원 노동자구락부가 출범했다. 이립삼이 주임, 주소련(朱少連)[398]이 부주임을 맡았다. 5월 중순 안원을 방문한 모택동은 투쟁방식을 강조했다. 일부 노동자가 '공산당 만세'를 외친데 대해 일찍 당조직을 폭로해선 안 된다고 경계령을 내렸다(馬玉卿 외, 1991: 35). 노동자구락부는 노동자에게 마르크스주의를 설파하고 간부를 양성하는 '당교(黨校)'였다. 한편 모택동은 장선운을 안원에 보내 '구락부' 역량을 강화했다.

1922년 5월 중공 상구(湘區)위원회가 설립됐고 모택동이 책임자를

398　주소련(朱少連, 1887~1929), 호남성 형양(衡陽) 출신이며 노동운동가이다. 1922년 중공에 가입, 1925년 중화전국총공회 집행위원, 1927년 9월 상감변(湘赣邊) 추수봉기 참가, 공농혁명군 제1사단 제4연대장에 임명, 1929년 1월 국민당 특무에게 체포, 평향(萍鄉)에서 처형됐다.

맡았다. 하숙형·역례용·이립삼·곽량이 위원으로 임명됐고 본부는 청수당에 설치됐다. 1922년 6월 17일 장사에서 열린 청년단 대회에서 모택동이 서기로 재임했다. 이립삼이 조직부장, 나군강(羅君强)[399]이 선전부장을 맡았다(高菊村 외, 1990: 156). 당시 노동조합서기부 호남지부 책임자 모택동은 자수대학 총장이었다. 실제로 모택동은 호남 당조직의 '1인자'였다.

'중공 2대'에 관해 모택동은 이렇게 회상했다. …당시 '조항척 반대' 운동 지원을 위해 상해로 간 나는 2차 당대회에 참석할 예정이었으나, 회의 장소를 잊어버렸고 동지들을 찾을 수 없어 불참하게 됐다(董樂山, 2002: 118). '중공 2대'는 7월 16~23일 상해에서 열렸다. 진독수가 총서기, 채화삼이 선전부장, 등중하·고군우(高君宇)[400] 등 5명이 중앙위원에 선임됐다. '중공 2대' 후 중공은 공산국제의 지부가 됐다. 결국 이는 공산국제에 예속된 중공이 자주권을 상실한 '괴뢰정당'으로 전락했다는 것을 의미한다.

'중공 창건자' 모택동의 '중공 2대(二大)' 불참은 역사적 미스터리로 간주되고 있다. 또 대다수의 외국 학자들은 훗날 모택동 본인이 서술한 '불참 원인'에 대해 설득력이 떨어진다고 주장하고 있다. 이는 이념과

---

399 나군강(羅君强, 1902~1970), 호남성 장사(長沙) 출신이며 공산주의자(1930년대 한간으로 전락)이다. 1922년 중공에 가입, (湖南)청년단 선전부장, 1923년 탈당했다. 1939년 왕정위(王精衛) 괴뢰정부인 상해(上海)정부에서 비서장을 역임, 1947년 무기징역 선고, 1970년에 병사했다.

400 고군우(高君宇, 1896~1925), 산서성 정락(靜樂) 출신이며 공산주의자이다. 1921년 중공에 가입, 1922년 5월 청년단중앙 집행위원, 1923년 경한(京漢)철로 대파업에 참가, 국민당 제1차 전국대표대회(1924.1) 참석해 손중산의 비서를 역임, 1925년 북경에서 병사했다.

상상력이 가미된 섣부른 판단과 무분별한 억측이 난무한 이유이다.

공산국제 대표 마링과 만난 모택동이 '2대 개최' 장소를 물어보지 않았다는 것이 퍽 난해하다. 당시 모택동의 '조항척 반대' 운동을 지지하지 않았던 당내 동지들은 모택동의 '2대 참석'을 환영하지 않았거나 그들의 '비협조'에 대한 보복으로 모택동이 불참했을 것이다(D. Wilson, 1993: 90). 상기 딕 윌슨의 주장은 상상력이 가미된 픽션이다. 모택동이 장사에서 마링과 만난 시간은 1921년 12월이다. 또 마링은 '중공 2대'에 참석하지 않았다. 한편 당시 모택동과 '당내 동지들' 간에 갈등이 존재하지 않았다.

모택동이 '개최 장소'를 찾지 못했다는 서술은 수긍하기 어렵다. 당시 모택동은 적어도 진독수의 자택 주소를 기억하고 있었을 것이다. 동지들과 '연락이 안 됐다'는 해석도 설득력이 떨어진다(A. Pantsov, 2015: 163). '동지들을 찾지 못했다'는 주장에도 큰 의구심이 든다. 모택동이 동지들과 '원활한 관계'를 구축하지 못했던 것으로 보인다(R. Terrill, 2010: 80). 이 시기 진독수와 모택동은 서로 신임하는 동지적 관계였다. 진독수가 '해외 유학'을 한 엘리트 이립삼·유소기를 호남에 파견해 모택동을 협조하게 한 것이 단적인 증거이다. 한편 1922년 상해를 방문한 모택동이 진독수와 만났다는 기록을 찾아볼 수 없다. 그것이 큰 의문이다.

모택동의 '2대 불참'은 국공합작을 반대했기 때문으로 추정된다. 이 것이 사실이라면 모택동이 고립된 것은 아니었다. 당시 국공합작을 반대한 광동 대표들도 '2대'에 불참했기 때문이다(P. short, 2005: 133). 모택동은 상해를 세 차례 방문했고 오랜 기간 머물렀기에 상해의 지리에 밝았다. '불참 이유'는 ① 양개혜의 임신 ② 심신 과로 ③ 광동 대표의 불참등이다(D. spence, 2003: 99). 광동 대표의 '2대 불참'은 '진형명 반란(1922.6)'

과 관련된다. '중공 2대'는 국공합작을 토론하지 않았고 서호회의(西湖會議)[401]에서 토론됐다. 또 모택동은 국공합작의 '열성 지지자'였다. 한편 양개혜의 '임신'과 '과로'는 모택동의 '불참' 원인이 될 수 없다.

유소기는 '중공 2대'에 열석했다. 대회는 '연합전선 결의안'과 '제3 국제 가입 결의안'을 통과시켰다. 회의 후 유소기를 장사에 파견해 '노동운동 협조'를 지시한 진독수는 대회 문건을 모택동에게 전해줄 것을 부탁했다(金沖及 외, 2008: 37). 유소기는 광주에서 열린 청년단 제1차 전국대표대회(1922.5)에 참석했다. 1920년 가을 유소기는 하민범의 소개로 입단(入團)했다. 실제로 하민범은 유소기를 혁명의 길로 인도한 '길라잡이'였다.

호남지부는 전국에서 가장 활약한 공산당 조직이었다. 해외파 유소기의 도래는 호랑이에게 날개가 돋친 격이었다. 모택동·이립삼·유소기의 결합은 유비·관우·장비의 의기투합에 비견된다. 모택동의 '노동운동 성공'은 그들의 협조가 있었기에 가능했다. 1922년 8월 초 유소기는 (長沙)청수탕에서 처음 모택동을 만났다. 이는 숙명적 만남이었다. 한편 40여 년 간의 상부상조(相扶相助) 관계는 '정견 차이'로 비극적 결말을 맞이했다.

유소기는 이렇게 회상했다. …모택동이 나에게 러시아 유학 경과를 묻자, 나는 하민범의 소개로 반년 간 상해외국어학사에서 러시아어

---

401 서호회의(西湖會議)는 공산국제 대표인 마링의 제의로, 중공중앙이 1922년 8월에 절강성 항주(杭州) 서호(西湖)에서 개최한 (中共)특별회의를 가리킨다. 당시 중공 지도부는 8월 28~30일 서호에서 회의를 열고 공산당원이 '개인 신분으로 국민당에 가입한다'는 마링의 주장을 받아들였다. 서호회의는 국민당과의 합작방식이 '당외 연합'에서 '당내 합작'의 전환을 의미한다. 결국 이는 국공합작의 통일전선 형성에 사상적 기초를 마련했다.

를 공부한 후 러시아로 떠났다고 대답했다. 모택동은 이렇게 말했다. …당의 기율을 위반한 하민범은 당조직을 이탈했다(劉少奇, 1968.2.11). 호남지부 책임자 모택동은 당조직의 조직생활과 엄격한 기율을 매우 중시했다. 어느 날 당의 전원회의에서 모택동은 조직생활에 자주 불참하는 하민범을 강한 어조로 비판했다. 당시 환갑에 가까운 하민범은 엄격한 조직생활에 잘 적응하지 못했다(馬玉卿 외, 1991: 21). '당 필요'를 이유로 선산학사를 점거한 모택동은 하민범을 선산학사에서 쫓아냈다. 1년 후 모택동은 유소기에게 하민범이 '말을 듣지 않아' 쫓아냈다고 말했다. 선배에게 '불청화(不聽話)'를 사용한 모택동의 악랄한 본성을 엿볼 수 있다(J. Halliday, 2016: 101). 상기 주장은 악의적 사견이 가미된 '모택동 폄하'이다. 1920~1921년 하민범은 모택동의 정치적 동지였다. 1922년 봄 모든 공직에서 물러난 하민범은 곧 탈당했다. 한편 '선비' 출신이며 연로한 하민범은 조직력이 뛰어나고 혈기왕성한 '직업 혁명가'인 모택동의 적수가 되지 못했다.

선산중학교장 하민범은 마르크스주의 추종자였다. 한때 그는 '호남 1인자'인 모택동의 정적(政敵)이었다. '중공 창건자' 모택동이 호남지부 서기가 된 후 그는 '정적 자격'을 상실했다. 당시 진독수의 신임을 받은 모택동이 '호남 1인자'가 된 것은 필연적 결과였다. 한편 학자적 스타일의 하민범은 강력한 리더십을 갖춘 모택동의 적수가 될 수 없었다. 또 권력투쟁에서 밀려난 후 곧 탈당한 하민범은 '진정한 볼셰비키'로 볼 수 없다.

호남 당조직은 '호남공상학(工商學)연합회' 설립했다. 통일전선 성격을 띤 '연합회' 설립은 조항척과의 '합법적 투쟁'을 전개하기 위해서였다. 1922년 8월 17일 유소기는 '연합회' 간사(幹事)로 임명됐다. 8월 20일

시위행진을 벌여 '성장 민선(省長民選)'을 요구했다. 9월 11일 모택동은 유소기를 안원탄광에 파견해 노동자 파업을 준비하는 이립삼을 협조하게 했다. 유소기의 파견은 모택동이 '인재'를 적재적소에 활용한 사례로 간주된다.

이립삼은 노동자들의 복리 증대와 '구락부'의 영향력 확대를 위해 '소비합작사'를 설립했다. 1922년 7월 오픈한 '합작사' 사장은 이립삼이 맡았다. 또 '합작사'는 식염 등 일용품을 판매하는 동시에 간상배의 폭리 취득을 방지하기 위해 환전소를 운영했다(李思愼, 2012: 21). 한편 노동자들의 부담을 덜기 위해 '합작사' 경영범위를 확대하고 노동자구락부의 노동자에게 지분을 배정했다. 1923년 여름 모택민이 '합작사' 사장으로 임명됐다.

9월 초 안원탄광을 방문한 모택동은 장선운·주소련과 함께 정세를 분석하고 파업 시기가 성숙됐다고 판단했다. 9월 14일 파업이 개시됐다. 이립삼이 총지휘, 유소기는 노동자 대표를 맡았다. '파업선언'은 17개 요구를 제출했다(金沖及 외, 2011: 87). 모택동의 의견에 따라 '이전엔 우마(牛馬)였으나 지금은 인간이 되겠다'는 슬로건을 제출했다. 9월 18일 파업은 완전히 승리했다. 안원파업은 호남노동운동사에서 가장 성공적 사례로 간주된다. 결국 안원파업 지도자 이립삼·유소기는 노동운동가로 성장했다.

안원탄광 파업에서 이립삼이 지도한 노동자구락부가 결정적 역할을 했다. 1922년 11월 여섯 번째로 안원을 방문한 모택동은 탄광의 열성분자를 당원에 가입시킬 것을 지시했다. 1923년 13개 당지부와 안원(黨團)지방위원회가 설립됐다. 1922년 12월 (安源)노동자구락부를 중심으로 한 한야평(漢冶萍)총공회가 설립됐다. 결국 안원탄광의 파업 승리는 모택동의 리더십과 이립삼의 조직력, 유소기의 담략이 맞물려 이뤄낸 결과물이다.

1921년 겨울부터 안원탄광에서 노동운동에 종사한 이립삼은 정부의 표적이 됐다. 자본가의앞잡이들은 이립삼을 살해하겠다고 공공연히 떠들었다. 결국 이립삼이 총괄 지휘하고 얼굴이 알려지지 않은 유소기가 구락부의 담판 대표를 맡았다(金沖及 외, 1998: 46). 당시 '담판 대표'가 되는 것은 담력이 필요했다. 수시로 체포될 수 있었기 때문이다. 파업 승리 후 노동자들은 '노공기(勞工記)'라는 가요를 지어 유소기의 담략을 칭송했다.

1923년 4월 유소기는 공산당원 하보진(何寶珍)[402]과 결혼했다. 그해 8월 노동자구락부 책임자로 선임된 유소기는 1924년 9월 한야평총공회 집행위원장을 맡았다. 또 그는 안원에 최초의 '당교(黨校)'를 설립했다. 1924년 겨울 당중앙은 유소기를 광주(廣州)로 파견해 제2차 전국노동대회를 준비하게 했다. 1925년 봄 유소기는 2년 간 생활한 안원을 떠나 광주로 갔다. 1925년 5월 유소기는 중화전국총공회 부위원장에 선임됐다.

안원에서 유행된 '파업가(罷業歌)'는 이립삼의 업적을 이렇게 구가했다. …유럽에서 유학한 이(李) 선생은 24세의 젊은 리더이다. 노동자구락부를 설립해 노동자 복리를 증진하고 파업을 승리로 이끈 공신이다(唐純良, 2003: 57). 한편 이립삼에 대한 유언비어가 난무했다. 당시 안원파업에서 실패한 이립삼이 '조항척 암살'을 시도했다가 살해됐다는 소식이

---

402 하보진(何寶珍, 1920~1934), 호남성 도현(道縣) 출신이며 유소기의 두 번째 부인이다. 1923년 중공에 가입, 그해 4월 유소기와 결혼했다. 1926년 한구(漢口) 부녀협회 조직부장, 1933년 상해에서 체포, 남경헌병(憲兵)사령부 감옥에 수감, 1934년 남경(南京)에서 처형됐다.

프랑스에 전해졌다. 유럽중국소년공산당 간행물 '소년'(1922.10.1)에 이립삼 추도식 소식이 실렸다. 한편 이립삼의 생애에는 세 번의 추도회[403]가 있었다.

1922년 11월 이립삼은 북경에 가서 안원파업의 성공 노하우를 전수했다. 이 시기 이립삼은 북경의 양개지·이일순 부부를 알게 됐다. 이일순은 양개혜의 주남(周南)중학교 동창이며 새언니였다. 1923년 1월 이립삼이 호남으로 돌아갈 때 이일순이 동행했다. 귀향 도중 '눈이 맞은' 이립삼과 이일순은 안원에서 동거했다. 한편 이립삼에게는 '투병 중'인 아내가 있었다. 그 후 양심의 가책을 느낀 이일순은 친동생(李崇德)을 양개지와 결혼시켰다. 1926년 채화삼과 결혼한 이일순은 이립삼에게도 동생을 소개했다. 이일순의 '세 남편'은 본의 아니게 동서지간이 됐다.

1922년 9월에 설립된 장사니목(泥木)공회 위원장은 임수덕(任樹德)[404], 역례용이 비서를 맡았다. 10월 23일 수천명의 노동자가 참가한 청원(請願) 시위에 모택동도 참가했다. 24일 장사현장 주영간(周贏干)이 '담판 대표' 역례용을 해칠 음모를 꾸민다는 정보를 입수한 모택동은 직접 정부 대표(吳景鴻)와 담판을 했다. 10월 25일 '영업 자유'와 '임금 인상'을 요구

---

403 첫 번째 추도회는 1922년 9월 프랑스 파리에서 열렸다. 이립삼이 희생됐다는 소식이 프랑스에 전해진 후 유럽중국소년공산당 책임자 주은래·조세염 등이 '이립삼 추도회'를 열었다. 두 번째 추도회는 1927년 8월 남경에서 열렸다. 당시 적들과 조우전을 벌인 이립삼이 방향을 헷갈려 (起義)본부로 돌아가지 못하고 밖에서 노숙했다. 주은래 등은 이립삼이 전투에서 희생된 줄로 착각하고 추도회를 열었다. 세 번째 추도회는 1980년 3월 20일 북경에서 열렸다. 당시 (北京)추도회에는 호요방·등소평 등 국가지도자가 참석했다.

404 임수덕(任樹德, 1988~1925), 호남성 상음(湘陰) 출신이며 공산주의자이다. 1921년 중공에 가입, 1922년 9월 장사니목공회(泥木工會) 위원장, 그해 11월 호남성공단(工團)연합회 제2차대회에 참석, 니목노동자 당지부 서기, 1925년 2월 장사(長沙)에서 병사했다.

하는 청원서에 호남성장 조항척이 사인했다. 한편 모택동이 생명의 위험을 무릅쓰고 담판하고 있을 때 장남 모안영(毛岸英)[405]이 세상에 태어났다.

역례용은 이렇게 회상했다. …청원 대표인 나는 장사현장 주영간의 관공서에서 담판했다. 밤 11시까지 노동자들이 물러가지 않자 주영간은 옆방에 가 조항척에게 전화로 '대표 살해' 계획을 보고했다. 조항척은 '황애 사건'도 해결되지 않았는데 섣부른 행동을 삼가라고 명령했다(中國現代史硏究室, 1980: 284). 당시 '공회 비서'인 역례용은 모택동이 파견한 파업 조직자였다. 그 후 호남성위 서기를 역임한 역례용은 1928년에 탈당했다.

직업 혁명가로 변신한 모택동은 노동자 파업에 성공하는 방법을 터득했다. 1922년 10월 건설 노동지와 목수들의 파업을 조직해 '임금 인상'에 성공했다. 그 후 모택동은 식자·인쇄공 파업을 일으켜 조정자 역할을 수행했다(D. spence, 2003: 95). 11월 25일에 개시된 파업은 노동시간 단축과 최저임금 인상이 주목적이었다. 모택동은 '대공보' 편집장 장평자(張平子) 등과 함께 조정자 역할을 수행했다. 12월 9일 파업은 승리로 끝났다.

1922년 11월 1일 경한(京漢)철로총공회가 설립됐다. 당시 모택동은 각지 공회(工會) 대표에게 '호남전성(全省)공단연합회' 설립안을 제출했다. 11월 5일 모택동은 '연학회' 총간사로 선임됐다. 12월 11일부터 모

---

405 모안영(毛岸英, 1922~1950), 호남성 상담(湘潭) 출신이며 모택동의 장자이다. 1940년 (蘇聯)공산주의청년단에 가입, 1944년 연공(聯共) 당원, 1946년 1월에 연안으로 돌아왔다. 1948년 중앙기관보위훈련반 연수, 1949년 중앙사회부에서 근무, 그해 10월 유사제(劉思齊)와 결혼했다. 1950년 10월 입조(入朝), '지원군(志願軍)' 사령부 러시아 통역과 기요비서를 역임, 1950년 11월 25일 미군의 폭격을 당해 조선(朝鮮)에서 희생됐다.

택동은 곽량·임수덕 등 23명 공회 대표와 함께 조항척과 노동자 이익을 위한 담판을 진행했다. 3일 간의 끈질긴 노력으로 노동자 보호와 결사·집회의 권리에 대한 정부의 승낙을 받아냈다. 당시 실패의 고배를 마신 조항척은 호남에 또 다른 모택동이 온다면 내가 설자리를 잃을 것이라고 자탄했다. 결국 조항척은 '과격파' 모택동에 대한 체포령을 내렸다.

1922년 11월 호남공단연합회장에 당선된 모택동은 호남성장 조항척과 정면 승부를 벌였다. 훗날 어떤 사람이 조항척에게 왜 그 당시 모택동을 체포하지 않았는 가고 물었다. 이에 조항척은 이렇게 대답했다. …솔직히 나는 그가 그렇게 무서운 사람으로 변할 줄은 생각하지 못했다(D. Wilson, 2011:67). 당시 모택동은 조항척이 반포한 '성헌법(省憲法)'을 집회 권리 논거로 제시했다. 모택동에 대한 조항척의 '첫 체포령(1923.4)'은 공개적이었다. 한편 이듬해 여름 내려진 두 번째 체포령은 극비리에 내려졌다.

모택동은 이렇게 회상했다. …중공 창건대회가 끝난 후 나는 호남에서 공회 설립과 노동운동을 대대적으로 추진했다(毛澤東, 2008: 47). 1922~1923년 전국 노동운동의 고조에 힘입어 호남노동운동은 괄목할 만한 성과를 거두었다. 안원·경한철로·장사니목 파업에서 모두 승리했다. 20여 개 공회가 설립됐고 5만명의 노동자가 공회에 가입했다(李銳, 2013: 433). '27참안(二七慘案)'[406]으로 인한 노동운동 저조기에도 호남의 공

---

406 27참안(二七慘案)은 1923년 2월 7일 직계군벌 오패부(吳佩孚)가 경한철로 노동자파업을 진압한 유혈사건이다. 2월 4일 공산당원 임상겸(林祥謙)의 주도하에 총파업, 경한철로는 마비상태에 이르렀다. 2월 7일 조곤과 오패부는 수많은 군경을 장신점(長辛店)·정주·무한에 파견해 대규모 탄압을 감행했다. 노동자가 40여 명이 사살, 부상자가 200명을 넘었다. 경한철로 총공회 위원장 사문빈(史文彬)과 임삼경·시양 등이 체포돼 처형됐다.

회 조직은 건재했다. 훗날 등중하(鄧中夏, 1953: 109)는 '중국직공운동간사'에서 안원탄광을 노동자의 '세외도원(世外桃源)'이라고 평가했다.

모택동이 총괄 지휘한 호남노동운동의 '성공 원인'은 ① 노동자야학과 노동자구락부 설립을 통한 합법적 투쟁 ② 공회 조직의 역할을 중시, 노동자의 투쟁의식 각성 ③ 이립삼·유소기 등 해외파를 적재적소에 활용 ④ 엄밀한 조직과 면밀한 준비, 대비책 마련 ⑤ 당의 리더가 담판 대표와 공회 비서를 담당, 파업 현장에서 진두지휘 ⑥ 적합한 슬로건과 목표 제정, 노동자의 적극성 동원 ⑦ '대공보' 등 언론의 역할 극대화 등이다. 그 외 호남 당조직의 '1인자'인 모택동의 리더십과 강력한 조직력이 결정적 역할을 했다는 것은 자타가 인정하는 엄연한 사실이다.

호남 당조직이 전개한 열 차례의 파업에서 아홉 차례 승리했다. '중공 3대' 보고에서 진독수는 호남노동운동을 이렇게 평가했다. …호남 당조직이 이끈 노동운동은 매우 훌륭했다. 각지에 공회 조직이 설립됐고 공회 참가자는 5만에 달한다(黃允升 외, 2012: 70). 결국 뛰어난 조직력과 추진력을 인정받은 모택동은 중앙국에 진출했다. 한편 모택동의 '중앙국 진입'은 공산국제 대표 마링이 주창한 국공합작에 대한 지지와 크게 관련된다.

호남노동운동에서 보여준 모택동의 조직력은 중공 총서기 진독수의 인정을 받았다. 1923년 1월 모택동은 '상해 전근령'을 받았다. 그해 4월 가족과 석별한 모택동은 비밀리에 상해에 도착했다. 이 무렵 장사의 길거리에는 '과격파'인 모택동을 수배하는 포고문이 나붙었다. 상해에 도착한 지 얼마 안 돼 모택동은 '중공 3대(1923.6)' 개최 준비를 위해 광주로 떠났다. 한편 중앙국 비서인 모택동은 국공합작의 '열성 지지자'가 됐다.

제3절 국공합작(國共合作)의 '열성 지지자'

1. 마링의 '당내 합작'과 공산국제의 '간섭'

노동운동에서 보여준 모택동의 조직력과 '업적'은 중공 총서기 진 독수의 인정을 받았다. 결국 이는 모택동의 중앙국 진입에 결정적 역할 을 했다. 호남성장 조항척이 내린 체포령으로 모택동이 부득불 장사를 떠나게 됐다는 일각의 견해는 설득력이 떨어진다. 일부 학자들은 '중공 3대' 전후 모택동이 마링이 제창한 국공합작을 적극 지지한 것이 '중앙 국 진입' 주된 원인이라고 분석했다. 실제로 모택동은 국공합작의 '열 성 지지자'였다. 한편 모택동이 '마링의 사람'이라는 섣부른 판단은 쉽 게 수긍하기 어렵다.

1923~1924년 모택동은 국공합작 선봉장 역할을 했다. 당시 마링이 제창한 국공합작은 이달·장국도·채화삼의 강한 반대를 받았다. 또 국 공합작에 불만을 느낀 일부 중앙위원은 탈당했다. 진독수는 '중공 3대' 를 개최해 국공합작을 반대하는 중앙위원을 교체하는 개각을 단행했 다. 또 해외파를 등용하고 노동운동에서 두각을 드러낸 모택동 등을 중 용했다. 실제로 '호남 1인자' 모택동은 (中共)총서기 진독수와 돈독한 관 계를 유지했다.

1923년 3월 조항척이 모택동에게 내린 현상수배령은 이렇게 썼다. …모씨택동(毛氏澤東)은 적화(赤化)를 책동하고 인심을 미혹했다. 정부는 노동자를 선동해 사회적 안정을 파괴한 모씨에 대한 체포령을 내린다. 모범(毛犯)을 나포한 자에게 은화 5천원을 현상한다(龔一, 2014: 42). 상기 수배령의 주된 목적은 '과격파' 모택동을 호남에서 추방하기 위한 것 이었다. 실제로 조항척은 모택동에게 마수를 뻗칠 수 있는 기회가 매우 많았다. 한편 '황애 사건(1922.1)'으로 큰 곤욕을 치렀던 조항척은 '호남의 명인'인 모택동을 감히 해칠 엄두를 내지 못했던 것이다.

모택동은 공산국제 대표 마링을 이렇게 평가했다. …에너지가 넘치고 정력적이며 언변이 뛰어났다(Edgar Snow, 1979: 132). 실제로 스탈린이 파견한 공산국제 대표에 대한 모택동의 평가가 매우 부정적이었던 점을 감안하면 이는 '비교적 높은' 평가이다. 모택동의 중앙국 진출은 '총서기' 진독수의 절대적 신임이 결정적 역할을 했다. 사실상 공산국제 대표 마링과는 큰 관련이 없다. 한편 모택동이 '마링의 사람'이라는 일각의 판단은 당시 모택동이 마링이 제창한 국공합작의 '열성 지지자'였다는 것을 반증한다.

중국혁명에 대한 공산국제 대표 마링의 공헌은 첫째, 창건대회 개최를 촉성해 중공 창건에 기여했다. 둘째, 국공 간 '당내 합작'을 달성했다. 한편 중국혁명에 기여한 마링은 적지 않은 과오를 범했다. 그러나 그의 공과(功過)에서 공적이 첫째이다(中共中央黨史研究室 외, 2006: 481). 공산주의자 마링은 일찍 네덜란드와 인도네시아에서 노동운동과 민족혁명을 주도한 경험을 갖고 있었다. 결국 마링은 공산국제의 전폭적 지지와 중공 지도자의 협조하에 국공합작을 성공시켰다. 한편 국민당의 역량을 과대평가한 마링은 갓 출범한 중국 공산당의 역할은 간과했다.

국공합작에 대한 중공 지도자들의 태도는 크게 엇갈렸다. 마링의 '당내 합작'을 가장 앞장서 반대한 것은 이달과 장국도였다. 한편 국공합작을 지지한 모택동은 성격이 괴팍한 마링과 동지적 관계를 유지했다. 당시 정치 초보자 모택동과 공산국제 대표 마링은 국공합작을 매개로 의기투합한 혁명 동지였다. 결국 이는 좌적(左的) 성향을 지닌 공산국제의 '마링 반대자'가 제기한 모택동이 '마링의 사람'이라는 주장에

모택동과 중국혁명 1

빌미를 제공했다.

　마링의 부정적 역할이 부각된 것은 일각에서 마링의 '당내 합작'을 '우경' 과오로 간주했기 때문이다. 한편 모택동이 '마링의 사람'이라는 주장은 비판적 요소가 다분했다(楊奎松, 1999: 6). 1924년 봄 공산국제 '대표' 다링(Darlin)[407]이 보이틴스키에게 보낸 편지에 처음 모택동을 '마링의 사람'이라고 주장했다. 이는 국공합작 지지자 모택동을 폄하한 것이다. 또 이는 모택동이 마링의 (右傾)노선에 동조한 공범자라는 뜻으로 풀이된다.

　1920년 7월 마링은 인도네시아 공산당의 대표로 모스크바에서 개최된 공산국제 제2차 대표대회에 참석했다. 당시 레닌(Lenin)[408]의 신임을 받은 마링은 대회의 민족·식민지위원회 비서장으로 임명됐다. 대회가 끝난 후 마링은 레닌의 추천을 받아 공산국제 대표로 중국에 파견됐다. 마링의 주된 임무는 상해에 공산국제 원동국의 판사처(辦事處)를 설립하고 중국 공산당 창건을 협조하는 것이었다. 즉 마링은 '레닌의 사람'이었다.

　1921년 9월 상해에서 중공 총서기로 부임한 진독수는 마링의 '월권

407　다링(Darlin, 1902~?), 러시아 출생이며 공산국제 멤버이다. 1921년 공산국제 원동집행위원회 대표, 1922~1926년 세 차례 중국을 방문, 중국 청년단 제1차 대표대회와 제1차 전국노동대회에 참가, 1928년 소련 '소식보(消息報)' 편집장을 역임, 1974년 '중국회고록'을 출간했다.

408　레닌(Lenin, 1870~1924), 신빌리스크 출생이며 러시아 공산당과 소비에트 연방국가 창설자이다. 1891년 페테르부르크대학 졸업, 1895년 '노동자계급해방투쟁동맹'을 창립, 1897년 시베리아로 유배, 1903년 볼셰비키당을 창건했다. 1917년 11월 '10월혁명'을 일으켜 소비에트 정권을 창설, 인민위원회 주석에 선임됐다. 1919년 3월 제3국제를 창건, 1922년 12월 후 중병으로 정치활동을 중단했다. 1924년 1월 고리키촌에서 병사했다.

(越權) 행위'에 대해 격노했다. 마링의 '월권 행위'는 첫째, 중공 의견을 청취하지 않고 장태뢰를 일본에 파견했다. 둘째, 장국도에게 노동조합 서기부 설립 계획과 예산서를 제출하게 했다(姚金果, 2011: 24). 진독수는 공산국제의 재정지원을 '고용(雇傭)혁명'으로 간주했다. 당시 공산국제와 중공은 상하급 관계가 아니었다. 결국 그들의 첫 대면은 '불쾌한 만남'이 됐다.

마링과의 첫 만남이 있은 후 진독수는 이달 등을 만나 이렇게 말했다. …우리는 공산국제가 파견한 마링 등에게 의지해선 안 된다. 중국혁명은 중국인이 독립적으로 진행해야 한다(王光遠, 1987: 114). 당시 마링의 통역 장태뢰는 진독수에게 마링과의 화해를 권고하며 공산국제의 영도적 지위를 인정해야 한다고 말했다. 이에 진독수는 …각국은 나름의 국정(國情)이 있다. 중국혁명은 자주적으로 진행해야 한다. 공산국제의 지배에 순종해선 안 된다(包惠僧, 1983: 36). 그 후 진독수는 마링의 면담 요청을 수차례 거절했다. 결국 그들 간 '불신의 골'은 더 깊어졌다.

진독수와 마링은 모두 아집이 강하고 독선적이며 성격이 강직했다. 또 중공이 아직 공산국제의 지부가 아니었기에 그들은 종속관계가 아니었다. 한편 '진독수 체포(1921.10.4)' 사건은 상대에 대한 불신이 해소되는 결정적인 계기가 됐다. 당시 각종 인맥을 동원해 프랑스인 변호사를 고용한 마링은 거금을 들여 공당(公堂) 판사를 '설복'했다. 10월 26일 진독수는 100원의 '벌금'을 물고 석방됐다. 결국 그들의 불편한 관계가 개선되고 '정치적 동반자'가 됐다. 그러나 불신적인 요소는 상존했다. 국공 '당내 합작'에 대한 그들의 주장은 여전히 평행선을 달렸다.

'공산국제 3대(1921.6)' 참석자 장태뢰로부터 무산계급은 자산계급 민주파와 연합해 '반제연합전선'을 구축해야 한다는 방침을 전달받은 마링은 '손중산 면담'을 작심했다(蘇若群 외, 2016: 24). 1921년 12월 계림에 도착해 마링은 손중산과 세 차례 대화를 나눴다. 국민당이 사회주의 성향을 갖고 있다고 판단한 마링이 손중산에게 제출한 건의는 ① 국민당 개조 ② 군관학교 설립 ③ 중공 합작 등이다(黃修榮, 1983: 33). 마링에게 '손중산 면담'을 건의한 것은 국민당의 상해 대표 장계(張繼)[409]였다. 당시 '공산당 합작'을 동의한 손중산의 합작방식은 '당내 합작'이었다. 한편 국민당의 '사회주의 경향'은 마링의 주관적인 판단이었다.

광주에 도착한 마링은 손중산의 라이벌인 진형명(陳炯明)과 세 차례 면담했다. 자칭 사회주의자인 진형명은 손중산의 '북벌 통일'을 반대했다. 또 그는 소비에트 러시아를 지지하고 10월혁명을 찬성한다고 표명했다(陳廉, 1998: 33). 당시 광동성장 진형명의 인기는 손중산보다 높았다. 특히 광주 공산주의자들의 진형명 호감도는 매우 높았다. 러시아 통신사의 기자는 손중산은 노동자를 적대시했으나, 진형명은 노동운동을 지지했다고 말했다(姚金果 외, 2016: 39). 진보적 성향을 지닌 진형명은 사회주의 운동을 동조하고 공산당이 영도하는 노동운동을 지지했다. 실제로 광주 공산주의자들은 중공과 러시아는 진형명과 연합해야 한다고 주장했다. 한편 '사회주의자' 진형명의 민주혁명은 광동성에 국한된 반면, 손중산의 북벌전쟁은 '군벌 타도'와 '전국 통일'이 취지였다. 이것이 공산국제 대표 마링이 손중산과의 연합을 주장한 주된 원인이다.

광주 체류 기간 홍콩 해원파업을 목격한 마링은 '공산국제 보고서'

---

409 장계(張繼, 1882~1947), 하북성 창현(滄縣) 출신이며 국민당 우파이다. 1905년 동맹회에 가입, 1910년대 중화민국 임시참의원(參議員), 참의원장, 호법군정부 (駐日)대표, 1920년대 국민당 선전부장, 국민당중앙 감찰위원, 국민정부 사법원 부원장을 역임, 1947년 남경에서 병사했다.

에 이렇게 썼다. …노동자와 긴밀한 연계를 갖고 있는 국민당은 파업에서 매우 중요한 역할을 했다. 비밀공작에 전념한 공산주의 단체는 노동자 파업을 지지하지 않았다(中國現代革命史資料, 1985: 172). 실제로 군사활동에 치중한 국민당은 노동운동을 등한시했다. 한편 마링이 제창한 '당내합작' 전략은 그의 인도네시아 투쟁경험에서 비롯됐다는 것이 학계의 중론이다.

1910년대 인도네시아에서 민족혁명을 지도했던 마링은 동인도사회민주연맹과 자바(Java)의 이슬람교연맹을 성공적으로 합작시킨 경험을 갖고 있었다. 마링은 공산당원이 국민당에 가입해 국민당을 개조하고 국공합작을 통해 더 발전할 수 있다고 확신했다. 한편 자바의 이슬람교연맹과 국민당은 성격이 다른 조직이었다. 결국 서로 다른 당강(黨綱)과 이념을 가진 정당인 국공 양당의 '당내 합작'은 궁극적으로 실패할 수밖에 없었다.

마링은 공산국제 보고서에 이렇게 자화자찬했다. …이번 남방행은 중국혁명의 진로 결정에 큰 의미가 있다. 남방행을 통해 국공합작의 성공 가능성을 확인했다(李玉貞 외, 1989: 70). 주마간산(走馬看山)의 남방행을 통해 많은 단점을 가진 국민당을 과대평가한 마링은 '신생아' 중공 역량을 무시했다. 또 그는 '국민당 개조'와 국공합작의 전망을 너무 낙관하는 치명적 판단 착오를 범했다. 결국 이는 국공합작의 '시한폭탄'으로 작용했다.

1922년 4월 4일 진독수는 이달과 장국도 등을 불러 국공합작에 관해 토론했다. 당시 진독수는 무산계급 정당인 중공이 국민당과 종속관계를 형성해선 안 된다고 주장했다. 장국도와 이달도 마링의 '(國共)당내합작' 주장을 단호히 반대했다. 결국 고립무원에 처한 마링은 중공 지도자 설득에 실패했다. 크게 실망한 마링은 4월 24일 상해를 떠나 모스크바로 돌아갔다. 마링에게 필요한 것은 공산국제의 강력한 지지와 관련 정책이었다.

1922년 4월 진독수는 보이틴스키에게 보낸 편지에 이렇게 썼다. … 국공 양당의 정치적 이념과 취지가 다르며 국공합작은 중공의 독립성을 상실하게 될 것이다. 또 진형명의 지지를 상실해 광동에서 혁명활동을 추진할 수 없다(張秋實, 2004: 63). 당시 중공 창건에 큰 도움을 준 공산국제 대표 보이틴스키는 진독수·장국도 등과 돈독한 교분을 쌓았다. 한편 진독수는 마링이 현임 공산국제 대표이며 '레닌의 사람'이라는 것을 간과했다.

1922년 1월 원동(遠東) 각국 공산당과 민족혁명단체 제1차 대표대회가 모스크바에서 열렸다. 공산국제 동방부장 사바노프(Shabanov)는 보고에서 국공합작 중요성을 역설했다. 또 그는 중공의 독립성 확보와 노동운동 지도권을 강조했다(蘇若群 외, 2016: 28). 당시 '투병' 중인 레닌은 장국도를 단장으로 하는 중국 대표단을 접견했다. 장국도는 이렇게 회상했다. …레닌은 국민당 대표 장추백(張秋白)[410]과 나에게 국공합작 가능성을 타진했다. 또 그는 철도노동자 대표 등배(鄧培)[411]에게 러시아혁명

---

410 장추백(張秋白, ?~1928), 안휘성 안경(安慶) 출신이며 동맹회원이다. 아첨꾼 기질이 강한 장추백은 항일지사(抗日志士)이며 '암살왕'인 왕아초(王亞樵)의 미움을 샀다. 1927년 전국건설위원회 위원장, 안휘성 건설청장, 1928년 8월 왕아초가 파견한 살인청부업자에게 암살됐다.

411 등배(鄧培, 1883~1927), 광동성 삼수(三水) 출신이며 노동운동가이다. 1921년 북경공산주의소조에 가입, 1923년 경봉(京奉)철로총공회 위원장, 1924년 전국철로총공회 위원장, 1925년 전국총공회 집행위원, 1926년 광동성 총공회 위원장, 1927년 광주에서 신군벌에게 처형됐다.

에서 철도노동자 역할이 중요했다고 말했다(張國燾, 1980: 198). 한편 레닌의 '국공합작 중시'는 마링에게 강력한 동기부여로 작용했다.

'중공 2대(1922.7)'에서 통과된 '민주적 연합전선 결의안' 취지는 국공 양당이 중심축이 되어 기타 정치단체와 광범위한 민주통일전선을 구축하는 것이었다. 한편 중국 공산당이 공산국제의 지부(支部)가 된 것은 중국혁명이 소련의 도움과 공산국제의 지도를 받는 긍정적 역할을 한 반면, 독자적 발전을 제약하고 독립성을 상실하는 부정적 요소로 작용했다.

진독수는 보이틴스키에게 보낸 편지(1922.6.30)에 이렇게 썼다. …나는 손중산이 중공과 합작해 국민당을 개조하기를 진심으로 희망한다. 현재로선 희망은 크지 않다(中共中央黨史研究室, 1997: 304). 1922년 5월 광동 염업(鹽業)공회가 파업을 일으키자 격노한 손중산은 '공회 해산'을 지시했다. 국민당의 '공회 탄압'은 광주 당조직의 강한 불만을 자아냈다. 이 또한 그들이 국공합작을 반대한 원인이다(蘇杭 외, 2011: 53). 당시 진독수가 '국민당 개조'를 부정적으로 전망한 것은 국민당이 노동운동을 폄하하고 반대한 것이 주요인이다. 또 이는 중공 총서기 진독수가 손중산이 영도하는 국민당과의 '당내 합작'을 거부한 주된 원인이다.

1922년 6월 16일 진형명은 손중산의 총통부를 포격했다. 손중산과 부인 송경령(宋慶齡)[412]은 구사일생으로 위험에서 벗어났다. 진형명의 쿠데타를 지지한 영미(英美) 등 열강은 '손중산 하야'를 재촉했다. 당시 장

---

412 송경령(宋慶齡, 1893~1981), 상해(上海) 출신이며 손중산의 부인이다. 1915년 손중산과 결혼, 진형명 반란(1922) 당시 손중산의 탈출을 도왔다. 1920~1940년대 국민당중앙 집행위원, 국제반제동맹 명예주석, 중앙인민정부 부주석 등을 지냈다. 건국 후 전국 인대 부위원장, 국가 부주석, 명예주석 등을 역임, 1981년 북경에서 병사했다.

개석은 영풍함(永豊艦)에서 손중산과 생사를 같이했다. 결국 진형명 반란은 손중산이 중공과 연합하는 계기로 작용했다. 한편 '진형명 성토' 성명을 발표한 진독수는 '진형명 관계' 단절을 광동 당조직에 지시했다. 그들이 '진형명 지지'를 포기하지 않자, 진독수는 담평산을 면직하고 진공박에게 '엄중경고' 처분을 내렸다. 진공박은 이것을 빌미로 탈당하고 미국 유학을 떠났다. 담평산 등은 진독수의 북경대학 제자였다. 실제로 진독수가 '읍참마속(泣斬馬謖)' 심경으로 '대의멸친(大義滅親)'을 단행한 것이다.

7월 상순 모스크바에 도착한 마링은 공산국제 원동서기처 책임자 보이틴스키를 만나 자신의 계획을 설명했다. 끈질기게 설득한 결과 마침내 보이틴스키의 지지를 얻어냈다. 이튿날 마링은 소공 총서기 스탈린(Stalin)[413]과 공산국제 총서기 지노비에프(Zinoviev)[414]에게 계획안을 보고했다(袁南生, 2014: 96). '실질적 1인자'인 스탈린의 승낙을 받은 것은 결정적이었다. 7월 18일 공산국제 지도부는 마링의 국공합작 전략을 최종 승인했다.

---

413 스탈린(Stalin, 1879~1953), 조지아 출생이며 소련의 최고 지도자이다. 1903년 볼셰비키당에 가입, 1902~1913년 일곱 번 체포, 여섯 차례 유배됐다. 1912년 '진리보(眞理報)' 창간, 1913년부터 '스탈린'이란 필명을 사용, 1922년 소련 공산당 총서기, 1928년 계획경제 체제인 '5개년계획' 실시, 1936년 신헌법 제정, 1937~1938년 '대숙청'을 강행, 130만명을 판결하고 68.2만명을 처형했다. 1941년 6월 국방위원회 주석과 최고사령관을 역임, '동방전선'을 구축했다. 1952년 소공중앙 총서기로 선임, 1953년 모스크바에서 병사했다.

414 지노비예프(Zinovyev, 1883~1936), 우크라이나 출생이며 공산국제의 지도자이다. 1903년 볼셰비키당에 가입, 1917년 레닌과 함께 귀국, 1919년 공산국제 집행위원장으로 임명됐다. 1925년 스탈린 등과 연합해 트로츠키를 제거, 1927년 10월 당에서 제명됐다. 1935년 유기징역 10년에 선고, 1936년 '날조된 죄목'으로 기소돼 처형됐다.

7월 18일 공산국제는 마링이 제출한 보고서에 근거해 극비 지시를 내렸다. '지시' 골자는 첫째, 공산국제 결정(1922.7.18)에 근거해 중공중앙 본부를 광주로 이전한다. 둘째, 중공중앙은 국공합작 업무를 마링과 긴밀히 협상해야 한다(中國現代史資料, 1985: 178). 보이틴스키가 서명한 이 문건은 마링의 와이셔츠에 복사됐다. 이 셔츠는 네덜란드 국제사회사연구소에 보관돼 있다. 8월 초 마링은 전권 대표 요페(Joffe)[415]와 함께 중국에 도착했다. 마링이 요페의 '부수(副手)'를 자임한 것은 치명적 패착이었다.

8월 상순 마링은 '상방보검(尚方寶劍)'을 갖고 상해에서 진독수와 재회했다. '상방보검'은 마링이 갖고 온 와이셔츠였다. 셔츠를 불빛에 비쳐보니 영문으로 등사한 문건 내용을 볼 수 있었다. 진독수는 '성지(聖旨)'에 보이틴스키가 직접 사인한 것을 보고 국공합작이 대세임을 직감했다. 또 보이틴스키가 그에게 회신하지 않은 이유를 알게 됐다. 한편 마링은 진독수에게 긴급 회의를 열고 '당내 합작'을 진지하게 토론할 것을 제출했다.

서호회의(1922.8)에는 진독수·이대쇠·장국도·채화삼·고군우·마링과 통역 장태뢰가 참석했다. 당시 '당내 합작'을 가장 심하게 반대한 것은 장국도·채화삼이었다. 한편 이대쇠는 마링의 주장을 동조했고 진독수는 마링이 '조직기율' 문제를 제기하자 동요했다(袁南生, 2014: 98). 실제로 이대쇠의 적극적 태도가 진독수의 '입장 전환'에 큰 영향을 미쳤다. 서호회의는 공산국제 대표가 주최한 중공 특별회의였다. 결국 공산국

<hr>

415　요페(Joffe, 1883~1927), 크리미아(Crimea) 출생이며 소련 외교가이다. 1903년 러시아사회민주당에 가입, 1917년 외교부 부부장에 임명됐다. 1922년 7월 주화(駐華) 전권대표로 부임, 1923년 1월 상해에서 손중산과 '손문요페연합선언'을 체결했다. 1925년 트로츠키 중심의 '신반대파'에 가담, 1927년 11월 모스크바에서 자살했다.

제의 지부인 중공은 본부의 '지시'에 울며 겨자 먹기로 복종하지 않을 수 없었다.

마링이 국공합작을 주장한 이유는 ① 무산계급 역량 부족 ② 국민당은 민주적 정당 ③ 손중산이 '당외 합작' 반대 ④ 국공합작을 통해 중공의 역량 강화 ⑤ 노동운동 지도권 쟁취 가능 등이다(張國燾, 1989: 242). 당시 국민당을 과대평가한 마링은 공산국제 지부인 중공의 '기율 복종'을 은근히 강요했다. 이 또한 중공 지도자의 반발을 야기한 주요인이다. 한편 마링이 주장한 '당내 합작'은 평등관계가 아닌 (國共)종속관계를 의미한다.

진독수는 이렇게 회상했다. …중공 지도부가 마링의 '계획안' 반대 이유는 (中共)독립성 상실이었다. 마링이 '기율 복종'을 강요하자 중공은 '당내 합작'을 동의했다(廣州市黨史研究室, 2009: 223). 장국도는 이렇게 회상했다. …당시 이대쇠는 마링의 주장을 찬동했다(張國燾, 1989: 243). 결국 이는 '흠차대신' 마링의 압력에 의해 중공 지도자들이 피동적으로 '계획안'을 수용했다는 것을 의미한다. 실제로 이대쇠는 국공합작 주도자였다.

당시 진독수가 제출한 '절충안'은 첫째, 손도장을 찍고 '손중산 복종'을 맹세하는 입당 방식을 변경해야 한다. 둘째, 민주주의 원칙에 근거해 국민당을 개조해야 한다. 상기 조건을 승낙하지 않으면 공산국제 지시에 복종할 수 없다(任建樹, 1991: 264). 중공중앙은 기존 '당외 합작' 방침을 수정하고 공산당원 개인 신분으로 국민당에 가입하는 '당내 합작'을 수용했다. 결국 강직한 진독수는 '상방보검'을 지닌 '흠차대신'에게 항복했다.

마링은 아이작스(Isaacs)의 인터뷰(1935.8.19)에서 이렇게 말했다. …당시 '기율 복종' 문제는 존재하지 않았다. 또 공산국제의 지시나 문건을 갖고 간 적이 없다(中國現代革命史資料, 1985: 549). 트로츠키는 아이작스에게 보낸 편지(1937.11.1)에 이렇게 썼다. …마링의 중국활동은 '자바 경험'에서 비롯된 것이 아니다. 그는 부하린(Bukharin)[416]의 지령을 받았고 이런 지령은 스탈린의 승낙을 받았다(朱洪, 2011: 157). 이는 마링이 제창한 국공합작이 소련 지도부의 지지를 받았다는 방증이다. 공산국제 회의(1922.12)에서 마링은 서호회의를 언급할 때 장국도 등의 반대를 고의로 누락했다. 한편 공산국제 극비 지시와 문건은 실재했다.

서호회의 후 진독수·이대쇠 등은 손중산의 '주맹(主盟)'으로 국민당에 가입했다. 진독수는 장국도를 북경·무한 등지에 파견해 '회의' 결정을 지방 당조직에 전달하게 했다. 장국도는 회의 '쟁론'은 입밖에 내지 않았다. 1922년 말까지 국민당에 가입한 공산당원은 그리 많지 않았다(姚金果 외, 2016: 52). 당시 모택동은 국공합작에 대한 중공 지도부의 태도와 상세한 내막을 알지 못했다. 이 시기 장국도와 모택동은 상하급 관계였다.

1922년 8월 25일 손중산을 방문해 공산국제의 결정을 알려준 마링은 손중산에게 '당내 합작'을 위한 '국민당 개조'의 중요성을 강조했다. 당시 손중산은 이렇게 말했다. …삼민주의에는 공산주의 내용이 포함됐다(蘇若群 외, 2011: 65). 진형명 정변 후 상해에서 피난하고 있던 손중산은 고립무원 처지에 빠졌다. 따라서 러시아의 '군사 원조'가 더욱 중요

---

416 부하린(Bukharin, 1888~1938), 모스크바 출생이며 공산국제 지도자이다. 1906년 볼셰비키당에 가입, 1917년 '진리보' 편집장을 맡았다. 스탈린과 합세해 트로츠키를 제거, 1927년 공산국제 집행위원장, 1928년 스탈린의 초고속 공업화·농업집단화를 반대, 1929년 일체 직무에서 파면됐다. 1937년 당적을 박탈, 1938년 '반역죄'로 처형됐다.

해졌다. 실제로 손중산은 '광주(廣州) 수복'을 위한 군사행동을 계획하고 있었다.

손중산이 국공합작을 수용한 원인은 첫째, 손중산의 '정당 인식'과 관련된다. 이념을 전파하는 기관인 정당은 전파자가 많을수록 좋다. 둘째, 공산국제와 러시아의 지지를 받는 중공과의 연합 필요성을 실감했다. 셋째, 고립무원 상황에서 새로운 정치적 동반자가 필요했다. 넷째, 선동력이 강한 공산당의 도움이 절실했다. 다섯째, '국민당 개조' 중요성을 인식했다. 당시 손중산에게 절박했던 것은 중공의 선동적 역할과 러시아의 '군사 원조'였다. 당시 손중산은 '현대식 군대'의 창설을 당면 과제로 간주했다.

1922년 8월 보이틴스키는 진독수에게 '위로 편지'를 썼다. …중공의 정책 방향은 정확하며 선동력과 조직력은 뛰어났다. 중공중앙은 '광주사태'가 안정된 후 이전하는 것이 좋다. 또 중공 독립성과 노동운동은 매우 중요하다(姚金果, 2011: 60). 당시 마링의 '(國共)당내 합작'에 불만을 느낀 보이틴스키는 중공의 독립성과 노동운동 전개를 강조했다. 결국 공산국제의 '엇갈린 주장'은 중공 지도부와 마링 간 불협화음 및 갈등을 초래했다.

'공산국제 4대(1922.11~12)'에서 공산국제 책임자 라데크(Radek)[417]는 이렇게 말했다. …중국 동지에게 권고한다. 공부자(孔夫子)식 공산주의 서재에서 나와 대중 속에 들어가라. 노동자와 농민 속에 들어가 그들의 고

---

417 라데크(Radek, 1885~1939), 우크라이나 출생이며 공산국제 지도자이다. 10월혁명(1917) 후 볼셰비키당에 가입, 1920년 3월 공산국제 집행위원회 서기로 임명됐다. 1924년 우파로 지목, 당내 모든 직무에서 해임됐다. 1927년 12월 당에서 제명, 1928년 시베리아로 유배됐다. 1937년 1월 유기징역 10년에 선고, 1939년에 암살됐다.

충을 헤아려야 한다(中共中央黨史硏究室, 1998: 355). 이는 공산국제가 진독수에 대한 완곡한 비판이었다. 12월 초 공산국제는 라데크의 비판과 보이틴스키의 의견에 근거해 '중국 공산당의 임무'라는 결의안을 채택했다.

1922년 중국문제를 토론하는 공산국제 회의(12.29)에서 마링은 이렇게 말했다. …7월 말 나는 공산국제의 지령을 갖고 중국에 갔다. 서호회의에서 중공 지도자들을 국공합작을 찬성했다. 중공 발전은 '당내 합작'을 통해서만 가능하다(蘇杭 외, 2011: 76). 마링은 중공 독립성과 자주적 노동운동을 간과했다. 당시 '(國共)당내 합작'을 반대한 보이틴스키는 마링과 격한 언쟁을 벌였다. 결국 부하린을 책임자로 한 '중국위원회'가 설립됐다.

진독수의 영향을 받아 '당내 합작'을 반대한 보이틴스키는 중공 역량이 부족하다는 마링의 견해를 반박했다. 중공 독립성을 강조한 그의 주장은 참석자의 지지를 받았다(朱洪, 2011: 168). 당시 마링의 제창한 '당내 합작'을 지지한 회의 주재자 부하린은 보이틴스키의 주장에도 일리가 있다고 부언했다. 결국 마링과 보이틴스키의 주장이 모두 반영된 '중국 공산당과 국민당 관계문제에 관한 결의안'이 1923년 1월 12일에 공식 발표됐다.

마링과 보이틴스키의 '쟁론'에서 조정자 역할을 한 부하린은 소련 공산당 정치국 회의에서 외교부장 요페가 제출한 '최대한 국민당 지지' 결의안을 찬성했다. 또 공산국제는 국민당에 대한 '경제적 지원'을 승낙했다(叢書, 1997: 187). 정치국 위원 부하린은 소공중앙의 결정을 무시할 수 없었다. 또 공산국제 지도자인 그는 보이틴스키의 주장도 고려하지 않을 수 없었다. 결국 '당내 합작'을 찬성한 부하린은 '중공 독립성'도 강조했다.

'결의안(1923.1.12)' 골자는 ① 국민당, 민주 정당 ② 중국혁명, 국공합작 필수적 ③ 중공의 정체성과 독립성 유지 ④ 국민당과 제국주의 연합을 반대 ⑤ 중공은 '국민당 연합' 촉구 ⑥ 중공의 '국민당 합병'을 반대 등이다(中國現代革命史資料, 1985: 237). 이 '결의안'은 공산국제가 중국의 국공합작에 대한 최종 방침이었다. 결국 이는 공산국제 지부인 중공이 소련의 국익을 최우선시하는 '괴뢰정당'임을 보여주는 단적인 증거이다.

1923년 2월 7일 오패부는 정주·한구 등지에서 수백명을 살상하는 참안(慘案)을 빚어냈다. 당시 공산국제는 '중국 철도노동자에게 고하는 글'을 발표했다. '2.7참안'은 소련정부와 공산국제가 책정한 오패부와 연합해 장작림을 반대하는 정책의 실패를 의미한다. 결국 소련정부는 손중산과 연합해 오패부를 반대하는 방침을 제정했다. 이는 국공합작에 긍정적 영향을 미친 반면, 요페의 부수(副手)인 마링에겐 부정적 요인으로 작용했다.

경한철도 파업은 북양군벌의 탄압으로 실패했다. 참혹한 실패를 경험한 중공 지도자들은 망연자실했다. 마링은 장국도를 모스크바로 파견해 경한철도 파업과 '2.7참안'에 관해 상세히 보고하게 했다(蘇若群 외, 2016: 72). '2.7참안' 발생 후 장국도는 모스크바 공산국제 본부를 방문해 상황을 보고했다. 방문 기간 장국도는 동방부 책임자 사바노프와 해삼위에 주재한 보이틴스키 등이 마링의 '당내 합작'을 반대한다는 것을 알게 됐다(蘇若群 외, 2011: 120). 결국 노동계급 역량의 부족을 실감한 중공 지도부는 '국공 연합' 중요성을 피부로 느꼈다. 한편 '중공 3대'에서 장국도가 마링과 격렬한 쟁론을 벌인 것은 모스크바 방문과 관련된다.

보이틴스키는 사바노프에게 편지(3.27)를 보내 '당내 합작' 지지 조건을 제출했다. '편지' 골자는 ① 중공 독립성과 정체성 보전 ② 국민당의 노동운동과 학생운동 지지 ③ 국민당의 '북양군벌 관계' 단절 등이다(朱洪, 2011: 174). 중공의 상급자인 공산국제 동방부 책임자의 '당내 합작' 반대는 마링에게 치명적이었다. 한편 소련정부는 요페가 주장한 '오패부 합작'이 실패한 후 '요페 조력자'인 마링에 대해 점차 불신하기 시작했다.

보이틴스키가 작성한 '5월지시'는 이렇게 썼다. …'중공 3대'는 '공산국제 4대'에서 통과된 '중국문제 결의안'에 따라야 한다. 중공의 주된 임무는 노동운동 전개와 공회 설립, 대중적 정당 건설이다('叢書', 1997: 253). '지시' 골자는 ① 중국혁명의 당면과제는 농민문제 ② 노농(勞農)연맹 결성과 토지혁명 실현 ③ 중공의 자주권 확대, 대중적 정당으로 발전 ④ 국민당의 노동운동 지지를 유도 ⑤ 국민당과 군벌 간 군사연맹 반대 등이다(中央檔案館, 1989: 588). 한편 부하린의 수정을 거쳐 공산국제의 '지시'로 최종 확정된 '5월지시'는 '중공 3대'가 끝난 후에 전달됐다. 결국 진독수·마링의 의기투합으로 '당내 합작' 결의안이 통과됐다.

1923년 4월 모택동은 호남자수대학이 발간하는 '신시대'에 '외세와 군벌 및 혁명'이란 글을 발표했다. 문장은 이렇게 썼다. …현재 중국의 군벌 세력은 막강하며 그들은 외세와 결탁하고 있다. 따라서 공산당은 혁명적 민주파와 연합해 연합전선을 구축해야 한다(馬玉卿 외, 1991: 25). 한편 모택동은 '향도(嚮導)'에 '북경정변과 상인'이란 문장(1923.7.1)을 발표해 국공합작의 중요성을 천명했다. 당시 모택동은 국공합작의 '열성 지지자'였다. 결국 이는 모택동이 '중공 3대'에서 중앙국에 진입한 중요한 원인이며 일각에서 그를 '마링의 사람'으로 폄하한 주요인이다.

1923년 5월 장국도는 마링과 격렬한 언쟁을 벌였다. 공산국제의 '내부 사정'을 파악한 그는 노골적으로 마링을 힐난했다. …금번 모스크바 방문을 통해 나는 모든 것을 알게 됐다. 국공 간 '당내 합작'에서 사바노프는 좌파, 부하린은 중립파, 당신은 우파이다(蘇杭 외, 2011: 125). 당시 장국도가 공산국제 '좌파'의 지지를 받고 있다는 것을 직감한 마링은 라데크에게 편지(5.30)를 보내 장국도의 '힐문'을 보고하고 중공중앙 기관 간행물인 '전봉(前鋒)'에 발표한 자신을 문장을 첨부했다. 한편 공산국제의 '간섭'에 크게 실망한 마링은 중국을 떠나기로 작심했다.

1923년 6월 12~20일 중공 3차 당대회는 광주에서 열렸다. 모택동은 호남 당조직을 대표해 대회에 출석했다. '중공 3대'에서 중공 고위층에 진입한 모택동은 '중공 2인자'에 해당한 중앙국 비서로 선임됐다. 한편 공산국제 대표인 마링과 격렬한 쟁론을 벌였고 국공 간의 '당내 합작'을 반대한 장국도는 낙선됐다. '중공 3대'의 핵심 의제는 국공합작이었다. 한편 마링이 제창한 국공 간의 '당내 합작'은 결코 쉽게 이뤄진 것은 아니었다.

'(國共)당내 합작'의 성공 요인은 첫째, 마링의 끈질긴 노력과 공산국제의 전폭적 지지이다. 둘째, 진독수의 전향적 입장 변화와 손중산의 '중공 건의' 수용이다. '당내 합작'에 긍정적 영향을 끼친 주요인은 ① 서호회의 결정 ② 진형명 반란, 손중산의 사상 전환 ③ '2.7참안' 발생, 중공의 입장 변화 ④ 공산국제의 중요한 지시 ⑤ '서호회의' 후 중공 주요 지도자의 국민당 가입 등이다. 한편 '당내 합작' 과정은 결코 순탄치만은 않았다.

'중공 3대' 개최를 앞두고 가장 다망한 사람은 마링이었다. 나장룡은 이렇게 회상했다. …당시 마링은 각지에서 온 대표를 찾아 '당내 합작' 필요성을 자세히 설명했다. 또 조직 개편과 결의안에 관해 상세히 소개했다(羅章龍, 1984: 271). 마링은 국공합작에 관한 공산국제의 지시와 입장을 구체적으로 설명했다. 당시 많은 대표들이 '당내 합작' 배경을 잘 알지 못했다. 마링의 설명은 대표들의 의구심을 해소하고 지지를 이끌어냈다.

진독수는 '보고(6.12)'에서 '당내 합작' 경과를 설명하고 국공합작을 반대한 장국도를 지명 비판했다. …사상이 보수적인 장국도는 '소집단 조직' 등의 과오를 범했다. 또 그는 호남 당조직의 활약을 높게 평가했다(廣東革命歷史博物館, 1985: 61). 훗날 마링은 진독수의 '보고'는 비관적이었고 중공의 성과는 매우 컸다고 평가했다. 한편 진독수의 장국도 '비판'과 모택동 '칭찬'은 '중공 3대'에서 장국도 '낙선'과 모택동 '승진'을 예고했다.

대회 토론(6.13)에서 '당내 합작'을 찬성한 모택동은 이렇게 말했다. …자본주의 발전과 함께 무산계급도 동반 성장할 것이다. 국민당의 지도력을 확신한다. 이 또한 공산당원이 국민당에 가입하는 원인이다. 그러나 국민당은 대중성 정당을 건설할 수 없다(朱洪, 2011: 178). 마링은 부하린에게 보낸 편지(6.20)에 모택동은 진독수의 보고를 지지했다고 썼다. …'결의안'은 21표 찬성(16표 반대)으로 통과됐다. 찬성표 중 10표는 호남 대표의 투표였다. 또 모택동은 국민당이 대중 정당을 건설할 수 없다고 주장했다(中共中央黨史研究室, 1998: 481). 한편 '당내 합작'을 지지한 모택동의 주장이 마링의 견해와 일맥상통한 것은 결코 아니었다. 실제로 모택동이 제출한 농민문제와 '국민당 평가'는 마링의 주장과 크게 달랐다.

광동 대표 등중하는 이렇게 말했다. …국공합작은 국민당 개조가 주된 목표이다. 국민당 가입은 국민당을 위해 일하는 것이 아니다. 북방 대표인 이대쇠는 이렇게 말했다. …중국혁명의 주도적 지위는 무산계급이 차지할 것이다. 과감하게 '당내 합작'에 참가해야 한다(李玉貞 외, 1989: 236). 당시 호북 대표들은 장국도의 입장을 지지했다. 실제로 마링은 '당내 합작'을 전폭적으로 지지한 구추백의 발언을 가장 만족하고 흡족하게 여겼다.

구추백의 '발언' 골자는 ① 자산계급 혁명은 무산계급의 협조가 필수적 ② 자산계급 발전을 수용하고 인정 ③ 국민당은 당강(黨綱)을 갖춘 민주 정당 ④ 중공은 국민당 개조에 전념 ⑤ 국민당의 '군벌 연합'을 반대 ⑥ 국민당 발전은 공산당의 협력이 필수적 등이다(張秋實, 2004: 75). 훗날 마링은 구추백이 마르크스주의의 방법론으로 현실 문제를 분석한 '유일한 동지'였다고 평가했다. 한편 구추백의 중앙위원 낙선은 '(中共) 총서기' 진독수의 신임을 받지 못했기 때문이다. 결국 이는 모택동의 중앙국 진입이 진독수의 '절대적 신임'이 주요인이라는 단적인 반증이다.

채화삼은 산업 노동자의 국민당 가입을 반대한 장국도의 주장을 지지했다. 또 그는 독립적 정당을 건설해야 하며 국민당 상황이 호전된 후 '당내 합작'을 추진해야 한다고 주장했다. 당시 진독수는 채화삼의 주장을 기회주의 사상이라고 비판했다(蘇杭 외, 2011: 136). 한편 진독수의 비판을 곧바로 수용한 채화삼은 국공합작을 반대해 탈당한 이달처럼 강경 태도를 취하지 않았다. 이는 채화삼이 '중앙국 잔류'에 성공한 중요한 원인이다.

장국도는 마링과 격렬한 쟁론을 벌였다. 장국도는 이렇게 회상했다. …당시 마링은 공산국제를 내세워 나를 협박했다. 나는 반대적 견해를 말할 권한이 있다고 맞섰다. 내가 공산국제와 대표(마링)는 별개의 문제라고 말하자 마링은 나와 곧 결투라도 벌일 기세였다(張國燾, 1980: 291). 당시 마링은 장국도를 '좌경 분자'로 몰아세웠고 장국도는 마링을 '우경 대표'라고 비난했다. 장국도의 주장은 일부 대표의 지지를 받았다. 결국 마링과 진독수의 눈 밖에 난 '중공 2인자' 장국도는 중앙국 진입에 실패했다. 실제로 그의 낙선은 진독수의 '작심 비판'이 주된 원인이다.

채화삼은 국공합작 지지자인 모택동에 대해 이렇게 평가했다. … 공산국제 대표 마링은 중공은 국공합작을 당면과제로 삼아야 한다고 주장했다. 마링의 주장이 당에 미친 악영향은 매우 컸다. 당시 마링의 '당내 합작' 주장을 옹호한 사람은 모택동이다(中共檔案館, 1987: 26). 실제로 마링의 '열성 지지자'는 소련파인 구추백과 장태뢰였다. 당시 채화삼이 모택동 이름만 거론한 것은 모택동이 마링의 절대적 지지자였다는 단적인 증거이다(袁南生, 2014: 87). '중공 3대' 후 신민학회 '창립자'인 모택동과 채화삼의 관계는 '정견 차이'로 상당히 소원해졌다. 한편 이 시기 좌적 성향이 강한 채화삼은 국공합작을 반대한 장국도의 지지자였다.

마링은 공산국제에 보낸 편지(1923.6)에 이렇게 썼다. …나는 모택동·왕하파(王荷波)[418] 등과의 접촉을 통해 노동자의 공통적 관심사는 생활조건 개선이며 정치에는 관심이 없다는 것을 알게 됐다. 모택동은 이렇게 말했다. …공회의 역량이 부족하며 노동운동의 전망은 밝지 않다(李玉貞 외, 1989: 231). 농민문제 제출자 모택동은 이렇게 말했다. …호남에 노동자는 적지만 농민은 도처에 널렸다. 역대 혁명의 주된 역량은 농민이다. 국민당의 광동(廣東) 기반은 농민들로 구성된 군대와 관련된다. 중

---

418 왕하파(王荷波, 1882~1927), 복건성 복주(福州) 출신이며 노동운동가이다. 1922년 중공에 가입, 1923년 6월 중앙위원, 9월에 중앙국 위원으로 보선(補選), 중공 상해지역 집행위원장으로 임명됐다. 1925년 2월 중화총공회위원장과 전국총공회집행위원에 선임, 1927년 9월 북방국 서기, 1927년 11월 북경에서 군벌 장작림에게 살해됐다.

공도 농민운동을 중시해야 한다(金冲及 외, 1996: 108). 장국도는 농민문제를 제기한 모택동을 '농가자제 공헌'이라고 평가했다(張國燾, 1980: 294). 실제로 모택동은 공회의 역할을 중시했다. 당시 농민문제는 '지엽적 문제'였다. 한편 모택동에 대한 장국도의 '높은 평가'는 농민문제가 마링의 견해와 대립됐고 모택동이 자신의 '수정안'을 지지했기 때문이다.

'5월지시'는 농민문제에 관해 이렇게 썼다. 첫째, 인구의 대다수를 차지하는 농민이 중국혁명에 참가해야 최종적 승리를 취득할 수 있다. 둘째, 농민문제 해결은 중국혁명 성공의 보장이다(中國現代革命史資料, 1985: 165). '5월지시'가 대회 전에 전달됐다면 농민문제는 더욱 각광받았을 것이다. 훗날 농민문제에 대한 '견해 차이'로 모택동은 중공 총서기 진독수의 관계가 소원해졌다. 한편 '농민문제' 중시는 모택동의 선견지명이었다.

장국도가 제출한 '수정안' 골자는 첫째, 중공은 노동운동 지도를 강화하고 노동자 출신 당원을 적극 양성해야 한다. ② 산업 노동자 대표는 국민당 가입을 삼가야 한다. ③ 중공은 노동운동을 독립적으로 추진해야 한다(張國燾, 1989: 295). 표결 결과는 8:8이었으나 진독수의 한 표로 부결됐다. 장국도는 이렇게 회상했다. …당시 모택동은 홀가분한 심정으로 대다수의 의견에 복종한다고 말했다. 결국 장국도의 '수정안'을 찬성한 모택동은 대회 결정을 수용했다(D. Wilson, 1993: 94). 상기 장국도의 회상은 신빙성이 낮다. 한편 모택동이 장국도의 '수정안'을 찬성했다면, 이는 모택동이 마링의 주장을 무조건 수용하지 않았다는 반증이다.

'중공 3대'의 국공합작 쟁론은 진독수·구추백 등 다수파와 장국도·채화삼 등 좌경 종파주의자 간에 진행됐다. 중립파인 모택동은 국민당의 대중적 정당 건설 가능성을 부정했다. 그러나 대다수의 의견을 수용한 그는 처음으로 중앙국에 진입했다(B. Groening, 1987: 152). 모택동은 '국민당 복종'을 강조한 마링의 주장을 반대한 장국도를 지지했다. 당시 국공합작에 대한 모택동의 태도는 모순적이었다. 모택동은 진독수가 작성한 '국공합작 결의안'에 대한 관건적 표결에서 반대표를 던졌다(A. Pantsov, 2015: 173). 상기 '중립파' 주장은 수긍하기 어렵다. 실제로 모택동과 이대쇠는 '(國共)당내 합작'의 열성 지지자였다. 또 모택동이 진독수가 작성한 대회 '결의안' 투표에 반대표를 던졌다는 주장은 신빙성이 제로이다.

강절(江浙) 대표 서매곤(徐梅坤)[419]은 이렇게 회상했다. …당시 장국도의 입장을 반대한 향경여는 채화삼과 크게 싸웠다. 장국도를 비판한 나의 발언은 마링의 지지를 받았다. 모택동과 장태뢰는 국공합작 지지자였다(柯延 외, 2009: 103). '중공 창건자'로 평가된 향경여는 국공합작을 지지했다. 결국 국공합작 반대자 채화삼은 모택동과 향경여의 불신을 받았다. 한편 '정견 차이'는 그들 부부가 결혼 6년 만에 파경을 맞은 한 원인이다.

투표에서 겨우 6표를 얻은 장국도는 낙선됐다. 장국도가 낙선된 주요인은 첫째, '당내 합작'을 완강히 반대하고 '마링 대결'에서 패배했다. 둘째, 종파 활동을 벌인 '소조직(小組織)' 주모자로 간주됐다. 짝패 고군우·등중하의 중앙위원 낙선도 이와 관련된다(張樹軍, 2009: 80). 채화삼은 '소조직' 문제점을 이렇게 분석했다. ① 노동조합서기부가 당중앙을 대

---

419 서매곤(徐梅坤, 1893~1997), 절강성 항주 출신이며 공산주의자이다. 1922년 중공에 가입, 1924~1926년 중공 상해·절강집행위원회 서기, 1927~1935년 절강 육군감옥에서 8년 간 투옥됐다. 1956년 국무원 참사(參事), 1981년 재차 중공에 가입, 1997년 북경에서 병사했다.

체 ② '소조직'은 기타 동지의 불만을 야기 ③ '소조직'은 많은 문제를 유발했다(蔡和森, 1982: 44). 당시 장국도가 진독수를 고립시켜 '총서기 찬탈'을 시도했다(施復亮, 1980: 74)는 것이 일각의 주장이다. 당내 파벌 활동을 주도한 장국도의 '소조직' 문제는 '중공 3대'에서 낙선된 중요한 원인이다. '서호회의' 후 마링은 장국도에 대한 '당내 기율' 처분을 요구했다.

중공 총서기 진독수의 불신과 마링의 '눈 밖에 난' 장국도는 중공 3차 당대회에서 낙선됐다. 이는 그의 정치 생애에서 첫 번째 실각이었다. 한편 '삼기삼낙(三起三落)'한 장국도는 중공 역사에서 '오뚝이'이라는 닉네임을 갖고 있다. 1년 반 후 장국도는 보이틴스키의 지지하에 중공 4차 당대회(1925.1)에서 동산재기(東山再起)했다. 장국도의 '부활'에 따른 것은 모택동의 실각이었다. 중공 역사에서 숙명적인 '최대 라이벌'이 탄생한 것이다. 1920년대 장국도의 당내 지위는 모택동보다 높았다. 이 시기 그의 권모술수는 '삼낙삼기(三落三起)'한 모택동보다 한 수 위였다.

'중공 3대'에서 진독수(40표)가 중앙국 집행위원장으로 선임됐다. 중앙위원은 진독수·이대쇠(37표)·채화삼(37표)·모택동(34표)·왕하파·주소련·담평산·항영·나장룡이다. 후보 중앙위원은 등배·장연광(張連光)[420]·서매곤·이한준·등중하이다. 중앙국 위원은 진독수·모택동·채화삼·담평산·나장룡이며 중공 소재지는 광주로 결정됐다. 중앙위원·후보 위원 중 노동자 출신은 왕하파·항영·주소련·장연광이다. 중국 학자들은 중앙국 비서 모택동을 '중공 2인자'로 치켜세웠다. 한편 '마링 추종자'인

---

420 장연광(張連光)의 출생년월일은 불분명하며 복건성 출신이다. 1922년 중공에 가입, 1923년 2.7대파업에 참가, 대파업 실패 후 경한철도 상해연합판사처 근무, '중공 3대'에서 후보 중앙위원에 피선, 그 후 당조직이 경한철로 노동자들에게 조달한 구제금을 갖고 도망쳤다.

구추백과 장태뢰의 중앙위원 낙선은 매우 난해하다.

'조직법'에 규정된 비서의 책무는 첫째, 위원장과 함께 문건에 서명한다. 둘째, 위원장을 협조해 일상적 업무를 처리한다. 셋째, 문건을 작성하고 당의 조직관리를 책임진다. 대회 후 모택동과 채화삼은 진독수를 협조해 당중앙 사무를 처리했다(袁南生, 2014: 88). 당시 글쓰기에 전념한 채화삼은 정치에 관여하지 않았다. 또 모택동은 거의 중앙사무에 관여하지 않았고 진독수가 모든 정책을 결정했다(黃允升 외, 2012. 74). 훗날 모택동은 당시 진독수가 중대한 사항을 독단적으로 처리했다고 비판했다. 중앙회의(1924.5)에서 진독수는 그의 '독선적 행위'를 반성했다. 한편 모택동은 비서직에 충실하지 않았고 회계인 나장룡이 전담했다.

'중공 3대'에서 모택동이 중앙국에 진입한 것은 진독수의 '절대적 신임'이 결정적 요인이다. 중공의 인사권은 진독수에게 절대적 권한이 있었다. '마링의 추종자' 구추백이 낙선된 것이 단적인 증거이다. 좌경 분자 다링이 제기(1924.3.30)한 '마링의 사람'은 '중공 4대'의 모택동 낙선에 빌미를 제공했다. 한편 중국 학자들이 주장한 '마링의 사람'은 진독수에 대한 모택동의 부정적 평가를 의식한 것으로 풀이된다. 이른바 '마링의 사람'은 공산국제의 좌파가 '우파(右派)' 모택동에게 씌운 '이념적 누명'이다.

2. '마링 전략' 실패와 '중공 2인자' 실각

공산국제 대표 마링이 제창한 국공 간 '당내 합작'은 '중공 3대 (1923.6)'의 주된 의제였다. 대회에서 통과된 '국공합작 결의안'은 마링의 끈질긴 노력이 결실을 맺었다는 반증이다. 한편 '결의안'은 국공합작의 필연성과 중공 독립성을 동시에 강조했다. 결국 이는 '당내 합작'에 몰두한 지지파와 '독립성'을 강조한 반대파 간 알력·갈등을 초래했다. '(國共)당내 합작'에 대한 지지파와 반대파의 대표적인 인물은 모택동과 장국도였다.

　대회 '결의안' 골자는 첫째, 개인 자격으로 국민당에 가입한 공산당원은 정체성을 보존해야 한다. 둘째, 군사행동 중시의 국민당 정책을 저지해야 한다. 셋째, 국민당과 소련 연합을 추진해야 한다. 이런 결정은 국공합작의 앞날이 순탄치 않을 것을 예고했다(이건일, 2014: 102). 약자인 중공에게 있어 상기 '결의안'은 실현이 버거운 목표였다. 또 이는 공산국제의 암묵적 지지하에 강행된 '당내 합작', '마링 전략'의 최종 실패를 예고했다.

　진형명 반란(1922.6) 후 고립무원에 빠진 손중산에게는 소련의 군사원조가 절박했다. 이는 손중산이 국공합작과 '소련 연합'을 추진한 원인이다. 1923년 1월 손중산은 상해에서 소련 대표 요페와 '손문요페선언(孫文Joffe宣言)'을 체결했다. 한편 소련·국민당 연합을 의미하는 '선언' 발표(1.26)는 '요페 조력자'로 활동한 마링의 역할이 매우 중요했다.

　소련의 '국민당 원조' 목적은 군벌이 난립한 중국에 괴뢰정부를 세우는 것이었다. 한편 손중산의 주목적은 '소련 원조'를 받아 강력한 군대를 설립해 북벌을 진행하는 것이었다. 당시 소련·국민당의 연합은 신임과 진정성이 결여된, 서로 이용하는 관계였다. 한편 종속적 지위로 전락한 중공은 소련과 국민당이 그들의 이익을 우선시하고 각자의 목적을 실현하는 정치적 도구로 악용됐다. 결국 '이방인' 마링은 정치적 희생양이 됐다.

　'손문요페선언' 골자는 첫째, 공산주의 이념과 소비에트 제도를 그대로 중국에 적용해선 안 된다. 둘째, 각종 불평등 조약을 파기한다. 셋째, 중동철로 현상을 유지하고 소련은 몽골 독립을 지지하지 않는다. 넷째, 소련군의 몽골 주둔을 묵인한다(中共中央黨史研究室, 1997: 410). 요페가 손중산에게 제출한 조건은 ① 소련의 합법성 인정 ② 소련정부와 맹약(盟約) 체결 ③ 중국에서 '공산주의 설파' 수용 등이다. 당시 손중산은 세 번째 조건을 거절했다(中共中央黨史研究室, 1997: 408). 각종 원인으로 국민당에 대한 소련의 '군사적 원조'는 지체됐다. 결국 이는 마링의 '중국 퇴출'을 유발했다. 한편 상기 '첫째' 내용은 국공합작의 최종적 결렬을 예고했다. 한편 손중산은 소련정부에 두 가지 '군사계획'[421] 지원을 요구했다.

소련 지도부는 회의(1923.3.8)를 열고 이렇게 결정했다. ① 200만 루블(ruble)의 재정지원을 승낙 ② 손중산 정부에 군사고문을 파견한다. 군사위원회 책임자 트로츠키는 홍군 총사령관 카메네프(Kamenev)[422]에게 편지를 보내 국민당 정부에 대한 '군사 원조' 검토를 지시했다(中共中央黨史研究室, 1997: 226, 232). 소련의 '국민당 원조' 골자는 ① 광범위한 선전 선동을 기초로 친소(親蘇) 정권 수립 ② 200만 루블은 여러 번에 걸쳐 지불 ③ 군관학교 설립에 필요한 보병총 8000자루, 기관총 15정 등을 지

---

421 손중산이 요페에게 제출한 '군사계획'은 첫째, 장작림과 연합해 오패부를 정복한다. 이를 위해 소련군의 '동북 공격'이 필요하다. 둘째, 사천성의 10만 군대를 신강(新疆)·몽골(蒙古) 변경으로 이동시킨다. 이를 위해 소련의 장비 등 군사적 지원과 중국군에 대한 소련군의 훈련 지도가 필요하다(蘇若群 외, 2016: 65). 상기 '군사계획'은 손중산의 주관적 생각으로 실현 가능성이 낮았다. 결국 소련정부는 손중산의 '군사계획'을 승인하지 않았다.

422 카메네프(Kamenev, 1883~1936), 모스크바 출생이며 트로츠키주의 추종자이다. 1901년 러시아사회민주당 가입, 1918년 모스크바 소비에트 주석, 1925년 '신반대파'를 조직, 스탈린의 정책을 반대했다. 1927년 당에서 제명, 1935년 징역 5년에 선고, 1936년에 처형됐다.

원 ④ 비밀 엄수 등이다(蘇若群 외, 2016: 68). 한편 여러 가지 원인으로 상기 '원조'는 1년 후에 광주에 조달됐다. 당시 소련정부가 손중산의 '장작림 연합'을 우려한 것이다. 또 마링의 '단호한 반대' 역시 한몫 했다.

소련의 '원조 계획'을 전달받은 손중산은 '국민당 개조'를 결심하는 답전(1924.5.23)을 보냈다. 1923년 5월 진형명을 몰아내고 광주에서 신정권을 설립한 손중산의 재정 상황은 최악이었다. 남방 화교로부터 지원받은 제한된 자금은 '군비 해결'에 턱없이 부족했다. 손중산이 소련 지원을 학수고대한 원인이다. 한편 마링과 중공 고위층의 '국민당 비판'은 손중산과 국민당 고위층의 불만을 야기했다. 이는 '국민당 개조'를 지연시켰다.

마링이 '향도(嚮導)'에 발표한 문장(1922.11)은 이렇게 썼다. …단순한 군사행동에 치중하기보다는 진정한 혁명군대를 창설해야 한다. 이를 위해선 선전선동을 통해 대중의 참여를 이끌어내고 대중적 정당을 건설해야 한다(蘇杭 외, 2011: 147). 당시 마링의 영향을 받은 공산국제는 '5월 지시'에 군벌과 결탁하는 국민당의 '단점'을 지적했다. 또 중공의 문필가들은 국민당을 신랄하게 비판하는 글을 잇따라 발표했다. 중공의 직설적인 비판과 맹비난은 아집이 강한 손중산과 국민당 고위층의 강한 불만을 야기했다. 국공합작 초기 (國共)양당은 서로 상대를 불신했다.

'중공 3대'의 '선언'은 국민당의 단점을 이렇게 지적했다. 첫째, 제국주의 의존성과 타협성은 국민혁명의 지위를 손상시킨다. 둘째, 군사행동에만 열중하고 정치 선전을 소홀하게 여긴다. 대중적 정당으로 거듭나야 하며 단순한 군사행동은 성공하지 못한다(中央檔案館, 1982: 128). 마링과 중공 고위층의 '국민당 비판'은 홍콩 언론의 네거티브 소재로 악용됐다. 홍콩 신문들은 중공의 선동적 언론이 열강의 간섭을 초래하므로 도발적인 언동을 금지해야 한다고 여론을 조성했다. 당시 상해 주재 영국 영사 제미손(Jamieson)은 외교부장 오조추(伍朝樞)[423]를 방문해 강력히 항의했다(蘇若群 외, 2011: 148). '국민당 1인자'로 장기간 군림한 손중산은 국민당에 가입한 공산당원은 무조건 복종하고 그에게 충성해야 한다고 강조했다. 한편 중공의 '(國民黨)제국주의 의존성' 비판은 영국 영사의 '항의'를 유발했다. 결국 이는 손중산의 심기를 불편하게 했다.

진독수는 사바노프에게 보낸 편지(1923.7.1)에 이렇게 썼다. …혁명정당으로서 국민당은 많은 약점을 갖고 있다. 국민당 개편은 불가피하다. 현재 대중적 정당과는 거리가 먼 국민당은 오로지 군사행동에 집착한다(中共中央黨史研究室, 1997: 262). 중공의 공개적 비판에 격노한 손중산은 마링에게 강한 불만을 토로했다. …국공합작 후 공산당은 국민당을 공개적으로 비판해선 안 된다. 국민당의 기율에 복종하지 않으면 공산당원을 제명할 것이다(陳獨秀, 1993: 87). 중공 지도부의 '공개적 비판'은 국민당의 지도적 지위와 손중산의 권위에 도전하는 것으로 간주됐다. 손중산의 격노와 불만은 국공합작이 위기에 봉착했다는 단적인 반증이다. 한편 국공합작의 최우선과제인 '국민당 개조' 지체는 마링에게 치명타로 작용했다.

손중산의 아집과 독선에 실망한 마링은 요페에게 보낸 편지(1923.7.18)에 이렇게 썼다. …손중산은 '국민당 개조'를 차일피일 미루고 있다. 군사행동에 몰두하는 국민당을 지원하기보다 중공을 지원해야

---

423 오조추(伍朝樞, 1887~1934), 광동성 신회(新會) 출신이며 손중산 정부에서 외교부장을 역임했다. 1918년 광동군정부 외교부 차장, 1923년 광동대원수부(大元帥府) 외교부장, 1927년 남경정부 외교부장, 1929년 주미공사(駐美公使), 1931년 광동성장, 1934년 홍콩에서 병사했다.

한다(姚金果 외. 2016: 81). 중공중앙은 회의(1923.7.19)를 열고 내린 결정은 첫째, 국민당을 비판하되 과격한 언사는 삼가야 한다. 둘째, 광주에서의 '국민당 설득'은 큰 의미가 없다. 셋째, '북방 위주'로 국민혁명에 필수적인 선전활동을 전개한다. 넷째, 중공중앙 본부를 상해로 옮긴다(蘇若群 외, 2016: 82). 한편 마링의 '원조 반대'는 소련정부의 대중국 전략에 위배됐다. 이는 마링에 대한 '공산국제 불신'이 심화되는 결과로 이어졌다. 실제로 당중앙의 '상해 이전'은 '광주 이전'을 주장한 '마링 전략'의 실패를 의미한다.

1923년 가을 진독수는 장국도에게 보낸 편지에 이렇게 썼다. …'당내 합작'에 대한 '중공 결의안'은 잘못된 결정이었다. 또 장국도는 보이틴스키에게 보낸 편지(1923.11.16)에 이렇게 썼다. …'중공 3대' 후 중공의 '국민당 개조'는 실패했다(朱洪, 2011: 185). 진독수는 '마링 소환'이 결정되고 국공관계가 악화일로로 치닫자 '당내 합작'을 반성했다. 또 그는 보이틴스키의 지지를 받고 있는 장국도를 '낙선'시킨 것에 대해 못내 후회했다.

7월 19일 마링은 재차 요페에게 편지를 보내 소련의 '국민당 원조'를 반대했다. 이는 중국을 떠날 각오를 한 마링이 소련정부에게 내린 '최후통첩'이었다. 한편 손중산과의 협상 결렬과 중공중앙의 상해 이전, '국민당 개조' 지연 등은 공산국제 대표 마링의 책임이 가장 컸다. 이 또한 마링을 불신한 소련정부가 그의 '국내 소환'을 앞당긴 주된 원인이다.

'국민당 원조'를 반대한 마링의 주장은 소련의 원동(遠東) 정책에 배치됐다. 또 요페의 외교전략 실패는 소련정부의 '마링 불신'을 증폭시켰다. 결국 소공 지도부는 마링의 대표직을 해임하고 경비 지급을 중단했다. 이는 마링의 자원적 귀국을 강요한 것이다(唐寶林, 2013: 369). 한편 소련정부의 처사에 격노한 마링은 요페에게 편지(1923.7.19)를 보내 생활비를 중단한 소련정부에 강력하게 항의하며 강한 불만을 표시했다. 실제로 몽니를 부린 것이다. 한편 소련정부의 신임과 재정지원을 상실한 마링은 '울며 겨자 먹기'로 정들었던 중국을 떠나지 않을 수 없었다.

마링과 손중산 간의 소통이 단절된 후 사실상 '국민당 개편'은 중단됐다. 또한 중공의 '상해 이전'이 기정사실화된 후 공산국제는 더 이상 무능한 마링을 신임하지 않았다. 한편 마링의 '직속상관'인 요페 역시 '정책 실패'의 책임을 추궁받아 소련정부의 국내 소환이 결정된 상태였다.

마링은 미국인 아이작스와의 면담(1935.8.9)에서 이렇게 말했다. … 손중산은 종래로 대중운동에 관심이 없었고 군사행동에만 집착했다. 후임 대표가 파견된 후 중공은 국민당의 정치적 도구로 전락했다(中共中央黨史研究室, 1997: 258). 실제로 '(國共)당내 합작'의 발기자 마링은 중공을 '정치적 도구'로 전락시킨 장본인이 바로 그 자신이라는 점을 망각했다. 마링은 국공합작이 '참담한 결과'를 맞이한 책임에서 결코 자유로울 수가 없다.

마링의 치명적 실수는 외교부장 요페의 '조수'를 자임한 것이다. 트로츠키파 요페는 자살로 생을 마감한 비극적 인물이다. 당시 소련정부의 최대 관심사는 중동철로 문제였고 공산국제의 가장 큰 불만은 손중산의 '군벌 연합'이었다. 월권(越權)한 마링은 극도로 민감하고 해결이 어려운 외교문제에 개입했다. 이는 소련정부와 공산국제 신임을 모두 상실하는 결과로 이어졌다. 결국 '이방인' 마링은 소련 내정에 간섭하는 우(愚)를 범했다.

모택동과 중국혁명 1

장개석을 협조해 장태뢰·심정일(沈定一)⁴²⁴을 소련 고찰단 멤버로 물색한 마링은 장개석에게 편지(12.8)를 보내 '손중산 설득'을 부탁했다. 또 손중산에게 편지(1924.4)를 보내 중국에 요청해주면 그의 전기(傳記)를 쓰겠다고 말했다(李玉貞 외, 1989: 460). 이는 마링이 우파로 전락했다는 반증이다. 한편 국민당은 상가지구(喪家之狗) 신세가 된 네덜란드 공산당원을 환영하지 않았다. 이는 '양다리 걸치기'를 한 마링이 자초한 자업자득이었다.

1923년 9월 국공합작 발기자 마링은 모스크바로 소환됐다. 이는 '마링 전략'의 최종 실패를 의미한다. '전략 실패'의 주요인은 ① 이중적 신분, '양날의 칼'로 작용 ② '국민당 개조' 낙관, 국민당 단점을 간과 ③ 국민당 고위층과의 인맥 부재 ④ 중공 역할 무시, 중공 지도자의 불만 야기 ⑤ 공산국제와 소련정부 고위층과의 '돈독한 관계' 부재 ⑥ 중국 정치의 복잡성에 대한 이해 부족 ⑦ 유연한 리더십 부재, 경직된 일 처리 방식 등이다.

1923년 9월 소련정부는 보로딘(Borodin)⁴²⁵·카라한(Karakhan)⁴²⁶을 중국

---

424 심정일(沈定一, 1883~1928) 절강성 소산(蕭山) 출신이며 국민당 우파이다. 1905 동맹회에 가입, 1923년 국민당 가입, 1925년 11월 '사산회의'에 참가, 국민당 우파로 전락했다. 1928년 봄 장개석 집정을 반대하는 역모를 꾸몄다. 그해 8월 국민당 자객(刺客)에게 척살됐다.

425 보로딘(Borodin, 1884~1951), 러시아 출생이며 미국·유럽·중국 등지에서 활동한 직업혁명가이다. 1903년 사회민주당 가입, 1923년 가을 스탈린의 파견을 받아 손중산의 정치고문, 공산국제 대표로 활동했다. 1927년 소련으로 귀국, 1951년 노동영(勞動營)에서 병사했다.

426 카라한(Karakhan, 1889~1937), 트빌리시(Tbilisi) 출생이며 소련의 외교가이다. 1904년 사회민주당에 가입, 1923년 9월 소련정부 중국 대사로 파견, 1924년 5월 북양정부 외교부장 고유균(顧維鈞)과 '중소해결현안대강협정'을 체결, 1937년 '숙반(肅反)' 확대

에 파견하기로 결정했다. 마링은 공산국제 동방부로 소환됐고 보이틴스키가 공산국제의 중국 대표로 임명됐다. 카라한은 주화(駐華) 전권 대표로 부임했고 보로딘은 손중산의 정치고문으로 초빙됐다. 1924년 3월 24일 공산국제 집행위원회는 마링의 동방부 직무를 해임했다. 좌적(左的) 성향이 지배적인 공산국제 동방부에 '우파 분자' 마링의 설자리가 없었다.

'비서 권한'을 확대해석한 중국 학자들은 모택동을 '중공 2인자'로 치켜세웠다. 한편 모택동이 비서직을 거의 행사하지 못했다는 사실을 간과했다. 공산국제 대표 마링이 중국을 떠난 비슷한 시기 비서직을 '사직'한 모택동은 장사로 돌아와 '국민당 업무'에 열중했다. 공산국제 좌경 대표 도래로, 우경적 '마링 전략'을 지지한 (右傾)대표로 낙점된 모택동의 입지가 크게 좁아졌다. 실제로 중공 비서직은 대부분 기간 나장룡이 대신했다.

진독수와 모택동은 '중공통고' 등 중앙문건에 공동 서명했다. 모택동은 가끔 단독으로 문건에 사인했다. 당시 당중앙의 위임을 받은 모택동은 상해지위(地委) 사업을 지도했다. 또 공산국제 보고서(1923.7.2)에 진독수와 함께 사인했다(沈學明 외, 2003: 57). 1923년 8월 5일 상해지위가 주최한 회의에 모택동·등중하·심안빙(沈雁氷)[427]이 참석했다. 심안빙은 이렇게 회상했다. …당시 모택동은 '내전을 반대하고 민중을 무장하자'라

화로 처형됐다.

427 심안빙(沈雁氷, 1896~1981), 절강 가흥(嘉興) 출신이며 '모순(茅盾)'이란 필명으로 유명한 작가이다. 1921년 7월 (上海)공산주의소조에 가입, 1927년 8월 당조직을 이탈했다. 1930년 중국좌익작가협회 가입, 1940년 (延安)노신예술학원 강사, 건국 후 중앙인민정부 문화부장, 인민문학(人民文學) 편집장 등을 역임, 1981년 북경에서 병사했다.

는 구호를 제출했다. 이는 모택동 군사사상의 형성을 의미한다(柯延 외, 1996: 112). '통고' 제13호(1923.12)는 진독수가 영문, 비서 나장룡이 독일어로 사인했다(中央檔案館, 1982: 167). 당시 중앙국 비서 모택동은 중앙 대표로 '상해 회의'에 출석했다. 이는 모택동이 비서직을 수행한 대표적 사례이다. 한편 모택동이 비서직을 맡은 시간은 고작 2개월에 불과하다. 상기 모택동의 '군사사상 형성'은 설득력이 크게 떨어진다.

모택동은 이렇게 건의했다. …소력자(邵力子)[428]·진망도의 태도가 누그러진 상황에서 그들의 탈당을 재고해야 한다. 심안빙은 이렇게 회상했다. …나는 진망도 등과 만나 그들의 탈당을 만류했다. 당시 진망도는 진독수의 가부장제를 '탈당 이유'로 꼽았다(鄧明以, 1990: 70). 장국도는 이렇게 회상했다. …'중공 3대' 후 진독수의 권한은 더욱 커졌다. 당시 진독수는 중대사항을 독단적으로 결정했다. 독선과 전횡을 부린 진독수에게 '가장(家長)'이란 닉네임이 붙은 것은 이 시기였다(張國燾, 1980: 329). 상기 모택동의 '건의'는 진독수의 독단적 행위와 관련된다. 실제로 이달 등의 탈당도 진독수의 가부장적인 독선적 행태와 관련된다.

진독수의 가부장적 행태는 1923년에 절정에 달됐다. 최측근 장국도도 진독수의 독선을 인정했다. 이는 일부 중앙위원의 불만을 야기하고 그들의 탈당을 유발했다. 이는 모택동이 '빛 좋은 개살구'인 비서직을 2개월 만에 그만둔 이유이다. 중공 창건자 진독수가 '총서기'로 연임된 후 그가 주창했던 당내 민주제는 사라졌다. 실제로 '3대 보고'에서

---

428 소력자(邵力子, 1882~1967), 절강 소흥(紹興) 출신이며 민주인사이다. 1906년 동맹회 가입, 1919년 국민당에 가입, 1920년 8월 (上海)공산주의소조 가입, 1926년 탈당했다. 1942년 국민당 참정회 비서장, 1949년 9월 정치협상회의 상임위원에 선임, 1967년 북경에서 병사했다.

진독수는 자신의 독단행정을 반성했다. '상해 이전' 후 진독수의 독선적 정치는 지속됐다.

모택동은 이렇게 회상했다. …당시 중대사항을 독단으로 처리한 진독수는 공산국제 문건을 우리에게 보여주지 않았다(汪衡, 2009: 73). 이립삼은 진독수의 가부장제를 이렇게 비판했다. …독재자 진독수는 공산국제의 지령을 일절 통보하지 않았다(馮建輝, 1998: 358). 1922년 겨울 이달은 호남자수대학에서 모택동과 함께 일했다. 진독수의 가부장제를 가장 혐오한 이달이 모택동에게 부정적 영향을 끼쳤을 것은 자명하다. 한편 독선과 전횡을 의미하는 '일언당(一言堂)'은 진독수와 모택동의 공통점이다. 이 또한 '호남 1인자' 모택동이 비서직을 '사직'한 주된 이유이다.

'중공통고' 제5호(1923.9.10)가 통보한 중앙국 인사 발령은 ① 담평산을 광주로 파견, 왕하파를 보충 ② 호남에 파견된 모택동의 비서직은 나장룡이 대신한다(李捷 외, 1996: 388). 결국 비서직을 겸직한 나장룡이 중앙국 사무를 주관했다. 상기 '통고'는 진독수와 나장룡이 공동 서명했다. 장사로 파견된 모택동은 중공 고위층에서 멀어졌다. 1923년 11월과 1924년 5월에 열린 '당중앙 회의'에 모택동이 불참한 것이 단적인 증거이다.

1923년 9월 모택동이 장사로 파견된 명분이 석연치 않다. 국민당 중앙당부의 '준비위원'으로 파견된 것이다. 실제로 '준비위원'이란 한직(閑職)으로 말려난 것이다. 모택동의 '장사 회귀'는 결코 금의환향이 아니었다. 이는 마링의 '국내 소환'과 관련된다. 공산국제 (左傾)대표는 시종일관 모택동을 '마링 전략'을 고수하는 (右傾)대표로 간주했다. 이는 1923~1924년 중앙위원 모택동이 '당중앙 회의'에 출석하지 못한 주된 원인이다.

　‘중공 3대’ 기간 요중개 등 국민당 좌파와 접촉하며 국공합작을 토론한 모택동은 담연개의 거처를 자주 방문했다. 당시 담연개는 손중산의 측근이었다. 모택동은 담연개가 ‘조항척 토벌’에 나선다는 것을 알게 됐다(金沖及 외, 2011: 94). 북양군벌과 결탁한 조항척은 담연개와 모택동의 ‘공동의 적’이었다. 국민당 실세 담연개와의 ‘돈독한 관계’는 모택동의 ‘선전부장 승진’에 도움이 됐다. 또 이는 호남 당조직의 ‘담연개 연합’에 일조했다.

　모택동은 호남 당조직에 편지를 보내 안산탄광 노동자들 중에서 국민당원 양성을 주문했다. 모택동의 건의를 수용한 호남 당조직은 하숙형·유소기와 국민당 원로 담진(覃振)[429]으로 준비위원회를 구성했다(于俊道 외, 2018: 270). 모택동은 국민당 총무부장 팽소민(彭素民)[430]에게 편지(9.28)를 보내 향후 ‘국민당 발전’ 계획을 보고했다. ‘발전 순서’는 ① 장사(長沙) 지부를 설립 ② 상덕·형주 등 하급지부 설립 ③ 호남본부 설립이다. 또 매달 ‘100원 경비’가 필요하다고 밝혔다(中共中央文獻硏究室, 2003: 19). 국민당 당부는 담진을 장사로 파견해 ‘당조직 설립’ 협조를 지시했다. 당시 장사의 국민당원은 구유진(邱維震) 한 사람이었다. 결국 모택동

429　담진(覃振, 1884~1947), 호남성 도원(桃源) 출신이며 국민당 우파이다. 1905년 동맹회 가입1925년 ‘서산회의파’에 가담, 국민당 우파로 전락했다. 1927년 남경국민정부 선전부장, 1931년 입법원 대리원장, 항전시기 국민당중앙 감찰위원 역임, 1947년 상해에서 병사했다.

430　팽소민(彭素民, 1885~1924), 강서 장수(樟樹) 출신이며 국민당 좌파이다. 1905년 동맹회에 가입, 1907년 공진회(共進會)에 가입, 1912년 총통부 비서, 1923년 국민당 총무부장을 지냈다. 1924년 국민당중앙 후보위원, 농민부장을 맡았다. 1924년 광주(廣州)에서 병사했다.

의 지도하에 1923년 10월 국민당의 '장사 지부'가 최초로 설립됐다.

1923년 봄 국민당에 가입한 모택동은 6월에 조직부장에 임명됐다. 모택동의 정치활동은 사생활과 충돌했다. 1923년 11월 둘째 아들 모안청(毛岸靑)[431]을 출산한 양개혜는 남편과 함께 지낼 수 없어 불행했다 (Faulkner, 2005: 40). 모택동의 국민당 가입은 1923년 10월이며 1924년 5월에 중공 조직부장에 선임됐다. 양개혜의 '모안청 출산' 당시 모택동은 그녀의 옆에 있었다. 한편 '사생활 충돌' 주장은 이념이 가미된 사실 왜곡이다.

9월 16일 모택동이 장사로 돌아왔을 때 양개혜는 청수당에서 생활했다. 당시 출산이 임박한 양개혜는 남편이 돌아오자 매우 기뻐했고 어린 모안영은 걸음마를 탔다. 12월 중순 당중앙 통지를 받은 모택동은 상해로 떠났다(金沖及 외, 1996: 94). 그동안 양개혜는 국민당 특무의 감시하에 어렵게 생활했다. 한편 모택동이 '천륜지락(天倫之樂)'을 누리고 있을 때 정치적 위기가 찾아왔다. 공산국제 '좌파' 보이틴스키가 중국에 도착한 것이다.

1923년 11월 상해에서 열린 당중앙 회의 참석자는 진독수·나장룡·채화삼·왕하파·이대쇠·항영 등 8명이었다. 장사에 파견된 모택동은 '불참'했다. 대회는 '국민당 개조'를 촉구했다(楊雲若, 1983: 29). 11월 초 중국에 도착한 보이틴스키의 주목적은 '마링의 잔재'를 숙청하기 위한 것

---

431 모안청(毛岸靑, 1923~2007), 호남성 장사 출신이며 모택동·양개혜의 차자(次子)이다. 양개혜가 살해(1930.11)된 후 그들 삼형제는 상해의 대동(大同)유치원에서 생활했다. 1932년 개인집에 대리양육(代理養育), 여주인에게 얻어맞아 '골병'이 들었다. 1937년 모스크바의 국제아동병원에서 생활했다. 1947년 중공에 가입, 1950년대 중앙선전부 번역실 러시아 번역을 맡았다. 1960년 대련(大連)에서 결혼, 2007년 북경에서 병사했다.

이었다. 당시 그는 북경에 들러 장국도를 만나 의견을 교환했다. 모택동의 '회의 불참'은 양개혜 출산이 한 원인이지만 정치적 요인이 크게 작용했다.

1923년 9월 장국도는 철로 공회의 업무를 주관했다. 러시아통신사 기자는 보이틴스키에게 편지를 보내 장국도의 '궁색한 처지'를 변호했다. 보이틴스키는 장국도에게 편지(1923.10.24)를 보내 '당내 합작'에 대한 견해를 청취했다. 장국도는 장문의 답신(1923.11.16)을 보내 '마링 전략'을 반대하는 이유와 주장을 피력했다. '우경 대표' 마링은 '좌경 대표'인 보이틴스키와 장국도의 '공동의 적'이었다. 결국 장국도의 편지는 '마링의 잔재'를 숙청하려는 보이틴스키의 결심을 더욱 굳게 만들었다. 그 '숙청대상 1호'가 바로 '마링 전략'의 선봉장 역할을 한 모택동이었다.

1920년 봄 중국에 파견된 보이틴스키는 중공 창건에 기여했다. 1921년 1월 보이틴스키는 북경에서 장국도와 여러 차례 면담했다. 그해 6월 장국도는 보이틴스키의 요청으로 이르쿠츠크(Irkutsk)에 가서 중국지부장을 맡았다. 1923년 모스크바와 북경에서 만난 그들은 '의기투합'한 동지였다. 또 그들은 '마링 전략'을 가장 강하게 반대한 좌경 대표였다. 당시 마링과 보이틴스키는 라이벌 관계였고 '중공 3대' 후 모택동과 장국도는 정적(政敵) 관계를 형성됐다. 한편 모택동과는 '만날 인연'이 없었던 보이틴스키는 동갑내기 모택동에게 '천적(天敵)' 같은 존재였다.

보로딘의 '중국 파견'을 건의한 스탈린은 '결의문(1923.8)'에 사인했다. '결의문' 골자는 ① 보로딘을 손중산의 정치고문으로 임명 ② 국민당 이념을 존중 ③ 전권 대표 카라한을 협조하고 매달 모스크바에 보고한다(中共中央黨史研究室, 1997: 266). 보로딘의 임무는 손중산을 협조해 '국민당 개편'을 추진하는 것이었다. '스탈린 사람'인 보로딘은 장개석을 권좌에 오르게 장본인이다. 또 중공 역할을 폄하한 그는 중공의 발전을 도외시했다.

9월 말 상해에 도착한 보로딘은 10월 6일 광주에 도착했다. 10월 18일 보로딘은 국민당 상담역으로 위촉됐다. 10월 25일 손중산은 광주에서 회의를 열고 '국민당 개편'을 토론했다. 회의에서 손중산은 보로딘의 정치고문 위촉을 공표하고 그에게 '국민당 개조'를 일임했다. 10월 28일 요중개는 국민당중앙 회의에서 국민당임시집행위원회의 설립을 선포했다. 손중산의 절대적인 신임을 받은 보로딘은 본격적으로 '국민당 개조'에 착수했다.

11월 6일 '국민당개조선언'을 공표한 임시중앙위원회는 당장(黨章) 초안을 반포했다. 또 상해에서 '국민당주간'을 창간(1923.11.25)하고 '상해민국일보'를 당보(黨報)로 개편한 후 왕정위·호한민·구추백에게 편집을 맡겼다(李雲漢, 1994: 402). 1923년 12월 9일 손중산은 연설을 발표해 국민당원에게 신삼민주의(新三民主義)[432]와 오권헌법(五權憲法)[433]을 널리 선전할 것을 요구했다. '국민당 개조' 진척으로 신삼민주의는 더욱 확산됐다.

보로딘은 모스크바 지령을 국민당 실정에 맞게 적용했고 마링의

---

432   신삼민주의(新三民主義)는 손중산이 '삼민주의'에 대해 최종 수정한 것이다. 1924년 손중산은 연아(聯俄)·연공(聯共)·공농부조(工農扶助)의 신삼민주의를 제출했다. 신삼민주의는 반제·반봉건을 주창, 자산계급 사상에 대해 비판적 태도를 취했다. 이 또한 손중산의 신삼민주의가 모택동 등 중공 지도자의 '높은 평가'를 받은 주요인이다.

433   오권헌법(五權憲法)은 손중산이 제창한 '오권제도(五權制度)'의 헌법 원칙이며 국민당의 당강(黨綱)에 수록됐다. 1906년 '민보(民報)'에서 정식 제출, 1924년 '오권분립'은 국가의 조직 원칙으로 새롭게 해석됐다. 즉 입법·행정·사법·고시(考試)·감찰 등 다섯 개 기관으로 독립한다는 것이다. 한편 오권헌법은 서방의 '삼권분립(三權分立)'을 보충·수정한 것이다. 실제로 손중산의 민주주의 정치관(政治觀)을 보여준 것이다.

교훈을 살려 유연한 리더십을 발휘했다. 손중산의 권위를 인정하면서 공산국제 지시를 수용하게 만들었다. 또 손중산의 '군사행동 집착'을 무조건 반대하지 않고 군관학교 중요성을 설득했다. 한편 보로딘이 국민당에게 공산주의 이념을 강요하지 않은 것이 손중산의 신뢰를 받은 주요인이다.

사유가 민첩하며 늘 담뱃대를 입에 물고 있는 보로딘은 정확한 판단력을 갖고 있었다. 기자들은 그의 식견과 논리적 사고력에 곧 주눅들었다. 또 그는 중국의 전통과 예의범절을 중시했다. 그의 사무실에는 레닌의 초상이 아닌 손중산의 초상화가 걸려 있었다(金一南, 2009: 65). 모택동은 손중산·보로딘의 '신뢰' 관계를 이렇게 평가했다. …당시 소비에트 러시아를 모델로 삼은 손중산은 보로딘의 건의를 대부분 수용했다(人民日報, 1981.8.11). 손중산은 측근에게 이렇게 말했다. …보로딘의 주장이 곧 나의 주장이다. 국민당 개편에 대한 그의 주장을 무조건 수용해야 한다(向青, 1985: 285). 손중산이 분석한 러시아혁명의 성공 원인은 ① 리더십이 강한 정당과 당에 충성하는 수많은 당원 ② 민중과 연합 ③ 강대한 혁명군대이다(蘇杭 외, 2011: 171). 아집이 강하고 독선적인 마링의 실패를 교훈으로 삼아 국민당 이념을 존중하고 손중산의 영수(領袖) 지위를 인정한 것이 보로딘이 손문의 '절대적 신임'을 받은 주요인이다.

장개석의 부인 송미령은 유창한 미국식 영어를 구사한 보로딘의 멋진 풍채를 찬탄했다. 또 풍모와 재능, 완벽한 일처리 방식은 주은래와 비견된다는 것이 일각의 주장이다. 이 또한 '스탈린의 사자(使者)' 보로딘을 신뢰한 손중산이 '국민당 개편'을 일임한 주요인이다. 보로딘의 의견을 수용한 손문은 황포군관학교를 창설하고 삼민주의를 새롭게 해석했다.

'국민당개조선언' 발표 후 등택여(鄧澤如)[434]·임직명(林直勉)[435]은 손중산에게 공산당 탄핵을 요구하는 상서(1923.11.29)를 올렸다. 그들의 요구를 일축한 손중산은 이렇게 지시했다. …당장(黨章)은 보로딘이 작성하고 나의 심사를 거쳐야 한다(李凡, 2011: 455). 이는 손중산의 '보로딘 신임'을 보여준 단적인 증거이다. 소련정부와 공산국제 대표의 이중적 신분을 지닌 보로딘은 손중산의 신임을 받아 '국민당 개편'을 정식으로 추진했다.

1923년 12월 모택동은 3개월의 장사 생활을 접고 (廣州)국민당 제1차 대회에 참석하기 위해 상해로 떠났다. 당시 양개혜는 둘째 아들 모안청을 출산한지 한 달도 안 된 산모였다. 떠나기 직전 모택동은 석별의 정을 달래기 위해 '하신랑(賀新郎)'을 지었다. 지난 봄에 저지른 그의 '실수'를 만회하기 위한 것이 시사를 지은 주된 원인이었다. '사(詞)'에서 그가 새삼스레 지난 번의 '서어(書語) 오해'를 제기한 것이 단적인 증거이다.

1923년 4월 모택동은 상해로 떠났다. 당시 둘째를 임신한 양개혜는 '이별'을 원치 않았다. 아내의 이해를 얻기 위해 모택동은 시 '새삼(菟絲)'[436]을 베껴 양개혜에게 선사했다. 시를 읽고 자존심이 상한 양개혜는

---

434 등택여(鄧澤如, 1869~1934), 광동성 강문(江門) 출신이며 국민당 우파이다. 1907년 동맹회 가입, 1922년 국민당 광동(廣東)지부장, 1924년 중앙감찰위원, 1925년 국민정부 재정부장, 1927년 장개석의 (反共)정책 지지, 1931년 당에서 제명, 1934년 광주(廣州)에서 병사했다.

435 임직명(林直勉, 1888~1934), 광동 증성(增城) 출신이며 국민당 우파이다. 1910년 동맹회 가입, 1920년 국민당 미주(美洲)지부장, 1924년 국공합작 반대, 국민당 우파로 전락했다. 1925년 '요중개 암살' 사건에 연루돼 체포, 1927년에 석방, 1934년 광주(廣州)에서 병사했다.

436 당조 시인 원진(元稹)의 시 '새삼'은 독립성을 상실하고 타인에게 의지해 살아가는 '더

모택동과 중국혁명 1

화를 냈다(良石 외, 2012: 42). 모택동이 아무리 해석해도 그녀의 노여움이 쉽게 풀어지지 않았다. 12월 하순 모택동은 '하신랑·별우(別友)'를 지었다. 한편 '별우' 제목을 근거로 도의에게 쓴 것이라는 것이 일각의 주장이다.

시사 연구가 팽명도(彭明道)는 '하신랑·별우'가 도의에게 쓴 것이라고 주장했다. 그 이유는 첫째, 이 사를 쓴 시간은 1923년 12월 말이다. 둘째, 양개혜에게 쓴 사라면 '별처(別妻)'를 써야 한다. 셋째, 1980년대 역례용은 이 사가 도의에게 쓴 것이라고 말했다(麓山子, 2014: 66). 혹자는 '하신랑·별우'의 표제인 '별우'에 의미를 부여해 모택동이 다른 연인에게 쓴 것이라고 주장한다. 노신은 부인인 허광평(許廣平)을 '오우(吾友)'라고 불렀다. 모택동이 표제를 '별우'로 정한 것은 속된 문체에서 벗어나고자 한 것이다(丁三省, 2017: 11). 당시 모택동·도의의 관계는 단절된 상태였다. 모택동은 '산후 조리' 중인 아내를 두고 선뜻 발걸음이 떨어지지 않았다. 또 사의 내용을 살펴보면 양개혜에게 썼다는 것이 확실하다.

1924년 1월 20일 국민당 제1차 대회가 광주에서 개최됐다. 165명 대표 중 26명이 공산당원이었다. 손중산이 집행주석을 맡았고 주석단 성원은 호한민·왕정위·임삼·사지(謝持)[437]·이대쇠이다. 손중산이 '국민당 개

부살이 생활'을 은유적으로 비판한 것이다. 일명 토사자(兔絲子)로 불리는 새삼은 더부살이 덩굴성 기생식물이다. 한편 '기요비서' 역할에 충실, 남편을 열심히 내조한 양개혜는 현모양처로 손색이 없었다. 그런 아내에게 더부살이를 의미하는 '새삼' 증정은 가당치 않았다. 당시 인격적 모욕감을 느낀 양개혜가 '칠칠치 못한' 남편에게 화를 낸 것은 당연했다. 한편 가정에 대한 미련을 버리고 '가족 의뢰심'을 줄이려는 것이 모택동의 (贈呈)취지였다.

437 사지(謝持, 1876~1939), 사천성 부순(富順) 출신이며 국민당 우파이다. 1907년 동맹회 가입, 1917년 손중산 대원수부 비서장을 지냈다. 1924년 중앙감찰위원, 1925년 11월 '서선회의파'에 가담, 우파로 전락했다. 1927년 국민당중앙 상임위원, 1939년 성도(成都)에서 병사했다.

조'에 관한 정치보고를 했다. 주된 의제는 소련의 건당제도를 본받는 것이다. 당시 국공 양당의 조직기구는 소련의 볼셰비키당을 모방했다. 모택동의 좌석 번호는 39석(席)이었고 손중산의 측근 장개석은 열석했다.

1월 23일에 통과된 '대회선언'은 국공 양당이 함께 작성했다. '선언'의 핵심 내용인 연아(聯俄)·연공(聯共)·공농(工農) 정책은 중공이 제출하고 손중산이 수용했다(包惠僧, 1986: 149). '선언'은 기존 민족·민권·민생의 삼민주의에 진보적 내용을 첨가했다. 손중산의 신삼민주의는 신민주주의 시기 중공 강령과 거의 일치했다. 신삼민주의는 국공합작의 정치적 기초가 됐다. 훗날 모택동은 제1차 국민당 '대회선언'을 매우 높게 평가했다.

국민당 대표 황계륙(黃季陸)[438]과 중공 대표 우수덕(于樹德)[439]은 격한 언쟁을 벌였다. 황계륙은 이념이 다른 양당 연합은 불가능하다고 말하자 손중산은 이렇게 설명했다. ① 공산주의는 민생주의에 포함 ② 공산주의와 삼민주의는 충돌하지 않는다(中國第二歷史檔案館, 1986: 23). 국민당 우파들은 손중산의 높은 성망과 인격적 매력에 승복했다. 대회 기간 국공 양당은 서로 '동지'라고 불렀으나 손중산만은 선생(先生)·총리라고 호칭했다.

1월 25일 손중산은 모스크바에 조전을 보내 레닌의 서거를 애도했

---

438 황계륙(黃季陸, 1899~1985), 사천성 서영(敍永) 출신이며 국민당 우파이다. 1924년 국민당중앙 심사위원, 국공합작을 반대했다. 1925년 '서산회의파'에 가담, 항일전쟁 시기 사천대학 총장을 지냈다. 1949년 대만 이주, 교육부장 등을 역임, 1985년 대북(臺北)에서 병사했다.

439 우수덕(于樹德, 1894~1982), 하북성 정해(靜海) 출신이며 공산주의자이다. 1922년 중공에 가입, 1925년 국민당중앙 상임위원, 1927년 탈당(脫黨), 농촌합작사 연구에 종사했다. 건국 후 중앙합작사업관리국 부국장, 전국 정협 상임위원 등을 역임, 1982년 북경에서 병사했다.

다. …레닌은 혁명의 성인(聖人)이며 그의 사상은 영생불멸할 것이다. 또 그는 반기 게양과 3일 간 조의를 지시했다(李凡, 2011: 463). 손중산이 레닌 서거에 '침통한 애도'를 표시한 것은 소련의 치국방략을 모델로 삼은 국민당의 전략과 관련된다. 또 소련 원조를 기대하는 절박한 심정을 전하고 '든든한 조력자' 보로딘을 파견한 스탈린에게 우호적 시그널을 보냈다.

대회에서 모택동의 활약이 두드러졌다. 20일 '국민정부 개편 필요성'을 토론할 때 모택동은 '지지' 발언을 했다. 결국 의안은 순조롭게 통과됐다. '비례제 채납'을 단호히 반대한 모택동은 '반대 이유'를 논리정연하게 설명했다(申長友, 1994: 69). 결국 맹활약에 힘입어 모택동은 후보중앙위원과 장정(章程)심사위원에 선출됐다. '총서기' 진독수가 참석하지 않은 상황에서 명의상 '중앙국 2인자(秘書)'인 모택동의 역할은 자못 중요했다.

대회 기간 국공합작 '열성 지지자' 모택동의 보여준 눈부신 활약은 손중산·왕정위 등 국민당 지도자에게 깊은 인상을 남겼다. 모택동이 후보중앙위원에 피선된 주요인은 '국민당 볼모지' 장사에서 '국민당 발전'에 크게 기여했기 때문이다. 한편 '마링 전략'을 고수하는 '우경 대표'로 각인된 모택동은 공산국제 좌파의 눈 밖에 났다. 국공 양당에서 모두 '비서직'을 맡은 모택동에게 있어 1924년은 용두사미(龍頭蛇尾)로 끝난 한 해였다.

중앙위원에 선임된 3명의 공산당원은 담평산·이대쇠·우수덕이며 7명의 후보위원은 심정일·임백거·우방주(于方舟)[440]·모택동·구추백·한

---

440 우방주(于方舟, 1900~1927), 천진(天津) 출신이며 공산주의자이다. 1921년 천진마르크스주의학회 가입, 1922년 천진학생연합회 집행부장, 1923년 중공에 가입, 1924년 국

린부(韓隣符)[441]·장국도이다. 요중개·대계도(戴季陶)[442]·담평산이 상임위원으로 선임됐다. 한편 중앙감찰위원은 우파(右派)로 구성됐다. 당시 조직부장 담평산의 비서는 양포안(楊匏安)[443]이며 농민부장 임백거의 비서는 팽배(彭湃)[444]였다. 노동부장 요중개의 비서는 풍국파(馮菊坡)[445]였다.

30일 오후 손중산이 폐막사를 했다. '대회선언'은 연아(聯俄)·연공(聯共)·공농(工農) 부조의 3대 정책을 확정했다. 이번 대회는 제1차 국공합작의 형성을 의미한다(蘇若群 외, 2016: 97). 손중산은 폐막사에서 삼민주의 기조는 영원히 바뀌지 않는다고 강조했다. 한편 연공(聯共)에 대한

민당중앙 후보위원, 천진집행위원장, 1927년 10월 옥전(玉田)폭동 중 체포, 그해 12월에 처형됐다.

441 한린부(韓隣符, 1900~1934), 내몽골 적봉(赤峰) 출신이며 공산주의자이다. 1923년 중공에 가입, 1924년 국민당중앙 후보위원, 1925년 황포군관학교 교관, 1928년 요녕(遼寧) 등지에서 농민운동에 종사, 1930년 체포, 징역 15년에 선고, 1934년 국민당 특무에게 암살됐다.

442 대계도(戴季陶, 1891~1949), 절강성 오흥(吳興) 출신이며 국민당 우파이다. 1911년 동맹회 가입, 1924년 국민당중앙 선전부장, 1925년 국민당 우파로 전락, 1927년 장개석의 4.12정변을 지지, 1928년 고시(考試)원장, 1948년 국사관장 역임, 1949년 광주(廣州)에서 자살했다.

443 양포안(楊匏安, 1896~1931), 광동성 향산(香山) 출신이며 공산주의자이다. 1921년 중공에 가입, 1923년 공산당 당단(黨團)서기, 1925년 광동성당부 조직부장, 1926년 국민당 중앙위원, 1927년 (國民黨)중앙감찰위원, 1930년 체포, 1931년 상해(上海)에서 살해됐다.

444 팽배(彭湃, 1896~1929), 광동성 해풍(海豊) 출신이며 농민운동가이다. 1924년 중공에 가입, 농민운동강습소를 운영했다. 1927년 첫 홍색정권인 (海豊)소비에트정권을 창건, 1928년 중공중앙농위(農委)서기 역임, 1929년 8월 반역자의 밀고로 상해(上海)에서 처형됐다.

445 풍국파(馮菊坡, 1899~1957), 광동성 순덕(順德) 출신이며 노동운동가이다. 1921년 중공에 가입, 1925년 성항(省港)대파업에 참가, 1928년 (中華)전국철로총공회 위원장 역임, 1930년 탈당(脫黨), 건국 후 광동성 정협 부주석 등을 역임, 1957년 광주(廣州)에서 병사했다.

국민당 우파의 '강경 반대'는 국공합작이 결코 순탄치 않을 것임을 예고했다. 국민당 우파로 구성된 '감찰위원회'는 국공합작에 부정적 역할을 했다.

1924년 2월 25일 국민당 상해집행부가 출범했다. 호한민·왕정위·엽초창(葉楚傖)[446]을 집행부 상임위원으로 임명했다. 호한민이 조직부장을 맡았고 모택동은 조직부 비서(次長級)와 문서과장 대리로 임명됐다(賈章旺, 2012: 94). 삼증리(三曾里)에는 모택동과 채화삼 부부, 나장룡이 거주했다. 이들은 모두 신민학회 출신이다. 대외로 통관 수속 등 세관업무를 처리하는 '보관항(報關行)'이란 명칭을 사용했다(柯延 외, 2009: 105). 문서과장 소원충(邵元冲)[447]은 시종 부임하지 않았다. 이립삼은 조직부 비서 모택동을 '호한민 비서'[448]라고 폄하했다. 한편 모택동 관련 드라마에는 모

---

446 엽초창(葉楚傖, 1887~1946), 강소성 오현(吳縣) 출신이며 국민당 우파이다. 1924년 국민당중앙 집행위원, 상해집행부의 청년부녀부장, 1925년 '서산회의파'에 가담, 1929년 후 강소성장, 국민당중앙 선전부장, 1935년 입법원 부원장을 역임, 1946년 상해(上海)에서 병사했다.

447 소원충(邵元冲, 1890~1936), 절강성 소흥(紹興) 출신이며 국민당 우파이다. 1906년 동맹회 가입, 1924년 황포군관학교 교관, '민국일보' 사장을 맡았다. 1925년 '서산회의파'에 가담, 1930년 입법원 대리원장, 1935년 중앙정치위원, 1936년 12월 서안에서 사병에게 사살됐다.

448 1924년 상해집행부 조직부 비서 모택동의 '직속상관'은 호한민이었다. 당시 이립삼은 집행부 산하의 노농부에서 근무했다. 이 시기 이립삼은 집행부 (中共)책임자 모택동을 비하할 어떤 이유도 존재하지 않는다. 이립삼이 모택동을 '호한민 비서'로 폄하한 것은 소련 수감(1938.2~1939.11) 당시 작성한 '자술서'로 추정된다. 1937년 이립삼은 스노우가 쓴 '모택동 자서전'을 '구국시보'에 연재하며 자신을 '반 사람'으로 비하한 것을 알게 됐다. 결국 '자술서'에 모택동을 '호한민 비서'로 폄하해 앙갚음했다. 당시 이립삼은 모택동이 연안에서 '중공 1인자'로 자래매김한 사실을 알지 못했다. 이 '자료'는 미국 학자 브란트가 '스탈린의 중국 실패'라는 저서(Brandt, 1958: 37)에서 처음 인용했다.

택동·채와삼 부부가 협력해 국민당 우파와 투쟁하는 장면이 있다. 이는 픽션이다. 실제로 모택동을 협력한 것은 왕하파와 나장룡이었다.

나장룡은 호한민·왕정위·엽초창을 이렇게 평가했다. …손중산에게 충성한 호한민은 시문(詩文)에 능하고 서예에 조예가 깊었으나 국공합작에 소극적이었다. 연설력이 뛰어난 왕정위는 예의바르고 국공합작을 옹호했다. 엽초창은 중공 적대감이 강한 우파였다(羅章龍, 1984: 300). 조직부장 호한민은 '국민당 2인자'로 손중산의 절대적 신임을 받았다. 선전부장 왕정위는 대표적 좌파였다. 상해집행부 실세 엽초창은 모택동의 적수였다.

호한민은 모택동의 직속상관이었다. 이는 모택동이 '호한민 비서'라는 오명을 쓴 직접적 이유이다. '국민당 개조'를 주창한 왕정위는 손중산 추종자였다. 또 국민정부 주석(1925.7.1) 왕정위는 모택동을 '선전부장'으로 중용했다. 국민당 발전에 기여한 모택동의 '지도력'을 인정한 것이다. 1924년 하반기 상해집행부 책임자 엽초창은 모택동을 병들게 한 장본인이다. 그해 12월 모택동이 집행부를 '사직'한 후 그는 '축하 파티'를 벌였다.

국민당 1차 대회 후 국민당 북경집행부가 발전시킨 (國民黨)당원수는 1만명에 달했다. 한편 1925년 5월 중공 당원수는 늘어나지 않았으며 일부 지방은 감소됐다(沈志華 외, 2011: 25). 국민당 조직의 발전은 소련정부에겐 '바람직한 일'이었다. 한편 중공 발전의 '정지'를 대가로 한 국민당의 발전은 공산국제의 좌파들에겐 '수용하기 어려운' 상황이었다. 이 또한 보이틴스키가 상해에 도착해 중공 '5월회의'를 개최한 주된 원인이다.

1924년 2월 25일 공산국제는 중요한 결의를 채택했다. '결의'의 골자는 5월에 중공중앙 확대회의를 소집하고 3개월 내 당원수를 늘이는 캠페인을 벌이는 것이다. 4월 중순 보이틴스키는 상해로 가는 도중 북경에 들러 상황을 파악했다(姚金果 2011: 99). 4월 21일 보이틴스키는 공산국제 동방부 책임자에게 보낸 편지에 이렇게 썼다. …북경 공산당은 '국민당 발전'에 전념하고 있다. 대다수 동지들은 국민당 발전을 당면과제로 삼고 있다(中共中央黨史研究室, 1997: 493). 보로딘은 '보고서'에 이렇게 썼다. …중공의 주된 업무는 공산국제 강령을 번역하는 것이다. 노동운동은 뒷전인 그들은 조계지에 숨어 '사후제갈량(事後諸葛亮)'이 되고 있다(唐寶林, 2013: 375). 중공의 역할을 폄하한 보로딘은 공산당을 국민당의 '사생아'라고 비하했다. 소련 국익을 위해 '국민당 발전'에 치중한 보로딘은 중공을 국민당과 교역하는 정치적 도구로 악용했다. 당시 보로딘의 보고를 받은 스탈린은 중공의 '국민당 동화'는 필연적이라고 말했다.

보이틴스키의 주재로 중공중앙 확대회의(1924.5)가 상해에서 열렸다. 당시 국공합작을 반대한 노동자 대표들은 '국공 결렬'을 주장했다. 일부 대표들은 국공 양당의 모순을 해결하는 방법으로 국민당의 '공산국제 가입'을 주장했다(蘇杭 외, 2011: 195). 장국도는 이렇게 회상했다. …국공합작에 비관적인 진독수는 공산당원이 국민당 사업을 도맡지 말아야 하며 독립적 노동운동을 전개해야 한다고 주장했다(張國燾, 1980: 327). '5월회의'의 '결의안' 골자는 ① 손중산과 국민당에 가입한 공산당원은 좌파가 주류 ② 좌파 지지, 우파 고립 ③ 국민당의 선전활동 중시 ④ 대중의 지지를 받는 정당으로 거듭나야 한다(中央檔案館, 1982: 188). 상기 '결의안'은 중공 정책의 '좌적 전환'을 의미한다. 난해한 것은 낙선된 장국도는 '5월회의'에 참석했으나 조직부장으로 선임된 모택동이 불참했다는 점이다.

1924년 3월 공산국제 '대표' 다링은 상해에서 보이틴스키에게 보낸 편지에 이렇게 썼다. …중앙위원회 서기 모택동은 '마링의 사람'이다. 그는 무산계급 정당인 국민당을 공산국제 지부로 인정해야 한다고 말했다(Darlin, 1981: 156). 당시 공산국제 회의에 참석한 국민당 대표 호한민은 '공산국제 가입'을 신청했다. 또 '중앙위원회 서기'는 잘못된 서술이다. 다링의 '고발 편지'는 보이틴스키가 모택동을 '우경 대표'로 간주한 주된 원인이다.

1923년 11월 장국도와 면담한 보이틴스키는 모택동을 '11월 회의'에 부르지 않았다. 또 다링의 편지를 받은 후 모택동을 '마링 전략' 추종자인 '우경 대표'로 확정했다. 결국 모택동은 공산국제(左派)의 '숙청 대상'이 됐다. '정치 초보자' 모택동이 공산국제의 노선투쟁에 휘말려 정치적 희생양이 된 것이다. 한편 모택동이 '중공 4대'에서 자신을 낙선시킨 장본인 보이틴스키에 대해 일언반구도 비치지 않은 것은 큰 미스터리이다.

장국도의 회상에 따르면 모택동은 장사에서 국민당 일에 전념했다. 또 그는 국민당의 농민부 설치에 호감을 느꼈다. 이 또한 모택동이 국민당 업무에 열중한 원인이다(R. Terrill, 2010: 87). 국민당 농민부가 모택동이 국민당 업무에 '열중한 원인'이라는 주장은 수긍하기 어렵다. 모택동이 농민문제에 관심을 갖고 본격적으로 농민운동에 종사한 것은 1925년 이후의 일이다. 모택동이 국민당 우파와 투쟁하고 있을 때 반년간 '철창생활'을 한 장국도의 변절행위[449]에 대해 모든 외국 학자들이

---

449 1924년 5월 21일 북경에서 체포된 장국도는 혹형을 견디지 못해 철도공회의 공산당원 71명을 진술했다. 경비사령관 왕회경(王懷慶)은 그의 자백을 근거로 문서를 작성, 내무부에 밀서를 보냈다. …그들은 공회 조직을 핑계로 공산주의를 설파했다. 진독수

묵과하고 있다는 점은 여간 난해하지 않다. 한편 모택동과의 권력투쟁에서 패배한 후 1938년 4월 무한으로 도망친 장국도는 변절자로 전락했다.

모택동은 사인한 '통고' 제15호(1924.7.1)가 정리한 국민당 우파의 과오는 ① 제국주의 열강 지지 ② 소련을 적대국으로 간주 ③ 노동자 공회 핍박 ④ 중공 배척 등이다(中央檔案館, 1982: 224). 상해집행부 조직부와 중앙국 비서를 겸임한 모택동은 심신이 피로했다. 당시 진독수와의 관계는 소원해졌고 집행부의 우파 간 투쟁도 절정에 이르렀다. 결국 모택동의 '양다기 걸치기'는 국공 양당의 신임을 모두 상실하는 결과를 자초했다.

진독수는 보이틴스키에게 보낸 편지(1924.7.13)에 이렇게 썼다. …손중산과 소수 추종자는 중립파이고 우파가 국민당을 장악했다. 무조건 국민당을 지지해선 안 된다. 9월 7일 진독수는 재차 편지를 보내 보로딘의 우경적 행위를 비판했다(中共中央黨史研究室, 1997: 507. 529). 1924년 여름 국민당 우파의 '공산당 탄핵' 상서문이 잇달아 제출됐다. 결국 이는 진독수의 좌경화를 심화시켰다. 실제로 '5월회의(1924)'에서 진독수는 완전히 좌파로 전향했다. 한편 모택동의 '회의 불참'은 '우경 대표'인 모택동과 '좌파'인 진독수 간의 허니문이 끝났다는 것을 의미한다.

1924년 하반기 모택동 등이 추진한 국민당 당원 재등기는 사지 등 국민당 우파의 강한 저지를 받았다. 상해당부(黨部)를 설립할 때 투쟁은

는 남방 책임자, 이대쇠는 북방 두목이다(歷史檔案, 1981). 장국도는 이대쇠 등 11명의 (北京)공산당원을 밀고했다. 10월 말 풍옥상에 의해 감금에서 풀려난 장국도는 변절행위를 숨기고 '철창영웅'으로 둔갑, 건국 초기 문서 정리에서 왕회경의 '밀서'가 발견돼 그의 변절행위가 드러났다.

절정에 달했다. 국민당 우파는 악한(惡漢)을 고용해 대회 질서를 파괴하고 무력 충돌을 감행했다(于俊道 외, 2018: 277). 상해집행부 실세 엽초창은 '공산당 처치(處置)' 계략을 꾸몄다. 8월 1일 우파 분자들은 공산당원 소력자를 구타했다. 모택동·운대영 등은 손중산에게 상서문을 올려 엽초창의 죄상을 고발했다(李捷 외, 1996: 400). 당시 모택동 등은 왕하파가 조직한 노동자 규찰대를 동원해 대회의 순조로운 진행을 보장했다. 한편 국민당 업무에 몰두한 모택동은 중공 지도부의 지지를 받지 못했다. 또 이는 상해집행부 우파 간의 불화를 야기했다. 당시 엽초창은 '경비 중단'으로 모택동에게 보복했다. 11월 17일 모택동 등은 풍옥상(馮玉祥)[450]의 요청으로 북상 도중 상해에 머문 손중산에게 집행부 상황을 보고했다. 한편 손중산은 이런 '지엽적 문제'를 처리할 겨를이 없었다.

엎친데 덮치기로 모택동은 불면증에 걸렸다. 밤낮이 바뀌었고 신경쇠약 증세를 보였다(葉永烈, 2005: 23). 팽술지는 이렇게 회상했다. …수척해진 얼굴에 낯빛이 창백한 모택동은 폐결핵에 걸린 사람 같았다(P. Short, 2010: 132). 포혜승은 이렇게 회상했다. …1924년 여름 진독수는 나에게 윤지(潤之)의 건강 상태는 최악이며 일주일에 한 번 대변을 본다고 말했다(包惠僧, 1983: 27). 모택동은 이렇게 회상했다. …1924년 겨울 나는 상해에서 병에 걸려 호남으로 돌아가 휴양했다(毛澤東, 2008: 49). 모택동이 '병'에 걸린 주된 원인은 ① 엽초창과의 불화에 따른 심신 피곤 ② '생활비 중단'에 따른 정신적 압박 ③ '정견 차이'로 인한 진독수와의

450　풍옥상(馮玉祥, 1882~1948), 안휘성 소현(巢縣) 출신이며 서북 군벌이다. 1911년 신해혁명 참가, 1921년 섬서(陝西) 독군, 소련의 지지로 서북군을 창설했다. 1924년 10월 '북경정변', 손중산 북상(北上)을 요청했다. 1930년 4월 중원(中原)전쟁에서 실패, 1930년 11월에 하야했다. 1948년 9월 소련에서 선박 조난사고로 사망했다.

알력 심화 ④ 중공 내 동지들의 불신 ⑤ 공산국제 대표 보이틴스키의 배척에 따른 고립무원 등이다. 중공 총서기 진독수와의 소원한 관계와 공산국제 대표의 배척은 진퇴양난에 빠진 모택동이 '골병 든' 주된 원인이다. 당시 '생활비 지급' 중단은 그에게 치명적 타격이 됐다. 한편 경제적 궁핍과 고립무원에 따른 불면증보다 더 엄중한 것은 '심적 골병'이었다.

상해에서 열린 당중앙 회의(1924.12)에서 '마링 전략'을 전면 부정한 보이틴스키는 '국민당 일'에 집착한 상해집행부의 '일부 동지'를 비판했다. 실제로 모택동을 지적한 것이다. '중공 4대'에서 장국도는 중앙국에 진입했으나 모택동은 파면됐다(楊奎松, 1999: 9). 실제로 장국도의 등장은 모택동의 '낙선'을 대가로 이뤄진 것이다. 공산국제 좌파 보이틴스키가 장국도의 '협력'과 중공 총서기 진독수의 묵인하에 '우경 대표' 모택동을 중앙국에서 밀어낸 것이다. 항전 시기 중공 지도자 모택동은 '트로츠키 분자'로 전락한 진독수의 '항일 합작' 요구를 완곡히 거절했다.

1924년 겨울 '골병'이 든 모택동은 고향으로 돌아갔다. 결국 이는 '중공 3대'에서 '중공 2인자'로 부상한 모택동의 '첫 실각'을 의미한다. 마링이 제창한 '(國共)당내 합작'에 전념한 결과 '마링의 사람'으로 낙인찍힌 모택동은 공산국제의 정치투쟁에 휘말렸다. 한편 국공합작 선봉장 역할을 한 모택동은 좌파 왕정위의 호감을 샀고 국민당 고위층의 인정을 받았다. 이는 1925년 가을 모택동이 국민당 '선전부장'으로 중용된 주요인이다. 1925년 2월 소산충으로 돌아간 모택동은 농민운동에 열중했다. 이는 훗날 모택동이 '농민운동 대부'로 거듭난 주된 원인이다.

제4절 '중공 창건자', 국민당 '선전부장'

1. 국공합작의 결과물, 황포군관학교

1924년 6월 16일 광주 황포(黃浦)의 장주도(長洲島)에 설립된 국민당 육군군관학교는 황포군교로 불린다. 황포군교의 설립 목적은 국민혁명에 필요한 군사·정치 간부를 양성하는 것이다. 1924~1929년 총 7기에 걸쳐 13000명의 군사 간부를 배출했다. 한편 황포군교가 손중산의 연아(聯俄)·연공(聯共) 정책을 전제로 창립됐다는 의미에서 국공합작의 결과물이다. 또 황포군교는 장개석의 입신양명과 북벌전쟁에 중요한 역할을 했다.

국민당 원로 추로(鄒魯)[451]는 이렇게 회상했다. …진형명 정변 후 신식군대 창건을 결심한 손중산은 장개석을 소련에 파견해 군사교육을 고찰하게 했다. '주의(主義)'와 군대 결합이 소련혁명의 '성공 요인'이란 보고를 받은 손문은 군관학교 설립을 확정했다(鄒魯, 2011: 319). 결국 군벌에게 여러 번 배신당한 손중산이 '군교 설립'의 결심을 굳힌 것이다. 한편 손중산과 생사고락을 나눈 장개석의 '고찰단장 임명'은 당연한 결과였다.

수중에 군대가 없는 손중산은 군벌의 지배를 받을 수밖에 없었다. 그는 군벌에 대한 실망감을 이렇게 드러냈다. …지역주의와 이기심으로 충만된 군벌에 의거해선 혁명이 성공할 수 없다(中共中央黨史研究室, 1997: 543). 소련 고찰을 마치고 돌아온 장개석의 보고를 받은 손중산은 소련혁명의 특징인 '주의'와 '군대 결합'을 황포군교 취지로 삼았다. 소

---

451 추로(鄒魯, 1885~1954), 광동성 대포(大埔) 출신이며 국민당 우파이다. 1923년 손중산 정부의 재정청장, 1924년 국민당중앙 집행위원, 1925년 '서산회의파'에 가담, 1927년 정계에서 은퇴했다. 1949년 국민당중앙 평의(評議)위원, 1954년 대만(臺灣)에서 병사했다.

련의 건군제도를 모델로 한 신식 군관학교를 창설하는 것이 손중산의 최종 목적이었다.

보정(保定)육군학교에서 1년 간 공부한 장개석은 1908년 일본 진무(振武)학교에 진학했다. 그해 동맹회에 가입한 장개석은 손중산을 알게 됐다. 당시 손중산은 장개석을 '참모감'으로 간주했다. 선후로 거정(居正)[452]·허숭지(許崇智)[453]의 참모장을 지낸 장개석은 진형명의 작전참모를 맡은 후 군사적 재능을 인정받았다. 장개석이 손중산의 신임을 받게 된 결정적 계기는 진형명의 쿠데타(1922.6)였다. 당시 장개석은 위기에 처한 손중산과 영풍함(永豊艦)에서 생사를 같이했다. 한편 손중산은 훗날 '동서(同壻)'가 된 장개석의 '장군 자질'과 대권욕을 간과했다.

진형명의 역모를 눈치챈 장개석은 왕정위에게 편지(1922.5.6)를 보내 '신변 안전'을 경고했다. '정변' 후 '속래(速來)' 전보를 받은 장개석은 위험천만한 영풍함에 올라 손중산을 위기에서 구출했다(趙矢元, 1991: 308). 한편 죽음을 무릅쓰고 자신을 구출한 장개석을 손중산은 결코 잊지 않았다. 당시 장개석이 영풍함에서 손중산을 보좌한다는 것을 들은 진형명은 크게 놀랐다. 결국 진형명의 반란군은 장개석의 '황포군'에 의해 전멸됐다.

손중산은 장개석이 쓴 '손중산광주몽난기(蒙難記)'에 이렇게 서평을

452　거정(居正, 1876~1951), 호북성 광제(廣濟) 출신이며 국민당 우파이다. 1911년 동맹회 가입, 1924년 (國民黨)중앙위원, 1927년 국민정부 입법원장, 1930~1940년대 사법원장, 최고법원장, 1948년 총통 경선(競選) 실패, 1951년 대만(臺灣)에서 병사했다.

453　허숭지(許崇智, 1886~1965), 광동성 번우(番禺) 출신이며 국민당 우파이다. 1906년 동맹회 가입, 1917년 대원수부 참모장, 1924년 월군(粵軍) 총사령관, 1925년 광동성장, 그해 가을 장개석에 의해 권력 중심에서 밀려났다. 1939년 홍콩 이주, 1965년 홍콩에서 병사했다.

달았다. …장개석은 위험을 무릅쓰고 영풍함에서 나를 보좌했다. 우리는 생사를 함께한 동지였다. 이는 손중산이 '문경지교(刎頸之交)' 장개석에 대한 최고의 찬사이다(中國社會科學院近代史, 1981: 571). '광주 환난'은 그들 관계의 전환점이었다. 손중산의 '군사적 조력자'로 거듭난 장개석이 소련 고찰단장과 황포군교 준비위원장으로 임명된 것이 단적인 증거이다.

진형명의 반란으로 손중산은 '군사적 동반자'를 잃었다. 그의 주위에는 군사 리더십을 갖춘 출중한 장교가 없었다. 결국 장개석이 요화(廖化)[454]가 됐다. 당시 그는 육군총장 허숭지의 참모장이었다. 손중산 사망 전 장개석은 '국가 지도자'와 거리가 멀었다(李敖 외, 2012: 58). 상기 '요화'는 중국 학자들이 '국공합작 결렬'의 장본인인 장개석을 폄하한 것이다. 한편 대원수부 참모장 장개석은 손중산 군사 보좌관으로 자리매김했다. 또 장개석의 황포군교장 부임은 북벌 성공과 '중국 통일'의 중요한 시발점이 됐다. 실제로 손중산은 장개석의 '백락(伯樂)'이었다.

성격이 괴팍하고 대인관계가 원만하지 못하며 걸핏하면 사직하는 '군사보좌관'의 경솔한 처사에 손중산은 무척 골머리를 앓았다. 1922년 10월 허숭지의 참모장에 임명된 장개석은 한 달 만에 사표를 냈다. 1923년 7월 대원수부 참모장을 한달 후에 사직했다. 1924년 9월 '경비 부족'을 구실로 황포군교장을 사퇴했다. '황포교장 사직'은 국민당 대회의 '열석 대표'에 대한 불만을 표출이었다. 손중산이 생전에 마지막으로 장개석에서 내린 임명장은 '군사 비서(1924.11.13)'였다. 이 또한 중

---

454 요화(廖化)는 호북성 양양(襄陽) 출신이며 촉나라 장군이다. 219년 관우(關羽)가 패망한 후 오나라에 귀순, 얼마 후 촉한(蜀漢)으로 돌아와 유비의 중용을 받았다. 223년 승상참군(丞相參軍), 촉나라 북벌에 참가, 264년 낙양(洛陽) 이동 중 병사했다. '촉군에 장군이 없어 요화가 선봉장'이라는 속언이 있으나 요화는 싸움에 용맹한 장수였다.

국 학자들이 장개석을 손중산의 공식 후계자로 인정하지 않는 주된 원인이다.

장개석은 이렇게 회상했다. …21세에 입당한 나는 27세에 총리의 단독 접견을 받았다. 나는 총리에게 관직을 요구하지 않았고 총리도 나에게 당의 중요한 직책을 맡기지 않았다. 나는 40세에 중앙위원에 선출됐다. 이 기간이 무려 20년이 걸렸다(金一南, 2009: 63). 장개석의 국민당중앙 고위층 진입(1926.1)은 1925년 두 차례의 동정(東征) 승리, 서남 군벌의 반란 평정(1925.6) 등과 밀접하게 관련된다. 한편 장개석을 최고 권력자로 등장시킨 공신은 보로딘이라는 것이 일각의 주장이다. 실제로 장개석의 '입신양명'에 중요한 역할을 한 사람은 스탈린이었다.

장개석은 '소련 방문' 인상을 이렇게 적었다. …소련 고위층 인사중 지노비에프에 대한 인상이 가장 나빴다. 언행이 직설적이고 '국민당 원조'를 찬성한 트로츠키에 대한 인상이 가장 좋았다. 당시 소련정부가 강요한 '몽골 독립'[455]은 나를 심히 불쾌하게 했다(王俯民, 1987: 59). 실제로 마링의 영향을 받은 트로츠키는 소련의 '국민당 원조'를 가장 심하게 반대했다. 또 공산국제 책임자인 지노비에프는 중공의 절대적 지지자였고 국민당 대표인 장개석을 푸대접했다. 한편 소련이 주장한 '몽골 독립'은 장개석이 줄곧 소련정부를 불신하는 주요인으로 작용했다.

장개석이 귀국해 작성한 '고찰 보고서(1923.12.15)' 골자는 ① 소련 공산당과 소련정부 맹신 금물 ② 군관학교 창설 ③ 부패 관리 엄벌 ④ 당

---

455 13세기 초 칭기즈칸은 몽골 대제국을 건설했다. 1688년 청나라에 복속, '외몽골'로 불렸다. 1911년 1차혁명 후 인정받은 '자치'는 1920년에 철폐, 1921년 2차혁명을 일으켜 독립했다. 1924년 11월 재차 독립을 선포, 당시 북양정부는 이를 인정하지 않았다. 1946년 국민정부는 몽골 독립을 인정, 1952년 대만 당국은 '몽골 독립'을 부정했다.

의 하부조직 설립 등이다(袁南生, 2003: 127). 장개석이 요중개에게 보낸 편지(1924.3.14) 골자는 첫째, 소련의 성의가 부족하다. 둘째, 소련은 중공을 지지하며 국민당을 불신한다. 셋째, 몽골을 소련의 '위성국'으로 간주한다 넷째, 소련의 중공 당원은 '괴뢰'로 전락했다(師永剛 외, 2011: 137). 상기 ①의 내용은 손중산의 신삼민주의에 위배된다. 당시 장개석은 공산주의는 국민당의 이념과 취지에 배치된다고 생각했다. 한편 손중산은 '소련 연합'을 극력 반대한 장개석의 주장을 수용하지 않았다.

1923년 2월 손중산은 광주군정부를 설립했다. 4월 15일 계군(桂軍) 두목 심홍영(沈鴻英)[456]은 직계군벌과 결탁해 광주를 공격했다. 손중산의 명령을 받은 양희민(楊希閔)[457]·유진환(劉震寰)[458]·이제심(李濟深)[459]이 협력해 심홍영의 군대를 격퇴했다. 한편 양희민 등은 혜주(惠州)의 진형명 반란군을 공격하라는 손중산의 명령을 거부했다(姚金果 외, 2016: 126). 결국 '반란자' 진형명과 결탁한 양희민과 유지환은 손중산의 북벌을 반대

---

456 심홍영(沈鴻英, 1870~1938), 광서성 낙용(雒容) 출신이며 광서(廣西) 군벌이다. 1911년 신해혁명에 참가, 1923년 계군(桂軍) 총사령관, 1924년 건국군(建國軍) 총사령관, 1925년 9월 이제심(李濟深)에게 대패한 후 홍콩으로 도망쳤다. 1938년 홍콩에서 병사했다.

457 양희민(楊希閔, 1886~1967), 운남성 빈천(賓川) 출신이며 운남 군벌이다. 1917년 전군(滇軍) 24단장, 1923년 전군 총사령관, 1924년 국민당중앙위원, 1925년 장개석의 황포군에게 대패, 홍콩으로 도망쳤다. 1955년 운남성 정협위원을 역임, 1967년 곤명(昆明)에서 병사했다.

458 유진환(劉震寰, 1890~1972), 광서성 마평(馬平) 출신이며 광서(廣西) 군벌이다. 1911년 동맹회 가입, 1915년 월계(粵桂)연합군 사령관, 1923년 계군 총사령관, 1924년 광서성장, 후보감찰위원을 역임, 1926년 국민혁명군에게 대패, 홍콩으로 도주, 1972년 홍콩에서 병사했다.

459 이제심(李濟深, 1885~1959), 광서성 오주(梧州) 출신이며 국민당 좌파이다. 1909년 (保定)육군대학 입학, 1924년 황포군관학교 부교장, 1920~1930년대 국민당중앙 후보상임위원, 참의원장을 지냈다. 1940년대 국민당 민주촉진회장, 중앙인민정부 부주석에 선임됐다. 건국 후 전국 인대(人大) 부위원장 등을 역임, 1959년 북경에서 병사했다.

했고 2년 후에 반란을 일으켰다. 결국 이는 '군벌에 의해 군벌을 타도'하는 손중산 군사전략의 실패를 단적으로 보여준 사례이다.

1924년 1월 장개석은 '군교(軍校)' 준비위원장에 임명됐다. 2월 24일 장개석은 '소련 연합'을 반대하는 자신의 주장이 거부되자 '사표'를 내고 고향으로 돌아갔다(袁南生, 2003: 152). 당시 '군교 설립'을 반대한 전군(滇軍) 군장 범석생(范石生)[460]은 장개석 면전에서 대놓고 비아냥거렸다. '군교 설립'으로 군벌들 간의 관계가 껄끄러워질 것을 우려한 장개석은 '경비 부족'을 이유로 사직했다(蘇若群 외, 2016: 129). 4월 21일 장개석은 광주로 돌아왔다. 손중산이 4차, 요승지가 8차 전보를 보내 재촉한 결과였다. 5월 3일 장개석은 황포군관학교장에 정식으로 임명됐다.

황포군관학교 교관 출신인 유치(劉峙)[461]는 이렇게 회상했다. …초기 손중산은 허숭지를 군관학교장에 임명하려고 했다. 월군(粤軍) 총사령부 참모장인 장개석은 1923년 가을 소련 고찰을 떠났다. 1924년 5월 황포군교장에 임명됐다(李敖 외, 2012: 60). 당초 손중산은 자신이 총리를 맡고 교장은 정잠, 장개석을 부교장에 임명하려고 했다. 이에 불만을 느낀 장개석은 사직하고 고향으로 돌아갔다(劉志靑, 2010: 19). 결국 장개석의 의형제인 장정강(張靜江)[462]이 손중산을 찾아가 이해관계를 따지고

---

460 범석생(范石生, 1887~1939), 운남성 옥계(玉溪) 출신이며 운남 군벌이다. 1909년 운남 강무당에 입학, 홍군 총사령관 주덕의 동기생이다. 1926년 국민혁명군 제16군단장, 1928년 남창봉기군에게 군번호·군비를 제공, 1932년 군직을 사직, 1939년 곤명(昆明)에서 척살됐다.

461 유치(劉峙, 1892~1971), 강서성 길안(吉安) 출신이며 국민당 우파이다. 1921년 국민당에 가입, 1924년 황포군관학교 교관, 1930~1940년대 제2군단 총지휘, '홍군 토벌' 북로군 총사령, 제5전구 사령관, 1954년 '대만(臺灣)'총통부 전략고문, 1971년 대만(臺灣)에서 병사했다.

462 장정강(張靜江, 1877~1950), 절강성 호주(湖州) 출신이며 국민당 우파이다. 1906년 동맹

'끈질긴 설득' 끝에 마침내 장개석이 황포군교장으로 임명됐다.

장개석은 황포군교장으로 가장 적합한 인물이었다. 주된 원인은 ① 손중산의 심복인 진기미(陳其美)와 의형제 ② 사관학교에서 정규교육을 받은 군사적 자질 ③ 1922년 손중산과 생사를 같이한 '문경지교' ④ 소련 방문단장, 군사교육 고찰 ⑤ 손중산 수하에 출중한 군사적 인재 부재 등이다(江燕, 2015: 220). 1923년 가을 '국민당 방문단장' 신분으로 소련을 방문한 장개석은 소련의 전폭적 지원을 받는 황포군교장으로 최상의 적임자였다. 한편 자신을 중용하지 않은 손중산에 대한 '불만 표출'의 결과물인 장개석의 잦은 사직은 '돈독한 관계'를 전제로 했다.

손중산이 '학교장 인선'으로 허숭지 등을 고려한 것은 장개석의 군사적 재능을 인정했으나, 그의 성격적 약점과 경솔한 일처리를 꺼렸기 때문이다. 장개석이 손중산의 '절대적 신임'을 받지 못한 원인은 ① '고찰보고서', 소련 불신 ② 장군이 아닌 '참모' 경력 ③ 원만하지 못한 대인관계 ④ 잦은 사직, 인내심 결여 ⑤ 국공합작 반대, 우파적 경향 등이다. 이 또한 손중산이 장개석을 그의 공식 후계자로 낙점하지 않은 주된 이유이다.

황포군교의 핵심 멤버는 총리 손중산, 교장 장개석, 당대표 요승지이다. 황포학교 본부는 정치·교수·훈련·관리·군수·군의 6개 부와 교도단(敎導團)으로 구성됐다. 정치부장은 대계도, 교수부장은 왕백령(王柏齡)[463],

---

회 가입, 1924년 중앙집행위원, 1925년 중앙정치회의 주석, 1927년 절강성장, '청당(淸黨)' 획책 공범자, 1930년 파면, 1937년 뉴욕(New York) 정착, 1950년 뉴욕에서 병사했다.

463 왕백령(王柏齡, 1889~1942), 강소성 강도(江都) 출신이며 국민당 우파이다. 1906년 보정 육군학교 입학, 1924년 황포군교 교육장, 1925년 동정(東征)에 참가, 1926년 '중산함 사건' 획책, 1928년 중앙육군군관학교 교수부장, 1937년 중경 은거, 1942년 성도(成

총교관은 하응흠(何應欽)⁴⁶⁴이 맡았다. 공산당원 운대영·소초녀(蕭楚女)⁴⁶⁵·
장추인(張秋人)⁴⁶⁶ 등이 정치교관을 맡았고 1924년 11월 주은래가 정치부
장을 맡았다. 군관교도단(1924.10)은 국민혁명군 제1군으로 발전했다. 한편
황포군관학교 고문으로 초빙된 공산국제 대표 보로딘과 갈렌(Gallen)⁴⁶⁷은
황포군관학교의 발전에 크게 기여했다.

황포군교는 국공합작의 결과물이다. 국공 양당은 황포군교를 군사
간부를 양성하는 요람으로 간주했다. 1925~1927년 수백명의 군사간부
를 양성했다. 당대표 요중개는 '군교 운영'에 필요한 자금 조달을 위해
온갖 심혈을 기울였다. 정치부장 주은래는 정치사상교육을 전담했다.
한편 군교장 장개석의 '좌파 둔갑'은 좌파 요중개와 손중산의 건재와
관련된다.

황포군교장에 임명된 장개석은 '소련 연합'을 반대했던 기존 입장

都)에서 병사했다.

464 하응흠(何應欽, 1890~1987), 귀주성 흥의(興義) 출신이며 국민당 우파이다. 1924년 황포
군교 총교관, 1926년 제1군단장, 1930년 '홍군 토벌' 총지휘, 1933년 일본과 '당고
(溏沽)협정' 체결, 1940년대 국방부장, 행장원장, 1950년 (臺灣)고문위원장, 1987년 대
북에서 병사했다.

465 소초녀(蕭楚女, 1891~1927), 호북성 한양(漢陽) 출신이며 공산주의자이다. 1922년 중공에
가입, 1926년 모택동을 협조해 '정치주보(政治週報)' 편집·발간했다. 제6기 농민운동강
습소 강사, 황포군관학교 정치교관을 역임, 1927년 4월 국민당에게 살해됐다.

466 장추인(張秋人, 1898~1928), 절강성 기패두(曁牌頭) 출신이며 공산주의자이다. 1921년 여
름 상해공산주의소조에 가입, 1922년 중공에 가입, 1926년 황포군관학교 정치교관,
1927년 절강성위 서기를 역임, 1928년 2월 반역자의 밀고로 국민당 군대에게 살해
됐다.

467 갈렌(Gallen, 1890~1938), 소련군 원수(元帥)이며 군사가이다. 제1차 재임(1924.8~1925.8)
기간 황포군관학교 고문, 1926년 5월 국민혁명군 군사총고문으로 부임, 북벌을 기
획했다. 1929년 원동집단군(遠東集團軍) 사령관, 봉계군벌 장학량의 군대를 격파했다.
1935년 원동군 총사령관을 역임, 1938년 11월 '일본 간첩' 죄명으로 처형됐다.

을 바꿨다. '손중산 추종자' 장개석의 좌적 전환은 소련의 '군사 원조'를 전제로 한 것이다. 또 손중산의 신삼민주의가 기정사실화된 상황에서 장개석의 좌파 변신은 별로 이상한 것이 아니었다. 1924~1925년 '좌파' 군교장 장개석과 공산당원 주은래의 '성공적 합작'은 이 시기 국공합작의 축소판이다. 한편 1926년 실질적 권력을 장악한 장개석은 '신우파'로 전락됐다.

소련 지도부는 '국민당 원조' 결정(1924.3.20)을 내렸다. …카라한의 '정치사업계획'을 수용해 50만 루블과 보병총 1만자루, 소량의 화포(火砲)를 제공한다('叢書', 1997: 414). 1924년 10월 소련에서 보낸 보병총 8천자루와 탄알(총 한 자루 500발) 등 무기가 광주에 도착했다. 우파 왕백령은 이렇게 말했다. …우리를 도와준 소련정부에 진심으로 감사드린다. 오직 혁명의 친구만이 이런 도움을 줄 수 있다(蘇若群, 2011: 229). 카라한과 보로딘의 노력으로 1925~1926년 소련정부는 황포군교에 본격적으로 총과 탄약(彈藥)을 지원했다. 1925년 5월 소련정부는 소련 홍군의 명장 파블로프(Pavlov) 장군을 군사고문으로 광주에 파견했다.

소련의 전폭적 지원을 받은 황포군교는 (蘇聯)건군제도를 도입했다. '당대표제 수용' 등 손중산의 조치와 소련 고문의 '군대 개편' 노력은 긍정적으로 작용했다. 중공이 주관한 정치부와 정치교관의 적극적 활약은 '공산당 역할'을 강화했다. 손중산의 혁명군대 건설에 큰 역할을 한 '소련 연합'이 장개석의 동정(東征) 승리와 북벌 성공의 밑바탕이 됐다. 실제로 스탈린의 '군사 원조'가 정치 신예 장개석의 궐기에 결정적 역할을 했다.

장개석은 '황포계(黃埔係)'[468]를 구축했다. 군사교관은 하응흠·진성(陳誠)[469]·전대균(錢大鈞)[470]·고축동(顧祝同)[471]·장정문(蔣鼎文)[472] 등이다. 제1기 졸업생 중 '황포계'는 호종남(胡宗南)[473]·황걸(黃杰)[474]·대립(戴笠)[475]·두

---

468 '황포계(黃埔係)'는 황포군관학교에서 기인됐다. 1924~1929년 13000명의 황포 졸업생은 점차 황포계를 형성, 그들은 장개석의 적계(嫡係)가 됐다. '황포계'는 장개석이 창도한 '황포정신'을 이어받았다. 이른바 '황포정신'이란 교장에게 복종하고 당국에 충성하는 것이다. 결국 '황포계'는 국공내전(1946~1949)에서 해방군에게 전멸됐다.

469 진성(陳誠, 1898~1965), 절강성 여수(麗水) 출신이며 국민당 우파이다. 1920년 국민당 가입, 1920~1930년대 황포군관학교 교관, 국민혁명군 경비사령관, (軍委)정치부장, 1940년대 동북(行轅)주임, 행정원장, 1954년 국민당 부총재를 역임, 1965년 대북(臺北)에서 병사했다.

470 전대균(錢大鈞, 1893~1982), 강소성 오현(吳縣) 출신이며 국민당 우파이다. 1920년대 황포군관학교 군사교관, 북로군 총지휘, 1939년 '경비 유용'으로 파면됐다. 1945년 국민당중앙 집행위원, 1950년대 '(臺灣)총통부' 전략고문을 역임, 1982년 대북(臺北)에서 병사했다.

471 고축동(顧祝同, 1893~1987), 강소성 연수(漣水) 출신이며 국민당 우파이다. 1912년 국민당 가입, 1920~1930년대 제1군 군단장, 북로군 총사령관, 귀주성장, 1940~1950년대 제3전구 사령장관, 서남군정장관, (臺灣)국방부장 등을 역임, 1987년 대북(臺北)에서 병사했다.

472 장정문(蔣鼎文, 1895~1974), 절강성 제기(諸暨) 출신이며 국민당 우파이다. 1917년 국민당 가입, 1924년 황포군교 군사교관, 1930~1940년대 서북초비(剿匪)총지휘, 제10전구(戰區) 사령장관, 1950년대 '(臺灣)총통부' 국책고문을 역임, 1974년 대북(臺北)에서 병사했다.

473 호종남(胡宗南, 1896~1962), 절강성 진해(鎭海) 출신이며 국민당 우파이다. 1924년 황포군관학교 제1기 졸업생, 1930~1940년대 '홍4방면군' 토벌, 섬북홍군을 공격, 팽덕회에게 전패했다. 1950년대 (臺灣)총통부 전략고문을 역임, 1962년 대북(臺北)에서 병사했다.

474 황걸(黃杰, 1903~1996), 호남성 장사(長沙) 출신이며 국민당 우파이다. 1924년 황포군교 졸업, 1930~1940년대 중원대전에 참가, 악예환(鄂豫皖) 혁명근거지를 공격했다. 호남성장, 제1병단(兵團) 사령관, 1950년대 (臺灣)국방부장 등을 역임, 1996년 대만에서 병사했다.

475 대립(戴笠, 1897~1946), 절강성 구주(衢洲) 출신이며 국민당 군통(軍統) 두목이다. 1926년

율명(杜聿明)[476]·송희렴(宋希濂)[477] 등이다. 황포군교 출신인 중공 명장은 서향전·임표·진갱·좌권(左權)[478]·허계신(許繼愼)[479] 등이다. 한편 장개석은 임표 등에게 '정치적 전향'을 유도했다.

요중개는 정치부의 지지부진한 현황을 우려했다. 당시 정치부장은 대계도, 차장은 공산당원 장신부(張申府)였다. 취임 후 대계도는 장계(張繼)와 다툰 후 광주를 떠났다. 얼마 후 장신부도 떠났고 정치부 업무는 마비상태에 빠졌다. 제2임 부장 소원충도 이윽고 사직했다(蘇杭 외, 2011: 232). 상기 2명 정치부장은 국공합작을 반대한 대표적 우파이다. 1924년 11월 유럽에서 돌아온 주은래가 정치부 주임으로 부임한 후 정치부의 사업은 활기를 띠었다. 한편 주은래를 추천한 사람은 그의 입당소개인

황포군교 졸업, 1930년대 '십인단(十人團)'·'역행사(力行社)'를 설립, 1938년 국민당 조사통계국 부국장, 1943년 재정부 조사국장에 임명, 1946년 비행기 사고로 남경에서 사망했다.

476 두율명(杜聿明, 1904~1981), 섬서성 미지(米脂) 출신이며 (抗日)명장이다. 1924년 황포군교 입학, 1937년 송호(淞沪)전역에서 일본군을 격퇴, 1939년 일본군과 격전, 곤륜관 대첩을 거뒀다. 1959년 특사령을 받아 석방, 1978년 전국 정협 상임위원, 1981년 북경에서 병사했다.

477 송희렴(宋希濂, 1907~1993), 호남성 상향(湘鄉) 출신이며 (抗日)명장이다. 1924년 황포군교 졸업, 송호전역에서 일본군 격퇴, 1942년 운남에서 일본군 전승, 1949년 사천에서 해방군에게 체포, 1959년 석방, 1964년 전국 정협 상임위원, 1993년 뉴욕(New York)에서 병사했다.

478 좌권(左權, 1905~1942), 호남성 례릉(醴陵) 출신이며 공산주의자이다. 1925년 중공에 가입, 1930년대 홍군 제12군 군단장, '홍1군단' 참모장, 팔로군 지휘부 참모장을 지냈다. 1940년 팽덕회를 협조, '백단대전' 승리를 취득했다. 1942년 5월 산서성 요현(遼縣)에서 희생했다.

479 허계신(許繼愼, 1901~1931), 안휘성 육안(六安) 출신이며 공산주의자이다. 1924년 중공에 가입, 국민혁명군 제7연대 당대표, 두 차례 동정(東征)과 북벌(北伐)에 참가했다. 1930년 '홍1군' 군단장, 1931년 11월 장국도의 군사전략을 반대, 하남성 광산현(光山縣)에서 처형됐다.

장신부였다.

요중개의 부탁을 받은 장신부는 주은래를 추천했다. '장신부 사직' 원인은 ① 장개석의 독선적 정치에 불만 ② 광주 기후 적응에 실패 ③ 개인적 원인 등이다(江熹, 2015: 79). 주은래 인생의 길라잡이 역할을 한 장신부는 1925년에 탈당했다. 또 대계도는 '서산회의파'에 가담한 신우파였다. 또 '대계도주의'[480]를 주창한 그는 '선전부장' 모택동의 적수였다. 한편 장신부는 모택동이 북경대학 도서관에 근무할 당시의 '직속상관'이었다.

1924년 황포군관학교의 중공 대표인 장신부는 주은래를 이렇게 평가했다. …나는 꺾일 망정 굽히지 않는 강직한 성격이었으나, 그는 굽혀지나 부러지지 않는 유연한 성격의 소유자였다(王曉明, 2012.3.7). 실제로 주은래의 유연한 성격 및 소프트 리더십이 괴팍하고 의심이 많은 장개석과 '성공적 합작'을 유지할 수 있었던 밑바탕이었다. 결국 '영원한 2인자' 주은래의 유연한 리더십이 독선적인 모택동을 40년 간 보좌할 수 있었다.

장신부는 이렇게 회상했다. …북경대학 도서관에서 모택동은 내 밑에서 일했다. 훗날 그는 상사 성격이 까칠했다고 원망했다. 내가 한 무더기 도서 카드를 다시 쓰도록 지시한 것을 그는 잊지 않았다(環球人物, 2014.1.23). 당시 장신부는 북경대학 교수였으나 모택동은 일개 직원이

---

480 '대계도주의'는 국민당 이론가인 대계도(戴季陶)의 사상체계이다. 1925년 봄여름 대계도는 선후로 '손문주의철학기초'와 '국민혁명과 중국국민당'이란 소책자를 발표해 이론체계를 형성했다. '대계도주의' 취지는 국공합작을 파괴하고 국민당 내 공산당을 축출하는 것이다. 한편 '대계도주의'는 장개석이 4.12정변을 일으킨 사상적 토대가 됐다.

었다. '직속상관' 장신부는 모택동을 괴롭힌 장본인이다. 결국 자존심이 상한 모택동은 얼마 후 사직했다. 당시 장신부의 '상급자'는 도서관장 이대쇠였다.

정치부 조직을 활성화한 주은래는 일련의 혁신을 단행했다. 또 그는 '정치교육계획'을 작성하고 정치과의 강의 수준을 높였다. 주은래의 지시로 정치부 간사들은 '사병의 친구'라는 잡지를 발간해 정치선전을 강화했다(姚金果, 2016: 141). 주은래의 중요한 공헌은 공산당원과 청년단원이 주축을 이룬 철갑차대(鐵甲車隊)[481]를 개조해 혁명무장으로 탈바꿈시킨 것이다. 1925년 철갑차대를 토대로 엽정(葉挺)[482]독립연대가 출범했다.

주은래는 진보적 학생들을 조직해 '혈화극사(血花劇社)'를 만들어 혁명을 선전했다. 장개석은 주은래를 '연출 천재'라고 극찬했다. 상단(商團)반란 평정과 두 차례의 동정에서 주은래는 중요한 역할을 했다. 당시 주은래와 등연달(鄧演達)[483]은 장개석이 신임을 받는 '유력한 조력자'였다(江燾, 2015: 221). 1925년 11월 주은래는 황포의 '공산당원 명단'을 요

---

481 철갑차대(鐵甲車隊)는 북벌전쟁에서 명성을 떨쳐 '철군(鐵軍)'으로 불린 엽정독립연대 전신이다. 1924년 10월 황표군관학교 정치부 주임 주은래는 '상단(商團)반란' 평정을 통해 정규군 지휘권 장악의 중요성을 실감했다. 1924년 11월에 설립된 철갑차대 대장은 서성정(徐成章), 요건오(廖乾五)가 당대표(黨代表)를 맡았다. 한편 북벌전쟁에서 철갑차대는 중공이 영도하고 지휘권을 장악, 전투력이 강한 혁명무장으로 거듭났다.

482 엽정(葉挺, 1896~1946), 광동성 혜주(惠州) 출신이며 북벌 명장이다. 1919년 국민당 가입, 1924년 중공에 가입했다. 1925년 국민혁명군 제4군 참모장, 남창봉의(1927.8.1) 전적총지휘, 1928년 탈당 후 '제3당' 가입했다. 1938년 신사군 군단장(中將), '환남사변(1941)'에서 감금, 5년 간 투옥생활을 했다. 1946년 4월 비행기 사고로 사망했다.

483 등연달(鄧演達, 1895~1931), 광동성 혜양(惠陽) 출신이며 국민당 좌파이다. 1909년 동맹회 가입, 1924년 황포군관학교 교육장, 1926년 국민혁명군 정치부주임, 1927년 중앙군사정치학교 무한분교장, 소련에서 '국민당임시행동위원회'를 설립, 1931년 남경(南京)에서 처형됐다.

구한 장개석의 요구를 즉각 거절했다. '중산함(中山艦)사건'[484] 후 그들의 합작관계는 끝났다. 4.12반혁명정변[485] 후 주은래와 장개석은 견원지간이 됐다.

1925년 2월 이지룡(李之龍)[486] 등은 주은래의 지시에 근거해 진보적 군인들로 '청년군인연합회'를 발족했다. 하충한(賀衷寒)[487] 등은 '손문주의학회(孫文主義學會)'를 설립했다. 결국 황포군교의 이념 투쟁이 격화됐다. '중산함사건' 후 장개석은 제1군 공산당원을 축출했다. 1925년 5월 광동성위는 '황포군교당단(黨團)'을 조직해 웅웅(熊雄)[488]을 책임자로 임

---

484 '중산함사건(中山艦事件, 1926.3.20)'은 국공합작 파괴와 공산당 축출을 위해 장개석이 획책한 음모이다. 3월 18일 황포군교 구양종(歐陽鍾)은 중삼함장 이지룡에게 중산함을 '황포에 대기'하라는 장개석의 '명령'을 전달했다. 3월 20일 장개석은 중산함의 '황포 왕복'을 구실로 광주 계엄령을 선포, 제1군의 공산당원을 구금하고 소련 고문의 자택을 포위했다. '중산함사건'을 통해 일석삼조의 효과를 거둔 장개석은 '군권 찬탈' 목적을 달성했다.

485 '4.12반혁명정변(1927.4.12)'은 장개석을 필두로 한 국민당 신우파가 국민당 좌파와 '공산당 소멸'을 위해 발동한 무장정변이다. 4월 12일 새벽 국민혁명군 제26군은 '노동자 내홍'을 중재한다는 명의로 상해 2700여 명 노동자규찰대 무장을 강제로 해제했다. 결국 노동자규찰대 120명이 사살, 180명이 부상당했다. '4.12반혁명정변'은 공산국제의 지지로 결성된 국공합작 결렬을 의미한다. 또 이는 스탈린의 대중국정책 실패를 상징한다.

486 이지룡(李之龍, 1897~1928), 호북성 면양(沔陽) 출신이며 공산주의자이다. 1921년 중공에 가입, 1925년 해군 정치부장, 1926년 '중산함사건' 후 면직됐다. 1927년 '3.20사건의 진상'이란 문장을 발표, 장개석을 규탄했다. `1928년 광주에서 체포, 황화강(黃花崗)에서 살해됐다.

487 하충한(賀衷寒, 1900~1972), 호남성 악양(岳陽) 출신이며 국민당 우파이다. 1920년대 황포군관학교 정치부 비서, 1930~1940년대 총사령부 정치처장, 국민당중앙 중앙위원, '소탕보(掃蕩報)' 사장, (反共)선전에 전념했다. 1949년 대만 이주, 1972년 대북(臺北)에서 병사했다.

488 웅웅(熊雄, 1892~1927), 강서성 의풍(宜豊) 출신이며 공산주의자이다. 1922년 독일에서 중공에 가입, 1923년 모스크바 동방대학 연수, 1925년 동정군(東征軍) 정치부 비서장,

---

명했다. 장개석은 모든 조직을 해산하고 우파 조직인 '황포동창회'를
설립했다.

1924년 10월 광주 상단이 반란을 일으킨 후 손중산은 장개석을 총
지휘로 임명했다. 장개석은 철갑차대를 비롯한 황포군을 인솔해 파죽
지세로 반란군을 격파했다. 군사고문 갈렌은 황포군을 이렇게 평가했
다. …막강한 전투력을 자랑한 황포군은 혁명군 주력이었다(卜穗文 외,
2012: 131). 상단의 반란을 평정한 광동군정부는 '신변 위협'을 제거했다.
한편 황포군은 강한 전투력을 과시했고 장개석은 용병술과 지휘력을
인정받았다.

1925년 1월 진형명은 임호(林虎)[489]를 총지휘로 임명해 광주를 공격
했다. 2월 1일 제1차 동정(東征)이 시작됐다. 중·좌로군은 계군(桂軍)·전군
(滇軍)이 맡았고 우로군은 황포군·월군(粤軍)으로 구성됐다. 당시 주은래
가 작전 연설을 했다. 3월 13일 우로군은 면호(棉湖)에서 반란군과 격전
했다. 중·좌로군의 비협조로 고군분투한 우로군은 간신히 승리했다. 임
호의 잔여부대는 복건으로 도망쳤고 진형명은 혜주(惠州)로 피신했다.

1925년 9월 동정군 총지휘는 장개석, 왕정위가 당대표를 맡았다.
황포군 기반의 제1군은 동정군 주력이었다. 10월 14일 동정군은 혜주
전역[490]에서 대승을 거뒀다. 11월 초 반란군은 전멸됐고 진형명은 홍콩

1926년 황포군관학교 정치부 차장에 임명, 1927년 5월 체포, 광주(廣州)에서 비밀리
에 처형됐다.

489 임호(林虎, 1887~1960), 광서성 육천(陸川) 출신이며 광서 군벌이다. 1906년 동맹회에 가
    입, 1919년 월계(粤桂)변방군 사령관, 1925년 동정군(東征軍)에게 대패, 상해에 은거했
    다. 건국 후 광서성 정협 부주석, 전국 접협 상임위원 등을 역임, 1960년 남녕(南寧)에
    서 병사했다.

490 혜주전역(惠州戰役, 1925.12.13)은 1925년 가을에 개시된 제2차 동정에서 가장 유명한

으로 도주했다. 주은래는 동강(東江)행정위원에 임명됐다. 이는 공산당원이 '행정장관'이 된 첫 번째 사례이다. 한편 동정 승리를 통해 장개석의 군사 리더십은 더욱 빛났다. 이는 그가 국민당 고위층에 진입한 주된 원인이다.

운남 군벌 당계요(唐繼堯)[491]는 손중산이 서거(1925.3.12)한 틈을 타 양희민·유진환과 광주군정부를 뒤엎을 역모를 꾸몄다. 4월 26일 양희민이 광주 공격을 개시했다. 5월 21일 장개석은 황포군을 거느리고 반란군을 공격했다. 6월 12일 황포군은 반란군을 섬멸하고 광주를 수복했다(姚金果 외, 2016: 157). '전계(滇桂) 반란'을 제압하는 전투에서 황포군의 사망자는 91명, 부상자는 103명이다(卜穗文 외, 2012: 110). '전계 반란' 평정에서 노동자와 농협(農協)의 긴밀한 협력, 철갑차대 전투 투입 등 중공의 전폭적 지지는 '(滇桂)반란군 진압'에 중요한 기여를 했다.

동정군 총지휘 장개석의 호위병은 공산당원 진갱이었다. 당시 담서경(譚曙卿)[492]의 지휘 실책으로 장개석은 곤경에 빠졌다. 위급한 상황에서 진갱은 장개석을 등에 업고 줄달음을 쳐 위험에서 구출했다. 이는

전투이다. 12월 13일 오전 9시 장개석이 거느린 제1종대(縱隊)는 진형명 군대의 완강한 저항으로 많은 사상자를 낸 후 오후 3시에 마침내 혜주를 공략했다. 한편 혜주전역은 황포군의 강한 전투력과 장개석의 용병술, 군사 리더십을 남김없이 보여줬다.

491 당계요(唐繼堯, 1883~1927), 운남성 회택(會澤) 출신이며 운남 군벌이다. 1905년 동맹회 가입, 1913년 운남성 도독, 1917년 호국군 군정부 원수, 1925년 중국치공당(致公黨) 부총리, 1926년 곤명에서 오패부와 결탁해 (反共)활동에 종사, 1927년 곤명(昆明)에서 병사했다.

492 담서경(譚曙卿, 1884~1938), 호남성 상담(湘潭) 출신이며 국민당 중장이다. 1925년 제2차 동정에서 전공을 세워 제7여단장으로 승진, 1926년 혜주전역에서 군공을 세웠다. 1927년 국민혁명군 제1군단장, 복건성 (代理)성장, 1928년 병으로 사직, 1938년 서북에서 병사했다.

'황포삼걸(三傑)'[493] 진갱의 유명한 일화로 전해졌다. 한편 장개석은 공산당원 진갱을 '수행참모' 이상으로 중용하지 않았다. 1933년 반역자의 밀고로 체포된 진갱은 남경헌병(憲兵)사령부에 구금됐다. 장개석은 진갱에게 특별 대우를 해주며 전향을 회유했으나 실패했다. 결국 그는 진갱에서 '도주 기회'를 제공하는 것으로 '목숨을 구해준' 은혜를 갚았다.

황포군교 제4기 졸업생 임표는 졸업(1926.10) 후 '엽정독립연대(葉挺獨立團)'[494] 소대장으로 임명됐다. 장개석은 임표를 총사령부에 남기려고 했으나 공산당원을 신변에 두면 안 된다는 측근 진립부(陳立夫)[495]의 권고를 받고 단념했다. 당시 '군사 천재' 임표를 포기한 것은 장개석의 실책이었다. 결국 임표가 지휘한 요심전역(遼沈戰役)[496]에서 패전한 국민당

---

493 '황포삼걸(黃埔三傑)'은 황포 1기 중 가장 유명한 엘리트 군인 장선운·진갱·하충한을 가리킨다. '삼걸'은 모두 장개석의 총애를 받았고 그의 수행비서를 지냈다. '황포 제1인'으로 불린 공산당원 장선운은 1927년 북벌에서 희생됐다. 제2차 동정에서 장개석의 목숨을 구해준 진갱은 1955년에 대장(大將) 직함을 수여받았다. 우파조직인 '손문주의학회' 책임자 하충한은 1930년대 反共분자로 전락, 만년에 장개석의 불신을 받았다.

494 '엽정독립연대(葉挺獨立團)'는 엽정이 연대장을 맡은 제4군 독립연대를 가리킨다. 1926년 6월 '독립연대'는 북벌전쟁에서 혁혁한 전공을 세웠다. 엽정은 '북벌 명장', 독립연대는 '철군'으로 불렸다. 1927년 남창봉기에 참가한 '독립연대' 잔여부대는 주덕·진의의 인솔하에 1928년 4월 정강산에서 모택동이 거느린 추수봉기군과 회합했다.

495 진립부(陳立夫, 1900~2001)는 절강성 오흥(吳興) 출신이며 국민당 우파이다. 1925년 황포군관학교 기요비서, 1930~1940년대 국민당중앙 조직부장, 교육부장, 입법원 부원장, 1951년 미국 정착, 1969년 대만 이주, 총통부 자정을 역임, 2001년 대만(臺灣)에서 병사했다.

496 1948년 9월 12일에 시작된 요심전역(遼沈戰役)은 11월 2일에 끝났다. 1948년 9월 중앙군위는 동북해방군에게 전역 개시를 명령했다. 임표·나영환 등으로 전적위원회를 구성, 임표가 서기를 맡았다. 주요 전역은 금주(錦州)·요서(遼西)전역, 심양(瀋陽) 해방이며 동북해방군이 대승했다. 요신전역 후 국부군은 290만으로 축소된 반면, 해방군은 300만으로 늘어났다. 한편 요신전역은 모택동이 중국을 통일한 '관건적 전역'으로 평가된다.

군은 대세가 이미 기울어졌다. '10대원수(十大元帥)[497]' 서열 3위인 임표는 모택동·스탈린·장개석이 인정한 '상승(常勝)장군'이었다. 한편 임표는 모택동의 '지원군 통솔자' 내정을 '병을 핑계'로 사절했다.

1925년 7월 1일 왕정위가 국민정부 주석으로 선임됐다. 5명 상임위원은 왕정위·호한민·담연개·허숭지·임삼이다. 7월 6일 군사위원회가 설립됐다. 9명의 군위(軍委) 위원은 왕정위·호한민·오조축·요중개·주배덕(朱培德)[498]·담연개·허숭지·장개석이다. (軍委)주석인 왕정위는 '국민당 1인자'로 부상했다. 당시 장개석은 국민당 고위층에 진입하지 못했다. 국민정부는 보로딘의 건의를 수용해 소련정부의 조직체계를 도입했다.

군사고문 갈렌은 '황포군 지원' 강화를 취지로 군사적 혁신을 단행했다. 황포군 확충과 당군(黨軍) 역량을 강화하는 갈렌의 조직 쇄신을 암묵적으로 지지한 장개석은 '군사 개편'에 개입하지 않는 모양새를 취했다(李玉剛, 1997: 186). 결국 갈렌의 '개편'은 허숭지의 월군(粵軍)을 약화시켰다. 이는 장개석의 궐기에 걸림돌을 제거한 것이나 진배없다. 당시 소련 고문 갈렌은 장개석을 좌파로, 그가 거느린 황포군을 혁명군대로 간주했다.

---

497 '10대원수(十大元帥)'는 1955년에 원수직을 받은 10명의 군사가로, 주덕·팽덕회·임표·유백승·하룡·진의·나영환·서향전·섭영진·엽검영이다. 1955년 8월 원수 인선에서 국무원 부총리 진의와 중앙비서장 등소평이 '쟁점'이 됐다. 9월 11일 주은래의 건의로 진의에게 원수직을 수여하고 '군직이 없는' 등소평에겐 수여하지 않기로 결정했다. 한편 당시 모택동은 '대원수'로 거론됐으나, 본인의 '거절'로 '대원수 탄생'은 무산됐다.

498 주배덕(朱培德, 1888~1937), 운남성 녹풍(祿豊) 출신이며 국민당 상장이다. 1910년 동맹회 가입, 1920년대 광주군정부 육군부장, 중로군 총지휘, 강서성장, 1930년대 제1로군 총지휘, 국부군 (代理)총참모장을 역임, 1937년 '주사 중독(注射中毒)'으로 남경(南京)에서 사망했다.

8월 26일 지방군대를 국민혁명군으로 개편한 군사위원회가 내린 결정은 ① '당군'을 제1군, 군단장 장개석 ② 상군(湘軍)을 제2군, 군단장 담연개 ③ 전군(滇軍)을 제3군, 군단장 주배덕 ④ 월군(粤軍)을 제4군, 군단장 이제심 ⑤ 복건군(福建軍)을 제5군, 군단장 이복림(李福林)[499]이다. 국민혁명군 개편은 '군대 개조' 성공을 의미한다. 결국 이는 실세로 부상한 장개석의 궐기를 상징한다. 갈렌은 장개석의 궐기에 중요한 역할을 했다.

1925년 8월 20일 요중개가 중앙당부에서 암살됐다. 국민당중앙은 긴급회의를 열고 대책을 토론했다. 실질적 책임자인 정치고문 보로딘은 왕정위·허숭지·장개석 세 사람으로 '특별위원회 구성'을 건의했다(金一南, 2009: 66). 보로딘의 '장개석 지지'는 황포군교에 대한 소련 원조와 관련된다. '좌파' 장개석의 궐기는 '소련 국익'에 부합됐기 때문이다. 중공의 역할을 무시한 보로딘은 국공합작을 '국소(國蘇)합작'으로 만든 장본인이다.

8월 24일 광주경비사령관 장개석은 '요중개 사건'을 정치적으로 악용했다. '암살' 혐의자이며 호한민 사촌 호의성(胡毅生)[500] 체포를 구실로 호한민을 구금하고 월군(粤軍) 실세를 대거 체포했다. 9월 15일 호한민은 '병 치료'를 이유로 소련으로 떠났다. 9월 20일 허숭지가 상해로 피

---

499 이복림(李福林, 1874~1952), 광동성 광주(廣州) 출신이며 광동 군벌이다. 1907년 동맹회 가입, 1917년 대원수부 친군(親軍) 사령관, 1920년대 광주시장, 제5군 군단장, 1937년 일본군의 '화남군총사령 임명'을 거절했다. 1949년 홍콩에 정착, 1952년 홍콩에서 병사했다.

500 호의성(胡毅生, 1883~1957), 광동성 번우(番禺) 출신이며 국민당 우파이다. 1905년 동맹회 가입, 1921년 대본영(大本營) 참군(參軍)을 지냈다. 1925년 8월 '요중개 암살' 사건에 연루, 홍콩으로 도주, 1950년대 '대만(臺灣)총통부' 고문을 역임, 1957년 대북(臺北)에서 병사했다.

신한 후 장개석이 월군을 통제했다. 정적인 호한민과 허숭지를 제거한 후 남은 유일한 적수는 '군권을 상실'한 왕정위뿐이었다. 9월 2일 장개석은 중앙정치위원에 보선됐다. '요중개 사건' 후 장개석의 정치적 영향력은 더욱 확대됐다.

국민당 제2차 대회(1926.1)에서 장개석의 '상임위원 선임'은 핵심 실세로 부상했다는 반증이다. '장개석 부상' 원인은 ① 손중산의 군사적 조력자 ② 황포군교장 임명 ③ 두 차례 동정 승리 ④ 보로딘의 전폭적 지지, 갈렌의 '군사 개편' ⑤ 능란한 권모술수 ⑥ 스탈린의 '군사 원조' 등이다. 한편 '요중개 사건'을 통해 장개석은 일석이조의 이득을 챙겼다.

손중산의 노력이 결실을 맺은 황포군교는 국공합작의 결과물이며 '소련 연합' 산물이다. 이는 장개석이 부상하는 발판이 됐다. '괴뢰' 역할을 한 중공은 국민당의 이해타산과 '소련 국익' 도모의 정치적 도구로 전락했다. 한편 장개석은 황포군을 기반으로 북벌에 성공했다. 당내 정적과 지방 군벌은 그의 적수가 되지 못했다. 그런 그에게도 천적은 있었다. 그가 바로 한때 그의 동지였고 국민당 '선전부장'으로 중용된 모택동이다.

2. 국민당 (代理)선전부장의 '고군분투'

대다수 중국 학자들은 1924년 모택동이 상해에서 얻은 '골병'을 육체적 질병으로 간주한다. 이는 모택동의 회상(1936.10)을 근거로 한 것이며 '절반만 맞는' 주장이다. 휴양(休養)은 핑계이며 실각한 '중공 창건자'의 부득이한 환고향이었다. 반년 후 그는 국민당 '선전부장'으로 동산재기했다. '호한민 비서' 모택동이 국민정부 주석 왕정위의 '조력자'로 승진한 것이다. 한편 그의 '승진'은 중공 고위층에서 더 멀어지는 결과를 초래했다.

1924년 12월 모택동은 장사로 돌아왔다. 장사에서 모택동은 호남 성위 책임자 이유한을 만나 농민운동에 대한 의견을 교환했다. 1925년 1월 모택동은 양개혜와 아이들과 함께 판창(板倉)에서 설명절을 보냈다. 2월 6일 그는 가족과 함께 소산충에 도착했다(曺志爲 외, 1991: 222). 모택동이 가족과 함께 판창에서 명절 연휴를 즐기는 동안 상해에서 '중공 4대'가 열렸다. 실각자 모택동의 부득이한 '고향 귀환'은 결코 금의환향이 아니었다.

모택동은 이렇게 회상했다. …1924년 봄부터 나는 상해집행부에서 일했다. 1924년에 황포군교가 설립됐고 갈렌이 고문으로 부임됐다. 그해 겨울 나는 호남으로 돌아와 휴양했다. 이 기간 나는 고향 소산충에서 농민운동을 전개했다(毛澤東, 2008: 49). 1925년 10월 국민정부 '1인자' 왕정위는 모택동을 국민당 (代理)선전부장에 임명했다. 한편 중공을 배반(1927.7.15)한 왕정위는 국공합작을 파탄시킨 장본인이다. 모택동 회상(1936) 당시 남경정부 행정원장을 맡은 왕정위는 1938년 친일매국노로 전락했다.

이유한은 모택동의 사범학교 동창이며 신민학회 창립 멤버였다. 이유한이 범한 세 차례 중대한 과오는 ① 1927년 11월 모택동의 정치국 후보위원 파면 일조 ② 이립삼의 '좌경모험주의(1930)' 협조자 ③ 1933~1934년 '좌경기회주의' 과오를 범한 박고의 추종자이다. 중공 지도자 모택동은 정치국 회의(1941.9.13)에서 소비에트 후기 성행한 '좌경기회주의'에는 박고(博古)[501]와 이유한의 책임이 가장 크다고 지적했다.

---

501 박고(博古, 1907~1946), 강소성 무석(無錫) 출신이며 공산주의자이다. 1925년 중공에 가

1964년 이유한은 모든 직무에서 해임됐다. 문혁 기간 이유한은 8년 동안 옥고를 치렀다.

1925년 1월 11~22일 '중공 4대'가 상해에서 열렸다. 진독수·구추백·채화삼·주은래·이립삼 등 20명이 참석했고 보이틴스키가 축사를 했다. 대회는 국민당 방침을 '좌파 지지와 중간파 쟁취, 우파 타격'으로 확정했다. 결의안은 보이틴스키의 지도하에 작성됐다(楊雲若, 1983: 40). 공농(工農)연맹을 부각시킨 4차 당대회는 국공 간 '당내 합작'에서 중공 독립성을 강조했다. 보이틴스키가 주재한 '4대(四大)'는 중공 정책의 좌적 전환을 의미한다. 결국 이는 국민당 우파의 '공산당 축출'에 빌미를 제공했다.

9명의 중앙집행위원은 진독수·구추백·채화삼·장국도·팽술지·이대쇠·담평산·이유한·항영이다. 5명의 후보 위원은 등배·왕하파·장태뢰·나장룡·주금당(朱錦堂)[502]이다. 5명의 중앙국 위원은 진독수·팽술지·장국도·채화삼·구추백이며 진독수가 총서기를 연임했다. 중앙국 위원 중 유일한 '당내 합작' 지지자는 구추백이었다. 공산국제 (左傾)대표 보이틴스키가 '마링 지지자' 모택동을 밀어내고 측근자 장국도를 기용했다.

'중공 4대'에서 모택동의 낙선 원인은 ① 우경적 '마링 전략'을 추종한 우파로 간주 ② 공산국제 (左傾)대표의 불신과 배척 ③ '당내 합작'에 대한 진독수의 입장 전환 ④ 국공합작 선봉장, '국민당 업무'에 몰두

입, 1931년 '중공 총서기'를 지냈다. 1933년 '좌경모험주의'를 실시, 제5차 반'포위토벌' 실패를 초래, 1937년 중앙조직부장, 1938년 남방국 조직부장, 1941년 (延安)해방일보 사장, '중공 7대'에서 중앙위원으로 선임, 1946년 비행기 사고로 사망했다.

502 주금당(朱錦堂)은 호남성 안원(安源) 출신이며 노동운동가이다. 1922년 중공에 가입, '중공 4대(1925.1)'에서 후보중앙위원에 피선, 1927년 순직(順直)성위 서기를 역임했다. 1928년 중공중앙의 '임명'을 거절, 당의 운영비를 착복하고 잠적했다는 설이 유력하다.

⑤ 장국도의 개입에 따른 '진독수 관계' 소원 등이다. 실제로 ㈜共)양당 사이에서 '양다리 걸치기'를 한 정치 초보자가 치른 혹독한 대가였다.

'중공 3대'에서 선임된 중앙국 위원은 전부 몰락됐다. '중앙국 비서' 모택동과 진독수의 측근자 담평산도 낙선했다. 나장룡·왕하파는 중앙위원 선거에서 탈락했다. 선전부장에서 해임된 채화삼은 팽술지의 '부하'가 됐다. 한편 황포군교 정치부장 주은래의 부상이 주목된다. 1926년 11월 조직부 부부장에 보선된 주은래는 군사부장으로 임명됐다. 1927년 7월 ㈜共)상임위원이 된 주은래는 1935년 여름까지 모택동의 '상급자'였다.

'중공 4대'에 참석하지 않은 장국도는 중앙국 위원에 당선됐다. 또 그는 '중요한 부서'인 공농㈜農)부장으로 임명됐다. 1925년 3월 장국도는 중앙직공㈜工)위원회 위원장을 맡았다(少華, 2014: 73). 장국도의 중앙국 진출은 보이틴스키의 절대적 신임이 중요했다. 결국 '보이틴스키 추종자' 장국도가 낙선자 모택동을 대체했다. 한편 진독수의 '㈜傾)기회주의' 과오에는 장국도의 책임이 컸다. 또 이는 장국도가 '두 번째 실각'을 초래했다.

'중공 4대'의 최고 스타는 선전부장 팽술지이다. 소련 유학 기간 그는 구추백·나역농과 함께 모스크바 지부의 '삼영수㈜領袖)'로 불렸다. 1924년 8월 귀국 후 '신청년' 잡지 편집장을 맡았다. '중공 2인자' 팽술지는 유부녀 향경여와 불륜을 저질러 채화삼 가정을 파탄시켰고 나역농의 동거녀 진벽란(陳碧蘭)[503]과 추잡한 스캔들을 일으킨 장본인이다.

---

503 진벽란(陳碧蘭, 1902~1987), 호북성 황피(黃陂) 출신이며 트로츠키파이다. 1922년 중공에 가입, 1925년 팽술지와 상해에서 결혼, 1929년 진독수 등이 조직한 트로츠키파에 가담, 1949년 홍콩으로 이주, 1968년 일본으로 이거(移居), 1973년 미국에 정착했다.

결국 1929년 11월 당적을 박탈당한 진독수·팽술지는 트로츠키파로 전향했다.

영국 학자 스펜스는 모택동의 '귀향(1925.2)'을 이렇게 썼다. …고향 땅에서 생활방식, 아픔과 희망을 잘 알고 있는 농민들과 함께 일하고 싶은 것이 모택동의 '귀향 이유'였다. 또 자신을 믿고 이해하는 사람들 사이에서 자신의 근거지를 만들고 싶었다(D. Spence, 2003: 107). 1926년 2~8월 모택동은 소산충에서 양개혜와 함께 농민운동을 전개했다. 8월 말 조항척의 수배령이 내려진 후 9월에 광주에 도착해 국민당 선전부에서 일했다.

1925년 9월 신체가 허약한 모택동은 동산병원에 입원했다. 국민당 지도부는 왕정위·모택동·진부목(陳孚木)[504]에게 '선전문제결의안' 작성을 위임했다. 결국 모택동은 완쾌치 않은 몸으로 국민당 '2대(二大)' 준비에 참여했다(李捷 외, 2018: 281). 국민당중앙 회의(1925.10.5)에서 국민정부 주석 왕정위는 모택동을 (代理)선전부장에 임명할 것을 제출했다. 왕정위의 제의가 통과된 후 모택동이 국민당 선전부 업무를 주관했다(田樹德, 2002: 90). 10월 6일 (廣州)국민일보는 모택동의 '선전부장 임명'을 공표했다. 10월 7일 모택동은 '선전부장'에 정식 취임했다. 10개월 전에 실각한 모택동이 드디어 국민당 '선전부장'으로 동산재기했다.

왕정위의 '모택동 등용'에 중요한 역할을 한 사람은 모택동의 사범학교 은사이며 호남사범학교장을 역임한 역배기이다. 당시 역배기는 '절친'인 왕정위에게 자신의 수제자를 추천했다(李思達, 2016.7.7). 상기 주

---

504 진부목(陳孚木, 1897~1959), 광동성 동완(東莞) 출신이며 국민당 좌파이다. 1925년 광동(廣東) 청년부장, 1926년 국민당중앙 감찰위원, 1931년 국민당중앙 후보위원, 1938년 왕정위 괴뢰정권에 '중공 특공(特工)'으로 잠복했다. 1959년 광주(廣州)에서 병사했다.

장은 신빙성이 낮다. 왕정위의 '모택동 등용' 원인은 ① 장사의 '국민당 발전'에 기여 ② 국민당 대회 맹활약 ③ 상해집행부 '업무 몰두' ④ 뛰어난 문장력 ⑤ '중공 4대' 낙선 ⑥ 국민당 우파와의 투쟁 경험 등이다. 한편 왕정위가 공산당원 모택동을 100%로 신임한 것은 결코 아니었다. '정부장(正部長)'이 아닌 '(代理)선전부장' 임명이 단적인 증거이다.

심안빙은 이렇게 회상했다. …모택동의 임시거주지이며 '정치주간' 편집실은 동산묘(廟) 38호에 위치했다. 허술한 건물의 2층에 모택동 부부가 생활했고 1층에는 방 두 칸과 주방이 있었다. 작은 방은 식모가 사용했고 큰 방은 소초녀(蕭楚女)와 내가 사용했다(柯延 외, 1996: 124). 당시 국민당 선전부 비서인 심안빙은 (代理)선전부장 모택동을 협조해 1926년 봄부터 '정치주간' 편집장을 맡았다. 또 그는 모안영 형제를 키우며 '정치주간' 편집을 도와준 양개혜를 말수가 적고 현숙한 '현모양처'였다고 칭찬했다.

모택동의 부임 초기 선전부는 세밀한 계획이 없었고 어수선한 상태에서 무질서하게 진행됐다. 그는 신규 시스템을 구축하고 업무 범위를 확대했다. 당시 선전부 업무는 광동성에 국한됐다. 업무 확대를 위해 모택동은 특단의 조치를 단행했다. 결국 정상적 궤도에 들어선 선전부 업무는 전국적으로 확대됐다. 모택동이 선전부를 떠날 무렵(1926.5) 광주 선전부에 정기적으로 사업 현황을 보고하는 지방 성시(省市)가 12개에 달했다.

1926년 5월 15일 국민당중앙 비서장 임백거는 '2중전회' 보고에서 선전부가 거둔 성과를 칭찬했다. …본당(本黨) 선전활동은 정기적으로 추진되지 못했다. 현재 선전부는 괄목할 만한 성과를 거뒀다(中央文獻硏究室, 2003: 208). 선전선동에 능한 것이 중공의 강점이라는 것을 자타가 인정한다. 한편 '대리부장' 모택동이 거둔 '눈부신 성과'는 좌경 대표와 진독수 등 중공 지도자의 눈에는 국민당 업무에 치중하는 (右傾)행위로 비쳐졌다.

1925년 12월 국민당 우파의 '공산당 공격'을 반박하고 국공합작 유지를 위해 모택동은 '정치주간'을 창간했다. 그는 '주간(週刊) 발행' 이유를 천명하고 '윤(潤)'이란 필명으로 7편 잡문을 '정치주간'에 발표했다. 글을 통해 반동 군벌과 국민당 우파의 반혁명 선전을 비판했다(中共中央文獻研究室, 1993: 146). 1925년 12월부터 1926년 1월까지 모택동이 4기를 발행했다. 또 그는 주요 기고자였다. 제5기(1926.3)부터 선전부 간사 심안빙이 편집을 맡았다. '정치주간'은 제14기를 발간(1926.6)한 후 정간됐다.

모택동의 '잡문' 골자는 ① 중간파 출현은 필연적 결과 ② '서산회의파'는 자산계급 우익을 대표 ③ 우파의 '혁명 배반'은 필연적 추세 ④ 자산계급 특징은 양면성과 타협성 ⑤ '우파 분열'은 국민당 발전을 저지할 수 없다(馬玉卿 외, 1991: 58). 모택동은 이렇게 회상했다. …내가 창간한 '정치주간'은 대계도를 필두로 하는 국민당 우파를 타격하는 데 긍정적 역할을 했다(胡哲峰 외, 1993: 38). 실제로 모택동이 편집한 '정치주간'은 국민당 우파의 '국공 분열' 행위를 극복하고 국공합작의 수호에 일조했다. 결국 이는 '좌파 지지, 우파 타격'의 중공의 정책에 부합됐다.

광동성 '국민당 1대(1925.10.15)'에 참석한 모택동은 '대회선언'을 작성했다. 10월 26일에 통과된 '대회선언'은 이렇게 썼다. …국내외를 물론하고 현재 두 개의 통일전선이 있다. 하나는 혁명파의 연합이며 다른 하나는 반혁명의 결탁이다(唐振南 외, 1990: 209). 10월 27일 모택동은 대회 폐막사에서 '중간파 문제'를 제출했다. 당시 '중간파' 대표 대계도는 '공산당 축출'을 주창했다. '반공 이론가' 대계도는 '대리부장' 모택동의 적수였다.

국민당 1기 3중전회(1925.5)에서 통과된 대계도가 작성한 '10호훈령 (訓令)'을 공산당이 국민당에 가입하는 합법성을 인정했으나, 손중산의 삼민주의가 국민당 최고 원칙임을 강조했다(中國第二歷史檔案館, 1986: 123). 대계도는 '국민혁명과 국민당' 소책자를 만들어 마르크스주의를 부정 하고 계급투쟁 학설을 비방했다. 또 그는 공산주의를 신봉하는 '공산당 축출'을 주장했다. 모택동은 '정치주간'에 문장을 발표해 '대계도주의' 를 비판했다(蔣建農, 2009: 61). '대계도주의' 취지는 국민당의 지도적 지위 를 확정하고 공산당 발전을 억제하기 위한 것이었다. 대계도는 소책자 에서 국민당에 가입한 공산당의 '죄상'을 열거하며 중공을 비난했다.

대계도는 장개석에게 편지(1925.12.23)를 보내 '공산당 발전'에 대한 심각한 우려를 전달했다. 국민당 우파 소원충은 '대계도주의' 선전에 앞장섰고 허숭지는 (粤軍)장병들에게 대계도의 소책자 필독을 지시했 다. '대계도주의'는 황포군교의 우파에게 큰 영향을 미쳤다. '손문주의 학회'는 '대계도주의'를 지도사상으로 삼았다. '대계도주의'는 국민당 분열과 이념적 대결을 심화시켰다. 또 이는 장개석이 신우파로 전락한 사상적 토대였다.

국민당 우파 풍자유(馮自由)[505] 설립한 '국민당동지동맹회(1925.1)'는 손중산에게 상서를 올려 '공산당문제 해결'을 요구했다. 1925년 3월 풍 자유는 북경에서 '국민당구락부'를 설립했다. 한편 풍자유의 분열 행위

---

505 풍자유(馮自由, 1882~1958), 일본에서 출생이며 국민당 우파이다. 1905년 동맹회에 가 입, 1920년 임시중앙위원회 후보위원, 1925년 '서산회의파'에 가담, 1932년 국민정 부 입법위원, 1943년 국민정부 위원을 맡았다. 1949년 대만 이주, 1958년 대만(臺灣) 에서 병사했다.

는 국민당 고위층의 불만을 야기했다. 결국 국민당중앙위원회는 풍자유의 당적을 박탈했다. '국민당구락부' 출현은 '서산회의파' 출범을 촉구했다.

1925년 11월 23일 '서산회의파'는 북경 서산 벽운사(碧雲寺)에서 국민당중앙 1기 4중전회를 열었다. 참석한 대표는 임삼·거정·석청양(石靑陽)[506]·석영(石瑛)[507]·소원충·엽초창·추로 등이다. '공산당의 국민당적 취소안'·'왕정위 당적 박탈안'·'보로딘 해임안'을 통과시킨 서산회의는 임삼·석청양·추로·엽초창을 상임위원으로 선임했다. 회의 후 상해에 국민당중앙당부를 설치하고 강남만보(江南晚報)를 발행했다. 결국 광주와 상해에 두 개의 중앙당부가 병존했고 이는 국민당 분열을 심화시켰다.

국민당의 단합을 촉구하는 전략을 제정한 보이틴스키와 카라한은 손과(孫科)[508] 등과 면담(1925.12.23)한 후 그들이 손중산의 정책을 지지한다는 것을 발견했다. 12월 24일 보이틴스키는 진독수·구추백·장국도와 손과·소원충·엽초창과의 '영사관 회담'을 성사시켰다(瞿秋白, 1995: 552). 국공 대표가 상해의 소련 영사관에서 회담한 '협의' 골자는 ① 중공의

---

506 석청양(石靑陽, 1878~1935), 사천성 파현(巴縣) 출신이며 국민당 우파이다. 1906년 동맹회에 가입, 1921년 손중산 대본영의 참의(參議), 1924년 국민당중앙 중앙위원, 1925년 '서산회의파(西山會議派)'에 가담, 우파로 전락했다. 1935년 상해(上海)에서 병사했다.

507 석영(石瑛, 1879~1943), 호북성 양신(陽新) 추신이며 국민당 우파이다. 1905년 동맹회 유럽지부장, 1912년 손중산 비서, 1924년 국민당중앙 집행위원, 1925년 '사산회의파'에 가담, 1930년대 남경시장, 호북성 임시참의회장을 역임, 1943년 중경(重慶)에서 병사했다.

508 손과(孫科, 1891~1973), 광동성 향산(香山) 출신이며 손중산의 장자이다. 1907년 동맹회 가입, 1921년 광주시장, 1930년대 행정원장, 입법원장, 항일전쟁 폭발 후 '연공항일(聯共抗日)'을 주장, 1940년대 국민정부 부주석, 행정원장을 역임, 1973년 대북(大北)에서 병사했다.

임무는 국공합작과 국민혁명 ② 공산당은 국민당 업무를 도맡지 않고 국민당 고위층 진입을 삼가 ③ 손과 등이 광주에 도착할 때까지 대회를 연장 등이다(中國現代革命史資料, 1982: 483). 구추백은 '중공 6대' 보고에서 보이틴스키가 배정한 '영사관 회담'을 이렇게 평가했다. …당시 공산국제 대표 보이틴스키가 제정한 타협 방침은 '국민당 2대'에서 국민당 우파가 대다수를 차지하는 결과를 초래했다 (瞿秋白, 1995: 552). 당시 진독수는 손과 등이 국민당 좌파와 화해하고 우파를 반대한다면, '서산회의파' 비판을 중지하고 국민당 고위층의 공산당원 수를 줄일 것을 승낙했다. 한편 국민당 우파의 득세는 '중산함사건'의 중요한 발단이 됐다.

좌파와 공산당원을 많이 선거해 국민당중앙 다수를 차지하고 대계도 등 신우파 당적을 박탈해야 한다는 모택동의 주장은 보이틴스키의 저지로 무산됐다. 좌경 대표는 대계도·손과 등을 '중간파'로 간주했다 (袁南生, 2014: 187). 보이틴스키의 타협으로 '서산회의파'는 가벼운 처벌을 받았다. 진독수 등 '타협 세력'이 득세한 것은 그들의 견해가 소련의 주장과 일치했기 때문이다. 한편 보로딘은 모택동의 '우파 타격' 주장을 지지했다.

'통고(通告)' 제30호(1925.5.5)에서 진독수는 국민당 좌파와 연합해 우파와 고립시키고 국민당 내 공산당의 영향력 확대를 결정했다(中央檔案館, 1982: 332). 이는 '국민당 2대'에서 많은 중공 대표가 국민당중앙 고위층 진입을 호소한 것이다. 한편 진독수의 주장은 보로딘의 저지를 받았다. 결국 '우파 고립'을 주장했던 진독수는 보로딘의 간섭하에 기존 입장을 바꿨다. 또 보로딘은 '국공합작 결렬' 방지를 위해 중공 지도권을 포기했다.

1925년 9월 중공중앙은 보이틴스키의 주재하에 북경에서 4기 2중전회를 개최했다. 회의에선 좌파와 연합해 우파를 반대하고 '우파 투쟁' 전개를 결정했다. 또 공산당원의 국민당 가입을 제한하고 되도록 국민 당 고위직을 맡지 않을 것을 제창했다(中央檔案館, 1989: 491). 보이틴스키는 공산국제에 보낸 보고서(1925.9.28)에 이렇게 썼다. …중공의 남방 동지들 은 국민당 고위직에 집착하는 과오를 범하고 있다. 이는 국민당 우파의 불만을 야기했다. 진독수는 '결의안'에 이렇게 적었다. …국민당 공농부 와 군대 정치부를 제외하고 국민당 고위직에 진입할 필요가 없다. 국공 합작을 '당외 연합'으로 전환해야 한다(中共中央黨史研究室, 1997: 693). '서산 회의파'에 대한 보이틴스키와 보로딘의 견해는 엇갈렸으나, 국민당 내 중공의 '지도권 포기' 주장은 일치했다. 공산국제 대표의 '타협' 정책은 장개석의 '분열 조장'에 힘을 실어줬다. 한편 진독수는 '급진적 퇴출'을 주장한 반면, 보이틴스키는 점진적 '당외 합작'을 주장했다.

국민당 정치위원회는 극소수 위원으로 구성됐고 공산당원은 구추 백 뿐이었다. 좌파 성향의 정치위원회는 농민부장직을 진공박으로 충 원하는 심의안을 통과시켰다. 보로딘은 '요중개 사건'을 구실로 삼아 국민당 우파를 축출했다(이건일, 2014: 115). '요중개 사건'을 구실로 삼아 정적을 제거한 것은 장개석이었다. 정치위원회의 유일한 공산당원은 조직부장 담평산이며 농민부장은 임백거가 맡았다. 당시 이 두 사람은 국민당의 실세였다.

1926년 1월 '국민당 2대'가 광주에서 열렸다. 대회 주석단 성원은 왕정위·담연개·등택여·정유분(丁惟汾)[509]·담평산·송경령이었고 오옥장

---

509 정유분(丁惟汾, 1874~1954), 산동성 일조(日照) 출신이며 국민당 우파이다. 1905년 동맹 회 가입, 1924년 국민당중앙 집행위원, 1927년 장개석의 '청당(清黨)' 지지, 1930년대 국민당중앙 비서장, 감찰월 부원장을 지냈다. 1949년 대만 이주, 1954년 대북(臺北)에

이 비서장을 맡았다. 국민당 좌파와 중공의 노력으로 '서산회의파 탄핵 결의안'을 채택하고 주모자 사지·추로의 당적을 박탈했다. 그러나 '서 산회의파' 12명에게 가벼운 '경고' 처분을 내리고 신우파인 대계도·손 과는 처벌하지 않았다. 한편 36명의 중앙위원 중 공산당원은 고작 7명 이었다.

진독수는 장국도를 중공당단(黨團) 서기로 파견했다. '중앙위원 선 거'에서 장국도가 중공의 '타협 정책'을 충실히 집행한 결과 우파가 득 세하고 좌파가 고립됐다(楊雲若, 1983: 47). 장국도는 이렇게 회상했다. … 당시 왕정위는 '중앙위원 명단'에 관해 나의 의견을 청취했다. 나는 국 민당 직무가 없는 나와 구추백은 '당선 필요'가 없다고 말했다. 당시 보 로딘은 나의 주장을 묵인했다(張國燾, 1980: 80). 보로딘이 '침묵'한 것은 모스크바로 돌아와 '상황을 보고'하라는 소련정부의 지령을 받았기 때 문이다. 한편 '서산회의파' 타격을 주장했던 그가 근신하고 더 이상 '우 파 타격'을 고집하지 않은 것은 모스크바 '지시'를 수용했기 때문이다.

1월 18일 모택동과 장개석은 연단에 올라 연설했다. 당시 회의기록 은 ① 감내광(甘乃光)[510], '상민(商民)운동 결의안' 보고 ② 모택동, '선전위 원회 결의안' 보고 ③ 장개석이 '사병경제생활안 개량' 제출, 왕정위는 표결에 붙인 후 통과시켰다(中國第二歷史檔案館, 1986: 378). 12년 후 이 세 사 람은 공산당·국민당·(日本)괴뢰정부의 수뇌(首腦)가 돼 정족지세(鼎足之

서 병사했다.

510 감내광(甘乃光, 1897~1956), 광서성 잠계(岑溪) 출신이며 국민당 우파이다. 1924년 황포 군교 정치교관, 1926년 국민당중앙 농민부장, 1927년 광주시장, 1930~1940년대 국 민당중앙당부 비서장, 외교부 차장 등을 역임, 1951년 호주(Australia) 정착, 1956년 호주에서 병사했다.

勢)를 이뤘다. 결국 최다 득표자(248표)인 장개석은 상임위원에 선임됐고 173표를 얻은 모택동은 후보집행위원으로 선출됐다. 한편 '(代理)선전부장'에 연임된 모택동은 국민당의 실세는 결코 아니었다.

모택동이 '실세가 아닌' 이유는 첫째, 국민당 상임위원에 선출되지 못했다. 상임위원에 선정된 공산당원은 담평산·임백거·양포안이다. 둘째, 중앙집행위원에 선임되지 못했다. 셋째, 중공 대표 6명의 후보집행위원 중 한사람이다. 넷째, 제2차 회의에서 왕정위의 건의로 '(代理)선전부장'에 연임됐다. 결국 국민당의 절대적 신임을 받지 못한 모택동은 '왕정위 조력자'에 불과했다. 이는 모택동이 중공중앙의 불신을 받은 것과 관련된다.

1925년 12월 모택동은 선전원양성소장을 겸임했다. '양성소'를 졸업한 학원생들은 국민혁명군의 당대표 등을 맡았다. 1926년 2월 국민당중앙은 정치강습학원을 설립했다. 담연개가 이사장, 모동택이 학원장을 맡았다. 공산당원 임백거·이부춘 등이 학원 강사를 맡았다. 3월 18일 모택동은 파리코뮌(Paris Commune)[511] 기념대회에서 '파리코뮌 역사적 의의'라는 연설을 발표했다. 또 정치강습학원에서 매주 1~2차 농민운동에 대해 강의했다. 이 시기 모택동은 농민운동을 중시했다는 단적인 반증이다.

1926년 장개석과 군사고문단장 꾸이브이쉐프(Kuibyshev)[512]는 '북벌

---

511 파리코뮌(Paris Commune, 1871.3.18~ 5.28)은 프랑스 민중들이 파리에 세운 사회주의 자치정부이며 사상 처음으로 노동자계급의 자치에 의한 민주정부로 평가된다. 실제로 사회주의 정책을 실행에 옮긴 파리코뮌은 사회주의와 공산주의 운동에 커다란 영향을 미쳤다. 한편 레닌은 파리코뮌을 세계 역사상 최초로 벌어진 노동계급의 '사회주의 혁명 예행연습'이라고 높게 평가했다. 훗날 모택동은 파리코뮌을 매우 높게 평가했다.

512 꾸이브이쉐프(Kuibyshev, 1893~1938), 소련 홍군의 명장이다. 1925년 8월 군사고문 갈

견해' 차이로 반목이 격화됐다. '국민당 2대' 후 핵심 실세로 부상한 장개석과 좌파 수장인 왕정위 간 권력투쟁이 본격화됐다. 1926년 3월 손문주의학회 두목이며 해군학교 부교장 구양격(歐陽格)[513]은 해군 국장직을 노려 사촌형이며 중삼함장인 구양림(歐陽琳)을 몰아냈다. 한편 국민정부는 공산당원 이지룡을 해군국장·중산함장에 임명했다. 구양격은 장개석의 심복이며 이지룡은 왕정위의 측근이었다. 구양격과 이지룡의 암투와 알력 심화는 '중산함사건'이 촉발한 직접적 계기로 작용했다.

3월 18일 황포군교 주성(駐省)판사처 구양종(歐陽鍾)[514]은 이지룡에게 황포에 군함(軍艦)을 파견하라는 장개석의 '명령'을 전달했다. 3월 19일 오전 장신동(章臣桐)[515]은 중산함(中山艦)[516]을 몰고 황포에 도착했다. 장신

렌을 교체해 중국 광주에 파견, 국민정부의 군사고문단장을 역임했다. 북벌에 대한 '의견 차이'로 장개석과의 알력관계가 심화됐다. 결국 '중산함사건(1926.3.20)' 발생 후 소련정부와 장개석의 불신을 받아 귀국 조치를 당했다. 1938년 대숙청에서 처형됐다.

513　구양격(歐陽格, 1895~1940), 강서성 의황(宜黃) 출신이며 국민당 우파이다. 1921년 예장함(豫章艦) 함장, 1922년 '손중산 보호' 공로로 함대(艦隊) 사령으로 승진, 1926년 '중삼함사건'을 일으킨 주요 장본인이다. 1938년 마당요새(馬當要塞) 함락으로 구금, 1940년 처형됐다.

514　구양종(歐陽鍾, 1890~1943), 강서성 의황(宜黃) 출신이며 '중삼함사건'을 역모한 장본인이다. 1926년 3월 18일 구양종은 중산함장(中山艦長) 이지룡에게 중산함(中山艦)을 황포에 파견해 '비적(匪賊)'의 공격을 받고 있는 외국선박을 구원하라는 장개석의 '명령'을 전달했다. 한편 '중삼함사건' 후 병공서(兵工署)의 소장(少將)처장으로 승진했다. 결국 이는 '중산함사건'에서 중요한 역할을 한 그가 장개석의 신임을 받았다는 단적인 증거이다.

515　장신동(章臣桐, 1892~1965), 강소성 강음(江陰) 출신이며 '중삼함사건'의 당사자이다. 1924년 영풍함(永豊艦) 부함장, 1926년 중산함(中山艦) 대리함장(少將), 광동해군학교 부교장을 맡았다. 건국 후 초상국 남경분국 총선장(總船長), 상해분국 감독과장 등을 지냈다. 1960년 '중산함사건시말(始末)' 발표, 1965년 상해(上海)에서 병사했다.

516　중산함(中山艦) 원명은 영풍함, 1913년 청정부가 미쯔비시(三菱)선박소로부터 구입했다. 영풍함은 호국운동·호법운동·동정·'진형명 반란' 등 역사적 사건을 겪었다. 1922년 6월 16일부터 8월 9일까지 손중산은 영풍함에서 기거, '진형명 반격'을 지휘,

동이 등연달에게 '중삼함 도착' 보고를 했으나 그는 '장개석 명령'에 관해 전혀 모르고 있었다. 결국 중산함은 오후 6시 광주로 돌아왔다. 당시 불순분자들은 중산함의 황포 진입은 '공산당 반란'이라는 요언을 퍼뜨렸다.

장개석은 이렇게 회상했다. …당시 소련의 군사고문인 꾸이브이쉐프가 나를 중산함에 납치해 해삼위(海蔘威)로 압송하려고 한다는 밀고를 받았다(賈章旺, 2012: 118). 3월 19일 저녁 장개석은 진립부·왕백령·구양격 등 측근들과 함께 화폐공장에서 3월 20일 새벽 4시까지 비밀회의를 열었다. 이는 '중산함사건'이 사전에 준비된 치밀한 음모였다는 반증이다.

3월 20일 장개석이 국민혁명군 제1군에게 내린 명령의 골자는 ① 광주 계엄 선포 ② 구양격을 해군함대 사령관에 임명 ③ 이지룡을 즉각 체포, 중산함을 점거 ④ 군대를 동원해 성항파공(省港罷工)위원회를 포위, 노동자규찰대 무장 해제 ④ 소련 군사고문의 주택을 포위, 호위대의 무장 해제 등이다. 명령을 받은 구양격은 병사들을 거느리고 이지룡의 자택을 습격해 단잠에 빠진 그를 체포했다. 한편 장개석은 황포군교의 공산당원 40여 명을 구금하고 사병을 파견해 왕정위의 저택을 '보호'했다. 또 그는 소식을 듣고 문책하러 온 주은래를 화폐공장에 연금했다.

'중산함사건' 공모자는 이지룡에게 장개석의 가짜 명령을 전달한 황포군교 구양종이다. 구양종은 중산함장직을 탐냈던 구양격의 조카였다. 장개석의 측근 왕백령은 3월 17일 황포군교에서 요언을 퍼뜨렸다.

1925년 4월 광동성장 호한민이 '중산함'으로 개명, 1938년 '무한보위전'에서 일본군에게 격침됐다.

…공산당이 역모를 꾀해 정변을 획책하고 있다(江熹, 2015: 40). 장개석의 심복 구양격과 왕백령은 '중산함사건'에 직접 관여한 주요 당사자이다. 또 구양종이 숙부 구양격의 '은밀한 지시'를 받았다는 것을 쉽게 예측할 수 있다.

광주 매체는 손문학회가 '중산함사건'을 획책했다고 주장했다. '시사신보(時事新報)', 손문학회가 일으킨 정변이다. 동방통신사, 손문학회가 장씨(蔣氏) 옹립을 위한 쿠데타이다. 당사자 왕백령은 이렇게 회상했다. …사건 진상은 나와 장개석만 알고 있다. 학회는 당을 위해 공을 세웠다(王伯齡, 1939). 실제로 손문학회 실세 구양격과 장개석의 측근 왕백령이 합세해 '장개석 옹립'을 위해 획책한 정변이다. 막후 지휘자는 장개석이며 공산당을 타격하고 왕정위와 군사고문 축출을 위해 일으킨 반혁명 정변이다.

'중삼함사건' 발발 원인은 ① 군사고문 꾸이브이쉐프의 '북벌 반대' ② 보로딘의 '북벌 지지' ③ 북벌, 소련의 '반봉(反奉)전쟁' 계획과 상충 ④ 군사고문의 황포군 '제2사단 독립' 시도, 장개석의 불만 야기 등이다(沈志華 외, 2011: 31). 당시 왕정위는 장개석의 '군사고문 축출' 요구를 무시했다. 결국 군사고문과 왕정위의 '연합'에 위협을 느낀 장개석이 중산함의 '황포 진입'을 빌미로 왕정위와 소련 군사고문을 축출하는 정변을 일으켰다.

광주에 도착한 중국방문단장 부보노프(Bobonov)[517]는 장개석에게 타

---

517 부보노프(Bobonov, 1883~1940)는 소련의 군사가, 대숙청 피해자이다. 1917년 (蘇共) 정치국 위원, 1918년 우크라이나 공산당 중앙위원, 1924년 소련 홍군 정치부 주임, 1926년 소련 방문단장으로 중국에 도착, 장개석의 요구를 수용하고 '타협책'을 제시, 1940년 처형됐다.

협안을 제시했다. 그는 장개석 요구를 수용해 꾸이브이쒜프를 해임하고 귀국 조치를 단행했다(中共中央黨史硏究室, 1998: 171). 부보노프는 강경책으로 국공합작이 결렬될 경우 스탈린의 대중국정책에 차질이 빚어진다는 것을 잘 알고 있었다. 또 트로츠키에게 '스탈린 공격'의 빌미를 제공하고 소련 국익에 악영향을 끼치게 될 것을 우려했다(蘇若群 외, 2016: 229). 한편 부보노프의 타협책에 실망한 인물이 바로 왕정위였다. 병을 핑계로 두문불출한 왕정위는 사직하고 프랑스로 '휴양'을 떠났다. 3월 말 상해에 도착한 부보노프는 진독수 등에게 '장개석 타협'을 강조했다.

　장개석은 '중산함사건'을 통해 세 가지 목적을 달성했다. 첫째, 황포군교와 제1군 공산당원을 축출했다. 둘째, '북벌 반대자' 꾸이브이쒜프를 면직시켰다. 셋째, 국민당 좌파를 고립·분열시켰다. 정적 왕정위를 '휴양'시킴으로써 당정군(黨政軍) 대권 찬탈에 성공했다. 결국 장개석은 '3.20사건'을 통해 왕정위와 소련 군사고문, 공산당을 동시에 축출함으로써 일석삼조의 효과를 거뒀다. 수석고문 꾸이브이쒜프는 장개석의 역모와 소련정부 타협책의 정치적 희생양이다. 또 그는 보로딘의 지지하에 중공을 굴복시켜 '정리당무안(整理黨務案)'[518]을 무난히 통과시켰다.

　'중산함사건' 발생 후 모택동이 꾸이브이쒜프에게 제출한 의견은 ① 군사적 반격 ② 타협, 장개석의 '야망 달성' 일조 ③ 장개석의 군권·

518　'정리당무안(整理黨務案)'은 1926년 5월 국민당 2기 2중전회에서 가결된 '결의안'이다. '당무안'을 추진한 주요 목적은 국민당 고위층의 공산당원을 축출하고 국민당 좌파를 타격하기 위한 것이었다. 공산국제 대표 보로딘과 진독수 등의 '타협'으로 '정리당무안'은 순조롭게 통과됐다. 결국 모택동 등 공산당원 신분의 국민당 부장은 전부 면직됐다. 이는 국공 양당에서 실권(失權)한 모택동이 농민운동에 전념하게 된 직접적 계기가 됐다.

당적 박탈 ④ 이종인(李宗仁)[519]·이제심과 장개석 간 갈등을 이용 등이다(申長友, 1994: 75). 꾸이브이쉐프는 모택동의 의견을 받아들이지 않았다. 또 진독수는 모택동 등의 '반격' 의견을 일축했다. 소련정부가 제시한 '타협책'을 수용한 상황에서 진독수가 모택동의 주장을 수용할 리 만무했다.

꾸이브이쉐프의 '반격 반대' 이유는 첫째, 국민혁명을 위해 장개석을 토벌해선 안 된다. 둘째, 광주의 세수(稅收)는 장개석이 관장하고 있고 엽정독립연대의 군비 조달이 어렵다. 셋째, '중공 군대'는 장개석의 정규군을 대적할 수 없다. 넷째, 장개석의 황포군은 소련의 신식무기로 무장했다(尹家民, 2012: 39). 소련 군사전문가의 분석은 나름의 일리가 있었고 '군사 문외한' 모택동은 그를 설복할 수 없었다. 실제로 수석고문 꾸이브이쉐프는 스탈린의 대중국정책을 결코 무시할 수 없었다. 결국 국공 양당의 불신을 받은 소련 군사고문은 장개석에 의해 추방됐다.

주은래는 이렇게 회상했다. …'사건 발생'을 예감한 나는 장태뢰에게 귀띔했으나 소련 고문단은 대수롭지 않게 여겼다. 당시 담연개·이제심 등은 장개석에게 불만이 컸다. 만약 즉각 반격했더라면 이길 승산이 컸다(周恩來, 1980: 121). 스탈린의 '지령'을 받은 소련 방문단이 타협책을 제시한 상황에서 독립적 의사결정권이 없는 중공 지도부는 '타협 지시'를 수용할 수밖에 없었다. 실제로 주은래도 당중앙의 '타협 지시'에 순응했다.

---

519 이종인(李宗仁, 1891~1969), 광서성 계림(桂林) 출신이며 계군 수장이다. 1923년 국민당 가입, 1920년대 광서 제1군단장, 군사참의원장을 맡았다. 1930년대 초비(剿匪)총사령관, 제5로군 총사령관을 역임, 1940년대 국민정부 주석, 중화민국 대리총통을 지냈다. 1949년 미국에 정착, 16년 동안 망명생활을 했다. 1969년 북경에서 병사했다.

모택동·주은래 등이 '반격'을 주장한 이유는 ① 제1군의 제2~3사 각급 당대표는 공산당원이 대다수를 차지 ② 성항(省港)노동자 20만명, 노동자규찰대 2000명 ③ 해륙풍(海陸豊) 농회회원 20만명 ④ 국민당 좌파의 지지 ⑤ 국민혁명군 기타 군단장과 장개석 간 알력 등이다(姚金果외, 2016: 235). 상기 주장은 중공에게 '유리한 조건'을 강조하고 불리한 조건과 객관적 여건을 간과했다. 당시 '반격'의 3가지 방법은 ① '사건' 후 즉각 반격 ② 엽정독립연대·공농무장의 연합 반격 ③ 역량을 키운 후 반격이다. 한편 상기 '반격 방법'은 성공 가능성이 매우 낮았다.

장개석에 대한 '즉각 반격'은 실현 가능성이 제로였다. 엽정독립연대는 지방에 주둔했고 제2사단의 공산당원 40여 명은 전부 감금됐다. 또 성항노동자위원회는 장개석 군대에게 포위됐고 노동자규찰대는 무장해제를 당했다. 기타 군단장은 장개석에게 불만이 강했으나 공산당을 지지하지 않았다. '독립연대'는 결코 전투력이 강한 제1군의 적수가 되지 못했다. 또 보로딘은 무조건 장개석을 지지했고 황포군교 제1군은 소련의 신식무기로 무장했다. 한편 무작정 '무리한 반격'을 강행했더라면, 무자비한 학살이 감행된 '4.12정변(1927)'이 1년 앞당겨졌을 것이다.

'중산함사건' 후 모택동과 주은래는 장개석을 '공동의 적'으로 간주했다. 이는 모택동과 주은래의 첫 '합작'이다. 1926년 6월 주은래는 모택동의 요청을 받아 농강소(農講所)에서 강연했다. 1926년 겨울 중공 군사부장 주은래는 실세로 부상했다. 장개석은 남창봉기(南昌蜂起)[520] 지

---

520 남창봉기(南昌蜂起, 1927.8.1)는 중공이 독립적으로 무장투쟁을 영도, 혁명군대를 창건한 서막이다. 중공중앙은 주은래·이립삼·운대영·팽배로 전적위원회를 구성, 주은래를 서기로 임명했다. 1927년 8월 1일 주은래·하룡·엽정·주덕·유백승 등이 영도한 무장

도자 주은래에게 수배령을 내렸고 '공비(共匪)' 두목 모택동을 토벌했다. '모주(毛周) 합작'은 강력한 카리스마와 유연한 리더십이 결합이었다. 결국 '중산함사건' 후 그들은 '왕정위 조력자'와 '장개석 부하'라는 오명에서 벗어났다.

3월 29일 진독수는 중공의 명의로 성명을 발표했다. …장개석의 행동은 잘못된 것이다. 그러나 간단하게 장개석을 토벌하는 방법으로 문제를 해결할 수 없다. 응당 기로에 빠진 그를 도와줘야 한다(中共中央文獻研究室, 1993: 160). 또 그는 '향도주보(嚮導週報)'[521]에 문장을 발표(4.3)해 장개석을 중국혁명의 '주춧돌'이라고 치켜세웠다. 당시 진독수의 영향을 받은 장태뢰는 '인민주간(人民週刊, 1926.4.6)'에 글을 발표해 장개석을 '혁명영수(領袖)'라고 극찬했다. 한편 진독수 등의 타협적 견해는 '중산함사건'에 대한 소련정부와 공산국제의 '타협책'에 기인된 것이다.

부보노프의 보고를 청취한 소련 지도부는 그의 타협책을 지지했다. 4월 29일 스탈린은 이렇게 지시했다. …국공 분열은 절대 안 된다. 중공은 국민당과의 '당내 합작'을 견지해야 한다. 또 우파 와 투쟁하고 좌파(蔣介石)와 연합해야 한다(中共中央黨史研究室, 1998: 202). 4월 30일 소련 '진리보(眞理報)'는 장개석이 지배한 국민당을 지지하는 성명을 발표했다. 5월 6일 보이틴스키는 문장을 발표해 '정변'은 사실무근이라고 주

봉기가 강서성 남창에서 거행됐다. 봉기군 잔여부대는 주덕·진의의 인솔하에 상남기의(湘南起義, 1928.1)에 참가했다. 1928년 4월 정강산에서 모택동의 추수봉기군과 회합했다.

521 '향도주보(嚮導週報)'는 1922년 9월 13일 상해에서 창간, 중국 공산당의 최초의 기관지였다. 중공의 노선(路線)·방침·정책을 선전하고 국내의 정세에 대해 평론을 게재했다. (週報)편집장은 채화삼, 주요 기고자는 진독수·채화삼 등이었다. 한편 국공합작 기간 국민당 정책을 비판하는 문장이 자주 실렸다. 1929년 7월에 정간(停刊)했다.

장했다. 스탈린의 '지시'는 보로딘과 진독수가 장개석과 타협하는 정책적 근거가 됐다.

5월 14일 보로딘과 장개석이 협의한 '합의안'은 ① '공산당 축출' 등 장개석의 요구사항을 수용 ② 소련에서 지원한 군수물자를 장개석에게 일임 ③ 보로딘을 고문으로 초빙, '우파 타격' 의견 수용 등이다. 장개석은 이렇게 회상했다. …보로딘은 '정리당무안' 요구를 순순히 수용했다. 그는 나의 모든 건의를 대체로 받아들였다(蔣介石, 1981: 42). 5월 10일 소련이 지원한 자동소총 2만정과 소량의 대포가 광주에 도착했다. 보로딘은 중공 광동구위의 '무기 분배' 요구를 무시하고 모든 무기를 장개석에게 넘겨줬다.

장개석이 제출한 '정리당무안' 골자는 첫째, 공산당원은 국민당중앙과 지방당부 집행위원 전체의 3분의 1을 초과하지 못한다. 둘째, 공산당원은 국민당중앙의 부장직을 맡지 못한다. 셋째, 국민당에 가입한 공산당 명단을 국민정부가 보관한다. ④ 공산국제의 지시를 국공(國共) 연석회의에 교부해야 한다(劉志靑, 2010: 26). 장개석은 사전에 '정리당무안'의 내용을 보로딘과 의논해 그의 승낙을 받았다. 한편 보로딘은 '국공 분열'을 방지해야 한다는 소련 지도부의 '지시'에 근거해 중공중앙과 협상하지 않은 상황에서 장개석의 '무리한 요구'를 그대로 수락했다.

중공중앙은 장국도·팽술지를 파견해 (國民黨)2중전회에 참석하게 했다. 그들의 주최로 '정리당무안'을 토론할 때 중공 대표들의 의견은 크게 엇갈렸다. 7일 간 토론했으나 일치된 의견을 도출하지 못했다. 장국도는 당중앙의 '타협책'을 근거로 대표들에게 사인을 강요했다(于俊道 외, 2018: 295). 한편 사인을 거절한 모택동은 거수(擧手)로 가결할 때도 손을 들지 않았다. 또 반대표를 던진 국민당 대표는 하향응(何香凝)[522]·유아자(柳亞子)[523]였다(鄧穎超, 1971.8.11). 당시 장국도는 진독수의 절대적 신임을 받는 흠차대신(欽差大臣)이었다. 한편 보로딘과 진독수가 '장개석 타협'을 확정한 상태에서 모택동의 고립무원은 당연한 결과였다.

1926년 5월 17일 '정리당무안'이 최종 통과됐다. 따라서 담평산(組織部長)·임백거(農民部長)·모택동(代理宣傳部長)·유백수(劉伯垂)[524]가 전부 면직되고 장개석·감내광·고맹여(顧孟余)[525]·엽초창이 대신했다. '중삼함사건'과 '정리당무안'을 통해 장개석은 짧은 석달 동안에 맡은 요직은 ① 4월 16일 국민당중앙 군사위원회 주석 ② 6월 1일 국민당중앙 조직부장 ③ 6월 5일 국민혁명군 총사령관 ④ 7월 5일 국민당중앙 군사부장 ⑤ 7월 6일 국민당중앙 상임위원회 주석이다. 결국 장개석의 당정군(黨政軍) 대권 장악을 장악했다. 이는 국공합작의 결렬을 초래했다.

---

522 하향응(何香凝, 1878~1972), 홍콩 출신이며 요중개의 부인, 국민당 좌파이다. 1905년 동맹회에 가입, 1924년 국민당중앙 부녀부장, 1926년 국민당중앙 (候補)상임위원, 1928년 겨울 국민당의 일체 직무를 사직했다. 건국 후 전국 정협 부주석, 전국 인대 부위원장, 전국부녀(婦女)연합회 명예주석 등을 역임, 1972년 북경에 병사했다.

523 유아자(柳亞子, 1887~1958), 강소성 소주(蘇州) 출신이며 국민당 좌파이다. 1906년 동맹회 가입, 1926년 '정리당무안' 반대, 1941년 '환남사변'을 일으킨 장개석을 견책, 당적을 박탈당했다. 건국 후 중앙인민정부 위원, 전국 인대(人大) 위원을 역임, 1958년 북경에서 병사했다.

524 유백수(劉伯垂, 1887~1936), 호북성 무창(武昌) 출신이며 트로츠키파이다. 1920년 상해공산주의소조 가입, 1923년 '2.7대파업' 참가, 1926년 (國民黨)중앙당부 비서장, 1927년 탈당 후 '무산자사(無産者社)'에 가담, 트로츠키파로 전락했다. 1936년 상해(上海)에서 병사했다.

525 고맹여(顧孟余, 1888~1972), 하북성 완평(宛平) 출신이며 국민당 우파이다. 1920~1940년대 광동대학 총장, 국민당중앙 상임위원, (中央)정치위원회 비서장, 국립중앙대학 총장을 지냈다. 1949년 미국에 정착, 1969년 대만으로 이주, 1972년 대북(臺北)에서 병사했다.

1925년 가을 모택동은 '국민당 1인자' 왕정위의 추천으로 (代理)선전부장에 임명됐다. '국민당 2대(1926.1)'에서 (代理)부장에 연임했으나, '정리당무안'으로 실권(失權)했다. 그 후 농민운동강습소를 주관하며 농민운동에 치중한 모택동은 농민운동의 '대부'로 거듭났다. 한편 장개석이 획책한 '중산함사건'을 통해 모택동은 무장투쟁의 중요성을 절감했다. 이는 모택동이 정강산에 들어가 공농홍군을 창건한 사상적 토대가 됐다.

제5절 기로에 선 농민운동의 '대부'

1. 농민운동 종사자, 농민문제 '전문가'로

1923년 운대영은 모택동에게 편지를 보내 향촌교육을 주창한 도행지(陶行知)[526]를 본받아 농민들을 조직해야 한다고 건의했다. 당시 운대영의 제의를 사절한 모택동은 연안에서 이렇게 회상했다. …15년 전 나는 운대영의 '평민교육 동참'을 거절했다(逢先知 외, 2011: 110). 1923년부터 평민운동을 추진한 도행지의 향촌교육은 농민운동으로 보기 어렵다. 중공 내 농민운동 선구자는 1923년 광동성 해풍현에 농민협회를 세운 팽배(彭湃)이다. 모택동은 1925년 봄부터 고향 소산충에서 농민운동에 종사했다.

'중공 3대'에서 모택동은 이렇게 말했다. …동서고금을 막론하고

---

526 도행지(陶行知, 1891~1946)는 안휘성 흡현(歙縣) 출신이며 교육가이다. 1910년대 미국 콜롬비아 대학에서 유학, 1923년 평민학교 설립, 평민교육운동을 추진했다. 1926년 '중화교육개조전국향촌선언'을 발표, 1946년 (重慶)사회대학 설립, 1946년 상해(上海)에서 병사했다.

역성혁명에서 농민의 역할과 농민폭동이 매우 중요했다. 중공도 농민 운동을 중시해야 한다(金沖及 외, 1996: 108). 1923년 7월 진독수가 '전봉(前 鋒)'에 발표한 '중국농민문제'는 이렇게 썼다. …농민이 절대다수를 차 지하는 중국에서 농민문제는 중요하나 농민은 중국혁명의 동력이 될 수 없다(朱洪, 2011: 188). 1923년 4월 모택동은 공산당원 유동헌(劉東軒)[527] 을 형산에 파견했다. 한편 '중공 3대'에서 농민문제는 '지엽적 문제'로 간주됐다. 이는 모택동과 진독수의 농민 역할과 농민운동에 대한 '견해 차이'를 엿볼 수 있다. 결국 이는 그들의 '관계 소원'을 초래했다.

소산충에 도착한 모택동은 '평민교육'을 보급한다는 명의로 모씨 종사(毛氏宗嗣) 등에서 농민야학을 창설했다. 야학교 강사들은 양개혜·방숙간(龐叔侃)[528]·이경후(李耿侯)[529] 등 진보적 인사가 담당했다. 당시 소산충에서 운영된 농민야학교는 농민들에게 글을 깨치는 동시에 계몽 교육을 진행했다(唐振南 외, 1990: 241). 결국 모택동이 장사에서 노동자야 학을 운영했던 경험이 유효하게 작용한 것이다. 1925년 봄 소산 일대에

---

527 유동헌(劉東軒, 1899~1928), 호남성 형산(衡山) 출신이며 노농(勞農)운동가이다. 1922년
    공산당에 가입, 1923년 호남성 제일농회(農會)조직인 악북(岳北)농공회 위원장, 1927
    년 가을 추수봉기에 참가, 1928년 상남(湘南)에서 농민폭동을 조직, 국민당 반동파에
    게 처형됐다.

528 방숙간(龐叔侃, 1905~1927), 호남성 상담(湘潭) 출신이며 '소산오걸(韶山五傑)'이다. 1925년
    중공에 가입, 1926년 가을 광주(廣州) 농민운동강습소를 졸업, 그 후 상담특구 구위서
    기, 상담현 농민협회 책임자를 맡았다. 1927년 국민당 반동파에게 체포, 상담에서 처
    형됐다.

529 이경후(李耿侯, 1889~1928), 호남성 상담현 출신이며 '소산오걸'이다. 1925년 중공에 가
    입, 상담특구 조직부장과 농민자위군 책임자, 1927년 5월 상녕(常寧) 수구산에서 노동
    자 무장봉기에 참가했다. 1928년 정강산에서 공농홍군에 참가, 상감변계(湘贛邊界) 전
    투에서 희생됐다.

는 농민협회가 비밀리에 창립됐다. '상담(湘潭)현 농민운동 보고서'에 따르면 1925년 봄여름 비밀조직인 농회(農會)가 20여 개가 설립했다.

1925년 3월부터 모택동은 모복헌(毛福軒)[530] 등을 주축으로 농민협회를 설립했다. 또 열성분자를 물색해 공산당에 가입시켰다. 농민야학교 학원들은 농회 핵심으로 양성됐고 야학교는 농회의 아지트가 됐다. 6월 중순 모택동은 종지신(鍾志申)[531]·방숙간·이경후·모신매(毛新梅)[532]의 입당식을 거행하고 소산지부를 창립했다(于俊道 외, 1996: 431). 소산지부는 모택동이 농촌에서 창건한 첫 당조직이며 모복헌이 지부서기를 맡았다. 한편 '소산오걸(五傑)'은 1930년 전후 모두 국민당 반동파에게 살해됐다.

소산충 농민협회는 '설치회(雪恥會)' 명의로 혁명활동을 진행했다. 그들은 '열강을 타도하고 국치(國恥)를 설욕하자'는 구호를 내걸었다. 또 농민협회를 핵심으로 소산 일대에 20여 개 '설치회'를 설립했다. '설치회'는 전단을 살포하고 시위행진을 벌이며 외국산 제품 불매운동을 벌

---

530 모복헌(毛福軒, 1897~1933), 호남성 상담현 출신이며 '소산오걸'이다. 1922년 중공에 가입, 1925년 소산당지부서기, 호남성위 특파원, 1927년 호남농민운동을 시찰한 모택동을 동반해 5개 현 고찰, 1929년 국민당 금산(金山)현 경찰국장, 1933년 남경(南京)에서 처형됐다.

531 종지신(鍾志申, 1893~1928), 호남성 상담현 출신이며 '소산오걸'이다. 1925년 중공에 가입, 상담현 제1구 농민협회 위원장, 1926년 10월 상담현 농민협회 집행위원장, 1927년 1월 모택동을 협조해 농민운동을 고찰, 1928년 3월 장사(長沙)에서 국민당 반동파에게 처형됐다.

532 모신매(毛新梅, 1886~1927), 호남성 상담 출신이며 '소산오걸'이다. 1925년 봄 모택동을 협조해 농민협회와 농민야학교를 설립, 6월에 중공에 가입했다. 그해 12월 소산당지부 선전원(宣傳員), 1926년 8월 상담현 농민협회 서무장(庶務長), 1927 6월 상향(湘鄉)에서 희생됐다.

였다(金沖及 외, 2011: 114). 소산충의 '설치회'는 오삽참안(五卅慘案)[533]에서 기인된 것이다. '오삽참안'이 발생한 후 호남성에는 수많은 '설치회'가 설립됐다.

1925년 7월 소산(韶山) 일대에는 한재(旱災)가 발생해 기근이 일어났다. 지주들은 식량을 저장했다가 높은 가격으로 팔아 폭리를 챙겼다. 모택동은 농회 간부를 파견해 토호 성서생(成胥生)과 교섭해 보유미 방출을 요구했으나 거절당했다. 결국 모택동은 '농민무장'을 동원해 식량 운반을 저지했고 성서생은 쌀을 농민들에게 '싼 값'에 팔았다(何明, 2003: 233). 이것이 소산의 '유명한 사건'으로 기록되는 '평조조금(平糶阻禁)' 투쟁이다. 당시 반동무장 책임자인 성서생은 모택동의 라이벌이었다. 또 그는 '과격파' 모택동을 호남성장 조항척에게 밀고한 장본인이다.

모택동은 민주인사와 진보적 지식인을 국민당에 가입시켰다. 7월 초 국민당 제7구 당부(黨部)가 설립됐다. 또 그는 공산당원 이경후와 종지신 등을 파견해 선전·조직 업무를 주관하게 했다(龔一, 2014: 70). 모택동의 활동은 하이강(賀爾康)[534] 일기에 기록돼 있다. …7월 12일 나는 윤

---

533 오삽참안(五卅慘案, 1925.5.30)은 (反帝)애국운동인 오삽운동의 도화선이다. 중공 4차 대회(1925.1) 후 상해·청도 등지의 일본 방직공장 노동자들은 대규모적 파업을 진행, 일제와 북양군벌의 탄압을 받았다. 5월 14일 일본 자본가는 노동자 고정홍(顧正紅)을 살해하고 노동자들을 구타했다. 5월 30일 상해 2천명 학생들은 시위행진을 진행, 영국 순경은 100여 명을 체포됐다. 그날 오후 1만여 명 노농대중은 체포된 학생 석방을 요구하고 '제국주의 타도' 구호를 외쳤다. 당시 영국 순경은 당장에서 13명을 사살, 수십명에게 중상을 입혔고 150여 명을 체포했다. 한편 오삽참안은 (五卅)애국운동으로 확산, '대혁명 고조(高潮)' 서막을 열었다.

534 하이강(賀爾康, 1905~1928), 호남성 상담 출신이며 농민운동가이다. 1925년 중공에 가입, 1926년 여름 소산충에서 농회를 설립, 8월 '(廣州)농강소' 졸업했다. 또 농민운동 특파원으로 형산(衡山)에 파견됐다. 1927년 호남성위 위원, 1928년 형산에서 처형됐다.

지(潤之) 요청으로 국민당 당부의 설립 회의에 참석했다. 8월 4일 오후 '중공 회의'에 참석하고 저녁에 '국민당 회의'에 참가했다(湖南省博物館, 1988: 394). 당시 중공 고위층에서 밀려난 모택동이 소산에서 '국민당 업무'에 열중한 것은 추후의 '국민당 근무'를 준비했던 것으로 추정된다.

1926년 12월 상담현 농회가 작성한 '농민운동 보고서'는 이렇게 썼다. …상담의 농민운동은 호남성의 중추적 역할을 했다. 상담현의 소산충 농민운동이 가장 활발했다. 그 와중 당지 지주와 충돌이 발생했다(湖南省博物館, 1979: 172). 모택동은 이렇게 회상했다. …고향에 돌아간 나는 몇 달 후 20여 개의 농회를 설립했다. 이는 당지 지주들의 분노를 자아냈다. 조항척이 군대를 파견해 나를 체포하려고 했기에 나는 광주로 피신했다(孫彦 외, 1993: 37). 소산충에서 반년 간 종사한 농민운동은 1926~1927년 모택동이 농민문제 저서를 쓸 수 있는 실천적 기초를 마련했다. 또 이는 그가 농민문제 '전문가'로 거듭난 밑바탕이다.

'설치회(雪恥會)' 회원 곽운촌(郭運泉)의 회상에 따르면 현장(懸長) 사무실에서 …군대를 파견해 즉각 모택동을 체포하라는 '밀전(密電)'을 발견한 곽록빈(郭祿賓, 상담현 국회의원)은 곧 편지를 써 조카 곽사규(郭士奎)에게 주어 모택동에게 전할 것을 부탁했다(李捷 외, 2018: 302). 모택민의 부인 왕숙란(王淑蘭, 1960)의 회상에 따르면 곽록빈의 편지를 갖고 온 사람은 곽씨(郭氏)였다. 한편 곽사규가 곽록빈과 교분이 두터운 유천민의 지시를 받았다는 것이 일각의 주장이다. 건국 초기 모택동은 곽사규를 북경에 초청했다. 상기 주장은 신빙성이 매우 높다. 한편 모택동 동창의 부인 유천민이 중요한 역할을 했다는 주장도 설득력이 높다.

장사에 도착한 모택동은 사촌형 왕계범의 집에 머물렀다. 당시 장사의 거리에는 모택동 수배령이 내려졌으나, 그는 호남성위의 책임자와 만나 소산충의 농민운동 상황을 보고했다. 또 상인으로 변장해 악록산(岳麓山)에 오른 모택동은 '심원춘 장사(沁園春·長沙)'[535]를 지었다(肖顯社 외, 2007: 94). 2년 전 노동운동을 전개한 '죄(罪)'를 추궁받은 모택동은 부득이하게 장사를 떠났다. 2년 후 고향(韶山沖)에서 농민운동을 추진한 모택동은 '과격파(過激派)'로 또 다시 수배령을 받았다. 한편 '사(詞)'를 통해 모택동은 착잡한 심경과 혁명에 대한 강력한 의지를 표명했다.

1925년 9월 중순 광주에 도착한 모택동은 국민당 선전부에서 근무했다. 그는 방숙간에게 편지를 보내 '설치회'를 농민협회로 개편할 것을 건의했다. 당시 호남성위의 특파원인 모복헌이 상담·상향·녕향(寧鄉)의 농민운동을 총괄했다(張萬祿 외, 1991: 88). 한편 농민운동 지도자 모복헌은 1933년 반역자의 밀고로 남경에서 살해됐다. 1926년 3월 상담특구 농민협회장으로 임명된 방숙간은 1928년 반역자의 밀고로 장사에서 반동파에게 처형됐다. 그외 모택동 부부와 함께 소산충에서 혁명활동을 한 농회(農會)의 간부들도 대부분 국민당 반동파에게 처형됐다.

1925년 9월 모택동은 '소년중국학회조사표'에 개인 이력을 이렇게 썼다. …1년 간 교사, 2년 간 노동운동, 반년 간 농민운동, 1년 간 국민당 조직을 설립했다. 학업란(欄)에는 …사회과학을 연구했고 현재 농민문제를 연구하고 있다(馬玉卿 외, 1991: 94). 주은래는 모택동을 이렇게 평가했다. …1920년대 모택동은 장사에서 노동운동을 진행했고 고향에서 농민운동에 종사했다. 추수봉기를 지도한 그는 군사 리더십을 갖췄다(周恩

---

535 '심원춘 장사(沁園春·長沙)'는 모택동이 1925년에 장사에서 쓴 사(詞)이다. 작품이 시간(詩刊)에 등록된 것은 1957년 1월 1일이다. 고향 소산충을 떠나 장사에 잠깐 머물렀던 모택동이 귤자주(橘子洲)를 여행하면서 남긴 작품이다. 모택동은 '사'를 통해 자신의 복잡한 심경을 드러냈다. '심원춘 장사'는 모택동의 '시사집(詩詞集)'에 수록됐다.

來, 1982: 333). '중공 창건자' 모택동은 노동운동과 농민운동에 두루 참가했고 중공중앙과 국민당중앙에서 조직부장과 선전부장을 역임했다. 이는 1930년대 모택동이 중공 지도자로 자리매김한 '내적 요인'이다.

모택동은 '중국사회 각 계급의 분석'[536]이란 문장(1925.12)에서 농민을 지칭한 '반(半)무산계급'의 경제적 지위와 정치적 성향을 분석했다. 또 농민을 자경농·소작농·빈농으로 획분하고 '농업무산계급' 고농(雇農)도 포함시켰다. (逄先知 외, 2011: 116). 실제로 소산충에서 반년 간 농민운동에 종사한 실천적 경험이 매우 중요했다. 또 이는 1926년 농민운동 강습소장에 임명된 모택동이 농민문제 '전문가'로 거듭날 수 있는 토대가 됐다.

'중국사회 각 계급의 분석'은 '혁명' 반월간 제4기(1925.12.1)와 '중국농민' 제2기(1926.2.1)에 발표됐다. 1951년 편집된 '모택동선집(毛澤東選集)'[537] 제1권에 수록됐다. 모택동은 '중국청년'에 실린 원문 일부를 수정했다(田樹德, 2002: 224). '선집'에 실린 '분석'은 각 계급의 혁명 태도를 논술했으므로 농민문제를 다룬 전문 저서로 보기 어렵다. 당시 모택동의 대표작은 '국민혁명과 농민운동(1926.9.1)', '중국소작농의 생활거례'이다.

중국 학자의 고증에 따르면 '모택동선집'에 수록된 '분석'에는 지식

---

536 1925년 12월 혁명 지도권과 농민문제 중요성을 인지한 모택동은 '중국사회 각 계급의 분석'을 썼다. 농민에 대한 중시와 농민혁명의 '중요성 인지'는 모택동 사상의 '맹아(萌芽)'로 간주된다. 농민문제 중시는 모택동 사상의 전향을 보여준 중요한 표징이다. 1951년 편집된 '모택동선집'에 수록된 이 문장은 원문의 일부가 삭제·수정됐다.

537 '모택동선집(毛澤東選集)'은 1944년 한단(邯鄲)에서 창간된 진찰기(晉察冀)일보사가 가장 먼저 출간했다. 1950년대와 1990년대 편집된 '모택동선집'이 대량 출간됐다. '선집'에는 신민주주의혁명 시기 모택동이 작성한 문장이 수록됐다. 당시 일부 문장은 대폭 수정됐거나 삭제됐다. 한편 '모택동선집' 출간은 개인숭배의 시작을 의미한다.

인 내용이 삭제됐다. 원문에서 모택동은 고등교육을 받은 지식인을 '극단적 반혁명파'와 '반(牛)혁명파'로 규정했다. 당시 북벌군은 '지식인을 타도하자'라는 구호를 외치는 상황까지 벌어졌다(王來棣, 2003: 39). 중국혁명의 주역은 노동자와 농민이며 지식인은 철저한 사상개조를 거쳐야 '노농(勞農) 결합'이 가능하며 혁명에 기여할 수 있다는 것이 모택동의 주장이었다(沈志華, 2013: 12). 건국 후 지식인 선입견이 컸던 모택동은 지식인을 '이념적 통합' 걸림돌로 간주했다. 한편 1950년대 '반우파투쟁'에서 수많은 지식인이 우파로 몰려 '지식인 수난시대'를 맞이했다.

모택동은 이렇게 썼다. …제국주의와 결탁한 군벌·관료·지주계급·반동 지식인은 우리의 적이다. 노동계급·농민·소자산계급은 믿음직한 아군이다. 중산계급 우익은 우리의 적이다. 좌익의 동요성(動搖性)을 경계해야 한다(毛澤東, 1991: 9). 중산계급 우익은 '대계도주의'를 표방한 대계도와 '서산회의파'이다. 국민당의 (左翼)대표적 인물은 요중개·왕정위이다. 한편 '7.15반혁명정변(1927)'[538] 장본인인 왕정위는 우파로 전락했다.

모택동이 '분석'을 쓰게 된 역사적 배경은 첫째, 1925년 11월 황포군 주축의 동정군이 '진형명 반란군' 토벌에 성공했다. 둘째, '공산당 축출'이 취지인 '대계도주의' 출현으로 통일전선 분열 조짐이 나타났다. 셋째, 국민당 완고파로 구성된 '서산회의파(1925.11)'는 (反共)분위기를 조장하고 손중산의 3대 정책을 반대했다. 넷째, 당시 혁명의 주도권과 '동

---

538 '7.15반혁명정변(1927)'은 '무한분공(武漢分共)'으로 불린다. 7월 14일 (武漢)국민당중앙은 비밀회의를 개최해 왕정위의 '분공(分共)' 주장을 수용, 7월 15일 국민당중앙위원회는 '중공 결렬'을 결정했다. '7.15반혁명정변'으로 수많은 공산당원이 체포되고 살해됐다. 결국 이는 제1차 국공합작의 완전한 파탄과 스탈린의 대중국정책 실패를 의미한다.

맹군' 문제가 최대 쟁점으로 부상했다. 한편 '(代理)부장' 모택동의 주장은 중공의 입장이라기보다 국민당 좌파의 입장을 대변했다는 것이 더욱 적절하다.

고향에서 농민운동에 종사하는 기간 세밀한 조사연구를 진행한 모택동은 1926년 농민문제 저서인 '중국소작농 생활거례(擧例)'를 썼다. 1927년 3월에 단행본으로 출간된 '생활거례'는 모택동이 주관한 중앙 농민운동강습소 '입문교재'로 사용됐다(張萬祿 외, 1991: 90). 모택동은 합리적 '가설'을 통해 중국 대다수 소작농은 가중한 조세를 바치는 제도로 인해 그 어느 나라 소작농보다 더 궁핍한 생활을 하고 있다고 지적했다. 또 이는 그들이 부득불 고향을 떠나 비적·유목민으로 전락한 주된 원인이라고 분석했다.

국공합작 이전 광동 등 지방의 농민운동은 비밀리에 전개됐다. '광동농민운동보고(1926)'는 이렇게 썼다. …'중공 3대'에서 농민 정책이 제정된 후 광동의 농민운동은 비공개로 추진됐다(黃志堅, 2015: 110). '국민당 1대'에서 손중산의 '공농부조(工農扶助)' 정책이 통과된 후 광동의 농민운동은 신속히 발전됐다. 국민당의 농민부는 공산당원 임백거가 부장을 맡았다. 당시 중공은 노동운동에 치중했고 국민당은 농민운동을 중시했다.

국민당중앙은 농민부(農民部)의 명의로 농민운동강습소를 창설했다. '농강소(農講所)'를 처음 설립한 것은 농민부 비서이며 농민운동가인 팽배(彭拜)이다. 당시 조직부장 담평산과 좌파 요중개의 지지로 제39차 회의(1924.6.30)에서 '농강소 설립'을 결정했다. 1924년 7월 광주에서 출범한 농민운동강습소 취지는 농민운동에 필요한 간부를 양성하기 위한 것이다. 1922년부터 해륙풍에서 농민운동에 종사한 팽배는 농민운동

지도자의 중요성을 절감했다. 이 또한 팽배가 '농민운동 선구자'로 불리는 이유이다.

1924~1926년 '농강소'는 총 6기에 걸쳐 797명의 농민 간부를 양성했다. 역대 '농강소장'은 농민운동에 '일가견이 있는' 공산당원이 맡았다. 제1기와 제5기의 '농강소장'은 팽배가 역임했고 제2기 소장은 나기원(羅綺園)[539], 제3~4기는 원소선(阮嘯仙)[540]·담식당이 맡았다. 제6기(1926.3~9)는 모택동이 소장으로 부임했다. 중공 지도자 구추백은 팽배와 모택동을 농민운동의 '대부'라고 치켜세웠다. '선구자' 팽배가 '실천형 리더'라면 실천을 바탕으로 이론적 연구에 전념한 모택동은 농민문제 '전문가'였다.

제1기 '농강소' 졸업식에서 손중산은 이렇게 연설했다. …중국에서 농민은 절대다수를 차지한다. 농민이 혁명에 불참한다면 국민혁명은 성공할 수 없다(孫中山, 1924.8.21). 공산당이 주최한 '농강소'는 단순한 '농민학교'가 아니었다. 학과목은 ① 군사훈련 ② 농민운동실습 ③ 과외 필독, '공산당선언'·'자본론입문' 등이다(張騰霄 외, 1989: 9). 강의를 맡은 공산당 이론가는 팽배·모택동·주은래·운대영·이립삼 등이다. 국민당 명의로 출범한 '농강소'는 중공의 농민운동에 필요한 수많은 중견 간부

---

539 나기원(羅綺園, 1894~1931), 광동성 본우(番禺) 출신이며 농민운동가이다. 1922년 중공에 가입, 1924년 광동구위 농위서기, 국민당 농민부 비서, 1925년 광동성 농민협회 상임위원, 1930년 중앙농위(農委) 부서기, 1931년 중앙선전부 부부장, 그해 7월 변절 후 처형됐다.

540 원소선(阮嘯仙, 1897~1935), 광동성 하원(河源) 출신이며 공산주의자이다. 1921년 (廣州) 공산주의소조에 가입, 1923년 청년단중앙 (候補)위원, 1925년 광동성 농위서기(農委書記), 1930년 북방국 조직부장, 1934년 감남(贑南)성위 서기를 역임, 1935년 전투 중 희생됐다.

를 양성했다.

국민당 농민부는 제1호 '통고(1926.2.5)'에서 농민운동위원회 설립과 제6기 농강소 개소를 확정했다. 9명의 농위(農委) 위원은 임백거·모택동·감내광·진공박·송자문(宋子文)[541]·담상식·소초녀·나기원·원소선이며 임백거가 위원장을 맡았다. 나명(羅明, 1974.7.9)[542]의 회상에 따르면 모택동은 2월 중순부터 '신입생 모집'을 준비했다. 모택동을 나명을 복건성(福建省)에 파견해 신입생을 모집하게 했다. 국민당 제13차 회의(1926.3.19)에서 모택동을 제6기 '농강소장'으로 정식 임명됐다. 당시 모택동은 광주 번우학궁(番禺學宮)을 '농강소' 장소로 선정했다.

모택동은 농민부 회의(1926.3.30)에서 제출한 제안은 ① 고어한(高語罕), '농강소' 정치훈련부장 ② 광서의 '신입생 모집' 계획 변경 ③ '북벌 관련' 지역 학원생 모집 등이다. 1926년 5월 15일 개학한 '농강소'는 25개 과목을 설치, 4개월 간 수업을 시작했다. 수업량이 가장 많은 '중국 농민문제' 과목을 강의한 모택동은 '농촌 교육'과 지리과(地理科) 강사를 맡았다. 당시 모택동은 '상급자' 임백거의 물심양면의 전폭적 지지를 받았다.

모택동은 농민문제와 중국혁명 간 관계를 이렇게 설명했다. 첫째,

---

541 송자문(宋子文, 1894~1971), 상해(上海) 출신이며 국민당 정치가이다. 1923년 대원수부 비서, 1920~1930년대 남경정부의 재정부장, 행정원 부원장, 중국은행 이사장을 지냈다. 1940년대 외교부장, 행정원 (代理)원장 등을 역임, 1949년 뉴욕으로 이주, 1953년 장개석에 의해 국민당 당적을 박탈당했다. 1971년 샌프란시스코에서 병사했다.

542 나명(羅明, 1901~1987), 광동성 대포(大埔) 출신이며 공산주의자이다. 1925년 중공에 가입, 1920년대 민남(閩南)특파 서기, 복건성위 서기, 산동성위 서기, 1935년 당조직을 이탈했다. 건국 후 광동민족대학 총장, 전국 정협 상임위원을 역임, 1987년 광주(廣州)에서 병사했다.

농민은 중국인구 80%을 차지한다. 둘째, 중국의 경제중심은 농촌에 있다. 셋째, 국민혁명이 승리를 취득하려면 농민을 동원해야 한다. 넷째, 오삽운동이 실패한 주된 원인은 농민을 동원하지 않았기 때문이다. 다섯째, 중국혁명의 중심문제는 농민문제이다(何明, 2009: 108). 당시 모택동이 '농강소'에서 강사를 맡은 '농촌 교육' 과목도 사실상 '농민문제'의 중요성을 강조한 것이다. 또 그는 '중국농민문제'에 대한 논증을 통해 중국혁명의 가장 중요한 문제인 '농민동맹군'의 중요성을 부각시켰다.

1926년 여름 모택동이 출간한 '농민문제총간(叢刊)'의 골자는 ① 농민운동 문헌과 정책을 정리 ② '해륙풍 농민운동보고서' 등 '농강소' 강사의 연구보고서 ③ 학원생의 조사보고서이다(金冲及 외, 2011: 119). 모택동이 작성한 '국민혁명과 농민운동'은 이렇게 썼다. …농민문제는 중국혁명의 중심문제이며 농민들의 옹호를 받지 못하면 혁명은 성공할 수 없다. 농민문제는 농민운동을 통해 해결할 수 있다. 농민문제를 해결하지 않으면 농민은 혁명을 지지하지 않을 것이다(中央文獻硏究室, 2003: 219). 모택동의 '농민문제총간'은 국민당 농민부가 주관하는 '농민운동' 제8기에 게재됐다. 당시 중앙선전부를 주관한 구추백은 선전부 간사 양목지(羊牧之)[543]에게 모택동의 문장을 중공 기관지인 '향도(嚮導)'에 전재할 것을 지시했다. 모택동은 국공 양당에서 인정하는 농민문제 '전문가'로 거듭났다.

모택동은 독학을 중시하고 조사연구를 제창했다. 2주 간의 '해륙풍

---

543 양목지(羊牧之, 1901~1999), 강소성 상주(常州) 출신이며 공산주의자이다. 1925년 중공에 가입, 선전부 간사, 대혁명 실패 후 당조직을 이탈, 호남상향중학교에서 국문 교사로 근무, 1980년대 의주시사(艤舟詩詞) 사장, 강남시사학회 부회장을 역임, 1999년 상주에서 병사했다.

실습'이 이를 증명한다. '농민문제연구회'를 설립해 매주 1~2차 토론회를 개최해 학원생의 분석력과 문제 해결력을 키웠다. 또 '농강소'에 군사학과를 설치하고 황포군관학교 졸업생 조자선(趙自選)[544]을 군사교관으로 초빙했다. 학원생은 엄격한 군사훈련을 통해 군사적 자질을 키웠다. 9월 11일 학원생은 졸업시험을 치렀고 광주 '농강소'는 역사적 사명을 완수했다.

주은래(1943)는 이렇게 회상했다. …'오삽운동' 후 전국의 노농운동은 신속히 발전했다. 당시 농민혁명이 대세라는 것을 예견한 대표적 인물은 모택동이다. '농강소'를 주관한 그는 조사연구를 거쳐 20여 권 소책자를 발간했다(周恩來, 1997: 117). 실제로 이 시기 소산충에서 농민운동에 종사한 모택동은 사실상 '실각' 상태였고 노동운동과는 무관했다. 광주 '농강소'는 장개석의 '정리당무안'으로 '(國民黨)선전부장'에서 해임된 상태에서 시작한 것이다. 한편 중국 역사상 많은 '대작(大作)'은 과오를 범한 고관대작이 시골로 추방당해 '무관(無官)' 상태에서 쓴 것이다.

'농강소' 졸업생 대다수는 국민당 농민부의 특파원으로 전국 각지에 파견돼 농민운동을 조직했다. 그들은 지방에서 농민협회를 설립하고 농민운동 리더로 거듭났다. 제6기 졸업생은 광동성 농민운동의 성공적 경험을 모델로 농민운동을 성공적으로 추진해 국민혁명에 기여했다. 호남성·호북성에 파견된 '농강소' 졸업생은 농민협회를 설립해 장개석의 북벌에 호응했다. 또 그들이 조직한 농민자위군은 나중에 혁

---

544 조자선(趙自選, 1901~1928), 호남성 유양(瀏陽) 출신이며 공산주의자이다. 1924년 중공에 가입, 1925년 황포군관학교 졸업, 제2차 동정(東征)에 참가, 1926년 광주 '농강소' 군사교관, 1927년 12월 광주봉기에 참가, 1928년 광동성위 위원, 해륙풍(海陸豊) 농민폭동에서 희생됐다.

명 군대로 탈바꿈했다.

모택동은 '농강소장' 임명 전후 국민당중앙정치강습반·국민혁명군제2군군관학교·국민당광동성당부훈련원양성소에서 '중국농민문제'·'농민운동'·'농민 선전과 교육' 등 과목을 강의했다(高菊村 외, 1990: 251). 1926년 5월 15일 모택동은 광동성 제2차 농민대회에서 '농민문제'에 관한 연설을 했다. 또 1926년 9월 3일 황포군관학교에서 '중국혁명과 농민운동'을 강의했다. 이는 모택동이 농민문제 '전문가'로 거듭났다는 단적인 방증이다.

1926년 11월 모택동은 중공 농민운동위원회 서기로 임명됐다. 이는 농민운동 '대부' 모택동과 중공 총서기 진독수의 관계가 완전히 결렬되지 않았다는 반증이다. 12월 초 모택동은 한구(漢口)에 '농위(農委)' 판사처를 설립했다. 당시 모택동은 당중앙 소재지 상해를 떠나 '무창농강소(武昌農講所)' 설립에 몰두했다. 2년 전 모택동의 '상해 실각'은 그에게 큰 트라우마로 남았다. 그 무렵 모택동은 후반생 내내 그를 고통에 시달리게 한 신경쇠약에 걸렸다. 결국 모택동의 '상하이(上海) 콤플렉스'가 생겨났다.

1926년 가을 호남성 농민운동은 신속하게 발전했다. 농회 회원들은 지주와 조세 감면 등 경제투쟁을 벌였다. 일부 북벌 군관들은 '궤도를 벗어난' 농민운동이 '북벌 후방'을 교란한다고 비난했다. 국민당 우파는 급진적 농민운동을 '불량배운동'이라고 폄하했다(逢先知 외, 2011: 123). 당시 호남성의 농회 회원은 2백만으로 급증했고 농회가 관장한 농민 수는 천만명에 달했다. 일부 우파들은 '과격한 농민운동'이 국공합작과 북벌전쟁에 부정적 역할을 미치므로 중공이 관련 규제를 강화해야 한다고 주장했다. 이것이 중공중앙이 '12월회의'를 개최한 주된 원인이다.

중공 특별회의(1926.12) 주재자 진독수는 급진적 농민운동이 북벌에 악영향을 끼친다고 지적했다. '12월회의'는 농민운동을 제한하고 농민의 '토지 점유'를 반대하는 정책을 제정했다. 진독수는 과격한 농민운동이 '북벌 군심(軍心)'을 동요시킨다고 비판했다(何明, 2003: 254). 이유한은 이렇게 회상했다. …당시 나는 농민운동 발전에 따라 토지문제를 해결해야 한다고 주장했다. 모택동은 나의 주장을 찬성했으나 진독수와 보로딘은 토지문제 해결 조건이 마련되지 않았다며 반대했다(李維漢, 1986: 104). 당시 '토지문제 해결' 반대자는 진독수와 보이틴스키였다. 결국 이는 모택동이 호남농민운동 고찰을 떠난 직접적 계기가 됐다.

1927년 1~2월 모택동은 호남성당부 감찰위원 대술인(戴述人) 등의 동반하에 상담·상향·형산·례릉·장사현 농민운동을 고찰했다. 당시 모택동이 농회에 내린 지시는 ① 농민의 사상해방 격려 ② 농민의 혁명행동 지지 ③ 지주정권을 뒤엎고 농민자위군 설립 ④ 감조감식(減租減息), 농민의 갈망 ⑤ 농회 발전 등이다(于俊道 외, 2018: 326). 상기 모택동의 '지시'는 농민운동의 급진적 발전에 '불난 집에 기름을 끼얹는' 역할을 했다.

2월 16일 모택동은 '호남운동고찰 보고서'를 중공중공에 보냈다. 4월 '호남농민운동'이란 제목으로 모택동의 '보고서'를 단행본으로 출간한 구추백은 서두에 이렇게 썼다. …중국의 혁명가들은 모택동의 책자와 팽배의 '해륙풍농민운동'을 필독해야 한다(李捷 외, 2018: 327). 1927년 5월 공산국제의 기관지인 '공산국제'는 모택동의 '보고서'를 러시아어·영어로 번역해 전재했다. 1951년 '모택동선집'에 수록된 '(考察)보고서'는 원문을 대폭 수정했다. 한편 구추백은 중공 당내에서 고립된 상태였다. 실제로 진독수의 신임을 상실한 그와 모택동은 '동병상련' 처지였다.

모택동은 이렇게 회상했다. …1927년 나는 '농민운동 고찰' 보고서를 작성했다. 마르크스주의 지식 결핍으로 경제정책을 제시하지 못했다. '모택동선집(1951)'에 수록할 때 모택동은 관련 내용을 대폭 수정했다(高菊村 외, 1990: 274). 모택동은 마르크스주의를 중국의 실정에 맞게 적용했다. 또 마르크스주의 계급투쟁 학설을 숙지한 그는 '경제 문외한'이었다. 1950년대 경제법칙을 무시하고 강행한 대약진운동이 대표적 사례이다. 결국 이는 21세기 진입 후 중국정부가 '과학발전관'[545]을 제창한 주요인이다.

2. 농민운동 '견해 차이', 진독수와 결렬

1991년 재판된 '모택동선집' 제1권에 실린 '중국사회 각 계급의 분석'은 이렇게 주해를 달았다. …이 글은 당시 당내 두 가지 경향을 반대하기 위해 쓴 것이다. ① 농민 중요성을 간과한 진독수의 (右傾)기회주의 ② 농민 역할을 무시한 장국도의 (左傾)기회주의이다(毛澤東, 1991: 3). 대다수 중국 학자들은 '주해'의 '두 가지 경향'을 맹신했다. 최근 '두 가지 경향'의 진실성에 의구심을 갖는 시각이 증가되고 있다. 실제로 모택동이 문장을 발표(1925.12)한 무렵 진독수의 '(右傾)기회주의'는 형성되지 않았다.

진독수의 '(右傾)기회주의'는 제1차 국공합작이 결렬된 주요인으로

---

545 '과학발전관'은 2000년대 호금도(胡錦濤) 시대의 국정이념이다. 2000년대 사회문제로 부상한 계층·지역·도농 간 격차를 줄여 사회적 갈등을 완화하고 에너지 절약과 환경친화적 경제건설을 통해 지역균형과 지속가능한 발전을 추구한다는 제4대 (中國)지도부의 지도사상이다. 한편 '과학발전관' 제출은 1950년대 경제발전의 객관적 법칙을 무시한 대약진의 실패와 관련된다. 작금의 중국정부 국정이념은 '중공몽(中國夢) 실현'이다.

지적된다. 따라서 다음 몇 가지의 '쟁점 분석'에 연구 포커스를 맞출 필요가 있다. ① 농민 역할과 농민운동에 대한 중시 여부, 국공합작에 대한 진독수의 태도 ② '(右傾)기회주의'가 형성된 시점과 역사적 배경 ③ 모택동이 '각 계급의 분석'을 발표한 배경, 농민문제에 대한 진독수와 모택동의 '견해 차이' ④ '12월회의(1926.12)'에서 진독수가 '과격한 (湖南) 농민운동'을 비판한 원인 분석 ⑤ 진독수와 공산국제 관계 ⑥ 스탈린 대중국정책이 진독수의 '(右傾)기회주의' 형성에 미친 영향 등이다.

각주 형식으로 첨부된 상기 주해는 '모택동선집' 초판(1951.9)에 직접 참여한 모택동 본인이 직접 쓴 것으로 추정된다. '모택동선집' 초판에 수록된 적지 않은 문장은 저자 모택동이 직접 원문 내용을 삭제했거나 수정·보충했다. 한편 주해에서 설명한 '두 가지 경향'에 대해 가장 먼저 반대 의견을 제출한 학자는 '모택동 연구'에 일가견이 있는 전수덕(戰樹德)이다. 상기 '두 가지 경향'을 반대한 전수덕의 주장은 나름의 일리가 있다.

'중공 4대(1925.1)'에서 진독수는 농민동맹군 문제를 중시했다. '농민운동결의안'은 이렇게 썼다. …농민문제는 중국혁명에서 매우 중요하다. 농민이 경제·정치투쟁에 적극 참가하도록 격려해야 한다. 농민이 참가하지 않는 혁명은 성공할 수 없다(中央檔案館, 1992: 293). 중공중앙 확대회의(1925.10)에서 진독수는 '경지농유(耕地農有)'를 농민문제의 정강(政綱)으로 부각했다. …대지주의 토지를 빼앗아 농민에게 나눠주는 '토지몰수'는 국민혁명의 당면과제이다. '경지농유'가 이뤄지지 못하면 농민들은 혁명의 지지자가 될 수 없다(中央檔案館, 1882: 399). 진독수가 농민의 역할을 간과했다는 일각의 주장은 사실과 어긋난다. 또 국공합작에 몰두한 '(右傾)기회주의'는 존재하지 않는다(田樹德, 2002: 227). '결의안'에서

'농민 중요성'을 강조한 진독수는 실질적 조치를 취하지 않았다. 한편 진독수가 국공합작에 '몰두'했다는 주장의 근거는 빈약하다.

진독수는 '전봉(前鋒, 1923.12.1)'에 발표한 '국민혁명과 각 계급'은 이렇게 썼다. …농민은 국민혁명의 중요한 역량이나 흩어져 있고 세력이 집중되지 않았다. 또 문화수준이 낮고 보수적이며 혁명에 대한 열정이 높지 않다(中央檔案館, 1982: 159). '농민 중요성'을 인정한 진독수는 산만하고 보수적인 농민은 혁명운동의 주역이 될 수 없다고 주장했다. 진독수의 주장은 자가당착적이고 일관성이 결여됐다. 농민운동이 북벌전쟁에 기여했을 때 농민의 역할을 인정했으나 국민당 우파의 공격에 빌미를 제공했을 때는 비난했다(唐寶林 외, 2012: 85). 실제로 진독수의 문장은 '중공 3대' 후 전달된 공산국제의 '5월 지시'와 관련된다. 한편 '5월지시'는 모택동이 강조한 농민의 역할과 '농민운동 중요성' 주장과 일맥상통한다.

진독수는 농민운동에 대한 실질적 조치를 취하지 않았다. 결국 이는 '국민당 1대(1924.1)'에서 농민부를 설치하고 농민운동을 중시한 것과 대조된다. 농민운동에 치중한 국민당과는 달리 중공은 노동운동에 주력했다. 1925년의 오삽운동이 대표적이다. 한편 소산충에서 농민운동에 종사한 모택동은 농민을 동원하지 않은 것이 오삽운동의 '실패 원인'이라고 일침을 놓았다. 실제로 농민부를 설치(1925.10)한 중공은 농민운동을 거의 추진하지 않았다. 또 진독수는 1925년 12월 모택동의 '호남농민운동 고찰 보고서'를 중공 기관지 '향도'에 발표하는 것을 거부했다.

1936년 모택동은 이렇게 회상했다. …농민운동에 종사한 경험을 토대로 내가 쓴 두 편의 글은 '중국사회 각 계급의 분석(1925.12)'과 '조항척의 계급적 기초와 중공의 임무(1926)'였다. 진독수는 급진적 토지정책과 농민운동 중요성을 강조한 나의 문장을 '향도'에 발표하는 것을 거절했다(毛澤東, 2008: 50). 당시 진독수가 모택동의 '농민운동 문장'을 '향도'에 게재하는 것을 반대한 사실은 농민운동에 대해 큰 관심이 없었다는 방증이다. 실제로 국민당 (代理)선전부장 모택동이 중공중앙의 입장을 대변할 수 없다는 것이 '게재 거부'의 주된 원인으로 추정된다.

진독수는 '향도'에 발표(1926.9)한 '무엇 때문에 투쟁하는가'라는 글에서 우경화 윤곽을 드러냈다. '12월회의(1926)'에서 그의 우경사상이 지배적이었다. 중공 확대회의(1927.6)에서 통과된 '결의안'은 진독수의 우경화가 절정에 달했다는 반증이다(田樹德, 2002: 228). 실제로 진독수의 우경화는 '당무정리안(1926.5)' 타협안에서 본색을 드러냈다. 한편 중공의 타협책은 스탈린의 대중국 전략에서 기인된 것으로 모든 책임을 진독수에게 돌리는 것은 부적절하다. '12월회의' 후 농민운동에 대한 '견해 차이' 심화로 진독수와 모택동의 관계는 완전히 결렬됐다.

진독수의 우경 사상이 표출된 시기는 1926년 봄여름이었다. 따라서 모택동의 '중국사회 각 계급의 분석(1925.12.1)에 단 주해의 '첫 번째 경향', 즉 국공합작에 몰두한 진독수의 '(右傾)기회주의'는 사실무근이다. 당시 국민당 (代理)선전부장 모택동이 '각 계급의 분석'을 쓴 주된 목적은 '대계도주의'를 비판하고 '서산회의파'를 타격하기 위해서였다. 한편 주해에서 주장한 '두 번째 경향', 농민의 역할을 무시한 장국도의 '(左傾)기회주의' 역시 역사적 사실과 어긋난다. 주해의 '두번째 경향'에 대해 불찬성한 중국 학자 전수덕(田樹德)의 주장을 살펴볼 필요가 있다.

모택동의 '분석'이 발표된 후 장국도가 '향도'에 발표한 '국민당에 고하는 글(1925.12.20)'은 모택동의 주장과 비슷한 부분이 많다. …계급투쟁은 인구의 절대다수를 차지하는 농민의 혁명 참가를 촉진한다. 혁명

세력을 결집하고 혁명동맹을 공고히 해야만 국민혁명이 승리할 수 있다(田樹德, 2002: 229). 상기 두 편의 글은 국민당 신우파와 반동적 '서산회의파'를 비판하기 위해 썼다는 공통점을 갖고 있다. 한편 동맹군 문제를 다룬 '분석'은 농민 역할과 농민문제를 중시한 반면, 장국도의 글은 공산당을 배척하는 '신우파 비판'과 혁명동맹의 중요성을 강조했다.

1922~1923년 '(左傾)분자' 장국도는 국공합작을 강력히 반대했다. 결국 마링과 진독수의 눈 밖에 난 그는 '중공 3대'에서 낙선됐다. 장국도는 좌경 대표 보이틴스키와 '밀모'해 1924년 겨울 '골병' 든 모택동이 상해를 떠나게 한 장본인이다. '중공 4대'에서 장국도는 보이틴스키와 진독수의 신임을 얻어 중앙국에 진출했다. 중공이 농민운동을 중시하지 않은 것은 노농(勞農)부장 장국도의 책임이 크다. 한편 진독수의 '우경정책'을 충실하게 집행한 장국도를 '(左傾)기회주의'로 평가하기에 큰 무리가 따른다. 따라서 상기 주해의 '두번째 경향'은 수긍하기 어렵다.

'각 계급의 분석'의 주해에서 모택동이 지적한 1925년 전후 진독수가 국공합작에 '몰두'했다는 주장은 사실 왜곡이다. 또 이는 진독수의 '(右傾)기회주의'와 무관하다. 이 시기 '당내 합작'을 반대한 진독수가 여러 차례 '국민당 퇴출'을 제출한 것이 단적인 증거이다. 당시 '극좌(極左)'로 전환한 진독수는 국공합작을 '당외 합작'으로 변경할 것을 주장했으나 공산국제 대표의 반대로 무산됐다. 한편 대혁명 실패(1927)의 '주범'으로 지목된 진독수는 스탈린의 중국전략 실패 책임을 뒤집어쓴 속죄양이었다.

4기 2중전회(1925.9)에서 진독수는 공산당원의 '국민당 퇴출'을 제출했으나 공산국제 대표와 당내 동지들의 반대로 부득불 자신의 주장을 포기했다(郭恒鈺, 1985: 126). '국공합작결의안'은 이렇게 썼다. ⋯향후 공산당원은 '국민당 가입'을 삼가고 국민당 고위층에서 퇴출해야 한다(中央檔案館, 1982: 417). 1924년 진독수는 세 차례 보이틴스키에게 편지를 보내 중공의 '국민당 퇴출'을 건의했으나 모스크바의 반대로 그의 주장은 수용되지 않았다. 이는 '중공 4대' 후 중공의 정책이 좌적으로 전환됐다는 반증이다.

중공중앙전회(1926.7)에서 진독수와 팽술지는 '국민당 퇴출'을 제출했다. 1927년 '총서기 해임' 직전 진독수는 마지막으로 중공의 '국민당 퇴출'을 주장했다. 정치국 회의(1927.6)에서 진독수는 공산당이 독립적으로 정책을 제정해야 한다고 강조했다(彭述之, 1976: 73). 한편 진독수의 '퇴출 요구'는 공산국제 대표의 반대로 재차 무산됐다. 당내에서 가부장적 권위를 내세웠던 진독수는 중대한 정치문제에서 가부장적 권력을 행사하지 못했다. 그에게 '모스크바'라는 더 독재적인 '가부장'이 있었기 때문이다.

진독수의 기회주의는 북벌·농민운동 등 다방면에서 나타났다. 1926년 전후 그는 국공합작을 포기하는 좌적 성향을 보였다. 한편 진독수의 '(右傾)기회주의'는 스탈린의 중국전략과 크게 관련된다. 한편 진독수의 좌고우면과 우유부단한 성격, 기회주의적 행태와 군사 리더십 부재 등은 부인할 수 없는 사실이다. '중공 1인자' 진독수는 국공합작 결렬과 대혁명 실패를 초래한 역사적 책임에서 결코 자유로울 수 없다. 실제로 농민운동을 반대하고 무장투쟁을 회피한 진독수는 '중공 지도자'로서 자격미달이다.

신우파 장개석이 '중산함사건'과 '정리당무안'을 획책해 '공산당 축출'에 성공한 것은 진독수가 추진한 타협책과 관련된다. 한편 진독수의 기회주의적 정책은 공산국제 대표의 '조종'하에 피동적으로 추진했다는 것이 학계의 정설이다. 또 북벌에 대한 진독수의 기회주의적 행태, 우유부단한 태도도 같은 맥락에서 비롯됐다. 한편 진독수의 '(右傾) 기회주의'에 대해 모택동·주은래 등 당사자와 중국 학자들 간 평가가 크게 엇갈린다.

1943년 주은래는 진독수의 타협책을 이렇게 평가했다. …장개석의 '정리당무안'에 대해 당중앙은 기회주의적 정책을 취했다. 결국 장개석 '타협안'을 제시한 장국도의 '사인 강요'로 '당무안'이 통과됐다(中共中央 文獻編委, 1980: 123). '당무안' 통과는 모스크바 '지시'를 중공에 강요한 공산국제 대표가 주된 책임을 져야 한다. '중산함사건' 후 진독수는 '국민당 퇴출'을 제출했으나 공산국제 반대로 '국민당 퇴출안'이 재차 무산됐다.

1926년 4월 소공중앙 정치국은 '국공관계문제'에 이렇게 결정을 내렸다. …국공관계는 매우 중요한 정치적 의미를 지닌다. 국공합작의 기존 방침을 변경해선 안 된다. 부득불 '합작'을 중지할 경우 공산국제의 인가를 받아야 한다(中共中央黨史研究室第一研究部, 1998: 91). 상기 소공중앙 지도부의 '결정'은 진독수가 제출한 '국민당 퇴출안'이 번번이 무산되고 '스탈린의 특사'인 보로딘이 장개석과 타협한 주된 이유이다. 한편 스탈린이 '국공합작 결렬'을 불허한 것은 소련 국익을 우선시하고 국내 권력투쟁에서 우위를 차지하기 위해서였다는 것이 전문가의 중론이다.

스탈린이 '국공 결렬'을 불허한 대내적 요인이 있었다. 당시 트로츠키·지노비에프·카메네프 등 반대파는 스탈린의 대중국 정책을 강하게 비판했다. 특히 국공 간 '당내 합작'은 '공산당 말살' 정책이며 불원간 중국혁명의 비극을 초래할 것이라고 경고했다(姚金果, 2011: 184). 결국 '결렬 불허' 지시는 소련방문단이 장개석에게 타협책을 제시하고 보로딘이 '당무안'을 무조건 수용한 주요인이다. 한편 '반대파'가 걱정한 일이 1년 후에 현실로 나타났고 스탈린의 중국전략은 참담한 실패로 끝났다. 이 또한 일각에서 '정치적 속죄양' 진독수를 두둔하는 이유이다.

모스크바의 '성지(聖旨)'를 갖고 온 보로딘은 타협책을 제시했다. 당시 광동성위에게 '장개석 복종'을 강요한 보로딘은 이렇게 강조했다. …장개석이 제출한 '정리당무안'을 반대해선 안 된다. 또 빠른 기일 내 북벌을 추진하도록 장개석을 설득해야 한다. 그것이 우리에게 유리하다(彭述之, 1972: 8). 5월 14일 보로딘은 신우파로 전락한 장개석에게 모든 것을 양보하는 '굴욕적 협의'를 체결했다. 모스크바의 '성지'를 강압적으로 관철한 보로딘은 '정리당무안'을 무난하게 통과시킨 장본인이다. 한편 보로딘의 타협책은 진독수의 (右傾)기회주의를 조장시켰다.

진독수가 '향도'에 발표한 '장개석에게 보낸 편지(1926.6.9)'는 (右傾)기회주의를 단적으로 보여준 사례이다. 굴종적 모습을 보인 편지는 이렇게 썼다. …중공의 '장개석 반대'는 반혁명 행위를 전제로 한다. 현재 그 어떤 반혁명 행위도 찾아볼 수 없다. '장개석 타도'는 반혁명 행위이다(中央檔案館, 1989: 143). 상기 '편지'는 '국민당 퇴출'과 '타협' 사이에서 우왕좌왕한 진독수의 모순된 심리를 여실히 보여줬다. 이 시기 진독수의 기회주의적 행태는 공산국제의 좌경 대표 보이틴스키와 관련된다. 한편 중공 지도자로서의 '결단력·리더십 부재'는 분명한 사실이었다.

정치국 회의(1926.7)에서 진독수와 팽술지는 국공합작을 '당외 합작'으로 변경할 것을 제안했다. 그들의 제안은 보이틴스키의 반대를 받았고 '퇴출안'은 무산됐다. 이는 진독수가 '극좌'·'극우' 사이에서 오락가락했다는 단적인 증거이다. 실제로 (左傾)대표 보이틴스키는 진독수를 방황하게 만든 장본인이다. 한편 진독수의 '좌적 성향'을 근거로 일부 학자들은 모택동이 비판한 진독수 '(右傾)기회주의'에 대한 반대 논거로 인용했다.

손중산은 북벌을 통해 북양군벌을 격파하고 중국 통일을 갈망했으나 '군대가 없는' 그는 끝내 숙원(宿願)을 이루지 못했다. '국민당 2대 (1926.1)'에서 당면과제로 제시된 북벌은 보로딘의 지지를 받았다. 당시 북벌의 선두주자는 두 차례 동정과 '상단 반란' 진압을 통해 국민정부의 후환을 제거한 장개석이었다. 북벌을 손중산의 '유훈 실현'으로 간주한 장개석은 북벌 걸림돌인 소련 군사고문과 공산당 축출을 위해 '중산함사건'을 일으켰던 것이다. 한편 스탈린의 '북벌 입장' 변화에 따라 공산국제 대표와 중공중앙 및 광동성위 간의 찬반 양론이 크게 엇갈렸다.

1926년 2월 중순 보로딘은 북벌 중요성을 재차 강조했다. …북벌은 농민의 토지혁명과 연계돼 진행해야 하며 명확한 목표와 강령이 필요하다. 스탈린의 '지시'를 수용한 부보노프는 국민혁명군은 오패부에 대해 '혁명적 행동'을 단행해야 한다고 훈시했다(中共中央黨史研究室第一研究部, 1998: 168). 정치고문 보로딘은 장개석의 '북벌 계획'을 적극 지지했다. 또 북벌을 통해 '군벌 난립' 국면을 종식하고 중국을 통일하는 것은 소련의 국익에 부합됐다. 한편 북벌을 통해 노농(勞農)운동을 발전시키고 대중적 혁명기반 확대를 희망한 중공중앙도 북벌을 찬동했다.

소련 대사 카라한의 주최로 특별회의(1926.2.21)가 북경에서 열렸다. 대회 '결의안'은 이렇게 썼다. …노동계급이 고립된 상황에서 농민운동을 적극 추진해야 한다. 중공의 임무는 북벌 지지와 노농혁명의 기반 마련이다(中央檔案館, 1983: 30). '결의안' 취지는 ① 중공은 장개석의 북벌을 적극 지지 ② 북벌을 통한 농민운동 활성화 등이다. 한편 북벌 지지와 농민운동 중시는 비슷한 시기에 열린 공산국제 확대회의 내용과 일맥상통했다.

공산국제 제6차 확대전회(1926.2)에서 통과된 '결의안'은 이렇게 썼다. …농민은 중국혁명에서 가장 중요한 역량이며 중국혁명의 근본적인 문제는 농민문제이다. 중국혁명이 승리를 거두려면 4억 농민이 혁명투쟁에 참가해야 한다(袁南生, 2003: 260). 공산국제의 '농민문제 중시'는 중공의 농민운동 추진과 모택동의 '농민문제 천착'에 긍정적 역할로 작용했다. 또 '전회'는 장개석을 대회 주석단의 '명예위원'으로 추대했다. 한편 스탈린의 '호의'를 거절한 장개석은 북벌을 반대하는 소련 군사고문을 축출했다.

진독수는 중공 '제79호 중앙통고(1926.3.14)'에서 '북벌 지지'를 표명했다. '통고'는 이렇게 썼다. …중공의 주된 임무는 국민정부의 북벌을 지지하는 것이다. 북벌의 정강(政綱)은 농민문제 해결을 주된 목적으로 제정해야 한다. 또 북벌은 대중적 혁명운동을 확산시킬 것이다(中央檔案館, 1989: 81). 당시 진독수의 '북벌 지지'는 대중적 혁명운동을 촉진하기 위해서였다. 한편 '중산함사건' 후 스탈린의 '장개석 불신'이 증폭됐다. 실제로 스탈린은 (中國)국민당을 절대적으로 신임한 것은 결코 아니었다. 국민당의 '공산국제 가입' 신청을 불허한 것이 단적인 증거이다.

1926년 2월 호한민은 '공산국제 가입'을 공식 신청했다. 신청 이유는 …국공 양당은 합병할 것이며 중국혁명은 국민당 참여가 필수적이다. 무산계급 정당인 국민당은 공산국제 가입을 신청한다(吳疊君, 1959: 81). 스탈린은 이를 불허했다. '불허 이유'는 공산국제의 중국 지부는 중공이며 국민당의 공산국제 가입은 시기상조이다(袁南生, 2014: 173). 국민당이 공산국제 가입을 통해 '중공 대체'를 시도했다는 것이 학계의 중론이다. 당시 스탈린은 국민당 가입이 '제국주의 간섭' 초래를 우려했다는 것이 일각의 주장이다. 실제로 스탈린이 의식한 것은 국공합작을 '공산당 소멸' 정책이라고 공격한 트로츠키 등 '반대파'의 비판이었다.

우파로 전락한 장개석에 대한 스탈린의 불신이 강화됐다. 보로딘의 '주도적 역할'이 약화됐다는 것을 인지한 스탈린은 장개석이 지속적인 '소련 원조'를 위해 보로딘과 형식적 관계를 유지하고 있다는 것을 직감했다. 당시 스탈린은 '군사적 원조'만으로 갈수록 정치적 야망이 팽배하고 대권욕에 빠진 장개석을 통제할 수 없다는 것을 실감했다. 결국 자신의 대중국 정책에 차질이 빚어졌다는 것을 느낀 스탈린은 기존 '북벌 지지' 태도를 변경할 수밖에 없었다. 한편 소련정부가 큰 기대를 걸었던 '인민군' 수장 '풍옥상 하야'[546]는 스탈린에게 큰 타격이 됐다.

스탈린의 '북벌 반대' 이유는 첫째, 북벌은 장개석의 입지를 더욱 확고하게 만든다. 둘째, 장작림과 오패부가 연합해 북벌군을 대적할 것이며 이는 제국주의의 무장간섭을 초래한다. 셋째, 소련의 '북벌군 원조'는 제국주의의 적대시 정책을 강화한다(姚金果, 2011: 200). 국익을 우선시한 스탈린이 '북벌 반대'를 결심한 것이다. 1926년 4월 1일 소공 정치국은 '월권적 결정'을 내렸다. …현재 광동정부는 '대외 확장'보다 내부 결속에 주안점을 둬야 한다(中共中央黨史硏究室第一硏究部, 1998: 191). 이는 심각한 '내정 간섭'이다. 한편 스탈린의 '북벌 반대' 결정은 우경 대표 보로딘과 북벌 '발기자' 갈렌, 북벌 '지지자' 카라한의 반대를 받았다.

---

546 1924년 10월 '북경정변'을 일으킨 풍옥상은 군대를 국민군(國民軍)으로 개편했다. 1926년 1월 직봉(直奉)군벌의 연합 공격을 받은 풍옥상은 하야를 선포, 소련을 방문(1926.3)했다. 당시 풍옥상의 국민군을 '인민군'으로 간주한 스탈린은 군사적 원조를 제공, 1926년 5월 국민당에 가입한 풍옥상은 '서주회의(徐州會議, 1927.6)'에서 장개석과 '반소반공(反蘇反共)'을 합의했다. 이는 스탈린의 '대중국전략' 실패를 보여준 단적인 사례이다.

'모스크바 결정'에 불복한 카라한은 '북벌 중요성'을 강조한 전보문(電報文, 1926.4.3)을 소련 외교부에 보냈다. 카라한의 전보문은 스탈린의 '북벌 반대' 입장을 변경시키기에 역부족이었다. 한편 소련 군사고문을 축출한 '장개석 길들이기'에 나선 스탈린이 오판한 것이 있다. 국민당은 공산국제 지부인 중공이 아니었고 스탈린이 통제할 수 있는 정당은 더욱 아니었다. 장개석은 소련에 우호적인 손중산과 달랐고 공산국제에 '순종'하는 진독수가 아니었다. 사실상 모든 '결의안'이 무용지물이 되자 스탈린은 독재자의 본색을 드러냈다. 1926년 8월 카라한은 본국으로 소환됐다. 결국 '충신' 카라한은 '대숙청(1937)'[547] 기간에 처형됐다.

진독수가 '북벌 지지' 입장을 바꾼 이유는 첫째, 북방의 국민군은 오패부와 장작림의 연합군에게 밀려 패배가 결정된 상태됐다. '오장(吳張)' 연합군은 '광주 공격'을 준비했다(中央檔案館, 1989: 629). 둘째, 광동정부는 1000만원(元)의 북벌 자금을 마련하기 위해 세금을 앞당겨 징수해 농민에게 막중한 부담을 안겼다. 보이틴스키는 카라한에게 보낸 편지(1926.7.6)에 이렇게 썼다. …중공은 (廣東)군정부의 '방어적 입장'을 지지했다(中共中央黨史研究室第一研究部, 1998: 326). 진독수는 북벌을 통한 장개석의 '통치력 확대'가 중공에게 불리하다고 생각했던 것이다. 실제로 진독수가 입장을 변경한 주된 원인은 보이틴스키의 '강압'이었다.

---

547 1934~1938년 스탈린이 반대파를 제거하고 숙청한 사건이다. 1934년 키로프(Kirov) 암살 사건을 계기로 '대숙청'이 시작됐다. 1937~1938년 103만이 투옥, 68.2만명이 처형됐다. 스탈린은 트로츠키·지노비에프·카메네프·부하린 등 정적을 제거, 수많은 억울한 피해자가 속출했다. 특히 홍군 내부의 대숙청은 (衛國)전쟁에 막대한 손실을 초래했다. 한편 '대숙청' 후 스탈린의 '(一人)독재체제'가 구축, 개인숭배가 본격적으로 진행됐다.

1926년 6월 19일 상해에서 설립된 공산국제의 '원동국' 책임자는 좌경 대표 보이틴스키가 임명됐다. 또 '원동국' 권한을 이렇게 규정했다. …보이틴스키는 중공중앙의 정책 제정을 지도하고 중공중앙은 중대한 정치문제를 '원동국'과 협상해야 한다(中共中央黨史硏究室第一硏究部, 1998: 305). 결국 보이틴스키는 중공 총서기 진독수의 '상급자'가 됐고 중공은 모스크바의 '괴뢰정부'로 전락했다. 한편 독립적 의사결정권을 상실한 진독수는 본의 아니게 공산국제의 꼭두각시 역할을 담당하게 되었다. 이 또한 1년 후에 '정치적 희생양' 진독수가 파면된 주된 원인이다.

진독수는 '국민정부의 북벌을 논함'이란 문장을 '향도'에 발표(1926.7.7)했다. 그는 북벌에 대한 중공중앙의 공식 태도를 밝혔다. …북벌은 남방의 혁명 세력이 북으로 발전해 북양군벌을 토벌하는 군사행동이다. 북벌은 국민혁명의 전부를 대표하는 것은 아니다. 당면과제는 오패부의 '남벌(南伐)'을 방어하는 것이다(中央檔案館, 1983: 109). 한편 진독수의 '북벌 반대'는 국공 양당의 북벌 지지파와 반대파 간의 찬반 양론과 갈등을 격화시켰다. 결국 이는 국민당 우파와 일부 좌파의 강한 불만을 자아냈다. 또 이는 보로딘의 영향을 받는 광동성위와 '(上海)원동국'이 조종하는 중공중앙, 공산국제 대표 간의 알력관계가 더욱 심화됐다.

보이틴스키의 끈질긴 설득으로 진독수는 '북벌 지지' 입장을 변경했다. 진독수의 입장을 지지한 것은 선전부장 팽술지였다. 한편 북벌을 통해 북방의 군벌을 소멸하고 노농운동을 발전시킬 수 있다는 것이 구추백의 주장이었다. 초기 북벌을 지지한 장국도는 진독수의 강압에 못이겨 북벌을 반대했다(朱洪, 2011: 236). 당시 팽술지는 진독수의 최측근이었다. 이 시기 장국도는 점차 진독수의 '(右傾)기회주의'에서 벗어나 구추백을 지지했다. 1년 후 진독수는 파면됐으나 장국도는 정치적 위기를 모면했다. 한편 북방국의 이대쇠와 (中共)광동성위는 북벌을 지지했다.

주은래는 이렇게 회상했다. …장국도는 당중앙의 북벌 방침은 장개석을 반대하고 또 반대하지 않는 것이라고 모호하게 대답했다. 당중앙의 불명확한 방침이 장개석의 독재를 조장했다(中共中央文獻編委, 1980: 124). 진독수의 이중적 태도는 '단순한 군사행동'과 '혁명적 북벌'에 관한 그의 두 가지 '북벌관'[548]에서 기인된다. 실제로 진독수의 이중적 태도와 중공의 불명확한 방침은 북벌에 대한 모스크바의 정책 변화와 크게 관련된다.

북벌군은 갈렌의 지휘하에 10월 초 무창을 공략했다. 그의 지휘력을 인정한 장개석은 남창공략전(11.2)의 지휘권을 갈렌에게 맡겼다. 장국도는 이렇게 회상했다. …북벌 중 강서전역 승리의 수훈갑은 갈렌 장군이다(張國燾, 1973: 552). 북벌군이 승승장구한 데는 민중의 협조도 한 몫했다. 그들은 무장규찰대를 결성해서 치안을 담당했다. 모택동도 그 중의 하나였다(유일, 2016: 69). 모택동도 통일전선 요구에 따라 농민세력을 규합해 북벌에 참여했다. 1926년 8월 장사를 공략한 북벌군은 9월에 양자강에 이르렀다. 모택동도 달콤한 승리를 맛보았다(D. Spence, 2003: 110). 모택동이 '북벌에 참여했다'는 상기 주장은 역사 왜곡이다. 북벌이 시작됐을 때 모택동은 '(廣州)농강소'에서 농민문제에 열중했다. 당시 북벌군의 적수는 오패부·손전방(孫傳芳)[549]·장작림이었다. 한편 장개석은 2년

---

548 진독수의 두 가지 '북벌관(北伐觀)'은 첫째, 북벌은 혁명 발전과 노동대중 해방을 전제로 해야 한다. 둘째, 오로지 군사확장 도모는 장개석이 주장하는 '북벌관'이다(姚金果, 2011: 209). 진독수의 '북벌관'은 노농운동과 군사행동을 결합시킨 '혁명적 북벌'이다. 실제로 진독수의 '북벌관'은 당시 북벌을 반대한 모스크바의 '지시'를 따른 것이다.

549 손전방(孫傳芳, 1885~1935), 산동성 태안(泰安) 출신이며 직계군벌 두목이다. 1911년 신해혁명 참가, 1925년 상장군(上將軍), 1926년 11월 북벌군에게 대패, 1927년 안국군

반에 걸친 북벌전쟁[550]을 통해 '중국 통일'에 성공했다.

1926년 8월 북벌군이 장사를 공격할 때 모택동은 광주에서 농민운동을 선전했다. 당시 '농강소'에서 농민문제를 강의한 모택동은 광동성 군관 훈련반에서 농민운동에 관해 연설했다. 8월 중순에는 학원생들과 함께 해륙풍에서 14일 간 실습했다(A. Pantsov, 2015: 222). 9월 중 모택동은 북벌의 빠른 진전을 감안해 '농강소'의 졸업식을 앞당겨 거행했다. 한편 농민운동은 '북벌 승리'에 기여했으나 북벌에 참가한 '지주(地主) 자식들'과의 마찰과 불협화음을 빚어냈다. 결국 이런 '불협화음'이 진독수와 모택동 간 농민운동에 대한 '견해 차이' 문제로 불거졌던 것이다.

모택동은 농민운동을 전개해 북벌군을 협조해야 한다고 주장했다. 당시 모택동의 주장은 북벌을 반대한 스탈린의 견해와 배치된다. 중공의 '계관(桂冠)시인' 곽말약(郭沫若)[551]은 모택동 인상을 이렇게 적었다. … 당시 나는 그에게서 늠름한 풍채의 제왕상(帝王相)을 느끼지 못했다(D. Wilson, 2011: 78). 스탈린의 '북벌 반대'가 '제국주의 간섭'을 우려한 자국

(安國軍) 부총사령관, 1928년 4월 장개석·풍옥상 연합군에 대패, 1935년 11월 천진에서 척살됐다.

550 북벌전쟁(北伐戰爭)은 국민혁명군 총사령관 장개석의 통솔하에 2년 반 진행된 '통일전쟁'이다. 1926년 7월 9일에 시작된 북벌은 장사·무한·남경·상해 등을 공략, '녕한합류(寧漢合流)' 후 국민혁명군은 풍옥상과 염석산(閻錫山)의 협력하에 1928년 북경을 공략했다. 1928년 12월 동북군 수장인 장학량이 '동북역치(東北易幟)'를 선포, 장개석은 '중국 통일'을 실현했다. 북벌전쟁 후 (南京)국민정부가 유일한 '합법적 정권'으로 등장했다.

551 곽말약(郭沫若, 1892~1978), 사천성 낙산(樂山) 출신이며 문학가·역사학가이다. 1914년 구주(九州)제국대학 유학, 1926년 북벌군 총정치부 부주임, 1927년 남창봉기 참가, 중공에 가입했다. 1940년대 중앙연구원 원사(院士), 건국 후 중국사회과학원 초대 원장, 국무원 부총리, 전국 인대(人大) 부위원장을 역임, 1978년 북경에서 병사했다.

이익에서 출발했다면, 진독수의 '북벌 반대'는 장개석의 '권력 확대화'가 중공에게 불리하다고 여겼기 때문이다. 한편 '공식적 입장'을 밝히지 않았으나 모택동은 북벌과 결합된 농민운동의 발전을 내심 기대했다.

모택동이 북벌에 관해 공식적 입장을 밝히지 않은 주요인은 ① 북벌, 장개석의 '업적' ② 장개석의 '중국 통일' 기반 마련 ③ 스탈린의 '북벌 반대' ④ 장개석의 '영수(領袖) 지위' 확정 ⑤ 장개석과 소련 군사고문 갈렌의 '합작품' 등이다. 실제로 손중산의 '숙원'인 북벌은 모택동과 큰 관련이 없었다. 실제로 '총대에서 정권이 나온다'는 진리를 모택동에게 가르쳐준 스승은 '북벌 승리자' 장개석이었다. 한편 모택동이 '제왕의 기운'을 갖추지 못한 것은 일개 '훈장님'이었기 때문이다. 모택동의 '제왕상'은 정강산에 올라 '홍군 통솔자'로 변신한 후 비로소 갖춰졌다.

1926년 여름 모택동은 신설된 중공 농민부장으로 임명됐다. 그는 상해에서 농민정책을 토론했다. 그러니 상해에는 농민이 없었고 진독수의 신임을 받지 못한 모택동은 9월에 광주로 돌아왔다(D. Wilson, 1993: 107). 중공이 설립한 독립적 농민부가 존재했는지 알 길이 없다. 1927년 7월까지 모택동이 추진한 농민운동은 국민당 농민부의 지도하에 진행됐다(S. Schuram, 1996: 81). 실제로 1925년 9월 (中共)확대회의에서 '농민운동위원회(農民部)'를 증설했다. 그동안 '농위(農委)'가 유명무실한 부서가 된 것은 진독수가 농민운동에 관심이 없었다는 방증이다. 한편 1926년 11월 모택동이 '농위' 서기로 부임한 후 정상적으로 운영됐다.

모택동이 책임진 농민운동위원회는 농민운동가 팽배 등 7명으로 구성됐다. 그들은 이론과 실천력을 겸비한 베테랑이었다. 당시 팽배에 비해 '실전' 경험이 부족한 모택동은 실천을 이론으로 귀납하고 사상을 천명할 수 있는 문필력과 선전가의 재능을 지녔다(A. Pantsov, 2015: 226). 한편 이 시기 농민운동가 모택동은 '농강소' 운영을 통해 농민문제 '전문 가'로 거듭났다. 모택동의 '농위(農委)' 서기 임명(1926.11)이 단적인 증거 이다.

모택동이 '농위' 서기로 임명된 주요인은 ① 농민운동 집착 ② 북 벌 중 진독수의 '농민운동 중시' ③ 중공 내 농민운동 리더 부재 ④ 스 탈린의 '농민문제' 중시 ⑤ 보로딘의 '토지문제 해결' 중시 ⑥ '농강소' 운영, '전문가' 변신 ⑦ '중공 지도자' 구추백의 절대적 지지 등이다. 결 국 2년 만에 모택동이 중공 고위층에 복귀했다. 한편 '12월 회의(1926)' 에서 농민운동에 대한 '견해 차이' 심화로 모택동과 진독수는 견원지간 이 됐다.

11월 상순 상해에 도착한 모택동은 국민혁명에 유리한 지역에서 농민운동을 발전시킨다는 원칙을 제정했다. 호남·호북·강서성의 농민 운동을 우선적으로 발전시키고 무창 '농강소' 설립을 제안했다(金冲及 외, 2011: 121). 상기 3개 성(省)은 북벌과 연계된 지역이었다. 농민운동을 추진해 '북벌군 승리'에 일조하고 군벌 통치기반을 와해시킨다는 것이 모택동의 취지였다. 당시 모택동은 농민운동을 '북벌'이란 군사행동과 연결시켰다.

11월 하순 모택동은 남창에서 제6군 당대표 임백거와 제2군단장 노척평(魯滌平)[552]을 방문했다. 당시 모택동을 초대한 곽말약은 초면인 모택동 인상을 이렇게 썼다. …처자(處子)처럼 조용하고 한나라의 장량

---

552 노척평(魯滌平, 1887~1935), 호남성 녕향(寧鄕) 출신이며 국민당 고급장령이다. 1920년대 (湘軍)제2사단장, 국민혁명군 제2군단장, 호남성장, 제9로군 총지휘, 1930년 모택동이 지휘한 '홍1방면군'에게 대패, 1934년 (南京)군사참의원 부원장, 1935년 남경에서 병 사했다.

(張良)[553]을 연상케 했다(逄先知 외, 2011: 122). 당시 모택동의 방문 목적은 (農講所)학원생 모집과 경비 해결이었다. 한편 곽말약이 모택동을 책사 (張良)에 비유한 것은 이 시기 모택동이 '군 통수권자'가 아니었기 때문 이다.

곽말약의 '모택동 인상'은 그의 회고록인 '홍파곡(洪波曲, 1959)'에 수 록된 내용이다. 딕 윌슨이 주장한 '제왕상(帝王相)'을 느끼지 못했다는 내용은 와전된 것이다. 모택동과 곽말약의 만남(1926.11.27)이 '초면'이란 주장은 임백거의 일기(林伯渠, 1981: 49)를 근거로 한 것이다. 사실상 그들 은 1926년 3월 광주에서 만났다. 한편 곽말약의 '장량 비유'는 큰 어폐 가 있다. 실제로 모택동은 한고조 유방(劉邦)[554]에 가까운 인물이었다.

1926년 하반기 북벌군은 호남·호북·강서 등지를 공략했다. 농민운 동의 활발한 전개로 지주와 토호열신은 공포와 불안에 떨었고 북벌군 군관들은 크게 반발했다. 특히 호남성의 농민운동이 가장 급진적이었 다. 과격한 농민운동이 북벌을 교란한다는 원성이 자자했다. 결국 진독 수는 국공합작을 위해 농민운동 '제한' 또는 '발전' 중 양자택일의 진퇴 유곡에 빠졌다. 이것이 무한에서 '12월회의(1926.12.13)'가 열린 배경이다.

12월 초 무한에 도착한 모택동은 한구(漢口)에서 열린 특별회의

---

553 장량(張良, 기원전 250~前 186), 하남성 신정(新鄭) 출신이며 서한의 정치가이다. 기원전 209년 '홍문연(鴻門宴)'에서 유방을 구출, 유방의 '천하 통일'에 기여했다. 기원전 202 년 황제로 즉위한 유방은 장량을 유후(留侯)에 봉했다. 기원전 186년 서안(西安)에서 병 사했다. 한편 장량이 '책사(策士)'라면 모택동은 유방과 같은 '최고 통치자'였다.

554 유방(劉邦, 기원전 256~前 195), 강소성 서주(徐州) 출신이며 한나라의 시황제(始皇帝)이다. 기원전 209년 '진나라 타도'의 기치를 들고 군사를 일으켜 패공(沛公)으로 불렸다. 기 원전 208년 수도 함양(咸陽)을 함락, 진왕(秦王)의 항복을 받았다. 기원전 206년 항우(項 羽)로부터 한왕(漢王)에 봉해졌다. 기원전 202년 '숙명의 라이벌' 항우를 대파하고 황 제로 즉위, 수도를 장안(長安)에 정했다. 기원전 195년 서안(西安)에서 병사했다.

(12.13~12.18)에 '농위(農委)' 서기 신분으로 참석했다. '12월회의' 주재자 진독수는 농민운동 발전을 제한하고 농민의 '토지 점유'를 반대하는 대회의 방침을 천명했다. 실제로 모택동에게는 '12월회의'가 '홍문연'이었다. 또 '12월회의'는 2년 전 모택동을 실각시킨 장본인이며 진독수의 '상급자' 보이틴스키의 조정하에 진행됐다. 이는 앙숙인 그들의 '첫 만남'이었다.

회의에서 진독수가 '군심 동요' 등 과격한 언사를 사용해 호남농민운동을 비판한 것은 모택동을 겨냥한 것이다. 당시 모택동은 호남성위가 제출한 '토지문제 해결'을 주장했으나 진독수와 공산국제 대표의 반대를 받았다. 또 진독수는 모택동이 제안한 '무장투쟁 전개'를 일축했다(金冲及 외, 1996: 122). 농민운동 '견해 차이' 심화로 그들 간 불신의 골이 더 깊어졌다. 이 또한 모택동이 호남농민운동 고찰을 떠나게 된 직접적 계기였다.

모택동은 호남농민협회장으로부터 장사에서 열리는 호남성농민대회(12.20) 참석 요청의 초대장을 받았다. 환영회의 '통고(通告)'는 이렇게 소개했다. …일찍 고향 소산충에서 농민운동에 종사한 모택동 동지는 농민운동의 대부이다. 또 대회 주최자는 모택동을 '중국혁명의 영수'라고 치켜세웠다(湖南省博物館, 1979: 338). 모택동은 대회의 연설에서 이렇게 역설했다. …당면과제는 토호열신의 봉건정권을 뒤엎고 농민정권을 수립하는 것이다(逢先知 외, 2011: 125). 실제로 '호남왕'으로 불린 모택동은 장사에서 '황제 대접'을 받았다. 한편 모택동의 주장은 '12월회의'의 방침에 위배됐다. 이는 정견의 차이를 넘어 '완전한 배반'을 의미한다.

이유한은 이렇게 회상했다. …모택동은 호남성위의 '토지혁명 추진안'을 찬성했다. '12월회의'에서 진독수와 보로딘은 중국에 토지문제가 없다고 말했다. 당시 모택동은 진독수 등의 주장에 대해 반박하지 않았다(何明, 2003: 254). 실제로 보로딘은 '토지문제 해결' 중요성을 강조했다. 또 보로딘과 진독수는 '견원지간'이었다. 이유한의 회상은 모택동의 '보로딘 비판'을 의식한 것이다. 한편 '12월회의'에서 진독수의 지지자는 보이틴스키였다.

보로딘은 '중국혁명의 농민문제'라는 연설(1926.10.1)에서 이렇게 말했다. …중국혁명의 급선무인 토지문제를 해결하지 않으면 모든 것이 수포로 돌아가며 국민혁명은 성공할 수 없다(楊雲若, 1983: 53). 보로딘은 남창 환영회에서 한 연설(1926.12.1)에서 토지문제 중요성을 강조했다. '12월회의'에서 보로딘이 '토지문제 해결'을 반대한 진독수의 주장을 지지했다는 것은 사실 왜곡이다. 이는 1926년 급진적 토지정책을 주장한 보로딘이 1927년에 극력 반대했다는 모택동의 회상(毛澤東, 2008: 54)에 부합된다.

12월 13일 진독수는 대회의 '정치보고'에서 이렇게 주장했다. …당외 우경을 제지하고 당내 좌경을 반대해야 한다. 또 그는 보로딘이 말한 농민의 '토지문제 해결'에 대한 찬반 여부가 '좌파 평가' 기준이란 견해는 매우 신기한 논리라고 비하했다(中國現代革命史資料, 1983: 304). 상기 '당외 우경'은 신우파 장개석을 지칭하며 '당내 좌경'은 보로딘을 가리킨다. 12월 27일 보로딘은 제6차 '연석회의'에서 노농운동을 제한하는 광동성의 국민당 당부를 비판했다. 결국 이는 보로딘이 '12월회의'에서 진독수가 주장한 '농민운동 제한'을 반대했다는 단적인 방증이다.

소공중앙 회의(1926.10.29)에서 스탈린은 중국 노농운동이 북벌에 악영향을 미친다고 지적했다. 이는 '12월회의'에서 진독수가 호남성위가 제출한 '토지문제 해결'을 반대한 원인이다. 회의에서 모택동은 진독수와 정면으로 충돌했다(黃允升 외, 2012: 88). 상기 주장은 사실 왜곡이다. 실제로 '노농운동 삼가'라는 공산국제의 '10월지시'는 스탈린의 비판을 받았다. 또 회의에서 모택동이 진독수와 '정면으로 충돌'했다는 주장은 사실무근이다.

국민당 상해정치분회장 유영건(鈕永建)[555]은 상해총공회 책임자 왕수화(汪壽華)[556] 등과 무장봉기를 모의했다. 진독수의 '의견 청취'에 보이틴스키는 이렇게 지시했다. …봉기 주도권을 국민당에게 맡기고 중공은 조력자 역할을 해야 한다(中央黨史硏究室第一硏究部, 1998: 432). 이는 무장봉기의 '지도권 포기'를 뜻한다. '무장봉기 실패(10.24)'의 책임은 보이틴스키가 져야 한다. 이 또한 공산국제가 '10월지시'를 중공에 보낸 이유이다.

1926년 11월 초 중공중앙은 '농민정강(政綱)'을 작성했다. '정강'의 골자는 ① 봉건정권을 뒤엎고 농민정권 건립 ② 농민이 참가한 지방정부 설립 ③ 농민을 무장해 혁명정부 지휘 ④ 대지주·열신(劣紳)의 토지를 몰수한 후 농민에게 분배한다(中央檔案館, 1983: 291). 한달 후 '12월회의'에서 진독수가 '농민정강'과 배치되는 주장을 제출한 것은 공산국제의 '10월지시'를 수용했기 때문이다. 그러나 '10월지시'는 공산국제의 7차

---

555 유영건(鈕永建, 1897?~1965), 상해(上海) 출신이며 국민당 우파이다. 1905년 동맹회에 가입, 1920~1940년대 북벌군 총참의(總參議), 강소(江蘇)성장, 고시원(考試院) 부원장, 1950년대 (臺灣)국민당중앙 평의(評議)위원장을 역임, 1965년 뉴욕(New York)에서 병사했다.

556 왕수화(汪壽華, 1901~1927), 절강성 제기(諸曁) 출신이며 노동운동가이다. 1923년 중공에 가입, 1925년 상해총공회(上海總工會) 위원장, 오삽(五卅)반제운동의 주요 지도자가 됐다. 1927년 4월 11일 상해청방(靑幇) 두목 두월생(杜月笙)에 의해 상해에서 비밀리에 살해됐다.

전회에서 비판받고 철회됐다. 한편 공산국제의 '10월지시' 철회는 소공중앙 제15차 대표대회의 권력투쟁[557]과 밀접하게 관련된다.

공산국제 전회의 '보고'에서 스탈린은 이렇게 지적했다. 첫째, 농민문제는 중국의 당면과제이며 농민의 혁명 개입을 격려해야 한다. 둘째, 농민의 혁명 개입이 통일전선을 파괴한다고 생각해선 안 된다. 셋째, 지주의 토지를 몰수하고 토지국유화를 실시해야 한다(斯大林, 1953: 334). 실제로 스탈린은 농민운동을 두려워하는 진독수를 간접적으로 비판한 것이다. 또 중공은 무장투장을 중시해야 하며 '군사 연구'에 전념해야 한다고 지적한 스탈린은 국공합작을 지속 유지해야 한다고 강조했다. 한편 '12월회의'에서 진독수가 제정한 방침은 스탈린의 '보고'와 배치된다.

중공중앙에 전달(1927.1)된 공산국제 '결의안' 골자는 ① 중국혁명의 당면과제는 토지혁명 ② 무산계급이 혁명지도권 쟁취 ③ 혁명군대는 중국혁명의 중요한 역량 ④ 중공은 국민당의 혁명활동 지지 등이다(中國社會科學院近代史硏究所, 1981: 283). '결의안'은 진독수와 보이틴스키에게는 날벼락 같은 소식이었다. 결국 보이틴스키가 주도한 (上海)원동국은 '활동 중지' 처분을 받았다. 실제로 공산국제의 '진독수 경질'은 이때 결정됐다.

'12월회의' 후 진독수는 스탈린이 공산국제의 '10월지시'를 비판했

---

557 1926년 10~11월 모스크바에서 열린 소공중앙 제15차 대회에서 트로츠키·지노비에프·카메네프는 스탈린의 비판을 받았다. 또 '일국의 사회주의문제'를 두고 스탈린과 지노비에프는 격렬한 언쟁을 벌였다. 10월 23일 중앙위원회 연석회의에서 트로츠키·카메네프는 정치국 위원에서 해임됐다. 그해 11월 제7차 확대회의에서 지노비에프가 파면, 부하린이 책임자로 임명했다. 제15차 대회 후 부하린과 스탈린이 공산국제를 통제했다.

다는 사실을 뒤늦게 알았다. 공산국제 책임자 부하린(Bukharin)은 '확대회의'에서 이렇게 말했다. …스탈린은 군대를 중요시하지만 농민의 역할도 중시한다. 현 단계에서 토지문제는 매우 중요한 의미를 지닌다(朱洪, 2011: 251). 당시 '보고(12.7)'에서 트로츠키와 지노비에프의 '반당연맹'을 비판한 스탈린은 지노비에프의 파면을 선포했다. 또 부하린은 트로츠키와 진독수를 파면한 주요 장본인이다. 한편 스탈린으로부터 '토사구팽(兎死狗烹)'을 당한 부하린은 '대숙청'에서 처형된 비극적 인물이다.

'12월회의' 기간 진독수에게 군사문제를 보고한 섭영진은 '회고록'에 이렇게 썼다. …나는 진독수를 찾아가 호북성의 군사 현황을 보고했다. 그는 귀찮은 태도를 보이며 한 마디도 대꾸하지 않았다. 이는 1925년 상해에서 모스크바의 군사 상황을 보고할 때 그가 귀찮아하던 모습을 떠올리게 했다(聶榮臻, 1983: 54). '군사문제 외면'은 진독수의 치명적 아킬레스건이었다. 이는 '수재' 진독수가 '사관생' 장개석의 적수가 못되는 이유이다.

진독수와 모택동의 '결렬'은 필연적 결과였다. 역사는 우유부단하고 정치적 카리스마와 군사적 리더십이 부재한 진독수를 포기하고 노동운동을 성공적으로 지도했고 농민운동에 열중한 '실천형 리더'인 모택동을 선택했다. 한편 중공 창시자인 진독수와 중화인민공화국 창건자인 모택동이 공유한 '공통점'이 있다. 그것은 독선적이고 권위적이며 타고난 독재자의 기질이다. 결국 모택동은 당내의 막강한 라이벌을 누르고 최대 정적인 장개석을 전승했다. 모택동이 '최종적 승자'가 된 주된 원인은 타고난 군사전략가의 자질과 강인한 인내력 및 강철 같은 의지력이다.

부유한 집안에서 태어나 일본 유학을 거쳐 북경대학 문과대학장을 지낸 진독수는 1920년 여름 상해에서 공산주의소조를 창건했다. 그 후 6~7년 동안 중공 총서기를 지낸 그는 '가부장적 독재자'로 군림했다. 장기간 상해에서 생활한 진독수는 양복을 즐겨 입었고 공산국제가 중공에 지급한 '운영 자금'을 독선적으로 처리했다. 특히 줄곧 대도시에서 생활한 그는 농민의 고충을 제대로 헤아리지 못했고 농민폭동과 군사 행동을 극도로 혐오했다. '학자형 리더'이며 군사 문외한인 진독수는 강력한 군사적 리더십과 권모술수에 능한 장개석의 적수가 되지 못했다.

실각자 모택동은 농민운동 종사자에서 농민문제 '전문가'로 거듭났다. '중산함사건'을 경험한 그는 무장투쟁의 중요성을 실감했다. 농민운동 '대부'로 성장한 모택동은 농민 주축의 무장투쟁만이 중국혁명의 승리를 거둘 수 있다는 진리를 깨쳤다. 삼국지 등 고전을 즐겨 읽었고 장포(長袍)를 즐겨 착용한 모택동은 백성의 애환과 농민 고충을 헤아렸다. 결국 혁명군대 중요성을 절감한 그는 정강산에 들어가 공농홍군을 창건했다.

3. 국공합작 결렬, 무장투쟁의 길 선택

1926년 11월 하순 상해를 떠난 모택동은 12월 17일에 장사로 돌아왔다. 모택동이 상해에서 머문 기간은 두 주일도 안 된다. 그가 홀몸으로 간 것은 상해에 장기 거주할 생각을 하지 않았다는 반증이다. 한편 모택동의 '상해 기피'는 중공중앙에 지기(知己)가 없었기 때문이다. 유일한 지지자 구추백도 '왕따' 신세였다. 이는 '중공 창건자' 모택동에게는 슬픈 일이었다. 1927년 상반기 그는 대부분의 시간을 장사와 무한에서 보냈다.

1926년 10월 후 무한은 국면혁명의 '정치 중심지'로 부상했다. 모택동이 한구에 사무소를 설치하고 무창에 '농강소'를 설립한 이유이다. 1926년 12월 국민당 지도부는 '무한 이전'을 결정했다. 한편 무한 거주기간 '토지문제 해결'에 치중한 모택동은 농민무장 중시와 무장투쟁의 중요성을 강조했다. 1927년 상반기 모택동은 무창 '농강소'에서 농민간부 양성에 몰두했다. 이 시기 모택동의 '후원자'는 공산당이 아닌 국민당이었다.

'농위(農委)' 서기를 담당하는 기간 모택동은 호남농민운동을 고찰하고 보고서를 썼다. 무창에서 '농강소'를 개설한 그는 전국농민협회를 설립하고 전국의 농민운동을 지도했다. 한편 중공 5차 당대회에서 모택동이 해임되고 담평산이 '농위' 서기로 임명됐다(張萬祿 외, 1991: 105). 당시 모택동의 '보고서 작성'은 매우 뜻 깊은 일이었으나, 급진적 호남농민운동을 비판한 진독수와의 관계는 악화일로였다. 이 또한 '중공 5대'에서 모택동이 (農委)서기직에서 파면된 주된 원인이다. 실제로 '12월 회의' 후 모택동은 중공 '농위' 서기 권한을 제대로 행사하지 못했다.

북벌군이 장사로 진격한 후 호남농민운동은 신속히 발전했다. 국민당 호남성당부는 각 지방의 특파원에게 '농회 설립'을 지시했다. 그해 9월 중공중앙은 광주 '농강소'를 졸업한 학원 60명을 호남성에 파견하고 농민운동 전개를 지시했다. 11월 호남성 54개 현에 농민협회가 설립됐다(吳江 외, 2013: 72). 농민협회는 지방에서 농민정권을 설립하고 농민을 조직해 '감조감식' 운동을 전개했다. 한편 북벌군의 '군벌 전승'에 기여한 농민운동이 폭력적으로 변질하면서 지주와 토호열신의 강한 불만을 야기했다.

진독수는 각급 당부에 보낸 편지(1926.10.17)에서 농민운동 지지를 호소했다. …현재 중국에는 농민이 절대다수를 차지하고 있다. 최근 광동·호남·호북·하남·강서 등지에서 농민운동이 전개되고 있다. 모든 공산당원이 농민운동에 적극적으로 투입해야 한다(中央檔案館, 1981: 134). 진독수가 북벌에 '긍정적 역할'을 한 농민운동을 지지했다는 방증이다. '12월회의'에서 진독수의 '농민운동 제한' 방침은 공산국제의 '10월지시'와 관련된다.

'모택동선집'의 '고찰 보고서' 주해는 이렇게 썼다. …당시 진독수 등 우경기회주의자는 국민당의 반동세력을 두려워 중요한 동맹군인 농민을 포기함으로써 노동계급과 공산당을 고립무원에 빠지게 했다(毛澤東, 1991: 12). 결국 모스크바의 '장개석 지지'로 농민운동은 실패할 수밖에 없었다. '대혁명' 후기 진독수는 과격한 농민운동과 모스크바의 좌적 방침을 반대했다(唐寶林, 2013: 459). 실제로 '농민운동 고찰' 보고서는 '농민운동 제한' 결정에 불복한 모택동이 호남농민운동의 정당성을 밝히기 위해 쓴 것이다. 한편 진독수의 '농민운동 제한'은 공산국제의 '지시' 수용을 강요한 보이틴스키와 관련된다. 또 급진적 호남농민운동이 북벌에 '부정적 영향'을 미친다고 여긴 진독수가 '과격한 농민운동'을 비판한 것이다.

1926년 11월 북벌군이 호남·호북·강서성을 공략했다. 이 지역의 농민운동은 급발전했고 농회 설립이 급물살을 탔다. 호남성에 파견된 농민 간부는 2백명을 넘었고 지방정권에 농회 간부가 대거 참여했다. 농회가 지주의 재산을 몰수하고 악질 토호를 처형하자 당지 반동세력이 농회 간부를 살해하는 사건이 발생했다. 토호열신과 밀접한 이해관계가 있는 국민당 우파와 북벌군 군관들은 '과격한 농민운동'을 공격하고 농회를 비방했다. 결국 이는 국민혁명 대세인 북벌전쟁에 '부정적 영향'을 끼쳤다. 이 또한 진독수가 급진적 호남농민운동을 비난한 이유이다.

농민운동에서 기상천외한 일이 발생했다. 모 토호는 농민 50명을 살해하고 4명을 생매장했다. 일부 향신은 10원을 내고 농민협회에 가입했고 농회 간부는 반동무장에 의해 처형됐다(金冲及 외, 2011: 126). '막강한 권한'을 가진 농민협회는 지주의 토지를 몰수하고 농민자위군을 설립했다. 또 토호열신을 처형하고 정치적 권리를 박탈했다. 결국 계급투쟁 방식을 취한 농민운동이 '후방 교란'과 '통일전선 파괴'의 비난을 들은 것이다.

진독수의 '농민운동 비판'에 대한 중국 학자들의 부정적 평가는 호남농민운동이 '매우 좋다'고 한 모택동의 평가에서 비롯됐다. '북벌 협조' 역할을 한 농민운동은 폭력성이 존재한다. 모택동도 '보고서'에서 이를 인정했다. 한편 외국 학자들은 농민운동 주체인 빈농을 '폭도'로 폄하했다. 농민협회가 지주와 토호열신을 무자비하게 투쟁하고 심지어 처형을 서슴지 않았기 때문이다. 결국 상기 엇갈린 평가는 '이념적 편견'에서 기인한 것이다.

모택동은 40쪽짜리 '고찰 보고서'에서 권력을 장악한 농민들이 지주에게 원뿔 모자를 씌워 마을을 강제로 걷게 하는 수모를 안겨줬다고 밝혔다(D. Spence, 2007: 111). 폭도들은 부자들의 집을 약탈했고 공산당은 이를 기쁘게 여겼다. 농촌에서 계급투쟁이 시작된 것이다. 농민협회의 한 회원은 이렇게 말했다. …호남성에서 농민들이 가장 용감했으며 선봉에 섰다. 현재 봉건계급은 공황 상태에 빠졌다(A. Pantsov 외, 2017: 249). 상기 '폭도'와 '봉건계급'은 어폐가 있는 말이다. 또 이는 농민들의 과격한 폭력성을 보여준 단적인 사례이다. 한편 호남농민운동은 대부분 국민당 호남성당부의 주도하에 진행됐다는 사실을 간과해선 안 된다.

농민운동 중 폭력적 현상이 발생했다. 농회는 지주를 조리돌림시키고 벌금을 부과했다. 또 강제로 지주의 머리를 깎았고 사당의 조상 위패를 파괴하는 만행을 저질렀다. 농회의 '평조조금(平糶阻禁)'으로 지주들은 토지세 납부를 거부했고 군량미 수거가 어려워졌다(李維漢, 2013: 74). 호남성위 서기 이유한은 이런 폭력 현상이 국민당 우파의 농민운동 비판과 북벌군 군관의 '농회 비방'에 빌미를 제공했다고 인정했다. 한편 불가사의한 것은 모택동이 찬성한 농민운동의 '폭력 현상'이 수십년 후 문화대혁명에서 '무지한 홍위병(紅衛兵)'에 의해 재현됐다는 점이다.

'상구(湘區)농민운동보고'에는 이렇게 적혀 있다. …우리는 각지 농민협회에 '폭력적 행위'를 제지할 것을 요구했다. 한편 모택동의 보고를 듣고 '토호열신 엄벌' 필요성을 느꼈다(湖南檔案館, 1984: 40). 8월 중 농민협회장 역례용은 모택동의 '고찰 보고서'를 근거로 '호남농민운동 현황'을 작성했다고 부언했다(湖南民報, 1927.3.25). 호남성농민협회는 '제642호 훈령'을 발표해 빈농을 타격하는 '세회(洗會)운동'을 정지시켰다. 또 농회 회원을 공격한 토호열신에 대한 '강력 처벌'을 지시했다. 실제로 모택동은 호남농민운동의 계급투쟁을 선도하고 만연시킨 장본인이었다.

1927년 4월 호남주안(籌安)지회장인 엽덕휘가 사형에 선고됐다. 악질 토호열신을 처형하지 않으면 민중의 분노를 풀 수 없었다. 반동분자 엽덕휘에 대한 엄벌은 농민운동 추진에 유익했다(吳江 외, 2013: 73). 실제로 농민운동을 비방한 엽덕회는 농회 회원을 '잡종(雜種)'이라고 모독했다. 훗날 모택동은 농회위원장 등대원(騰代遠)[558]의 '엽덕휘 처형'은 잘못

---

558 등대원(騰代遠, 1904~1974), 호남성 회화(懷化) 출신이며 공산주의자이다. 1925년 중공에 가입, 1927년 호남성 농민협회 위원장, 1930~1940년대 '홍3군단' 정치위원, 팔로군 참모장, 화북군구 부사령관, 건국 후 철도부장, 전국 정협 부주석을 역임, 1974년 북경에서 병사했다.

됐다고 비판했다. 1927년 8월 농협회장을 맡은 등대원은 '엽덕휘 처형'과 무관하다. 당시 '판결서'에 사인한 사람은 농회 책임자인 역례용이었다. 한편 '토호열신 엄벌'에 빌미를 제공한 당사자는 모택동이었다.

모택동이 중공중앙에 보낸 편지(1927.2.16)에서 지적한 국민당 우파의 잘못은 첫째, 농민운동이 '과격하다'는 지적은 잘못됐다. 둘째, 빈농은 혁명의 선봉장이며 '불한당'이 아니다. 셋째, 농민운동의 '통일전선 파괴'는 사실 왜곡이다(黃允升 외, 1997: 66). 또 모택동은 이렇게 주장했다. …농민협회의 '과격한 행위'는 토호열신과 지주의 핍박에서 기인됐다. 혁명은 결코 '손님 대접'이 아니다. 농민문제는 빈농의 문제이며 빈농의 문제는 선전이 아닌 실행의 문제이다(逢先知 외, 2011: 128). 실제로 모택동이 지적한 '실행의 문제'는 진독수를 빗댄 것이다. '12월회의'에서 진독수는 토지문제 해결은 실행이 아닌 '선전의 문제'라고 강조했다.

2월 말 모택동은 중공중앙에 '호남농민운동 고찰 보고서'를 보냈다. 급진적 보고서를 본 중앙위원 대다수가 찬사를 보냈고 모스크바에서도 열렬한 환대를 받았다(Levine, 2017: 254). 모택동의 '호남농민보고서'는 농민이 혁명의 전위가 돼야 한다는 논리를 담았다. 진독수는 '보고서'가 너무 급진적이라며 당 기관지에 못 싣게 했다(박형기, 2114: 80). 양지화(楊之華)[559]의 회상에 따르면 구추백이 '고찰 보고서'를 팽술지에게 '향도'에 게재할 것을 요구했으나 거절됐다. 결국 구추백은 모택동의 '보고서'를 단행본으로 출간하고 서문을 썼다(唐寶林 외, 1997: 67). 구추백

---

559 양지화(楊之華, 1901~1973), 절강성 소산(蕭山) 출신이며 구추백의 부인이다. 1924년 중공에 가입, 1925년 중공중앙 여성부장, 1927년 중앙위원, 1945년 진기로예(晉冀魯豫) 부녀부장, 건국 후 전국 부련회(婦聯會) 부주석, 중앙감찰위원 등을 역임, 1973년 북경에서 병사했다.

은 머리글에 모택동을 농민운동의 '대부'라고 썼다. 한편 모택동의 '보고서'는 호남성위 기관지 '전사(戰士)'와 공산국제 기관지 '공산국제'에 게재(1927.5)됐다.

1927년 5월 부하린은 공산국제 8차 전회에서 모택동의 '보고서'를 이렇게 평가했다. …문장이 세련되고 매우 흥미진진하다(金沖及 외, 1996: 127). 스탈린은 '보고'에서 이렇게 말했다. …작금의 중국혁명은 반제반봉건 자산계급혁명이며 토지혁명은 혁명의 당면과제이다. 한편 '보고서'에서 모택동은 반제반봉건 성격을 띤 중국혁명에서 토지혁명을 최우선 과제라고 썼다. 이는 공산국제의 주장과 일맥상통했다(申長友, 1994: 90). 이 또한 부하린이 모택동의 '보고서'를 높게 평가한 주된 원인이다. 한편 스탈린의 '보고' 발표 후 공산국제는 모택동의 문장을 전재했다.

모택동은 무창 '농강소' 설립 계획을 제출했다. 상악감(湘鄂赣) 국민당당부는 모택동·진극문(陳克文)[560]·주이률(周以栗)[561] 등을 준비위원으로 추천했다. 당시 등연달과 의논한 모택동은 전국적 범위에서 학원생을 모집할 것을 건의했다. 그의 '건의'는 국민당중앙 인가를 받았고 '농강소'의 이름은 '국민당중앙농민운동강습소'로 확정했다. 국민당당부는 등연달·모택동·진극문을 '농강소' 상임위원으로 추대했다. '농강소' 장

---

560 진극문(陳克文, 1898~1986), 광서성 대향(大鄉) 출신이며 농민운동가이다. 1924년 국민당 농민부장, 1927년 7월 무한국민정부 농정(農政)부장, 1935년 행정원 참사(參事)를 역임, 1948년 홍콩에 정착했다. 1952년 홍콩 상파울로중학교를 설립, 1986년 홍콩에서 병사했다.

561 주이율(周以栗, 1897~1934), 호남성 장사(長沙) 출신이며 공산주의자이다. 1924년 중공에 가입, 1929년 장강국 군사부장, 1930년 중앙특파원, 1931년 '홍1방면군' 총정치부주임, 1932년 홍군 총전위(總前委) 조직부장을 역임했다. 1934년 장정에 참가, 그해 11월에 희생됐다.

정(章程)은 학원수 600~800명, 학기를 4개월로 결정했다. 4월 4일에 거행된 개학식에는 국민당중앙당부 등 각계 대표 100여 명이 참석했다.

모택동은 무창 '농강소'의 운영 목적을 이렇게 천명했다. …이론과 실천력을 겸비한 농민운동 지도자를 양성하고 농촌혁명을 추진한다. 또 '공산당선언'과 '중국사회 각 계급의 분석', '호남농민운동고찰보고' 등을 '농강소'의 필수 과목으로 설정했다. 모택동은 '농민문제'·'농촌교육' 등 주요 과목의 강의를 맡았다(龔一 2014: 87). 당시 모택동은 운대영·팽배·방지민(方志敏)[562] 등 농민운동 전문가를 초빙해 '과목 강의'를 담당하게 했다. 또 자신의 관련 저서를 교재로 선정한 모택동은 학원생에게 토지혁명의 중요성을 강조하고 급진적 혁명사상을 주입했다.

모택동은 이달·이한준·등초민(鄧初民)[563] 등을 전직 교사로 임명했다. 초빙한 강사는 우수덕(농촌학작)·이립삼(노동운동)·진극문(농민운동)·등초민(정치상식)·종명랑(鍾皿浪[564], 군사교관)·이일순(혁명가곡)이다. 또 주은래·구추백·보로딘 등도 '농강소'에서 강의했다(于俊道 외, 1996: 457). 무창 '농

---

562 방지민(方志敏, 1899~1935), 강서성 상요(上饒) 출신이며 공산주의자이다. 1923년 중공에 가입, 1920~1930년대 강서성당부 농민부장, 강서성 농민협회 비서장, 감동북(贛東北) 특구 서기, '홍10군' 정치위원, 민절감(閩浙贛)성위 서기를 역임, 1935년 남창(南昌)에서 희생됐다.

563 등초민(鄧初民, 1889~1981), 호북성 석수(石首) 출신이며 국민당 우파이다. 1927년 호북성 (國民黨)당부 비서장, 1945년 민주동맹 중앙위원, 1948년 국민당혁명위원회 상임위원, 건국 후 산서(山西)대학교 총장, 산서성 정협 부주석을 역임, 1981년 북경에서 병사했다.

564 종명랑(鍾皿浪, 1903~2005), 호남성 악양(岳陽) 출신이며 공산주의자이다. 1926년 중공에 가입, 1927년 무창 '농강소(農講所)' 군사교관, 1928년 당조직을 이탈했다. 1945년 재차 중공에 가입했다. 건국 후 북경철도대학교 부총장을 맡았다. 2005년 북경에서 병사했다.

강소'의 '규약(規約)'은 이렇게 썼다. …무장투쟁 발전에 대비해 엄격한 군사훈련을 실시해야 한다. 군사훈련에 적응하지 못한다면 농민운동 지도자로서 자격미달이다. '농강소'는 매일 2시간, 매주 한 차례씩 야외에서 군사훈련을 받아야 한다(金沖及 외, 2011: 131). 상기 강사들은 농민문제 전문가로, 이 시기 모택동의 인맥이었다. 한편 '농강소' 졸업생 진모평(陳慕平)[565]은 정강산 원문재(袁文才)[566]의 농민자위군에서 요직을 맡았다. 1927년 가을 진모평은 모택동과 원문재의 '합류'에 기여했다.

무창 '농강소(農講所)'는 장개석이 4.12정변(1927)을 일으켜 노농대중을 참살한 전후에 운영됐다. 따라서 광주 '농민운동강습소'보다 군사적 훈련을 더욱 중요시했다. 엄격한 군사적 훈련을 통해 합격된 무장투쟁의 지도자 양성이 무창 '농강소'의 주된 목표였다(何明, 2003: 263). 당시 무창 '농강소'가 운영된 후 모택동은 (軍事)훈련부를 설치하고 군사교관을 초빙해 (農講所)학원생들을 훈련시켰다. 또 군사화 관리를 실시하고 '농강소' 산하에 4개 지휘소와 훈련대를 두었다. 실제로 학원생들은 군사 이론을 배우면서 엄격한 군사훈련을 받는 '(半)군사화' 생활을 했다. 한편 무창 '농강소' 학원생은 '토비(土匪) 숙청' 등 실전에 참가했다.

---

565 진모평(陳慕平, 1902~1930), 강서성 녕강(寧岡) 출신이며 공산주의자이다. 1925년 중공에 가입, 1927년 원문재 농민자위군 군사교관, 1928~1929년 '홍4군' 중대장, 녕강현 적위대(赤衛隊) 부대장을 맡았다. 1930년 숙반(肅反) 확대화로, 영신(永新)에서 잘못 처형 됐다.

566 원문재(袁文才, 1898~1930), 강서성 녕강(寧岡) 출신이며 공농홍군 고급지휘관이다. 1926년 농민자위군 총지휘, 중공에 가입했다. 1927년 10월 녕강현 대창(大倉)에서 모택동을 만난 후 추수봉기군과 합류, 정강산 혁명근거지 창건에 참여했다. 1928년 '홍4군' 연대장, 1929년 '홍4군' 참모장을 맡았다. 1930년 영신현에서 살해됐다.

5월 17일 국민혁명군 사단장 하두인(夏斗寅)[567]과 양삼(楊森)[568]은 반란을 일으켜 무한을 공격했다. 모택동이 파견한 '농강소' 400여 명은 엽정 독립연대와 함께 반란을 평정하고 6월 초 호북성 토비 숙청에 참가했다(何明, 2009: 118). 3개월 간 훈련을 거쳐 무창 '농강소' 학원생들은 군사 작전을 지휘할 수 있는 리더로 거듭났다. 6월 18일 모택동은 '농강소' 졸업생에게 '농민혁명' 네 글자가 새겨진 동질 오성휘장(五星徽章)을 수여했다.

국민당 2기 3중전회(1927.3.10)에 국민당중앙 후보위원 신분으로 참석한 모택동은 '농민문제안'을 제출했다. 모택동·등연달·진유인(陳友仁)[569]·서겸(徐謙)[570]·왕법근(王法勤)[571] 등으로 구성된 심사위원회는 '농민

---

567 하두인(夏斗寅, 1886~1951), 호북성 마성(麻城) 출신이며 국민당 우파이다. 1926년 호북군 제1사단장, 1927년 5월 17일 반란을 일으켜 무한국민정부를 공격했다. 1930년대 (武漢)경비사령관, 호북성장을 역임했다. 1940년대 호북에서 탄광을 운영, 1951년 홍콩에서 병사했다.

568 양삼(楊森, 1884~1977), 사천성 광안(廣安) 출신이며 국민당 우파이다. 1910년 동맹회 가입, 1920년대 사천군 전적총지휘, 국민혁명군 20군단장, 1927년 의창에서 반란, 당생지에게 전멸됐다. 1940년대 제27집단군 사령관, 중경시장을 역임, 1977년 대북(臺北)에서 병사했다.

569 진유인(陈友仁, 1875~1944), 트리니다드(Trinidad) 출생이며 국민당 좌파이다. 1922년 손중산 영문 비서, 1926년 광주국민정부 외교부장, 1931년 남경국민정부 외교부장, 1938년 홍콩에서 항일활동에 참가했다. 1941년 후 상해에서 장기간 연금, 1944년 상해(上海)에서 병사했다.

570 서겸(徐謙, 1871~1940), 강서성 남창(南昌) 출신이며 법률가이다. 1917년 광주군정부 비서장, 1922년 북경정부 사법총장, 1926년 광주국민정부 사법부장, 1927년 국민당중앙 상임위원을 역임했다. 1928년 홍콩에서 변호사(辯護士)로 취직, 1940년 홍콩에서 병사했다.

571 왕법근(王法勤, 1869~1941), 하북성 고양(高陽) 출신이며 국민당 좌파이다. 1914년 중화혁명당, 1924년 국민당 북경집행부 조사부장, 1926년 무한국민정부 상민(商民)부장, 1935년 국민당중앙 집행위원, 1939년 국민당중앙 상임위원을 역임, 1941년 성도(成

문제결의안'을 통과시켰다. 또 '3중전회'는 장개석의 군사 독재를 규탄하고 노농운동을 지지하는 방침을 확정했다. 무한국민정부 실세는 담연개·당생지·보로딘이며 모택동의 '상급자'는 농민부장에 선임된 등연달이었다.

'농민선언'은 이렇게 지적했다. …농민정권을 수립해 토호열신과 지주의 권력을 농민이 장악해야 한다. 농민은 무장조직을 설립하고 지주계급의 무장을 해제해야 한다(金冲及 외, 2011: 132). '농민선언' 취지는 농민정권 건립과 농민무장 중시, 토지문제 해결이다. 이는 모택동이 '호남농민고찰보고'에서 주장한 급진적 내용과 일맥상통했다. 그러나 농민문제에 대한 모택동의 급진적 주장은 국민정부 주석 왕정위와 진독수의 반대를 받았다.

'국공양당영수연합선언(1927.4.5)'을 발표한 왕정위와 진독수의 공통점은 '농민운동 혐오'였다. 오옥장은 이렇게 회상했다. …농민협회가 북벌군 군관의 부모를 조림돌림시키고 군량(軍糧)을 압수했다는 보고를 받은 왕정위는 반혁명적 강탈 행위라고 대노했다. 진독수는 호남농민운동은 최악이라며 맞장구를 쳤다(吳玉章, 1961.9). 결국 왕정위는 모택동의 '토지문제 결의안'을 부결했다. 진독수는 '중공 5대'에서 모택동의 '건의안'을 거부했다. 한편 '무장투쟁 무시'는 왕정위와 진독수의 또 다른 공통점이었다.

모택동이 작성한 '농민문제결의안'은 이렇게 썼다. …현재 4백만 농민협회 회원들은 북벌 지지와 농민정권 설립을 위해 분투하고 있다. 한편 향촌정권 통지자들은 농민운동을 저지하고 있다(何明, 2003: 268).

都)에서 병사했다.

'결의안'은 농민운동 보장을 위해 '농민의 적'을 제거해야 한다고 주장했다. 그러나 '결의안'은 국민당 우파의 반대로 통과되지 못했다. 이런 급진적인 주장은 장개석의 '노농운동 탄압'에 빌미를 제공했다는 것이 일각의 주장이다.

3월 17일에 폐막된 대회는 중앙토지위원회 설립을 결정하고 등연달·담평산·모택동·서겸·고맹여를 상임위원으로 임명했다. '토지위원회' 주된 임무는 '토지문제 해결안'을 작성해 국민당중앙에 제출하는 것이다. 1927년 4~5월 '토지위원회'는 무한에서 두 차례 중앙위원회와 네 차례 확대회의를 개최했다. 한편 모택동은 '토지문제 토론'에 가장 적극적으로 임했다. 이 시기 '중공 창건자' 모택동은 여전히 '국민당 업무'에 열중했다.

제1차 확대회의(4.19)에서 모택동이 정리한 '토지문제 해결' 의의는 ① 농민 해방 ② 농업 생산력 증가 ③ 혁명 보호 ④ 봉건제도 철폐 ⑤ 공업 발전 ⑥ 문화 제고이다. 대회에서 모택동은 향촌자치정부를 건립하고 농민무장 문제를 우선 해결해야 한다고 주장했다. 농민협회가 주도하는 '농촌자치'는 국민당의 이념에 위배된다. 일찍 '호남자치'를 주창한 모택동의 '향촌자치'는 무정부주의 사상의 발현으로 현실을 벗어난 환상에 가깝다.

4월 22일 '결의안' 토론에서 등연달은 대지주의 토지를 몰수하는 '정치몰수'를 강조했다. 당시 모택동은 이렇게 주장했다. …농민의 조세부담을 경감시키는 '정치몰수'의 다음 단계는 '경제몰수'이다. 호남성은 대지주의 토지를 몰수해야 한다(李捷 외, 1996: 483). 4월 26일 진독수는 대지주의 토지몰수를 주장하고 보로딘은 '향촌자치' 중요성을 강조했다. '경제몰수'를 강조한 모택동은 '토지문제 해결'을 주장했다(于俊

道 외, 2018: 336). 모택동의 급진적 '경제몰수'는 하건(何鍵)·담연개 등의 반대를 받았다. 그들은 북벌군 군관의 토지를 보호하는 '혁명군인토지보장조례초안'을 제출했다. 결국 모택동이 주장한 '경제몰수'는 통과되지 못했다.

5월 12일 모택동이 제출한 '토지문제 결의안'은 국민당중앙 제20차 회의에서 부결됐다. '중공 5대'에서 모택동이 제출한 '토지분배'·'농민투쟁' 건의안도 진독수에 의해 부결됐다. 급진적 '결의안'이 북벌군 군관의 '경제적 이익'을 침해했으므로 '부결'은 당연한 결과였다. 한편 '건의안' 부결은 '과격한 농민운동'에 대한 진독수의 선입견이 작용했다. 당시 진독수의 결정은 보이틴스키의 지지를 받았다. 이 또한 모택동이 '중앙위원 선거'에서 낙선된 이유이다. 모택동이 '중앙위원 선거'에서 탈락한 주된 원인은 그가 국민당(左派)의 입장을 대변했기 때문이다.

모택동은 '진독수 불만'을 이렇게 토로했다. …중공 5차 당대회에서 진독수가 당을 지배했다. 나는 진독수의 농민운동 방침에 대해 불만이 컸다. 만약 농민운동을 철저히 전개하고 지주에 대해 계급투쟁을 전개했다면 소비에트가 훨씬 빠르게 발전했을 것이다(毛澤東, 2008: 51). 당시 농민운동과 북벌은 '상부상조(相扶相助)' 관계였다. 사실상 북벌군이 점령한 호남·호북·강서성에서만 농민운동이 활발히 전개됐다. 한편 장개석이 '4.12반혁명정변'을 일으켜 노농운동을 무작정 탄압하는 살벌한 분위기에서 농민운동의 '철저한 진행'은 그 가능성이 제로에 가까웠다.

모택동은 이렇게 회상했다. …'중공 5대'에서 지주를 '500무 이상 토지소유자'로 규정해 토지문제는 더 이상 토론되지 못했다. 농촌경제 특성을 고려하지 않은 이 규정은 매우 비현실적이었다. 대회 후 전국농민협회가 결성됐고 내가 초대 회장을 맡았다(신복룡, 2001: 120). 전국농민협회는 대회 전에 설립됐고 모택동은 초대 회장이 아니었다. 국민당중앙은 농민문제 '전문가'인 모택동에게 종래로 '농민부장'을 맡기지 않았다. 이는 공산당원 모택동이 국민당의 절대적 신임을 받지 못했다는 단적인 방증이다.

당시 진독수와 보로딘은 '북벌 승리'를 우선시했다. 즉 북벌이 끝난 후 토지혁명을 진행한다는 것이다. '중공 5대(1927.5)'의 주도권은 공산국제 대표 로이(Roy)[572]가 장악했다. 이 시기 진독수와 모택동은 아직 결렬되지 않았다(唐寶林 외, 1997: 69). 강대한 농촌자치조직을 설립해야 토지문제를 해결할 수 있다고 역설한 보로딘은 '선 북벌, 후 토지혁명'을 주장했다. 로이는 토지혁명을 실행해 혁명 근거지를 확보해야 한다고 강조했다(楊雲若, 1983: 67). '중공 5대' 주도권은 진독수와 보로딘이 장악했으며 당시 진독수와 모택동의 관계는 완전히 결렬됐다. 훗날 모택동은 자신의 '건의'를 일축한 진독수를 대독재자(大獨裁者)로 매도했다.

장개석은 상해에서 반혁명 정변(4.12)을 일으켜 수많은 공산당원과 노농(勞農)대중을 살해했다. 4월 18일 남경정부를 세운 장개석은 진독수·담평산·임백거·운대영·모택동 등 193명을 남경정부의 '제1호 수배령' 명단에 올렸다. 4월 22일 무한정부는 '토장(討蔣)성명'을 발표했다(金冲及 외, 1996: 130). '장개석 토벌' 성명은 문장력이 좋은 모택동이 작성했다. 결과적으로 '장개석 토벌'을 실행에 옮긴 사람은 모택동이었다. 한

---

572 로이(Roy, 1887~1954), 인도 혁명가이며 공산국제 대표이다. 1922년 공산국제 원동국 책임자, 1927년 4월 공산국제의 중국대표단장, 그해 6월 공산국제의 '5월지시'를 왕정위에게 보여줘 무한정부의 '분공(分共)'에 빌미를 제공했다. 1929년 공산국제에서 축출됐다. 1930년 '중국의 혁명과 반혁명'을 출간, 1954년 인도에서 병사했다.

편 '녕한분열(寧漢分裂)'[573]과 장작림의 봉계군벌이 통치하는 북경정부의 출범으로 중국사회에는 '삼족정립(三足鼎立)'의 국면이 나타났다.

1927년 봄 공산당의 위세에 놀란 장개석은 공산당원과 노농운동 지도자를 검거하라고 명령했다. 결국 수천명이 죽었고 공산주의 운동은 거의 맥이 끊겼다. 코민테른의 공산주의 이론가와 스탈린은 테러를 긍정적으로 받아들였다(D. Spence, 2003: 115). 스탈린이 '테러(1927.4.12)'를 긍정적으로 받아들였다는 주장은 사실 왜곡이다. 장개석이 일으킨 '정변'은 국공합작 실패를 의미한다. 이 또한 '과격한 노농운동'의 부작용이었다.

(武漢)국민일보(4.22)에 발표된 모택동의 '토장통전(討蔣通電)'은 이렇게 썼다. …국민당 분열을 획책한 독재자 장개석은 천추에 용서 못할 만행을 저질렀다. 역적 장개석을 토벌해야 한다(邸延生, 2006: 158). 중공중앙은 '장개석 규탄' 선언을 발표해 (武漢)국민정부의 '결의안'을 지지했다. 한편 국민당은 '장개석 토벌'에 관한 민감한 문장을 공산당원인 모택동에게 쓰게 했다. 결국 모택동은 장개석과 '불공대천(不共戴天)' 악연을 맺었다.

중공중앙 회의(4.16)에서 진독수·보로딘은 북경정부 토벌을 주장했으나 담평산과 장국도는 남벌(南伐)을 주장했다. 결국 회의에서 '북벌'이 통과됐다. 한편 진독수의 심복 장국도가 공개적으로 진독수의 주장을

---

573 녕한분열(寧漢分裂, 1927)은 북벌 기간에 발생된 장개석의 남경정부와 왕정위의 무한정부 분열을 가리킨다. 녕(寧)은 남경, 한(漢)은 무한을 지칭한다. 1927년 4월 12일 장개석은 상해에서 공산당과 노농대중을 참살하는 반혁명 정변을 일으켰다. 4월 15일 무한국민정부는 장개석을 파면, 당적을 박탈했다. 4월 18일 남경정부는 호한민을 주석, 장개석을 국민혁명군 총사령관으로 임명, '녕한분열' 후 '삼족정립(三足鼎立)' 국면이 나타났다.

반대했다는 점에 주목할 필요가 있다. 당시 장국도가 진독수와 견해를 달리한 주요인은 첫째, 진독수의 가부장제와 독선적 정치에 대한 불복이다. 둘째, 팽술지에게 '중공 2인자' 지위를 넘겨줌에 대한 불만 표출이었다.

중공 5차 당대회에서 모택동이 건의한 토지정책은 진독수의 냉대를 받았다. 모택동은 농민부장직에서 해임됐고 후보위원에 당선됐다. 체면을 구긴 모택동은 병을 핑계로 더 이상 회의에 출석하지 않았다(D. Wilson, 1993: 114). 모택동의 '토지문제 건의'는 대표들의 반대를 받았고 그는 투표권을 상실했다. 농민부장에서 면직된 모택동을 대신한 것은 구추백이었다(R. Terrill, 2011: 108). 당시 모택동을 대신한 것은 구추백이 아니며 담평산이 (農委)서기로 임명됐다. 한편 모택동의 '농민부장 면직'은 당연한 결과였다. 또 '후보위원 당선'은 '체면을 구긴' 일이 결코 아니었다. 1925년 후 모택동은 중앙위원에 당선된 적이 없었기 때문이다.

진독수는 (大會)정치보고에서 기회주의적 논조를 폈다. 다섯 시간의 장시간 보고는 교훈 정리와 시국 분석, 정책 제시가 없었다. 이는 대표들의 강한 불만을 야기했다. 당시 나역농은 구추백에게 '보고'에 대한 큰 실망감을 드러냈다(黃允升 외, 2003: 116). '가장제(家長制)'[574]를 실시한 진독수는 동지들의 신임을 상실했다. 또 '유일한 지지자'인 팽술지의 '중용'은 진독수가 경질된 중요한 원인이다. '국민당 퇴출' 주장과 토지혁

---

574 가부장적이고 권위주의적 독선 정치를 일컫는 '가장제(家長制)'는 당조직의 권력이 개인에게 집중, 봉건사회에서 성행된 진부한 '1인 독재체제'이다. '가장제'의 주요 표현은 ① 권력의 집중 ② 최종적 결정권, 최고 지도자가 소유 ③ 조직관리의 임의성(任意性) ④ 종신제(終身制) 실시 등이다. 한편 사회주의 국가인 소련과 중국, 중화민국에서 '가장제'가 유행됐다. 그 (家長制)대표적 인물이 스탈린·진독수·모택동·장개석 등이다.

명에 소극적인 진독수는 공산국제 책임자 부하린의 신뢰를 상실했다. 결국 보이틴스키의 변호로 진독수는 가까스로 '파면' 위기를 모면했다.

'중공 5대'에서 정치적 스타로 부상한 '신예(新銳)'는 중공중앙 비서장에 임명된 주은래이다. 1926년 11월 진독수의 신임을 받은 주은래는 중공중앙 군사부장으로 부임했다. 실제로 황포군관학교 '2인자'인 주은래는 두 차례의 '동정'에서 강한 조직력과 군사적 리더십을 여실하게 보여주었다. 한편 주목되는 되는 것은 '중공 4대'에서 일약 '중공 2인자'로 부상한 선전부장이며 진독수의 주요 조력자인 팽술지의 '중앙위원 탈락'이다. 팽술지의 낙선은 진독수의 '꼭두각시 역할'을 자임한 것이 주된 원인이다. 실제로 팽술지의 '도덕성 타락'이 동료들의 미움을 샀다.

'중공 5대'에 불참한 주은래가 나역농의 인편에 제출한 두 가지 건의는 첫째, 중공중앙은 현재의 파국을 책임져야 한다. 둘째, 팽술지의 '중앙국 진입'은 적절하지 못하다(朱洪, 2011: 267). 당시 주은래가 중공중앙 비서장으로 당선된 주된 원인은 ① 중공 총서기 진독수의 두터운 신임 ② 황포군관학교 정치부장 재임 당시 보여준 조직력과 리더십 ③ 두 차례 동정(東征)에 참가한 전투 지휘 경력 ④ 제3차 (上海)무장봉기를 승리로 이끈 일등공신 ⑤ 공산국제 대표 보로딘의 지지 등이다. 7월 12일 주은래는 중앙정치국 '5인 상임위원'에 선임됐다. 실제로 남창봉기 주요 지도자 주은래는 8년 간 중공중앙의 실질적 '군사 책임자'였다.

진독수의 꼭두각시인 팽술지는 '정치적 속죄양'이었다. 진독수의 총애를 한 몸에 받아온 팽술지는 '정치국 동료'인 장국도와 구추백의 눈 밖에 났다. 대회 기간 그는 정적인 구추백의 공격을 받았다. 당시 '연적(戀敵)'인 채화삼과 견원지간인 팽술지는 채화삼의 부인 향경여와 불륜을 저질렀고 나역농의 '동거녀'와 혼외 동거를 했다. 주은래가 팽술지의 '중앙국 진입'을 반대한 주요인이다. 결국 팽술지는 채화삼에 의해 중앙위원회에서 쫓겨났고 당적을 박탈당했다. 불륜을 저지른 대가를 지불한 셈이다. 또 그는 1930년대 '정견(政見) 차이'로 진독수와 결별했다.

공산국제 제8차 전회(1927.5)에서 부하린은 이렇게 지적했다. …중공 5차 당대회에서 기상천외한 연설을 한 진독수는 혁명군이 장작림을 쫓아낸 후 토지혁명을 진행해야 한다고 주장했다. 중국혁명 승리를 위해 지주의 토지를 몰수하는 토지혁명과 무장투쟁은 필수적이다(中共中央黨史硏究室, 1998: 242). 공산국제 책임자가 진독수의 이름을 직접 거론한 것은 매우 이례적이었다. 이는 토지혁명을 외면한 진독수에 대한 강한 불만을 표출한 것이며 '총서기 경질'이 불가피해졌다는 것을 의미한다. 한편 1927년 5월 '진독수 보호자' 보이틴스키는 국내로 소환됐다.

진독수의 독선적 행위에 불만을 느낀 구추백은 자신이 쓴 '중국혁명의 쟁론문제' 소책자를 대표들에게 나눠줬다. '팽술지주의'의 문제점을 폭로한 소책자는 사실상 진독수의 우경 기회주의를 비판했다. 또 그는 당중앙이 범한 '17개 실책'을 열거했다(姚金果, 2011: 293). 결국 강한 압력을 느낀 진독수는 대회에서 '심각한 반성'을 했다. 실제로 구추백의 '진독수 비판'은 가부장적 권위에 대한 도전이었다. 또 이는 대회에서 일방적으로 당하기만 한 모택동에 비해 '용기 있는 행동'이었다. 이 또한 진독수가 경질된 후 구추백이 '중공 1인자'로 급부상한 주된 원인이다.

로이는 스탈린에게 보낸 전보(5.27)에서 이렇게 썼다. …토지문제에서 일부 대표는 급진적 성향을 보였다. '일부 대표'는 모택동과 이유한을 가리킨다. '건의안' 부결은 모택동의 중앙위원 낙선에 악영향을 미쳤다(朱洪, 2011: 270). 모택동의 '중앙위원 낙선'은 '건의안' 부결과 무관하다. 이유한의 정치국 진입이 단적인 증거이다. 모택동의 낙선은 그가 여전히 '국민당 일'에 몰두했기 때문이다. 또 진독수의 '모택동 적대시'와 관련된다.

모택동은 이렇게 회상했다. …1927년 봄 연석회의는 '토지 몰수'를 건의한 나의 문장을 토론했다. 회의에서 나의 제안을 채택하는 결의안이 통과됐고 5차 당대회에 교부해 심의하기로 결정했다. 그러나 중앙위원회는 나의 제안을 거부했다(胡哲峰 외, 1993: 39). '연석회의'에서 토론한 문장은 모택동이 작성한 '호남농민운동고찰보고'였다. 결국 '고찰보고서' 내용이 너무 급진적이었기 때문에 진독수는 '향도(嚮導)' 게재를 거부했다.

'중공 5대'에서 진독수의 (右傾)기회주의는 시정되지 않았다. 대회는 여전히 무장투쟁의 중요성을 간과했다. 농민운동이 북벌을 도운 긍정적 사례가 있는 반면, '4.12정변'과 같은 침통한 교훈도 있었다(李維漢, 2013: 84). 한편 진독수와 보로딘은 국민당 반동파의 '4.12정변'·'마일사변(馬日事變)'은 '과격한 농민운동'이 빌미를 제공했다고 주장했다. 또 그들은 무장투쟁을 외면했다. 얼마 후 공산국제는 중공 총서기 진독수를 경질했다.

국민당 농민부는 '전구(戰區)농민운동위원회'를 설립(1927.4.29)했다. 그들은 북벌군과 함께 하남성에 진격해 농민운동을 지도했다. 당시 '농민협회' 조직부장인 모택동은 100여 명 선전대원을 거느리고 하남성에서 농민운동을 선전했다. 5월 5일 모택동은 '농강소' 학원생들을 '전구'로 보내는 환송회에 참석했다. (武漢)국민정부 농민부의 조사(1927.6)에 따르면 호남성의 농민협회 회원은 600만에 달했고 농민자위군은 7000

명을 넘었다.

농민들의 토지몰수와 '폭력적 행위'는 군벌과 지주계급의 반격을 초래했다. 장개석·하두연·허극상(許克祥)[575]이 변절한 후 강서·호북·호남성에서는 '마일사변'을 비롯한 대중 참살 사건이 잇따라 발생했다. 처형된 공산당원과 노농대중이 1만명을 상회했다(李捷 외, 2018: 339). 6월 13일 모택동은 (武漢)국민정부가 주최한 회의에서 '마일사변'의 진상을 밝혔다. 당시 진독수·왕정위 등은 '과격한 농민운동'이 군벌과 반동파의 '농회 공격'에 빌미를 제공했다고 주장했다. 이에 모택동·채화삼·등연달 등은 국민당 반동파가 획책한 '대중 참살' 음모를 폭로했다.

6월 6일 주배덕(朱培德)은 강서성에서 공산당원과 국민당 좌파를 대거 축출했다. 6월 19일 풍옥상은 서주(徐州)에서 장개석과 회담했다. 장개석·풍옥상 등은 '서주회의(徐州會議)'[576]를 열고 녕한(寧漢) 합류와 반소반공(反蘇反共)을 합의했다(金冲及 외, 1996: 133). 모택동·등연달 등은 전국 농민협회 명의로 '훈령(訓令)'을 발표해 공산당원·노농운동 지도자 축출 행위를 자제할 것을 촉구했다. 또 모택동은 장개석과 풍옥상의 '서주회의' 반혁명 음모를 적발하고 (武漢)국민정부에 노동자규찰대와 농민자

575 허극상(許克祥, 1890~1964), 호남성 상향(湘鄉) 출신이며 국민당 우파이다. 1927년 5월 21일 장사(長沙)에서 '마일사변'을 일으켜 공산당과 노농대중 3000여 명을 체포하고 100여 명을 처형했다. 1950년대 '(臺灣)총통부' 국책고문을 역임, 1964년 신죽(新竹)에서 병사했다.

576 '서주회의(徐州會議)'는 1927년 6월 20~21일 장개석과 풍옥상이 서주에서 거행한 회의이다. 장개석은 7월부터 풍옥상 군대에게 군향(軍餉) 250만원 지급을 승낙, 풍옥상은 장개석과 연합해 북상과 '청당(清黨)'을 합의했다. 풍옥상은 군대와 지방 공산당원을 축출, 이는 왕정위의 '반공 보조(步調)'를 가속화시켰다. '서주회의'의 '장풍(蔣馮)' 결탁은 제1차 국공합작의 결렬을 초래했다. 결국 이는 스탈린의 대중국 정책의 실패를 의미한다.

위군 보호를 호소했다.

'서주회의'에서 장개석과 풍옥상은 '중공·공산국제 결렬'을 결정했다. 6월 22일 풍옥상은 정주에서 군대와 지방 공산당원을 불러 모아 '술잔을 나누며 병권(兵權)을 거두는' 이른바 '배주석병권(杯酒釋兵權)'[577]을 연출했다(李玉貞, 2012: 572). 그는 공산당원 유백견(劉伯堅)에게 1천원, 기타 공산당원에게 '위로비'를 지급했다. 당시 평화적 '청당(淸黨)'을 실시한 풍옥상은 240명의 공산당원을 축출했다(周玉和, 2009: 23). 1927년 7월 보로딘이 귀국할 때 풍옥상은 그의 '안전한 귀국'을 위해 부하를 파견해 호송했다. 스탈린의 '군사적 지원'에 다소나마 보답한 것이다.

6월 17일 군사부장 주은래는 정치국 회의에서 '호남폭동' 계획을 제출했다. 그의 건의는 로이의 반대를 받았고 성격이 온화한 주은래는 로이와 격렬한 언쟁을 벌였다. 또 채화삼은 호남성위를 개편하고 모택동을 호남성위 서기로 임명할 것을 제안했다(逄先知 외, 2011: 136). 당시 채화삼은 선전부장과 중공중앙 비서장 등 요직을 맡고 있었다. 1927년 봄에 귀국한 채화삼은 모스크바가 더 이상 진독수를 신임하지 않는다는 것을 인지했다. 실제로 채화삼이 모택동을 '추천'한 것은 그동안 '정견의 차이'로 소원해진 친구(毛澤東)에게 '화해 제스처'를 보낸 것이다.

채화삼과 모택동의 정치적 견해는 시종 일치했다. 5차 당대회에서 독선적 정치로 일관한 진독수는 모택동의 '제안'을 거부하고 모택동의

---

577 '배주석병권(杯酒釋兵權)'은 북송건덕(北宋乾德) 연간 조광윤(趙匡胤)이 중앙집권 강화와 부하의 황권(皇權) 찬탈 방지를 위해 '주연(酒宴)을 베풀어 권력을 내놓게 한' 역사사건이다. '배주석병권'은 아주 손쉽게 부하장수의 병권(兵權)을 해제했다는 뜻으로 전의(轉義)됐다. 한편 '배주석병권'은 평화적 방식의 '권력 이양'으로 풀이되지만 사실상 토사구팽이다.

'정치국 진입'을 반대했다. 채화삼은 진독수의 독단적 행정을 직설적으로 비판했다(中共中央文獻研究室, 2003: 238). 이 시기 채화삼이 모택동을 지지했으나 그들의 정견이 '시종 일치'한 것은 결코 아니었다. 또 채화삼의 '직설적 비판'은 사실무근이다. 채화삼의 '선전부장 당선'과 구추백의 '상임위원 낙선'이 단적인 증거이다. 한편 구추백의 '상임위원 낙선'은 그가 진독수의 (右傾)정책을 직설적으로 비판한 것이 화근이었다.

호남성위 서기 모택동은 노농무장을 집결해 무장으로 반동파의 탄압에 대처해야 한다고 지시했다. 당시 당생지는 노농단체를 해산시켰다. 이에 정면 대결을 펼친 모택동은 당생지의 '통치 전복'을 계획했다(張士義, 2005: 70). 모택동이 제시한 구체적 방법은 애호단(挨戶團)을 설립하는 것이었다. 당시 모택동은 10일 만에 서기직에서 해임됐다. 당생지의 '고발을 받은' 진독수가 그의 서기직을 박탈한 것이다. 직권을 남용한 진독수가 모택동에게 '10일 서기' 치욕을 안겨준 것이다. 훗날 중공 영수 모택동은 진독수를 '독재자·변절자'로 역사의 심판대에 세웠다.

모택동이 무장투쟁을 준비하자, 당생지는 왕정위에게 급전을 보냈다. 소식을 전달받은 진독수는 곧 모택동을 파면했다. 모택동은 이렇게 회상했다. …무장투쟁을 반대한 진독수는 10일 만에 나를 해임했다. 이유는 내가 '당생지 축출' 봉기를 획책했다는 것이었다(于俊道 외, 2018: 345). '무장투쟁 계획'을 적절히 조절한 모택동은 무한에 돌아와 중공 확대회의(7.4)에 참석했다. 모택동과 진독수는 당의 진로를 두고 '격한 언쟁'을 벌였다. 당시 채화삼은 모택동의 주장을 지지했다. 채화삼의 '진독수 반대'는 진경수 (右傾)기회주의의 심각성을 보여준 단적인 방증이다.

'(中共)확대회의' 참석자 중 진독수·모택동·장국도의 발언이 주목됐다. 진독수는 대중의 '국민혁명군 참여'를 강조했다. 모택동 발언의 골자는 ① 산에 올라 무장투쟁 전개 ② '군대 가입'을 통한 실력 보존 등이다(李捷 외, 1996: 501). 장국도의 주장은 …무장투쟁을 진행하되 공산당의 지도를 받을 필요가 없다. 부자의 재물을 빼앗아 가난한 사람을 도우면 된다(張樹軍, 2009: 128). 농민혁명에 소극적인 진독수의 주장은 무장투쟁을 포기하는 '우경 투항주의' 정책이었다. 6월 28일 그가 호북성의 노동자규찰대를 해산시킨 것이 단적인 증거이다. 두달 후 '무장투쟁 전개'를 주장한 모택동은 정강산에 올라 혁명무장인 홍군을 창건했다. 한편 '공산당 지도'가 필요 없다는 '중공 창건자' 장국도의 주장은 지극히 반동적이다.

진독수가 발표한 '전당 동지에게 고하는 글(1929.12.10)은 이렇세 썼다. …기회주의에 영합한 나는 공산국제 정책을 충실히 집행했다. 무의식적으로 스탈린의 정치적 도구로 이용된 나는 대혁명 실패에 응분의 책임을 져야 한다(姚金果, 2011: 405). 진독수의 지기인 왕맹추(汪孟鄒)[578]는 정초린(鄭超麟)[579]에게 이렇게 말했다. …진독수에 대한 공산국제의 '제약(制約)'을 전면 부정해선 안 된다. (상해)무장봉기가 승리한 후 이지를 상실한 진독수는 장개석을 핍박해 영국을 반대하려고 했다(唐寶林, 2013: 531). 1926년 후 진독수는 기회주의적 행태로 일관했다. 무장투쟁에 무

---

578 왕맹추(汪孟鄒, 1878~1953), 안휘성 적계(績溪) 출신이며 출판업자이며 진독수의 지기이다. 1913년 아동(亞東)도서관 설립, 1919년 '신청년' 발행, 1922년 '향도' 발행을 담당했다. 1923년 상해에 '편집소' 설립, 진독수의 작품을 출간했다. 1953년 상해(上海)에서 병사했다.

579 정초린(鄭超麟, 1901~1998), 복건성 장평(漳平) 출신이며 트로츠키파이다. 1924년 중공에 가입, 1927년 당보(黨報) 편집, 1929년 트로츠키파로 전락했다. 1932년 체포, 7년 간 투옥생활을 했다. 1952년 체포, 27년 동안 옥살이를 했다. 1998년 상해(上海)에서 병사했다.

관심한 진독수의 '영수(領袖) 자질' 결여는 치명적 약점이었다.

모택동은 진독수를 이렇게 혹평했다. …대혁명 실패의 주요 장본인은 진독수이다. 당시 기회주의자로 전락한 진독수는 농민무장을 두려워했다. 무장폭동이 현실에 당면했을 때 그는 이성을 잃었다. 대독재자인 진독수는 당중앙과 협의 없이 중대한 결정을 내렸다(毛澤東, 2008: 54). 상기 '평가'는 홍군 통솔자 모택동이 1936년 에드가 스노우와의 인터뷰에서 언급한 내용이다. 이 시기 진독수는 국민당 반동파에게 체포돼 남경에서 옥살이를 하고 있었다. 모택동이 진독수를 '기회주의자·대독재자'로 매도한 것은 그만큼 그에 대한 원한이 사무쳤다는 단적인 방증이다.

'중국혁명과 공산국제 임무'라는 보고(1927.5.24)를 한 스탈린은 중국혁명의 당면과제는 '농민혁명'이라고 지적했다. 또 그는 농민운동에 소극적인 진독수를 완곡하게 비판했다. 당시 공산국제가 내린 '5월지시'의 골자는 ① 토지혁명 전개 ② 국민당 개조 ③ 혁명군대 설립 등이다 (楊雲若, 1983: 70). 결국 중국의 현실을 무시한 '5월지시'는 국공합작 파탄을 앞당기는 결과를 초래했다. 한편 모스크바의 '5월지시'에 대한 공산국제 대표 보로딘과 로이의 태도는 판이했다. 결국 공산국제의 '5월지시'에 강한 거부 반응을 보인 진독수는 심각한 정치적 위기를 맞이했다.

'마일사변' 후 보로딘은 허극상을 견책하는 동시에 중공 노농운동을 비판했다. 로이는 모스크바에게 보낸 보고서(1927.5.28)에 이렇게 썼다. …보로딘은 중공 책임자에게 노농운동 제한을 강요하고 노동자규찰대 해산을 지시했다(中共中央黨史研究室第一研究部, 1998: 274). 보로딘은 진독수와 함께 '농민운동 반대' 입장을 취했다. 모택동은 보로딘을 이렇게 평가했다. …1927년 봄 보로딘은 토지분배를 반대했다. 또 자산계급의 환심을 사기 위해 노동자규찰대 무장을 해제했다(吳江雄, 2007: 347). 보로딘의 '무장 해제' 강요는 왕정위의 '노농운동 혐오'와 관련된다. 보로딘의 '5월지시' 무시는 그가 인생 후반에 당한 '토사구팽' 근거가 됐다.

6월 5일 로이는 왕정위에게 '5월지시'의 번역본을 보여줬다. 무한정부는 보로딘의 정치고문 직위를 해제했다. 보로딘은 '비밀'을 유출한 로이를 꾸짖고 스탈린에게 전보를 보내 '로이 파면'을 요구했다. 전보를 받은 후 스탈린은 로이의 '국내 소환'을 명령했다(姚金果, 2011: 317). 로이의 '비밀 누설'은 왕정위의 '7.15정변'을 앞당기는 결과를 초래했고 '분공(分共)'의 근거로 악용됐다. 모택동은 이렇게 로이를 평가했다. … 보로딘보다 더 좌익적 입장인 로이는 구체적 방법을 제시하지 못했다. 로이는 어리석은 바보였다(Edgar Snow, 2001: 126). 실제로 반동파에게 비밀을 누설한 로이는 '멍청한 바보'였다. '바보를 신임'한 모스크바도 어리석었다. 1928년 로이는 스탈린의 엄한 문책이 두려워 모스크바에서 도망쳤다. 1929년 12월 13일 공산국제는 로이를 '반역자'로 선포하고 공산국제에서 제명했다.

7월 14일 '진리보(眞理報)'에 게재된 부하린의 '중국혁명 결정'은 이렇게 썼다. …(武漢)국민당정부는 노동자무장을 해제하고 토지혁명을 저해했다. 공산당은 반혁명으로 전락한 무한정부에서 퇴출해야 한다. 중공 지도자의 기회주의 과오를 시정하고 새로운 정치국을 선출해야 한다(楊雲若, 1983: 77). 7월 15일 왕정위는 (武漢)국민당중앙회의에서 '공산당 결렬'을 정식으로 선포했다. 결국 공산당원과 노농민중에 대한 잔혹한 학살이 감행됐다. 7월 16일 소련 '진리보'는 '중공 지도자는 왜 실패했는가'라는 문장을 발표해 진독수를 중공의 '기회주의 대표'라고 비판했다. 결국 진독수는 국공합작 결렬과 대혁명 실패의 '주범'으로 낙인찍혔다.

1945년 모택동은 진독수를 이렇게 평가했다. …진독수는 플레하노프(Plekhanov)[580]와 비슷하다. 플레하노프는 마르크스주의를 전파했으나 진독수는 사이비 이론을 전파했다. 플레하노프는 멘셰비키(Mensheviki)[581]로 전락했다. 진독수는 중국의 멘셰비키이다(毛澤東, 1996: 294). 한편 모택동은 진독수를 '사상계의 스타'·'5.4운동 총사령관'이라고 평가했다. 스탈린의 대중국 정책 희생양인 진독수는 실각한 후 트로츠카파로 전향했다. 한편 7년 간 중공 총서기를 역임했고 볼셰비키인 진독수를 멘셰비키로 폄하한 것은 적절치 못하다. 실제로 국공 양당 사이에서 '양다리 걸치기'를 서슴지 않은 모택동 자신이 더욱 '멘셰비키'에 가까웠다.

1943년 등소평은 진독수를 이렇게 평가했다. …대혁명 후기 진독수의 (右傾)기회주의는 대혁명 실패를 초래했다. 또 그는 이렇게 말했다. …개인이 조직 위에 군림한 가장제는 조직을 개인의 정치적 도구로 이용했다. 중공 역사에서 진독수·왕명·장국도는 가장제를 실시했다(中共中央編輯委員會, 1994: 87, 330). 1980년 등소평은 진독수·구추백·이립삼은 '음모궤계'를 꾸미지 않았다고 주장했다. 실제로 등소평의 '진독수 평가'는 모택동의 '진독수 폄하'를 의식한 것이다. 1950년대와 1980년대

---

580 플레하노프(Plekhanov, 1856~1918)는 러시아의 마르크스주의자이다. 1883년 스위스에서 '노동해방단' 조직, 마르크스주의자로 전향했다. 1903년 러시아 사회민주당 창건, 1905년 면세비키로 전락, 1917년 '10월혁명'을 반대, 1918년 폴란드(Poland)에서 병사했다.

581 멘셰비키(Mensheviki, 少數派)는 러시아의 자산계급 개량주의파를 지칭한다. 1903년 러시아 사회민주노동당 제2차 대회에서 당장(黨章)을 둘러싸고 볼셰비키(多數派)와 대립, 주요 지도자는 마르토프이다. 그 후 면세비키는 (右傾)기회주의파로 전향했다. 1917년 '10월혁명' 후 볼셰비키(Bolsheviki)가 정권을 장악한 후 멘셰비키는 숙청됐다.

당내에서 가장제를 실시한 중공 지도자는 모택동·등소평이다. 문혁 시기 모택동은 '독재 정치'를 뜻하는 가장제를 최절정에 이르게 했다.

소련정부는 국민당에 재정적 원조를 제공하고 정치고문 보로딘과 군사전문가를 중국에 파견했다. 보로딘의 흥망과 모택동의 흥망은 정확히 반비례한다(유일, 2016: 59). 비교성이 결여된 보로딘과 모택동의 흥망은 반비례하지 않는다. 국민당에서 함께 일했던 보로딘과 모택동은 '동지적 관계'가 아니었고 농민운동 등에서 '정견 차이'를 보였다. 1930년대 보로딘은 '진리보'의 영문판 편집장을 역임했다. 1949년에 체포된 그는 1951년 집중영에서 비밀리에 처형됐다. 한편 모택동과 흥망을 반비례한 것은 진독수였다. 1929년 11월 진독수가 당에서 제명됐을 때 모택동은 '(朱毛)홍군 1인자'로 자리매김했다. 1936년 진독수가 국민당 감옥에서 옥살이를 할 때 모택동은 섬북에서 '홍군 통솔자'로 등극했다. 1942년 진독수가 빈곤 속에서 세상을 떠났을 때 모택동은 연안에서 정풍운동을 주도했다.

공산국제는 중국 방문단 부틴(Butin)이 쓴 보이틴스키를 고발한 편지(1927.7.23)'를 받았다. '편지'의 골자는 ① 최악의 기회주의자 비호, 공산국제 지시 거부 ② 공산국제 제7차 전회 '결의안' 집행을 거부 ③ 공산국제의 '군대 쟁취 결의안' 집행을 저지 ④ 중공을 혼란에 빠뜨린 장본인 ⑤ 공산국제 제명 등이다(中共中央黨史硏究室第一硏究部, 1998: 418). 스탈린이 '트로츠키파' 보이틴스키를 문책하지 않은 것은 '신반대파'에게 '공격 빌미' 제공을 우려했다는 것이 일각의 주장이다. 1929년부터 교육사업에 종사한 보이틴스키는 1935년 경제학 박사를 취득했다. '정치 외면'이 보이틴스키가 '대숙청'에서 살아남은 주요인으로 간주된다.

중공 창시자 진독수와 공산국제의 좌경 대표 보이틴스키는 '중공 창건자' 모택동을 중공 고위층에서 축출해 '국민당 일'에 열중하게 한 장본인이다. '12월회의(1926)'에서 농민운동에 대한 '견해 차이' 심화로 진독수와 모택동은 견원지간이 됐다. 이는 10년 후 '중공 지도자' 모택동이 트로츠키파 진독수가 제안한 '(延安)합작'을 매몰차게 거절한 원인이다. 1953년 모택동을 처음으로 실각(1924.12)시킨 장본인 보이틴스키는 60세를 일기로 모스크바에서 사망했다. 이는 '최장수 대표'로 간주된다. 스탈린이 중국에 파견한 '국제 대표'가 '대숙청' 기간 전부 처형된 점을 감안하면 보이틴스키가 살아남은 것 자체가 기적이 아닐 수 없다.

스탈린의 대중국 전략이 실패한 주된 원인은 ① 이념과 사상이 다른 국민당을 '전략적 파트너'로 선택 ② '공산주의 혐오자' 장개석에 대한 군사적 원조 ③ 중공을 정치적 도구로 이용 ④ 소련 국익을 우선시, '북벌 지지' 군사고문을 파견 ⑤ 풍옥상 등 군벌을 맹신, '군벌 적화(赤化)'에 실패 ⑥ 중국의 실정을 무시한 잘못된 정책과 '지시'를 남발 ⑦ 트로츠키 등 '반대파 제거'에 집착, 정확한 의견을 배척 ⑧ 공산국제 대표 간의 알력다툼 심화 등이다. 실제로 스탈린의 잘못된 대중국 정책은 국공합작 결렬과 대혁명의 실패를 초래한 주된 원인이다. 한편 이런 잘못된 대중국 전략은 1937년까지 지속됐다. 1938년 가을 모택동이 '중공 영수'로 자리매김한 후 모스크바의 강압적인 대중국 정책이 비로소 완화됐다.

스탈린의 '계급투쟁 중심' 지도이념과 고도의 집권(集權)적 정치시스템, 중앙집권적 계획경제와 생산수단 전면적 국유화, 공업화·집단화 등의 치국방략은 사회주의 국가 신중국을 창건한 모택동에게 막대한 영향력을 끼쳤다. 실제로 모택동은 건국 초기 스탈린이 창도한 계획경제 체제를 그대로 도입했다. 한편 그들은 나름의 '공통점'과 '차이점'을 갖고 있다.

'공통점'은 ① 반항심과 승벽심이 강한 혁명가적 기질 ② 강력한 리더십과 결단력을 갖춘 최고 지도자의 자질 ③ 혁명군대의 중요성을 인식한 전략가·군사가(軍事家) ④ 노농운동과 무장투쟁을 중요시 ⑤ 우여곡절을 거쳐 45세 전후 최고 지도자로 등극 ⑥ 레닌과 진독수의 공식 후계자가 아닌, '자구적 노력'으로 성공 ⑦ 계획경제 중시, 시장경제 외면 ⑧ 계급투쟁과 정치운동 집착 ⑨ 반대파·정적에 대한 무자비한 탄압 ⑩ 개인숭배 조장, 당과 법 위에 군림 ⑪ '토사구팽'과 배신에 '이골이 난' 정치가 ⑫ 핵무기와 군사공업 중시 ⑬ 초강대국 미국을 적대국으로 간주 ⑭ 후계자 양성에 실패 ⑮ 양복보다 중산복을 선호 등이다.

'차이점'은 ① 스탈린(S)은 여러 번 체포·유배됐으나, 모택동(M)은 번번이 위기를 모면 ② S는 노동운동을 중시, M은 농민운동에 집착 ③ S는 중공업과 집체농장을 중시, 농업을 중시한 M은 인민공사를 보급 ④ S는 대규모적 기계화 전쟁을 중시, M은 기동적 게릴라전을 선호 ⑤ S는 소심하고 실리적인 반면, M은 유머적이고 즉흥적 ⑥ S는 노동자 출신을 선호, 농민 출신인 M은 지식인을 푸대접 ⑦ S는 1930년대 '대숙청', M은 연안정풍·문화대혁명을 통해 반대파를 제거 등이다. 요컨대 스탈린과 모택동은 '20세기 역사적 위인', '가장 위대한 독재자'로 불린다. 한편 이들에 대한 '한반도 남북 정권'의 평가는 사뭇 다르다.

1924년 12월 좌경 대표 보이틴스키에 의해 실각한 모택동은 고향에서 농민운동에 종사했다. 1925년 가을 국민당 '선전부장'에 부임해 왕정위의 '조력자'가 됐다. 이는 '중공 창건자'인 모택동에게는 극히 불미스러운 경력이다. 또 그는 광주와 무창에서 농민운동강습소를 운영하며 농민운동 '전문가'로 변신했다. 농민운동 '견해 차이' 심화로 진독수와 견원지간이 된 모택동은 '호남농민운동고찰보고서'를 작성해 공산국제 책임자 부하린의 '인정'을 받았다. 한편 공산국제 '피해자'인 모택동은 나중에 공산국제의 인정을 받아 '중공 지도자(1938)'로 자리매김했다.

장개석이 일으킨 '중산함사건'·'4.12정변'을 경험한 모택동은 혁명군대 중요성을 실감했다. 이 또한 구추백의 '요청'을 거절하고 정강산에 진입해 홍군을 창건한 주요인이다. 모택동이 '산에 오른' 또 다른 원인은 공산국제의 꼭두각시 역할을 한 중공 지도자의 비극적 결말을 목격했기 때문이다. 구추백·이립삼의 비극적 결과는 모택동의 '선택'이 정확했다는 반증이다. 결국 무장투쟁을 선택한 모택동은 '홍군 통솔자'로 부상했다.

중국 학자들은 모택동의 '역할'을 침소봉대했다. '8.7회의' 주역은 로미나제와 구추백이다. 등소평은 '서기처 책임자'가 아니며 '회의'의 문서 처리를 책임진 일개 비서였다. 회의의 조역(助役)인 '모등(毛鄧)'의 만남을 '두 황제 조우'라는 주장은 견강부회이다.

모택동의 정강산 진출은 '자의반 타의반'의 결정이었다. 결국 추수봉기 잔여부대를 이끌고 정강산에 진입한 모택동은 혁명의 '산대왕(山大王)'이 됐다. 한편 정강산에서 혁명 근거지와 공농홍군을 창건한 모택동의 앞날은 결코 순탄치만은 않았다.

이유한의 편지는 동방부 책임자 미푸(Mif)를 통해 6월 26일 스탈린과 부하린에게 전달됐다. 결국 무장투쟁을 중시한 스탈린이 홍군 지도자 모택동을 '괄목상대'한 것이다. '중공 6대'에서 공농홍군 창건자 모택동의 '중앙위원 당선'은 당연한 결과였다.

본처와 '동거녀' 중 한쪽을 선택해야 하는 모택동은 양손에 떡 쥔 격이 됐다. 결국 원문재와 영신현위 지지를 받는 하자진을 선택했다. 또 임신한 하자진을 버릴 수 없었다. 모택동에겐 '현모양처'보다 생사를 같이 하는 '환난지처'가 더욱 필요했다.

기동적 전술로 '이길수 있는 전투'를 치르는 것이 '16자결' 핵심이라면, 유격전과 운동전을 결합한 홍군의 유격전술은 다변적 변화를 의미한다. '16자결'을 포함한 홍군의 유격전술을 모택동 개인의 '발명(發明)'으로 간주한다면 지극히 주관적인 견해이다.

'주모(朱毛)'와 팽덕회의 만남은 숙명적이었다. 탁월한 통솔력(毛)과 강한 군사 리더십(朱), 뛰어난 작전력(彭)의 결합은 '건국(蜀國)' 시발점인 유비·관우·장비의 도원결의를 무색케 했다. '모주팽(毛朱彭)'의 결속(結束)은 20년 후 그들이 신중국을 창건한 중요한 밑바탕이 됐다.

'주모분쟁' 실질은 홍군 지도자 '주모' 간 권력투쟁이다. 모택동은 민서에서 죽음의 고비를 넘겼고 주덕은 잇따른 패전을 치렀다. '주모'의 권력투쟁이 촉발한 '양패구상' 결과였다. '주모분쟁'에서 부정적인 역할을 한 임표는 또 다른 승자였다. '모임(毛林)동맹'은 문혁 시기 큰 파장을 몰아왔다.

모택동의 '계급투쟁 강조'는 'AB단' 숙청과 '숙반 확대화'를 유발했다. 그는 매 10년마다 잔혹한 계급투쟁을 전개해 정적과 반대자를 제거했다. 이 또한 그가 인생 후반에 중대한 과오를 범한 사상적 배경이다. 실제로 모택동은 계급투쟁을 정치적 위기에서 벗어나는 만병통치약으로 간주했다. 이는 '위대한 독재자'의 비극적 말년을 자초했다.

제3장
정강산 '산대왕(山大王)'

제1절 남창봉기와 추수봉기

1. 중공이 지도한 첫 무장봉기, 남창봉기

남창봉기(南昌蜂起, 1927.8.1)는 중공이 국민당 좌파와 연합해 강서성 남창에서 일으킨 국민당 반동파에 대한 최초의 무장봉기이다. 또 이는 중국 공산당이 독립적으로 무장투쟁을 지도하고 혁명군대를 창건하는 서막을 열었다. 봉기군의 주요 지도자는 주은래·하룡·엽정·주덕·유백승 등이다. 1933년 중화소비에트공화국 중앙정부는 8월 1일을 (紅軍)설립기념일로 결정했다. 1949년 중공중공은 8월 1일을 '건군절(建軍節)'로 정했다.

1927년 8월 1일 역사적 혁명이 남창봉기란 이름으로 불타올랐다. 이날 주은래·모택동·진의·엽검영 등은 남창에 모여들었다. 남창봉기군을 '홍군(紅軍)'이라고 불렀다(조헌용, 2007: 71). 모택동이 남창봉기에 참가했다는 주장은 역사 왜곡이다. 8월 1일 진의와 엽검영은 남창에 있지 않았다. 당시 남창봉기군은 국민혁명군 명의를 사용했다. 홍군의 '효시(嚆矢)'는 1928년 5월 모택동과 주덕이 정강산에서 창건한 '공농홍군(紅四軍)'이다.

7월 중순 중공중앙은 '동정토장(東征討蔣)' 목표를 설정하고 구강(九

江)·남창 일대에서 '무장봉기 단행'을 결정했다. '장개석 토벌'을 가장 먼저 제출한 사람은 주은래였다. 특별회의(4.16)가 끝난 후 주은래가 작성하고 이립삼·윤관(尹寬)[582]이 서명한 중공중앙 의견서를 무한정부에 보냈다. 6월 23일 공산국제는 로미나제(Lominadze)[583]를 중국에 파견하기로 결정했다. 7월 23일 로미나제는 노이만(Neumnn)[584]과 함께 무한에 도착했다.

스탈린의 '열성 추종자' 로미나제는 트로츠키 등 반대파와의 투쟁에서 '공을 세워' 스탈린의 신임을 받아 공산국제 주석단 멤버가 됐다. 1927년 여름 스탈린은 로미나제를 '전권 대표'로 중국에 파견했다. 4개월 간 중국에 머물며 '좌경맹동주의(左傾妄動主義)'[585] 과오를 범한 로미나제는 중공 확대회의(1927.11)에서 남창·추수봉기 지도자 주은래·모택동에게 '기율처분'을 내렸다. 특히 당적 박탈로 와전된 '모택동 처분'은

---

582 윤관(尹寬, 1897~1967), 안휘성 동성(桐城) 출신이며 트로츠키파이다. 1923년 중공에 가입, 1924년 진독수 비서, 1927년 (中共)선전부 비서, 중공 5대(1927.5)에 출석했다. 1929년 당적을 박탈, 트로츠키파에 가담했다. 1950년 상해 감옥에 수감, 1967년 고향에서 병사했다.

583 로미나제(Lominadze, 1897~1935), 그루지야(Gerorgia) 출생이며 소련의 혁명가이다. 1917년 볼셰비키당에 가입, 1927년 여름 공산국제 대표로 중국에 파견, '8.7회의(1927.8)'와 '11월회의(1927)' 주재한 후 그해 12월에 귀국했다. 1930년 파면, 1935년에 자살했다.

584 노이만(Neumnn, 1902~?), 독일 베를린((Berlin) 출생이며 공산주의자이다. 1927년 공산국제 대표로 중국에 파견, 1927년 12월 '진공(進攻)'·'광주 사수(死守)'를 주장, 광주봉기 실패에 '일조'했다. 1932년 공산국제에서 축출, '대숙청' 기간에 비밀리에 처형됐다.

585 로미나제와 중공 지도자 구추백은 한구에서 긴급회의를 열고 대도시 무장봉기와 농민폭동을 일으키는 '좌경맹동주의' 노선을 제정했다. 또 로미나제의 '지속혁명'이란 잘못된 견해를 수용한 당중앙은 '간부노동자화'·'징벌주의'를 추진, 많은 간부를 처벌하고 무자비하게 타격했다. 결국 '좌경맹동주의'는 당과 혁명에 막대한 손실을 초래했다.

치명적이었다.

중국의 실정에 깜깜부지이고 외국에서 무장투쟁을 지도한 경험이 전무한 로미나제는 좌경 과오를 범했다. 로미나제의 극좌적 모험주의는 중국혁명에 막대한 손실을 끼쳤다(丁言模, 2014: 94). 장국도는 이렇게 회상했다. …로미나제는 중공 지도부가 기회주의 과오를 범했다고 훈계했다. 이에 불복한 나는 로미나제와 격한 언쟁을 벌였다. 로미나제의 '결단력 부재'에 구추백은 이렇게 한탄했다. …공산국제 대표는 '주견이 없는' 기회주의자였다(張國燾, 1980: 281). 당시 중공 지도부는 성공 가능성이 희박한 대도시의 '무장폭동'을 지시했다. 남창·광주봉기(廣州起義)[586]의 실패가 단적인 증거이다. 한편 로미나제와의 반목은 보로딘이 임명한 '5인 상임위원'인 장국도가 구추백과의 '총서기 경쟁'에서 패배한 주된 이유였다. 결국 로미나제는 '진독수 심복'인 장국도를 남창에 파견하고 '8.7회의(八七會議)'[587] 전에 구추백을 '중공 책임자'로 내정했다.

중공중앙은 북벌군이 '국민당 좌파' 장발규(張發奎)[588]와 연합해 광동

---

586 광주봉기(廣州起義, 1927.12.11)는 국민당 반동파를 반대한 무장봉기이다. 12월 6일 장태뢰의 주최로 열린 긴급회의에서 엽정을 총지휘, 엽검영을 부총지휘로 임명, 12월 11일 제4군의 주력부대 6000여 명은 광주시를 점령, 소비에트정부를 설립했다. 장발규의 3개 사단과 (英美)제국주의의 협공으로 패전한 봉기군은 12월 13일 광주에서 철수했다. 광주봉기 실패는 중국에서 대도시 공략의 소련식 혁명이 성공할 수 없다는 단적인 반증이다.

587 '8.7회의(八七會議)'는 1927년 8월 중공 지도자 구추백의 주재로 한구(漢口)에서 열린 긴급회의를 가리킨다. 회의는 진독수의 '우경기회주의'를 청산하고 새로운 중앙정치국을 선출, 토지혁명과 무장투쟁의 기본 방침을 제정했다. 한편 회의에서 정치국 후보위원에 선임된 모택동은 '총대에서 정권이 나온다'는 유명한 논단(論斷)을 제출했다.

588 장발규(張發奎, 1896~1980), 광동성 소관(韶關) 출신이며 국민당 우파이다. 1912년 동맹회 가입, 1927년 국민혁명군 제4군단장, 광주봉기를 탄압, 1920~1940년대 제1로군 사령관, 국민당중앙 감찰위원, 제4전구(戰區) 사령관, 육군 총사령관을 역임, 1980년

성 '혁명 근거지 설립'을 결정했다. 중앙군위(中央軍委)는 이립삼·섭영진 등을 강서성 구강(九江)에 파견해 제11군 부군단장 엽정에게 당중앙의 결정을 통보하고 전략을 의논하게 했다. 7월 16일 오옥장은 구강에 국민당중앙사무소를 설립했다. 주은래는 섭영진·하창(賀昌)[589]·안창이(顏昌頤)[590] 등으로 전적군위(前敵軍委)를 구성하고 섭영진을 서기로 임명했다.

7월 20일 이립삼·등중하·담평산·운대영·엽정·섭영진 등은 구강에서 회의를 열고 독립적 군사행동을 결정했다. 회의가 끝난 후 이립삼은 여산(廬山)에 체류한 구추백을 찾아가 그들의 '계획'을 보고했다. 이립삼 등은 7월 28일에 봉기를 일으킬 것을 결정했다. '8.1남창봉기기념관'에는 5인조동상(銅像)이 세워져 있다. 동상의 서열은 주은래·하룡·엽정·주덕·유백승이다. 입삼노선(立三路線) 과오를 범한 이립삼이 남창봉기에 기여한 공로는 간과됐다. 실제로 이립삼은 남창봉기의 주요 지도자였다.

무한회의(7.24)에서 '무장봉기' 계획을 세운 중공중앙은 주은래를 전적위원회 서기, 이립삼·운대영·팽배를 전적위원회 위원으로 임명했다. 한편 남창봉기군은 국민혁명군 제11군 2개 사단과 제20군, 제4군 25사단과 제3군 군관교육연대 총 2만명이었다. 전적(前敵) 총지휘인 엽

홍콩에서 병사했다.

589 하창(賀昌, 1906~1935), 산서성 이석(離石) 출신이며 공산주의자이다. 1922년 중공에 가입, 1927년 남창·광주봉기에 참가, 1928년 호남성위를 재건, 1930년 북방국 서기, 1931년 '홍5군' 정치위원, 1934년 중앙군구 정치부주임을 역임, 1935년 강서성 회창(會昌)에서 희생됐다.

590 안창이(顏昌頤, 1898~1929), 호북성 안향(安鄕) 출신이며 공산주의자이다. 1922년 중공에 가입, 1926년 상해노동자 제3차 무장봉기에 참가했다. 1927년 남창봉기군 제2사단 당대표, 1928년 강서성 군사위원회 비서 역임, 1929년 8월 반역자의 밀고로 상해(上海)에서 처형됐다.

정이 지휘한 제11군 제24사단은 '철군(鐵軍)'으로 불렸다. 1927년 7월 국민혁명군 제14사단장 하룡은 제20군단장으로 승진했다. 당시 (南昌)봉기군 총지휘인 하룡은 공산당원이 아니었다. 실제로 남창봉기군의 주요 군사 지도자는 국민혁명군의 군단장 하룡과 사단장 엽정이었다.

왕정위의 사주를 받은 제4군단장 황기상(黃琪翔)[591]은 하룡에게 '반공(反共)'을 회유했으나 실패했다. 7월 24일 장발규가 하룡·엽정에게 '여산회의 참가'를 명령한 것은 군권 박탈이 주목적이었다. 제4군 참모장인 엽검영은 하룡·엽정·요건오(廖乾吾)[592]와 감당호(甘棠湖)에서 회의를 열었다(顧永忠 외, 2015: 53). 당시 엽검영·요건오는 공산당원이었다. 한편 감당호는 삼국 시기 주유(周瑜)[593]가 수병(水兵)을 훈련시키던 곳이었다.

7월 27일 주은래는 주덕의 거처를 찾았다. 독일·소련에서 4년 간 유학하고 귀국(1926.7)한 주덕은 군관교도연대장과 남창공안국장을 맡았다. 주덕은 직접 제작한 군사지도로 주은래에게 적군의 병력 배치를 상세히 설명했다. 훗날 주은래는 주덕을 '훌륭한 참모'와 향도(嚮導)였다고 높게 평가했다(于俊道 외, 2013: 7). 1922년 가을 베를린에서 처음 상봉

---

591 황기상(黃琪翔 1898~1970), 광동성 매현(梅縣) 출신이며 국민당 좌파이다. 1920~1940년대 국민혁명군 제4군단장, 국민당 정치부 부부장, 제22집단군 총사령관, 건국 후 농공(農工)민주당 부주석 등을 역임, 1957년 '우파'로 몰려 비판, 1970년 북경에서 병사했다.

592 요건오(廖乾吾, 1886~1930), 섬서성 평리(平利) 출신이며 공산주의자이다. 1922년 중공에 가입, 1925년 국민혁명군 제12사단 정치부 주임, 1926년 제4군 정치부 주임, 1927년 제20군 당대표, 1930년 호남성위 (軍委)서기, 그해 9월 장사(長沙)에서 반동파에게 살해됐다.

593 주유(周瑜, 175~210), 안휘성 여강(廬江) 출신이며 오나라의 책사이다. 200년 중호군(中護軍), 군정대사를 관장했다. 208년 유비와 연합해 적벽지전(赤壁之戰)에서 조조의 대군을 격파, 210년 파구(巴邱)에서 병사했다. 훗날 모택동은 주유를 '소장파(少壯派)'라고 평가했다.

한 그들은 5년 만에 남창에서 재회했다. 12살 연하의 '띠동갑'인 주은래는 주덕의 입당(入黨)소개인이며 혁명의 길라잡이 역할을 했다. 주덕이 남창봉기에서 중요한 역할을 한 것은 주은래의 절대적 신임이 있었기에 가능했다. 그 후 그들은 장장 55년 동안 돈독한 우정을 쌓았다.

27일 저녁 강서대여사(江西大旅社)[594]에서 주은래가 주재한 회의에 전적 위원 이립삼·운대영·팽배와 주덕·담평산 등이 열석했다. 당시 남창에 집결한 봉기군은 2만명이며 남창의 적군은 6천명에 불과했다. 한편 주은래는 운대영·섭영진 등 중요한 간부가 남창에 도착하지 않은 점을 감안해 구강에서 결정한 '봉기 계획(7.28)'을 7월 30일로 미뤘다. 또 전적위원회는 남창봉기 최고 지도부였고 서기인 주은래가 최고 지도자였다.

로미나제는 무장봉기를 철회해야 한다는 공산국제의 '지시 전달' 임무를 장국도에게 맡겼다. 당사자 장국도는 이렇게 회상했다. …로미나제는 구추백·이유한은 '봉기 결책(決策)'에 참여해야 하므로 내가 가는 것이 적합하다고 말했다(張國燾, 1980: 284). 한편 '로미나제 파견'에 장국도가 불복한 이유는 첫째, '봉기 계획' 무산은 강한 반발에 부딪치게 된다. 둘째, '봉기 저지'와 '실패 책임'에서 벗어날 수 없다. 셋째, 중공 책임자를 선출하는 '확대회의'에 불참하게 된다(少華, 2014: 92). 로미나제는 장국도의 '왕약비(王若飛)[595] 파견' 주장을 단호하게 반대했다. 실제로

---

594 강서대여사(江西大旅社)는 남창봉기군의 지휘소이다. 1927년 7월 하순 하룡이 거느린 봉기군이 남창(南昌)에 도착, 강남대여사를 도맡았다. '여사(旅舍)'의 '희경청(喜慶廳)'에 봉기군의 지휘소를 설치했다. 1957년 중국정부는 '지휘소' 옛터에 '(南昌)8.1봉기기념관'을 재건, 1961년 국무원은 지휘소 옛터를 '전국중점문물보호단위'로 확정했다.

595 왕약비(王若飛, 1896~1946), 귀주성 안순(安順) 출신이며 공산주의자이다. 1923년 중공에 가입, 1920~1940년대 중공중앙 비서장, 강서성위 선전부장, 팔로군 부총참모장, 1945년 중공 7대에서 중앙위원으로 선임, 1946년 4월 연안으로 돌아가는 중 비행기

로미나제의 '장국도 파견' 목적은 구추백의 '총서기 임명' 걸림돌을 제거하기 위해서였다. 당시 '진독수 추종자' 장국도는 중공중앙에서 '왕따' 신세였다.

7월 27일 구강에 도착한 장국도는 운대영·관향응(關鄕應)[596]·요건오에게 로미나제 '지시'를 전달했다. '간디(Gandhi)'[597] 닉네임을 가진 운대영의 분노는 극에 달했다. 7월 30일 '봉기 저지'를 시도한 장국도에게 주은래는 책상을 치며 화를 냈다. 주은래는 이렇게 술회했다. …책상을 치는 행위는 나의 일생에서 처음이자 마지막이었다(李弘 외, 2007: 75). 담평산은 부하 사단장에게 '장국도 연금' 계획을 밝혔다. 당시 사단장이 주은래에게 상황을 보고하자 그는 이렇게 말했다. …당내 투쟁을 이런 방법으로 하면 안 된다(周恩來, 1980: 173). 한편 담평산의 '장국도 연금' 사건은 중공중앙 '확대회의(1927.11)'의 '당적 박탈'에 빌미를 제공했다. 7월 31일 자신의 주장을 포기한 장국도는 '(南昌)봉기 개시'를 마지못해 동의했다.

7월 28일 왕정위·장발규·주배덕 등은 여산에서 회의를 열고 하룡·엽정 군대의 '구강 철수'를 명령했다. 또 국민혁명군의 '공산당원 숙청'을 결정했다. 당시 엽검영은 회의 내막을 요건오에게 알리고 신속한 남

사고로 사망했다.

596 관향응(關鄕應, 1902~1946), 요녕성 대련(大連) 출신이며 공산주의자이다. 1925년 중공에 가입, 1920~1940년대 장강국(長江局) (軍委)서기, '홍3군' 정치위원, '홍2방면군' 정치위원, 팔로군 제120사단 정치위원, 진수(晉綏)연방군 정치위원을 역임, 1946년 7월 연안에서 병사했다.

597 간디(Gandhi, 1869~1948), 인도(印度)의 민족운동 지도자이다. 1893년부터 남아프리카에서 인종차별 반대투쟁단체를 설립, 1914년까지 지도자로 활동, 1915년 귀국, 국대당(國大黨) 영수, 1930년 소금세 신설 반대운동으로 구금, 1931년 석방, 1948년 (印度敎)교도에게 척살됐다.

창행을 권고했다(范碩 외, 2015: 57). 7월 31일 남창에 도착한 요건오·운대영 등은 구강 경비사령관 김한정(金漢鼎)[598]의 국민일보 봉쇄와 여산회의의 '음모'를 주은래에게 보고했다. 결국 장국도는 '장발규 환상'을 포기했다.

남창봉기는 7월 31일 저녁 주덕의 '연회(宴會)'로부터 시작됐다. 소극(蕭克)[599]은 이렇게 회상했다. …주덕 동지가 적군 23·24연대장을 붙잡아 두었기에 봉기군은 이 2개 연대의 무장을 쉽게 해제했다. 이는 주덕이 남창봉기에서 세운 공로이다(丁曉春 외, 2007: 86). 실제로 (南昌)수비군 중 23·24연대의 전투력이 가장 강했다. 운남군 여단장이었던 주덕은 전군(滇軍) 출신인 23연대장 노택민(盧澤民)과 24연대장 초일문(肖日文) 등을 연회에 초청했다. 전투가 시작된 후 두 연대장은 곧 (南昌)봉기군에게 체포됐고 적군 23·24연대는 봉기군에 의해 섬멸됐다.

남창봉기 개시 직전 '돌발사고'가 발생했다. 제20군 부대대장 조복생(趙福生)이 변절한 것이다. '하룡 암살' 병변(兵變, 1926.6)에 참가했던 조복생은 7월 31일 저녁 제5로군 총지휘부를 찾아가 '봉기군 계획'을 밀고했다. 당시 순라 중인 전사가 이를 발견하고 하금재(賀錦齋)[600] 사장에

---

598 김한정(金漢鼎, 1891~1967), 운남성 강천(江川) 출신이며 국민당 좌파이다. 1922년 전군(滇軍) 총사령관, 1927년 국민혁명군 제9군단장, 1932년 '홍군 토벌'에 소극적, 군사참의원 참의로 좌천, 1954년 국무원 참사, 북경시 정협 위원을 역임, 1976년 북경에서 병사했다.

599 소극(蕭克, 1907~2008), 호남성 가화(嘉禾) 출신이며 공산주의자이다. 1927년 공산당에 가입, 1930~1940년대 '홍2방면군' 부총지휘, 팔로군 제20사 부사단장, (華中)군구 참모장, 건국 후 국방부 부부장, 군사과학원장, 전국 정협 부주석을 역임, 2008년 북경에서 병사했다.

600 하금재(賀錦齋, 1901~1928), 호남성 상식(桑植) 출신이며 공산주의자이다. 1927년 국민혁명군 제20군 제1사단장, 그해 8월 남창봉기에 참가했다. 1927년 12월 중공에 가입,

게 보고했다. 제5로군 총지휘 주배덕은 여산에 있었고 비서장 서허주(徐虛舟)가 밀고를 받았다. 서허주는 성장(省長) 강제환에게 보고했다. 한편 주은래의 지시를 받은 서특립의 설득으로 강제환은 '공산당 전향'을 결정한 상태였다. 8월 1일 봉기군은 변절자 조복생을 처형됐다.

31일 자정이 넘자 '봉기 개시'를 알리는 총성이 울렸다. 봉기의 구령(口令)은 '하산(河山)통일'이었다. 봉기군은 낮에 목에 붉은 띠를 매고 밤에 목에 흰 수건을 둘렀다. 봉기군은 4시간 격전을 거쳐 적군 3천명을 섬멸했다(余伯流 외, 2014: 25). 엽정의 제24사단이 천주당에 주둔한 적군 57연대 섬멸전에서 공을 세운 공로자는 71연대장 구진(歐震)[601]과 도주(陶鑄)[602] 등이다. 8월 2일 섭영진이 거느린 제25사단이 남창에 도착했다.

8월 2일 섭영진의 보고를 들은 주은래는 이렇게 말했다. …아주 성공적이다. 이렇게 순조로울 줄은 생각지 못했다(聶榮臻, 1983: 66). 제25사단장 이한혼(李漢魂)[603]은 장발규의 측근이었다. 한편 섭영진은 제25사단

1928년 '홍4군' 제1사단장을 맡았다. 1928년 9월 호남성 석문(石門)전투에서 희생됐다.

601 구진(歐震, 1899~1969), 광동성 곡강(曲江) 출신이며 남창봉기의 변절자이다. 1928년 8월 제2사 71연대장, 그해 9월 변절해 남창봉기군에게 큰 타격을 입혔다. 1930~1940년대 제20집단군 총사령관, 제27집단군 부총사령관 등을 역임, 1969년 대만(臺灣)에서 병사했다.

602 도주(陶鑄, 1908~1969), 호남성 기양(祈陽) 출신이며 공산주의자이다. 1926년 중공에 가입, 1930~1940년대 복주(福州)시위 서기, 호북성위 선전부장, 중앙군위 비서장, 건국후 광동성위 서기, 중남국(中南局) 서기, 국무원 부총리 등을 역임, 1969년 북경에서 병사했다.

603 이한혼(李漢魂, 1894~1987), 광동성 오천(吳川) 출신이며 국민당 우파이다. 1927년 국민혁명군 제25사단장, 그해 12월 광주봉기를 탄압, 1930~1940년대 제1집단군 총사령부 총참의, 제1로군 총지휘, 광동성장, 1949년 미국 이주, 1987년 뉴욕(New York)에서 병사했다.

의 장운일(張雲逸)[604]·이석훈(李碩勳)[605], 73연대장 주사제(周士第)[606] 등을 만나 무장봉기를 결정했다. 당시 임표(林彪)는 73연대 중대장이었다. 8월 1일 봉기군이 개편된 후 제25사단장에 주사제, 당대표는 이석훈이 임명됐다.

8월 1일 주은래·송경령·등연달·담평산·하룡 등 25명의 '국민당혁명위원회'를 선거했다. 또 주은래·하룡·엽정·유백승으로 참모단을 구성하고 유백승을 참모장에 임명했다. 주은래는 이렇게 회상했다. …유백승의 참모장 임명은 내가 결정했다. 당초 그는 사양했으나 재삼 설득한 끝에 수락했다(李曼村 외, 2015: 44). 봉기군은 하룡을 총지휘, 엽정을 전적 총지휘로 임명했다. 제20군단장 하룡, 제11군단장 엽정, 제9군단장 위저(韋杵)[607], 각 군단의 당대표는 요건오·섭영진·주극정(朱克靖)[608]이 임명됐다.

---

604 장운일(張雲逸, 1892~1974), 광동성 문창(文昌) 출신이며 공산주의자이다. 1926년 중공에 가입, 1930~1940년대 '홍1방면군' 부참모장, (紅軍)후방사령부 사령관, 신사군(新四軍) 부군단장, 화남(華南)군구 부사령관, 건국 후 광서(廣西)성위 서기, 화남국(華南局) 제2서기, (中央)감찰위원회 부서기 등을 역임, 1974년 북경에서 병사했다.

605 이석훈(李碩勳, 1903~1931), 사천성 고현(高縣) 출신이며 공산주의자이다. 1924년 중공에 가입, 1928년 남창봉기에 참가, 남창봉기군 제25사단 당대표, 1929년 강소성 군위(軍委) 서기, 1931년 '홍7군' 정치위원, 1931년 광동성 (軍委)서기, 그해 9월 해구(海口)에서 희생됐다.

606 주사제(周士第, 1900~1979), 광동성 악회(樂會)출신이며 공산주의자이다. 1924년 중공에 가입, 1930~1940년대 '홍2방면군' 참모장, 팔로군 제120사단 참모장, 진수(晉綏)군구 참모장, 건국 후 공군(空軍) 사령관, 훈련총감(總監)부 부부장 등을 역임 1979년 북경에서 병사했다.

607 위저(韋杵, 1883~1951), 귀주성 안룡(安龍) 출신이며 국민당 좌파이다. 1926년 북벌에 참가, 1927년 남창봉기 참가, 제36군 부군단장·제9군단장, 1933년 '복건인민정부'를 지지, 1937년 제12사 부사단장, 1950년 운남성정부 참사(參事), 1951년 곤명(昆明)에서 병사했다.

608 주극정(朱克靖, 1895~1947), 호남성 예릉(醴陵) 출신이며 공산주의자이다. 1922년 중공에

8월 1일 참모장 유백승은 봉기군이 임천(臨川)·회창(會昌)을 거쳐 매현(梅縣)에 도착하는 '산길'을 선택한 이유를 설명했다. 첫째, '큰 길'에는 4만명의 적군이 집결돼 있다. 둘째, 감강(贛江)을 건너는 운송선이 적다. 셋째, 강서성의 농민운동이 저조하다. 넷째, 호남성을 지날 때 호남성 출신 병사의 무단이탈 가능성이 크다(李弘 외, 2007: 145). 당시 주은래와 소련 군사고문 쿠마닝(Kumanin)[609] 등은 봉기군이 '산길'을 선택할 것을 주장했다. 실제로 그들이 '산길'을 선택한 주된 원인은 감남(贛南)을 거쳐 남하하는 장발규 군대와의 '충돌'을 피하기 위해서였다.

8월 3일 참모단은 봉기군 '남하' 일정을 결정했다. '결정'의 골자는 첫째, 주덕을 제1종대장으로 임명, 3일에 선발대를 거느리고 선행한다. 둘째, 채정개(蔡廷鍇)[610]를 제2종대장으로 임명, 제10군을 지휘해 3일에 출발한다. 셋째, 엽정을 제3종대장으로 임명, 4일에 제11군을 거느리고 출발한다. 넷째, 하룡의 제20군은 5일에 남창에서 철수한다. 봉기군은 남창·의황(宜黃)·회창·심오(尋鄔)·광창·매현을 출발·목적지로 확정했다.

광동성 동강(東江)은 주은래에게 익숙한 곳이었다. 2년 전 이곳에서

가입, 1925년 국민혁명군 제3군 당대표, 1927년 제9군 당대표, 1940년 신사군 연락부장, 1946년 산동(山東)군구 비서장 역임, 1947년 반역자의 밀고로 남경(南京)에서 살해됐다.

609 쿠마닝(Kumanin), 소련 공산당원이며 남창봉기(1927.8~10)에 참가한 유일한 소련 고문이다. 1926~1928년, 하룡의 제20군 군사고문, 1927년 8월 남창봉기에 참가, 1927년 10월 산두(汕頭)에서 국민당 특무에게 체포, 국민당 감옥에 투옥됐다. 1928년 소련으로 귀국했다.

610 채정개(蔡廷鍇, 1892~1968), 광동성 나정(羅定) 출신이며 국민당 좌파이다. 1927년 남창봉기 참가, 1931년 '홍군 토벌'에 참가, 1933년 '인민혁명군' 제1방면군 총사령관, 1946년 '중국민주촉진회'를 설립, 건국 후 국방위원회 부주석 등을 역임, 1968년 북경에서 병사했다.

행정전원(行政專員)을 지냈다. 대중적 기초가 좋은 해륙풍에는 농민자위
군이 활동했고 동강에서 병력을 보충할 수 있었다. 또 항구 도시 산두(汕
頭)에서 공산국제의 지원을 받을 수 있었다(江英 외, 2017: 84). 한편 (南昌)봉
기군의 '남하'는 결코 순탄치 않았다. 혹서(酷暑)와 험한 산길, 급식(給食)
이 난제였다. 특히 채정개·구진의 변절로 봉기군은 원기를 크게 상했다.

'봉기 개시' 후 군단장으로 승진한 주덕의 역할이 부각됐다. 그의
'선발대장 임명'은 전군(滇軍) 경력과 적군과의 '인맥관계' 때문이었다.
임천에 주둔한 북벌군 사단장 양여헌(楊如軒)[611]은 주덕의 '강무당' 동창
으로 친분이 깊었다(丁曉春 외, 2007: 262). 실제로 풍부한 전투경험을 갖고
있는 주덕의 '선발대장 임용'은 '대재소용(大才小用)'이었다. 당시 수하에
정규군이 없었고 북벌에 참가하지 않은 것이 주덕이 중용되지 못한 주
요인이다.

주덕의 군대가 순조롭게 임천에 진입한 것은 주덕의 전우였던 양
여헌이 '실력 보존'을 위해 군대를 성밖에 이동시켜 정면 충돌을 피했
기 때문이다(金沖及 외, 1993: 81). 양여헌은 이렇게 회상했다. …나와 왕균
(王均)[612]과 가끔 연락한 주덕은 편지를 보내 '봉기군 가담'을 요청했다.
그러나 나는 회신하지 않았다(肖思科, 2013: 34). 양여헌은 '의형제' 주덕의

---

611 양여헌(楊如軒, 1895~1979), 운남성 빈천(賓川) 출신이며 국민당군 중장이다. 1926년 북
벌군 제27사단장, 1928년 (朱毛)홍군에게 패전했다. 1930년대 (雲南)헌병사령관, 곤명
방공(昆明防空)사령관을 지냈다. 건국 후 운남성 정협 위원 등을 역임, 1979년 곤명(昆
明)에서 병사했다.

612 왕균(王均, 1891~1936), 운남성 공현(貢縣) 출신이며 운남성 군벌이다. 1923년 제1군 제
1사단장, 1926년 제3군단장, 1927년 공산당을 대거 참살했다. 1932년 우로군(右路軍)
부총지휘, '홍군 토벌'에 참가했다. 1936년, 감숙성 통위(通渭)에서 비행기 사고로 사
망했다.

건의를 수용하지 않았으나, 의리를 중히 여겨 '임천 입성'을 묵인했다. 한편 양여헌의 '공산공처(共産共妻)' 선전으로 봉기군이 농민 지지를 받지 못했다는 이립삼의 주장(李立三, 1987: 85)은 설득력이 떨어진다.

이립삼은 당내 보고서(1927.10)에 봉기군의 난관을 이렇게 썼다. 첫째, 폭서와 험한 산길이 악재로 작용했다. 둘째, 적의 '반동 선전'으로 농민의 지지를 받지 못했다. 셋째, 식량·군의(軍醫) 부족으로 많은 사병이 병사했다. 넷째, 선전선동이 따라가지 못해 군심이 동요됐다. 도주·아사자가 4천명에 달했다(沈謙芳 외, 2007: 49). 한편 '남하' 도중 감원수가 삼분의 일에 달했다. 또 채정개의 도주는 봉기군 '남하'에 큰 차질을 빚었다.

8월 초 군대를 거느리고 도망친 채정개는 군대를 거느리고 복건(福建)에 진입했다. 그 후 채정개는 '철군(鐵軍)' 총사령관 장발규의 휘하에 들어갔다(Smedley, 1979: 235). 8월 4일 강서성 현현(賢縣)에서 봉기군을 이탈한 채정개는 진명추(陳銘樞)[613]를 찾아갔다. 채정개의 '봉기 참가' 원인이 장발규의 '통제'에서 벗어나기 위한 것이다. 채정개는 제30연대장 범맹성(范孟聲)[614]과 제28연대 참모장 서석린(徐石麟)[615] 등 공산당원의 직무를 해임하

---

613 진명추(陳銘樞, 1889~1965), 광동선 합포(合浦) 출신이며 육군 상장이다. 1924년 월군(粤軍) 여단장, 1926년 국민혁명군 제11군단장, 1931년 행정원 부원장, 1948년 (中國)국민당혁명위원회를 설립했다. 1953년 중남국(中南局) 부주석을 역임, 1965년 북경에서 병사했다.

614 범맹성(范孟聲, 1899~1938), 강서성 풍성(豊城) 출신이며 공산주의자이다. 1924년 황포군관학교 입학, 1926년 중공에 가입했다. 1927년 국민혁명군 제3연대장, 남창봉기에 참가, 1937년 198사단 부사단장, 1938년 호북성 황피(黃陂)에서 일본군과 격전 중 희생됐다.

615 서석린(徐石麟, 1901~1976), 안휘성 망강(望江) 출신이며 공산주의자이다. 1924년 황포군교 입학, 1927년 남창봉기군 제28연대 참모장, 채정개에게 무장해제를 당했다. 1937

고 무기를 해제했다. 결국 봉기군은 4500명의 정규군을 상실했다.

1931년 8월 채정개가 거느린 19로군과 팽덕회가 지휘한 '홍3군단'은 고흥우(高興圩)에서 혈전을 벌여 각기 2000여 명 사상자를 냈다. 훗날 모택동은 고흥우 전투를 '홍군 패전'이라고 술회했다. 1933년 19로군은 '복건사변(福建事變)'[616]을 일으켰다. 당시 홍군과 19로군의 '합작'을 반대한 소련 군사고문 슈테른(Stern)[617]은 채정개를 '믿을 수 없는 놈'이라고 비방했다. 이런 부정적 인상은 남창봉기 중 채정개의 변절(1927)과 '홍군 토벌' 참여와 관련된다. 문혁 시기 채정개는 주은래의 '보호'를 받았다.

진의는 이렇게 회상했다. …8월 6일 나와 초경(肖勁)[618]이 남창에 도착했으나 봉기군이 출발한 뒤였다. 8월 10일 의황(宜黃)에서 봉기군과 합류했다. 당시 주은래는 나를 73연대 당대표로 임명했다(胡石言 외, 2015: 27). '정강산 회합'에 기여한 진의와 주은래는 50년 동안 돈독한 관계를 유지했다. 또 허광달(許光達)[619]과 30명의 여병(女兵), 소련인 군사고문 2명

년 제3종대 부사령관, 건국 후 전국 정협 문사자료 위원을 역임, 1976년 북경에서 병사했다.

616 '복건사변(福建事變, 1933.11~1934.1)'은 1933년 이제심·진명추·채정개 등이 일으킨 군사정변이다. 11월 22일 이제심 등은 '복건인민정부' 설립을 선포했다. 1934년 1월 15일 장개석의 군대가 복주(福州)를 공략, 19로군은 장주(漳州)·천주(泉州)에서 패전, 1월 21일 '복건사변'은 실패했다. 한편 '복건사변'은 항일통일전선 형성에 기여했다.

617 슈테른(Stern, 1900~1941), 소련 홍군의 고급 지휘관이다. 1929년 (Frunze)군사학원 졸업, 1933년 중국에 군사고문으로 파견, 홍군과 19로군의 '합작'을 반대, 1940년 원동(遠東)군구 사령관, 1941년 국방위원회 방공(防空)부장, 그해 10월 내무부에 의해 처형됐다.

618 초경(肖勁, ?~1928), 호남성 석문(石門) 출신이며 공산주의자이다. 1924년 황포군교 졸업, 1927년 8월 강서성 무주(撫州)에서 남창봉기군과 회합, 1928년 '홍4군' 제28연대 대대장, 그해 6월 용원구(龍源口) 전투에서 희생됐다.

619 허광달(許光達, 1908~1969), 호남성 장사(長沙) 출신이며 개국대장이다. 1925년 중공에

과 필사제(畢士悌)[620]·김원봉(金元鳳)[621] 등 (朝鮮籍)외국인도 참가했다.

남창봉기 참가를 위해 무한에서 출발한 국민정부 경위연대장은 황포 2기 졸업생이며 공산당원인 노덕명(盧德銘)[622]이었다. 8월 초 봉신(奉新)현에서 황포군교 동창 진열(陳烈)을 만나 봉기군은 이미 남창을 떠났다는 것을 알게 됐다. 노덕명은 상감(湘贛)변계 수수(修水)현에 주둔했다(丁曉春 외, 2007: 116). 1927년 6월 무창에서 설립한 경위단은 '철군'인 엽정부대의 소속이었다. 한편 경위연대는 모택동이 지휘한 추수봉의(秋收蜂起)[623]에 참가해 주력군이 됐다. 또 노덕명은 추수봉기 총지휘로 임명됐다.

8월 19일 광창(廣昌)에 도착한 봉기군은 두개 종대로 나눠 서금에

가입, 1930~1940년대 (延安)항일군정대학 교육장, 팔로군 제120사단 여단장, 제2병단 사령관, 건국 후 장갑병(裝甲兵) 사령관, 국방부 부부장 등을 역임, 1969년 북경에서 병사했다.

620 필사제(畢士悌, 1898~1939), 원명 김훈이며 조선 평안북도 출신, 홍군 장령이다. 1925년 황포군관학교 입학, 중공에 가입했다. 1927년 남창봉기에 참가, 1932년 '홍1군단' 참모장, 1934년 10월 장정(長征)에 참가했다. 1935년 홍군 제75사단 참모장, 1936년 1월 동정(東征)에 참가, 2월 22일 '황하(黃河) 도강' 중 중상을 입고 희생됐다.

621 김원봉(金元鳳, 1898~1958), 조선인(朝鮮人) 독립운동가이다. 1925년 공산당에 가입, 1927년 남창봉기·광주봉기에 참가, 1935년 조선민족혁명당을 창설, 1938년 조선의용군을 창립했다. 1948년 조선민주주의인민공화국 감찰상, 1954년 노동상, 1957년 최고인민회의 부위원장을 역임했다. 1958년 11월 '연안파(延安派)'로 몰려 숙청됐다.

622 노덕명(盧德銘, 1905~1927), 사천성 자공(自貢) 출신이며 공산주의자이다. 1924년 황포군교 입학, 1927년 상감(湘贛)변계 추수봉기 참가, 봉기군 총지휘를 맡았다. 문가(文家)시전적 회의(9.19)에서 '정강산 진출'의 모택동 주장을 지지, 9월 25일 연화(蓮花)에서 희생됐다.

623 추수봉의(秋收蜂義, 1927.9.9)는 모택동이 지도한 (工農)혁명군이 호남성·강서성에서 일으킨 무장봉기이다. 중공중앙은 (漢口)긴급회의(1927.8.7)에서 상악월간(湘鄂粵贛) 4성(省)의 추수봉기 단행을 결정했다. 9월 하순 추수봉기 잔여군은 정강산에 진출, 혁명근거지를 창설했다. 한편 정강산 근거지는 중공이 농촌에 개척한 첫 혁명근거지이다.

제1부 산대왕(山大王)이 된 (中共)창건자

진입하기로 결정했다. 이제심은 봉기군 섬멸을 위해 황소횡(黃紹竑)[624]을 중로군 총지휘, 전대균을 우로군 총지휘, 범석생을 좌로군 총지휘, 진제당(陳濟棠)[625]을 동로군 총지휘로 임명했다. 8월 25일 주덕의 제9군과 제20군 일부가 임전(壬田)에 도착했다. 전대균의 정규군이 임전을 수비하고 있었다. 봉기군 중 임전 전투에 가장 먼저 투입한 것은 주덕의 제9군이었다.

주덕은 직접 임전 전투(8.25)에 참가했다. 전투에 참가했던 유구봉(劉九鋒)[626]은 이렇게 회상했다. …군단장 주덕은 두 자루의 카빈총을 번갈아 사용하며 적군을 향해 맹렬히 사격했다. 전투에서 참모장 염국평(冉國平)이 희생됐다(劉學民 외, 2007: 45). 하금재의 제1사단이 전투에 투입된 후 적군을 물리치고 임전을 공략했다. 임전 전투에서 적군 2개 사단을 격퇴했으나, 봉기군도 큰 타격을 입었다. 8월 26일 봉기군은 서금을 점령했다.

8월 30일에 개시된 회창(會昌) 전투는 악전이었다. 교도연대장 후

---

624 황소횡(黃紹竑, 1895~1966), 광서성 용현(容縣) 출신이며 국민당 우파이다. 1930년대 국민정부 내정부장, 제2전구 부사령관, 1947년 감찰원 부원장, 1949년 '국민당 이탈' 성명을 발표, 건국 후 전국 정협 위원, 국민당혁명위원회 상임위원을 역임, 1966년 북경에서 병사했다.

625 진제당(陳濟棠, 1890~1954), 광동성 방성항(防城港) 출신이며 광동성 군벌이다. 1926년 광동경비사령관, 1927년 광동성 매현(梅縣)에서 봉기군을 저격했다. 1932년 '홍군 토벌' 참가, 1946년 (海南)행정장관, 1950년 '총통부' 자정(資政), 1954년 대만(臺灣)에서 병사했다.

626 유구봉(劉九鋒, 1899~1985), 강서성 길안(吉安) 출신이며 공산주의자이다. 1924년 중공에 가입, 1931년 '중앙비상위원회' 분열 활동에 참여, 당에서 제명됐다. 1947년 '중국민주동맹'에 가입, 건국 후 강서성 정협 부비서장 등을 역임, 1985년 남창(南昌)에서 병사했다.

경여(侯鏡如)[627]는 이렇게 회상했다. …당시 주덕은 우리에게 결사대 조직과 기습 공격을 명령했다. 또 적이 후퇴하면 추격하고 적이 주둔하면 교란하는 유격전술을 지시했다(龔希光 외, 1993: 83). 전투 참가자 진갱은 이렇게 회상했다. …당시 제24사단·제20사단에는 황포군교 졸업생이 많았다. 육박전을 벌인 황포 동창들은 상대를 '공산당 앞잡이'·'반혁명 분자'라고 욕하며 '골육상잔'을 벌였다(李弘 외, 2007: 164). 적은 병력으로 강적을 물리친 회창 전투는 엽정의 군사 리더십과 '철군'의 전투력을 과시했다. 회창 전투의 또 다른 공신은 '호국(護國)명장' 주덕이었다.

봉기군은 복건성을 통해 동강에 진입하기로 행군노선을 변경했다. 기존 계획은 심오(尋鄔)를 거친 '동강 진입'이었으나 심오에 중병(重兵)이 배치돼 있었다. 반면 복건성에는 적군이 적었고 부상병을 산길로 호송할 수 없었다(金沖及 외, 2009: 45). 8월 31일 봉기군 지도부는 농민운동이 발달한 광동성 동강을 목적지로 정했다. 9월 5일 장정(長汀)에 도착한 봉기군은 수백명의 부상병을 부련장(傅連暲)[628]이 운영한 복음(福音)병원에 보내 치료를 받게 했다. 당시 진갱 등이 복음병원에서 치료를 받고 완치됐다.

'행군노선 토론' 회의(9.5)에서 제출된 첫 번째 의견은 ① 삼하파(三

---

627 후경여(侯鏡如, 1902~1994), 하남성 영성(永城) 출신이며 공산주의자이다. 1925년 중공에 가입, 1926년 북벌에 참가, 1927년 남창봉기에 참가했다. 1945년 북평(北平)경비사령관, 건국 후 (中國)국민당혁명위원회 부주석, 전국 정협 부주석 등을 역임, 1994년 북경에서 병사했다.

628 부련장(傅連暲, 1894~1968), 복건성 장정(長汀) 출신이며 공산주의자이다. 1933년 중화소비에트중앙정부 병원장, 1937년 섬감녕(陝甘寧)변구 병원장을 지냈다. 1940년대 연안(延安)중앙병원장, 중앙군위 위생부(衛生部) 부부장을 맡았다. 건국 후 중앙군위 위생부 제1부부장, 국무원 위생부 부부장 등을 역임, 1968년 북경에서 병사했다.

河垻)를 거쳐 매현을 공략한 후 혜주(惠州)를 공략 ② 2개 연대의 병력으로 조주(潮州)와 산두(汕頭)를 공격한다(朱德, 1961.2.16). 주된 이유는 첫째, 조주와 산두에는 적군의 병력이 적어 봉기군이 쉽게 승전할 수 있다. 둘째, 만약 주력군이 먼저 산두를 공략한 후 다시 혜주를 공격하면 우세한 적군에게 패전할 수 있다(龔希光, 1993: 84). 결과적으로 전적위원회 서기 주은래와 전적 총지휘 엽정이 주장한 상기 의견은 정확했다. 그러나 그들의 주장은 참석자 다수의 반대로 아쉽게 무산됐다.

두 번째 의견은 ① 주력군이 먼저 산두를 공략한 후 혜주를 탈취 ② 일부분 병력을 남겨 삼하파를 수비한다(人民日報, 1957.8.1). 상기 주장의 이유는 첫째, 산두를 공략하지 못하면 공산국제의 지원을 받을 수 없다. 둘째, 매현 일대는 산지이므로 급양 해결이 어렵다. 셋째, 산두로 가면 한강(韓江)을 따라 수륙(水陸) 병진이 가능하다. 토론 결과 두 번째 의견이 통과되었다(古越, 1999: 61). 상기 의견을 제출한 자는 봉기군 총지휘 하룡과 참모장 유백승 및 소련 군사고문이다. 한편 삼하파 '분병(分兵)'은 봉기군이 궁극적인 패전을 초래한 주요인으로 간주된다.

9월 초 전적위원회는 '국민당혁명위원회' 명의를 포기했다. 당시 담평산은 '국민당' 명의를 고집했다. 장정 도착(9.5) 후 '국민정부' 명의를 회복한 이유는 산두에서 공산당 명의로 외국 군함과 교섭하면 외교 문제가 발생한다는 것이다(祥林 외, 2009: 323). 담평산의 '국민당 명의' 집착은 정치적 재앙의 화근이 됐다. '8.7회의'에서 '국민당 결렬'을 결정했기 때문이다. 이 또한 '11월회의(1927)'에서 담평산의 당적을 박탈한 주요인이다.

9월 19일 봉기군은 제1차 '분병(分兵)'을 단행했다. 제25사단과 교도 연대 4천명을 주덕에게 맡겨 삼하파에서 주력을 엄호하기로 결정했다.

주은래·하룡·엽정 등은 제20군과 제24사단을 이끌고 한강(韓江)을 따라 산두로 진격하기로 결정했다(江英 외, 2017: 96). 전투력이 강한 제25사단의 '삼하파 잔류'는 봉기군 주력의 전투력을 크게 약화시켰다. 주은래 등이 예견한 것처럼 별 다른 저항을 받지 않고 산두에 진입(9.24)한 봉기군은 공산국제의 지원을 받지 못했다. 한편 제2차 '분병(9.26)'은 설상가상이었다.

'삼하파분병'은 봉기군 병력을 분산했다. 회창에서 대패한 전대균·황소횡은 병력을 확충했고 장발규는 광서 군벌과 연합해 동강지역에서 만반의 준비를 갖췄다(丁曉春 외, 2007: 174). 결국 봉기군 지도부의 '역량 분산' 실책으로 봉기군 주력은 우세한 적군에게 '각개격파(各個擊破)'[629]를 당할 위험에 노출됐다. 전투력이 강한 엽정의 제11군을 '분병' 한 것은 치명적 실책이었다. 진의는 '(三河壩)분병'을 '치명적 실수'였다고 평가했다.

봉기군의 전투력을 약화시킨 '삼하파분병'은 지도부의 중대한 실책이었다. 한편 '삼하파분병'은 '정강산회사(回師)'[630]와 홍군 발전에 긍정적 역할을 했다. 주덕·진의·임표 3명 원수를 배출했다(易宇 외, 2009: 341). '(三河壩)분병'은 봉기군이 동강에서 당한 '처참한 실패' 원인으로

---

629 '각개격파(各個擊破)'는 모택동이 정강산 시기 창안한 우세한 병력을 집중해 약한 적을 공격하는 유격전술을 지칭한다. 또 '각개격파'는 병력을 분산한 적군이 병력을 집중하기 전에 우세한 병력으로 고립된 적군을 섬멸하는 전술을 가리킨다. 출처는 모택동이 쓴 '중국의 홍색정권은 무엇 때문에 존재하는가'라는 문장(1928.10.5)이다.

630 '정강산회사(回師)'는 1928년 4월 모택동의 추수봉기군과 주덕의 남창봉기군이 정강산에서 회사(回師)한 사건을 가리킨다. 1928년 2월 모택동은 하장공(何長工), 주덕은 모택담(毛澤覃)을 각기 파견했다. 1928년 4월 28일 '주모(朱毛)'는 정강산에서 회합, 5월 4일 공농혁명군 제4군을 창설했다. 주덕이 군단장, 모택동이 당대표를 맡았다.

지적된다. 또 근거지가 없이 대도시를 공격하는 무장봉기의 실패는 필연적 결과였다. 결국 '분병'에 따른 '(朱毛)정강산회사'는 인화득복(因禍得福)이었다.

장정회의(9.5)에서 '정확한 의견'을 포기한 주은래가 단행한 '삼하파 분병(9.19)'은 심각한 결과를 초래했다. 9월 26일 주일군(周逸群)[631]이 거느린 제20군 제3사단을 조주(潮州)에 남기는 제2차 '분병'이 진행됐다(單秀法, 2008: 52). 한편 두 차례 '분병'은 봉기군 지도부가 범한 중대한 실책이었다. 주은래의 '전술적 과오'는 봉기군 실패의 주된 원인이다. 이 또한 주은래의 결단력 부재와 '1인자 자질' 결여를 보여준 단적인 사례이다.

10월 1일 전대균은 2만명의 병력을 집결해 주덕이 수비한 삼하파를 공격했다. 주덕이 지휘한 병력은 3천명에 불과했다. 3일 간의 혈전을 통해 봉기군은 적군 1000여 명을 섬멸했다. 당시 봉기군도 수백명의 사상자를 냈다. 10월 6일 주덕의 봉기군은 조주에서 퇴각한 제20군 교도연대 참모장 주방채(周邦采)[632]가 거느린 패잔병과 회합했다. 한편 패잔병 속에는 훗날 '해방군 장군'이 된 속유(粟裕)[633]와 양지성(楊至誠)[634]이 있었다.

---

631 주일군(周逸群, 1896~1931), 귀주성 동인(銅仁) 출신이며 공산주의자이다. 1924년 중공에 가입, 1927년 제20군 제3사단장, 남창봉기에 참가했다. 1930년 '홍2군단' 정치위원, 1931년 호남성 악양(岳陽) 전투에서 희생됐다.

632 주방채(周邦采, 1902~1928), 하남성 당하(唐河) 출신이며 공산주의자이다. 1925년 중공에 가입, 제2차 동정(東征)에 참가, 1926년 국민혁명군 제2사단 당대표, 1927년 교도연대 참모장, 남창봉기에 참가, 1928년 장강국(長江局) 특파원, 그해 7월 수둔채(水屯寨)에서 희생됐다.

633 속유(粟裕, 1907~1984), 호남성 회동(會同) 출신이며 개국대장(開國大將)이다. 1927년 중공에 가입, 남창봉기 참가했다. 1930~1940년대 '홍4군' 참모장, 신4군(新四軍) 제2지대 사령관, 화동(華東)야전군 총지휘, 남경시장 등을 지냈다. 건국 후 해방군 총참모장, 국방부 부부장, 전국 인대(人大) 부주임 등을 역임, 1984년 북경에서 병사했다.

634 양지성(楊至誠, 1903~1967), 귀주성 삼수(三穗) 출신이며 개국상장이다. 1927년 중공에

진제당의 1.5만명과 전대균·황소횡의 1.2만명은 삼면으로 봉기군을 향해 포위망을 좁혀왔다. 9월 28일 봉기군 24사단과 조매(潮梅)경비사령관 왕준(王俊)[635] 부대는 산호(山湖)에서 적군과 격전을 벌였다. 2주야 격전을 거쳐 봉기군은 적군 3천명을 섬멸했으나 봉기군도 2천명에 가까운 사상자를 냈다. 산호 전투는 봉기군 주력이 '남하' 후 당한 첫 패전이었다. 실제로 기진맥진한 봉기군은 더 이상 큰 전투를 치를 능력을 상실했다.

9월 29일 엽정의 24사단은 탕갱(湯坑)에서 설악(薛岳)[636]의 수비군에 대한 총공격을 개시했다. 치열한 공격전 끝에 설악의 지휘부를 포위했다. 결정적 시각에 대대장 구진이 변절했다. 구진의 배신은 '탕갱 실패'의 결정적 요소였다(江英 외, 2017: 100). 변절자 채정개·구진은 모두 엽정과 관련된다. 그들의 공통점은 '혁명 의지력' 부족이다. 1928년 '혁명 의지'를 상실한 엽정은 탈당하고 '제3당(第三黨)'[637]에 가담했다. (國共)양당 사이

가입, 남창봉기에 참가, 1930~1940년대 항일군정대학 교무부장, 동북야전군 군수(軍需)부장, 중남군구 부참모장, 건국 후 군사과학원 부원장 등을 역임, 1967년 북경에서 병사했다.

635 왕준(王俊, 1894~1976), 해남(海南) 출신이며 국민당 우파이다. 1924년 황포군교 교관, 1925년 국민혁명군 21사 부사단장, 1927년 절동(浙東)경비사령관, 1930~1940년대 제12집단군 부총사령관, 국민정부 군령부(軍令部) 차장 등을 역임, 1976년 대만(臺灣)에서 병사했다.

636 설악(薛岳, 1896~1998), 광동성 소관(韶關) 출신이며 국민당 우파이다. 1926년 북벌에 참가, 1927년 탕갱(湯坑)에서 남창봉기군을 격파, 광주봉기를 탄압했다. 1930~1940년대 호남성장, 총통부(總統府) 참군장(參軍長), 1952년 '(臺灣)총통부' 고문, 1998년 대만에서 병사했다.

637 1930년 국민당 좌파 지도자 등연달(鄧演達) 등은 상해에서 '중국국민당임시행동위원회'를 설립, 당시 '제3당(第三黨)'으로 불렸다. 1935년 '중화민족해방운동위원회'로 개명, 1941년 '중국민주정당동맹'으로 개편, 장개석의 독재정치를 반대, 1947년 '중국

에서 '양다리 걸치기'를 한 엽정은 '기회주의자'[638]로 낙인이 찍혔다.

9월 30일 황소횡은 조주의 봉기군을 기습했다. 격전 끝에 봉기군 200여 명이 포위를 뚫고 삼하파로 후퇴했다. 한편 봉기군 지도부에 '8.7 회의' 내용을 전달한 광동성위 서기 장태뢰는 봉기군을 공농혁명군으로 개편할 것을 요구했다. 또 당중앙의 결정대로 봉기군의 직책을 주은래에게 맡기고 장국도·이립삼·담평산은 부대를 떠나 상해로 돌아갈 것을 요구했다. 10월 3일 봉기군 지도부는 보녕(普寧)현 유사(流沙)진으로 퇴각했다.

10월 3일 봉기군은 오석우(烏石圩)에서 진제당과 서경당(徐景唐)[639]의 포위를 당했다. 포위를 돌파한 1200명은 동랑(董朗)[640] 등의 인솔하에 해륙풍에 진입했다. 또 서성장(徐成章)[641]은 300명을 거느리고 해남도에 가서 유격전을 벌였다(丁曉春 외, 2007: 183). 10월 4일 주은래·엽정은 산두시

농공민주당'으로 개명했다.

638 북벌 시기 엽정(葉挺)이 거느린 독립연대는 '철군(鐵軍)'으로 불렸다. 1927년 남창봉기군 전적 총지휘인 엽정은 광주봉기(1927.12) 총지휘로 임명됐다. 두 차례의 '무장봉기 실패'는 봉기군 총지휘 엽정의 책임이 크다. 1928년 소련에서 탈당, '제3당' 가입 후 기회주의자로 전락했다.

639 서경당(徐景唐, 1895~1967), 광동성 동완(東莞) 출신이며 국미당 우파이다. 1927년 남로군 총지휘, 광주봉기를 탄압했다. 그 후 제12집단군 부총사령관, 광동성 민정청장, '총통부' 고문 등을 역임, 1967년 홍콩에서 병사했다.

640 동랑(董朗, 1894~1932), 사천성 간양(簡陽) 출신이며 공산주의자이다. 1924년 황포군교 입학, 1927년 국민혁명군 연대장, 남창봉기에 참가했다. 1930년 '홍4군' 참모장을 맡았다. 1932년 '숙반(肅反)' 운동에서 처형됐다.

641 서성장(徐成章, 1892~1928), 광동성 해남(海南) 출신이며 공산주의자이다. 1923년 중공에 가입, 1925년 성항대파업 노동자규찰대 총지휘, 1927년 경애(瓊崖)공농홍군 총지휘를 맡았다. 1928년 해남(海南) 전투에서 희생됐다.

위 서기 양석혼(楊石魂)[642]의 배동하에 해륙풍으로 퇴각했다. 하룡은 상악서(湘鄂西)에 돌아가 근거지를 설립했고 유백승은 소련에 파견됐다. 주은래는 홍콩으로 피신하고 엽정·섭영진은 광주봉기(1927.12)에 참가했다.

남창봉기 실패 원인은 ① 험한 산길 강행군 ② 적아(敵我) 역량 차이 ③ '국민당' 명의 사용, 농민 지지 상실 ④ 근거지 부재, 병력 확충 곤란 ⑤ 두 차례 '분병', 전투력 약화 ⑥ 봉기군 지도부의 실책 ⑦ '소련 원조' 집착 등이다. '11월회의(1927.11)'에서 주은래는 '경고' 처분을 받았다. 한편 (南昌)봉기 실패는 농민이 대다수인 중국에서 러시아 10월혁명 같은 대도시의 무장폭동은 결코 성공할 수 없다는 것을 단적으로 보여준다.

임표·강청(江青)[643] 일당은 건군절을 9월 9일로 바꿔야 한다고 주장했다. 당시 양성무(楊成武)[644]의 보고를 받은 모택동은 이렇게 말했다. …9월 9일이 추수봉기 때문인가? 추수봉기는 지역적이고 전국적 남창봉기는 국민당에게 '첫 총성'을 울렸다(吳超, 2013: 60). 1933년 중화소비에트공화국은 8월 1일을 공농홍군 설립기념일로 정했다. 임표 등의 '건군절 변경' 목적은 주은래·주덕 등이 영도한 남창봉기를 '폄하'하기 위한 것이다.

---

642 양석혼(楊石魂, 1902~1929), 광동성 보녕(普寧) 출신이며 공산주의자이다. 1924년 중공에 가입, 1927년 산두시위 서기, 1928년 광동성위 선전부장, 1929년 호북성위 비서장을 역임, 그해 5월 국민당 반동파에게 살해됐다.

643 강청(江青, 1915~1991), 산동성 제성(諸城) 출신이며 모택동의 네 번째 부인이다. 1933년 중공에 가입, 1938년 11월 연안에서 모택동과 결혼했다. 건국 후 중앙문혁(文革)대리조장(組長), 정치국 위원 등을 역임했다. 1977년 당적 박탈, 1981년 사형에 선고, 그후 무기도형으로 감형됐다. 1984년 석방, 1991년 5월 북경 자택에서 자살했다.

644 양성무(楊成武, 1914~2004), 복건성 장정(長汀) 출신이며 공산주의자이다. 1930년 중공에 가입, 1930~1940년대 홍군 제1사단 정치위원, 팔로군 제115사단 연대장, 제3병단 사령관, 건국 후 (志願軍)제20병단 사령관, 북경위수부대 사령관 등을 역임, 2004년 북경에서 병사했다.

남창봉기와 추수봉기는 공산당과 노농대중을 학살한 장개석·왕정위의 반혁명 정변에 대적하기 위해 중공이 지도하에 진행된 무장투쟁이다. 남창봉기의 '실패 교훈'을 수용한 봉기군 지도자 주덕은 농민운동 전개와 몇 차례 개편을 거쳐 정강산에 진출했다. 한편 추수봉기 후 정강산에서 근거지를 창설한 모택동은 '산에 올라' 무장투쟁을 전개하는 숙원을 실현했다. '주모(朱毛)' 회합은 결코 우연적 것인 아닌 숙명적 만남이었다.

2. '8.7회의(1927.8)'와 추수봉기

1927년 8월 모택동은 백색테러가 횡행한 무한에 머물렀다. 당중앙은 모택동을 사천성(四川省)에 파견하려고 계획했다. 모택동은 자신에게 익숙하고 무장폭동 여건이 마련된 호남성에 보내줄 것을 요구했다. 그의 요구를 수락한 중공중앙은 모택동에게 호남성의 군사적 동향을 파악하고 농민무장을 주축으로 한 추수봉기를 준비할 것을 지시했다. 한편 상악월감(湘鄂粤贛) 4성(四省)의 농민폭동은 중공중앙이 7월 중순에 결정했다.

8월 초 모택동은 '상남(湘南)농민운동대강(大綱)'을 작성해 당중앙에 제출했다. '대강'의 골자는 첫째, (湘南)농민운동은 여성(汝城)현을 중심으로 계동(桂東)·의장(宜章)·침주(郴州) 등의 4~5개 현을 공략한다. 둘째, 당생지(唐生智) 정부에 대항하는 상서(湘西)혁명세력을 규합해 통일된 혁명정부를 설립하고 토지혁명을 진행한다(中央檔案館, 1982: 27). 당시 모택동이 상남농민운동의 중심을 '여성현'으로 지정한 이유는 ① 팽배가 거느린 농민무장 1000여 명이 여성현에 집중 ② 남하한 남창봉기군의 지원 ③ 유양(瀏陽)·평강(平江)의 농민무장 설립 등이다.

8월 3일 중공중앙이 발표한 '상악월감추수폭동대강'은 이렇게 썼다. …상악월감의 농민협회를 중심으로 농민의 역량을 동원해 무장폭동을 조직하고 농회(農會)로 정부를 대체한다. 또 지방당조직은 과감하게 추수폭동을 일으켜야 한다(逢先知 외, 2011: 140). 당중앙은 호남성위에 보낸 편지(8.8)에 이렇게 썼다. …모택동·곽량·하희·임탁선(任卓宣)으로 상남특별위원회를 설립하고 모택동을 서기(書記)로 임명한다(謝海燕 외, 2007: 93). 상기 '추수폭동대강'은 모택동의 '상남대강'을 기초로 작성했다. 한편 변절자 임탁선은 호남의 당조직을 파괴한 장본인이다.

1927년 8월 7일 한구에서 열린 긴급회의에는 21명 대표가 참석했다. 이유한의 주최로 열린 '8.7회의' 의제는 ① 공산국제 대표 로미나제의 '중공 당원에게 고함' 연설 ② 중공 지도자 구추백의 '당의 새로운 임무' 정치보고 ③ 정치국 위원과 후보위원 선출 등이다. 회의에서 중요한 발언을 한 모택동은 정치국 후보위원에 선출됐다. 이는 (候補)중앙위원인 모택동의 '승진'이었다. 한편 4개월 후 모택동은 정치국 후보위원에서 파면됐다.

공산국제 대표가 주재한 '8.7회의'는 대혁명 교훈을 정리하고 진독수의 '(右傾)기회주의' 과오를 청산했다. 회의는 토지혁명 실행과 무장폭동을 일으켜 국민당 반동파에 대항하는 총체적 방침을 결정하고 소련의 토지정책을 모방한 '농민투쟁 결의안'을 채택했다. 당시 중공 지도부는 대도시 공략의 전국적 무장봉기를 단행하는 '(左傾)맹동주의' 과오를 범했다. 회의에서 발언한 모택동은 군사행동 중시와 무장투쟁 중요성을 강조했다.

모택동이 논술한 '무장투쟁 중요성'은 ① 대혁명 실패, '무장투쟁 포기'와 관련 ② 농민운동 실패, 진독수의 (右傾)기회주의 ③ 장개석의 권좌 등극, '군대 장악' 등이다. 또 그는 '총대에서 정권이 나온다'는 논단을 제출했다(何明, 2003: 291). 결국 장개석의 반혁명 정변을 통해 혁명군대 중요성을 절감한 모택동이 무장투쟁을 통한 '정권 탈취'를 제출했다. 한편 무장(총대)을 통한 정권 탈취는 모택동의 논단이 '효시(嚆矢)'가 아니었다.

중국 역사에서 최초로 '총대(軍隊)'로 정권을 잡은 독재자는 원세개이다. 손중산의 '권력 이양'은 원세개가 무소불위의 '총대'를 장악했기 때문이다. 결국 '군대 중요성'을 절감한 손중산은 황포군관학교를 창설했다. 또 '총대'로 정권을 탈취한 권력자는 장개석이다(金一南, 2017: 67). 황포군관학교장 장개석은 스탈린이 제공한 무기와 공산당이 양성한 무적의 황포군을 이끌고 두 차례 동정과 북벌에 성공해 중국을 '통일'했다. 청년 시절 폭력혁명을 반대한 모택동이 혁명군대 중요성을 강조한 것은 '총대'를 장악한 장개석의 무자비한 탄압을 직접 체험했기 때문이다.

모택동이 주장한 토지정책은 ① 50무 이상 토지를 소유한 자는 대지주로 확정 ② 대지주의 '토지몰수' 정책 제정 ② 부농·중농에 대한 보호 방침 필요 등이다(張可, 2009: 107). 한편 모택동의 '토지정책 의견'을 수용하지 않은 공산국제 대표 로미나제는 토지문제의 근본적 해결책은 '토지국유(土地國有)'라고 못 박았다. 실제로 소련 경험의 '중국 적용'을 강요한 것이다. 이 또한 모택동이 '중앙국 잔류' 요청을 거절한 주된 원인이다.

중공 지도자 구추백의 안색이 좋지 않았다. 오랫동안 결핵으로 고생한 그가 논쟁할 때 침이 튀어 방안은 결핵균이 자욱한 것처럼 보였다. 모택동에게 낯선 이들 중에는 중앙위원회 서기처 책임자이며 키가 150

센티미터인 등소평도 있었다(A. Pantsov 외, 2017: 276). '8.7회의'의 또 다른 사건은 모택동과 등소평의 첫 만남이다. 중국의 건국 황제와 제2대 황제가 조우한 것이다. 당시 등소평은 중앙당의 비서처장이었다(박형기, 2014: 81). 사실상 구추백은 1930년대 '결핵'에 걸렸다. 실제로 장국도의 '구추백 폄하'를 소련 학자가 그대로 인용한 것이다. 한편 모택동과 등소평의 첫 만남을 '사건'에 비유한 것은 이념을 가미한 과장된 표현이다.

중국 학자들은 모택동의 '역할'을 확대해석했다. '8.7회의' 주역은 로미나제와 정치보고자 구추백이다. 또 등소평은 '서기처 책임자'가 아니며 '회의'의 문서 처리를 책임진 일개 비서였다. 회의의 조역(助役)인 '모등(毛鄧)'의 만남을 '두 황제 조우'라는 주장은 견강부회이다. 당시 모택동이 '비서' 등소평을 주목했다는 공식적 기록을 찾아보기 어렵다. 한편 등소평의 신장(身長)을 '150cm'라고 한 것은 사실과 어긋난다. 등소평의 키가 155~157cm라는 것이 학계의 정설이다. 또 모택동의 신장은 그동안 '정설로 알려진' 183cm가 아닌 177~178cm로 추정된다.

당사자 이유한은 이렇게 회상했다. …나와 채화삼은 모택동의 '정치국 진입'을 주장했다. 그러나 그는 추수봉기를 이유로 제의를 거절했다(李維漢, 2013: 125). 9명의 정치국 위원은 소조정·향충발·구추백·나역농·고순장(顧順章)[645]·왕하파·이유한·팽배·임필시이다. 7명의 후보위원은 등증하·주은래·모택동·팽골달(彭公達)[646]·장태뢰·장국도·이립삼이

---

645 고순장(顧順章, 1904~1935), 상해 출신이며 공산주의자(후에 변절)이다. 1924년 중공에 가입, 1927년 상해노동자규찰대 총지휘, '8.7회의'에서 정치국 위원에 선임됐다. 1928년 중공 비밀조직인 '특과(特科)' 책임자, 1931년에 변절, 1935년 국민정부에 의해 처형됐다.

646 팽골달(彭公達, 1903~1928), 호남성 상담(湘潭) 출신이며 공산주의자이다. 1923년 중공에 가입, 1927년 '8.7회의'에서 정치국 후보위원, 호남성위 서기로 임명됐다. 그해 11월

다. 상기 이유한의 '회상'은 신빙성이 낮다. 당시 '진독수 추종자' 채화삼은 낙선자였고 이유한은 모택동을 '파면(1927.11)'한 장본인이다. 실제로 모택동의 '정치국 진입'을 요청한 것은 구추백이었다.

노동자 출신의 정치국 위원이 많은 것은 공산국제의 '간부 노동자화'와 지식인 진독수의 파면과 관련된다. 훗날 모스크바가 중용한 향충발·고순장 등 노동자 출신의 '정치국 위원'은 변절했다. 정치국 회의(8.9)에서 구추백·이유한·소조정이 상임위원으로 선임됐다. 당시 12표를 얻은 모택동의 '후보위원 당선'은 '중공 1인자' 구추백의 신임이 중요했다. 한편 모택동이 정치국에 진입하지 못한 것은 강한 '상산(上山)의지'가 주된 원인이다. 실제로 1925년 후 중공 고위층에서 밀려난 모택동이 국민당 '선전부장'으로 근무한 경력이 부정적인 영향을 끼쳤다.

구추백은 모택동에게 '중앙기관 근무'를 권장했다. 구추백의 '요청'을 거절한 모택동은 이렇게 강조했다. …상해의 고층빌딩보다 '산에 올라' 녹림객(綠林客)이 될 것이다(譚震林, 1987: 10). 수호전 등 고전 애독자인 모택동은 녹림호걸에 대한 호감이 컸다. 모택동의 '상산(上山)' 결심은 결코 즉흥적인 것이 아니다. 실제로 모택동은 추수봉기 잔여부대를 이끌고 정강산에 진출해 혁명의 '산대왕(山大王)'이 되려는 숙원을 실천에 옮겼다.

모택동이 구추백의 '요청'을 거절한 이유는 첫째, 중앙국 비서였던 모택동은 '2인자 설음'을 잘 알고 있었다. 둘째, '상해 트라우마'이다. (上海)집행부에서 근무하며 '골병'을 얻었고 실각한 곳이었다. 셋째,

---

상서(湘西)특위 서기로 좌천됐다. 1928년 8월 장사(長沙)에서 국민당 반동파에게 살해됐다.

공산국제의 '괴뢰 역할'을 한 진독수의 비극적 결과를 목격했다. 또 '마 링의 사람'으로 간주돼 부침(浮沈)을 겪었다. 넷째, 무장투쟁의 중요성을 절감한 모택동의 '끈질긴 (上山)의지력'이다. 결과적으로 모택동의 선택 은 정확했다.

구추백의 '(左傾)맹동주의' 과오는 첫째, 적아(敵我) 군사력 차이와 혁 명의 저조기 현실을 무시했다. 둘째, 대도시 공격의 무장폭동은 광주봉 기 실패를 초래했다. 셋째, '폭동'과 '진공'을 강조해 전국적 무장폭동 실패를 초래했다. 넷째, 강적이 집결한 '장사(長沙) 공략'을 명령해 추수 봉기 실패에 일조했다(吳振錄 외, 2007: 17). 공산국제 대표 로미나제가 (左 傾)맹동주의를 추진한 장본인이었다면 '중공 1인자' 구추백은 충실한 집행자였다. 모스크바에 충성한 구추백은 '공산국제 속죄양'이 된 비극 적 인물이다.

중공의 대표적 '맹동주의 집행자'는 구추백·이유한·장태뢰 등이 다. 결국 이들은 이로 인해 혹독한 대가를 치렀다. 중공 6대(1928.6)에서 실각한 구추백은 1935년에 살해됐다. 스탈린의 꼭두각시 역할을 한 로 미나제는 '억울한 죄명'을 쓰고 자살했다. 정강산에 진출한 모택동에게 '엄중경고' 처분을 내린 이유한은 문혁 시기 8년 간 옥살이를 했다. 광 주봉기(1927.12) 최고 지도자이며 (左的)과오를 범한 장태뢰는 봉기에서 희생됐다.

장사에 주재한 공산국제 대표 마이얼(馬也爾)은 당중앙에 편지를 보 내 추수봉기군의 '광주 공략'을 건의했다. 당시 모택동은 이렇게 주장 했다. …추수봉기군은 호남에서 무장투쟁을 전개해야 한다. 봉기가 실 패하면 '산에 올라' 무장투쟁을 견지해야 한다(黃少群 외, 1991: 7). 실제로 남창봉기군의 '광동 참패'를 감안하면 모택동의 (上山)주장은 선견지명이었다. 한편 당중앙은 팽공달을 호남성위 서기, 모택동을 중앙특파원으로 임명했다.

8월 12일 판창(板倉)에서 양개혜와 상봉한 모택동은 이틀간 머물며 토지문제를 조사하고 농민의 의견을 청취했다. 현지 조사를 통해 국민당군이 대중의 신임을 상실했다는 것을 인지한 모택동이 추수봉기에서 '국민당 명의'를 사용해선 안 된다고 강조했다(江英 외, 2017: 124). 호남성위 회의(8.18)에서 모택동은 추수봉기에 관한 '8.7회의' 방침을 전달했다. 한편 당중앙은 현지 실사를 거친 모택동의 '정확한 건의'를 수용하지 않았다.

모택동은 폭동문제에 관해 이렇게 말했다. …폭동이 성공하려면 1~2개 연대의 병력이 소요된다. 폭동 목적은 정권 탈취이며 군대가 없으면 정권 탈취가 불가능하다(金沖及 외, 2011: 145). 당시 추수폭동은 주로 노농무장에 의존하고 군대는 '보조 역할'을 해야 한다는 견해가 지배적이었다. 결국 혁명군대 중요성을 강조하고 '총대'로 정권을 탈취해야 한다는 모택동의 정확한 주장은 '총대주의'·'단순한 군사행동'이라는 비판을 받았다.

당생지 군대의 남하로 장사가 차단돼 '전성(省) 폭동'은 불가능했다 모택동은 당중앙에 '폭동 변경'을 건의했다. …장사 중심으로 상중(湘中) 몇개 현에서 폭동을 일으켜야 한다(金沖及 외, 1996: 144). 한달 후 모택동이 '건의'가 정확했다는 것을 인지한 구추백은 정치국 회의(9.28)에서 이렇게 말했다. …현재 중공중앙에서 독립적 사고력을 가진 대표적 인물은 모택동이다(中共中央文獻硏究室, 1993: 221). 구추백의 제의로 출범한 장강국

(長江局)은 나역농·진교년·왕일비(王一飛)[647]·모택동으로 구성됐다. 한편 정강산에 진출한 모택동은 시종일관 부임하지 못했다.

당중앙이 호남성위에 보낸 회신(8.23) 골자는 ① '장사 중심' 폭동은 원칙에 부합 ② '군대 중시', 군사적 모험 ③ 상남·상중(湘中) 동시 폭동 ④ '국민당 명의' 사용 ⑤ 대지주 토지 몰수 등이다(肖顯社 외, 2007: 123). 결국 모택동이 강조한 '군대 중시'와 '총대에서 정권이 나온다'는 모택동의 논단을 일축한 것이다. 또 소지주 토지는 몰수보다 감조(減租)를 지시했고 공농자위군(工農自衛軍)을 공농혁명군으로 개편할 것을 요구했다.

호남성위가 제정한 '폭동 강령'은 ① 호남당조직과 국민당 관계 단절 ② 공농혁명군 설립 ③ 지주 토지 몰수 ④ 군사적 역량 강화 ⑤ '공농병정권' 설립 등이다(張士義, 2005: 76). 호남성위는 모택동을 서기로 한 전적위원회를 설립하고 공농혁명군을 편성했다. 역례용을 서기, 오화지(吳化之)[648]를 비서장으로 한 '행동위원회'를 설립했다. 또 (省委)상임위원 하자심(何資深)[649]을 상북(湘北)에 파견해 농민폭동을 조직하게 했다.

중공이 장악한 상감변계 혁명무장은 ① 노덕명이 거느린 경위연대

647　왕일비(王一飛, 1898~1928), 절강성 상우(上虞) 출신이며 공산주의자이다. 1922년 중공에 가입, 북벌 시기 중공중앙 (軍事)특파원, 1927년 10월 호남성위 서기로 임명, 1928년 1월 반역자의 밀고로 장사(長沙)에서 살해됐다.

648　오화지(吳化之, 1902~1990), 호북성 한천(漢川) 출신이며 공산주의자이다. 1923년 중공에 가입, 1920~1940년대 섬서지위(陝西地委) 서기, 무한(武漢)시위 서기, 북경(北平)시위, 건국 후 대외문화연락국 비서장, 대외우호협회 부회장을 역임, 1990년 북경에서 병사했다.

649　하자심(何資深, 1898~1960), 호남성 안향(安鄕) 출신이며 트로츠키파이다. 1920년대 상담(湘潭)현위 서기, `호남성위 조직부장, 트로츠키조직인 '무산자사(無産者社)' 중앙비서장을 역임, 1931~1937년 국민당 감옥에 수감, 1952년 투옥, 1960년 상해(上海)에서 병사했다.

② 평강(平江)·유양(瀏陽) 농민자위군 ③ 안원 노동자무장이다(逄先知 외, 2011: 148). 8월 하순 경위연대와 평강·유양의 농민자위군은 '강서성방군(防軍)제1사'를 설립했다. 여쇄도(余灑度)[650]가 사단장, 평강농민군 책임자 여분민(余賁民)[651]이 부사단장을 맡았다. 또 여쇄도는 특별 중대를 편성해 담희림(譚希林)[652]을 중대장, 나영환(羅榮桓)[653]을 당대표로 임명했다.

8월 30일 호남성위는 장사에서 회의를 열고 두 가지 사항을 결정했다. 첫째, 무장폭동 여건이 마련된 평강·유양·예릉(醴陵)·안원 등지에서 추수폭동을 일으킨다. 둘째, 모택동을 서기로 한 전적위원회를 설립해 추수폭동의 지도부로 삼는다(金沖及 외, 1996: 146). 장사에서 하룻밤을 묵은 모택동은 이튿날(9.1)에 양개혜를 판창으로 보낸 후 안원으로 떠났다. 결국 이들 부부의 이별은 영원히 만날 수 없는 '영별(永別)'이 되었다.

양개혜와 갈라질 때 최악의 상황을 염두에 둔 모택동이 남긴 의견은 첫째, 아이들의 성씨를 양씨(楊氏)로 바꿔 반동파의 이목 집중을 피

---

650 여쇄도(余灑度, 1898~1934), 호남성 평강(平江) 출신이며 추수봉기 지도자이다. 1924년 중공에 가입, 1927년 9월 공농홍군 제1사단장, 그해 10월 홍군을 이탈했다. 1931년 체포 후 변절, 1934년 장개석의 명령으로 처형됐다.

651 여분민(余賁民, 1888~1933), 호남성 평강(平江) 출신이며 공산주의자이다. 1922년 중공에 가입, 1927년 공농혁명군 제1사 부사단장, 1928년 공농병(工農兵)소비에트정부 재정부장, 1933년 강서성 만재(萬載)에서 희생됐다.

652 담희림(譚希林, 1908~1970), 호남성 장사(長沙) 출신이며 공산주의자이다. 1926년 중공에 가입, 1930~1940년대 '홍10군' 군단장, 예환(豫皖)군구 부사령관, 청도(靑島)경비사령관, 건국 후 체코(Czech) 대사, 북경군구 부사령관 등을 역임, 1970년 북경에서 병사했다.

653 나영환(羅榮桓, 1902~1963), 호남성 형산(衡山) 출신이며 개국원수(元帥)이다. 1927년 중공에 가입, 추수봉기에 참가했다. 1930년대 '홍1군단' 정치부주임, 팔로군 115사 정치부주임, 1940년대 산동군구 사령관, 동북국 부서기, 제4야전군 정치위원을 지냈다. 건국 후 최고인민검찰장, 군위(軍委) 부주석 등을 역임, 1963년 북경에서 병사했다.

해야 한다. 둘째, 공개 활동을 삼가고 정세가 악화되면 시골 친척집에 피신해야 한다. 셋째, 생활비는 먼저 친척에게 빌리고 나중에 내가 갚겠다(王華 외, 2007: 163). 추수봉기가 실패할 경우 목숨이 위태롭다는 것을 직감한 모택동이 조강지처(糟糠之妻)에게 '마지막 유언'을 남긴 것이나 진배없다.

모택동이 주재한 군사회의(9.2) 참석자는 안원시위 서기 채이침(蔡以忱)[654], 위원 녕적경(寧迪卿)[655], 유양현위 서기 반심원(潘心源)[656], (贛西)농민자위군 총지휘 왕신아(王新亞) 등이다(曾憲文 외, 2007: 4). 왕신아는 원문재·왕좌(王左)[657] 농민자위군이 영신(永新)을 공략해 체포된 80명 공산당원을 구출한 사실을 보고했다. 또 그는 폭동이 실패할 경우 '정강산 진입'을 건의했다. 왕신아의 '건의'는 모택동의 '정강산 진출' 계기기 됐다.

군사회의 결정은 ① 공농혁명군 편성 ② 평강·유양 공략 ③ 평향(萍

---

654 채이침(蔡以忱, 1896~1928), 호북성 황피(黃陂) 출신이며 공산주의자이다. 1923년 중공에 가입, 1924년 호북성위 조직부장, 1927년 중앙감찰위원, 안원(安源)시위 서기, 공농혁명군 제2연대 정치위원, 9월에 추수봉기에 참가했다. 1928년 7월 호남성 풍현(澧縣)에서 희생됐다.

655 녕적경(寧迪卿, 1892~1952), 호남성 상담(湘潭) 출신이며 공산주의자이다. 1923년 중공에 가입, 1927년 안원(安源)특위 서기, 1928년 호남성위 서기를 맡았다. 1932년 한구(漢口)에서 변절했다. 1952년 사형 선고를 받았다.

656 반심원(潘心源, 1904~1931), 호남성 유양(瀏陽) 출신이며 공산주의자이다. 1923년 중공에 가입, 1926년, 유양지방위원회 서기, 1928년 호남성위 농민부장, 1930년 '홍4군' 정치위원, 1931년 '홍13군' 정치위원, 절강성 옥환(玉環)에서 반역자의 밀고로 체포돼 살해됐다.

657 왕좌(王左, 1898~1930), 강서성 수현(遂縣) 출신이며 공산주의자이다. 1923년 녹림(綠林) 무장에 참가, 1927년 7월 감서(贛西)농민자위군 부총지휘, 그해 10월 모택동이 거느린 추수봉기군의 '정강산 정착'에 적극 협조했다. 1928년, 공농혁명군 제2연대 부연대장, 1929년 제32연대장, 1930년 2월 영신(永新)에서 팽덕회 부하에게 살해됐다.

鄕)·안원 고수 ④ 안원·수수·동고(銅鼓)에서 동시 봉기 등이다(謝海燕 외, 2007: 103). 반심원은 이렇게 회상했다. …당시 모택동은 평향·안원을 공략해 적군의 '봉기군 퇴로' 차단 방지를 강조했다(潘心源, 1987: 121). 회의 후 모택동은 반심원의 호송하에 동고를 향해 출발했다. 한편 동고로 가던 중 유양현에서 체포된 모택동은 구사일생으로 위기에서 탈출했다.

공농혁명군 사단장 여쇄도는 모택동을 안중에 두지 않았다. 전적위원회가 '연합 공격'을 통보했으나 여쇄도는 전위(前委) 지시를 무시했다. 결국 단독으로 평강을 공격한 제1연대는 참패했다. 황포군관학교 출신 여쇄도는 봉기군 총지휘 노덕명은 무시하지 못했으나, '선비' 출신이며 '군사 문외한' 모택동을 대놓고 멸시했다. 결국 중앙특파원이며 전전위원회 서기 모택동의 권위와 강력한 리더십을 무시한 여쇄도는 변절자로 전락했다.

호남성위가 내린 '인사 발령'은 ① 전위(前委) 서기 모택동, 행동위원회 서기 역례용 ② 봉기군 총지휘 노덕명, 사단장 여쇄도, 부사단장 여분민, 부관(副官) 양립삼(楊立三)[658], 제1연대장 종문장(鍾文璋)[659], 제2연대장 왕신아, 제3연대장 소선준(蘇先駿)[660]이다(何敏 외, 2007: 111). 봉기군 제4

---

658 양립삼(楊立三, 1900~1954), 호남성 장사 출신이며 공산주의자이다. 1927년 중공에 가입, 1930~1940년대 홍군병원장, 팔로군 총지휘부 부참모장, 진기로예(晉冀魯豫) 경제부장, 건국 후 해방군 총후근부장(總後勤部長) 등을 역임, 1954년 모스크바에서 병사했다.

659 종문장(鍾文璋, 1903~?), 호남성 익양(益陽) 출신이며 공산주의자이다. 1924년 중공에 가입, 1925~1926년 두 차례 동정에 참가, 1927년 추수봉기군 제1연대장, 9월 금평(金坪)에서 변절자 구국헌의 매복에 걸려 실종됐다.

660 소선준(蘇先駿, ?~1930), 호남성 유양(瀏陽) 출신이며 공산주의자(후에 변절)이다. 1927년 추수봉기에 참가, 그해 10월 부대를 이탈했다. 1928년 변절, 국민당청향(清鄕)사령부 참의(參議), 1930년 8월 홍군에게 처형됐다.

연대장 구국헌(邱國軒)의 변절은 제1연대가 패전한 주요인이다. 한편 호남성위 신임은 모택동의 정강산 진출에 긍정적 요인으로 작용했다.

호남성위가 발표한 '장사 탈취 명령(9.8)'은 이렇게 썼다. …각지 봉기군은 9월 16일 장사를 공략해 혁명위원회를 설립해야 한다. 9월 9일부터 철도를 파괴하고 9월 11일 각지 농민자위군은 폭동에 참가해야 한다(余伯流 외, 1998: 47). 9월 6일 모택동은 봉기군에게 호남성위의 '행동계획'을 하달했다. 모택동은 정규군과 농민자위군 역량을 집중해 장사를 공격할 것을 강조했다. 이는 나중에 호남성위의 '장사 공격' 취소에 중요한 역할을 했다.

호남성위가 '장사 공략'을 명령한 이유는 첫째, 장사 시내에 정규군이 적어 공략 가능성이 크다. 둘째, 장사 주변의 철도를 파괴하면 장사 성내 적군은 고립된다. 셋째, 대중의 지지를 받을 수 있다. 넷째, 장사 공격은 당중앙 지시에 부합된다(張可, 2009: 149). 호남성위의 판단은 너무 낙관적이었다. 농민자위군이 주축인 봉기군의 전투력을 과대평가했다. 각지 봉기군이 참패한 후 모택동은 잔여부대를 이끌고 상남(湘南)으로 철수했다.

당생지의 주력군은 동정(東征)[661] 전선에 배치됐으나, 추수폭동에 대한 만단의 준비를 했다. 8월 중순 당생지는 호남성장 주란(周瀾)[662]과 사단

---

661 1927년 4~7월 장개석과 왕정위가 중공과 결렬했다. 당시 무한국민혁명군 제4집단군 총사령을 맡은 당생지는 '장개석 토벌'을 주장했다. 그해 8월, 당생지는 부대를 거느리고 장개석을 공격하는 동정(東征)을 실시했다. 8월 12일 장개석은 상해에서 하야했다. 10월 19일 남경정부는 '당생지 토벌'을 선포, 당생지는 하야를 선포(11.12), 일본으로 피신했다. 11월 15일 '당생지 체포령'이 내려졌고 그의 잔여부대는 계군(桂軍)에 편성됐다.

662 주란(周瀾, 1892~1952), 호남성 형양(衡陽) 출신이며 국민당 좌파이다. 1912년 국민당에

장 호문투(胡文鬪)[663]에게 전투 준비를 지시했다. 9월 8일 (長沙)위수사령부는 호남성 경내 5일 간의 계엄령을 내렸다(金沖及 외, 2011: 149). 병력을 분산한 봉기군은 단독 작전과 변절자 출현, 실전 경험 부족으로 패전했다. 봉기군의 병력이 7할 이상이 감소된 상황에서 '장사 공격'은 무리였다.

참모장 진수화(陳樹華)[664]의 지도하에 참모 하장공(何長工)[665]과 부관 양립삼은 오각별 안에 낫과 망치를 그린 빨간색 깃발을 제작했다. 재단사들은 밤을 새워 100개 깃발과 1000개의 빨간 네커치프, 붉은 완장을 제작했다(劉風健 외, 2007: 116). 봉기군의 군기(軍旗) 제작은 공농혁명군이 중공이 영도하는 혁명군대라는 방증이다. 한편 추수봉기군의 '공산당 깃발' 사용은 국민당 명의를 사용한 남창봉기군과의 가장 큰 차이점이다.

모택동이 강서성 동고를 간 것은 공농의용군의 군사행동을 지휘하기 위해서였다. 안원에서 동고까지 노정(路程)은 약 200리로 3~4일이 소요됐다. 9월 9일 유양현 장가방(張家坊)에서 모택동은 당지 애호단(挨户團)에 체포됐다(文輝抗 외, 2004: 17). 추수봉기 최고 지도자의 체포는 '불길

가입, 1930년대 국민혁명군 제8군단장, 호남성정부 비서장 등을 역임했다. 1949년 형양에서 기의(起義)를 일으켰다. 건국 후 호남성정부 참사(參事), 1952년 장사(長沙)에서 병사했다.

663 호문투(胡文鬪, 1898~1928), 감숙성 천수(天水) 출신이며 공산주의자이다. 1925년 중공에 가입, 1928년 제6군단장, 장개석의 '홍군 토벌' 지시를 거부했다. 같은 해 장개석의 명령을 받은 경위연대장 채웅(蔡雄)에 의해 살해됐다.

664 진수화(陳樹華, 1907~1990), 호남성 신화(新化) 출신이며 공산주의자이다. 1926년 중공 가입, 1927년 공농혁명군 참모장, 부상 후 당조직을 이탈했다. 건국 후 민혁(民革)중앙 감찰위원 등을 역임, 1990년 북경에서 병사했다.

665 하장공(何長工, 1900~1987), 호남성 화용(華容) 출신이며 공산주의자이다. 1922년 중공에 가입, 1927년 추수봉기에 참가, 1928년 공농혁명군 32연대 당대표를 맡았다. 1930~1940년대 '홍8군' 군단장, 항일군정대학 교육장, 동북국 군공부장 등을 지냈다. 건국 후 중공업부 부장, 전국 정협 부주석 등을 역임, 1987년 북경에서 병사했다.

한 징조'였다. 이 또한 추수봉기군 앞날이 결코 순탄치 않을 것임을 예고한 것이다. 9월 10일 우여곡절 끝에 동고에 도착한 모택동은 공농의 용군을 지휘해 백사(白沙)전투에서 승전하고 9월 12일에 동문(東門)을 공략했다.

모택동은 이렇게 회상했다. …당시 나는 호수가의 풀이 무성한 작은 언덕에 숨어있었다. 나를 추적하던 민단 병사들은 어둠이 깔리자 수색을 포기했다. 신발을 잃어버린 나는 발에 물집이 잡혔다. 도중에 만난 나무꾼은 나에게 신발을 마련해 주었다(毛澤東, 2008: 57). 한편 모택동 '호송 임무'를 완성하지 못한 반심원은 유양현으로 돌아가 지하공작에 참가했다. 당시 모택동을 도와준 '나무꾼(陳九興)'은 동고의 공회(工會) 회원이었다.

9월 9일 상감변계 추수폭동이 일어났다. 노동자들은 장사~악양(岳陽), 장사~주주(株洲) 철도를 파괴했다. 여쇄도가 거느린 제1연대는 제3연대와 회합하지 않고 단독으로 평강을 공격했다(逄先知 외, 2011: 151). 무한에서 돌아온 노덕명은 봉기군 총지휘로 부임했다. 10일 저녁 안원노동자무장이 주축인 제2단은 평향을 향해 진격했다. 봉기군은 평강·유양·평향 세 갈래로 나눠 장사 공격을 시작했다. 당시 흥분된 모택동은 '서강월(西江月)·추수기의(秋收起義)'[666]를 읊었다. 그러나 모택동의 '흥분'은 오래가지 못했다. 각지 봉기군이 모두 참패했기 때문이다.

제1연대의 '금평(金坪) 참패'는 제4연대장 구국헌이 변절했기 때문

666 '서강월(西江月)·추수기의(秋收起義)'는 모택동이 1929년 9월 추수봉기 직전 지은 사(詞)이다. '서강월'은 시인 이백(李白)의 '소대회고시(蘇臺懷古詩)'에서 옮겨온 것이다. '추수기의'는 1929년 9월 9일 상감변계에서 일어난 추수봉기에서 비롯됐다. 한편 시인 모택동은 '사'를 통해 당시 격앙된 심정을 토로했으나, 추수봉기군은 곧 실패했다.

이다. 결국 제1연대는 격파됐고 연대장 종문장은 행방불명이 됐다. 유양현으로 퇴각한 제1연대는 모택동이 거느린 제3연대와 회합했다. 제1연대의 병력 감소는 전투 경험이 없는 농민자위군이 뿔뿔이 흩어졌기 때문이었다. 사단장 여쇄도는 국민당 정규군이 주둔한 '장수가(長壽街) 공격'을 주장했다. 그의 무모한 주장은 총지휘 노덕명과 여분민의 반대로 무산됐다.

검군(黔軍) 왕천배(王天培)[667] 부하였던 구국헌은 패잔병 200여명을 이끌고 수수(修水) 일대에서 비적으로 활동했다. 1927년 8월 '강서성방군(防軍)제1사'로 편성된 후 항복한 구국헌은 제2연대장으로 임명됐다. 봉기군 제1연대가 평강을 공격할 때 적군 제8군과 내통한 구국헌은 불시에 종문장이 지휘한 제2대대를 공격해 봉기군에게 치명타를 안겼다. 1928년 2월 평강유격대에게 체포된 구국헌은 공개 심판을 받고 처형됐다.

9월 12일 예릉을 공략한 제2연대는 혁명위원회를 설립했다. 9월 14일 예릉에서 철수한 제2연대는 16일 유양을 점령했다. 17일 적군 장국위(張國威)[668]에게 포위돼 참패한 후 연대장 왕신아는 행방불명이 됐다(陳鋼 외, 1998: 50). 농민자위군이 승리에 도취돼 경계를 소홀히 한 것이 참패의 주된 원인이다. 한편 농민자위군이 주축인 제2연대의 참패는 추수폭동이 노농무장에만 의지해선 결코 성공할 수 없다는 것을 단적으로 보여줬다.

---

667 왕천배(王天培, 1888~1927), 귀주성 천주(天柱) 출신이며 북벌 명장이다. 1911년 동맹회 가입, 1926년 국민혁명군 제10군단장, 북벌군 제3로군 총지휘를 맡았다. 1927년 장개석의 '북벌 명령'을 거부, 비밀리에 살해됐다.

668 장국위(張國威, 1892~1927) 호남성 예릉(醴陵) 출신이며 국민당 우파이다. 1926년 상군(湘軍) 연대장, 국민혁명군 제8군 제1사단장, 1927년 왕신아가 거느린 추수봉기군 제2연대를 진압, 무한에서 당생지의 부하에게 살해됐다.

9월 14일 국민군 정규군이 동문을 포위했다. 적군의 공격에 대비하지 못한 제3연대는 몇 시간의 격전을 거쳐 수많은 사상자를 냈다. 결국 모택동은 상평(上坪) 철수를 명령했다(葉健君 외, 2004: 19). 상평에 도착했을 때 기존 1500명 병력이 400여 명으로 급감했다. 적아 간 병력 차이와 적군의 반격에 대한 무방비, 군사 지도자의 지휘력 부재가 패인이었다. '상평회의(9.14)'에서 모택동은 장사 공격을 포기하고 평향 퇴각을 결정했다.

당사자 장계룡(張啓龍)[669]은 이렇게 회상했다. …9월 14일 저녁 모택동은 동창생 진석우(陳錫虞)의 집에서 제3연대의 중대급 이상의 긴급회의를 주최했다. 회의에서 장사 공격을 포기하고 '문가시(文家市) 회합'을 결정했다. 9월 15일 상평에서 출발해 19일에 문가시에 도착했다(余伯流 외, 1998: 52). 각지 봉기군이 참패한 상황에서 모택동이 장사 공격을 과감히 포기하고 '문가시 회사(會師)'를 결정한 것은 정확한 선택이었다. 한편 모택동은 호남성위에 편지를 보내 '장사 폭동'을 중지할 것을 건의했다. '상평회의'는 추수봉기군의 '실력 보존'에 중요한 역할을 했다.

각지 봉기군이 '패전'한 원인은 ① 혁명 '저조기(低潮期)' 현실을 무시 ② 병력 분산, 단독 작전 ③ 농민자위군의 실전 경험 부족과 기강 해이 ④ 구국헌의 변절 ⑤ 봉기군 최고 지도자 간의 불협화음 ⑥ 최고 지도자의 '지휘력 부재' ⑦ 추수봉기에 대한 선전선동력 부족, 대중의 지지 상실 ⑧ 적아 간의 병력 차이 ⑨ 당중앙의 '노농무장 의지' 방침, '군

---

669 장계룡(張啓龍, 1900~1987), 호남성 유양(瀏陽) 출신이며 공산주의자이다. 1925년 중공에 가입, 1930~1940년대 상감(湘贛)성위 군사부장, '홍6군단' 공급(供給)부장, 흑룡강(黑龍江)성위 서기, 건국 후 중앙조직부 부부장, 남경시 부시장 등을 역임, 1987년 상해(上海)에서 병사했다.

대 중요성' 간과 ⑩ 현실을 도외시한 호남성위가 제정한 '장사 공략' 등
이다.

9월 19일 문가시에서 열린 회의에서 모택동은 적군의 역량이 약한
'상남 퇴각'을 주장했다. '반대 의견'을 제출한 여쇄도는 당중앙 지시대
로 유양을 점령하고 장사를 공격해야 한다고 주장했다. 제3연대장 소
선준도 장사 공격을 찬성했다(劉風健 외, 2007: 157). 회의에서 '상남 퇴각'
과 '장사 공격'을 주장한 모택동과 여쇄도의 의견이 크게 엇갈렸다. 격
렬한 쟁론 끝에 봉기군 총지휘 노덕명의 지지로 모택동의 주장이 통과
됐다. 당시 봉기군(1500명)이 5만 병력이 집결된 장사를 공격한다는 것은
계란으로 바위를 치는 격이었다.

9월 19일 중공중앙은 마이얼의 보고(9.16)에 근거해 호남성위에 장
사 공격을 지시했다. '지시'는 중앙특파원과 호남성위의 장사 공격 포
기는 '임전(臨戰) 도망'이라고 비판했다. 또 호남성위에 봉기군의 장사
공격을 재삼 강조했다(金沖及 외, 1996: 151). 로미나제는 정치국 위원 임필
시를 전권 대표로 장사에 파견했다. 한편 마이얼이 비난한 '임전 도망'
은 모택동의 평향 퇴각을 빗댄 것이다. 이 시기 마이얼과 모택동은 견
원지간이었다.

임필시의 '보고서(9.27)' 골자는 ① 9월 13일 봉기군은 '장사 공격' 기
회 상실 ② 9월 14일 모택동은 상평에서 '장사 공격' 포기 ③ 9월 16일
유양을 공략한 봉기군은 '장사 공격' 단념 등이다(中共中央文獻研究室, 2014:
136). '11월회의(1927)'에서 로미나제는 모택동의 정치국 후보위원 자격을
박탈했다. 실제로 임필시의 '보고서'는 모택동의 '처분'에 빌미를 제공
했다. 임필시와 모택동의 '불편한 관계'는 1930년대 초반까지 지속됐다.

9월 25일 후미를 맡은 봉기군 제3연대는 노계진(蘆溪鎭)에서 15리 떨

어진 산석암(山石岩)에서 국민당군의 매복에 걸린 300여 명 사상자를 냈다. (蘆溪)전투에서 노덕명이 적탄에 명중돼 희생됐고 하장공이 체포됐다. 당시 하장공은 몸에 지녔던 동전을 뿌렸고 혼란한 틈을 타 도망쳤다. 한편 봉기군 총지휘 노덕명의 희생은 모택동에게는 설상가상이 됐다.

9월 25일 봉기군은 연화(蓮花)현 감가(甘家)촌에 도착했다. 성내에 전투력이 약한 보안대가 주둔하고 있다는 보고를 받은 모택동은 현성 공격을 결정했다. 26일 기습 공격으로 일거에 현성을 공략한 봉기군은 감금된 공산당원과 백성을 풀어주고 창고를 털어 백성에게 쌀을 나눠줬다(逢先知 외, 2011: 155). 문가시에서 남하한 후 처음으로 승전한 '현성 공략'은 봉기군 사기를 크게 북돋았다. 한편 모택동은 체포된 보안대장을 석방한 여쇄도를 엄하게 꾸짖었다. 결국 모택동은 '여쇄도 해임' 결심을 더욱 굳혔다.

9월 29일 모택동의 '삼만개편' 배경은 첫째, '노계 패전' 후 봉기군의 병력은 1000여 명으로 급감했다. 둘째, 장교가 병사를 괴롭히는 군벌 관습은 전투력에 악영향을 끼쳤다. 셋째, 잇따른 패전으로 혁명에 대한 비관적 정서가 팽배했다(余伯流 외, 2014: 61). 당시 연속된 패전으로 도주자가 부지기수였다. 또 부상병은 의약품 부족으로 치료를 받지 못하고 죽어갔다. 당조직의 구심적 역할이 약화됐고 기강 해이가 심각했다. 특히 봉기군 내 만연된 '비관적 정서'는 봉기군 지도부가 해결해야 할 당면과제였다.

당사자들은 이렇게 회상했다. ① 뢰의(賴毅)[670]: '노계 패전' 후 많은

---

670 뢰의(賴毅, 1903~1989), 호남성 평강(平江) 출신이며 개국중장이다. 1927년 중공에 가입, 1930~1940년대 홍군 제34연대 정치위원, 천강(川康)성위 조직부장, 회북(淮北)군구 사령관, 건국 후 남경(南京)군구 부정치위원 등을 역임, 1989년 북경에서 병사했다.

도주병이 발생했다(賴毅, 1987: 176). ② 장종손(張宗遜)[671]: 몇 차례의 패전에서 원기를 상한 봉기군의 군심(軍心)이 흩어졌다(張宗遜, 1987: 118). ③ 나영환: 당시 당조직은 구심점 역할을 하지 못했고 명확한 행동강령이 없었다(羅榮桓, 1987: 118). 적군의 매복을 당한 제3연대는 많은 사상자를 냈고 노계명의 희생으로 봉기군의 사기가 크게 떨어졌다. 연속된 패전과 부상자 방치, '비전 상실'이 병사들이 부대를 이탈한 주된 원인이었다.

영신현 삼만촌에 도착한 봉기군은 적군의 추격에서 벗어났고 또 이곳에는 지방의 반동무장도 없어 비교적 안전했다. 이는 추수봉기 후 봉기군이 처음으로 여유로운 휴식과 정돈을 진행할 수 있는 좋은 기회였다. 9월 29일 저녁 모택동은 '태화상(泰和祥)' 잡화점에서 전적위원회를 개최했다. 회의에서 '위기 해결' 방안을 토론한 지도부는 봉기군의 개편을 결정했다. 이것이 유명한 '삼만개편(三灣改編)'[672]이다. 당시 회의에 참석한 전위(前委) 위원은 여쇄도·여분민·진호(陣浩)[673]·하정영(何挺穎)[674]·완

---

671 장종손(張宗遜, 1908~1998), 섬서성 위남(渭南) 출신이며 공산주의자이다. 1926년 중공에 가입, 1930~1940년대 홍군대학총장, (延安)경비사령관, 진수(晉綏)야전군 부사령관, 건국 후 서북군구 부사령관, 해방군 후근부장(後勤部長)을 역임, 1998년 북경에서 병사했다.

672 '삼만개편(三灣改編)'은 1927년 9월 29일부터 10월 3일 영신현 삼만촌에서 모택동이 단행한 추수봉기군 개편을 지칭한다. '개편'을 통해 봉기군에 대한 공산당의 지도적 지위를 확보했다. 당지부를 중대(連隊)에 설치해 봉기군에 대한 당의 지도력을 강화하고 전투력 제고에 기여했다. '삼만개편'은 인민군대 창건에 대한 성공적 실천이었다.

673 진호(陣浩, ?~1927), 호남성 기양(祁陽) 출신이며 추수봉기 중 변절자로 전락했다. 1924년 중공에 가입, 1927년 9월 공농혁명군 제1연대장을 맡았다. 그해 12월에 '직위 해제', 공개심판 후 녕강현 롱시(龒市)에서 처형했다.

674 하정영(何挺穎, 1905~1929), 섬서성 남정(南鄭) 출신이며 공산주의자이다. 1925년 중공에 가입, 1927년 9월 공농혁명군 제1연대 당대표, 1928년 31·28연대 당대표, (湘贛)변계 특위 위원, 1929년 1월 대여(大余)전투에서 중상, 강서성 길담(吉潭)에서 희생됐다.

희선(宛希先)[675]·웅수기(熊壽祺, 士兵代表)[676] 등이었다.

　'삼만개편'의 골자는 첫째, 군대조직 개편이다. 봉기군을 '공농혁명군 제1연대'로 개편하고 산하에 7개 중대를 설치했다. 둘째, 각 중대에 당지부를 설치하고 분대와 소대에는 당소조(黨小組), 대대·연대 이상은 당위(黨委)를 설립했다. 셋째, 민주제도와 장병 평등의 정책을 실시하며 사병위원회를 설치한다(劉風健 외, 2007: 188). 여쇄도의 추천으로 진호가 제1연대장으로 임명했다. 얼마 후 반역을 꾀한 진호는 (前委)서기 모택동에 의해 처형됐다. 또 대표 1명과 위원 5~7명으로 구성된 사병위원회는 사병의 대중적 조직이며 사병의 민주선거에 의해 선출됐다.

　공농혁명군 제1연대의 간부 명단은 연대장 진호, 당대표 하정영, 부연대장 서서(徐庶), 참모장 한장검(韓庄劍), 제1대대장 황자길(黃子吉), 당대표 완희선, 제3대대장 장자청(張子淸),[677] 부대대장 오중호(伍中豪)[678], 당

675　완희선(宛希先, 1906~1930), 호북성 황매(黃梅) 출신이며 공산주의자이다. 1925년 중공에 가입, 1927년 공농혁명군 제1연대 정치부주임, 1928년 '홍4군' 제10사단 당대표, 차릉(茶陵)현위 서기, 1929년 차릉특위 서기, 1932년 영신현 대만(大灣)에서 희생됐다.

676　웅수기(熊壽祺, 1906~1971), 사천성 린수(隣水) 출신이며 공산주의자이다. 1927년 중공에 가입, 추수봉기에 참가, 1929년 '홍4군' 제1종대 당대표, 1930년 '홍4군' (軍委)서기, 그해 12월 당조직을 이탈, 건국 후 중앙민족대학 부총장을 역임, 1971년 북경에서 병사했다.

677　장자청(張子淸, 1902~1930), 호남성 익양(益陽) 출신이며 공산주의자이다. 1925년 중공에 가입, 1926년 황포군교 (長沙)분교 정치교관, 1927~1929년 공농홍군 제1연대장, 제11사단장, (湘贛)변구정부 군사부장, '홍5군' 참모장, 1930년 영신현 남향(南鄕)에서 희생됐다.

678　오중호(伍中豪, 1905~1930), 호남성 형양(衡陽) 출신이며 공산주의자이다. 1925년 중공에 가입, 1926년 광주농민운동강습소 군사교관, 1927년 공농혁명군 제3연대 부연대장, 1929년 홍군 제20군단장, 전적위원회 위원, 1930년 안복(安福) 정위단(靖衛團)에게 살해됐다.

대표 이운계(李運啓), 특무중대 중대장 증사아(曾士峨)[679], 당대표 나영환, 위생대장 조영(曹嶸), 당대표 하장공, 군관대장 여적(呂赤), 치중(輜重)대장 범수덕(范樹德)[680]이다. 얼마 후 진호·서서·한장검·황자길은 반역 혐의로 체포돼 처형됐다. 또 완희선·장자청·오중호는 젊은 나이에 희생됐다. 훗날 나영환은 '10대 원수(元帥)'로 선정됐다.

'삼만개편'은 공농홍군 창건에 중요한 역할을 했다. 모택동은 이렇게 회상했다. …'삼만개편'을 통한 중대의 당지부 설치는 정강산에서 홍군이 살아남은 주된 원인이다. 나영환은 이렇게 회상했다. …'삼만개편'을 통해 공농혁명군에 대한 당의 지도권을 확보했다(何敏 외, 2007: 189). 결국 '삼만개편'을 통해 봉기군은 공산당이 영도하는 혁명군대로 거듭났다. 만약 추수봉기군이 당이 지도하는 혁명군대로 탈바꿈하지 않았다면 십중팔구 '정강산 비적'으로 전락했을 것이다. 한편 여쇄도의 '작전 지휘권'을 박탈한 모택동은 공농혁명군 최고 지도자의 권위를 확립했다.

웅수기는 이렇게 회상했다. …삼만에서 모택동은 지방당조직을 도와주고 그들의 전폭적 지지를 쟁취해야 한다고 말했다. 또 봉기군은 당지 농민무장에게 무기를 나눠주고 그들과의 협력 강화를 요구했다(熊壽祺, 1987: 153). 이는 모택동이 추수봉기군과 지방무장과의 협력을 통한 농

---

679 증사아(曾士峨, 1904~1931), 호남성 익양(益陽) 출신이며 공산주의자이다. 1926년 중공에 가입, 1927년 추수봉기에 참가, 1928년 제31연대 중대장, 1929년 '홍4군' 참모장, 1930년 '홍4군' 제2종대장, 제1사단 정치위원, 1931년 강서성 고흥우(高興圩) 전투에서 희생됐다.

680 범수덕(范樹德, 1907~1986), 하북성 무극(無極) 출신이며 공산주의자이다. 1925년 중공에 가입, 1927년 추수봉기 참가했다. 1930년 홍3군 참모장, 1935년 체포된 후 변절했다. 1954년, 개봉(開封)·서안 감옥에서 장기간 수감, 1986년 계림(桂林)에서 병사했다.

촌 근거지 창설 구상을 밝힌 것이다. 또 모택동은 사람을 파견해 정강산 북록(北麓)의 녕강 모평(茅坪)에 주둔한 원문재의 녹림무장과 연락을 취했다.

9월 26일 봉기군이 감가촌에 도착했을 때 강서성위에서 파견한 송임궁(宋任窮)[681]이 모택동을 찾았다. 송임궁은 강소성위 책임자 왕택해(汪澤楷)[682]가 쓴 편지를 모택동에게 전달했다. 또 그는 모택동에게 녕강에 당이 장악한 농민무장이 있다는 것을 알려줬다(文輝抗 외, 2004: 30). 얼마 전 왕신아로부터 원문재의 이야기를 들은 모택동은 강소성위 편지와 송임궁 소개를 통해 녕강현 모평을 찾아가 원문재와 만날 결심을 더욱 굳혔다.

10월 초 고성(古城)회의에서 모택동은 정강산 근거지를 창건할 결심을 내렸다. 추수봉기가 실패한 후 모택동의 정강산 진출은 '자의반 타의반' 결정이었다. 결국 추수봉기 잔여부대를 이끌고 정강산에 진입한 모택동은 혁명의 '산대왕(山大王)'이 됐다. 한편 정강산에서 근거지와 공농홍군을 창건한 모택동의 앞날은 결코 순탄치만은 않았다. '후보위원 파면' 처분에 따른 '당적 박탈' 와전과 반년 간의 실각이 그를 기다리고 있었다.

---

681 송임궁(宋任窮, 1909~2005), 호남성 유양(瀏陽) 출신이며 공산주의자이다. 1926년 중공에 가입, 1927년 추수봉기 참가, 1930년대 중앙종대 간부연대 정치위원, 팔로군 제129 사단 정치부 주임, 1940년대 평원(平原)군구 사령관, 남경시위 부서기를 지냈다. 건국 후 동북국(東北局) 서기, 중공중앙 조직부장 등을 역임, 2005년 북경에서 병사했다.

682 왕택해(汪澤楷, 1894~1958), 호남성 예릉(醴陵) 출신이며 공사주의자에서 트로츠키파로 전락했다. 1923년 중공에 가입, 1927년 강소성위 서기, 1929년 '무산자사(無産者社)' 조직에 참가했다. 1958년 징역 5년을 선고, 1958년 12월 호북성 잠강(潛江)에서 병사했다.

제2절 정강산(井岡山) 진출과 '당적 박탈'

1. 정강산 진입, 녕강 중심의 근거지 창건

영신현 삼만에 군대가 주둔했다는 소식이 곧 원문재에게 전해졌다. 원문재는 추수봉기군 정체를 파악하지 못한 상황에서 롱시(礱市)에서 모평(茅坪)으로 철거했다. 또 '함께 대업을 이루자'는 모택동의 편지를 받은 원문재는 녕강현 당조직 책임자 용초청(龍超淸)[683] 등과 함께 대책을 의논했다. 공산당원 원문재는 '혁명 동지' 모택동과 만나기로 결정했다. 모택동과 원문재의 만남에 일조한 사람은 원문재의 '책사' 진모평(陣慕平)이다. 진모평은 (武昌)농민운동강습소(1927.3) 시절 모택동의 학생이었다.

10월 초 정강산에 들어온 모택동은 원문재에게 '한번 만나자'는 정중한 편지를 보냈다. 모택동은 원문재가 '정강산 정착'을 허락해 준다면 100정 소총을 선물하겠다고 적었다. 소총 60정이 전부인 비적의 입장에서 그 제의는 거절하기 힘들었다(Levine 외, 2017: 293). 모택동이 원문재에게 보낸 '편지'는 정강산 진입하기 전 삼만촌에서 쓴 것이다. 한편 모택동은 원문재에게 보낸 '편지'에 '100정 소총'을 선물한다는 내용을 적지 않았다. 당시 원문재가 모택동과의 '만남 장소'에 20여 명의 부하를 배치하고 '합작 거절' 회신을 보낸 것이 단적인 증거이다.

봉기군의 '정강산 정착' 의도를 파악하지 못한 원문재는 회신에 이렇게 썼다. …정강산은 백성이 빈곤하고 토지가 척박하다. 얕은 늪에는

---

[683] 용초청(龍超淸, 1905~1931), 강서성 녕강(寧岡) 출신이며 공산주의자이다. 1925년 중공에 가입, 1928년 녕강현위 서기, 1929년 연화현위 선전부장, 1930년 12월 'AB단' 주범으로 몰렸다. 1931년 말 광창(廣昌)에서 살해됐다.

큰 고래를 키울 수 없고 작은 숲에서 대붕(大鵬)이 살 수 없다. 귀군(貴軍)은 광활한 대지를 찾기 바란다(賴宏, 2007: 59). 실제로 모택동의 '정강산 정착'을 완곡하게 거절한 것이다. 이 또한 원문재를 일각에서 양산박 두령 왕륜(王倫)[684]에 비견하는 이유이다. 한편 군사력이 열세인 '녹림두령' 입장에서는 필연적 선택이었다. 당시 '녹림객' 원문재가 추수봉기군의 최고 지도자 모택동을 경계한 것은 사세고연(事勢固然)이었다.

원문재가 파견한 용초청 일행은 10월 2일에 삼만에 도착했다. 모택동은 원문재의 회신을 읽은 후 '합작 필요성'을 끈질기게 설득했다. 용초청 등은 봉기군이 삼만과 30리 떨어진 고성(古城)에 머물 것을 건의하고 원문재와 모택동의 '만남 주선'을 약속했다. 갈라질 때 모택동은 그들에게 소총 3정을 선물했다(匡勝 외, 2014: 63). 당시 녕강현 당조직 책임자 용초청이 모택동과 원문재의 만남에 결정적 역할을 했다. 한편 모택동의 '소총 증정'은 당시 무기가 부족한 원문재에게 상당히 매력적인 제안이었다.

1926년 10월 용초청과 유휘소(劉輝霄)[685] 등은 원문재를 설득해 북양 군벌 녕강현 정부를 전복했다. 당시 원문재는 개편된 농민자위군 총지휘를 맡았다. 원문재의 '입당(1926.11)소개인' 용초청은 녕강현위 서기로 부

---

684 왕륜(王倫)은 수호전에 나오는 양산박의 초대 두령이며 백의수사(白衣秀士)로 불린다. 현명하고 능력 있는 사람을 시기한 왕륜은 무예가 출중한 임충(林沖)이 가담할 때 '투명장(投命狀)'을 요구했다. 조개(晁盖) 등이 무리에 가담하려고 입산했으나 이를 거절해 임충에게 죽임을 당했다. 한편 흉금이 좁고 마음이 옹졸한 인간을 왕륜에 비유한다.

685 유휘소(劉輝霄, 1900~1930), 강서성 녕강(寧岡) 출신이며 공산주의자이다. 1925년 중공에 가입, 1926년 녕강현위 선전부장, 1928년 (湘贛)특위 상임위원, 1929년 '홍4군' 전적위원회 비서장, 1930년 '홍5군' 참모장, '홍8군' 정치위원, 1930년 11월 감남(贛南)에서 희생됐다.

임(1927.1)한 후 원문재 부대에 당지부를 설립했다. 용초청은 원문재의 길라잡이 역할을 했다. 이 시기 원문재와 용초청은 서로 신임하는 동지적 관계였다. 이 또한 원문재가 용초청을 '담판 대표'로 파견한 이유이다.

여쇄도는 모택동의 소총 증정과 모평 정착을 극력 반대했다. 그 후 변절(1931)한 여쇄도는 1934년 '마약 판매죄'로 처형됐다. 10월 중순 봉기군을 이탈한 여쇄도는 중공중앙에 모택동의 '비적 합작'을 고발했다. 이는 당중앙이 모택동에게 '중징계(1927.11)'를 내린 주요인이다. 한편 모택동의 소총 증정은 정강산 실세인 원문재의 신임을 얻기 위해서였다. 당시 원문재가 모택동에게 '정강산 정착'을 거절한 회신을 보냈기 때문이다.

10월 3일 풍수평(楓樹坪)에서 열린 군민대회에서 모택동은 중요한 연설을 했다. 훗날 담정(譚政)[686]은 이렇게 회상했다. …당초 식칼 두 자루로 혁명을 시작한 하룡은 현재 1개 군단을 거느린 군단장이 됐다. 우리는 700명의 혁명무장을 갖고 있다. 두려울 것이 무엇이 있는가(譚政, 1987: 141). 한편 모택동이 선포한 '부대 기율'은 ① 말은 부드럽게 ② 매매는 공평하게 ③ 백성의 고구마 1개도 가져선 안 된다. 이는 최초의 '삼대기율(三大紀律)'이다. 또 그는 부대 이탈자에게 '노비(路費) 지급'을 지시했다.

모택동은 원문재·왕좌 등과의 '합작' 방침 제정과 추수봉기 이래 실패의 교훈을 정리할 필요성을 절감했다. '지두사(地頭蛇, 지방 실력자)'

---

686 담정(譚政, 1906~1988), 호남성 상향(湘鄕) 출신이며 개국대장이다. 1927년 중공에 가입, 1930~1940년대 '홍12군' 정치부 조직부장, 팔로군 총정치부 부주임, 제4야전군 부정치위원, 건국 후 (中央)감찰위원회 부서기, 전국 인대 (法制)부주임, 1988년 북경에서 병사했다.

인 원문재로부터 '모평 진입' 허가를 받지 못한 상황에서 공농혁명군의 '정착지 결정'과 부상병의 응급처치가 봉기군의 급선무였다. 10월 3일 저녁부터 모택동의 주재로 전적위원회의 확대회의가 고성에서 3일 동안 개최됐다. 고성회의의 취지는 '녕강 중심'의 정경산 근거지를 설립하는 것이었다.

고성 문창궁(文昌宮)에서 열린 (前委)확대회의 참석자는 전위 위원 모택동·여쇄도·여분민·진호·하정영·완희선·웅수기와 대대장 이상 간부였다. 또 지방당조직 책임자 용초항·사한창(謝漢昌)[687]·초자남(肖子南)[688], 원문재의 대표 등이 참석했다(梅黎明 외, 2014: 65). 상기 진호는 전위 위원이 아니며 하정영·완희선은 보선된 전위 위원이다. 고성회의의 주된 내용은 추수봉기늬 교훈을 정리하고 원문재와의 '합작' 방침을 제정하는 것이다. 실제로 기진맥진한 봉기군의 '정착지'를 결정하는 것이었다.

일부 참석자는 원문재 등은 '비적'이므로 무력 해결이 상책이라고 주장했다. 당시 모택동은 이렇게 말했다. …혁명군은 큰 고기가 작은 고기를 먹는 병탄책(併呑策)을 강행해선 안 된다. 그들을 설득해 혁명무장으로 개편해야 한다(何長工, 1987: 247). 지형에 익숙하고 백성의 지지를 받은 농민자위군은 천시(天時)·지리(地利)·인화(人和) 우세를 갖고 있었다. 또 기진맥진한 봉기군이 그들과 싸워 반드시 이긴다고 장담할 수가 없었다.

---

687 사한창(謝漢昌, 1905~1931), 강서성 녕강(寧岡) 출신이며 공산주의자이다. 1925년 중공에 가입, 1928년 녕강현위 위원, 1929년 흥국현위 서기, 1930년, '홍20군' 정치부 주임, 1931년 'AB단' 주범으로 몰려 처형됐다.

688 초자남(肖子南, ?~1930), 호남성 출신이며 공산주의자이다. 1926년 중공에 가입, 1927년 공청단 녕강구위 서기, 그 후 (湘贛)공농병정부 청년부장, 녕강현위 조직부장 등을 역임, 1930년 적군과의 박투(搏鬪)에서 희생됐다.

'객가인(客家人)'[689] 원문재는 서당을 다닌 수재였다. '마도대(馬刀隊)' 참모장이 된 후 농민자위군 총지휘(1927)를 맡았다. 원문재 의형제인 왕좌는 학문보다 무예에 능하고 사격술이 뛰어났다. 재단사 출신인 그는 주공양(朱孔陽)의 녹림군에 가담해 유격전술을 전수받았다. 왕좌의 유격전술은 모택동 '유격전술(十六字訣)'의 밑바탕이 됐다. 1928년 2월 혁명무장으로 탈바꿈한 원문재와 왕좌는 정강산 근거지 설립에 크게 기여했다.

뢰의는 이렇게 회상했다. …추수봉기군의 '정강산 진격' 종점은 고성이다. 고성회의에서 '모평 중심'의 근거지 설립을 확정했기 때문이다. 또 한위(韓偉)[690]는 이렇게 회상했다. …고성회의 후 봉기군은 원문재에게 소총 100정을 증정하고 모평에 정착했다(匡勝 외, 2014: 67). 고성회의의 가장 중요한 성과는 모택동이 지방당조직의 지지하에 녕강 중심의 '근거지 설립' 방안을 통과시키고 농민자위군 총지휘인 원문재와의 만남을 결정한 것이다. 한편 '무기가 부족'한 원문재에게 모택동이 주변의 반대를 무릅쓰고 소총을 증정한 것은 담대하고 '현명한 선택'이었다.

원문재는 대창의 임풍화(林風和) 저택에서 모택동과 만나기로 결정했다. 장소를 대창에 정한 것은 '잔머리 굴린' 원문재의 묘책이었다. 그 이유는 ① '외출 영접', 상대 배려 ② 소굴 모평의 허실 파악 방지 ③

---

689 객가인(客家人)은 '타향에 사는 사람들'이라는 뜻으로, 고향을 떠나 이주생활을 하는 객가인이 스스로 붙인 이름이다. 한족의 '지류(支流)'이며 현재 세계 전역에 8000만명 정도가 살고 있다. 중국 남부를 비롯해 세계 80여 개 국가와 지역에 흩어져 생활하고 있다. 또 객가인은 타향에 살지만 객가문화를 유지하며 객가어(客家語)를 사용한다. 한편 태평천국 창건자 홍수전(洪秀全)과 손중산·등소평 등도 '객가인' 출신으로 알려진다.

690 한위(韓偉, 1906~1992), 호북성 황피(黃陂) 출신이며 개국중장이다. 1926년 중공에 가입, 1930~1940년대 '홍21군' 제5지대장, 복건(福建)군구 참모장, 제67군단장을 지냈다. 건국 후 화북(華北)군구 부참모장, 북경군구 부사령관 등을 역임, 1992년 북경에서 병사했다.

'합작' 여부 확인 가능 등이다(陣鋼 외, 2014: 71). 이는 원문재의 교활함과 '모택동 불신'을 엿볼 수 있는 대목이다. 대창은 고성과 모평 사이 작은 산촌이며 임풍화는 마을의 부호였다. 결국 '홍문연(鴻門宴)'이 준비됐다.

소난춘(蘇蘭春)은 이렇게 회상했다. …10월 6일 모택동 일행이 대창에 도착했다. 임가사당(林家祠堂)에 매복한 20명은 시종 모택동에게 발견되지 않았다. 모택동에게 정심을 초대한 원문재는 대양(大洋) 1000원을 주었고 모택동은 소총 100정을 증정했다(蘇蘭春, 1987: 90). '소총 100정'은 총이 부족한 원문재에게 큰 선물이었다. 이는 원문재의 '불신의 벽'을 낮추는 데 큰 역할을 했다. 봉기군의 '모평 정착'을 허락한 원문재는 부상병 치료, 보급품 제공 등을 약속했다. 결국 '홍문연'이 '동심연(同心宴)'이 됐다.

원문재는 진모평·이소보(李筱甫)[691]·사각명 등 심복과 '대창 상봉'을 토론했다. 원문재는 만일의 경우를 대비해 만남 장소에 1개 소대 매복을 제안한 사각명의 건의를 수용했다(余伯流 외, 2003: 37). 6일 아침 20명 사병이 임가(林家)에 미리 매복했다. 원문재에게 불리할 경우 봉기군 지도자 모택동을 음해하는 것이다. 그러나 모택동의 일행이 3명이었고 소총 증정으로 매복군은 시종 나타나지 않았다. 사각명은 원문재가 주창해(朱昌偕)[692] 등에게 사살(1930.2.23)된 후 국민당군에 항복해 홍군과 대적했다.

---

691 이소보(李筱甫, ?~1930), 강서성 녕강(寧岡) 출신이며 공산주의자이다. 1926년 원문재의 부관(副官), 1928년 하장공의 소개로 중공에 가입, 그해 5월 '홍4군' 제32연대 군수처장을 맡았다. 1930년 영신(永新)에서 살해됐다.

692 주창해(朱昌偕, 1908~1931)는 강서성 영신(永新) 출신이며 공산주의자이다. 1927년 중공에 가입, 1928년 영신현위 서기, 1929년 상감특위 서기, 1931년 'AB단' 주범으로 몰린 후 자살했다. 원문재·왕좌를 살해한 주범이다.

진백균(陣伯鈞)[693]은 이렇게 회상했다. …당시 원문재가 모택동에게 의지한 것은 상감(湘贛)자위군 총지휘가 되기 위해서였다. 또 용초청과 원문재의 계급적 입장은 크게 달랐다(羅慶宏 외, 2014: 53). 한편 진모평은 '모택동 학생'이 아니며 원문재는 (湘贛)공농병정부 주석을 맡은 적이 없다는 것이 진백균의 주장이다. 상기 진백균의 '회상'은 설득력이 떨어진다. 당시 녕강의 '토호열신'을 처형한 진백균이 원문재에게 감금된 후 그들은 앙숙지간이 됐다. 실제로 진백균의 '원문재 폄하'는 그의 사견이 가미됐다.

하장공은 원문재·왕좌를 이렇게 평가했다. …원문재·왕좌의 녹림무장은 보복주의 성격이 강했고 부자를 약탈해 재산을 모았다. 그들은 농민자위군 총지휘로 자임했으나 백성 이익을 침해하고 물건을 강탈했다(黃仲芳 외, 2014: 49). 왕좌 부대의 당대표로 부대 개편을 주도한 하장공의 주장은 신빙성이 높다. 당시 원문재 등은 녹림객의 진부한 악습에서 벗어나지 못했다. 이는 그들이 본토인 당조직에 피살된 주요인이다. 이 또한 모택동과 원문재가 '서로 이용'하는 관계였다는 주장에 힘이 실리는 이유이다.

모택동이 나소(羅霄)산맥의 중단에 위치한 정강산에 근거지를 설립한 주요인은 ① 공격이 어렵고 방어가 쉬운 지리적 우세 ② 지방당조직의 활약, 견고한 대중적 기초 ③ 풍부한 물산, 보급품 해결 ④ 편벽한 오지, 적의 통치력 취약 ⑤ 원문재·왕좌의 농민자위군 건재 ⑥ 강서 군

---

693 진백균(陣伯鈞, 1910~1974), 사천성 달현(達縣)이며 개국상장이다. 1927년 중공에 가입, 1930~1940년대 '홍5군단' 참모장, '홍4방면군' 참모장, 팔로군 제359여단장, 동북 야전군 제1병단 부사령관, 건국 후 고등(高等)군사학원장을 역임, 1974년 북경에서 병사했다.

모택동과 중국혁명 1

벌의 약한 전투력 ⑦ 봉기군의 '근거지 설립' 절박성 등이다. 특히 모평에 주둔한 원문재의 농민자위군과 자평(茨坪)·오정(五井) 등지에 근거지를 둔 왕좌의 녹림무장에 큰 기대를 걸었다. 실제로 적아(敵我) 간 역량 차이가 큰 상황에서 정강산 지역은 봉기군의 '이상적 정착지'였다.

원문재는 부인 사매향(謝梅香)[694]에게 모택동의 옷과 신발을 준비하게 하고 '걸음걸이가 불편'한 모택동을 위해 교자(轎子, 가마)를 준비했다. 10월 7일 오전 대창에서 모택동 일행을 영접한 원문재는 모택동에게 가마를 타고 옷을 갈아입을 것을 권고했다. 당시 모택동은 이를 거절하고 신발만 바꿔 신었다. 한편 모택동에게 준비한 교자를 타고 온 사람은 추수봉기군의 군사 지도자 여쇄도였다. 또 모택동은 원문재가 그에게 마련한 '호화로운 집무실'도 여쇄도에게 양보했다. 그러나 모택동의 '용의주도한 호의'를 무시한 여쇄도는 일주일 후에 부대를 이탈했다.

10월 7일 모택동은 모평 반룡서원(攀龍書院)에서 열린 지방당조직의 당원대회에 참가했다. 유극유(劉克猶)[695]는 이렇게 회상했다. …모택동은 당조직이 지식인에게만 의지해선 안 되며 대중을 발동해야 한다. 특히 노농(勞農) 출신의 당원을 많이 양성해야 한다고 강조했다(梅黎明 외, 2014: 71). 모택동이 언급한 '출신 강조'와 '지식인 폄하'는 공산국제가 중공에 명령한 '간부 노동자화' 지시와 일맥상통한다. 한편 당중앙이 노농 출

---

694 사매향(謝梅香, 1900~?), 원문재의 부인이며 모택동의 부인 하자진과 '의자매' 간이다. 1919년 원문재와 결혼, 1930년 원문재 살해 후 두 딸을 동양식으로 보냈다. 1932년 원문재의 부하 초복개(肖福开)와 재혼했다. 건국 후 '열사가족' 대우, 정강산 '팔각루' 해설원을 맡았다. 1965년 정강산을 방문한 모택동은 사매향과 재회(再會)했다.

695 유극유(劉克猶, 1901~1978), 광동성 조주(潮州) 출신이며 공산주의자이다. 1927년 중공에 가입, 1928년 녕강현위 조직부장, 1929년에 탈당했다. 건국 후 '4류분자(四类分子)'로 분류, 문혁 시기 '변절자'로 박해를 받았다.

신 당원을 중시한 것은 스탈린의 '노농 중시'와 '지식인 배척' 정책과 관련된다.

원문재는 모평 '팔각루(八角樓)'[696]에 모택동의 숙소를 정했다. 원래 이곳에는 감서(赣西)농민자위군 부총지휘, 하지진의 오빠인 하민학(賀敏學)[697]이 머물렀다. 회의가 끝난 후 모택동은 '팔각루'에서 영신·연화(蓮花)·녕강 3개 현의 지방당조직 책임자들을 접견했다. 접견에 참가한 당 조직의 지도자로는 하민학·유진(劉珍)[698]·유작술(劉作述)[699]·유인간(劉仁堪)[700]·유휘소·유극유·하자진 등이다. 당시 18세인 하자진은 미모와 재능을 겸비한 '재녀(才女)'였다. 한편 2년 동안 모택동의 집무실로 사용된 '팔각로'는 그와 하자진의 '사랑의 근원지'가 됐다.

봉기군은 기존 위생대(衛生隊)를 바탕으로 반룡서원에 모평병원을

---

696 '팔각루(八角樓)'는 강서성 녕강현 모평촌에 있는 2층 건물이다. 건물 위층에 팔각형으로 된 지붕창이 있어 당지에서는 '팔각루'라고 불린다. 정강산 시기(1927.2~1929.2) '팔각루'는 모택동의 집무실로 사용되었다. 또 모택동의 숙소이자 하자진과 모택동의 '사랑의 보금터'였다. 현재 '팔각루'는 정강산 지역의 유명한 관광지로 부상했다.

697 하민학(賀敏學, 1904~1988), 강서성 영신(永新) 출신이며 공산주의자이다. 1927년 중공에 가입, 1928년 공농혁명군 제2연대 당위서기를 맡았다. 1930~1940년대 소절(蘇浙)군구 사령부 참모장, 제3야전군 제27군 부군장(副軍長)을 지냈다. 건국 후 복건성 부성장(副省長), 전국 정협 상임위원 등을 역임, 1988년 복주(福州)에서 병사했다.

698 유진(劉珍, 1906~1929), 강서성 영수(永修) 출신이며 공산주의자이다. 1926년 중공에 가입, 1927년 남창봉기에 참가했다. 1928년 영신(永新)현위 서기, 상감(湘赣)특위 상임위원을 맡았다. 1929년 남창(南昌)에서 병사했다.

699 유작술(劉作述, 1905~1930), 강서성 영신(永新) 출신이며 공산주의자이다. 1925년 중공에 가입, 1927년 영신현위 부서기(副書記), 1929년 적위대(赤衛隊) 당대표, 1930년, '홍6군' 제3종대 정치위원, 장사전투에서 희생됐다.

700 유인간(劉仁堪, 1895~1929), 강서성 연화(蓮花) 출신이며 공산주의자이다. 1925년 중공에 가입, 1927년 추수봉기에 참가했다. 1928년 연화(蓮花)현위 서기, '홍4군' 군위위원(軍委委員)을 역임, 1929년 연화에서 살해됐다.

설립했다. 의무실·약방·간이(簡易)입원부가 마련됐고 50명의 부상병을 수용할 수 있었다. 이듬해 여름 오정(五井) 이전 후 홍군후방총의원(總醫院)으로 개명됐다. 상산암(象山庵)에 설립된 후방유수처 책임자 여분민이 그해 겨울에 피복(被服)공장장으로 임명됐다. 모택동은 여분민의 입당 소개인(1922)이었고 여분민은 광주농민운동강습소(1926) 모택동의 학생이었다.

원문재와 당조직의 협조하에 공농혁명군이 모평에 병원·유수처를 설립한 것을 '모평 정착'을 의미한다. 담진림(譚震林)[701]은 이렇게 회상했다. …'모평 정착'은 정강산 근거지 설립을 상징한다. 담가술(譚家述)[702]은 이렇게 회상했다. …모평에 근거지를 둔 봉기군은 차릉·수천·영신·영현(酃縣) 등지에서 유격전을 벌였다(匡勝 외, 2014: 76). 한편 '모평 정착' 후 부상병 배치와 보급품 해결은 봉기군의 '유격전 전개' 전제조건이었다.

모택동이 혁명군 주력부대를 거느리고 주변 현성에 출격한 것은 식량 해결과 군수품 마련이 주된 목적이었다. 한편 군사행동은 모택동이 원문재와의 '약속'을 지키기 위한 것이며 궁벽한 산골(奧地)에 안주하는 '산대왕'이 돼선 안 된다는 여쇄도의 '충고'를 받아들인 결과이다.

녕강 공청단 서기 소난춘은 이렇게 회상했다. …원문재는 남창봉기군과 회합하기 위해 혁명군이 광동성 소관(韶關)으로 출격할 것이라고

---

701 담진림(譚震林, 1902~1983), 호남성 유현(收縣) 출신이며 공산주의자이다. 1926년 중공에 가입, 1927년 차릉현공농병정부 주석을 맡았다. 1930~1940년대 '홍12군' 정치위원, 복건(福建)군구 사령관, 신4군 제6사단장, 화중(華中)야전군 부정치위원을 지냈다. 건국 후 절강성위 서기, 국무원 부총리 등을 역임, 1983년 북경에서 병사했다.

702 담가술(譚家述, 1909~1987), 호남성 차릉(茶陵) 출신이며 개국중장이다. 1927년 중공에 가입, 1930~1940년대 '홍8군' 22사단장, '홍6군단' 제18사단 참모장, 건국 후 화북군정대학 부총장, (解放軍)방공부대 부사령관 등을 역임, 1987년 북경에서 병사했다.

모위원(毛委員)[703]이 말했다고 했다(蘇蘭春, 1987: 90). 공농혁명군의 출병 목적에 대해 호남성위 특파원 두수경(杜修經)[704]은 호남성위에 보낸 보고서 (1928.6.15)에 이렇게 썼다. …추수봉기군이 모평에 대본영을 정한 후 주변 현성에서 유격전을 벌린 것은 근거지 설립을 위한 대중적 기초를 확보하고 식량을 해결하기 위한 것이었다(余伯流 외, 1998: 107). 혁명군이 '남창봉기군 회합'을 위해 광동성으로 진격한다는 것은 근본적으로 불가능했다. 봉기군이 상감변계 영현·차릉 등지에서 유격적을 벌인 것은 '급양 해결'과 대중적 인지도 확보, 정치적 영향력 확대가 주목적이었다.

뢰의는 이렇게 회상했다. …모주석(毛主席)[705]은 혁명군의 정치적 영향력을 확대하기 위해 정치선전을 강화하고 각지에 포고문을 붙이라고 지시했다. 또 선전표어 낙관에 곽량(郭亮) 명의를 사용할 것을 지시했다(匡勝 외, 2014: 77). 당시 국민당 신문은 봉기군을 '여모공비(余毛共匪)'라고 통칭했다. 한편 '곽량 명의'는 혁명군의 영향력 확대에 위배된다.

---

703 모위원(毛委員)은 모택동의 '중앙위원 경력'과 관련된다. '8.7회의'에서 정치국 후보위원에 당선된 모택동은 '중공 6대(1928)'에서 중앙위원에 선출됐다. 모택동이 '홍1군단' 정치위원(1930.6)이므로 '모위원'이라고 부른다는 일각의 주장은 잘못된 것이다. 한편 '모위원' 호칭은 모택동이 정강산 시기 홍군의 최고 지도자라는 단적인 반증이다.

704 두수경(杜修經, 1907~2007), 호남성 자리(慈利) 출신이며 공산주의자이다. 1927년 예릉현위 서기, 1928년 호남성위 특파원, '8월실패' 장본인이다. 1928년 상남특위 서기, 1938~1946년 국민당 제70군단 근무, 건국 후 호남성 정협 상임위원을 역임, 2007년 장사에서 병사했다.

705 1931년 11월 중화소비에트공화국 임시정부 주석으로 당선된 모택동은 '모주석(毛主席)'으로 불렸다. 모택동이 당당한 직무는 거의 '주석'이었다. 1936년 12월 서북군사위원회 주석, 1938년 '군위 주석' 모택동은 중공 6기 6중전회에서 '중공 지도자' 지위를 확립, 1943년 연안에서 중공중앙 정치국 주석, 1945년 '중공 7대'에서 중공중앙위원회 주석, '(中共)영수 지위'를 확보했다. 1949년 9월 모택동은 중앙인민정부 주석에 당선됐다.

모택동과 중국혁명 1

호북성위 서기 곽량의 영향력은 봉기군 최고 지도자 모택동에 비견할 수 없었다.

10월 13일 혁명군은 작은 산촌인 수구(水口)에 도착했다. 영현 당조직 책임자 주리(周里)[706]는 모택동에게 당조직의 상황을 보고했다. 당시 모택동은 주리에게 이렇게 지시했다. …당조직은 농민 대중을 발동해 농민협회를 설립하고 토호열신과 투쟁을 전개해야 한다(梅黎明 외, 2014: 78). 10월 15일 모택동은 뢰의·진사구(陳士榘)[707]·유염(劉炎)[708] 등의 '입당식'을 주최했다. 훗날 뢰의와 진사구는 '개국장군'이 됐다. '수구건당(水口建黨)'은 공농혁명군이 최초로 진행한 건당(建黨)활동이었다. 한편 '수구건당'은 군사 지도자인 여쇄도의 '혁명군 이탈'과 관련된다.

10월 15일 여쇄도는 수구에서 부대를 이탈했다. 여쇄도의 '봉기군 이탈'은 모택동이 동의한 것이다. 그러나 크게 실망한 모택동은 여쇄도에게 '통행증'을 발급하지 않았다. 실제로 수구에서 국민당의 신문을 통해 '남창봉기군 참패' 소식을 알게 된 여쇄도는 혁명 비전을 상실

---

706 주리(周里, ?~2000), 호남성 영현(酃縣) 출신이며 공산주의자이다. 1927년 중공에 가입, 1927년 영현현위 서기, 1930~1940년대 홍군병원 정치위원, 호남성 공위(工委) 서기, 건국 후 호남성위 조직부장, (中央)고문위원회 위원을 역임, 2000년 장사(長沙)에서 병사했다.

707 진사구(陳士榘, 1909~1995), 호북성 형문(荊門) 출신이며 개국상장이다. 1927년 중공에 가입, 1930~1940년대 '홍30군' 군단장, 팔로군 제115사단 참모장, 제3야전군 제8병단 사령관, 건국 후 공정병(工程兵) 사령관, 중앙군위 위원을 역임, 1995년 북경에서 병사했다.

708 유염(劉炎, 1904~1946), 호남성 도원(桃源) 출신이며 공산주의자이다. 1927년 중공에 가입, 1930년대 '홍1군단' 지방공작부장, '홍1군단' 후방공작부 정치위원, 1940년대 신사군 제1지대 정치부 주임, 소북(蘇北)군구 정치위원을 역임, 1946년 임기(臨沂)에서 병사했다.

했다. 한편 고성회의 후 소선준이 먼저 부대를 이탈했다는 것이 학계의 정설이다.

한구에 도착한 소선준은 당중앙에 추수봉기 보고서(1927.10.12)를 제출했다. 이는 당사자가 최초로 당중앙에 보고한 추수봉기 문건이다. 악양(岳陽)에서 체포(1928.1)돼 변절한 소선준은 호북성위 지도자 곽량을 밀고했다. 1930년 7월 '홍3군단'에게 체포돼 장사에서 처형됐다(陳國祿 외, 2012: 20). 1928년 초 소선준은 상악감(湘鄂贛)특위 군사부장을 맡았다. 한편 변절자로 전락한 소선준은 직속상관이며 '특위' 서기 곽량을 밀고했다.

10월 18일 상군 1개 연대의 정규군과 차릉·영현의 반동무장이 연합해 수구를 진격한다는 급보를 받은 모택동은 지휘관들과 대책을 의논했다. 결국 모택동은 '수구분병(分兵)'을 결정했다. 즉 연대장 진호와 대대장 황자길(黃子吉), 당대표 완희선이 1대대의 2개 중대를 거느리고 수구에서 출발해 차릉현성을 공격하는 것이었다. 또 현성을 공략한 후 곧 철수할 것을 요구했다. 한편 '수구분병'은 봉기군의 '수천 참패'에 후환을 남겼다.

모택동은 혁명군을 좌·우로군으로 나눴다. 우로군의 임무는 진호·완희선 등이 2개 중대를 이 끌고 차릉현으로 진격해 적의 배후를 습격하는 것이다. 모택동이 지휘한 좌로군의 임무는 수천현 경내로 진격해 유격전을 전개하는 것이었다. 10월 22일 3대대가 전위(前衛)를 맡고 (特務)중대가 후미를 담당한 좌로군은 정강산 남록(南麓)을 향해 진격했다.

수천현 대분진(大汾鎮)에 도착(10.22)한 혁명군은 부잣집의 식량을 탈취해 일부를 남겨두고 대부분은 백성에게 나눠줬다. 지방 민단을 무시한 혁명군은 보초병 몇 명만 배치했다(劉風健 외, 2007: 242). 실전 경험이 부족한 혁명군의 '경비 소홀'은 치명적이었다. 당시 대분진에는 지방무장인 정위군(靖衛軍) 400명이 있었다. 소가벽(蕭家壁)[709]이 거느린 정위군은 국민당 강서성당부의 '공비 토벌' 명령을 받았다. 23일 새벽 무방비 상태에 빠진 혁명군은 기습을 당했다. 봉기군의 '대분진 참패'는 필연적 결과였다.

나영환은 이렇게 회상했다. …당시 특무중대에는 30여 명이 남았다. 병사들은 지쳤고 취사병이 도망쳐 민가에서 찬밥과 절인 배추를 구해왔다. 젓가락이 없는 상황에서 우리는 손으로 반찬을 집어먹었다. 식사를 마친 후 모택동은 자신이 '향도병'이 되겠으니 구령(口令)을 부르라고 지시했다(羅榮桓, 1987: 121). 적군의 기습 공격으로 5개 중대의 좌로군은 4개 중대가 사방으로 흩어졌다. 장자청이 거느린 3대대는 방향을 잃고 계동(桂東)으로 퇴각했다. 한편 황요(黃坳)에서 패잔병 100여 명을 수습한 모택동은 부대를 거느리고 형죽산(荊竹山) 방향으로 떠났다.

'대분진 참패'는 추수봉기군이 '삼만개편' 후 당한 가장 참담한 실패였다. 혁명군의 '대분진 패전' 원인은 첫째, 혁명군의 '정위군 중시' 부족이다. 둘째, '수구분병'으로 전투력이 강한 1대대의 2개 중대를 차릉에 보냈다. 셋째, 경비를 소홀히 하고 지방무장의 전투력을 무시했다. 넷째, 최고 지도자 모택동의 '군사적 리더십' 결여이다. 다섯째, 공농(工農) 출신 지휘관들의 실전 경험 부족이다. 여섯째, 황포군교 출신 군사 지도자의 '부대 이탈' 등이다. 결국 '군사 문외한' 모택동은 값비싼 대가를 치렀다.

---

709   소가벽(蕭家璧, 1887~1949), 강서성 수천(遂川) 출신이며 악질 토호이다. 1927년 10월 23일 수천현 대분진에서 모택동의 공농혁명군 제1연대를 기습 공격했다. 1928년 3월 수천현을 공략, 공산당원과 무고한 백성 2000여 명을 참혹하게 살해했다. 1949년 9월 대갱(大坑)에서 해방군에게 체포, 그해 11월 공개 재판을 받은 후 처형됐다.

황요에 도착한 후 기아에 굶주린 병사들은 옥수수 밭에 들어가 옥수수를 따먹고 허기진 배를 채웠다. 이는 명백한 '기율 위반'이었다. 조조의 '망매지갈(望梅止渴)'710을 떠올린 모택동은 배상을 결정하고 나무 팻말에 이렇게 썼다. …공농혁명군이 옥수수를 먹은 배상금으로 은화 1원을 남겨둔다(陣鋼 외, 2003: 44). '옥수수 사건'은 모택동이 형죽산에서 '3대기율'을 선포한 계기가 됐다. 실제로 구식 군대의 폐단을 통감한 모택동이 백성의 이익 침해를 방지하기 위한 대비책으로 '3대기율'을 선포한 것이다.

당사자 진사구(陣士榘)는 이렇게 회상했다. …형죽산에서 모택동은 왕좌의 대표를 소개했다. 또 그는 혁명군이 반드시 준수해야 할 3가지 기율을 선포했다. 첫째, 모든 행동은 지휘에 복종해야 한다. 둘째, 전리품(戰利品)을 사사로이 착복해선 안 된다. 셋째, 백성의 고구마를 훔쳐선 안 된다(梅黎明 외, 2014: 83). 10월 24일 형죽산에서 모택동은 병사들에게 '3대기율'을 선포했다. 이는 공농혁명군이 최초로 공표한 '행동기율'이다. 한편 '3대기율' 제정은 공농혁명군이 근거지 백성의 지지를 받은 주된 원인이다.

모평을 떠날 때 원문재는 왕좌에게 쓴 편지를 모택동에게 주었다. 수구에서 모택동은 부관 애성빈(艾成斌)에게 편지를 갖고 왕좌와 연락하도록 지시했다. 편지를 본 왕좌는 정찰대장 주지유(朱持柳)를 파견해 혁

---

710 '망매지갈(望梅止渴)'은 갈증을 해소하는 매실을 연상하며 목마름을 이겨냈다는 뜻이다. 214년 동오 토벌에 나선 조조의 대군이 안휘성 매산(梅山)을 지날 때 군졸들은 갈증으로 도저히 견딜 수 없었다. 지략에 뛰어난 조조는 큰소리로 군졸들을 향해 저 산을 넘으면 매화나무 숲이 있다고 외쳤다. 군졸들은 매실을 생각하니 금방 입에 군침이 괴어 갈증을 견딜 수 있었다. 한편 본문의 '망매지갈'과 모택동의 '배상'은 큰 관련이 없다.

명군을 영접했다(葉健君 외, 2004: 83). 형죽산에서 혁명군을 맞이한 주지유는 숙영지를 배치하고 사람을 파견해 왕좌에게 상황을 보고했다. 왕좌의 '모택동 신임'은 원문재의 '편지'와 관련된다. 원문재가 왕좌를 설득한 것이다.

대정(10.24)에서 왕좌의 환대를 받은 모택동은 소총 70정을 증정했다. 24일 중대장 원일민(員一民)이 거느린 혁명군이 윤도일(尹道一)[711]이 주둔한 석문을 공격해 노획한 총 10여 정을 왕좌에게 선물했다. 10월 25일 왕좌는 혁명군의 '자평(茨坪) 주둔'을 요청했다. 27일에 혁명군이 자평에 도착했다. 당시 인구와 산량(産粮)이 적은 자평은 근거지로 부적합했다. 한편 모택동은 애송빈 등을 파견해 왕좌의 군사 교관을 담당하게 했다.

11월 초 상산암(象山庵)에서 영신·연화·녕강현의 당조직 책임자가 참가한 연석회의를 주재한 모택동은 군관교도대를 설립해 여적(呂赤)을 교도대장, 채종(蔡鍾)[712]을 당대표로 임명했다. 여혁은 진사구·장령빈(張令彬)[713]·진백균을 소대장에 임명했다. 그 후 교도대장에 양군(梁軍), 부

---

711 윤도일(尹道一)은 정강산 일대의 유명한 악질 토호이다. 왕좌 부대의 당대표로 파견된 하장공은 왕좌와 견원지간인 '윤도일 섬멸'을 결정, 1928년 봄 왕좌 군대는 매복전을 벌여 윤도일을 척살했다. 결국 하장공은 왕좌의 신임을 얻었고 왕좌 부대는 공농혁명군에 편입됐다.

712 채종(蔡鍾, ?~1935), 호남성 유현(攸縣) 출신이며 공산주의자이다. 1926년 중공에 가입, 1927년 추수봉기에 참가했다. 그 후 '홍56사' 정치위원, '홍34사' 정치위원, 1934년 장정에 참가, 1935년 섬북(陝北)전투에서 희생됐다.

713 장령빈(張令彬, 1902~1987), 호남성 평강(平江) 출신이며 개국중장이다. 1926년 중공에 가입, 1930~1940년대 '홍9군단' 위생부장, 중앙군위 후근부 부부장, 화북군구 후근부 부부장, 건국 후 총후근부 당위 서기, (候補)중앙위원을 역임, 1987년 북경에서 병사했다.

대장에 주자곤(周子昆)[714], 당대표에 채회문(蔡會文)[715]이 임명됐다. 이 시기 모택동은 원문재·왕좌의 '도원결의(桃園結義)'[716] 요청을 거절했다. 이 또한 '공비(共匪)두목'과 '녹림두령'의 차이였다. 한편 '도원결의' 숭배자는 장개석이었고 모택동은 정치가 조조의 추종자였다.

10월 21일 진호와 완희선은 1대대의 2개 중대를 거느리고 차릉 현성을 공략했다. 혁명군은 감옥을 습격해 수감된 이병용(李炳榮) 등 80여 명의 농회(農會) 간부를 구출했다. 11월 18일 모택동의 명령을 받은 공농혁명군 500여 명은 연대장 진호와 완희선의 인솔하에 두 번째로 차릉 현성을 공략했다. 진호는 담재생(譚梓生)[717]을 현장으로 임명하고 자신이 군정대권을 장악했다. 당시 진호 등은 부잣집의 식량 탈취와 대중 발동에는 뒷전이었고 진종일 향락에 빠져 있었다. '전위(前委)' 위원인 완희선은 정강산의 모택동에게 편지를 보내 '차릉 상황'을 보고했다.

모택동은 곧 회신은 보내 이렇게 지시했다. …신정권은 부패한 국

---

714 주자곤(周子昆, 1901~1941), 광서성 계림(桂林) 출신이며 공산주의자이다. 1925년 중공에
     가입, 1927년 남창봉기에 참가, 1937년 신사군 부참모장, 1938년 신사군 교도(敎導)
     총대장을 역임, 1941년 경현(涇縣)에서 살해됐다.

715 채회문(蔡會文, 1908~1936), 호남성 유현(收縣) 출신이며 공산주의자이다. 1926년 중공에
     가입, 1927년 추수봉기 참가, 1928년 '홍4군' 교도연대 당대표, 1929년 제3종대 제
     1지대 정치위원, 1932년 강서군구 정치부 주임, 1934년 월감(粵赣)군구 사령관, 1936
     년에 살해됐다.

716 '도원결의(桃園結義)'는 나관중(羅貫中)의 삼국연의에서 유비·관우·장비가 도원(桃園)에서
     의형제를 맺은 데에서 비롯된 것이다. 즉 뜻이 맞는 사람끼리 하나의 목적을 이루기
     위해 행동을 같이 할 것을 약속한다는 뜻이다. 실제로 '도원결의'는 삼국지에는 나타
     나지 않은 고사성어이며 이야기의 전승 과정에서 허구로 재구성된 것이다.

717 담재생(譚梓生, 1898~1930), 안휘성 선성(宣城) 출신이며 공산주의자이다. 1925년 중공에
     가입, 1927년 북벌군 제2군 제6사단 정치부 주임, 그해 11월 18일 차릉(茶陵)현장으
     로 임명됐다. 1930년 상해(上海)에서 살해됐다.

민당 정권을 답습해선 안 되며 차릉에 공농병(工農兵)정부를 설립해야 한다(余伯流 외, 2003: 69). 11월 28일 차릉공농병정부가 정식으로 출범했다. 선출된 공농병 대표는 담진림·이병영·진사구였고 담진림이 정부 주석을 맡았다. 홍색정권이 창건된 후 진소(陣韶)[718]를 서기로 한 차릉현위가 설립됐다. 또 공회(工會)와 농회를 회복하고 적위대(赤衛隊)를 설립했다. 그러나 국민당 정규군의 공격으로 '공농병정권'은 곧 전복됐다. 한편 또 다른 황포군관학교 출신인 진호는 반역을 시도했다.

12월 26일 상군(湘軍) 1개 연대의 정규군과 주변 현의 애호단이 연합해 차릉의 혁명군을 공격했다. 당시 적군 군단장 방정영(方鼎英)[719]과 내통한 진호는 '배수진'을 빌미로 부교(浮橋)를 파괴해 혁명군의 퇴로를 차단했다. 혁명군이 위기에 빠졌을 때 장자청이 거느린 제3대대가 돌아왔다. 장자청과 완희선 등은 '녕강 회합'을 주장했으나 진호 등은 상남(湘南) 퇴각을 고집했다. 혁명군이 차릉현 호구(湖口)에 도착했을 때 모택동이 파견한 진백균이 '퇴각 정지' 명령을 전달했다. 12월 26일 저녁 모택동은 긴급회의를 열고 반역을 꾀한 진호 등 4명을 체포했다.

12월 29일 사주(沙洲)에서 진호 등 4명 반역자를 처형한 모택동은 혁명군의 '3대임무'를 선포했다. 첫째, 유격전을 통해 적군을 소멸해야 한다. 둘째, 부잣집을 털어 급양을 해결해야 한다. 셋째, 대중을 발동해

---

718 진소(陣韶, 1905~1933), 호남성 차릉(茶陵) 출신이며 공산주의자이다. 1926년 중공에 가입, 1927년 차릉현위 서기, 1930년 상동(湘東)독립사단 정치부 주임, 1932년 '홍8군' 정치부 주임, 1933년 영신(永新)에서 처형됐다.

719 방정영(方鼎英, 1888~1976), 호남성 신화(新化) 출신이며 국민당 좌파이다. 1909년 동맹회 가입, 1926년 황포군교 교육장, 1927년 국민혁명군 제13군단장, 1929년 (西征軍) 제1로군 총지휘, 1933년 홍콩 이주, 1949년 호남평화기기 참가, 1976년 장사(長沙)에서 병사했다.

공농병정권을 설립해야 한다. 12월 27일 모택동은 호구부(湖口圩)에서 장자청을 연대장, 하정영을 당대표, 주운경(朱雲卿)[720]을 참모장에 임명했다. 한편 '3대임무' 반포는 혁명군의 정치적 임무와 군사행동 목표를 명확히 했다.

1928년 1월 5일 혁명군은 '대분진 재난' 장본인 소가벽이 주둔한 대갱(大坑)진을 공격했다. 혁명군은 '복수혈전'에 성공했고 겨우 목숨을 부지했던 소가벽은 1949년에 처형됐다. 1월 8일 모택동은 수천현위를 재건하고 진정인(陣正人)[721]을 서기로 임명했다. 수천·만안(萬安)현위의 책임자가 참석한 연석회의에서 모택동은 …적이 진격하면 후퇴하고 적이 주둔하면 교란하며 적이 퇴각하면 추격한다는 유격전쟁의 전술을 제정했다. 새로 설립(1.24)된 공농병정부 주석은 농민 출신 왕차순(王次淳)[722]이 임명됐다.

1월 25일 모택동은 수천현 이가평(李家坪)에서 '6항주의(六項注意)'를 선포했다. ① 사용한 문짝을 달아 놓는다 ② 사용한 볏짚은 묶어 놓는다 ③ 말은 온화하게 해야 한다 ④ 매매는 공평하게 해야 한다 ⑤ 빌린

---

720 주운경(朱雲卿, 1907~1931), 광동성 매현(梅縣) 출신이며 공산주의자이다. 1925년 중공에 가입, 추수봉기에 참가, 1928년 '홍4군' 제31연대장, 1929년 '홍4군' 참모장, 1930년, '홍1군단' 참모장, 1931년 중앙군위 참모장, 그해 5월 동고(東固)에서 국민당 특무에게 살해됐다.

721 진정인(陣正人, 1907~1972), 강서성 수천(遂川) 출신이며 공산주의자이다. 1925년 중공에 가입, 1930~1940년대 안복(安福)현위 서기, 총정치부 선전부장, 서북국 조직부장, 길림성위 서기, 건국 후 국가건축공정부장, 농업기계부장 등을 역임, 1972년 북경에서 병사했다.

722 왕차순(王次淳, 1902~1931), 강서성 수천(遂川) 출신이며 공산주의자이다. 1926년 중공에 가입, 1928년 수천현 공농병(工農兵)정부 주석, 1930년 홍군 제7연대 군수처(軍需處) 부처장을 역임, 1931년 영신(永新)에서 살해됐다.

물건은 반환해야 한다 ⑥ 물건을 파손하면 배상해야 한다(于俊道 외, 1996: 56). 혁명군이 (遂川)현성에 진입한 후 일부 병사들이 상인들의 물건을 몰수하거나 약국의 약을 공짜로 가져가는 현상이 나타났다. 따라서 혁명군에 대한 불만의 목소리가 높아졌다. 실제로 상인의 이익 보호와 대중의 신임을 얻기 위해 모택동이 '6항주의'를 선포한 것이다.

고성회의에서 모택동은 '녹림무장 개편'을 결정했다. 원문재의 '부대 개편'은 보운산(步雲山) 군사훈련으로부터 시작됐다. 10월 중순 모택동은 유설정(游雪程)[723]·서언강(徐彦剛)[724]·진백균 등을 원문재 부대에 파견했다. 원문재 부대는 보운산에 주둔해 있었다. 당시 유설정 등은 원문재 부대의 특성을 감안해 정치사상교육 강화와 정치적 자질 향상에 집중했다. 또 사격술 등 군사 지식을 가르쳤고 실전에 가까운 군사 훈련을 진행했다. 결국 정치 교육과 군사 훈련이 병행된 '보운산 훈련' 후 원문재 부대의 전투력이 증강됐다.

1928년 1월 왕좌의 당대표로 임명된 하장공은 왕좌의 심복인 조비림(刁飛林)[725] 등과 친목을 다졌다. 또 그는 모택동의 지지하에 왕좌와 견원지간인 윤도일 '제거'를 결정하고 매복전을 벌여 윤도일을 섬멸했다.

---

723 유설정(游雪程, 1903~1930), 사천성 린수(隣水) 출신이며 공산주의자이다. 1925년 중공에 가입, 1927년 추수봉기에 참가, 1928년 공농혁명군 제2연대 정치부 주임, 1929년 제1지대장, 1930년 서창(瑞昌)전투에서 희생됐다.

724 서언강(徐彦剛, 1907~1935), 사천성 개강(開江) 출신이며 공산주의자이다. 1926년 중공에 가입, 추수봉기에 참가, 1928년 공농혁명군 제32연대 참모장, 1930년 '홍3군' 사단장, 1932년 '홍1군단' 참모장, 1933년 상악감(湘鄂贛)군구 사령관, 1935년 영수(永修)에서 살해됐다.

725 조비림(刁飛林, 1896~1930), 강서성 수천(遂川) 출신이며 '비적 출신'의 공산주의자이다. 1927년 농민자위군 중대장, 1928년 중공에 가입했다. 1929년, '홍4군' 군수처 부처장, 1930년 영신에서 본토인들에게 살해됐다.

한편 왕좌는 하장공의 소개로 중공에 가입했다. 1928년 2월 원문재·왕좌의 부대는 공농혁명군 제2연대로 개편됐다. 원문재가 연대장, 왕좌가 부연대장, 하장공이 당대표로 임명됐다. 또 유설정 등은 중대장·당대표를 맡았다. 그 후 모택동은 송임궁·채협민(蔡協民)[726] 등을 파견해 정치교육을 담당하게 함으로써 '녹림무장 개편'을 완성했다.

2월 17일 모택동은 왕국정(王國政)이 거느린 1개 대대와 녕강현 정위단이 수비한 신성 공격을 결정했다. 18일 새벽 전투력이 강한 제1대대가 동문을 공격하고 제3대대와 교도연대가 북문·남문을 공격했다. 제1대대가 동문을 공략한 후 서문을 통해 도망치던 적군은 원문재가 거느린 제2연대의 매복에 걸렸다. 결국 왕국정은 사살됐고 현장 장개양(張開陽)이 체포됐다. 300여 명 사상자를 낸 적군은 대패했고 100여 명이 체포됐다. '신성대첩'은 공농혁명군이 우세한 병력으로 '현성 공격'에 성공한 첫 전투였다.

2월 18일 포로를 압송해 모평으로 돌아가는 도중에 '포로 학대' 행위가 발생했다. 2월 19일 모택동은 모평 염선전(閻仙殿)에서 군민대회를 열고 '포로 우대' 정책을 선포했다. ① 포로를 욕하거나 구타해선 안 된다 ② 포로의 물건을 강탈해선 안 된다 ③ 체포된 부상병을 치료해야 한다 ④ '홍군 가입'을 허락해야 한다 ⑤ '이탈자'에게 노비(路費)를 지급해야 한다(陳鋼 외, 2014: 124). 당시 많은 포로가 공농혁명군에 가입했다. 훗날 중장(中將)이 된 담보인(譚甫仁)[727]이 대표적 사례이다. 또 세 번 체포

726　채협민(蔡協民, 1901~1934), 호남성 화용(華容) 출신이며 공산주의자이다. 1925년 중공에 가입, 1927년 남창봉기에 참가했다. 1929년 제31연대 당대표, 1930~1931년 복건성위 서기, 1934년 장주(漳州)에서 살해됐다.

727　담보인(譚甫仁, 1910~1970), 광동성 인화(仁化) 출신이며 개국중장이다. 1928년 중공에

됐다가 풀려난 조복해(曹福海)는 마침내 공농홍군에 가입했다.

2월 21일 롱시(聾市)에서 녕강현 공농병정부 설립 대회가 열렸다. 모택동의 제의로 문근종(文根宗)[728]을 공농병정부 주석, 용초청을 녕강현위 서기로 임명했다. 문근종이 '정부'를 대표해 장개양을 사형에 선고한 후 곧 처형했다. 2월 하순 공농혁명군은 자평에서 신수변수(新遂邊陲)특구정부를 설립하고 이상발(李尙發)을 (特區)정부의 주석으로 임명했다.

1927년 10월부터 1928년 2월 공농혁명군은 차릉·수천·녕강 3개 현에 홍색정권을 창립했다. 녕강을 통제한 추수봉기군은 영신·연화·영현 등의 일부를 장악했다. 이는 녕강 중심의 정강산 근거지가 '일정한 규모'를 갖췄다는 것을 의미한다. 정강산 근거지 설립은 1928년 5월에 결정했다는 것이 학계의 중론이다. 한편 호남성위의 특파원 파견으로 모택동에게 뜻밖의 시련이 찾아왔다. 또 그의 혼인도 심각한 위기를 맞이했다.

2. '11월회의(1927)'와 '당적 박탈' 와전

1927년 11월 9~10일 구추백의 주재로 중앙정치국 확대회의(十一月會議)가 상해에서 열렸다. '11월회의'의 주목적은 남창봉기 교훈을 정리하고 무장투쟁 방침을 제정하기 위한 것이었다. 회의에는 로미나제와 소조정·이유한·나역농·고순장·임필시·등중하·주은래·장태뢰·이립삼·채

가입, 1930~1940년대 홍군 제2종대 정치부 주임, 팔로군 제344여단 정치부 주임, 기로예(冀魯豫)군구 부사령관, 건국 후 곤명군구 정치위원을 역임, 1970년 곤명(昆明)에서 암살됐다.

728 문근종(文根宗, 1901~1928), 강서성 녕강(寧岡) 출신이며 공산주의자이다. 1927년 중공에 가입, 1928년 녕강현 공농병정부 주석을 맡았다. 그해 9월 상감변계 본토인과 객가인의 알력다툼으로 '객가인 무장'에게 살해됐다.

화삼 등 20여 명과 적색직공(赤色職工)국제 중국 주재 대표인 O.A. 미터캐비치[729]가 참석했다. '11월회의' 주역은 공산국제 대표 로미나제였다.

로미나제의 '무간단혁명(無間斷革命)'[730]을 수용한 '11월회의'는 '정치기율 결의안'을 통과시켰다. 맹동주의자 로미나제는 전국적 무장폭동을 단행해 소비에트정권을 설립하는 전략을 제정했다. 스탈린의 '3단계론'을 중국혁명에 무조건 도입한 '무간단혁명'은 중국사회 특수성을 무시했다. 자산계급의 민권혁명을 부정하고 직접 사회주의 단계에 돌입해야 한다는 로미나제의 주장은 자산계급의 역량을 도외시했다. 또 그는 스탈린의 상투적 수법인 '징벌주의'를 중국에 적용해 남창·추수봉기 지도자를 처분했다.

'징벌주의'는 독재자 스탈린이 정적에게 사용한 전형적 수법이다. 로미나제는 공산국제 지시에 불복한 중공 지도자들에게 징벌주의를 적용했다. 주은래·이립삼·모택동·팽공달·담평산 등이 당중앙의 지시와 무장폭동 방침을 위반했다는 이유로 경고와 당적 박탈 등 처분을 받았다. 남창봉기의 최고 지도자 주은래는 '경고' 처분을 받았고 모택동·팽공달은 정치국 후보위원에서 해임되는 중징계를 받았다. 또 국공(國共) 양당 사이에서 '양다리 걸치기'를 한 담평산은 당적을 박탈당하는

---

729 O.A.미터캐비치(1889~1943), 리투아니아(Lithuania) 출생이며 소련 혁명가이다. 1915년 볼셰비키당 가입, 1927년 말 홍색공회(紅色工會)국제 대표로 중국에 파견, 1928년 4월까지 공산국제 (駐華)대표, 1930년대 연공(聯共)중앙 책임 순시원을 역임, 1943년 처형됐다.

730 '무간단혁명(無間斷革命)'은 '8.7회의'에서 공산국제 대표 로미나제가 제출한 '부단혁명론(不斷革命論)'을 가리킨다. 즉 중국혁명은 자산계급의 민권혁명을 끝내고 곧 사회주의 혁명에 진입해야 한다는 것이다. 결국 이는 (左傾)맹동주의로 이어져 중국혁명에 엄중한 피해를 입혔다. 1928년 2월 공산국제는 로미나제의 '무간단혁명'은 비판했다.

엄중한 처벌을 받았다.

추수봉기 지도자가 군사행동에 집착하는 과오를 범했다고 지적한 로미나제는 중앙특파원 모택동은 호남성위가 범한 '과오'에 대해 책임을 져야 한다고 강조했다. '11월회의'에서 모택동은 정치국 후보위원 자격을 박탈당했다(黃允升 외, 2003: 133). 상기 '군사행동 집착'은 회의에서 '군사기회주의'로 비판을 받았다. 공산국제의 장사 대표 마이얼과 임필시의 '보고서' 역시 모택동에게 내려진 중징계 처분의 빌미가 됐다. 한편 '11월회의'에서 '경고' 처분을 받은 주은래는 오히려 정치국 상임위원에 보선됐다.

추수봉기군 최고 지도자 모택동이 임의로 제정한 '비적 개편' 방침과 녹림무장인 원문재·왕좌에게 소총을 증정한 것이 이른바 '군사기회주의'로 간주된 것이다. 한편 여쇄도의 '모택동 고발'이 중징계 근거가 됐다. 실제로 '비적 개편'은 공산국제의 관련 방침에 위배됐다. 중앙특파원 모택동이 장사 공격을 포기한 것은 당중앙의 '지시'를 위반한 것이다.

공산국제의 (駐華)대표는 모스크바에 보낸 편지(1928.2.29)에 이렇게 썼다. …혁명군은 근거지와 군수품 공급처가 없기 때문에 농민에게 큰 부담을 주고 있다. 특히 절반이 비적 출신인 모택동의 봉기군은 농민의 지지를 받지 못하고 있다(姚金果 외, 2006: 36). 당시 모택동이 거느린 혁명군은 '녕강 중심'의 근거지를 설립했다. 또 원문재·왕좌의 녹림무장은 '개편'을 거쳐 공농혁명군 제2연대로 탈바꿈했다. 한편 '녹림무장(匪賊)'의 지지가 절박했던 모택동과 공산국제의 '비적' 이해가 상당한 차이가 있었다.

모택동은 이렇게 회상했다. …1927년 겨울 녹림무장인 원문재·왕좌 부대는 개편됐다. 그들은 연대장이 되고 나는 사단장이 됐다. 비적 출신인 그들은 내가 정강산에 있는 기간 공산당에 충성했고 당의 명령을 집행했다(毛澤東, 2008: 59). 원문재·왕조 부대가 '개편'을 거쳐 공농혁명군에 편입된 것은 1928년 2월이었다. 당시 원문재와 왕좌는 제2연대의 연대장·부연대장을 맡았다. 또 모택동이 사단장이 된 것은 '11월회의' 중징계가 '당적 박탈'로 와전(1928.3)된 후의 일이다. 한편 모택동이 정강산을 떠난 후 원문재와 왕좌는 지방당조직에 의해 살해됐다.

9월 중순 모택동은 '장사 공격'을 포기하고 문가시로 퇴각했다. 마이얼은 '당중앙 지시'를 위반한 모택동의 '죄상'을 적은 보고서를 작성해 로미나제에게 보냈다. 당시 로미나제는 정치국 위원 임필시를 장사에 파견해 진상을 조사하게 했다. 임필시의 보고서(9.27)는 모택동의 '장사 공격' 포기를 상세히 기록했다. 마이얼과 임필시가 모택동의 중징계에 '일조'했다. 한편 임필시는 모택동의 '세 번째 실각(1932)'을 초래한 장본인이다.

스탈린이 서명한 '(聯共)중앙제128호 문건(1927.10.6)'은 이렇게 썼다. …국공 양당 사이에서 입장이 모호했고 위험인물로 전락한 담평산을 파면해야 한다. 현재 장발규는 중공의 가장 위험한 적이다(陳勝華 외, 2006: 10). '위험인물'이라는 스탈린의 평가는 치명적이었다. 이 또한 로미나제가 담평산에게 '당적 박탈'이란 중징계를 내린 주요인이다. 당시 남창봉기에서 국민당혁명위원회 책임자 담평산은 장발규를 혁명위원회 '7인주석단'에 추천했다. 한편 장발규는 광주봉기(1912.12)를 진압한 주범(主犯)이다.

담평산의 '당적 박탈'은 남창봉기의 '장국도 체포' 사건과 관련된다는 것이 일각의 주장이다. 국공 양당에서 요직을 담당한 담평산은

'진독수 추종자'로 낙인찍혔다. 또 남창봉기 참가자 담평산은 국민당 당적을 박탈(1928.8)당했다. 국공합작 시기 국민당중앙 조직부장을 맡아 '국민당 개조'에 기여한 담평산은 국공합작 결렬 후 무소불위의 공산국제에 의해 '토사구팽'을 당한 것이다. 실제로 담평산은 공산국제의 정치적 희생양이었다.

로미나제는 남창봉기 지도부가 집행한 것은 진독수 기회주의 정책이었다고 지적했다. 주은래 등이 '경고' 처분을 받은 주된 이유이다. 정치국 상임위원에 보선된 주은래의 '경고' 후 승진한 사례는 중국혁명사에서 유일무이하다(尹家民, 2007: 410). 결국 남창봉기 실패의 주된 책임이 공산국제의 '눈 밖에 난' 담평산에게 전가됐다. 한편 주은래의 '상임위원 보선'은 남창봉기에서 조직력과 군사적 리더십을 충분히 과시했기 때문으로 풀이된다. 실제로 '상임위원' 중에는 주은래와 같은 '군사 전문가'가 없었다.

주은래가 상임위원에 보선된 원인은 ① 군사 리더십과 조직력 ② 황포군교 '2인자', '동정(東征)' 지휘 경험 ③ 중공 지도자 중 '군사 전문가' 부재 ④ 원만한 대인관계, 청렴한 도덕성 ⑤ '중공 1인자' 구추백의 절대적 신임 ⑥ 성실한 태도로 '과오 반성' 등이다. 당시 '군사 문외한' 구추백에겐 주은래의 보좌가 절실했다. 한편 '유능한 2인자' 주은래의 협조를 상실한 장개석은 중국을 잃었고 주은래의 협력을 받은 모택동은 신중국을 창건했다. '1인자 성패'는 2인자가 결정한다는 말이 맞는 이유이다.

로미나제의 건의를 수용한 당중앙은 임필시·이립삼·등중하·장태뢰·이유한으로 구성된 정치기율위원회를 설립하고 임필시를 서기로 임명했다. 회의에서 통과된 '기율결의안'은 모택동·주은래 등에게 징계를 내렸다(中共中央文獻硏究室, 2014: 145). 이유한은 이렇게 회상했다. …
당시 맹동주의와 징벌주의는 로미나제가 주도했다. 경험이 적은 중국
동지들은 무조건 그의 지시에 복종했다(李維漢, 1986: 198). 한편 (左傾)맹동
주의를 집행한 구추백·이유한·임필시 등 중공 지도자들은 '맹동주의'
정책의 책임에서 결코 자유로울 수 없다. 특히 '중공 1인자'인 구추백은
(左傾)맹동주의가 초래한 심각한 결과에 주된 책임을 져야 한다.

'맹동주의자'인 구추백은 전국의 대도시에서 '총파업'을 일으키고
호북·호남·강소 등지에서 '무장폭동'을 추진했다. 정치국 회의(11.17)에
서 장태뢰를 광동성위 서기로 임명하고 로미나제의 조력자 노이만을
광주에 파견해 무장봉기를 일으킬 것을 결정했다. '맹동주의 극치'인
광주봉기에서 소비에트정권을 설립했으나 노이만의 '광주 사수(死守)'
주장으로 참패했다. 또 광주봉기에서 구추백의 가장 '절친한 동지'인
장태뢰가 희생됐다. '광주봉기 참패' 후 중공중앙은 호북·호남성의 '무
장폭동'을 철회했다.

12월 11일 장태뢰·엽정·주문옹(周文雍)[731]·엽검영·양은(楊殷)[732]·황평
(黃平)[733]이 지휘한 광주봉기가 폭발했다. 격전을 거쳐 광주 시내를 통제

---

731 주문옹(周文雍, 1905~1928), 광동성 개평(開平) 출신이며 공산주의자이다. 1925년 중공에
    가입, 1926년 공청단 광주(廣州)지위 서기, 1927년 광주봉기에 참가, 1928년 광주시
    위 조직부장, 1928년 홍화강(紅花崗)에서 살해됐다.

732 양은(楊殷, 1892~1929), 광동선 향산(香山) 출신이며 공산주의자이다. 1922년 중공에 가
    입, 1926년 양광(兩廣)구위 감찰위원장, 1927년 광동성위 군사부장, 광주소비에트정
    부 (代理)주석 역임, 1929년 상해(上海)에서 살해됐다.

733 황평(黃平, 1901~1981), 호북성 무한(武漢) 출신이며 공산주의자이다. 1924년 중공에 가
    입, 1926년 광동성위 공위(工委)서기, 1927년 광주봉기에 참가, 1932년 천진에서 체
    포된 후 변절했다. 1981년 상해(上海)에서 병사했다.

한 봉기군은 (廣州)소비에트정권을 설립했다. 구추백은 광주봉기를 '미증유의 장거'라고 평가했다(王鐵仙 외, 2011: 233). 적아 간 역량 차이로 (廣州)소비에트정권은 출범 3일 만에 요절했다. 광주봉기는 '스탈린 추종자' 로미나제가 주도한 '맹동주의' 참패를 보여준 단적인 방증이다. 이는 모택동이 제출한 정강산 근거지 설립 방침이 정확했다는 것을 반증한다.

미터캐비치가 모스크바에 보낸 편지(1928.1)의 골자는 첫째, 혁명군은 해륙풍과 같은 소비에트 근거지를 설립해야 한다. 둘째, 농민자위군을 발전시켜 농민 중심의 홍군을 창건해야 한다. 셋째, 홍군은 공산주의 선전대로 거듭나야 한다. 넷째, 대도시 무장폭동은 삼가야 한다(姚金果 외, 2006: 20). '무장폭동'은 삼가야 한다는 미터캐비치의 주장은 공산국제의 '2월결의' 도출에 긍정적으로 작용했다. 결국 공산국제는 '무장폭동'에 관한 그녀의 주장을 수용했다. 이는 중공중앙의 '맹동주의 과오' 시정에 기여했다.

공산국제는 제9차 전회(1928.2)에서 '중국문제 결의안'을 채택했다. '결의안'은 로미나제의 '무간단혁명' 이론을 비판하고 맹동주의적 대도시 무장폭동을 즉각 중지할 것을 요구했다(中國社會科學院近代史研究室, 1981: 354). '2월결의'는 스탈린·부하린·향충발·이진영(李震瀛)[734] 등이 사전에 토론한 것이다. 한편 정치국 회의(4.28)를 열고 공산국제 '2월결의'를 수용한 중공중앙은 '제44호 통고'를 발표해 '맹동주의 과오' 시정을

---

734 이진영(李震瀛, 1900~1937), 천진(天津) 출신이며 공산주의자이다. 1921년 중공에 가입, 1926년 (上海)총공회의 조직부장, 1927년 호북성위 (職工)위원회 서기, 1928년 산동성위 (工委)서기, 1929년 전국총공회 조직부장, 1931년 당적을 박탈, 1937년 천진에서 병사했다.

호소했다. 결국 로미나제와 구추백이 주도한 (左傾)맹동주의는 막을 내렸다.

구추백의 맹동주의 사상은 공산국제의 좌적 정책에서 기인됐다. 예컨대 중국혁명은 국민혁명에서 잉태한 사회주의혁명, 즉 '1차혁명론'[735]을 주창한 것이다(瞿秋白, 1983: 484). 구추백의 약점은 무조건 공산국제 지시에 순종하고 공산국제 대표의 주장에 맹종한 것이다(李維漢, 1986: 237). 선비 기질이 다분한 구추백은 대중 운동을 지도한 현장 경험이 없고 정치적 리더십이 부족했다(劉福勤 외, 2011:234). 한편 맹동주의 문제점을 발견한 구추백은 '과오 시정'에 기여했다. 등소평(鄧小平, 1981.6)은 구추백의 맹동주의적 과오는 반 년을 넘지 않았다고 평가했다. 실제로 구추백은 스탈린의 '괴뢰' 역할을 한 공산국제의 속죄양이었다.

중공중앙은 '호남성위에 보내는 편지(1927.12.31)'에서 이렇게 썼다. …당중앙의 정책을 위반한 모택동은 정치적으로 중대한 과오를 범했다. 호남성위는 특파원을 파견해 '11월회의'의 '결의안'을 근거로 혁명군의 당조직을 개편해야 한다. 또 노동자 출신의 간부를 파견해 당대표로 임명해야 한다(梅黎明 외, 2014: 132). 결국 특파원의 '당중앙 지시' 전달로 전적위원회 서기에서 파면된 모택동은 '민주인사'로 전락했다. 당시 특파원이 '11월회의'에서 모택동이 당적을 박탈당했다고 잘못 전달했기 때문이다.

---

735 '1차혁명론(一次革命論)'은 구추백이 주창한 좌경맹동주의 사상이다. 중국혁명은 국민혁명에서 잉태한 사회주의혁명이며 '1차적 혁명'이라는 것이다. '1차혁명론'은 민주혁명과 사회주의 혁명의 차이를 간과하고 양자의 구별을 무시했다. 결국 대도시 중심의 무장폭동으로 발전한 맹동주의적 '1차혁명론'은 중국혁명에 막대한 손실을 초래했다.

3월 상순 상남특위 군사부장이며 호남성위 특파원인 주로(周魯)[736]가 롱시에 왔다. 그는 전적위원회를 '사위(師委)'로 개편하고 하정영을 서기로 임명했다. 모택동을 사단장(師長)으로 임명한 주로는 '11월회의'에서 모택동이 '우경 착오'를 범했다고 지적했다(陣鋼 외, 1998: 164). 당시 주로는 중앙 문건을 갖고 오지 않았다. 한편 주로가 모택동의 중징계를 '와전'한 원인에 대한 학계의 정설이 없다. 이른바 '우경 착오'는 토호열신을 '죽이고' 가옥을 '불사르는' 정책을 집행하지 않았다는 것이 주류적 견해이다. 실제로 모택동의 '토비(土匪) 개편' 방침을 가리킨다.

모택동의 '당적 박탈'은 상남특위 주로가 와전했다. '와전'이 일반적 실수인지, 모택동의 권력 찬탈을 위해 획책한 음모인지 알 수 없다. 결국 모택동이 사단장, 주로가 당대표를 맡았다(P. Short, 2010: 195). '전위' 서기에서 파면된 모택동은 동요하지 않았다. 모택동이 추진한 정책은 우경 성향이 강했다. 또 그는 비적 두목을 '충성스러운 공산주의자'라고 평가했다(R. Terrill. 2010: 122). 주로가 공농혁명군의 당대표를 맡았다는 상기 서술은 사실 왜곡이다. 한편 '녹림두령' 원문재·왕좌에 대한 상기 '모택동 평가'는 그들이 거느린 부대가 1928년 봄 공농혁명군으로 개편된 사실과 왕좌가 공산당에 가입(1928.4)한 것을 감안한 것이다.

맹동주의자가 추진한 '징벌주의' 정책으로 당권(黨權)을 빼앗긴 모택동은 딜레마에 빠졌다. 군대를 이끌고 '상남봉기에 호응'하라는 상남특위의 지시를 수용한 모택동은 3월 중순 혁명군의 주력부대를 이끌고 상남으로 출격했다. 당권을 박탈당한 모택동은 군권(軍權)까지 빼앗길

---

736 주로(周魯, 1899~1928), 호남성 서포(漵浦) 출신이며 공산주의자이다. 1926년 형양(衡陽)공청단 서기, 1927년 상남특위(湘南特委) 군사부장, 1928년 3월 호남성위 특파원, 1928년 4월 '반동무장'의 매복에 걸려 희생됐다.

수 없었던 것이다. 한편 모택동이 공농혁명군을 거느리고 상남으로 진격한 후 녕강 중심의 정강산 근거지와 근거지에 설립한 홍색정권은 큰 재앙을 당했다.

혁명군이 출격하기 전 모택동은 이렇게 훈시했다. …한낱 수재인 내가 사단장이 된다는 것은 어불성설이다. 하나의 울타리에는 세 개의 말뚝, 한 명의 대장부는 세 명의 도움이 필요하다. 여러 분이 협조가 필요하다(匡勝 외, 2014: 127). 실각을 뜻하는 '사단장'은 모택동에게 치욕적이었다. 모택동이 상남에서 '당적 박탈'이 와전된 것이라는 것을 알았을 때 주로는 황천객이 됐다. 한편 주로의 '죽음'에 대해 여러 가지 설(說)[737]이 있다.

반동무장에게 점령된 근거지에서 잔혹한 학살이 벌어졌다. 1개 대대의 정규군을 이끌고 돌아온 장개양의 처는 신성(新城)과 모평에서 살벌한 보복을 감행했다. 반동괴수인 소가벽·윤호민(尹豪民)은 농회(農會) 간부와 '무고한 백성'을 무자비하게 참살했다. 영현·차릉현에서도 반동파들에 의해 많은 가옥이 파손되고 붙잡힌 공산당원은 처참한 죽임을 당했다. 당시 반동파에게 처형된 사망자는 2만명이 넘었다. 이른바 '3월실패'[738]로 불리는 반동파의 '참혹한 보복'은 부잣집을 털어 군비와

---

737 주덕·진의와 언쟁을 벌인 주로는 회의장을 박차고 나갔다. 이튿날 주덕이 1개 중대를 파견해 주로를 찾았다. 주로 일행은 환향단(還鄕團)의 매복에 걸려 전부 희생됐다. 이는 드라마 '정강산'의 한 장면이며 학계의 중론이다. 혹자는 주덕이 파견한 군대에 의해 처형됐고 또 왕좌가 주로를 죽였다고 주장한다. 주로의 '죽음'은 미스터리이다.

738 1928년 3월 중순 주로의 독촉하에 공농혁명군은 상남(湘南)으로 출발했다. 국민당군과 지방 반동무장이 신성(新城)·모평 등 근거지를 대거 공격, 근거지의 많은 백성과 공산당원이 참혹한 죽임을 당했다. 결국 '3월실패'로 정강산 근거지는 치명적 타격을 입었다. '주모(朱毛)회사(1927.4)' 후 '홍4군'을 창설, '3월실패' 충격에서 벗어났다.

군량을 마련한다는 공농혁명군의 '약탈적 정책'과 밀접하게 관련된다.

정강산의 '3월실패'는 맹동주의 결과물이라는 것이 학계의 중론이다. 이는 상남특위가 강행한 '불사르고·죽이는' 공포 정책과 관련된다. 또 특파원 주로의 '권세'에 굴복한 모택동이 주력부대를 가느리고 근거지를 떠난 것이 '3월실패'의 주요인이다. 이 또한 공산국제 '대표' 미터캐비치가 유격전을 폄하하고 '해륙풍 근거지' 설립을 주장한 이유이다. 한편 모택동의 '당적 박탈'은 주로의 '의도된 음모'일 가능성을 배제할 수 없다.

4월 중 영현에서 중앙 문건을 확인한 모택동은 주로가 전달한 '당적 박탈'이 와전됐다는 것을 알게 됐다. 모택동은 '중공 6대'에서 중앙위원으로 선거됐다. 한편 '6대(六大)'에 불참한 모택동의 '중앙위원 당선'은 '11월회의(1927)'에서 모택동에게 중징계를 내린 주요 당사자 이유한과 관련된다. 당시 상해에 남았던 중공 조직부장 이유한이 5월에 모스크바 주재 중공 대표단에 정강산의 '주모(朱毛)홍군'을 찬양하는 편지를 보냈다.

이유한은 편지(1928.5.25)에 이렇게 썼다. …정강산의 (朱毛)홍군이 승전보를 보내왔다. 현재 영신과 녕강을 공략한 주모홍군은 감남(贛南)의 길안(吉安)을 공격하고 있다. 주배덕의 제9사단은 홍군에 의해 격파됐고 감남의 곳곳에서 농민폭동이 일어나고 있다(陣勝華 외, 2006: 56). 상기 '승전보고서'는 5월 2일 모택동이 '홍4군(紅四軍)' 군위서기 명의로 감군(贛軍)의 제2차 '홍군 토벌'을 격퇴한 상황을 상해의 당중앙에 보고한 것이다.

이유한의 편지는 공산국제의 동방부 책임자 미푸(Mif)를 통해 6월 26일 스탈린과 부하린에게 전달됐다. 무장투쟁을 중시한 스탈린이 홍군 지도자 모택동을 '괄목상대'한 것이다. 모스크바에서 열린 '중공 6

대'에서 공농홍군 창건자 모택동의 '중앙위원 당선'은 당연한 결과였
다. 1년 전 부하린은 모택동이 쓴 '호남농민운동보고서'를 높게 평가했
다. 한편 그들이 모택동이 창도한 농촌 중심의 유격전쟁을 긍정한 것은
결코 아니었다.

3. 정강산의 '환난지처(患難之妻)', 하자진

모택동의 '정강산 중대사'는 ① 원문재·왕좌의 녹림무장, 공농혁명
군 개편 ② 권력투쟁에서 '군벌' 출신 주덕을 제압 ③ 하자진과 '혼인'
등이다. 한편 '(毛賀)결혼 정당성' 여부에 대한 평가가 엇갈린다. 현재법
에 따르면 이들 혼인은 중혼죄에 속한다. 그러나 전쟁시대 특수성을 무
시하고 현대인의 시각으로 잘잘못을 따져선 곤란하다. 그들의 혼인은
10년밖에 안 됐으나 모택동과 어려운 고비를 함께 넘긴 하지진은 '환난
지처'였다.

하자진은 1909년 영신현 화천(禾川)에서 태어났다. 부친 하환문(賀煥
文)[739]은 거인(擧人) 출신으로 안복(安福)현장을 지낸 향신(鄕紳)이었다. 형
매(兄妹)는 여섯 명으로 모두 혁명에 참가했다. 하민학·하자진·하이(賀
怡)[740]는 '영신삼하(永新三賀)'로 유명했고 단아한 용모를 가진 하자진은
'영신의 꽃'으로 불렸다. 모택동으로부터 '호인(好人)'으로 불린 하민학
은 '매제'의 덕택보다는 1930년대와 문혁 시기에 큰 타격과 박해를 받

---

739 하환문(賀煥文, 1871~1938), 강서성 영신(永新) 출신이며 하자진의 생부(生父)이다. 거인
      (擧人) 출신이며 강서성 안복(安福)현장을 역임, 1938년 감주(贛州)에서 병사했다. 한편
      1955년 '혁명 열사(烈士)'로 추인(追認)됐다.

740 하이(賀怡, 1911~1949), 강서성 영신(永新) 출신이며 하자진의 동생이다. 1927년 중공에
      가입, 1931년 모택담과 재혼했다. 1930~1940년대 서금현 조직부 부부장, 하초(夏肖)
      구위 서기 등을 역임, 1949년 차사고로 사망했다.

았다. 또 하이는 모택동의 동생 모택담과 결혼했다. 한편 자매가 친형제와 결혼하는 것은 그 당시에는 '불시이사(不是異事)'였다.

하자진은 계원(桂圓)이란 이름이 너무 나약하다고 여겨 '자진(自珍)'으로 개명했다. 고백(古柏)[741]의 부인이며 모택동의 기요비서 증벽의(曾碧漪)[742]가 무심코 '자진(子珍)'으로 적었다. 그 후 줄곧 하자진(賀子珍)으로 불렸다(李湘文 외, 1996: 91). 하자진은 서명할 때 '자진(自珍)'으로 적었고 모택동도 이를 선호했다. 당시 중국 혁명가들은 여러 이름을 갖고 있었고 부모가 지어준 이름을 '혁명적 이름'으로 개명하는 것은 흔한 일이었다.

하자진은 대단한 명사수였다. 생김새나 캐릭터가 한국 영화 '암살'에 나오는 전지현을 생각하면 될 것이다. 정강산 비적의 우두머리인 원문재의 사촌동생이자 비적의 여장군이 하자진이다. 모택동은 살아남기 위해 하자진과 가깝게 지낸 것일지도 모른다(유일, 2016: 48). 상기 '대단한 명사수'와 '비적의 여장군'은 상당히 어폐가 있다. 당시 원문재와 하자진은 모두 공산당원이었다. 하민학과 원문재는 중학교 동창이며 하자진과 원문재의 부인 사매향(謝梅香)은 '의자매(義姉妹)' 간이었다. 한편 '살아남기 위해' 하자진과 사귀었다는 상기 주장은 억측판단에 가깝다.

하자진의 입당소개인은 영신지부서기 구양낙(歐陽洛)[743]이다. 국민당

---

741 고백(古柏, 1906~1935), 강서성 심오(尋烏) 출신이며 공산주의자이다. 1925년 중공에 가입, 1929년 심오현 군사부장, 1930년 전위(前委) 비서장, 1934년 민월감(閩粵贛) 홍군 유격대 사령관, 1935년 용천(龍川)에서 희생됐다.

742 증벽의(曾碧漪, 1907~1997), 광동성 남웅(南雄) 출신이며 공산주의자이다. 1923년 공청단 가입, 1929~1933년 모택동의 기요비서를 지냈다. 건국 후 중국혁명박물관·중앙조직부에서 근무, 1997년 북경에서 병사했다.

743 구양낙(歐陽洛, 1900~1930), 강서성 영신(永新) 출신이며 공산주의자이다. 1924년 중공에 가입, 1926년 국민당 영신현당부 책임자, 1929년 호북성위 선전부장, 1930년 호북

에 가입(1926.9)한 그녀는 영신현당부 부녀부장과 공청단 (永新)현위 부서기를 맡았다. 당시 많은 혁명가가 이중적 신분을 갖고 있었다. 이 시기 하자진의 직속상관은 국민당 영신현당부 부주석 구양낙이었다. 수십년 후 고령인 하자진은 '혁명의 길라잡이' 역할을 한 구양낙을 여전히 기억했다. 한편 그녀를 혁명의 길로 이끈 구양낙이 바로 하자진의 첫 연인이었다는 것이 일각의 주장이다. 모택동에게도 왕십고(王十姑)라는 첫 사랑이 있었다는 것이 모택동의 외손녀 공동매(孔東梅)의 주장이다.

모평 팔각루(八角樓)에 머문 모택동은 원문재 집에서 몸조리하는 하자진과 자주 만났다. 또 그들은 녕강·영신에서 함께 사회조사를 하며 상대에 대한 애정을 키웠다. 1928년 3월 하자진은 영신현위에 소환됐다. 당시 (縣委)서기 유진(劉珍)의 '훼방'으로 그들 관계는 다소 소원해졌다. 한편 원문재와 왕좌의 끈질긴 노력으로 그들은 연인으로 발전했다.

원문재와 왕좌가 모택동을 '정강산 사위'로 삼으려는 역모를 꾸몄다는 것이 일각의 주장이다. 즉 추수봉기군 지도자 모택동을 정강산의 '산대왕'으로, 하자진을 '산채(山寨) 부인'이 되게 하는 것이었다. 실제로 모택동의 성망과 혁명군 역량으로 정강산 본거지를 지키려는 것이 그들의 속셈이었다. 또 그들은 모택동이 반창에 처자가 있다는 사실을 개의치 않았다. 사적 이기심이 발동한 원문재 부부가 '중매쟁이' 역할을 자임했다.

모택동·하자진의 혼인이 정강산 보위에 도움이 된다고 생각한 원문재는 처자가 있는 모택동의 중혼을 문제 삼지 않았다. 왕좌에겐 세 명의 처첩이 있었고 고향에 처자가 있는 주덕은 젊은 여자와 동거했다

성위 서기를 역임, 1930년 무한(武漢)에서 살해됐다.

모택동과 중국혁명 1

(P. Short, 2010: 202). 주덕은 이렇게 회상했다. …나는 사천에 처자가 있었으나 1922년 이후 종래로 만나지 못했다. 나의 아내는 혁명에 참가한 내가 고향에 갈 수 없다는 것을 알고 있었다. 오약란(伍若蘭)[744]도 이것을 알고 있었다(Smedley, 1979: 257). 주덕의 다섯째 부인인 오약란은 결혼 1년 후인 1929년 2월 감주(贛州)에서 국민당 반동파에게 살해됐다. 얼마 후 모택동과 하자진은 주덕에게 강극청(康克淸)[745]을 소개했다.

'주모홍군' 핵심 멤버이며 홍군의 지도자 주덕은 일생에서 여섯 차례 결혼했다. 1905년 고향에서 외사촌 동생 유총진(劉叢珍)과 결혼했다. 이는 부모가 정한 근친혼(近親婚)이었다. 1912년 운남(雲南) 처녀 소국방(蕭菊芳)과 재혼했다. 그녀가 병사한 후 아들 주기(朱琦)[746]는 세 번째 부인 진옥진(陳玉珍)이 키웠다. 1922년 주덕은 독일 유학 당시 하야화(賀冶華)와 결혼해 딸 주민(朱敏)[747]을 낳았다. 1926년 그들 부부는 '정견 차이'로 결별했다. 한편 재가(再嫁)한 하야화는 변절자로 전락했다. 1928년 2월

---

744 오약란(伍若蘭, 1906~1929), 호남성 뢰양(耒陽) 출신이며 주덕의 다섯째 부인이다. 1926년 중공에 가입, 1928년 2월 주덕과 결혼, '홍4군' 정치부 선전대장 역임, 1929년 2월 견하(酃下)전투에서 체포, 감주(贛州)에서 살해됐다.

745 강극청(康克淸, 1911~1992), 강서성 만안(萬安) 출신이며 주덕의 여섯째 부인이다. 1929년 3월 주덕과 결혼, 1931년 중공에 가입, 1930~1940년대 여자의용대(女子義勇隊) 정치지도원, '홍4방면군' 당학교(黨校) 당서기, 팔로군 총사령부 정치처장, 건국 후 전국부련(婦聯) 회장, 전국 정협 부주석 등을 역임, 1992년 북경에서 병사했다.

746 주기(朱琦, 1916~1974), 사천성 의롱(儀隴) 출신, 주덕의 아들이다. 생모(蕭菊芳)가 병사한 후 계모(陳玉珍)가 부양했다. 1938년 중공에 가입, 1943년 항일군정대학 과장, 건국 후 (天津)철로기무단 근무, 1969년 산서성 '5.7간부학교'에서 학습, 1974년 '돌연사(突然死)'했다.

747 주민(朱敏, 1926~2009), 사천성 의롱(儀隴) 출신이며 주덕의 장녀, 생모는 하야화(賀冶華)이다. 1941년 모스크바의 제1국제아동원에 입학했다. 1953년 북경사범대학 교수, 1954년 중공에 가입했다. 1979년 후 (蘇聯)대사관에 호출, 2009년 북경에서 병사했다.

주덕은 오약란과 동거했다. 1929년 봄 25세 연하인 강극청과 재혼했다. 결국 주덕·강극청 부부는 백년해로(百年偕老)했다.

모택동과 하자진의 애정이 결실을 맺을 무렵 '뜻밖의 위기'가 찾아왔다. 1928년 3월 주로가 와전한 '당적 박탈'로 모택동은 '사단장'으로 좌천됐고 하자진은 비서직을 상실했다. 출발 전 모택동은 하자진과 만나 석별의 정을 나눴다. 당시 하자진은 정교하게 만든 유자껍질 담배갑을 선물했다. 한편 하자진은 현위 서기 유진의 요청으로 영신현에 돌아가 부녀회를 주관했다. 5월 상순 모택동이 하자진에게 돌아오라는 편지 두 통을 영신현위에 보냈으나 '한강에 돌멩이 던진 격'이었다. 하자진의 '영신 이탈'을 원치 않은 유진이 편지를 제때에 전달하지 않았던 것이다.

5월 중순 모택동은 통신원 용개부(龍開富)[748]에게 편지를 주며 유진에게 전해줄 것을 지시했다. 편지는 이렇게 썼다. …유진 동지, 당신에게 '부탁한 일'은 왜 허락하지 않는가? 상감특위 비서로 하자진을 임명하니 곧바로 보내주기 바란다(石永言, 2008: 63). 강한 명령조로 쓴 편지를 본 유진은 곧 하자진을 돌려보낼 수밖에 없었다. 당시 본토인 유진은 '객가인' 원문재의 처사에 불만이 컸다. 얼마 후 유진의 '경질'은 당연한 결과였다.

모택동은 원문재의 집에서 학질을 치료한 하자진과 가까워지면서 동거를 시작했다. 이듬해 1928년 7월에는 간소한 결혼식까지 치렀다(나

---

748 용개부(龍開富, 1908~1977), 호남성 차릉(茶陵) 출신이며 모택동의 경호원이다. 1928년 중공 가입, 1929년 '홍1군단' 포병대대장, 1930~1940년대 중앙군위 경위대대장, 제44군 후근(後勤)부장, 건국 후 심양군구 후근부 부부장을 역임, 1977년 심양(瀋陽)에서 병사했다.

창주, 2019: 253). 1928년 5월 하순 모택동과 하자진은 영신현 당변(塘邊)에서 현지 실사에 참가했다. 여기에서 그들은 연인(戀人)에서 '애인(愛人)'이 됐다. 훗날 하자진은 이렇게 회상했다. …당시 우리는 예식(禮式)을 치르지 않았고 원문재가 친구 몇 사람을 불러서 축하했다(葉健君 외, 2004: 197). 실제로 1928년 5월 하순 당변촌에서 동거한 모택동과 하자진은 모평에 돌아와 '혼례식'을 치렀다. 한편 (朱毛)홍군의 최고 지도자 모택동은 원문재를 공농병정부 주석으로 임명해 '중매'에 보답했다.

원문재가 주최한 혼례식에 왕좌·용초청, 주덕의 부인 오약란 등이 참석했다. 혼례식은 의식도 없이 간단하게 진행됐다. 하자진은 자신이 만든 멜가방을 모택동에게 선물했다. 6월에 그들은 당변에서 밀월을 보냈다. 일각에서 '당변 결혼설'[749]을 주장한 이유이다(趙志超, 2011: 62). 1928년 봄여름 모택동과 하자진은 선후로 세 차례 당변을 다녀왔다. 5월 하순의 두 번째 방문에서 그들은 동거커플(同居Couple)이 됐다. 그러나 부인 양개혜가 생존한 상황에서 모택동과 동거한 하자진을 정실부인(正室夫人)으로 보긴 어렵다. 한편 일부 중국 학자들이 모택동이 '양개혜 사망'을 확인한 후 하자진과 재혼했다는 주장은 사실 왜곡이다.

모택동이 하지진과 '동거'한 원인은 ① '근거지 설립'에서 원문재·왕좌의 중요성 절감 ② '호의'를 거절할 경우 파생되는 불이익 우려 ③ 원문재 등의 끈질긴 중매 노력 ④ 양개혜 '사망설' 유포 ⑤ 주덕과 진의

---

749 6월 26일 영신현 하유구(夏幽區)의 당변에서 모택동은 하자진과 회합했다. 그들의 결혼 시간은 1928년 6월이며 (婚姻)장소는 당변촌이다(田樹德, 2002: 55). 1928년 초여름 모택동과 하자진은 당변에서 40일을 묵었다. 이 기간 유진 등이 '(毛賀)혼인식'을 치렀다. 이 것이 '당변 결혼설'이 유포된 주된 원인이다(陣冠任, 2019: 147). 한편 모택동과 하자진은 당변에서 동거하고 모평에 돌아와서 '결혼식'을 치렀다는 것이 학계의 중론이다.

의 '권고' ⑥ 주덕·오약란 동거에서 얻은 용기 ⑦ 처첩을 두는 관행적 혼인 풍습 등이다. '근묵자흑(近墨者黑)'이라는 말이 있다. 원문재는 현성에 '애인'이 있었고 중공에 가입한 왕좌는 여전히 처첩이 두고 있었다. 흔히 장개석과 송미령의 결혼(1927.12.1)을 '정치적 혼인'이라고 평가한다. 한편 모택동과 하자진의 동거 생활은 '혁명적 혼인'이었다.

모택동의 정적인 장개석은 네 차례 결혼했다. 1901년 모복매(毛福梅)와 결혼해 장경국(蔣經國)[750]을 낳았다. 1911년 기생 출신 요야성(姚冶誠)과 동거했다. 요야성은 장위국(蔣緯國)[751]을 수양아들로 삼았다. 1921년 19세 연하인 진결여(陣潔如)[752]와 결혼했다. 그녀는 장개석의 '정치적 혼인'의 희생양이었다. 1927년 장개석은 '전처 관계'를 청산하고 송애령(宋靄齡)[753]의 도움으로 송미령과의 결혼에 골인했다. '퍼스트레이디' 송미령은 장개적 정부가 미국의 지지와 경제적 원조를 받는데 중요한 역할을

---

750 장경국(蔣經國, 1910~1988), 절강성 봉화(奉化) 출신이며 장개석의 장자이다. 1925년 소련 공산당에 가입, 1928년 소련 홍군학교 연수, 1940년대 강서행정구 보안사령관, '삼청단' 중앙간부학교 교육장, '청년군' 정치부주임을 지냈다. 1949년 후 (臺灣)국방부장·행정원장을 역임, 1978년 제6임 '총통'에 취임, 1988년 대북(臺北)에서 병사했다.

751 장위국(蔣緯國, 1916~1997), 장개석의 차자(次子), 일본에서 태어난 '사생아'이다. 1937년 독일육군뮌헨군관학교, 1939년 후 항일전쟁 참가, 1975년 삼군(三軍)대학 총장, 1986년 국가안전회의 비서장, 1993년 '(臺灣)총통부' 자정(資政), 1997년 대북(臺北)에서 병사했다.

752 진결여(陣潔如, 1905~1971), 상해(上海) 출신이며 장개석의 셋째 부인이다. 1921년 12월 상해에서 장개석과 결혼, 1927년 미국 이주, 1933년 상해로 귀환, 장개석은 전처(前妻)에게 5만원의 '생활비'를 지급했다. 1961년 홍콩에 정주(定住), 1971년 홍콩에서 병사했다.

753 송애령(宋靄齡, 1889~1973), 광동성 문창(文昌) 출신, '송씨 삼자매' 맏이이다. 1912년 손중산 비서, 1914년공상희(孔祥熙)와 결혼, 1927년 장개석·송미령 혼인을 주선, 1947년 미국 정주, 1973년 뉴욕(New York)에서 병사했다.

했다.

드라마 '정강산'에는 왕좌가 모택동에게 '양개혜 살해' 소식을 무심코 전달하는 장면은 있다. 이는 사실을 왜곡한 픽션이다. 실제로 '사랑에 빠진' 모택동이 '본처 존재'를 무시했다. 중국 학자들은 모택동이 '양개혜 처형'을 확인한 후 하자진과 동거했다고 주장하고 있다. 이는 모택동의 '중혼'을 비호하기 위한 견강부회식 억지 주장이다. 한편 모택동과 하자진이 영신에서 '허니문'을 보낼 때 장사에서 '불청객'이 그들을 찾아왔다.

5월 말 원문재와 동료가 모인 자리에서 혼례식이 거행됐다. 그들은 웃고 떠들며 결혼을 축하했다. 아무도 시퍼렇게 살아있는 양개혜를 생각하지 않았다. 남편의 배신을 알게 된 양개혜는 충격이 너무 커 자살할 정도였다(V. Pantsov 외, 2017: 295). '불청객'은 양개혜의 당제(堂弟) 양개명(楊開明)[754]이었다. 6월 말 호남성위는 양개명을 상감특위 서기로 임명했다. 당시 양개혜의 편지를 갖고 온 양개명은 매형의 '배신'에 억장이 무너졌다.

양개명의 '홀출(忽出)'에 하자진은 큰 충격을 받았다. 모택동이 양개혜를 데려온다면 그녀는 곧 떠날 준비를 하고 있었다. 평소 그녀는 자신의 옷보따리를 따로 챙겨 한곳에 놓아두었다. 모택동이 그 이유를 물으니 하자진은 이렇게 말했다. …양개혜가 오면 나는 이곳을 떠나겠다(何敏 외, 2007: 228). 본처와 '동거녀' 중 한쪽을 선택해야 하는 모택동은 양 손에 떡 쥔 격이 됐다. 결국 '지두사(地頭蛇)' 원문재와 영신현위 지지를

---

754 양개명(楊開明, 1905~1930), 호남성 장사(長沙) 출신이며 공산주의자이다. 1926년 중공에 가입, 1928년 호남성위 비서장, 그해 7월 상남특위 서기로 부임, 1929년 '홍5군' 정치부 주임, 1930년 장사(長沙)에서 살해됐다.

받는 하자진을 선택했다. 또 임신한 하자진을 버릴 수 없었다. 당시 모택동에겐 '현모양처'보다 생사를 같이 하는 '환난지처'가 더 필요했다.

하자진이 낳은 여섯 명의 아이 중 4명만이 태어나서 1년 이상을 살았다. 네 명의 자식 중 3명은 별 문제없이 자랐으나 한 명은 행방도 알 수 없다. 이름이 알려진 것은 이민(李敏)⁷⁵⁵·모안홍(毛岸紅)⁷⁵⁶이다(유일, 2016: 49, 51). 모택동과 하자진은 모두 3남3녀를 출산했다. 강서성(1930)과 소련(1938)에서 태어난 두 아들은 요절했다. 장녀 모금화(毛金化, 1929)는 요절했다고 전해졌으나 훗날 하자진의 딸이라는 것이 밝혀졌다. 장정(長汀)에서 태어난 모안홍(1932)은 건국 후 많은 문제를 일으켰다. 한편 하자진은 인생의 대부분을 딸 이민에게 의지하며 살았다.

정강산(1929)과 중앙소비에트지역(1932)에서 실각한 모택동의 옆에는 언제나 하자진이 있었다. 모택동이 중병에 걸렸을 때 그녀의 지극정성 병간호가 없었다면 살아남기 어려웠다. 장정 중 중상을 입은 하자진은 동생 하민인(賀敏仁)을 잃는 아픔을 겪었다. 모택동·하자진의 '(延安)결별'은 '외도'한 모택동의 책임이 크다. 한편 소련 체류 기간 '정신병자 취급'을 받은 하자진은 소련의 정신병원에 이송되는 '고난의 시기'를 겪었다.

---

755 이민(李敏, 1936~), 원명은 모교교(毛嬌嬌)이며 모택동·하자진의 딸이다. 1940년부터 소련에서 하자진과 생활, 1949년 모택동 신변에 돌아왔다. 1964년 중남해(中南海)에서 축출, 병마사(兵馬司) 골목에 거주, 1969년 하남성 '5.7농장' 하방, 1973년 북경으로 돌아왔다.

756 모안홍(毛岸紅, 1932~?), 복건성 장정(長汀) 출신이며 모택동·하자진의 친자식이다. 1934년 모택담 부부가 양육, 모택담 희생(1935) 후 행방불명이 됐다. 주도래(朱道來)가 잃어버린 하자진의 아들이라는 것이 일각의 주장이다. 1971년 주도래는 남경(南京)에서 병사했다.

정강산에서 하자진과 동거한 모택동은 '조강지처' 양개혜를 잃었다. 연안에서 중공 지도자로 자리매김한 모택동은 '환난지처' 하자진과 결별했다. '악처(惡妻)' 강청과의 결합은 모택동의 인생 후반이 불행해진 중요한 원인으로 간주된다. 한편 귀국 후 '북경 진입'을 거절당한 하자진은 1959년 여산(廬山)에서 모택동과 재회했다. 1979년 그녀는 북경 모주석기념당(毛主席紀念堂)을 방문해 고인과 작별했다. 실제로 정강산과 (中央)근거지에서 동고동락(同苦同樂)한 모택동·하자진은 '환난부부(患難夫婦)'였다.

제3절 '주모(朱毛)회사'와 '8월실패'

1. '정강산회사(會師)', '홍4군(紅四軍)' 창건

'주모(朱毛)회사(1928.4)'로 정강산 근거지는 전성기를 맞이했다. 결국 '주모홍군'[757] 모태인 '홍사군(紅四軍)'[758]이 창건됐고 근거지가 확장됐다. 남창봉기 후기 군사적 리더십을 발휘한 주덕은 '정강산회사' 수훈갑이다. 주덕·진의가 이끈 (南昌)봉기군 패잔병 800여 명은 간난신고를 거쳐 정강산에 도착해 모택동의 공농혁명군과 회합했다. 주덕이 거느린 황포

757　1928년 4월 24일 남창·추수봉기 부대는 정강산에서 회합, 공농홍군 제4군을 설립했다. 주덕이 군단장, 모택동이 당대표를 맡았다. 얼마 후 '홍4군'으로 개칭, 이를 '주모(朱毛)홍군'이라고 부른다. 강서성위가 당중앙에 보낸 편지(1928.5.23)에서 최초로 '홍4군'을 '주모홍군'으로 불렀다. '주모홍군'은 '16자결' 등 다양한 유격전법을 창안했다.

758　1928년 4월 주덕과 모택동의 부대가 정강산에서 회합, 5월에 공농홍군 제4군을 설립했다. 공농홍군 제4군은 1928년 6월부터 '홍4군(紅四軍)'으로 개명, 4년 반 동안 존재했다. '홍4군'으로 개칭(1928.5.25)된 후 사단 번호를 취소했다. 4개 연대와 1개 교도대대로 편성, 병력은 6000여 명이었다. 1930년 6월 '홍4군'은 '홍1군단'에 편입됐다.

군교 졸업생이 주축인 '철군(鐵軍)'[759]의 정강산 진출이 없었다면 모택동은 '공비(共匪)' 두목으로 일생을 보냈을 것이라는 것이 일각의 주장이다.

10월 7일 무지(茂芝)에서 열린 주덕·주사제·이석훈·진의 등이 참가한 회의에서 결정한 주된 내용은 ① 당조직과의 연락 채널 복원 ② 상월감(湘粤贛) 근거지 설립 ③ 유격전술 훈련 강화 ④ 당원 역할 강화 등이다(金沖及 외, 1993: 88). 남창봉기군 주력이 광동에서 패전한 상황에서 혁명의 불씨를 살리는 것이 당면과제였다. 주덕이 거느린 25사단은 북벌전쟁에 참가한 정규군으로 정규전에는 익숙했으나 '유격전'에는 미숙했다.

회의 후 주덕이 거느린 남창봉기군은 '포위권 돌파'를 위해 요평에서 퇴각했다. 10월 중 봉기군의 잔여부대는 적의 통치력이 약한 상감변계(湘贛邊界)를 목표로 적의 추격에서 벗어나는 북상(北上)·서진(西進)을 통해 상남 방향으로 진격했다. 한편 1927년 10월 하순부터 11월 하순까지 주덕은 선후로 네 차례의 '감남정돈(贛南整頓)'[760]을 단행했다. 4차례의 '정돈'을 거쳐 환골탈태한 주덕의 봉기군은 극적으로 기사회생을 했다.

10월 17일 봉기군은 복건성 무평(武平)에서 전대균의 2개 연대와 격전을 벌였다. 당시 주덕은 경호원 몇 명을 거느리고 절벽을 타고 넘어

---

759 1926년 2월 엽정독립연대는 국민혁명군 제4군 독립연대로 개칭됐다. 제4군 독립연대는 중공이 장악한 혁명무장으로, 북벌전쟁에서 혁혁한 전공을 세워 '철군(鐵軍)'으로 불렸다. 1927년 8월 1일 엽정독립연대는 남창봉기의 주력부대였다. 1928년 4월 남창봉기군 잔여부대는 정강산에서 추수봉기군과 회합, 공농홍군 제4군을 창건했다.

760 '감남정돈(贛南整頓)'은 1927년 10월 하순부터 주덕이 단행한 네 차례의 정돈이다. ① 10월 22일 '천심우 정돈' 취지는 사상교육 강화, 흩어진 군심 안정 ② 10월 25일 강서성 신풍에서 진행한 '신풍 정돈' 취지는 군벌주의 관행 근절 ③ 10월 말 '대여(大余) 정돈' 취지는 당 지도력 강화 ④ 11월 초 숭의(崇義)에서 진행된 '상보 정돈(上堡整訓)' 취지는 유격전술에 관한 훈련 강화이다. '감남정돈' 중 '상보 정훈'이 가장 중요했다.

적의 배후를 급습했다. 협곡을 통과한 봉기군은 적의 추격에서 벗어났다(中共中央文獻研究室, 1986: 52). 당사자 속유는 이렇게 회상했다. …절벽을 타는 그의 모습을 보며 용맹무쌍하고 솔선수범하는 용장(勇將)이라는 것을 실감했다(粟裕, 1988: 37). 41세의 주덕은 풍부한 실전 경험과 '문무(文武) 겸비'를 보여주며 장병들의 신임을 얻었다. 10월 21일 봉기군이 강서성 천심우(天心圩)에 도착했을 때 '부대 이탈자'가 속출했다.

천심우 도착 후 사병들의 이탈과 함께 고급 지휘관도 부대를 떠났다. 속유는 이렇게 회상했다. …당시 무단이탈과 변절은 다반사였다. 봉기군이 신풍(信豊)에 도착했을 때 남은 자는 8백명에 불과했다. 특히 고급 지휘관 이탈로 봉기군은 심각한 위기에 빠졌다(粟裕, 1979: 88). 부대에 남은 연대장 이상 군사 지도자는 주덕과 참모장 왕이탁, 정치지도원 진의 세 사람이었다. 한편 사단장 주사제(周士弟)의 도주설과 파견설이 엇갈린다.

주사제·이석훈 등은 주덕을 찾아가 당중앙을 찾아가야 한다고 주장했다. 주덕이 재삼 만류했으나 그들은 부대를 이탈했다. 주덕은 '부대 이탈자' 주사제에게 실망했다(劉學民 외, 2007: 61). 연속된 패전에 비관한 주사제가 상해로 도피한 것이다. 한편 주덕은 이렇게 말했다. …주사제 사단장은 당조직의 파견을 받고 상해로 떠났다(古越, 1999: 65). 실제로 상기 '파견설'은 군심(軍心) 동요를 우려한 주덕의 '선의의 거짓말'이다. 주사제가 떠나지 않았다면 '원수 직함'은 따놓은 당상이었다는 것이 일각의 주장이다. 건국 후 상장(上將) 주사제는 크게 중용을 받지 못했다.

'천심우 정돈(10.22)' 취지는 사상교육 강화를 통해 승리에 대한 신심을 북돋우는 것이었다. 주덕은 이렇게 자평했다. …연속된 실패로 군심이 흩어지고 구심점이 결여된 상황에서 사상교육 강화를 통해 혁명에 대한 의지를 굳혔다(朱德, 1987: 189). 이 시기 주덕은 '존경스러운 연장자'에서 장병의 존경을 받는 봉기군의 최고 지도자로 거듭났다. 흩어진 군심을 결집하고 사병의 사기를 북돋은 '천심우 정돈'은 봉기군의 전환점이었다.

10월 25일 강서성 신풍에서 진행한 '기율 정돈' 취지는 봉기군 내 만연된 군벌주의 관행을 근절하는 것이었다. 10월 23일 진의는 일부 장병의 '기율 위반' 행위를 비판했다. 10월 25일에 열린 대회에서 주덕은 '기율 준수' 중요성을 강조했다. 정치사상교육을 주관한 진의는 기율을 엄중하게 위반한 불순분자 3명의 죄상을 적발한 후 즉각 처형했다. 진의의 '지도원 역할'이 부각되면서 봉기군은 주덕·진의의 '투톱 체제'를 확립했다.

10월 말 대여(大余)에서 단행한 '조직 정돈' 취지는 당의 영도권 강화이다. 주덕은 봉기군을 1개 연대로 개편했고 명칭을 국민혁명군 제5연대로 개명했다. 주덕이 연대장, 진의가 지도원, 왕이탁이 참모장을 맡았다(賴宏, 2007: 77). 진의는 56명 당원을 각 중대 지도원으로 파견해 정치사상교육을 강화했다. 당 지도력을 강화한 '대여 정돈'은 모택동의 '삼만 개편'과 일맥상통했다. 한편 임표의 '부대 이탈'은 또 다른 사건이었다.

대여 도착 후 임표와 몇 명의 중대장이 진의를 찾아왔다. 진의는 이렇게 회상했다. …그들은 위기 상황을 하소연하며 나에게 '상해 도피'를 권장했다. 임표는 이렇게 말했다. …현재 군심이 흩어졌다. 적에게 체포되는 것보다 상해로 가 다른 길을 모색하는 것이 낫다('陳毅傳', 2015: 30). 대여에서 부대를 이탈한 임표는 산속에서 길을 잃고 방황했다. 한 산민(山民)이 그에게 길목마다 애호단이 지키고 있고 외지인을 체포한다고 말했다. 이에 겁먹은 임표는 부대로 귀환했다(少華 외, 2003: 39). 결국 진의의 설득을 통해 중대장들은 '부대 이탈'을 단념했다. 11월 초 혁명 의지를 상실한 임표는 부대를 이탈했으나 얼마 후 부대로 복귀했다.

문혁 시기 '2인자' 임표에게 아첨하기 위해 일부 어용 지식인은 '주모회사'를 '임모회사(林毛會師)'로 왜곡했다. 당시 '역사 왜곡'에 분노한 진의는 임표는 '도피주의자'였다고 일갈했다. 결국 무소불위의 권력을 가진 '후계자' 임표에 의해 주덕은 중남해(中南海)에서 쫓겨났고 진의는 모진 박해를 받았다. 당시 임표의 '역사 왜곡'은 모택동의 묵인을 받았다. 한편 주덕·진의는 모택동의 '정강산 실각(1929.6)'을 유발한 장본인이다.

'상보 정훈(上堡整訓)'은 11월 초 상감월(湘赣粤) 변계의 숭의(崇義)현에서 진행됐다. '상보 정훈' 취지는 유격전술에 관한 군사 훈련을 진행하는 것이었다. 또 교도(教導)대대를 설립하고 이기중(李奇中)[761]을 대대장으로 임명했다(金沖及 외, 1993: 94). 주덕은 이렇게 회상했다. …(南昌)봉기군은 상보에서 제대로 된 군사 훈련을 진행할 수 있었다. 특히 새로운 전술인 '인(人)'자형 전투 대형 등 유격전술을 훈련했다(朱德, 1989: 189). 한편 주덕이 상보에서 20일 동안 군사훈련을 진행할 수 있었던 것은 동창이며 의형제인 양여헌이 이를 '묵인'했기 때문에 가능했다.

'상보 정훈'이 중요한 이유는 첫째, '농촌 근거지' 창설을 위한 유격전술을 훈련했다. 둘째, 시간적 여유를 갖고 문제를 해결했다. 셋째, 부족점을 보완하고 성과를 공고히 했다. 넷째, 유격전술 훈련을 통해 기동력 확보와 전투력을 제고했다(朱榮蘭, 2016: 60). '상보 정훈'을 통해 유격전으로 전환한 봉기군은 근거지 창건을 위한 전술적 능력을 갖췄다.

---

761 이기중(李奇中, 1901~1989), 호남성 자흥(資興) 출신이며 공산주의자이다. 1925년 중공에 가입, 1927년 남창봉기에 참가, 1929년 중공을 이탈했다. 건국 후 국무원 참사(參事) 등을 역임, 1989년 북경에서 병사했다.

한편 유격전에 익숙한 봉기군은 비적 하기랑(何其郎)[762]에게 치명적 타격을 입혔다.

'삼만개편'과 '감남정돈'은 공통점과 차이점을 갖고 있다. 공통점은 ① 심각한 위기에서 단행한 '개편·정돈(整頓)' ② 봉기군 편제, 1개 연대로 축소 ③ 당원의 역할과 정치사상교육 중시 ④ 당지부를 설립, 당원을 중대에 파견 ⑤ 유격전술 중시, '근거지' 창설 등이다. '차이점'은 ① 장병 평등, 기율·조직력 강화 ② 당의 지도력 강화를 중시, 군사 훈련을 강조 ③ 사병의 역할을 중시, 유격전술 훈련 강화 등이다. 한편 '삼만개편'은 당의 영도권을 중시한 반면, '감남정돈'은 훈련을 통한 전투력 제고가 주된 취지였다. 이 또한 '주모홍군' 회합이 절실한 이유였다.

담진림은 이렇게 회상했다. …농민자위군이 주축인 추수봉기군은 군사적 자질을 갖추지 못했고 남창봉기군과 회합 전 패전을 거듭했다. 봉기군은 황포군교를 졸업한 지휘관이 많았고 북벌전쟁을 경험했기에 전투력이 강했다(金一南, 2017: 106). '주모회사'가 없었다면 정강산 근거지의 '전성기' 도래가 불가능했다는 반증이다. 한편 '10대 원수' 주덕·임표·진의와 '10대 대장' 중 서열 1위 속유는 '천심우 정돈'의 800명 일원이었다.

11월 상순 모택동이 정강산에서 활동한다는 것을 우연하게 알게 된 주덕은 진의에게 이렇게 말했다. …봉기군을 거느리고 모택동이 있는 정강산에 찾아갑시다(李蓉 외, 2005: 19). 양지성은 이렇게 회상했다. … 오중호의 제1대대가 주덕의 봉기군과 회합했다. 모택동의 소식을 들은

---

762 하기랑(何其郎, 1896~1950), 호남성 여성(汝城) 출신이며 악질 비적이다. 1926년 북벌군에게 격파된 후 비적으로 전락, 1927년 상감변계 보안사령관, 그해 11월 '주덕 암살'을 시도했다. 1950년 사형에 선고돼 처형됐다.

우리는 '정강산 회합'을 학수고대했다(郭思敏 외, 1992: 33). 상기 주장은 설득력이 떨어진다. 당시 주덕은 운남강무당 동창생인 범석생(范石生)에게 협조와 '피난'을 요청한 상태였다. 또 '대분진 참패'를 당한 모택동은 정강산으로 퇴각해 왕좌에게 의탁하고 있는 '궁색한 처지'였다.

국민혁명군 제16군 군단장 범석생이 호남성 침주(郴州)로 이동했다는 것을 알게 된 주덕은 군수품 보급과 급양 해결을 위해 '범석생 합작'을 결정했다(吳殿堯, 2010: 41). 당사자 조용(趙鎔)[763]은 이렇게 회상했다. … '난관 타개'를 위해 노심초사하던 주덕이 범석생에게 주동적으로 편지를 써 협조를 부탁했다. 당시 범석생은 공산당원 위백췌(韋伯萃)를 보내 여성(汝城)에서 만나자는 의향을 전해왔다(趙鎔, 1980: 69). 주덕과 운남강무당에서 의형제를 맺은 범석생은 설중송탄(雪中送炭)의 '구세주 역할'을 했다. 한편 범석생은 이를 위해 '혹독한 대가'를 치렀다.

11월 하순 범석생이 수용한 조건은 ① 봉기군이 제16군 140연대 번호 사용 ② 조직적 독립과 정치적 자주, 군사적 자유의 원칙 동의 ③ 한 달치 군향과 군수품 발급 등이다(龔希光 외, 1993: 98). 이 시기 왕해(王楷)로 개명한 주덕은 16군단 총참의(總參議)로 부임했다. 결국 급양과 군수품의 부족 난제를 해결한 봉기군은 소관 리포두(犁鋪頭)에 주둔해 군사 훈련에 몰두했다. 한편 주덕은 리포두에서 모택동의 특사 하장공을 만났다.

주덕이 범석생의 휘하에 은폐해 있다는 밀보(密報)를 받은 장개석은 범석생에게 '무장 해제'와 '주덕 체포'를 명령했다. 결국 범석생은 리포

---

763 조용(趙鎔, 1902~1992), 운남성 빈천(賓川) 출신이며 개국중장이다. 1927년 중공에 가입, 남창봉기에 참가했다. 1930년대 '홍9군단' 공급부장, 제4방면군 공급학교 학교장, 1940년대 팔로군 제120사 공급부장, 화북군구 후근운수부 정치위원 등을 맡았다. 건국 후 화북군구 후근부 부부장, 전국 정협 위원을 역임, 1992년 곤명에서 병사했다.

두에 비서를 파견해 주덕에게 급속히 떠날 것을 권고했다(金沖及 외, 2009: 54). 주덕이 떠날 때 범석생은 은화 5만원과 탄약 열 상자를 선물했다. 주덕은 이렇게 회상했다. …'통일전선'이 결성한 후 범석생의 도움으로 병력을 보충하고 군수품을 보급받아 충분한 훈련을 진행했다(朱德, 1987: 178). 주덕이 떠난 후 장개석의 미움을 산 범석생은 사단장으로 좌천됐다. 당시 장개석은 '통공(通共)'한 범석생을 눈엣가시처럼 여겼다.

12월 하순 주덕을 만나 '특사' 임무를 완성한 하장공은 정강산에 복귀했다. 1928년 1월 하장공은 모택동에게 관련 상황을 보고했다. 프랑스에서 유학한 하장공은 진의의 '학우'였다. 당시 모택동의 신뢰를 받은 하장공은 '주모회사'에 크게 공헌했다. 건국 후 지질부(地質部) 차관을 역임한 하장공은 모택동의 중용을 받지 못했다. 주된 이유는 장정(長征) 후반 하장공이 모택동의 최대 정적인 장국도의 '정치노선'을 지지했기 때문이다.

11월 중순 주덕의 '특사'로 파견된 모택담은 11월 말 모택동과 상봉했다. 1933년 '나명로선(羅明路線)'[764] 추종자로 간주된 그는 복건성에서 유격전을 전개했다. 한편 서금전투에서 희생(1935.4)된 모택담은 첫째 부인 조선계(趙先桂)[765]와 둘째 부인 주문남(周文楠)[766]과의 혼인 관계를 청

---

764 '나명로선(羅明路線)'은 1933년 초 좌경기회주의자가 복건성위 서기 나명(羅明)에게 씌운 죄명이다. '모택동 지지자' 나명은 임시중앙의 좌경 정책과 상반된 견해를 제출했다. 박고(博古) 등은 나명에게 '기회주의노선'이란 죄명을 씌우고 '나명노선'에 대해 비판을 전개했다. '나명노선'의 실질은 좌경기회주의자와 모택동 간의 정치투쟁이다.

765 조선계(趙先桂, 1905~1932), 호남성 상향(湘鄉) 출신이며 모택담의 첫째 부인이다. 1923년 중공에 가입, 1924년 모택동과 결혼, 1925년 모스크바 중산대학에서 연수했다. 1931년 산동성위 비서, 1932년 제남(濟南)에서 살해됐다.

766 주문남(周文楠, 1910~1992), 광서성 계림(桂林) 출신이며 모택담의 둘째 부인이다. 1926

산하지 않은 채 셋째 부인이며 하자진의 동생인 하이와 재혼했다.

1928년 초 주덕은 '의장지취(宜章智取)'를 결정했다. 의장(宜章) 출신 호소매(胡少梅)[767]가 의장현장에게 편지를 썼다. 1월 12일 주덕은 현장과 향신(鄕紳)을 연회에서 체포했다. 봉기군은 지방 무장을 해제하고 곡식 창고를 털어 식량을 백성에게 나눠줬다. '의장지취' 공헌자는 호세검(胡世儉)[768]·양자달(楊子達)[769]·고정산(高靜山)[770]·모과문(毛科文)[771]이다. '의장지취'는 상남폭동(湘南暴動)[772] 개시를 의미한다. 또 공농혁명군 제1사단을 설립하고 주덕이 사단장, 진의가 당대표, 왕이탁이 참모장을 맡았다.

년 광주에서 모택담과 결혼, 1942년 연안에서 왕영초(王英樵)와 재혼했다. 건국 후 흑룡강성 고급법원 민사청장, 하얼빈시 정협 위원 등을 역임, 1992년 하얼빈에서 병사했다.

767 호소매(胡少梅, 1898~1930), 호남성 의장(宜章) 출신이며 공산주의자이다. 1927년 증공에 가입, 1928년 공농혁명군 제3사단장, '8월실패'의 장본인이다. 1929년 '홍4군' 제4종대 사령관, 1930년 복건성 용암(龍岩)에서 희생됐다.

768 호세검(胡世儉, 1897~1929), 호남성 침현(郴縣) 출신이며 공산주의자이다. 1922년 중공에 가입, 1927년 의장(宜章)현위 서기, 1928년 '홍4군' 제33연대 당대표로 임명, 1929년 대백지(大柏地) 전투에서 희생됐다.

769 양자달(楊子達, 1892~1930), 호남성 의장(宜章) 출신이며 공산주의자이다. 1924년 중공에 가입, 1926년, 의장농민협회 위원장, 1928년 공농혁명군 제10사 29연대 3대대 당대표, 1930년 복건성 영복(永福)에서 희생됐다.

770 고정산(高靜山, 1901~1933), 호남성 의장(宜章) 출신이며 공산주의자이다. 1922년 중공에 가입, 1928~1930년 홍군 28연대 2대대 당대표, '홍9군' 정치위원, 1932년 반혁명으로 체포, 1933년 복건에서 비밀리에 살해됐다.

771 모과문(毛科文, 1898~1929), 호남성 의장(宜章) 출신이며 공산주의자이다. 1925년 중공에 가입, 1928년 1월 의장현 소비에트정부 주석, 그해 5월 상감변계 공농운동부 부부장; 1929년 침현(郴縣)에서 체포돼 살해됐다.

772 상남폭동(湘南暴動)은 1928년 1~3월 주덕의 남창봉기군이 지방당조직의 협력하에 상남에서 일으킨 무장폭동이다. 1월 12일 의장현성을 지취(智取), 상남폭동의 서막을 열었다. 그해 2~3월 주덕이 거느린 봉기군은 의장·침현·뢰양·영흥 등 8개 현에서 공농(工農)무장폭동을 일으켰다. 4월 초 주덕의 공농혁명군은 정강산으로 진격했다.

남창봉기군의 '의장 공략' 소식을 들은 장개석은 허극상에게 봉기군 소멸을 명령했다. 적군과 정면 대결을 피한 주덕은 의장에서 철수해 유격전을 전개했다. 1월 31일 봉기군은 암영(岩永)·평석(坪石)전투에서 적군 1000여 명을 섬멸했다. '평석대첩'은 허극상에게 치명적 타격을 입혔다. '할수기포(割鬚棄袍)'[773]한 조조를 연상할 만큼 낭패한 허극상은 병사복을 갈아입고 도망쳤다. 2개월 간 진행된 상남폭동은 눈부신 성과를 거뒀다.

2월 중 공농혁명군은 몇 개 사단으로 발전했다. 제3사단장 호소매, 당대표 공초(龔楚)[774], 제4사단장 광용(鄺墉)[775], 당대표 등종해(鄧宗海)[776], 제7사단장 등윤정(鄧允庭)[777], 당대표 채협민, 영흥적위연대장 윤자소(尹子

---

773 '할수기포(割鬚棄袍)'는 '수염을 자르고 전포(戰袍)를 버린다'는 뜻으로 '삼국연회'에서 비롯됐다. 마초(馬超)가 부친의 원수를 갚기 위해 군사를 일으켜 장안(長安)·동관(潼關)을 점령했다. 결국 조조는 대군을 이끌고 마초와 맞섰다. 마초의 군사가 …붉은 전포를 입고 수염이 긴 자가 조조라는 외치자, 곧 전포를 벗어 던지고 칼을 뽑아 수염을 자른 후 황급히 도망쳤다. 실제로 '삼국연의'의 '할수기포' 고사는 픽션이며 정사(政事)의 최종 승자는 조조였다.

774 공초(龔楚, 1901~1995), 광동성 악창(樂昌) 출신이며 공산주의자(1935년 변절)이다. 1927년 중공에 가입, 남창봉기에 참가, 1928년 '홍4군' 29연대 당대표, '8월실패'의 장본인이다. 1935년 변절, 남방 홍군에게 심대한 타격을 안겼다. 1949년 홍콩 이주, 1995년 고향 악창에서 병사했다.

775 광용(鄺墉, ?~1928), 호남성 뇌양(耒陽) 출신이며 공산주의자이다. '국민혁명가(國民革命歌)'의 작사자이다. 1925년 중공에 가입, 황포군교 정치부 선전과장, 1928년 공농혁명군 제4사단장, 12월 뇌양(耒陽)전투에서 희생됐다.

776 등종해(鄧宗海, 1902~1932), 호남성 뇌양(耒陽) 출신이며 공산주의자이다. 1924년 중공에 가입, 1927년 뇌양현위 서기, 1928년 공농혁명군 제4사단 당대표, 1931년 상남특위 선전부장, 1932년 뇌양(耒陽)에서 살해됐다.

777 등윤정(鄧允庭, 1879~1931), 호남성 침현(郴縣) 출신이며 공산주의자이다. 1927년 중공에 가입, 1928년 공농홍군 제7사단장, 1929년 홍군 후방병원 책임자, 1930년 근거지 변방처장, 1931년 '숙반' 운동에서 처형됐다.

韶)[778], 당대표 황극성(黃克誠)[779]이며 봉기군은 1만명에 달했다. 3월 중순 영흥(永興) 대회에서 진우괴(陣佑魁)[780]를 주석, 주덕·진의·하장공 등 21명을 위원으로 하는 상남공농병소비에트정부를 설립했다. 한편 적아 간 역량 차이와 상남특위의 '좌경적 모험' 정책으로 상남폭동은 3월 말에 실패했다. 결국 남창봉기군은 정강산에 진출했다.

남창봉기군은 뢰양·영흥·차릉·안인 등 11개 현에서 무장폭동을 일으켰다. 지방당조직과 농민자위군의 협조하에 토호열신을 타도하고 소비에트정부를 건립했다. '연관(年關)폭동'으로 불린 상남폭동은 허극상에게 심대한 타격을 안겼다. 결국 이는 무장투쟁과 농민운동의 결합과 '상보 정훈'을 거친 남창봉기군의 '전투력 증강'과 관련된다. 한편 3월 초 주덕은 뢰양에서 등종해·유태(劉泰)[781]의 중매로 오약란(吳若蘭)과 재혼했다.

---

778 윤자소(尹子韶, 1896~1938), 호남성 영흥(永興) 출신이며 공산주의자이다. 1926년 중공에 가입, 1931년 상남특위 서기, 1932년, 계양(桂陽)현위 서기를 맡았다. 1938년 비적 이사구(李四狗)에게 살해됐다.

779 황극성(黃克誠, 1902~1986), 호남성 영흥(永興) 출신이며 개국대장이다. 1925년 중공에 가입, 1930년대 '홍5군' 정치부 주임, '홍3군단' 정치부 주임, 팔로군 총정치부 조직부장, 1940년대 '신4군' 제3사단장, 소북(蘇北)당위 서기, 동북민주연군 부사령관을 지냈다. 건국 후 국방부 부부장, 해방군 총참모장 등을 역임, 1986년 북경에서 병사했다.

780 진우괴(陣佑魁, 1900~1928), 호남성 마양(麻陽) 출신이며 공산주의자이다. 1921년 중공에 가입, 1924년 중공 상구(湘區)위원회 선전부장, 1926년 호남성위 조직부장, 1927년 상남특위 서기, 1928년 장사에서 살해됐다.

781 유태(劉泰, ?~1928), 호남성 뢰양(耒陽) 출신이며 공산주의자이다. 1922년 중공에 가입, 1926년 뢰양현 총공회 위원장, 1927년 남창봉기에 참가했다. 1928년 2월 공농홍군 제4군 34연대 당대표, 5월 뢰양에서 희생됐다.

주덕은 봉기군의 안전한 철수를 위해 당천제(唐天際)[782]에게 무장폭동을 지시했다. 3월 하순 뢰양에 도착한 모택담은 주덕에게 정강산 부대의 협력 작전을 보고했다. 3월 29일 주덕의 봉기군은 정강산으로 진출했다. 주덕과 진의는 두 갈래로 나눠 기각지세(掎角之勢)를 이뤘다. 4월 20일 주덕의 부대는 영현(酃縣)에 도착했다. 진의가 거느린 봉기군은 하장공·원문재 부대의 협력하에 4월 21일 영현 면도(沔渡)에서 주덕과 회합했다.

4월 중순 추수봉기군은 영현 수구(水口)에서 호소매가 거느린 제3사단과 회합했다. 모택동은 남창봉기군의 안전한 퇴각을 위해 장자청에게 영현 저격전을 명령했다. 전투에서 장자청은 부상을 입었다. 정강산 부대의 엄호하에 상남봉기군은 무사히 롱시에 도착했다. 4월 24일 역사적 '주모회사'가 롱시 용강서원(龍江書院)에서 이뤄졌다. 4월 25일 용강서원에서 열린 공농혁명군 제4군[783] 제1차 당대회에서 모택동은 (軍委)서기로 선임됐다.

5월 4일 오전 '회사(會師)' 축하식이 하장공의 주최로 개시됐다. 대회에서 모택동과 주덕이 연설했다. '제4군'의 서열은 군단장 주덕, 당대표 모택동, 참모장 왕이탁, 사병위원회 주임은 진의였다. 제10사단(사단

---

782 당천제(唐天際, 1904~1989), 호남성 안인(安仁) 출신이며 개국중장이다. 1925년 중공에 가입, 1930~1940년대 '홍4군' 참모장, 팔로군 제1여단 정치위원, 동북야전군 제1병단 정치위원, 건국 후 호남군구 사령관, 해방군 총후군부 부부장을 역임, 1989년 북경에서 병사했다.

783 공농혁명군 제4군은 '정강상회사' 후 설립된 (朱毛)홍군을 가리킨다. 1928년 4월 주덕이 거느린 남창봉기 잔여부대와 상남농민군은 상남에서 퇴각해 모택동의 추수봉기군과 회합했다. 5월 4일 녕강현 롱시에서 공농홍군 제4군을 설립, 주덕이 군단장, 모택동이 당대표, 왕이탁이 참모장을 맡았다. 1928년 6월 후 '홍4군(紅四軍)'으로 불렸다.

장 주덕, 당대표 왕희선)의 28연대장 왕이탁, 당대표 하장공, 제11사단(사단장 장자청, 당대표 하정영)의 31연대장 장자청, 당대표 하정영, 32연대장 원문재, 당대표 진동일, 33연대장 진윤정, 당대표 황극성, 제12사단(사단장 진의, 당대표 등종해)의 34연대장 등종해, 당대표 유태, 35연대장 황극성, 당대표 이일정(李一鼎)[784], 36연대장 이기중, 당대표 황의조이다.

'주모회사'로 이뤄진 '홍4군' 창건으로 정강산 근거지의 '전성기'가 도래했다. 상남폭동에서 실패한 주덕은 근거지가 필요했고 모택동은 남창봉기의 강한 전투력이 절실했다. 아이러니한 것은 모택동의 당적을 '박탈(訛傳)'한 주로가 '(朱毛)회사'를 촉성했다는 점이다. '주모홍군'은 유격전술을 창안하고 '3대기율·6항주의'를 제정했다. 이 또한 정강산 근거지가 발전한 주요인이다. 한편 '주모홍군'은 '8월실패'[785] 등 우여곡절을 겪었다.

2. 정강산 근거지의 확장, '전성기'의 도래

1928년 8월 1일 역사적인 혁명이 남창봉기라는 이름으로 불타올랐다. 모택동·주덕·진의 등 공산당원들이 남창에 모여들었다. '공산당 군대'로 거듭난다는 총지휘 주은래의 연설처럼 봉기군은 홍군으로 불리기 시작했다(조헌용, 2007: 71). 홍군 창설자는 하룡이다. 북벌 과정에서 호

---

784 이일정(李一鼎, 1902~1928), 호남성 침현(郴縣) 출신이며 공산주의자이다. 1925년 중공에 가입, 1927년 영흥(永興)현위 서기, 1928년 5월 공농홍군 제4군 35연대 당대표, 그해 6월 안인(安仁)에서 반동무장에게 살해됐다.

785 1928년 7월 호남성위 특파원 두수경의 독촉하에 '홍4군' 제28연대와 제29연대는 상남(湘南)으로 진격했다. 결국 제29연대는 '전멸', 정강산 근거지는 심각한 피해를 입었다. 이를 '8월실패(八月失敗)'라고 부른다. 한편 '8월실패' 주도자 두수경과 공초는 상남에 남아 상남특위를 설립, 제28연대는 모택동·주덕의 인솔하에 정강산으로 돌아왔다.

남성 중심으로 편성됐으므로 모택동의 영향을 크게 받았다(김승일, 2009: 25). 모택동이 남창봉기에 참가했다는 주장은 역사 왜곡이다. 한편 진의 는 남창에 없었고 총지휘는 하룡이다. 당시 남창봉기군은 '국민혁명군' 명의를 사용했다. 또 '홍군 창설자(賀龍)'는 상당한 어폐가 있다.

주덕과 임표 부대는 천신만고 끝에 1928년 4월 정강산 부근에 다다랐다. 4월 24일 모택동의 부대와 주덕의 부대는 녕강(寧岡)에서 합류 대회를 열고 공농홍군 제4군으로 재편했다(나창주, 2019: 268). 공농혁명군 제4군은 2개 사단의 지휘 편제를 취소했다. 주덕이 홍군 총사령관, 모택동이 당대표, 주덕의 조력자 진의가 (軍委)서기를 맡았다(P. Short, 2005: 207). 상기 서술에서 '임표'는 진의, '공농홍군'은 공농혁명군이 정확한 표현이다. 공농혁명군 제4군은 '2개 사단'이 아닌 3개 사단 9개 연대였다. 주덕은 군단장, (軍委)서기(4.25)는 모택동이었다. 한편 모택동이 상감 변계 특위 서기(5.22)로 선임된 후 진의가 (軍委)서기를 맡았다.

모택동과 주덕은 회의를 열고 합류부대 명칭을 공농혁명군 제4군 으로 결정했다. '제4군' 명칭은 북벌 시기 '철군'으로 불린 엽정독립연 대(第四軍)를 본뜬 것이다. 이는 정강산 제4군이 '철군'임을 의미한다. 1928년 5월 공농혁명군 제4군은 공농홍군 제4군으로 개칭됐고 그해 5 월 말부터 '주모홍군'으로 불렸다. 1929년 '중국공농홍군 제4군'으로 개 편됐다.

당중앙에 보낸 강서성위 편지(1928.5.23)에서 '주모홍군' 명칭이 처음 사용됐다. …최근 주모홍군이 영신·녕강 등지를 공략했다. 6기 2중전회 결의는 이렇게 썼다. …현재 중국에서 오직 주모군(朱毛軍)을 홍군이라 고 부를 수 있다. 이는 중앙문건에서 처음 '주모홍군'을 거론한 것이다 (王法安 외, 2007: 104). '주모(朱毛)'는 홍군의 상징이며 '주모홍군'은 '홍4군'

에 대한 애칭이다. 한편 (朱毛)명칭을 가장 먼저 사용한 사람은 모택동이다.

중공중앙이 발표한 '군사공작대강(5.25)'은 이렇게 썼다. …할거구(割据區) 군대의 정식 명칭을 홍군으로 결정하고 기존의 공농혁명군 명칭을 철회한다(中央檔案館, 1983: 127). 한편 '대강(大綱)'은 6월 30일 전에 정강산에 전달되지 못했다. 두수경이 5월 22일 전후 정강산에 도착한 후 6월 30일까지 정강산에 다시 가지 않았기 때문이다. 따라서 '군사공작대강'은 공농혁명군 제4군의 '홍4군' 개명에 직접적인 영향을 미치지 않았다(陣國祿 외, 2012: 86). 실제로 중공중앙의 '홍4군' 개칭에 관한 결정을 정강산에 전달한 사람은 '8월실패'의 장본인인 두수경이었다.

정강산의 인구는 겨우 2천명이었고 곡물 생산량은 만단(萬担)을 초과하지 못했다. 군량(軍糧)은 녕강·영신·수천 3현의 운송에 의지했다 (Smedley, 1979: 242). '주모회사' 후 부대의 수효가 급증해 급양 해결이 어려웠다. 5월 말 '홍4군' 군위가 사단 번호를 취소해 군부(軍部) 직속의 4개 연대가 남았다(龔希光 외, 1993: 123). 4개 연대 중 '홍4군' 주력부대는 제28·31연대였다. 한편 농민군으로 편성된 제30·33연대는 상남에 돌아간 후 적군에게 선후로 격파됐다. 이 또한 정강산 근거지의 한계이며 1929년 초 '주모홍군' 주력이 정강산을 떠난 주된 원인이다.

1928년 6월 당중앙의 지시에 근거해 공농혁명군 제4군은 홍군 제4군으로 개명했다. 6월 후 공농혁명군 제4군을 '홍4군'으로 불렀다(金沖及 외, 1996: 173). '전적위원회에 보낸 당중앙 편지(1928.6.4)'에는 이렇게 적혀 있다. …'주모군' 정식 명칭을 홍군으로 개칭하고 모택동을 전적위원회 서기로 임명한다(中央檔案館, 1983: 145). 모택동은 '당중앙에 보낸 편지(1928.6.16)'에 이렇게 썼다. …군대를 개조해 진정한 홍군으로 거듭나

게 한다. 두수경은 '성위 보고서(1928.6.15)'에 이렇게 적었다. …홍군 제4
군은 '주모군'이 합류한 것이다(陣鑫 외, 2012: 88). 1928년 6월 후 각종 보
고서와 지시문은 기존 공농혁명군을 홍군으로 개칭했다.

어느 역사학자는 이렇게 말했다. …주덕이 없었다면 모택동은 정
강산 비적으로 전락했을 것이다. 모택동은 기껏해야 성급(省級) 지도자
가 됐을 것이다. 모택동의 농민군은 8000명이었다. 임표는 1970년대 모
택동의 최대 정적이었다(D. Wilson, 1993: 128). 상기 '정강산 비적'과 '성급
지도자'는 지극히 자가당착적이다. 진의의 '주모홍군 보고서(1928.9.1)'에
따르면 모택동의 봉기군은 1000여 명, 원문재·왕좌 부대는 600명이었
다. 한편 1970년대 임표가 모택동의 '최대 정적'이란 주장은 역사 왜곡
이다. '중공 9대(1969.4)'에서 임표는 모택동의 후계자로 발탁됐다.

임표가 주모군 지휘관들에게 군사전략을 강의할 때마다 주덕과 모
택동이 반드시 참석해 귀를 기울였다. 모택동은 한 번도 군사교육을 받
아본 적이 없고 실전 경험도 미미했다. 또 3대기율과 6항주의에 임표
가 홍수전의 경험에서 얻은 2개항을 추가해 8항주의가 됐다(나창주, 2019:
273). 임표가 보충한 2개 '주의(注意)'는 ① 여성을 피해 목욕할 것 ② 위
생을 지키고 변소는 멀리 지어야 한다는 것이다. 한편 임표의 '군사전
략 강의'에 주모(朱毛)가 반드시 참석했다는 상기 주장은 사실무근이다.
또 임표의 '홍수전 경험'은 주관적 억측이며 견강부회이다.

어느 날 모택동은 우연하게 임표의 연설을 들었다. …비적이든 군
벌이든 총대가 있어야 천하를 제패할 수 있다. 총대가 있는 홍군은 정
권을 취득할 수 있다. 임표의 연설을 들은 모택동은 진의에게 이렇게
말했다. …문무가 겸비하고 정치적 두뇌를 가진 이 젊은이의 장래가 촉
망된다(李躍乾, 2014: 81). 임표의 연설은 '총대에서 정권이 나온다'는 모택

동의 주장과 일맥상통했다. 결국 모택동의 중용을 받은 임표는 초고속 승진을 거듭했다. 얼마 후 임표는 홍군의 '왕패군(王牌軍)' 28연대 연대장으로 승진했다. 1930년 군단장으로 진급한 임표의 나이는 23세였다.

'백사(白砂)회의(1929.6)'에서 임표는 '실의에 빠진' 모택동을 지지했다. 또 임표는 홍군 7차 당대회에서 실각한 모택동을 찾아가 위문했다. '실각자' 모택동이 홍군의 최고 지도자로 복귀(1929.11)한 후 임표가 '초고속 승진'한 주요인이다. 한편 장정 중(1935.5) 임표는 모택동의 권위에 도전했다. 또 임표는 '개인영웅주의'와 대인관계가 약한 치명적 약점을 갖고 있었다. 임표의 파트너인 나영환은 이렇게 술회했다. …괴팍한 임표와의 '공사(共事)'는 무기징역 선고를 받은 것이나 진배없다. 오로지 모택동에게만 '충성'한 임표의 비극적인 결말은 숙명적이었다.

주모군의 합류는 주덕과 모택동이 각각 이끌었던 북벌전쟁의 빛나는 전통의 봉기군이 한데 뭉쳐 홍군을 창건해 정강산 근거지의 군사력을 증강시켰다. 이런 역량을 바탕으로 정강산 투쟁의 전성기를 열고 홍군 건설과 정강산 근거지를 확대 발전시켜 무장투쟁의 새로운 장을 열었다(현이섭, 2014: 102). 천작지합(天作之合)인 '주모홍군'에서 모택동은 '두뇌', 주덕은 '담략'이었다. '주모홍군'은 세 차례의 영신(永新) 공략을 통해 정강산 근거지의 전성기를 맞이했다. 또 '주모'는 '16자결(十六字訣)'[786] 유격전술을 창안했다(趙魯杰, 2008: 52). 실제로 '군사력'과 '당 지도력'을 대표한 주덕과 모택동의 결합은 상부상조하는 '환상의 콤비'였다.

---

786 '주모회사' 후 모택동은 …적군이 진격하면 아군은 퇴각하고 적이 주둔하면 교란하며 적이 피로하면 공격하고 적군이 퇴각하면 아군은 추격한다는 '16자결(十六字訣)'을 제출했다. 주모(朱毛)가 공동 창안한 '16자결'은 유격전법의 기본 원칙이다. 그 후 '16자결'은 우세한 병력을 집중해 적군을 각개격파하는 등 복합적 유격전술로 발전했다.

스메들리(Smedley)[787]는 '주모'를 이렇게 평가했다. …그들은 신식 교육을 받은 농민자제였다. 주덕은 신해혁명에 참가한 '군벌' 출신이며 '공산당 창건자'인 모택동은 5.4운동에 참가했다. 강한 의지력의 소유자 모택동은 군사이론가였고 주덕은 군사전략가였다(Smedley, 1979: 262). 남창봉기 후기 군사적 리더십을 발휘한 주덕은 만여 명의 봉기군을 거느리고 정강산 근거지를 창건한 모택동과 회합했다. '주모회사' 후 '홍4군'의 전투력이 증강됐고 정강산 근거지의 '전성기'가 도래했다. 한편 모택동은 20여 년 간의 무장투쟁 경험을 통해 '군사전략가'로 거듭났다.

홍군의 주요 창건자 주덕과 모택동은 공통점·차이점을 갖고 있다. 공통점은 ① 무장투쟁 중요성을 인지, 혁명에 대한 굳은 신념 ② 노농운동과 농민자위군 역량 중시 ③ 근거지 창설, 유격전술 중시 ④ 실패·좌절 앞에서 물러서지 않는 강인한 의지력 ⑤ 강력한 실천 의지 등이다. 차이점은 ① 군사행동 중시, '당 지도력' 강화 ② 유격전·운동전·정규전에 대한 이해 차이 ③ 당중앙 지시에 대한 '무조건 수용', '유연한 대응' 차이 ④ '군벌' 경력과 '공산당 창건자' 출신 차이 ⑤ '민주적 리더십'과 '독재적 리더십' 차이 등이다. 한편 '군벌' 출신과 '당권 부재'는 주덕의 아킬레스건으로 (朱毛)권력투쟁에서 패배한 주요인이다.

주덕을 만난 후 모택동은 자신이 당에서 축출된 적이 없다는 것을 알게 됐다. 이 역시 그들의 만남에서 주목할 부분이다. 모택동은 1928년 11월 중앙위원회에서 부활시킨 전적위원회 서기로 임명되면서 역

---

787 스메들리(Smedley, 1892~1950), 미국 미주리주(州) 출신이며 좌파 언론인이다. 1928년 독일 신문 '프랑크푸르터 차이퉁' 특파원으로 중국에 파견됐다. '중국의 여정(1933)', '중국은 저항한다(1938)' 등 저서가 있다. 1950년 런던에서 병사했다. 1951년 5월 그녀의 골회는 북경의 팔보산(八寶山) 열사능원(烈士陵園)에 안장됐다.

량을 더욱 강화했다(V. Pantsov 외, 2017: 305). 1928년 3월 18일 영현 중촌(中村)에서 중앙문건을 본 모택동은 '당적 박탈'이 와전됐다는 것을 알게 됐다(田樹德, 2002: 102). '주모회사(1928.4)' 후 모택동이 '당적 제명' 와전을 알게 됐다는 상기 주장은 사실 왜곡이다. 또 모택동을 서기로 임명한 '당중앙 편지(1928.6.4)'는 그해 11월에 정강산에 도착했다.

공농홍군 제4군 '서열표(1928.4)'에 따르면 제10사단장은 주덕, 당대표는 완희선, 제11사단장은 장자청, 당대표는 하정영이다. 상감특위 서기 모택동과 완희선이 상임위원에 당선됐고 주덕과 진의는 후보상임위원에 선임됐다(陣鑫 외, 2012: 81). 모택동의 신뢰를 받은 완희선과 하정영은 진의(제12사단장)와 같은 사단장급이었다. 모택동의 최측근인 하정영(1929.1.24)과 완희선(1930.2.24)은 젊은 나이에 희생됐다. 특히 진호 등 '변절자 처형' 공로자인 완희선은 정강산 본토인과 객가인 간 알력다툼의 희생양이었다. 한편 모택동의 심복인 완희선·하정영·장자청이 잇따라 희생된 후 임표와 나영환이 '핵심 측근'으로 부상했다.

28연대 당대표인 하정영은 대여전투(1929.1)에서 중상을 입었다. 당시 모택동은 진의를 통해 28연대장 임표에게 들것을 사용해 잘 보살펴줄 것을 부탁했다. 당시 진의의 지시를 무시한 임표는 중상자 하정영이 혼자서 말을 타고 이동하게 했다(胡哲峰 외, 2013: 29). 대여전투의 참패는 군 지휘관 임표의 실책과 직접적 관련이 있다. 야밤 행군 중 말에서 떨어진 하정영은 불행하게 희생됐다. 이로 인해 임표는 진의의 심한 꾸지람을 들었다. 한편 임표는 대여전투에서 금가락지 7개와 은화 100원이 들어있는 상자를 잃어버려 아쉬워했다는 것이 일각의 주장이다.

임표는 16자 전법으로 요약된 유격전 4원칙을 창안해 홍군에게 전파했다. 이를 임표의 '유동적 유격전'이라고 불렀는데, 홍군의 병력이 늘어나면서 모택동의 '16자결'로 개선됐다(나창주, 2019: 273). '16자결'은 모택동의 군사 전략적 지도사상을 고도로 응집해 개괄한 것이다. '16자결'은 주모군이 유격전을 벌이며 겪은 경험을 총결해 모택동이 창안했다(현이섭, 20114: 113). '16자결'은 정강산에 진출한 모택동이 왕좌가 그의 스승으로부터 전수받은 유격전술을 보완·개선한 것이다. 1928년 5월 모택동이 기존의 '12자결'을 보완해 '16자결'로 최종 확정한 것이다. 한편 '16자결' 출범에 크게 기여한 주덕의 공헌을 결코 간과해선 안 된다.

소련에서 유격전에 관한 군사 훈련(1925.7)을 받을 때 주덕은 교관에게 이렇게 말했다. …이길 수 있는 전투를 치를 것이며 산에 올라 유격전을 전개할 것이다. 회창전투(1927.8.30)에서 주덕은 …적군이 퇴각하면 추격하고 적군이 주둔하면 교란하는 유격전술을 채용해 승전했다(金一南, 2009: 118). 정규적 군사교육을 받은 주덕이 모택동보다 먼저 유격전법 중요성을 인지했고 유격전술을 전투에 적용했다는 단적인 방증이다. 1927년 11월 '유격전 전환' 필요성을 절감한 주덕은 새로운 전술인 '인(人)'자형 전투대형 등 유격전술을 체계적으로 훈련했다. '주모회사' 후 '16자결' 제정에 주덕이 중요한 역할을 했다는 명백한 증거이다.

오두강(五斗江) 전투(1928.5)에서 승전한 후 모택동이 제출한 '16자결'은 ① 적군이 진격하면 아군은 퇴각 ② 적이 주둔하면 교란 ③ 적이 피로하면 공격 ④ 적군이 퇴각하면 아군은 추격한다는 것이다(李小三 외, 2006: 29). 모택동이 창안한 또 다른 유격전법은 …병력을 집중해 공격해 오는 적군을 맞이하고 병력을 분산해 적군에게 격파되는 것을 피해야 한다. 또 '파도식 진격' 전술을 적용하고 급진적 공격을 삼가야 한다는 것이다(P. Short, 2010: 198). '16자결'은 '주모홍군'의 전투 경험을 정리한 유격전술 원칙이다. 또 홍군의 유격전술 핵심인 '16자결'은 우세한 병력을 집중해 적군을 각개격파하는 등 복합적 전술로 발전했다.

최초로 '16자결'을 기재한 것은 모택동이 작성한 '당중앙에 보낸 편지(1929.4.5)'였다. 편지는 이렇게 썼다. …유격전술의 취지는 병력을 분산해 대중을 발동하고 병력을 집중해 적군을 각개격파하는 것이다. 즉 기존의 '16자결'을 운동전과 결합해 사용하는 것이다(陣鋼 외, 1998: 242). 기동적 전술로 '이길수 있는 전투'를 치르는 것이 '16자결'의 핵심 이라면 유격전과 운동전을 결합한 홍군의 유격전술은 다변적 변화와 발전을 의미한다. 한편 '16자결'을 포함한 홍군의 유격전술을 모택동 개인의 '발명(發明)'으로 간주한다면 이는 지극히 주관적인 견해이다.

양개명은 '상감변구 보고서'에서 홍군의 다변적 유격전술을 이렇 게 해석했다. …강적과의 접전을 회피하고 전투력이 약한 적군은 유 격전법을 사용해 섬멸했다. 또 병력을 집중하고 적위군은 분산 활동 을 진행했다(余伯流 외, 2014: 212). 진의는 '주모홍군 역사와 상황 보고서 (1929.9.1)'에 '16자결'의 유격전법을 '홍군의 법보(法寶)'라고 썼다. 결국 '주모홍군'은 기동적 유격전술을 활용해 세 차례 장개석의 홍군 '포위 토벌'을 물리쳤다.

4월 하순 양여헌은 제2차 '홍군 토벌'을 감행했다. 모택동은 병력을 집중해 적을 격파하는 유격전술을 채용했다. 28·29연대는 적군 81연대 를 요격하고 31연대는 적군 79연대를 저격했다. 4월 말 적군 81연대장 주체인(周體仁)[788]이 오두강(五斗江)을 진격했다. 오두강에서 왕이탁의 28

---

788 주체인(周體仁, 1892~1954), 운남성 경곡(景谷) 출신이며 국민당 좌파이다. 1928년 5월
     오두강(五斗江) 전투에서 '홍4군'에게 대패, 1930~1940년대 제34집단군 부총사령관,
     북경경비사령관, 건국 후 운남성 정협(政協) 비서장을 역임, 1954년 곤명(昆明)에서 병
     사했다.

연대는 주체인의 부대를 격파했다. 주덕과 왕이탁은 양여헌의 대본영 영신(永新)으로 쳐들어가 적을 크게 무찔렀다. 칠계령(七溪岭)으로 진격하던 적군 79연대는 '오두강 참패' 소식을 듣고 황급히 길안(吉安)으로 퇴각했다. 오두강 승전으로 '홍4군'은 처음으로 영신을 공략했다.

5월 13일 양지생(楊池生)[789]은 4개 연대 병력을 동원해 제3차 '토벌'을 개시했다. 주모군(朱毛軍)은 영신에서 철수해 녕강으로 퇴각했다. 고롱(高隴)에서 적군 수백명을 섬멸했으나 대대장 원일민(貟一民)이 희생됐다. 5월 19일 초시요(草市坳)에서 '홍4군' 28연대는 매복전을 펼쳐 79연대 연대장 유안화(劉安華)를 사살하고 영신을 공격했다. 적군 80·81연대는 79연대의 패전 소식을 듣고 칠계령에서 물러나 길안 쪽으로 도망쳤다. 초요시·영신전투에서 홍군은 적군 1개 연대를 섬멸했다. 초요시 승전을 통해 제3차 '토벌'을 물리쳤고 두 번째로 영신을 공략했다.

1928년 5월 (永新)공농병정부를 설립한 모택동은 팽문상(彭文祥)[790]을 주석으로 임명했다. 모택동의 주재로 모평에서 상감변계의 제1차 당대회(5.22)가 개최됐다. 모택동이 상감특위 서기, 완희선이 조직부장으로 선임됐다. 얼마 후 모택동은 '홍4군'(軍委)서기직을 진의에게 이양했다. 이는 모택동의 '진의 신임'을 단적으로 보여준다. 이 시기 진의는 '주모홍군'의 '2인자'로 부상했다. 한달 후 모택동은 상감특위 서기에서 해임됐다.

---

789 양지생(楊池生, 1898~1962), 운남성 출신이며 국민당 우파이다. 1926년 국민혁명군 제9 사단장, 1928년 용원구(龍源口)에서 홍군에게 대패, 1936년 운남성정부 고문, 1949년 징역 10년 선고, 1962년 곤명(昆明)에서 병사했다.

790 팽문상(彭文祥, 1897~1932), 강서성 영신(永新) 출신이며 공산주의자이다. 1928년 중공에 가입, 그해 5월에 영신현소비에트정부 주석, 1929~1931년 구룡산(九龍山) 유격대장 등을 역임했다. 1932년 영신에서 살해됐다.

모택동이 진의에게 쓴 편지(1928.5)에는 이런 구절이 있다. …늦게 알게 된 것을 한탄하며 서로 지지하고 대사를 의논해야 한다(光明日報, 1992.5.30). 1927~1928년 진의는 군대의 '당대표'를 맡았다. 이는 당대표 출신인 모택동의 신뢰를 받은 주요인이다. 또 그들은 군대에 대한 '당지도력'을 중시한 공통점을 갖고 있었다(袁德全, 2008: 17). 정강산 철수 중 모택동과 진의는 허심탄회한 담화를 나눴다. 진의는 모택동의 '독창적 견해'에 감복했다(金沖及 외, 2011: 175). 모택동이 진의에게 (軍委)서기를 물려준 것은 당연한 결과였다. '주모분쟁'에서 조정자 역할을 감당한 진의는 모택동의 '홍군 복귀(1929.11)'에 중요한 역할을 했다.

6월 중순 양생지는 5개 연대의 병력으로 제4차 '토벌'을 감행했다. 6월 20일 모택동과 주덕은 회의를 열고 칠계령의 유리한 지세와 병력 집중을 통해 적군을 격파하기로 결정했다. 6월 23일 주덕은 양생지의 '왕패군' 27연대와 격전을 벌였다. 왕이탁의 28연대는 칠계령에서 양여헌의 25·26연대를 맹공격했다. 이 전투에서 대대장 초경(肖勁)이 희생됐다. 전투에서 부상당한 양여헌은 패잔병을 거느리고 영신으로 줄행랑을 쳤다. 결국 주덕과 회합한 왕이탁은 용원구(龍源口)에서 적군 27연대를 전멸했다. '용원구대첩'은 정강산 근거지의 '전성기' 도래를 의미한다.

1928년 5~6월 홍군은 세 차례 '영신 공략'을 통해 감군의 '포위토벌'을 격퇴했다. 담진림은 이렇게 회상했다. …'주모회사' 후 '홍4군'의 전투력이 증강됐다. 우리는 영신 공략과 칠계령·용원구 승전을 통해 근거지를 공고히 했다(譚震林, 1982: 24). 주덕은 이렇게 서술했다. …세 차례의 '영신 공략'을 통해 주배덕의 감군 주력부대를 섬멸했다. 결정적인 '영신 공략'을 통해 근거지의 규모가 확장됐고 이는 '홍4군'이 발전할 수 있는 밑바탕이 됐다(朱德, 1987: 8). 한편 '용원구대첩' 후 정강산 근거지는 7천2백 제곱킬로미터의 면적과 50만의 인구를 갖게 됐다.

정강산 근거지의 전성기는 모택동의 '영신 경영'과 관련된다. '주 모회사' 후 '16자결'이 제정되고 상감변계의 당조직과 지방무장이 빠르 게 발전했다. 또 영신·영현·연화현에서 공농병정부가 설립됐다. 모택 동은 1928년 7월 대롱(大隴)에 집시(集市)를 운영해 근거지의 농업생산과 경제건설을 촉진했다. 1928년 5월 안원탄광 노동자 수백명이 간난신고 를 거쳐 정강산에 도착에 홍군에 가입했다. 상감변계의 공청단특위 설 립(1927.7)은 혁명투쟁에 기여했다. 1928년 4~7월 '주모홍군'은 토지혁명 전개와 홍색정권 설립을 통해 정강산 근거지의 '전성기'를 맞이했다.

'전성기' 도래 원인은 ① '주모회사' 후 감군의 '포위토벌'을 수 차 례 격퇴 ② '홍4군'의 전투력 강화, 지방무장 발전 ③ '홍4군' 군위(軍委) 와 상감특위의 정확한 지도 ④ 토지혁명 전개, 대중의 지지 획득 ⑤ 집 시 등 시장경제적 요소를 수용, 근거지의 농업생산 촉진 ⑥ 모택동에 대한 당중앙·호남성위 지지 ⑦ 공농병정부 설립, 지방당조직 발전 ⑧ 홍군의 정치공작과 군사훈련 강화, 선전선동 활동 중시 등이다. 이 중 에서 '주모홍군'의 전투력 강화와 적군의 '포위토벌' 격퇴가 가장 주된 요인이다.

3. '8월실패(1928)'와 근거지 회복

전성기를 누린 정강산 근거지는 호남성위의 좌경 정책으로 '8월실 패'를 당했다. 5월 안원에 옮겨온 호남성위는 원덕생(袁德生)[791]·두수경

---

791   원덕생(袁德生, 1894~1934), 호남성 유양(瀏陽) 출신이며 공산주의자이다. 1923년 중공에
      가입, 1928년 장사시위 서기, 1930년 절강공농병정부 주석, 1931년, 상감성(湘贛省)
      주석을 역임, 1934년 태화(泰和)에서 살해됐다.

을 정강산에 파견했다. 초기 호남성위 지시는 근거지의 실정에 적합했다. 이는 성위 서기 하창(賀昌)의 지지와 두수경의 '보고서(6.15)'와 관련된다. 또 이는 모택동의 근거지 설립 취지에 부합됐다. 한편 모택동의 영향을 받아 그의 주장을 수용한 특파원 원덕생은 정강산 근거지 발전에 기여했다.

1928년 상반기 호남성위의 책임자가 자주 바뀌었다. 5월 안원에 호남성위가 복구된 후 중공중앙은 상남특위 서기를 역임한 양복도(楊福濤)를 서기로 임명했다. 한편 좌경 정책을 실시하고 주모군에게 '상남 진출'을 명령한 장본인은 6월에 호남성위 서기로 임명된 요보정(廖保庭)이었다. 1928년 가을 요보종이 탈당했다. 결국 정강산 근거지의 발전에 부정적 영향을 미친 호남성위의 좌경 정책이 '주모홍군'의 '8월실패'를 초래했다.

모택동이 작성한 '중앙보고서(1928.5.2)'는 이렇게 썼다. …'홍4군'은 녕강 중심의 정강산 근거지를 창설해 홍색정권을 설립한다. '호남성위 지시(1928.5.19)'는 이렇게 적었다. …'홍4군'은 녕강을 대본영으로 정하고 감서(贛西) 일대에서 홍색정권을 설립해야 한다(江西省檔案館, 1986: 30). 호남성위는 '홍4군' 군위에게 보낸 편지(1928.6.19)'에 이렇게 썼다. …'녕강 중심'의 정강산 근거지와 '홍색정권 창설' 계획을 완전히 동의한다(陣鋼 외, 1998: 265). 1928년 5~6월 호남성위의 두 차례 '지시(편지)'는 정강산 근거지 설립을 강조한 모택동의 주장과 일맥상통했다. 한편 호남성위는 '근거지 설립'을 곧 '상남 진출'로 입장을 바꿨다.

'당중앙 편지(6.16)'에 쓴 모택동의 '무장할거(武裝割據)' 이유는 첫째, 정강산은 방어하기 쉽고 공격하기 어려운 유리한 지세를 갖고 있다. 둘째, 지방 당조직과 적위대가 설립돼 대중적 기초가 튼튼하다. 셋째, 강서성·호남성 두 지역에 영향력을 미칠 수 있다(金冲及 외, 2011: 183). 초기 녕강 중심의 정강산 근거지를 설립하려는 모택동의 주장은 호남성위의 지지를 받았다. 6월 하순 호남성위가 내린 '상남(湘南) 진출' 명령은 모택동의 강력한 반대를 받았다. 한편 호남성위 특파원 두수경과 제29연대 당대표 공초(龔楚), 연대장 호소매는 '상남 진격'을 지지했다.

호남성위가 내린 지시(6.26) 골자는 첫째, '홍4군'은 상남으로 진격하고 원문재 부대를 남겨둔다. 둘째, 양개명을 상감특위 서기로 임명한다. 셋째 군위(軍委)를 철회하고 전위(前委)를 설립한다. 넷째, (前委)서기는 모택동, 두수경을 순시원으로 파견한다(黃允升, 2006: 76). 결국 모택동은 두수경에게 연석회의를 열고 토론할 것을 건의했다. 한편 (特委)서기 양개명의 도래는 하자진과 동거 중인 모택동에겐 여간 난감한 일이 아니었다.

영신현 상회(商會)에서 열린 연석회의(6.30)에서 모택동이 '상남 진격'을 반대한 이유는 첫째, 전투력이 강한 상군과 싸워 이길 승산이 적다. 둘째, 상감변계에 홍색정권을 설립하고 근거지의 창설에 전념해야 한다. 셋째, 경제가 낙후한 상남에서 군수품 해결이 어렵다(趙魯杰, 2008: 62). 현실을 외면한 호남성위의 '상남 진출' 결정은 회의 참석자의 반대를 받았다. 또 회의는 모택동에게 호남성위에 보내는 '보고서' 작성을 의뢰했다.

호남성위는 모택동·주덕·진의·공초·송교생(宋喬生)[792]과 사병·농민 대표 각각 1명을 포함한 7명으로 전적위원회를 구성하고 모택동을 서

---

792 송교생(宋喬生, 1891~1929), 호남성 상담(湘潭) 출신이며 공산주의자이다. 1923년 중공에 가입, 1928년 공농혁명군 제3연대장; 군계(軍械)처장, '홍4군' 전적위원회 위원을 역임, 1929년 1월 남평요(南平坳) 전투에서 희생됐다.

기로 임명했다. 또 모택동·주덕·공초를 상임위원에 임명했다. 두수경은 '상남 진출' 선봉장 역할을 했다(龔希光 외, 1993: 137). 호남성위의 '전위구성'은 '당중앙 편지(1928.6.4)'와 당중앙의 인사를 주관한 이유한의 추천과 관련된다. 한편 공초의 '상임위원 발탁'은 두수경의 추천과 관련된다.

모택동이 호남성위 보고서(7.4)에서 분석한 '상남 진격' 반대 이유는 ① '홍4군'의 유구(流寇)식 성향 ② 상군(湘軍)의 강한 전투력 ③ 분병(分兵), 전투력 약화 ④ '근거지 설립'이 급선무 ⑤ '급양 해결'의 문제점 ⑥ '부상병 배치' 곤란 등이다(余伯流 외, 1998: 270). 당시 호남성위는 모택동의 '건의'를 수용하지 않았다. 7월 초 상감(湘贛) 적군의 '연합토벌'로 '주모홍군'은 병력을 분산했다. 결국 이는 '8월실패'의 전주곡이었다.

7월 4일 상군 오상(吳尚)의 부대가 녕강을 공격했다. 원문재의 32연대는 상군의 적수가 못됐다. 영신에서 '녕강 위급' 보고를 받은 모택동은 군사회의를 열고 주덕의 제28·29연대는 녕강을 지원하고 모택동의 제31연대는 영신에서 감군을 저격하기로 결정했다. 결국 주모군의 부득이한 병력 분산은 위기를 초래했다. 7월 12일 28·29연대는 상군 소굴인 영현을 공략했다. 7월 14일 '토벌'을 포기한 상군은 차릉으로 퇴각했다. 한편 감군 11개 연대가 영신을 향해 공격했다. 주덕의 부대가 영신을 향해 출발하려고 할 때 영현에서 '의외의 변고(變故)'가 발생했다.

7월 12일 제29연대 사병위원회는 '상남 출격'을 밀모(密謀)했다. 29연대 병사들은 길잡이를 찾았고 출발 시간을 결정했다(楊開明, 1929.2.25). 주덕과 진의는 호소매와 공초를 찾아 상황을 확인한 후 '상남 출격'을 반대했다. 당시 진의는 모택동에게 '상황 보고' 편지를 쓴 후 곧 사람을 파견했다(梅黎明 외, 2014: 211). 의장(宜章) 농민으로 구성된 29연대는 회향

(懷鄕) 정서가 농후했고 정강산의 어려운 생활에 적응하지 못했다. 7월 13일 사병위원회는 왕이탁의 '영신 지원' 명령을 거부했다. 한편 29연대의 '병변(兵變)'은 공초와 호소매의 암묵적 지지와 관련된다.

진의의 편지를 받은 모택동은 차릉현위 서기 강화(江華)[793]를 파견해 회신을 주덕에게 화급히 전달하도록 지시했다. 모택동은 '상남 출격' 중단 이유를 이렇게 썼다. …상군이 너무 강하기 때문에 반드시 실패할 것이다(江華, 1991: 51). 주덕은 29연대 사병위원회 철회를 선포했다. 7월 14일 주덕과 진의의 인솔하에 29연대 사병들은 마지못해 면도(沔渡) 방향으로 이동했다. 면도에 도착한 29연대는 재차 소동을 일으켰다(中共中央文獻研究室, 1993: 140). 7월 15일 면도에 도착한 '홍4군' 군위는 부대의 기율을 정돈하고 행동방향 확정을 위해 군위 회의를 열었다.

7월 15일 면도회의에서 두수경과 공초는 사병들의 '회향 정서'를 근거로 '상남 진격'을 극력 주장했다. 상반된 의견이 엇갈린 상황에서 좌고우면한 진의는 모택동의 '의견'을 청취한 후 다시 결정할 것을 제의했다(陣鋼 외, 2014: 242). 29연대 당대표인 공초는 '상남 귀환'의 주도적 역할을 했다. 영신에 간 두수경은 모택동을 만나지 못하고 상감특위 서기 양개명을 만났다. 당시 양개명은 29연대의 '상남 진격'을 적극 지지했다(匡勝 외, 2014: 213). '8월실패'의 장본인은 두수경·양개명·공초이다. 한편 주덕·진의도 '실패의 책임'에서 벗어나기 어렵다. 7월 17일 29연대는 상남으로 진격했다. 결국 홍군 29연대는 상남에서 전멸됐다.

---

793 강화(江華, 1907~1999), 호남성 강화(江華) 출신이며 공산주의자이다. 1926년 공산당에 가입, 1930~1940년대 '홍28군' 정치부 주임, 팔로군 산동종대 정치부 주임, 항주(杭州)시장, 건국 후 남경군구 정치위원, 최고인민법원장 등을 역임, 1999년 항주에서 병사했다.

공초는 '상남 복귀'의 주모자였다. 면도회의에서 진의는 '상남행'을 고집하는 공초와 두수경을 제지하지 못했다. 또 두수경의 건의로 '홍4군' 군위를 철회하고 진의를 전적위원회 서기로 선출했다(賴宏 외, 2007: 91). 면도회의에서 두수경은 '호남성위 지시'를 빌미로 군위 복종을 강요했고 주덕은 부득불 타협했다. 7월 17일 주덕은 28·29연대 장병에게 침주(郴州) 출격을 명령했다(李蓉 외, 2005: 55). 군위 서기 진의와 군단장 주덕은 29연대의 '상남 귀환'을 대체로 수용했다. 한편 '전위' 서기로 부임해 모택동 '대체자'가 된 진의는 여러 번 자기비판을 했다.

모택동은 '홍4군' 군위의 과오를 이렇게 지적했다. …두수경이 주도한 29연대 '상남 회귀'에 대해 군위는 제때에 저지하지 못했다. 7월 17일 제28·29연대는 상남으로 진격했다(金沖及 외, 2009: 79). 대개 중국 학자들은 주덕이 29연대의 '상남 진격'을 앞장서 반대했다고 주장한다. 실제로 29연대의 '회향 정서'를 동조한 주덕은 그들의 '군사행동'을 묵인했다. 한편 주덕은 상남폭동 공로자 공초·호소매와 '돈독한 관계'를 유지했다.

7월 24일 두수경의 독촉하에 29연대는 '침주 공격'을 개시했다. 침주 수비군은 범석생의 보충연대였다. 전투 개시 후 침주에 도착한 주덕은 두수경에게 말했다. …범석생의 부대는 우군(友軍)이며 우리는 도와준 적이 있다. 이에 두수경은 이렇게 말했다. …이미 시작된 전투로 별수 없다(匡勝 외, 2014: 215). 결국 고민 끝에 '침주 공격'을 동의한 주덕은 은혜와 의리를 저버린 '망은부의(忘恩負義)'라는 악명을 얻게 됐다. 한편 주덕의 '타협'으로 침주를 공략한 29연대는 '멸정지재(滅頂之災)'를 당했다.

주덕은 이렇게 회상했다. …29연대는 일주일 후 침주에 도착했다. 수비군이 범석생의 부대라는 것을 알게 된 나는 공격을 반대했다. 수비군을 습격한 29연대는 승전했다(朱德, 2009: 113). 29연대는 장비가 개선됐고 전투력도 높아졌다. 수류탄으로 성벽을 폭파한 29연대는 맹렬한 공격을 가했다. 보충연대를 격파한 29연대는 승전고를 올렸다(劉曉農 외, 2007: 147). 당시 범석생의 부대는 침주에 도착한 군대가 주덕의 '홍4군'이라는 것을 알고 방비를 소홀히 했다. 한편 주덕은 범석생과 갈라질 때 향후 양군(兩軍)이 싸움터에서 만나면 서로 공격하지 않는다는 '신사협약'을 맺었다. 결국 '신사협정'을 파기한 29연대는 응징을 받았다.

침주에 주둔한 범석생 부대의 최고 지휘관은 제146사단장 장호(張浩)였다. 보충연대가 큰 손실을 입었다는 것을 알게 된 장호는 보복을 감행했다. 장호는 침주 부근의 4개 연대 정규군을 결집해 '무방비 상태'인 29연대를 기습 공격했다. 당시 승리에 도취된 29연대 장병들은 성내 도처에 흩어져 있었다. 왕이탁의 28연대가 지원했으나, 황급히 응전한 29연대는 크게 패전했다. 참패한 29연대가 침주의 동강(東江)으로 퇴각해 인원수를 점검해보니 천여 명의 부대가 100여 명 밖에 남지 않았다. 한편 의장으로 도망친 일부분은 악창(樂昌)에서 비적 호풍장(胡風璋)에게 전멸됐다. '침주 패전'은 홍군의 '8월실패' 축소판이었다.

당사자 소극은 이렇게 회상했다. …7월 24일 범석생의 부대는 침주 북쪽에 주둔한 28연대를 공격했다. 29연대는 총소리를 듣자 황급히 도망쳤다. 저녁 8~9시 나는 1개 중대의 병력을 거느리고 퇴각하는 28연대와 합류했다. 이튿날 호소매가 수십명의 패잔병을 거느리고 동강에서 회합했다(羅慶宏 외, 2014: 846). 소극이 거느린 1개 중대는 28연대에 편입됐다. 범석생 부대의 보복 공격을 받은 '침주 참패'로 29연대는 전멸당했다. 또 '침주 참패'의 장본인으로 두수경·공초·호소매가 지목된다. 한편 진의와 주덕은 '침주 참패'의 책임에서 결코 자유로울 수 없다.

홍군 주력이 상남에서 패전한 후 정강산 근거지는 막대한 손실을 입었다. 8월 상순 감군은 근거지에 대한 대규모 '토벌'을 감행했다. 근거지의 범위는 신속히 축소됐고 삼감변계의 현성(縣城)과 평원은 모두 적군이 점거했다. 적군 정규군이 근거지를 점령한 후 보안대·애호단 등 반동무장은 근거지에 대한 광적인 보복을 감행하고 참혹한 살인방화를 저질렀다. 한편 각지의 토호열신과 '환향단(還鄕團)'은 농민들에게 분배한 토지를 빼앗았다. 따라서 농민이 곡식을 심고 지주가 농작물을 거두는 '기괴한 현상'이 나타났다. 결국 '대본영' 녕강은 대재난을 당했다.

소극은 홍군의 '8월실패'는 …상급과 하급의 잘못된 판단이 초래한 결과(蕭克, 1987)라고 지적했다. 상급의 잘못된 판단은 ① 호남성위의 '잘못된 지시' ② 두수경의 획책, 주도적 역할 ③ 양개명의 지지 등이다. 하급의 잘못된 판단은 ① 29연대의 강렬한 '회향 정서' ② 공초·호소매의 선도적 역할 ③ 군위와 28연대의 문제 등이다(梅黎明 외, 2014: 221). 모택동은 29연대의 '상남 복귀'와 '침주 참패'는 군위가 이를 저지하지 못한 것과 관련된다고 말했다. 이는 모택동이 군위에 대한 완곡한 비판이다. 군위 서기 진의와 군단장 주덕은 '8월실패' 초래에 중대한 책임이 있다. 실제로 8월 중순 주덕과 진의가 '기율처분'을 받았다.

홍군에게 치명타를 안긴 '8월실패' 주요인은 ① 당중앙과 호남성위의 좌경 정책 ② '홍4군'의 군사적 맹동주의 ③ 두수경의 책동, 공초의 주도적 역할 ④ 29연대 장병의 강한 '회향 정서' ⑤ 주덕·진의의 '결단력 부재' ⑥ 정강산 근거지의 한계 등이다. '8월실패'의 교훈은 첫째, 당의 '잘못된 정책'이 홍군의 발전에 부정적 영향을 미쳤다. 둘째, 근거지를 이탈한 '모험적 분병(分兵)'이 홍군의 참패를 초래했다. 셋째, 농민자위군 문제점과 사병위원회의 '부정적 역할'을 간과해선 안 된다. 넷째,

홍군 지도부의 '정부 순종'과 '상급자 맹신'이 홍군의 참패를 초래했다.

8월 중순 하장공의 주최하에 계동사전(桂東沙田)에서 '홍4군' 당원 대회가 열렸다. 회의에서 진의는 '상남 귀환'을 저지하지 못한 군위의 과오를 반성했다. 참석자들은 군위의 '결단력 부재'를 비판하고 주덕·진의에게 당조직 감시하에 '3개월 반성'하는 처분을 내렸다(黃少群, 1998: 37). 그러나 상기 '처분'은 집행되지 않았다는 것이 일각의 주장이다. 상감변계의 제2차 당대회(10.4~6)에서 주덕과 진의가 상감특위 위원으로 당선됐기 때문이다. 결국 이는 '홍4군'의 분열을 우려한 모택동이 '홍군 단결'을 위해 그들의 책임을 추궁하지 않은 것과 밀접히 관련된다.

모택동은 31연대의 장병들에게 이렇게 주문했다. …'상남 실패'에 대한 언급을 삼가야 한다. 또 그는 진의를 만났을 때 이렇게 말했다. …싸움은 바둑을 두는 것과 흡사하다. 한수를 잘못 두면 곧 지게 된다. '실패'를 교훈으로 삼으면 된다(李小三 외, 2007: 93). 8월 하순의 '계동회의'에서 모택동이 '8월실패'의 책임을 추궁하지 않은 것은 28연대의 '정강산 귀환'을 위해서였다. 이 또한 모택동의 '정치적 지략'을 단적으로 보여준 사례이다. 당시 모택동은 주덕의 '정강산 이탈'을 내심 우려했다. 이 또한 그가 주덕·진의 등의 과오를 거론하지 않은 주된 이유였다.

7월 중 11개 연대의 감군을 궁지에 몰아넣은 모택동이 거느린 31연대는 신출귀몰의 유격전술을 사용해 적군을 '사면초가'에 빠지게 했다. 양개명은 '보고서'에 이렇게 썼다. …지형에 익숙한 홍군은 유격전술을 사용해 영신에서 25일 간 적군을 견제했다(陳鋼 외, 2014: 258). 8월 중순 영신현 구피(九陂)에서 군사회의를 주재한 모택동은 농민 하례창(賀禮昌)으로부터 29연대의 '침주 패전' 소식을 입수했다. 모택동은 곧 31연대 3대대를 거느리고 곤경에 빠진 주덕의 28연대를 구출하러 상남으로 떠났다.

8월 23일 모택동의 제31연대와 주덕의 제28연대는 계동현성에서 회합했다. 당일 저녁 모택동은 계동의 당가대옥(唐家大屋)에서 제28·31연대 대대장 이상의 간부들이 참가한 전적위원회 확대회의를 개최했다. '8월실패'의 주모자 두수경은 자신의 '중과실'을 반성했다. 참석자들은 호남성위에 보고해 두수경을 처분할 것을 건의했다. 당시 진의의 제의로 '전위'를 철회하고 행동위원회를 설립한 후 모택동을 서기로 추대했다. 또 회의는 '홍4군' 주력군은 정강산으로 복귀하고 두수경과 공초는 상남에 남아 상남특위를 재건할 것을 제의한 모택동의 건의를 수용했다.

두수경은 이렇게 회상했다. …나와 공초는 상남특위를 설립하기로 결정됐고 내가 특위 서기로 임명됐다. 나는 진의도 남을 것을 건의했으나 주덕의 반대로 무산됐다. 호남성위가 '8월실패' 책임을 추궁하지 않기 때문에 나에 대한 '처분'은 줄곧 내려지지 않았다(黃仲芳 외, 2014: 309). 두수경은 '두 번 탈당, 세 번 입당'하는 전기적 색채가 짙은 곡절 많은 삶을 살았다. 공초는 '남는 것'이 내키지 않았으나 울며 겨자 먹기로 남았다. 1935년 한때 모택동·주덕·등소평과 전우였던 공초는 변절자로 전락했다.

1929년 공초는 장운일·등소평과 함께 백색봉기를 일으켰다. '홍7군' 제19사단장(정치위원 鄧小平)을 맡았고 우경기회주의자로 몰려 '당적박탈(1년)' 처분을 받았다. 1935년 국민당에 투항해 홍군에게 심대한 타격을 안겨 '제1변절자'란 악명을 얻었다. 만년에 쓴 회고록에서 '권력투쟁 패배자' 주덕을 동정하고 모택동을 '독재자'로 폄하했다. 1990년대 고향 악창(樂昌)에 정주했고 그의 자손들은 고향에 4억원 거금을 투자했다. 1990년 '전우' 등소평의 전화를 받고 실명한 공초는 '감격의 눈물'을 흘렸다.

8월 25일 적군 유사의(劉士毅)[794]에게 투항을 결심한 대대장 원숭전(袁崇全)이 부대를 이탈했다. 이탈 도중 속유·조이육(趙爾陸)[795]의 인솔하에 4개 중대가 되돌아왔다. 원숭전의 동향인 왕이탁이 사순우(思順圩)까지 쫓아가 설득하다가 사살됐다. 만약 왕이탁이 '무력 해결'을 주장한 임표의 건의를 수용했다면 죽음을 면했을 것이다. '홍4군'은 녕강 롱시에서 왕이탁의 추도식을 장중하게 거행했다. 당시 유력한 조력자를 잃은 주덕은 대성통곡했다. 왕이탁의 희생은 28연대 대대장인 임표에겐 '절호의 찬스'였다. 9월 13일 흉수 원숭전은 수천에서 체포돼 처형됐다.

오토 브라운(Otto Braun)[796]은 이렇게 회상했다. …1929년 주모군 회합 후 모택동은 진의·임표 등 주덕의 고급 지휘관을 자기편으로 끌어들였다. 임표는 주덕이 당 지도권을 강조한 모택동의 견해를 수용하지 않았다고 주장했다(D. Willson, 2011: 96). 주모군이 상남에서 회합한 시간은 1928년 8월이다. 당시 모택동이 중용한 것은 임표였고 과오를 범한 진의는 '좌천'됐다. 한편 '주모지쟁(朱毛之爭)'[797]은 당 지도력을 강조한 모

---

794 유사의(劉士毅, 1886~1982), 강서성 도창(都昌) 출신이며 국민당 우파이다. 1926년 국민혁명군 제14군 참모장, 1928년 '독립7사' 사단장, 1930~1940년대 제31군 군단장, 국방부 부부장 등을 지냈다. 건국 후 (臺灣)국민당중앙 평의위원 등을 역임, 1982년 대북(臺北)에서 병사했다.

795 조이육(趙爾陸, 1905~1967), 산동성 원평(原平) 출신이며 개국상장이다. 1927년 중공에 가입, 1930년대 팔로군 총공급부 부부장, 진찰기(晉察冀)군구 제2분구 사령관, 1940년대 기진(冀晉)군구 사령관, 화북군구 참모장을 지냈다. 건국 후 국가계획위원회 부주임, 중앙군위 국방공업위 부주임 등을 역임, 1967년 북경에서 병사했다.

796 오토 브라운(Otto Braun, 1900~1974), 독일 뮌헨 출생이며 공산국제 군사고문, 중국식 이름은 이덕(李德)이다. 1932년 소련홍군 참모부의 파견으로 중국에 도착, 1933년 9월 중앙군사위원회 군사고문, 좌경(左傾)모험주의 전략을 실시했다. 준의회의(1935.1)에서 홍군 지휘권을 박탈, 1939년 여름 모스크바로 돌아갔다.

797 '주모지쟁(朱毛之爭)'은 1929년 주덕과 모택동 간에 벌어진 권력투쟁이다. '홍4군' 제7

택동과 군사행동을 중시한 주덕이 홍군 지도권 쟁탈을 위한 권력투쟁
이었다.

9월 중 '간부임명' 토론회에서 모택동은 임표를 28연대장으로 임명
했다. 이는 모평 반용서원(攀龍書院)에서 열린 '홍4군' 연대장 이상 간부
회의에서 결정했다(余伯流 외, 1993: 228). 왕이탁 희생 후 주덕이 28단 연대
장을 겸임했다. 임표의 '연대장 진급'은 행동위원회 서기 모택동의 강
력 추천과 관련된다. 연대장으로 승진한 임표는 요두롱전투(10.1)에서
주혼원(周渾元)[798] 부대를 격파했다. 실제로 모택동은 임표의 '백락(百樂)'
이었다.

공초는 임표를 이렇게 평가했다. …군사 관리에 엄격했고 사병의
존경을 받았다. 군사 훈련에 일가견이 있었고 그의 부대는 전투력이 강
했다. 솔선수범했고 용감무쌍했으며 맡겨진 임무를 철저히 완수했다
(胡哲峰 외, 2013: 24). 소극은 이렇게 평가했다. …평소 훈련을 중시하고 관
리에 엄격했으며 결단력이 강하고 다양한 전술을 사용했다. 또 군사 지
휘력이 뛰어났다(蕭克, 1993: 19). 일찍 황포군관학교 시절에 장개석의 주
목을 받았던 임표는 장정(長征)과 항일·해방전쟁에서 탁월한 군사적 리
더십을 남김없이 보여줬다. 모택동이 정강산 시절부터 '군사 천재' 임

차 대회(1929.6)에서 모택동은 실각했다. 나복장(羅福嶂)회의(1929.2.3)에서 전적위원회
서기 모택동은 군위를 철회하고 정치부로 개편, 정치부 주임을 맡았다. 이는 군위 서
기 주덕의 불만을 야기, '쟁론'의 발단이 됐다. 5월 중앙특파원 유안공(劉安恭)의 '주덕
지지'로, '주모지쟁'이 본격화됐다. (紅軍)7차 당대회에서 진의가 '전위(前委)' 서기로 당
선, 모택동은 낙선됐다.

798 주혼원(周渾元 1895~1938), 강서성 금계(金溪) 출신이며 국민당 우파이다. 1926년 국민혁
명군 제14사 참모장, 1928년 요두롱전투(10.1)에서 홍군 연대장 임표에게 대패했다.
1930년대 제36군단장, 중경(重慶)경비사령관 등을 역임, 1938년 중경에서 병사했다.

표를 중용한 것은 지인선임(知人善任)·적재적소의 '인재 등용'이었다.

8월 하순 상감(湘贛) 연합군은 제2차 '홍군토벌'을 진행했다. 8월 29 일 주운경·하정영·진의안(陣毅安)[799] 등은 간부회의를 열고 대책을 연구 했다. 결국 31연대는 황양계(黃洋界)를 지키고 32연대는 적군의 '배후 교 란'을 결정했다. 8월 30일 새벽 상군(湘軍)의 황양계 공격이 시작됐다. 당 시 모택동·주덕이 거느린 '홍4군' 주력부대는 상남(湘南)에 있었다.

당사자 유형(劉型)[800]은 이렇게 회상했다. …적군 공격을 물리친 후 박격포의 세 번째 포탄이 적군 지휘소를 명중했다. 홍군 주력으로 착각 한 적군은 황급히 영현으로 도망쳤다(羅慶宏 외, 2014: 1005). '황양계보위 전'[801]의 승리로 적군의 '연합토벌'을 실패로 끝났다. '황양계보위전'은 적은 병력으로 수적 우세인 적을 격퇴한 성공적 전례(戰例)이다. 9월 상 순 승전보를 들은 모택동은 '서강월(西江月)·정강산'[802]이란 사를 지어 읊

---

799 진의안(陣毅安, 1905~1930), 호남성 상음(湘陰) 출신이며 공산주의자이다. 1924년 중공에 가입, 1928년 '홍4군' 제31연대 부연대장, 1929년 '홍5군' 참모장, 1930년 '홍8군' 제1종대장, 그해 8월 장사(長沙)전투에서 희생됐다.

800 유형(劉型, 1906~1981), 강서성 평향(萍郷) 출신이며 공산주의자이다. 1927년 중공에 가 입, 1930~1940년대 '홍13군' 제38사 정치위원, 동북야전군 제10종대 정치위원, 건 국 후 북경지질대학 총장, 중앙기율검사위원회 상임위원을 역임, 1981년 북경에서 병사했다.

801 '황양계보위전(黃洋界保衛戰)'은 '이소승다(以少勝多)'의 전례(戰例)이다. 8월 30일 적군은 황양계 공격을 개시했다. 홍군은 연대장 주운경(朱雲卿)의 지휘하에 적의 공격을 수차 격퇴했다. 네 차례의 공격을 물리친 후 박격포의 세 번째 포탄이 적군의 지휘소를 명 중했다. 홍군 주력의 '정강산 복귀'로 착각한 적군은 황급히 영현으로 도망쳤다.

802 '서강월·정강산(西江月·井岡山)'은 1928년 가을 모택동이 홍군이 정강산 근거지를 보호 하기 위해 싸운 '황양계보위전'을 찬미하기 위해서 지은 사(詞)이다. 9월 상순 연대장 주운경으로부터 승전보를 들은 모택동은 '서강월·정강산'이란 사를 지어 읊었다. 한 편 '서강월·정강산'은 모택동이 처음으로 전투를 소재로 지은 최초의 사이다.

었다.

8월 하순 홍군이 정강산으로 돌아오던 중 일부 병사가 배고픔을 참지 못해 농민의 밭에 들어가 옥수수를 따먹은 사건이 발생했다. 당시 장병을 집합시켜 생생한 '현장교육'을 진행한 모택동은 죽패(竹牌)에 이렇게 썼다. …허기진 병사가 당신의 옥수수를 따먹었다. 배상금으로 은화 2원을 여기에 묻어둔다(逢先知 외, 2011: 186). 배고픔에 지친 병사가 밭에 들어가 옥수수를 따먹은 것은 별로 큰 일이 아닐 수 있다. 침소봉대한 느낌이 든다. 한편 백성 관계를 중시한 홍군에게는 심각한 '기율위반' 사건이었다.

1928년 가을 '주모홍군'은 수천(9.13)·요두롱(10.1)·용원구(11.9) 승전을 통해 정강산 근거지에 대한 적군의 제2차 '연합토벌'을 완전히 격퇴했다. 결국 '홍4군'은 3개월 간 각종 유격전술을 사용해 '삼전삼첩(三戰三捷)' 대승을 거뒀다. 적군을 격퇴한 후 정강산 근거지는 더욱 공고해졌다. 11월 정강산 근거지는 '전성기' 수준으로 회복됐다. 한편 국민당부대의 필점운(畢占雲)[803]이 기의(起義)를 일으켜 '홍4군'에 편입됐다.

근거지가 함락된 후 당조직은 심각하게 파괴됐고 당내 불순분자들은 변절했다. 이는 당원의 '질적 발전'을 간과했기 때문이다. 상감변계는 농민 출신의 당원이 대다수였고 가족 간 유대관계로 형성된 당지부가 대부분이었다. 모택동은 베테랑 간부를 파견해 당조직 정돈(洗黨)을 주도하게 했다. '정돈' 후 당적을 제명당한 당원수는 4000명에 달했다. 조직 정돈을 통해 불순분자를 제거하고 당조직의 조직력을 강화했다.

803　필점운(畢占雲, 1903~1977), 사천성 광안(廣安) 출신이며 개국중장이다. 1928년 중공에 가입, 1930~1940년대 '홍20군' 참모장, 예환소(豫皖蘇)군구 부사령관, 건국 후 하남(河南)군구 사령관, 무한(武漢)군구 부사령관 등을 역임, 1977년 정주(鄭州)에서 병사했다.

한편 출신 중시와 지식인 배척 등의 문제점을 노출했다. 실제로 중공 역사에서 최초의 (整黨)운동인 '9월세당(洗黨)'은 심각한 후유증을 남겼다.

10월 초 모평 백운사(白雲寺)에서 상감변계 제2차 당대회가 열렸다. 의제는 모택동이 작성한 결의안을 통과하고 상감특위를 개선하는 것이었다. 모택동은 보고에서 홍색정권 존재 이유와 '무장할거(武裝割據)' 구상을 천명했다. 또 모택동·주덕·진의 등 19명의 특위 위원을 선출하고 담진림을 서기로 선임했다. 진정인이 부서기로 임명됐고 '중병'에 걸린 특위 서기 양개명은 사임했다. '2차 당대회' 후 홍색정권은 더욱 공고화됐다.

모택동이 분석(1928.10)한 '홍색정권 존재' 원인은 첫째, 반식민지 중국에서 백색정권 분열과 군벌 전쟁이 지속된다. 둘째, 대혁명 시기 노농운동과 무장투쟁을 경험했다. 셋째, 혁명정세의 지속적 발전이다. 넷째, 전투력이 강한 홍군의 건재하고 있다. 다섯째, 공산당의 역량과 정확한 정책이다(葉健君 외, 2004: 250). 한편 홍군이 존재할 수 있는 이유는 ① 군대에 대한 당의 지도력 확립 ② 홍군의 다양한 유격전술 ③ 대중의 지지 ④ 홍군의 '엄격한 기율' 등이다. 실제로 '주모홍군'은 불패의 혁명군대였다.

11월 6일 모택동은 자평(茨平)에서 상감특위의 확대회의를 열고 전적위원회를 재건했다. 모택동·주덕·담진림 등으로 '전위'를 구성하고 모택동이 서기를 맡았다. 11월 14~15일 '홍4군'의 제6차 당대회가 신성(新城)에서 개최됐다. 23명으로 구성된 군위(軍委)를 설립하고 주덕을 군위 서기, 진의를 사병위원회 책임자로 선임했다. 전적위원회는 11월 중순부터 전투력 제고를 위한 '동계정훈(冬季整訓)'을 진행했다. 한편 모택동은 적의 경제적 봉쇄를 타파하기 위해 각종 '효과적 조치'[804]를 단행했다.

제4절 '홍4군' 하산(下山), 군권 박탈

1. 하산 후 잇따른 패전과 기사회생(起死回生)

'홍4군'이 단행한 '동계정훈(1928.11)' 골자는 ① 정치사상교육 강화 ② 당조직 정돈 ③ 군사훈련 전개 ④ 주운경·임표·오중호 임명 등이다 (李小三 외, 2006: 60). '동계정훈'을 통해 장병의 군사적 자질과 전투력이 제고됐다. 임표는 1928년 9월 28연대장에 임명됐다. 28연대 당대표 하장공(1928.11, 채협민), 31연대 당대표 하정영, 32연대 당대표 진동일(陳東日)[805]이었다. 한편 홍군 주력부대의 지도자가 모두 모택동의 측근이었다.

1928년 11월 모택동은 28연대와 31연대의 주요 간부를 맞교환했다. 31연대 당대표 하정영을 28연대 당대표로, 채협민을 31연대 당대표로 임명했다. 주운경을 참모장으로 승진, 하장공을 북로행위(北路行委) 서기로 임명했다(陣鋼 외, 2003: 173). 간부의 '맞교환'은 모택동의 주도면밀한 모습과 이해타산을 엿볼 수 있는 대목이다. 한편 '주덕 부하' 채협민·증

---

804 1928년 11월 적군은 정강산 근거지에 대해 경제봉쇄를 감행했다. '봉쇄 타파'를 위해 '홍4군' 전적위원회가 단행한 '효과적 조치'는 ① 자력갱생, 자체적 생산 ② 자평에 이불공장 설립, 정부매매처(賣買處) 설치 ③ 소금제조공장 설립 ④ 농부업(農副業) 생산 발전, 재래시장(集市) 활성화 ⑤ 무역대표처 설립 ⑥ 조폐(造幣)공장 설립 등이다. '홍4군' 지도부가 취한 '효과적 조치'는 정강산 근거지에 대한 적의 '경제봉쇄 타파'에 일조했다.

805 진동일(陳東日, 1902~1931), 호남성 의장(宜章) 출신이며 공산주의자이다. 1925년 중공에 가입, 1927년 공농혁명군 제2사단장, 1928년 공농혁명군 32연대 당대표, 1930년 '홍20군' 정치위원, 1931년, 'AB단'으로 몰려 처형됐다.

지(曾志)[806] 부부는 모택동이 '자기편'으로 끌어들인 전형적 사례이다.

황포군교 4기 졸업생이며 남창·추수봉기에 참가한 임표·오중호는 얼마 후 군단장과 종대 사령관으로 진급했다. 임표의 28연대는 용맹무쌍하고 공격력이 강했고 오중호가 거느린 31단은 견고한 수비력이 돋보였다. 1930년 10월 오중호는 안복(安福)에서 반동파에게 살해됐다. '홍4군' 참모장 주운경은 1931년 5월 동고(東固)에서 국민당 특무에게 암살됐다.

모택동은 정강산의 '악조건'을 이렇게 회상했다. …병사들은 동복을 갖추지 못했고 식량이 턱없이 모자랐다. 호박으로 연명한 사병들은 자본주의 타도를 위해 호박을 먹자는 구호를 외쳤다. 그들은 지주와 호박을 자본주의로 간주했다(毛澤東, 2008: 61). '지본주의'와 '호박'은 자가당착적이다. 당시 호박죽은 장병의 '주식(主食)'이었다. 또 '경제난 타개'를 위해 일부러 호박을 심었다. 이 또한 홍군이 정강산 근거지를 떠난 주요인이다.

홍군 병사들의 주식(主食)은 홍미(紅米)밥과 호박죽이었으나 홍미가 부족해 호박죽을 먹기가 일쑤였다. 매일 일인당 오분전(五分錢)의 식사비가 지급됐다. 사병들은 '자본가 타도'를 위해 매일 호박죽을 먹는다고 농담 섞인 불만을 토로했다(余伯流 외, 1993: 259). '홍4군' 장병은 식사비가 똑 같았고 대우가 평등했다. 즉 군단장과 취사원에게 같은 양의 식사가 제공되는 '군사공산주의' 생활을 했다(匡勝 외, 2006: 61). 당시 홍군의

---

806 증지(曾志, 1911~1998), 호북성 의장(宜章) 출신이며 공산주의자이다. 1926년 중공에 가입, 1930~1940년대 호북성위 부녀(婦女)회장, 중앙부녀회 비서장; 심양시 직공(職工)부장 등을 지냈다. 건국 후 광주시위 부서기, 중공중앙 조직부 부부장 등을 역임, 1998년 북경에서 병사했다.

궁핍한 생활은 정강산 근거지에 대한 적의 경제적 봉쇄에서 기인됐다. 1928년 겨울 모택동과 주덕은 '식량 운반' 운동을 전개해 식량을 비축했다. 유명한 '주덕 멜대'는 현재 정강산박물관에 보존돼 있다.

1928년 겨울 정강산에 불청객이 찾아왔다. '10대원수' 서열 2위 팽덕회가 '홍5군' 800명을 거느리고 찾아왔다. '주모(朱毛)'와 팽덕회의 만남은 숙명적이었다. 탁월한 통솔력(毛)과 강한 군사 리더십(朱), 뛰어난 작전력(彭)의 결합은 '건국(蜀國)' 시발점인 유비·관우·장비의 도원결의를 무색케 했다. '모주팽(毛朱彭)'의 결속(結束)은 20년 후 그들이 신중국을 창건한 중요한 밑바탕이 됐다. 한편 팽덕회의 앞날은 결코 순탄치 않았다.

도원결의의 '유관장(劉關張)'과 신중국 창건 주역인 '모주팽'은 공통점·차이점이 있다. 공통점은 ① 난세의 영웅 ② 정치가·군사가의 결합 ③ 건국 성공 ④ 조조 진영에 머문 관우의 '유비 충성', 장국도에게 볼모로 잡힌 주덕의 '모택동 지지' ⑤ '일국의 황제' 유비와 중공 지도자 모택동의 '자식복 부재' 등이다. 차이점은 첫째, '유관장'은 의리로 뭉친 의형제인 반면, '모주팽'은 이념으로 결속된 혁명 동지였다. 둘째, '유관장'은 삼국 통일에 실패했으나, '모주팽'은 중국 대륙을 통일했다. 셋째, 관우·장비를 위한 유비의 '복수혈전'은 대패했고 '모팽(毛彭)' 관계는 최종 결렬됐다. 한편 유비와 모택동은 '탁월한 책사(軍師)' 제갈량과 주은래의 보좌를 받았다. 이 또한 그들이 '건국(建國)'에 성공한 중요한 원인이다.

주덕이 정강산에 들어온 지 얼마 안돼 팽덕회·등평(鄧平)[807]·황공략

---

807 등평(鄧平, 1908~1935) , 사천성 부순(富順) 출신이며 공산주의자이다. 1926년 중공에 가

(黃公略)[808] 등 혁명 지도자들이 정강산에 모여들었다. 정강산에는 홍군이 넘쳐나 1군·2군·3군에 이어 제4군이 창설됐다(조현용, 2007: 84). 1928년 겨울 하건의 군대에 봉기와 반란이 일어난 후 더 많은 병력이 정강산에 모이게 되자 이들 병력을 규합해 홍5군(紅五軍)[809]이 편성됐고 팽덕회가 군단장에 임명됐다(신복룡, 2001: 144). 황공략은 정강산에 오른 적이 없었고 상악감(湘鄂贛) 근거지를 창설했다. 한편 정강산에는 '홍군 1~3군'이 존재하지 않았다. 1928년 7월 24일 평강(平江)에서 설립된 '홍5군'은 12월 10일에 정강산에 도착해 '홍4군'과 회합했다.

7월 22일 상군 연대장 팽덕회는 호남성위 특파원 등대원과 밀모해 평강(平江)에서 무장봉기를 일으켰다. 7월 24일에 설립된 '홍5군' 군단장 팽덕회, 당대표 등대원, 등평이 참모장을 맡았다. 산하의 3개 연대는 ① 제1연대장 뢰진휘(雷振輝), 당대표 이찬(李燦)[810] ② 제4연대장 진붕비(陣鵬飛), 당대표 황공략 ③ 제7연대장 황순일(黃純一)[811], 당대표 하국중(賀國

입, 1928년 공농홍군 제5군 참모장, 1930년 '홍3군단' 참모장, 1933년 홍군학교 교육장, 1935년 2월 준의(遵義)전투에서 희생됐다.

808 황공략(黃公略, 1898~1931), 호남성 상향(湘鄉) 출신이며 공산주의자이다. 1927년 중공에 가입, 1928년, '홍5군' 제4단 당대표, 1929년 '홍5군' 부군장(副軍長), 1903년 '홍6군' 군단장, 1931년 동고(東固)전투에서 희생됐다.

809 '홍5군(紅五軍)'은 공농홍군 제5군에 대한 약칭이다. 1928년 7월 팽덕회가 상군(湘軍) 제2연대를 이끌고 평강(平江)봉기를 일으켰다. 7월 25일 공농홍군 제5군 제13사로 개편, 팽덕회가 사단장, 등대원이 당대표를 맡았다. 1930년 6월 '홍3군단'에 편입, 1933년 '홍5군'·'홍8군'이 '홍3군단'으로 합편(合編), '홍5군' 군번호가 취소됐다.

810 이찬(李燦, 1901~1932), 호남성 의장(宜章) 출신이며 공산주의자이다. 1928년 중공에 가입, 1929년 독립연대(獨立聯隊) 연대장, 제5종대장, 1930년 '홍8군' 군단장을 역임, 1932년 반역자의 밀고로 상해에서 살해됐다.

811 황순일(黃純一, 1905~1928), 호북성 황강(黃岡) 출신이며 공산주의자이다. 1926년 중공에 가입, 1927년 남경(南京)총참모부 참모, 1928년 '홍5군' 제7연대장과 당대표를 맡았

中)[812]이다. 7월 25일 '홍5군' 군위를 설립하고 등평이 (軍委)서기를 맡았다.

팽덕회는 정강산의 '주모군' 합류를 위해 8월 강서성 수수(修水)를 공격해 국민당군 1개 대대를 섬멸했다. 팽덕회는 국민당군의 공격을 뿌리치고 8천명의 '홍5군'을 인솔해 정강산에 도착했다(현이섭, 2014: 119). 7월 30일 평강에서 철수한 팽덕회 부대는 수수현성을 공략(8.6)하고 공농병정부를 설립했다. 8월 14일 수수에서 철수해 19일 평강으로 돌아왔다. 한편 간난신고 끝에 정강산에 도착(12.10)한 팽덕회의 부대는 8백명이었다.

8월 20일 팽덕회는 '주모홍군'과 연락하라는 호남성위의 지시문을 받았다. 9월 9일 만재(萬載)에서 패전한 '홍5군'은 부득불 동고(銅鼓)로 회귀했다. 유거(幽居)회의(9.17)에서 정강산 진출을 결정한 '홍5군'은 3개 종대로 개편하고 황공략의 제2종대는 주력부대 이동을 엄호하기로 결정했다. 12월 상순 연화현 고주(高柱)에 도착한 봉기군은 모택동이 파견한 하장공과 구도(九都)에서 만났다. 팽덕회와 하장공은 연화현 방루(坊樓)에서 경축대회를 개최한 후 '홍5군'은 연화현을 떠나 정강산으로 이동했다. 12월 10일 '홍5군'은 마침내 녕강현 신성(新城)에 도착했다.

12월 14일 신성에서 1만명이 참가한 경축대회가 개최됐다. 이수헌(李壽軒)[813]은 이렇게 회상했다. …모택동·주덕·팽덕회 등 지도자가 한꺼

다. 그해 가을 국민당군과의 전투에서 희생됐다.

812   하국중(賀國中, 1904~1929), 호남성 루저(婁底) 출신이며 공산주의자이다. 1927년 중공에 가입, 그해 12월 광주봉기 참가했다. 1928년 '홍5군' 제7단 연대장, 제6종대장을 맡았다. 1929년 강서성 안복(安福)에서 희생됐다.

813   이수헌(李壽軒, 1906~1984), 호남성 보경(寶慶) 출신이며 개국중장이다. 1928년 중공에 가입, 1930년대 '홍5군' 제9연대장, '홍27군' 참모장, 1940년대 송강(松江)군구 부사령관, 철도병단 부사령관 등을 맡았다. 건국 후 철도병단 기율검사위원회 서기, 지원

번에 강단에 오르자 단상이 무너졌다. 객석은 불길한 징조라고 의논이
분분했다. 주덕은 이렇게 역설했다. …무너진 강단은 다시 세우면 된
다. 무산계급의 무대는 영원히 무너지지 않는다(羅榮桓 외, 2007: 198). 경사
스러운 날의 단상 붕괴는 '불길한 조짐'이었다. 얼마 후 '홍4군' 주력부
대가 하산한 후 팽덕회는 구사일생(九死一生)의 '정강산 보위전'을 치렀
다. 또 근거지를 떠난 '주모홍군'은 연속된 참패를 거쳐 기사회생했다.

　팽덕회가 모택동과 처음 만난 곳은 자평의 어느 농가였다. 모택동
은 상담 방언으로 이렇게 말했다. …당신도 우리와 같은 길을 선택했으
니 향후 함께 싸웁시다. 당시 모택동이 애지중지한 책은 삼국연의, 팽
덕회가 소중히 간직한 도서는 수호전이었다(金一南, 2017: 192). 모택동은
팽덕회를 삼국연의에 나오는 촉나라 유비의 선봉장인 장비에 곧잘 비
유했다. 또 대놓고 팽덕회를 장비라고 불렀다(이중, 2002: 32). '권모술수'
에 능한 모택동은 삼국지(三國志)의 조조와 유비(劉備)[814]의 복합체적 인
물이었다. 한편 성품이 강직한 팽덕회는 수호지(水滸誌)의 '의리의 사나
이' 무송과 '협객' 노지심, 촉한(蜀漢) 맹장 장비(張飛)[815]와 흡사했다.

　'30년 전우'인 모택동과 팽덕회의 관계는 협력·갈등·쟁론으로 점철
됐다. 절체절명의 '정강산 보위전'을 치른 팽덕회는 모택동이 신임하는

　　군(志願軍) 철도병단 부사령관 등을 역임, 1984년 북경에서 병사했다.

814　유비(劉備, 161~223), 삼국시대 촉한(蜀漢)의 초대 황제(재위 221~223)이며 정치가이다.
　　제갈공명·관우·장비의 도움을 받아 위나라 조조, 오나라의 손권과 중국 천하를 3분
　　했다. 221년 제위에 올라 국호를 촉한(蜀漢), 222년 관우와 장비의 복수를 위해 오나
　　라를 공격, 이릉(夷陵)전투에서 대패했다. 223년 백제성(白帝城)에서 병사했다.

815　장비(張飛, 165~221), 하북성 탁주(涿州) 출신이며 자는 익덕(益德)이다. 214년 파서태수
　　(巴西太守), 219년 우장군(右將軍), 221년 거기장군(車騎將軍)·서향후(西鄉侯), 부하 장수 범
　　강(范彊)·장달(張達)에게 살해됐다. 260년 후주 유선은 장비에게 환후(桓侯)라는 시호를
　　내렸다.

혁명 동지였다. 당시 팽덕회는 당중앙에 편지를 써 모택동의 홍군 잔류를 호소했고 '홍4군' 해체를 강력히 반대했다. 한편 팽덕회는 본토인 당조직의 감언이설(甘言利說)에 속아 원문재·왕좌를 사살하는 '중대한 과오'를 범했다. 또 팽덕회는 제2차 장사 공격에서 모택동과 불협화음을 초래했다. 이는 팽덕회에게 대패한 호남 군벌 하건이 홍군에 대한 보복조치로 모택동의 '조강지처'인 양개혜를 살해하는 결과로 이어졌다.

1929년 초 근거지를 떠난 '홍4군'은 잇따른 패전을 거친 뒤 기사회생했다. 모택동과 주덕은 알력·쟁론·화해로 얼룩진 '주모분쟁'을 겪었다. 결국 '홍4군' 제7차 당대회에서 군권을 박탈당한 모택동은 두 번째로 실각했다. '주모' 상급자인 주은래의 편지는 '주모분쟁'의 도화선이됐다. 결국 해결사 역할을 한 주은래는 모택동의 '홍군 복귀'에 크게 기여했다. 한편 '주모분쟁'의 장본인인 주덕은 '주모'가 '분가(分家)'하면 양패구상(兩敗俱傷)한다는 도리를 터득했다. 패전과 승전, 실권과 복권을 동시에 경험한 1929년은 모택동의 파란만장한 '인생 축소판'이었다.

1928년 11월 하순 상군 노척평(魯滌平)의 소극적 대응으로 정강산근거지에 대한 상감(湘贛) '연합토벌' 계획은 무산됐다. 12월 하순 '토벌군' 총지휘와 국민당 강서성정부 주석으로 부임한 노척평은 하건을 '초공(剿共)' 총지휘로 임명했다. 1929년 1월 1일 '연합토벌' 지휘부가 강서성 평향(萍鄉)에 설립됐다. 하건이 총지휘, 김한정이 부총지휘, 유청초(劉晴初)[816]가 참모장으로 임명됐다. 하건은 18개 연대의 병력을 다섯 갈래로 나눠 포위 공격하는 '연합토벌'을 획책했다. 또 그는 5로군(五路軍)에

816 　유청초(劉晴初, 1894~1951), 호남성 상담(湘潭) 출신이며 국민당군 중장이다. 1928년 국민당에 가입, 1930년 제4로군 참모장, 1938년 제9전구 참모장을 지냈다. 1949년 무장기의(起義), 1951년 상담에서 반혁명죄로 처형됐다.

게 '겹겹이 에워싸고 바싹 죄는' 압박 전술 사용을 명령했다.

1929년 1월 14일 '전위' 서기 모택동은 녕강현 백로(柏路)에서 연석회의를 주재했다. 회의 의제는 ① '중공 6대' 결의안 전달 ② 모택동의 중앙보고서 토론 ③ '홍군토벌' 대책 강구이다. 이 중 '홍군토벌' 대비책이 주된 의제였다. 적군의 '토벌 격파' 방안을 토론할 때 참석자들은 격한 쟁론을 벌였다. 회의에서 모택동은 홍군 주력이 감남(贛南)으로 출격, 위나라를 포위해 조나라를 구하는 '위위구조(圍魏救趙)'[817] 전략을 제출했다.

모택동이 '위위구조' 전략을 제출한 이유는 첫째, '사수'와 '근거지 포기'는 적극적인 해결방법이 아니다. 둘째, 정강산은 경제발전과 급양 해결이 어렵다. 셋째, 홍군 전부가 떠난다면 '근거지 건설' 노력이 수포로 돌아간다. 넷째, 홍군을 보존하고 근거지를 지키려면 '위위구조' 전략이 필요하다(江西省委黨史研究室, 1993: 73). 모택동의 '위위구조' 전략은 강적과의 정면충돌을 피하고 적군의 병력을 분산시켜 근거지를 수호하는 것이다. 실제로 정강산의 한계를 직시한 모택동이 '감남 출격'을 통해 새로운 근거지를 개척하려는 것이 이른바 '위위구조'의 취지였다.

나흘 간의 격렬한 토론을 거쳐 백로회의는 다음과 같은 결정을 내렸다. 첫째, 혼합(混合)편제를 실시해 '홍5군'을 '홍4군' 제30연대로 편성한다. 둘째, 팽덕회를 '홍4군' 부군단장 겸 30연대 연대장, 등대원을 '홍4군' 부당대표 겸 30연대 당대표로 임명한다. 셋째, '홍4군' 30연대와 32연대는 팽덕회의 지휘하에 정강산을 방어한다. 넷째, '홍4군' 주력은 감

---

817 '위위구조(圍魏救趙)'는 조나라를 구하기 위해 위나라를 포위한다는 뜻으로, 적의 후방을 공격해 적군의 퇴각을 유도하는 전술을 일컫는다. '손자병법'의 삼십육계 중 제2계로, 정면돌파보다 병력이 약한 적의 후방을 공격하는 것이 좋다는 뜻이다. 또 병력이 강한 적군과의 정면적 접전을 피해 취약한 적의 후방을 공격하는 전술을 가리킨다.

남으로 출격해 적을 유인하며 적을 배후를 공격해 하건의 '연합토벌'을 격파한다. 한편 중국 학자들은 참석자들이 모택동의 '위위구조' 전략을 일제히 찬성했다고 주장한다. 실제로 '홍5군'의 대다수 장병과 '사수'를 주장한 원문재·왕좌는 상기 결정에 대한 불만이 매우 컸다.

팽덕회는 관련 상황을 이렇게 회상했다. …회의가 끝난 후 나와 등대원은 군사회의를 열었다. 회의에는 등평·이찬·하국중 등이 참가했고 두 가지 의견이 엇갈렸다. 첫 번째 의견은 상악감(湘鄂贛) 근거지에 돌아가 '중공 6대' 결의안을 전달해야 한다. 두 번째 의견은 전적위원회의 지시를 수용해 '정강산 수비' 임무를 완수해야 한다(彭德懷, 1981: 116). 당시 적아 간의 역량 차이가 현저한 상황에서 '정강산 유수(留守)'는 전멸을 의미한다. 결국 공산당원인 팽덕회는 '명령 복종'을 선택했다. 한편 팽덕회와 왕좌의 관계는 불신으로 점철된 '적대적 관계'였다.

진백균이 분석한 '감남 출격' 원인은 ① 정강산과 근거리 ② 물산 풍부, 급양 해결 ③ 적의 통치력 부족 ④ 감군(贛軍)의 약한 전투력 ⑤ 방지민 홍군과 협력 ⑥ 당중앙의 '감남 발전' 지시 등이다(梅黎明 외, 2014: 329). '출격' 장소로 거론된 상악감은 무한·장사·남창 등 대도시와 가깝고 교통이 발달해 근거지로 적합하지 않았다. 한편 상남은 지방당조직이 파괴돼 대중의 지지를 받을 수 없고 상군 전투력이 강했기 때문에 부결됐다.

정강산 근거지의 단점은 첫째, 인구가 적고 식량 생산량이 적었다. 둘째, 백성의 생활이 어려워 보급품을 공급받기 어려웠다. 셋째, 남북으로 발전할 수 없었고 군사적 진퇴(進退)가 불가능했다. 넷째, 홍군 수효가 급증했고 적의 경제봉쇄가 강화됨에 따라 급양 해결이 난제로 부상했다. 다섯째, 식량 운반이 어렵고 군수품이 부족했다. 이것이 모택동이 정강산 근거지를 고수하지 않고 새로운 근거지 개척을 주장한 주요인이었다.

모택동은 주덕·진의·팽덕회·담진림 등과 함께 회의를 열고 '비적두목'에 관한 문제를 토론했다. 모택동은 당중앙 지시를 무조건 집행해선 안 되며 공산당원인 '원왕(袁王)'을 살해해선 안 된다고 주장했다. 참석자들은 그의 의견을 찬성했다(譚震林 외, 2007: 310). 본토인 당조직의 왕회(王懷)[818]와 용초청은 '원문재 처형'을 주장했다. 당시 원문재와 교분이 없었던 팽덕회는 줄곧 침묵을 지켰다. 결국 본토인과 객가인의 뿌리 깊은 알력다툼은 훗날 '원왕'이 억울하게 죽임을 당하는 '비극'의 화근이됐다.

본토인과 객가인의 '알력 격화' 방지를 위해 모택동이 단행한 인사배치는 ① 용초청, 연화현위 서기 ② 원문재, '홍4군' 참모장 ③ 유휘소, (前委)비서장 ④ 하장공, 녕강현위 서기 임명 등이다(陳鋼 외, 1998: 332). 당시 정강산에는 '본토인 당권(黨權)'과 '객가인 무력'이란 속언이 유행할정도로 아귀다툼이 심각했다. 결국 상황의 심각성을 인지한 모택동은인사 배치를 통해 '토객(土客)' 간 알력다툼의 장본인 용초청과 원문제를 갈라놓은 것이다. 한편 1년 후 발생된 비극적 사건의 '주범'은 팽덕회였다.

모택동은 상감(湘贛)특위를 개편하고 군사 간부를 재배치했다. 첫째, 적위대를 재편해 언휘(鄢輝)[819]를 총대장, 유작술을 당대표로 임명했

---

818 왕회(王懷, 1906~1932), 강서성 영신(永新) 출신이며 공산주의자이다. 1926년 중공에 가입, 1929년 영신현위 서기, 1930년 감서남 특위 조직부장, 서로행위(西路行委) 서기를역임, 1932년 5월 만태(萬泰)에서 살해됐다.

819 언휘(鄢輝, 1900~?), 호남성 원강(沅江) 출신이며 공농홍군 장령(將領)이다. 1927년 가을

다. 둘째, 등건원(鄧乾元)[820]을 상감특위 서기, 등건원·등대원·진정인·완희선·주창해를 상임위원에 임명했다. 셋째, 담진림을 '전위' 직공운동 위원장으로 임명했다. 넷째, 왕좌를 32연대장, 하장공을 당대표로 임명했다. 다섯째, 장자청을 '홍5군' 참모장으로 임명했다. '인사 배치'를 통해 모택동은 상감특위의 지도력과 '홍5군'에 대한 통제력을 강화했다. 한편 등건원·장자청은 모택동의 최측근이었다는 점이 주목된다.

1월 14일 모택동과 주덕이 거느린 '홍4군' 3600명은 자평(茨坪)에서 출발해 감남을 행해 진격했다. 그 후 '홍4군'은 다시 정강산에 오르지 않았다. 그날 저녁 '홍4군'은 수천현 대분(大汾)에서 적군 1개 대대를 섬멸하고 봉쇄선을 돌파했다. 또 홍군은 국민당군이 방어망을 설치하지 않은 대여(大余) 현성을 점령했다. 결국 '홍4군'은 정강산 근거지를 완전히 이탈했다. 한편 이곳에는 당조직이 없었고 대중의 지지도 받을 수 없었다.

1월 22일 홍군이 대여를 공략하자 '토벌군' 총지휘 하건은 이문빈(李文彬)[821]과 유건서(劉建緒)[822]에게 4개 여단 병력을 동원해 홍군을 추격

추수봉기에 참가, 1928년 공농홍군 제1연대 군관교도대(敎導隊) 교관을 맡았다. 1929년 상감변계 적위대 총대장을 역임했다.

820 등건원(鄧乾元, 1904~1934), 호남성 서포(漵浦) 출신이며 공산주의자이다. 1925년 중공에 가입, 1928년 상감특위 서기, 1930년 '홍8군' 정치위원, 1932년 서금(瑞金)중앙군사학교 교관, 1934년 'AB단분자'로 몰려 처형됐다.

821 이문빈(李文彬, 1894~1980), 운남성 녹풍(祿丰) 출신이며 국민당 우파이다. 1928년 국민당 제21여단장, 1929년 제1로군 총지휘, 1930~1940년대 183사단장, 제1집단군 참모장, 제11병단 사령관을 맡았다. 건국 후 대만·뉴욕에 정주, 1980년 뉴욕에서 병사했다.

822 유건서(劉建緒, 1890~1978), 호남성 예릉(醴陵) 출신이며 국민당 우파이다. 1928년 제5로군 총지휘, 홍군 '연합토벌'에 참가했다. 1935년 제4로군 사령관, 1941년 복건성정부

하게 했다. 1월 24일 적군 3개 연대의 기습 공격을 받은 홍군의 방어선은 곧 돌파됐다. 바깥 정보가 완전 단절된 상황에서 황급히 응전한 홍군은 200~300명의 사상사를 냈다. 28연대 당대표 하정영이 중상을 입었고 독립대대장 장위(張威)가 희생됐다. 28연대장 임표가 모택동의 지시를 무시하고 경계를 소홀히 한 것이 패전의 주된 원인이었다. 결국 대여에서 철수한 '홍4군'은 감남(贛南)의 신풍·안원·심오에 진입했다.

적의 공격을 당해내지 못한 임표는 진지를 버리고 철수했다. 이에 화가 난 모택동은 임표에게 '진지 고수'를 명령했다. 진의는 주력부대인 28연대가 적의 공격을 저지해야 한다고 말했다. 임표는 사병을 거느리고 진지로 되돌아갔다('陳毅傳', 1991: 89). 소극은 이렇게 서술했다. …경각심을 상실한 임표는 지형을 살피지 않았으며 아무런 방어공사도 구축하지 않았다. 구양의(歐陽毅)[823]는 이렇게 회상했다. …당시 임표가 진지를 사수하지 않고 철수하자 부대는 졸지에 혼란에 빠졌다(羅英才 외, 1993: 72). 대여전투의 패전 책임을 임표 한 사람에게 전가하는 것은 공정성이 결여됐다. 한편 '풋내기 지휘관' 임표는 값진 성장통을 겪었다.

대여전투의 가장 큰 손실은 28연대 당대표 하정영의 희생이다. 황급히 퇴각하던 중 중상자 하정영이 목숨을 잃은 것이다. 모택동은 최측근을 잃었다. 한편 밤도와 급행군을 강행한 홍군은 평정요(平頂坳)·숭선우(崇仙圩)·견하(畖下)·서금에서 '4전4패'를 당했다. '화불단행(禍不單行)'이

주석, 제3전구(戰區) 부사령관을 맡았다. 1951년 브라질 정주(定住), 1978년 브라질에서 병사했다.

823 구양의(歐陽毅, 1910~2005) , 호남성 의장(宜章) 출신이며 개국중장이다. 1928년 중공에 가입, 상남봉기에 참가했다. 1930~1940년대 홍군 총사령부 작전국장, 팔로군 제5종대 부참모장, (晉綏)연방군 정치보위부장 등을 지냈다. 건국 후 공안부대(公安部隊) 정치부 주임, 해방군 포병부대 부정치위원을 역임, 2005년 북경에서 병사했다.

었다. 평정요에서 길 안내자의 잘못으로 홍군은 추격군의 공격을 받아 큰 손실을 입었다. 또 견하촌에서 홍군 지도부는 '일망타진 전멸'을 당할 뻔했다.

당사자 속유는 이렇게 회상했다. …2월 2일 새벽 홍군은 견하촌에서 유사의(劉士毅) 부대의 기습을 받았다. 임표는 호위부대 1개 대대를 남겨둔 후 먼저 철수했다. 모택동과 주덕은 각기 흩어졌고 호위병의 도움으로 위기에서 벗어났다(粟裕, 1988: 81). 하마터면 체포될 뻔한 진의는 외투를 벗어 추격병에게서 벗어났고 모택동은 다리에 부상을 입었다. 오중호의 31연대가 지원하지 않았다면 적의 추격에서 벗어날 수 없었을 것이다. 호위 임무를 완수하지 못한 임표는 '기과(記過)' 처분을 받았다(金一南, 2009: 128). 한편 담진림은 모택동을 위험에서 구출한 수훈갑이다. 군사회의에서 임표는 자신의 실직(失職)을 심각하게 반성했다.

1월 21일 하건은 직접 정강산 공격을 지휘했다. 팽덕회는 초소를 중심으로 적의 공격을 물리칠 만단의 준비를 마쳤다. 1월 26일 적의 총공격이 개시됐고 전투가 가장 치열하게 진행된 곳은 황양계·팔면산이었다. 홍군은 황양계의 견고한 방어공사를 이용해 오상(吳尙) 2개 여단 공격을 격퇴했다. 한편 팔면산 수비군은 4주야 격전 끝에 대부분 희생됐다. 26~29일 3일 간 지속된 백은호(白銀湖) 전투에서 쌍방은 많은 사상사를 냈다.

수비군의 완강한 저항에 속수무책이었던 적군은 '불순분자' 진개은(陳開恩)을 매수해 향도(嚮導)로 삼았다. 29일 저녁 700명의 상군이 오솔길로 황양계 진지에 오른 후 무방비 상태인 수비군을 기습했다. 중과부족으로 초소는 함락됐다(任大立 외, 2013: 13). 30~31일 황양계·팔면산이 연이어 함락되자 팽덕회는 사수를 포기하고 형죽산으로 퇴각했다. 정강산을 공략한 적군은 소정(小井)의 100여 명 홍군 중상자를 모조리 학살했다.

감남에서 홍군이 봉착한 난관은 첫째, 5개 여단의 정규군이 고립무원에 빠진 홍군을 집요하게 추격했다. 둘째, 낮 설고 생소한 환경에서 사면초가에 빠졌다. 셋째, 지방의 반동무장 습격을 받았고 강행군에 시달려 체력이 바닥났다(黃少群, 2015: 113). 이는 홍군의 '위위구조' 전략이 실패한 주된 원인이다. 결국 '위위구조' 실패로 정강산 근거지가 함락됐다. 결국 이는 감남민서(贛南閩西)에서 새로운 근거지를 창설한 직접적 계기가 됐다.

궁지에 몰린 주모군은 국민당군에 위장 투항했다. 황포군교 출신인 장교 한 사람이 20명의 부하와 함께 항복했다. 몇 개 월 후 연대 전체가 반란을 일으켜 그곳을 게릴라 지역으로 만들었다. 1929년 1월 주모군은 서금(瑞金) 기습을 결정했다(나창주, 2019: 277). 주모군의 '위장 투항'은 야사(野史)에 가깝다. 또한 '서금 기습'의 상기 주장은 사실무근이다. 2월 10일 홍군은 대백지(大柏地)에 매복전을 펼쳐 추격군 2개 연대를 섬멸했다.

2월 9일 모택동은 협곡인 대백지에 매복전을 전개하기로 결정했다. 10일 오후 유사의 2개 연대가 매복권에 진입하자 홍군은 맹공격을 개시했다. 탄약이 부족한 홍군 병사들은 총대·총검·돌 등을 사용해 적군과 육박전을 벌였다. 주덕은 친히 전투를 지휘했고 평소에 좀처럼 총대를 잡지 않는 모택동은 몸소 전장(戰場)에 뛰어들었다(逄先知 외. 2011: 195). 대백지 전투에서 적군 연대장을 체포하고 적군 800여 명을 섬멸했다. 하산 후 거둔 첫 승전인 '대백지 대첩'을 통해 홍군은 주동권을 장악했다. 결국 '홍4군'은 잇따른 패전을 만회하고 극적으로 기사회생했다.

나복장(羅福嶂)회의(1929.2.3)[824]에서 홍군 지도부는 동고(東固) 진격을 결정했다. 동고에는 홍군 2개 연대가 주둔했다. 제2연대장 이문림(李文林)[825], 제4연대장 단월천(段月泉),[826] 당대표는 김만방(金萬邦)[827]이었다. 2월 22일 양군은 경축대회를 열었다. 대회 후 모택동은 (東固)근거지 창건자 뢰경방(賴經邦)[828] 가족을 방문해 은화 30원을 위로금으로 주었다. 동고에서 일주일 간 휴식한 '홍4군'은 부상병을 배치하고 급양을 해결했다.

2월 25일 동고를 떠난 '홍4군'은 감민(贛閩)변계로 이동했다. 당시 장정(長汀)·용암(龍岩)·상항(上杭)·영정(永定) 일대에는 장정승(張鼎丞)[829]·등

---

824 나복장(羅福嶂)회의(1929.2.3)는 2월 초 심오(尋烏)현 나복장에서 개최된 '홍4군' 전위 확대회의를 일컫는다. 회의의 주된 내용은 ① 감남 진격 후, '홍4군'의 경험·교훈을 정리 ② '홍4군' 군위(軍委) 철수 ③ 동고(東固) 진격, 근거지 설립 확정 ④ 대중노선 제출 등이다. 한편 '홍4군' 군위 철회는 '주모분쟁'의 빌미를 제공했다.

825 이문림(李文林, 1900~1932), 강서성 길수(吉水) 출신이며 공산주의자이다. 1926년 중공에 가입, 1927년 남창봉기 참가, 1928년 강서홍군 제2연대장, 1930년 강서성위 서기, 1932년 'AB단' 주범으로 몰려 처형됐다.

826 단월천(段月泉, 1893~1932), 강서성 영풍(永豊) 출신이며 공산주의자이다. 1927년 중공에 가입, 1929년 강서홍군 제4연대장, 1930년 강서성 소비에트정부 집행위원, 1932년 'AB단 분자'로 몰려 길안(吉安)에서 살해됐다.

827 김만방(金萬邦, 1900~1931), 강서성 영도(寧都) 출신이며 공산주의자이다. 1925년 중공에 가입, 1929년 강서홍군 독립연대 당대표, 강서성 소비에트정부 군사부장을 역임, 1931년 '숙반 확대화'로 황피(黃陂)에서 살해됐다.

828 뢰경방(賴經邦, 1899~1928)), 강서성 길안(吉安) 출신이며 공산주의자이다. 1926년 중공에 가입, 1927년 동룡(東龍)유격대장, 강서홍군 제7종대 당대표를 역임했다. 1928년 6월 동고(東固)전투에서 희생됐다.

829 장정승(張鼎丞, 1898~1981), 복건성 영정(永定) 출신이며 공산주의자이다. 1927년 중공에 가입, 1929년 '홍4군' 제4종대 당대표, 1930~1940년대 '신4군' 제2지대장, 화동국(華東局) 조직부장을 지냈다. 건국 후 복건성위 서기, 중공중앙 조직부장, 최고인민검찰장, 전국 인대(人大) 부주임 등을 역임했다. 1981년 북경에서 병사했다.

자회(鄧子恢)[830]가 거느린 공농무장이 있었다. 그들은 근거지를 개척했고 대중의 지지를 받았다. 이 일대에는 장개석의 적계(嫡係)부대가 없었고 전투력이 약한 비적 출신 광봉명(郭鳳鳴)[831]·진국휘(陳國輝)[832]의 부대가 있었다. 3월 14일 홍4군은 장령채(長嶺寨)를 공격해 여단장 곽봉명을 사살하고 적군 2000명을 섬멸했다. 한편 잇따라 정주(汀洲)성을 공략한 '홍4군'은 민서(閩西) 근거지를 창설하는 서막을 열었다.

3월 중순 정주를 공략한 '홍4군'은 토호열신의 재물을 털어 급양을 마련하고 대중을 발동했다. 3월 하순 장정현위를 설립하고 단분부(段奮夫)[833]를 서기로 임명했다. 모택동이 개편한 3개 종대는 ① 제1종대장 임표, 당대표 진의 ② 제2종대장 호소매, 당대표 담진림 ③ 제3종대장 오중호, 당대표 채협민이었다. 이 시기 홍군은 4000명으로 발전했다. 3월 20일 모택동은 전위 회의를 열고 중대한 결정을 내렸다. 감남·민서의 20개 현을 중심으로 유격전을 전개하며 새로운 근거지를 창설하는 것이었다.

---

830 등자회(鄧子恢, 1896~1972), 복건성 용암(龍岩) 출신이며 공산주의자이다. 1926년 중공에 가입, 1929년 민서 특위 서기, 1930년대 '홍12군' 정치위원, '신4군' 정치부 부주임, 1940년대 화중(華中)군구 정치위원, 화동국(華東局) 부서기를 맡았다. 건국 후 농촌사업 부장, 국무원 부총리, 전국 정협 부주석을 역임, 1972년 북경에서 병사했다.

831 광봉명(郭鳳鳴 1893~1929), 복건성 장정(長汀) 출신이며 복건성 군벌이다. 1927년 신편군(新編軍) 제2사단장, 1928년, 복건성방군(防軍) 제2혼성여단장을 맡았다. 1929년 승화산(勝華山) 전투에서 '홍4군'에게 사살됐다.

832 진국휘(陳國輝, 1898~1932), 복건성 남안(南岸) 출신이며 복건성 군벌이다. 1927년 복경성방군 제1혼성여단 여단장, 1929년 용암(龍岩)전투에서 대패, 장주(漳州)로 도망쳤다. 1932년 제19로군에 의해 복주(福州)에서 처형됐다.

833 단분부(段奮夫, 1905~1931), 복건성 장정(長汀) 출신이며 공산주의자이다. 1927년 중공에 가입, 1929년 장정(長汀)현위 서기, 1930년 정련(汀連)현위 서기 등을 역임, 1931년 민서 '사회민주당(社会民主党)'으로 몰려 살해됐다.

모택동과 중국혁명 1

2. '주모분쟁(朱毛紛爭)', 군권 박탈

역사적으로 엄연히 실재한 '주모분쟁'은 대다수 학자가 껄끄럽게 생각하는 민감한 화제이다. 홍군의 주요 지도자 간 첨예한 권력투쟁이었기 때문이다. '주모분쟁'에 빌미를 제공한 모택동은 5개월 동안 군권을 박탈당했다. 이는 모택동의 두 번째 실각이었다. 한편 잇따른 패전을 치른 주덕은 '주모합작' 중요성을 절감했다. '조정자' 진의의 노력과 결자해지 차원에서 '해결사' 역할을 한 주은래의 지시에 힘입어 '주모'는 마침내 화해했다.

2월 3일 나복장에서 모택동의 주재로 군사회의가 열렸다. 잇따른 패전과 적의 추격을 벗어나기 위한 강행군이 연속된 상황에서 '홍4군' 군위를 철회하고 전적위원회가 직접 부대의 전투를 지휘할 것을 결정했다(金沖及 외, 1996: 192). '군위 철회'는 (軍委)서기 주덕에게 큰 타격이었다. 실제로 모택동은 홍군의 잇따른 패전 책임을 군단장 주덕에게 전가한 것이다. 결국 이는 주덕의 불만을 야기했다. 또 이는 '주모분쟁'의 발단이 됐다.

대백지에서 승전한 '홍4군'의 난제는 급양 해결이었다. 대백지의 백성은 모두 산속으로 피신했다. 융통성을 발휘한 모택동은 '차용증'을 남기고 백성의 식량과 채소 '식용(食用)'을 허락했다. 또 포고문을 붙여 상황을 설명하고 사용한 식량 등을 나중에 반환할 것을 약속했다. 50일 후 홍군이 대백지를 지날 때 모택동은 '차용증'에 적힌 '식대(食代)'를 은화로 배상했다. 홍군의 '차용증'은 백성의 신임을 얻는 데 긍정적 역할을 했다.

3월 중순 모택동은 '중공 6대'의 '결의안'에 근거해 공농운동위원회를 정치부로 개편했다. 모택동이 정치부 주임, 담진림이 부주임을 맡았다. 또 각 종대에 정치부를 설립해 당대표가 주임을 겸직했다(逢先知외, 2005: 269). 한편 주덕의 군위 서기 직무를 박탈한 모택동은 당정군(黨政軍)의 모든 권력을 독차지했다. 이는 '주모홍군'의 핵심 멤버인 '주모(朱毛)' 간에 벌어진 권력투쟁인 '주모분쟁(朱毛紛爭)'을 야기한 주된 원인이 됐다.

2월 12일 주덕의 부인 오약란은 감주(贛州)에서 처형됐다. '임산부'인 아내의 죽음은 주덕에게 큰 타격이 됐다. 중매자를 자임한 모택동 부부는 증지·팽유(彭儒)[834]에게 '신부 물색'을 의뢰했다. 그가 바로 18세 처녀 강극청이었다. 3월 하순 주덕은 25세 연하인 강극청을 여섯째 부인으로 맞아들였다. 모택동 부부가 그들의 증혼인(證婚人)이었다. 실제로 '병 주고 약 주는' 모택동의 정치적 수완은 '주모분쟁'의 또 다른 원인이었다.

민서의 첫 홍색정권을 설립한 '홍4군'은 장정(長汀)에서 17일 간 머물렀다. '장계전쟁(蔣桂戰爭)'[835]으로 감남에 적군이 매우 적다는 보고를 입수한 모택동은 '감남 진격'을 결정했다. 모택동은 '장계전쟁'을 감남 근거지를 발전시킬 호재로 간주했다. 4월 1일 '주모'가 거느린 '홍4군'

---

834 팽유(彭儒, 1913~2010), 호남성 의장(宜章) 출신이며 공산주의자이다. 1930년 중공에 가입, 1930~1940년대 복건성 정주(汀州)시위 조직부장, 섬감녕정부 민정과장, 강서성 총공회 부주석, 건국 후 농업부 감찰실장, 전국 정협 위원 등을 역임, 2010년 북경에서 병사했다.

835 '장계전쟁(蔣桂戰爭)'은 국민당 신군벌 장개석과 광서 군벌 이종인(李宗仁)이 양호(兩湖) 지역을 쟁탈하기 위해 벌인 전쟁이다. 1929년 2월 21일 무한을 점거한 계군(桂軍)은 호남성장 노척평(魯滌平) 직무를 해임하고 호남성에 진입했다. 3월 26일 장개석은 '계계(桂係) 토벌'을 명령했다. 4월 초 장개석의 군대는 무한을 공략, 계군은 대패했다. 4월 25일 장개석은 '광서 진격'을 명령, 계군은 용주(龍州)를 퇴각하고 이종인은 홍콩으로 도망쳤다.

은 서금에서 '홍5군'과 회합했다. 4월 3일 모택동은 전적위원회에 보낸 당중앙의 '2월편지'를 받았다. 결국 '2월편지'는 '주모분쟁' 촉매제로 작용했다.

중공 최고 지도자인 이립삼은 모택동에게 편지를 보내 홍군을 해산시키고 상해에 도착하라는 지시를 내렸다. 명령에 불복한 모택동은 회신을 보내 잘못된 지시를 내린 이립삼을 견책했다(D. Wilson, 1993: 136). 중공중앙은 모택동에게 농민과의 혁명적 유대를 포기하고 상해로 오라는 명령을 내렸다. 모택동에게 명령을 내린 것은 트로츠키파로 불린 유학파였다(조헌용, 2007: 88). 실제로 '2월편지'를 보내 (朱毛)홍군을 소부대로 분병(分兵)하고 '주모(朱毛)'의 홍군 이탈을 지시한 중공 지도자는 주은래였다. 이 시기 주은래는 '중앙군위(中央軍委)'의 최고 책임자였다.

주은래는 홍군이 군벌주의 잔재 같고 비적과 같은 정신상태에 빠졌다고 비판했다. 모택동은 주은래의 비판에 분개했다. 자신이 위험에 빠져 있을 때 외국으로 도망쳐 연락조차 없더니, …주덕도 주은래를 비겁한 자라고 몰아세웠다(나창주, 2019: 282). 상기 서술은 야사(野史)에 가까운 황당무계한 주장이다. 주은래가 '2월편지'에서 요구한 것은 홍군의 병력 분산과 '(朱毛)홍군 이탈'이었다. 당시 주은래는 주덕의 '후견인' 역할을 했다.

'2월편지' 골자는 ① '대도시 폭동' 중요성 강조 ② 홍군에 대한 비관적 전망 ③ 소부대 편성과 분산 활동 ④ 토지혁명 전개 ⑤ 부대의 규모 축소, 급양 해결 유리 ⑥ '주모'의 당중앙 도착 등이다(中央檔案館, 1983: 24). 당시 국민당 신문을 통해 홍군의 잇따른 패전을 알게 된 주은래가 모택동·주덕의 안전을 우려해 그들의 홍군 이탈을 지시한 것이다. 한편 홍군에 대한 '비관적 전망'은 부하린의 '6대(六大)' 정치보고와 관련된다.

주은래는 신문 등을 통해 '주모홍군' 소식에 각별히 주목했다. 당시 '시보(時報)' 등 신문은 '홍군 토벌' 승전을 크게 선전했다. 2월 2일 홍군의 행동방침을 토론한 당중앙은 주은래에게 '지시' 작성을 의뢰했다(蔣伯英, 2009: 95). 당시 주은래는 '홍4군'의 연속된 패전을 파악했다. 한편 모택동이 서금에서 '2월지시'를 받았을 때는 상황이 크게 호전된 4월 초였다. 결국 '2월편지'는 홍군의 상황에 적합하지 않은 '잘못된 지시'로 간주됐다.

미국 기자 에드가 스노우는 주은래를 이렇게 평가했다. …두뇌가 명석하고 분석력이 강하며 실제적 경험을 중시한다. 또 강인한 인내력을 갖고 있고 대공무사하며 백절불굴의 정신을 갖고 있다(Edgar Snow, 1979: 47). 주은래는 '주모홍군'과 특별한 인연을 갖고 있었다. 남창봉기 패전을 경험한 주은래가 (朱毛)홍군에 대한 특별한 관심은 당연지사였다. 실제로 주은래의 '삼하파 분병'이 없었다면 정강산의 '주모회사'가 있을 수 없다.

'중공 6대'에서 부하린은 이렇게 역설했다. …홍군의 집중은 백성의 이익을 해치므로 분산 활동을 해야 한다. 홍군이 백성의 씨암탉 한 마리도 남기지 않는다면 이는 대중의 불만을 사게 된다. 최고 지도자는 홍군을 떠나야 한다(中國社科院近代史硏究所, 1981: 334). '주모'의 '홍군 이탈' 소문은 급속도로 퍼졌다. 홍군 각 당지부의 토론은 '주모'의 이탈과 잔류에 초점이 맞춰졌다. 결국 '2월지시'는 '병력 분산(分兵)' 주장의 빌미가 됐다(黃允升, 2006: 127). 당시 대도시 폭동을 강조한 공산국제는 '주모홍군'의 유격전을 백안시했다. 한편 모택동은 '편지' 내용을 각 당지부에 전달하고 활발한 토론을 지시했다. 이는 '주모'의 우열을 가리는 토

론장으로 변했다. 훗날 담진림은 '2월편지'가 '주모분쟁' 도화선이었다
고 주장했다.

'당중앙 회신(1929.4.5)'에서 모택동이 '분병'을 반대한 이유는 ① 홍
군 대다수 외지인, 분산활동 불가능 ② '분병'은 지도부의 역할 약화 ③
병력 분산은 적에게 각개격파 ④ '홍군 승전'은 최고 지도자의 역할이
중요 등이다(毛澤東, 1993: 61). 팽덕회는 당중앙에 보낸 편지(1929.4.4.)에 이
렇게 썼다. …현재 병력 분산은 홍군이 취할 바가 아니다. 긴요한 시기
주요 지도자는 병사와 동고동락해야 한다. 역량을 집중해야 난관을 타
개할 수 있다(彭德懷, 1988: 3). 한편 홍군의 '분병'이 대부분 실패했다고 쓴
모택동은 '홍4군'이 적의 추격에서 벗어난 것은 역량 집중과 주요 지도
자의 결책(決策)이 주요인이었다고 주장했다. 또 팽덕회의 편지는 '분병'
과 주요 지도자의 부대 이탈을 반대한 모택동의 회신과 맥을 같이했다.

당중앙의 '인사 배치'에 대해 모택동은 회신에 이렇게 썼다. …(朱
毛)대체자로 두 사람이 가능하다. 유백승은 군사 지도자의 자격을 갖췄
고 정치 지도자의 자질을 갖춘 운대영이 홍군의 주요 지도자로 적합하
다(毛澤東, 1993: 58). 상기 '대체자 파견'은 감남·민서 근거지 창설 계획을
밝힌 모택동이 보여주기 위한 제스처에 불과했다. 한편 중앙선전부 비
서장 운대영은 모택동의 대체자로 자격미달이다. 또 소련 연수 중인 유
백승의 파견도 불가능했다. 실제로 모택동의 '중앙 전근' 가능성은 제
로에 가까웠다.

모택동이 '2월편지'를 받았을 때 '대백지 승전'으로 기사회생한 홍
군은 적의 추격에서 벗어났다. 당시 '동고 회사'와 '장정 공략'을 통해
급양을 해결하고 근거지 창설의 기반을 마련했다. 또 '장계전쟁'(1929.3)
은 홍군의 '근거지 개척'에 호재로 작용했다. 모택동은 감남에서 근거지

를 설립하고 농촌에 진입해 대중을 발동하며 토지혁명을 전개하는 등 홍군 발전 계획을 수립했다. 한편 당중앙은 '장계전쟁'을 '홍4군'이 동산재기(東山再記)할 수 있는 호기(好機)로 간주했다. 또 주은래는 홍군의 병력 분산과 '주모'의 부대 이탈이 '잘못된 지시'였다는 것을 인지했다.

게릴라가 우세하다는 정세 변화를 근거로 주은래를 비롯한 당중앙의 인식도 변화했다. 4월 8일 주은래가 '2월지시'를 취소하는 편지를 썼기에 이 문제는 종료됐다. 기민한 주은래가 스스로 방침을 전환했다(야부키 스스무, 2006: 86). 정치국 회의(4.4)에서 주은래는 기존 입장을 바꿨다. 또 '2월지시'가 융통성이 없었다고 시인한 주은래는 '지시문(4.7)'에 이렇게 썼다. …주요 지도자가 잠시 올 수 없다면 유력한 지도자를 당중앙에 보내 문제를 토론하길 바란다(中共中央研究室, 2007: 161). 실제로 향충발이 작성한 '지시'를 주은래가 수정한 것이다. 또 '2월편지'가 '홍4군' 상황에 적합하지 않다는 것을 인지한 주은래는 '주모'의 홍군 이탈을 강요하지 않았다. 주은래의 입장 변화는 이 시기 폭발한 '장계전쟁'과 관련된다.

4월 11일 우도(于都)에서 전위(前委) 회의를 개최한 모택동은 '홍5군'에게 정강산 근거지 재건을 지시했다. 또 '홍4군'은 지방의 혁명무장을 발전시켜 홍색정권을 공고히 하고 감남 근거지를 개척할 것을 결정했다. 4월 중순 제3종대를 거느리고 홍국(興國)현성에 도착한 모택동은 '분병'을 실시해 대중을 발동했다. 또 홍국현혁명위원회를 설립하고 '홍국현토지법'을 제정했다. 결국 이는 홍군을 분산시켜 토지혁명을 전개하라는 당중앙의 '지시'에 부합됐다. 4월 말 모택동의 제3종대는 제1·제2종대와 회합한 후 녕도(寧都)현성을 공략해 적군 500여 명을 섬멸했다.

4~5월 '홍4군'은 우도·홍국·녕도 3개 현에 혁명정권을 설립했다. 5

월 중순 홍군은 민서 근거지로 귀환했다. 5월 23일 진국휘의 1개 대대 적군을 섬멸한 홍군은 5월 25일 영정(永定)현성을 공략했다. 모택동은 (永定)혁명위원회를 설립하고 장정승을 주석으로 임명했다. 6월 3일 용 암(龍岩)을 점령한 홍군은 (龍岩)혁명위원회를 설립하고 등자회를 주석으 로 임명했다. 이 시기 장정승·등자회는 모택동이 가장 신임하는 최측 근이었다.

1929년 5월 당중앙은 유안공(劉安恭)[836]을 특파원으로 파견했다. 당 시 소련 유학을 한 군사 전문가는 당중앙의 중시를 받았다. 모택동은 5 월 하순 '홍4군' 군위를 회복하고 유안공을 군위 서기로 임명했다(中央 檔案館, 1989: 684). 마르크스주의 이론자로 자처한 유안공은 모택동에게 악랄하게 대했다. 상황 이해도 없이 무조건 주덕을 지지하고 모택동에 게 분파주의자라는 정치적 딱지를 붙였다. 당시 그는 모택동이 가장 제(家長制)를 실시했다고 비난했다(A, Pantsov 외, 2017: 324). 상기 '분파주의 자'·'가장제'는 큰 어폐가 있다. 한편 유안공과 주덕은 소련에서 군사교 육을 받은 사천성 동향이자 동료였다. 또 중앙특파원 유안공을 (紅軍)정 치부 주임과 군위 서기로 임명한 모택동의 '파격적 인사'는 큰 파장을 몰아왔다.

모택동이 유안공을 '중용'한 원인은 ① 중앙특파원에 걸맞은 대우 ② 소련 최고 군사학원을 나온 '군사 인재'로 등용 ③ '당중앙 지시'를 무시한 심리적 불안감 해소 ④ 주덕과의 '밀착관계'를 우려, 자기편으

---

836   유안공(劉安恭, 1899~1929), 사천성 영천(永川) 출신이며 공산주의자이다. 1918년 독일
      유학, 1922년 벨기에에서 공산당에 가입, 1927년 남창봉기 참가, 소련에 파견돼 군
      사학원에서 연수했다. 1929년 5월 중앙특파원 명의로 '홍4군'에 파견, 군위(軍委) 서
      기로 임명된 후 '주모분쟁'을 일으켰다. 1929년 10월 호시(虎市) 전투에서 희생됐다.

로 만들려는 속셈 ⑤ 사천성 동향 주덕·진의·유안공의 '결속'에 대한
불안감 발현 등이다. 한편 모택동의 기대를 저버린 유안공은 주덕과 합
작해 '주모분쟁'을 일으켜 모택동을 '축출'했다. 이는 모택동이 자초한
자업자득이었다.

중앙특파원 유안공은 1926년 사천성 군벌인 양삼(楊森)의 부대에서
주덕과 함께 '비밀공작'에 종사했다. 또 그는 남창봉기 후 소련 프룬제
(Frunze)군사학원에서 군사 이론을 전공했다. 소련의 최고 군사학원을
나온 유안공의 '(軍委)서기 임명'은 당연한 결과했다. 한편 모택동의 '유
안공 중용'은 주덕의 전우인 그를 자기편으로 만들려는 것이 주된 취지
였다.

1929년 5월 유안공의 지지를 받은 주덕은 '군위 회복'을 제출했다.
당시 진의와 임표는 유안공의 '(軍委)서기 임명'을 반대했다. 5월 23일
유안공은 모택동이 요구한 당중앙 보고서에 사인을 거부했다(于化民 외,
2013: 39). 한편 '홍4군'의 '3인자' 진의가 유안공의 '서기 임명'을 반대한
주된 이유는 모택동의 파격적 인사에 대한 불만이었다. 또 임표가 '유
안공 중용'을 반대한 것은 주로 '유안공 지지자' 주덕에 대한 불만에서
비롯됐다.

당중앙의 '2월지시' 관철 중요성과 홍군의 '취소주의(取消主義)'를 강
조한 유안공은 '홍4군'의 실정을 도외시했다. 또 그는 군위(軍委) 회의
에서, 전적위원회는 행동문제만 토론하고 군사문제에 개입해선 안 된
다고 주장했다(中共中央文獻硏究室, 2005: 275). 부하린의 관점과 '2월편지'를
근거로 유안공은 '홍4군'의 장병에게 새로운 이념을 주입했다. 또 홍군
의 분산활동을 강조한 유안공은 모택동의 유격전술을 전면 부정했다
(黃少群, 2006: 65). 실제로 소련의 정규전을 추앙한 유안공은 홍군의 유격

전을 무시했다. 유안공이 주장한 전위의 '권한 제한'은 주덕의 지지를 받았다. 이는 '주모' 간 갈등을 더욱 심화시켰다. 한편 진의는 (軍委)서기에서 밀려난 주덕을 동정하고 지지했다. 결국 모택동의 실각은 '필연적 결과'였다.

5월 말 호뢰(湖雷)에서 열린 전위 회의에서 두 가지 의견이 엇갈렸다. 유안공의 주장에 따르면 전위의 권한이 너무 크고 '가장제' 성향이 강하다는 것이다. 또 다른 의견은 전위의 '전투 지휘'는 작전에 유리하며 '군위 설립'은 분권주의(分權主義)라는 것이다(逄先知 외, 2005: 277). 모택동은 이렇게 설명했다. …'군위 설립'은 형식주의였다. '홍4군'은 4000명의 소부대였고 부대는 집중해야 하고 행동이 민첩해야 했다. 이른바 '가장제'는 오로지 개인의 명령만 있고 집체적 토론이 결여된 상황을 말한다. '가장제'는 사실무근이다(毛澤東, 1993: 71, 73). '군위 설립'은 대다수 참석자의 지지를 받았다. 한편 '분권주의' 주장은 수긍하기 어렵다. 상기 모택동의 설명은 강변(強辯)으로 설득력이 떨어진다. 실제로 주덕·유안공의 '동맹 강화'에 대한 우려가 모택동이 '군위 설립'을 반대한 주된 이유였다.

6월 12일 모택동의 회신을 받은 중앙정치국은 '홍4군' 문제를 토론했다. '2월편지'의 비관적 전망 비판을 수용한 주은래는 이렇게 말했다. …'2월지시'에서 지도자의 홍군 이탈과 '분병(分兵)' 지시는 부적합했다(中共中央研究室, 2007: 164). 당시 주은래는 유안공의 이간질로 (朱毛)갈등이 격화되었고 고립된 모택동이 사직서를 제출한 상황을 알지 못했다. 실제로 주은래의 '2월지시'와 특파원 파견이 '주모분쟁'의 도화선 역할을 했다.

백사(白砂)회의(6.8)에서 모택동이 제출한 '서면 의견'의 골자는 첫째, 전위(前委)와 군위의 분권 심화로 진퇴양난에 빠졌다. 둘째, '분쟁' 근원은 전위와 군위에 있다. 셋째, 당의 영도를 반대한 개인주의와 조직기율성 투쟁의 문제이다. 넷째, 전위의 조직적 리더십 원칙에 문제가 발생했다(凌步機 외, 2017: 158). 회의 말미에 모택동은 전위의 '정상적 활동'을 추진하기 어렵다는 것을 근거로 '(前委)서기 사직'을 강하게 요구했다. 홍군 지도부는 모택동의 사직을 수리하고 진의를 (前委)서기 대행으로 임명했다. 한편 '경솔한 처사'인 사직은 모택동의 상투적 수법이었다.

걸핏하면 사직하는 것은 모택동의 상투적 관행이었다. 사직은 소극적인 도피이며 상대를 협박하는 수단이다. 자신의 주장을 상대가 수용하지 않으면 사직을 빌미로 상대를 순종하게 만드는 일종의 협박수단이다. 그후에도 모택동의 '불미스러운 사직'은 심심찮게 발생했다. 한편 사직이 관행이 된 또 다른 위인은 장개석이었다. 황포군교 시절의 잦은 사직은 손중산을 골탕 먹였다. 1920~1930년대 모택동은 세 차례 실권하고 세 번 복권하는 '삼낙삼기(三落三起)'를 겪었다. 중국 역사에서 '삼낙삼기'는 매우 희소하다. 그 대표적 인물은 모택동·등소평·장개석이다.

모택동은 당중앙에 보낸 보고서(1929.6.1)에 이렇게 썼다. …부대가 매일 강행군을 진행하는 특수한 상황에서 전위와 중첩되는 군위의 업무를 잠정 중단했다. 또 '홍군 쟁론'의 주요 문제를 14개 조(條)로 정리하고 제10조에 관한 문제를 간단하게 언급했다(J. Halliday 외, 2005: 46). 상기 주장은 사실 왜곡이다. 실제로 나복장회의(2.3)에서 군위를 철회한 모택동은 5월에 임시군위를 회복했다. 한편 모택동의 '보고서(6.1)'는 '홍군 쟁론' 문제를 해결 중에 있다고 썼다. 상기 '14개 조'는 모택동이 임표에게 보낸 회신에서 '홍군 쟁론'의 주요 문제를 정리한 것이다.

백사회의에서 유안공은 모택동이 '원칙'을 창조하고 '당중앙 지시'에 불복한다고 지적했다. 또 그는 선거제도를 도입해 당의 책임자를 선출하고 윤번제를 실시해야 한다고 주장했다(中共中央黨史硏究室, 1988: 313). 회의는 '군위 설립'에 관해 찬반 투표를 실시하기로 결정했다. 투표 결과 '설립' 반대가 36표, '설립' 찬성은 5표에 그쳤다(江華, 1991: 88). 결국 '홍4군' 군위 서기와 정치부 주임에서 해임된 유안공은 제2종대 사령관으로 '좌천'됐다. '홍4군' 정치부 주임은 전위 서기 대행인 진의가 맡았다. 한편 '주모분쟁'을 더욱 격화시킨 또 다른 장본인은 임표였다.

6월 8일 저녁 임표는 모택동에게 쓴 편지를 강화에게 전달했다. 편지는 이렇게 썼다 …모택동의 사직을 반대하며 당내의 '잘못된 견해'를 바로잡기 바란다(江華, 1991: 89). 6월 14일 모택동은 임표에게 회신을 보내 '홍4군' 쟁론을 14개 문제로 정리했다. '14개 문제'는 크게 두 가지로, ① 정강산의 홍색정권에 대한 쟁론 ② '군위 설립'에 대한 조직원칙 쟁론이다. 모택동은 편지에 이렇게 썼다. …개인주의와 당의 지도력 간 선택이 쟁론의 실질이다(毛澤東, 1992: 65). 결국 주덕에 대해 인신공격을 하고 모택동을 무조건 지지한 임표의 편지는 큰 파장을 일으켰다. 한편 모택동은 임표에게 보낸 회신을 통해 '주유(朱劉)연맹'을 비판했다.

모택동의 '사직' 이유는 첫째, 당내의 잘못된 사상과 2년 간 투쟁했다. 둘째, '홍4군'에 머문 기간이 너무 길다. 셋째, 신체적 원인으로 모스크바에 유학하며 한동안 휴식하고 싶다. 넷째, 내가 떠나도 별다른 영향이 없을 것이다(毛澤東, 1993: 81). 모택동의 '사직'은 현실 도피였다. 한편 '소련 유학'은 당중앙의 지시에 순응하는 모습을 보여주기 위해 떠세를 부린 것이다. 실제로 주덕과 유안공의 '연합'에 못마땅한 불만을 표출한 것이다.

주덕이 임표에게 쓴 편지(6.15)에서 천명한 세 가지 견해는 첫째, 당이 일체를 관리한다는 조직원칙은 공산주의 저서에서 찾아볼 수 없다. 둘째, 전위가 '당조직'을 대신하며 가장제로 민주제를 대체한다. 셋째, '당조직 복종'을 강조한 모택동 자신은 당중앙 지시에 불복했다(解放軍 軍事學院黨史室, 1988: 308). 한편 주덕의 '모택동 비판'은 비교적 적중했다. 또 그의 견해는 '홍4군' 대다수 장병의 지지를 받았다. 모택동의 가부장적 권위와 독선·아집은 그가 '주모분쟁'에서 코너에 몰린 주요인이다. 결국 홍군 7차 당대회(1929.6)에서 모택동의 실각은 필연적 결과였다.

임표의 편지와 '주모'의 회신, 모택동의 '서면 의견'은 '전위통신(前委通迅)' 제3기에 게재됐다. '주모분쟁'은 공공연한 비밀로 됐다. 소극은 이렇게 회상했다. …전위는 '지도자 토론'을 적극 권장했다. 연일 토론해도 결론을 얻지 못하자 '무의미한 쟁론' 종료를 희망했다(于化民 외, 2013: 43). 결국 (朱毛)장단점은 가감없이 드러났고 모택동·주덕의 이미지에 큰 타격을 입었다. 실제로 '극단적 민주제'가 모택동의 실각에 악영향을 끼쳤다.

공초(龔楚, 1971)가 분석한 모택동과 주덕의 차이점은 첫째, 독선적이서 군정(軍政) 대권을 장악한 모택동은 타인의 간섭을 불허했다. 민주적이고 관용적인 주덕은 모든 (軍政)업무를 토론해서 결정했다. 둘째, 유아독존적인 모택동은 개인주의 성향이 강했으나, 겸손한 주덕은 일처리가 공정했으며 개인적 이해타산을 따지지 않았다. 셋째, 위선적인 모택동은 에둘러 말했고 솔직한 주덕은 단도직입적이었다. 상기 주장은 모택동의 '단점'과 주덕의 '장점'을 비교했기 때문에 공정성이 결여됐다는 지적을 면키 어렵다. 한편 모택동의 독선과 유아독존이 '주모불화'

주요인이며 '분쟁'의 근원이라는 지적은 일리가 있고 나름의 설득력이 있다.

공초가 인정한 모택동의 '장점'은 첫째, 정규적 군사교육을 받지 못한 모택동의 군사전략은 정확했다. 둘째, '조직대가'인 그는 정강산 근거지를 창설하고 지방당조직을 설립했다. 셋째, 정강산 등 농촌 근거지를 중시한 그의 전략은 결과적으로 성공했다. 넷째, 무장투쟁을 중시하고 대중의 지지를 받아야 한다는 그의 주장은 사뭇 독특했다. 한편 공초는 모택동의 독선과 주덕의 옹고집으로 '주모분쟁'이 불가피했다고 주장했다. 또 그들의 관계는 '서로 이용'하는 관계였다고 지적했다. 실제로 '사소한 원한'도 반드시 갚는 모택동이 수십 년 후 임표를 부추겨 주덕과 진의에게 정치적 박해를 가한 것은 별로 새삼스러운 일이 아니었다.

군권을 상실한 주덕의 '유안공 합작'은 사세고연이었다. 또 이는 군정 대권을 독차지한 모택동에 대한 불만의 결과물이었다. '주유(朱劉)연맹'은 진의의 암묵적 지지를 받았고 '막대한 권한'을 가진 사병위원회의 전폭적 지지를 받았다. 결국 사면초가에 처한 모택동은 사직을 결심한 것이다. 홍군 장병의 지지를 상실한 모택동의 고립무원은 '주모분쟁'에서 약세에 처한 주요인이다. 한편 '(朱劉)연맹'은 '모임(毛林)연맹'을 촉성했다. 문혁 시기 임표가 모택동의 후계자로 발탁된 것은 결코 우연한 것이 아니었다. 주덕·진의가 받은 정치적 박해는 '예고된 결과'였다.

6월 10일 '홍4군'은 4개 종대로 개편했다. 제1종대장 임표, 정치위원 웅수기, 제2종대장 유안공, 정치위원 담진림, 제3종대장 오중호, 정치위원 채협민, 제4종대장 부백취(傅伯翠)[837], 이임여(李任予)[838]가 정치위원을 맡았다(余伯流 외, 2006: 80). 7월 후 각 종대의 지도자가 바뀌었다. 이는 모택동의 '서기 낙선'과 관련된다. 유안공이 제2종대장에 임명된 후 이임여가 당대표를 맡았다. 모택동의 최측근 담진림은 제4종대 정치부 주임으로 '좌천'됐다. 호소매가 제4종대장, 장정승이 당대표로 임명됐다. 모택동이 복권(1929.11)한 후 담진림은 제2종대장에 임명됐다.

6월 중순 진국휘의 부대가 복건성 용암을 공격했다. 소지(小池)로 옮겨온 전적위원회는 진국휘의 적군을 섬멸하기로 결정했다. 그러나 작전 회의에 모택동을 청하지 않았다. 전위 비서장 강화는 이렇게 회상했다. …이처럼 중요한 회의에 당대표인 모택동을 불참시킨 것은 부적절했다(李捷 외, 2018: 65). '용암 공격' 전투에서 모택동은 새로 편성된 '홍4군' 4종대 장정승의 부대를 따라 행동했다. 결국 이는 '백의종군'이었다. 한편 모택동의 '회의 불참'은 '주모분쟁'에서 모택동이 '패배자'라는 단적인 방증이다. '홍4군' 7차 당대회의 '모택동 낙선'은 필연적 결과였다.

6월 19일 진의는 흥학사(興學祠)에서 전위 회의를 열었다. '회의' 취지는 민서 정세가 안정된 틈을 타 '홍군 7대' 개최를 준비하는 것이었다. 모택동은 당내 쟁론과 홍군 건설을 주된 의제로 다룰 것을 건의했

---

837 부백취(傅伯翠, 1896~1993), 복건성 상항(上杭) 출신이며 공산주의자이다. 1927년 중공에 가입, 1929년 '홍4군' 제4종대장, 1930년 '사회민주당'으로 몰려 당적을 박탈당했다. 건국 후 복건성정부 법원장, 복건성 인대(人大) 부주임, 1993년 복주(福州)에서 병사했다.

838 이임여(李任予, 1903~1932), 광동성 신풍(新豊) 출신이며 공산주의자이다. 1926년 중공에 가입, 1929년 '홍4군' 제2종대 당대표, 1930년 '홍21군' 군단장, 1931년 북경시위 조직부장, 1932년 하북(河北)홍군 유격대 정치위원, 그해 11월 보정(保定)에서 살해됐다.

다. 당시 전위는 그의 건의를 채납하지 않았다(中央文獻硏究室, 1993: 281). 회의는 '서기 대행' 진의가 7대(七大) 정치보고를 준비할 것을 결정했다. '(前委)서기 낙선자' 모택동의 '건의'가 채납되지 못한 것은 당연한 결과였다.

6월 22일 '홍4군' 전위는 용암에서 '홍4군' 7차 당대회를 개최했다. 대회 직전 '주모분쟁' 격화로 많은 쟁론이 벌어졌다. '쟁론' 골자는 ① 홍군에 대한 당의 영도권 ② 민주집중제 ③ 군벌주의 잔재 ④ 근거지 설립 등이다(余伯流 외, 2014: 346). 당시 '홍4군' 내에는 전적위원회의 '권력 독점'에 대한 불평이 많았다. 또 '가장제'에 대한 불만으로 민주제 실시를 강력히 요구했다. 한편 쟁론 실질은 '권력 집중'과 '사병 민주' 우선 여부였다.

하루 만에 끝난 7대(七大)는 대회 '결의안'을 통과시켰다. 모택동이 낙선되고 진의가 '홍4군' 전위 서기로 임명됐다. 전위 위원은 모택동·주덕·진의·임표 등 13명이었다. 결국 실권한 모택동은 소가파(蘇家坡)에서 몸조리하며 민서 특위를 지도했다(梅黎明 외, 2114: 348). '결의안'은 '주모분쟁' 당사자 모택동·주덕을 비평하고 처분을 내렸다는 점에서 파격적이었다. 또 '분쟁'의 도화선 역할을 한 유안공·임표를 견책했다. 한편 (朱毛)이미지가 큰 타격을 입은 상황에서 진의의 '서기 당선'은 당연한 결과였다.

대회 '결의안'은 '주모분쟁' 쟁점에 관해 이렇게 결정했다. 첫째, 군위 설립은 지도기관 업무 중첩이므로 군위를 설치할 필요가 없다. 둘째, 전위에 대한 권력 제한은 임시군위의 과오이다. 셋째, '당조직 대체'는 사실무근이다. 넷째, '당 집권제'와 '유구(流寇)사상' 주장은 잘못된 것이다(李小三 외, 2006: 81). 한편 '결의안'은 주유(朱劉)의 군위 재건을 부결했다. 또 모택동이 주장한 '당 집권제'를 수용하지 않고 민주집중제를 주장했다.

모택동은 이렇게 회상했다. …홍군의 '유격주의'는 엄격한 기율 부재와 극단적 민주화에서 기인됐다. 가장 엄중한 것은 '유구사상'의 만연이었다. 홍색정권 설립과 근거지에 안주하지 않고 유동적 군사행동을 선호한 것은 반드시 극복해야 할 중대한 문제였다(毛澤東, 2008: 62). 당시 '홍4군'에 '유격주의'와 '유구사상'이 존재한 것은 엄연한 사실이었다. 모택동의 거느린 31연대와 원문재의 32연대는 정강산 근거지에 집착한 반면, 남창봉기 잔여부대인 주덕·진의의 28연대는 유동적 군사행동을 선호했다. 한편 '유구사상'의 '만연'은 침소봉대로 설득력이 떨어진다.

진의는 이렇게 회상했다. …당의 절대적 영도에 불만을 느낀 일부 동지들은 '군대 우선'을 주장했다. 유동적 군사행동을 선호한 그들은 품이 드는 근거지 설립을 회피했다. 모택동의 낙선은 나의 책임이 크며 주덕도 과오가 있다(宋一秀 외, 1992: 268). 문혁 시기 진의는 이렇게 반성했다. …당시 나는 중대한 과오를 범했다. 7차 당대회의 결과는 좋지 않았다(陳毅, 1971.10). '7대(七大)'에서 엄격한 선거를 거쳐 전위 서기로 당선된 진의의 '반성'은 역사적 아이러니이다. '주모분쟁'으로 (朱毛)권위가 크게 실추된 상황에서 진의의 '(前委)서기 당선'은 당연한 결과였다.

정치보고에서 진의는 '주모분쟁'의 당사자 '주모'를 이렇게 비판했다. …주덕은 정치사상교육을 도외시하고 유안공의 파벌 활동을 묵인했다. 모택동은 개인영웅주의와 '가장제' 방식을 고집했다(胡哲峰 외, 2013: 44). 진의는 이렇게 회상했다. …'주모분쟁'은 진국(晉國)[839]과 초국

---

839 진국(晉國, 기원전 1033~전 349)은 주조(周朝)의 제후국으로 국호는 당(唐), 후에 진(晉)으로

(楚國)⁸⁴⁰의 싸움이었다. 정국(鄭國)⁸⁴¹인 나는 속수무책이었다. '홍군 분열'을 우려한 나는 그들의 단결을 희망했다(光明日報, 1992.5.30). '주모'에 대한 진의의 비판은 적중했다. 한편 진의가 '주모'를 진나라와 초나라에 비유한 것은 적절치 못했다. 또 자신을 '소국(小國)' 정국으로 자처한 것은 타당치 않다. 당시 정국은 '약소국(弱小國)'이 아니었기 때문이다.

'결의안'이 지적한 모택동의 단점은 ① 개인영웅주의 ② 아집이 강한 주관주의 ③ 선입견이 강하고 동지를 불신 ④ 타인의 비판을 거부 ⑤ 보복주의 성향 ⑥ 독선적 지도방식 ⑦ 소자산계급 성향이 다분 등이다. 주덕의 단점은 ① 개인주의 숭상 ② 대중에 영합 ③ 유동적 군사행동 중시 ④ 비과학적 태도, '계획' 부재 ⑤ 영웅주의 추종 ⑥ 당의 지시에 불복 ⑦ 기율과 군기(軍紀) 등한시 등이다(黃少群, 1998: 113). 결국 이런 '단점'으로 모택동의 위신이 크게 추락됐고 개인숭배가 조장됐다. 또 주덕의 '단점'은 군 기강 해이와 구식 군대의 악습 성행에 일조했다. 한편 '주모'가 받은 '서면경고'·'엄중경고' 처분은 자업자득이었다.

소극은 진의를 이렇게 평가했다. …'홍4군'에서 정치선전을 담당한

개칭했다. 진헌공(晉獻公) 시기에 궐기한 진국은 진문공(晉文公)이 즉위한 후 초국(楚國)을 격파하고 패주로 자리매김했다. 진도공(晉悼公) 시기 전성기를 맞은 진국은 중원을 제패했다. 기원전 349년 진정공(晉靜公)이 폐위, 진국은 멸망했다.

840 초국(楚國, 기원전 1115~前 223)은 장강유역에 위치한 제후국이며 주성왕(周成王) 시기 초국을 설립했다. 초성왕(楚成王) 시기 궐기한 초국은 강한(江漢)을 점유하고 주변의 작은 제후국을 병탄했다. 기원전 704년 초무왕(楚武王) 시기에 중원을 장악, 초국의 전성기를 맞이했다. 기원전 223년 진군(秦軍)이 수도 수춘(壽春)을 공략 후 멸망했다.

841 정국(鄭國, 기원전806~전 375)은 춘추전국 시기의 희성(姬姓) 제후국이다. 정국은 경제가 발전하고 법제가 건전했으며 법가사상의 중요한 발원지이다. 기원전 806년 개국군주 정환공(鄭桓公)이 섬서(陝西)의 역림(棫林)에 세운 나라이다. 정장공(鄭庄公) 시기 가장 강력한 제후국으로 발전, 기원전 375년 한국(韓國)에게 대패해 멸망했다.

진의는 '홍4군' 7차 당대회를 주최해 전위 서기로 선임됐고 자신이 작성한 '결의안'을 통과시켰다. '결의안'은 '주모분쟁'과 홍군의 파벌 활동 종료에 긍정적 역할을 했다(蕭克, 1993: 16). '7대' 후 상해에 도착해 '주모분쟁' 상황을 진솔하게 보고한 진의는 '9월지시'에 따라 모택동을 '홍4군'에 복귀시켰다. 도량이 넓고 관용적인 진의는 홍군 장병의 신임을 받았다. 또 문무가 겸비하고 대공무사한 진의의 '서기 당선'은 '중망소귀(衆望所歸)'였다.

진의가 주최한 '홍군 7대'에서 통과된 '결의안'은 절충적이었고 홍군의 쟁점 문제를 철저히 해결하지 못했다. 또 '과도 내각'인 새로운 전위는 잘잘못을 가리지 않고 무작정 '각자 50대 곤장을 때리는(各打五十大板)'는 수법은 문제 해결에 도움이 안 됐다. '서면경고'를 받은 주덕은 수긍했으나 '엄중경고'를 받은 모택동은 불만이 컸다. 한편 '분쟁'의 승리자 주덕은 잇따른 패전을 치렀다. 이 또한 (朱毛)결렬이 초래한 심각한 결과였다.

3. 당중앙의 '9월편지', 홍군 복귀

'홍군 7대'의 부족점은 첫째, 장병의 토론을 권장해 '주모분쟁'을 격화시켰다. 둘째, 전위는 정확한 정치노선을 제시하지 못했다. 셋째, 전위 권력을 약화시키고 극단적 민주화를 조장했다. 넷째, '주모분쟁'을 공개해 '주모'의 위신을 추락시켰다(中央檔案館, 1989: 488). 결국 극단적 민주화는 '주모분쟁'을 해결하지 못했고 '주모' 간 알력을 더욱 심화시켰다. 또 극단적 민주화는 '홍군 8대(八大)'가 원만하게 진행되지 못한 주요인이다.

모택동은 신체적 상황을 이유로 '민서 휴양'을 제출했다. 그의 요구를 수락한 전위는 담진림을 제4종대 정치부 주임에 임명했고 채협민·강화·증지 등을 민서특위로 전근시켰다(凌步機 외, 2017: 169). 모택동이 실권한 후 지지자들이 '강제적 전근'을 당한 것이다. 모택동의 '추방'에 불만을 느낀 임표·오중호 등은 '소련 유학'을 당중앙에 신청했다. '주모분쟁' 미해결에 따른 흩어진 군심(軍心)은 '홍4군'이 패전을 거듭한 주요인이다.

증지는 이렇게 회상했다. …주덕이 나의 입장을 물자 나는 당이 군대에서 핵심적 역할을 하는 것은 마땅하다고 말했다. 결국 '모택동 편'으로 분류돼 민서로 갔다(曾志, 1999: 94). '주덕 추종자' 증지는 채협민과 결혼한 후 '모택동 지지자'로 변신했다. 모택동의 제자인 채협민은 31연대와 제3종대 당대표를 맡은 모택동의 최측근이었다. 실제로 채협민·증지 부부는 실각한 모택동과 함께 어려운 시기를 보낸 '문경지우(刎頸之友)'였다.

민서특위 비서장을 맡았던 강화는 이렇게 회상했다. …7월 8일 나는 모택동·담진림과 함께 상항현 교양(蛟洋)으로 떠났다. 당시 우리 일행이 용암에서 출발할 때 그들은 우리 전마(戰馬)를 압수했다(江華, 1989). 또 그들은 '선거' 방식을 통해 모택동·담진림·채협민을 군대에서 축출했다. 결국 모택동은 실각했다(江華, 1974.11.25). 모택동을 '홍4군'에서 '축출'한 장본인인 주덕·진의는 '정치운동'이 있을 때마다 자신들의 '경솔한 처사'를 심각하게 반성했다. 한편 모택동의 '문경지우'인 담진림·강화는 건국 후 국무원 부총리와 최고인민법원장을 역임했다.

6월 16일 '홍군토벌'을 명령한 장개석은 김한정(金漢鼎)을 '토벌군' 총지휘로 임명했다. 회의에서 모택동은 적의 '파벌 관계'를 이용하고 대중을 발동해야 한다고 주장했다. 전위는 용암·영정·상항 등지의 유격전 전개를 결정했다(陣毅, 1929.9.1). 전위는 적을 근거지에 유인해 각개 격파하는 전략을 결정했다. 당시 모택동이 주장한 유격전술을 정확했다. 한편 모택동이 떠난 후 '주임(朱林) 불화'로 '홍4군'은 기존 유격전술을 포기했다.

진의는 당중앙 보고서(7.9) 이렇게 썼다. …현재 감남과 동강(東江)에 중병이 포진됐다. 홍군은 민서에서 '토벌 격파' 준비에 만전을 기하고 있다(賴宏 외, 2007: 199). 7월 29일 2개 연대의 적군이 정주에 도착했다는 보고(7.25)를 받은 전위는 고전(古田)에서 긴급회의를 열었다. '민서 출격'의 주장이 우세했고 전위의 행동방침이 변경됐다(黃少軍, 1998: 120). 대중을 발동하고 적군을 유인해 각개격파하는 전위의 유격전술 결정은 정확했으나 병력을 분산한 홍군은 적군이 공격할 때 집중하지 못했다. 고전회의에서 기존 행동방침을 포기한 '홍4군' 지도부는 제2·3종대를 이끌고 민중(閩中)지역으로 진격했다. 한편 임표의 제1종대는 '사고'로 홍군 주력부대와 회합하지 못했다. 결국 이는 홍군의 '민중 패전'를 초래했다.

8월 2일 홍군 지도부는 용암의 제3종대와 안석(雁石)의 제2종대를 집결해 백사(白砂)에서 민중으로 진격했다. 당시 상항에서 활동한 제1종대는 정강(汀江)이 불어나 주력부대와 회합하지 못했다(李小三 외, 2007: 200). 한편 임표가 거느린 제1종대가 '민중 진격'에 불참한 것은 석연치 않은 점이 있다. 실제로 주덕과 앙숙지간인 임표는 민서 유격전을 주장한 모택동의 입장을 견지했다. 제4종대 사령관 유백취의 '회상'이 이를 증명한다.

제4종대장 유백취는 이렇게 회상했다. …제1·4종대는 신방(新坊)에서 회합한 후 임표는 종대를 유격대로 개칭했다. 또 진소(陣韶)로 개명한 임표는 영정·용암·상항에서 유격전을 전개했다(胡哲峰 외, 2013: 47). 주덕은 '홍4군' 집결을 명령했으나 임표의 부대는 시종 나타나지 않았다. 임표 부대와 민서 홍군은 홍군의 반수를 차지했다. 주덕은 절반 병력을 이끌고 진격했다(張戎 외, 2005: 48). 홍군을 유격대로 개편하고 변성명을 했다는 것은 임표가 모택동이 주장한 '민서 유격전'을 끝까지 진행했다는 단적인 증거이다. 실제로 임표는 주덕의 '민중 출격'을 대놓고 반대했다. 한편 '주임(朱林) 반목'은 '주모' 결렬과 크게 관련된다.

8월 15일 주덕은 민중으로 진격해 감절환(赣浙皖)의 '유격전 전개'를 결정했다. 8월 18일 주덕은 민서특위에 '결정'을 통보했다. 민서특위는 이렇게 회신했다. …민중은 산세가 험악해 방어하기 어렵고 대중의 지지를 받을 수 없다(黃少群, 2015: 158). 민중에서 혹서에 시달린 홍군의 전투력은 약화됐고 노흥방(盧興邦)[842] 부대의 공격을 받았다. 웅수기는 이렇게 회상했다. …비적에게 보병총을 주는 대가로 부상병 배치를 부탁했다. 결국 300여 명이 감원된 상황에서 부득불 민서로 귀환했다(熊壽祺, 1999: 55). 실제로 민서 근거지를 이탈한 유동적 유격전은 매우 위험한 전략이었다. 당시 민중에는 홍군 작전을 협조할 지방당조직이 없었고 비적 세력이 창궐했다. 결국 '홍4군'이 민서로 귀환한 것은 '불행 중 다행'이었다.

7월 20일 교양의 문창각(文昌閣)에서 민서 제1차 대표대회가 열렸다. 모택동은 세 가지 방침을 제출했다. ① 토지혁명 추진 ② 비적 섬멸, 공농무장 설립 ③ 홍색정권 창설, 반혁명 숙청 등이다(逢先知 외, 2005: 282).

---

842 노흥방(盧興邦, 1880~1945), 복건성 용계(龍溪) 출신이며 복건성 군벌이다. 1922년 민군 제1사단장, 1930년대 복건성방군 제3여단장, 신편 제2사단장, 19로군 25군단장, 육군 제52사단장을 역임, 1945년 용계에서 병사했다.

민서 제1차 당대회의 주요 의제는 ① (閩西)특위 서기 등자회의 사업보고 ② 모택동의 정치보고 ③ '결의안' 토론·통과 ④ 새로운 민서특위 선출 등이다(蔣伯英, 2009: 179). 대회는 등자회가 기초하고 모택동이 수정한 '정치결의안'을 통과시켰다. 또 민서 당조직이 우선 추진할 '총노선'을 채택했다. '홍4군' 7차 당대회에서 실권한 모택동은 민서 당대회에서 '정치 지도자' 역할을 발휘했다. 또 모택동의 정치보고는 민서 근거지의 확장과 홍색정권 설립 및 지방당조직의 발전에 지도적인 역할을 했다.

'총노선' 골자는 ① 당조직 발전 ② 대중 발동 ③ 토지분배 실시 ④ 홍식정권 설립 ⑤ 공농무장 확대이다. '정치결의안'은 이렇게 썼다. … 가난한 농민에게 땅을 나눠주고 토지분배를 토지혁명의 가장 중요한 임무로 결정한다(福建省黨史硏究室, 1979: 75). '정치결의안' 골자는 대중 발동과 무장할거, 토지분배 실시이다. '결의안'은 '중공 6대'의 '결의'와 일맥상통했다. 지주계급의 토지를 몰수하고 토지혁명 중 계급투쟁을 강조한 것이다.

민서 당대회에서 통과된 '토지결의안'이 진전됐다는 근거는 ① 지주·부농(富農), 상이한 토지정책 ② 토지분배, 평등원칙 실시 ③ 소지주, 적당량의 토지 분배 등이다(李小三 외, 2006: 83). 민서 '토지결의안'의 골자는 ① 대소(大小)지주에게 상이한 정책 ② 부농에게 '식량 자급' 땅 분배 ③ 중농의 '작은 손실'도 불허 ④ '소상인 보호' 정책 추진 등이다(金沖及 외, 2011: 205). '결의안'에서 주목되는 점은 소자산계급에게 관용적이고 비교적 '온화한 정책'을 실시했다는 것이다. '결의안'의 부족점은 소자산계급의 획분(劃分) 기준이 모호했다는 것이다. 이는 부농에 대해 '강한 타격'을 삼가야 한다는 '중공 6대'의 토지정책에 부합됐다.

모택동과 중국혁명 1

7월 말 모택동은 악성 학질(虐疾)에 걸렸다. 또 민서 근거지에 대한 '연합토벌'이 임박해 대회를 앞당겨 끝냈다. 7월 25일 가장 중요한 의제인 정치·토지에 관한 결의안을 통과시켰다. 대회는 곽적인(郭滴人)[843]·담진림 등 15명으로 구성된 '특위' 위원을 선출했다. 특위 서기 등자회, 군위 서기 장정승, 조직부장 채협민, 비서장은 강화가 선임됐다. 7월 29일 대회는 폐막했다. 이는 교양에서 개최된 전위 긴급회의(7.29)와 관련된다.

긴급회의(7.29)에서 전위는 제2·3종대의 '민중 출격'을 결정했다. 또 임표의 1종대는 4종대와 함께 민서 근거지를 지킬 것을 결정했다. 전위 서기인 진의는 상해에 가서 '홍4군' 근황을 보고하고 주덕이 서기 대행을 맡았다(中共中央文獻硏究室, 2005: 283). 당시 말라리아(虐疾)에 감염된 모택동은 소가파(蘇家坡)와 영정 합계(合溪) 등 산촌에서 2개월 간 휴양했다. 한편 민서에 남은 제1·4종대와 민서특위는 모택동의 지휘를 받았다.

민서 당대회 후 모택동은 하자진과 함께 교양을 떠났다. 8~9월 양자임(楊子任)으로 변성명한 모택동은 상항·영정 시골에서 휴양하며 민서 당조직을 지도했다. 9월 하순 홍군이 상항을 공략한 후 상항현성에 숙소를 옮겼다(余伯流 외, 2011: 44). 8월 하순 우고박(牛牯撲)[844]에 도착한 모택동은 청산(靑山)의 죽료(竹寮)에 숙소를 잡았다. 여기에서 한달 동안 생활한 모택동은 매일 독서하고 문건을 열람하며 '여유로운 휴양'을 즐겼다.

---

843 곽적인(郭滴人, 1907~1936), 복건성 용암(龍岩) 출신이며 공산주의자이다. 1926년 중공에 가입, 1929년 민서홍군 제1연대 정치위원, 1930년대 민서특위 서기, 복건군구 제8사단 정치위원, 섬서성위 선전부장 등을 역임, 1936년 11월 보안(保安)에서 병사했다.

844 우고박(牛牯撲)은 복건성 영정현 서북에 위치, '민서소정강(閩西小井岡)'으로 불린다. 1929년 8월 모택동 부부는 우고박에 지은 청산죽료(靑山竹寮)에서 생활했다. 9월 17일 반동 민단이 우고박을 포위 공격하자 촌민 진첨유(陣添裕)가 모택동을 업고 우정평(雨頂坪)으로 전이했다. 1955년 지방정부는 우고박에 '모택동기념정(紀念亭)'을 지었다.

8월 상순 국민당의 '연합토벌'로 민서특위는 행정기관을 소가파로 옮겨왔다. 당시 등자회는 들것을 준비해 모택동을 소가파로 호송했다. 등자회는 이렇게 회상했다. …당시 모택동의 옆에는 경호원도 없었고 오직 한 사람이 간호했다(鄧子恢, 1970.11.5). 시종일관 모택동을 간호한 사람이 바로 생사고락(生死苦樂)을 함께 한 부인 하자진이었다. 한편 '경호원이 없었다'는 상기 회상은 역사적 사실과 어긋난다. 실제로 문혁 기간(1970)이므로 하자진의 이름을 말할 수가 없었다. 또 하자진의 '지극정성 간호'가 없었다면 모택동의 '완치(完治)'는 결코 불가능했을 것이다.

8월 10일 소가파를 떠난 모택동은 우고박·합계 등지에서 10월 상순까지 휴양했다. 금풍(金豊)산 우고박에 촌민들은 죽료(竹寮)를 지었는데 모택동 부부는 여기에서 기거했다. 죽료에 매력을 느낀 모택동은 '요풍서방(饒豊書房)'[845]이란 자필 간판을 문 위에 걸어 놓았다. 그는 '죽료'를 집무실로 삼아 신문을 읽고 문건을 열람했다. 한편 이 일대에서 활동한 제1종대 지대장인 속유는 적군의 동향을 살피며 모택동의 경호를 담당했다.

모택동이 우고박에 도착(8.21)한 후 민서특위는 노기중(盧其中)[846]을 파견해 모택동의 안전을 보호했다. 또 융병화(熊炳華)[847]를 파견해 적위

---

845 '요풍서방(饒豊書房)'은 영정현 우고박에 위치한 모택동의 '구거(舊居)'이다. 1929년 8~9월 실각한 모택동은 '요풍서방'에서 한달 간 기거했다. 우고박 촌민들은 모택동을 '양선생(楊先生)'으로 호칭했다. 당시 모택동은 '요풍서방' 자필 간판을 (竹寮)문 위에 걸어 놓았다.

846 노기중(盧其中, 1904~1931), 복건성 영정(永定) 출신이며 공산주의자이다. 1927년 중공에 가입, 1929년 영정현 적위연대장, 모택동의 안전 보위를 담당했다. 1930년 '홍21군' 3종대장, 1931년 '사회민주당'으로 몰려 살해됐다.

847 융병화(熊炳華, 1908~1931), 복건성 영정(永定) 출신이며 공산주의자이다. 1929년 영정임

대원 진첨유(陣添裕)를 도와주도록 했다. 노기중은 진첨유에게 우고박에 '죽료'를 짓게 했다(陣冠任, 2019: 193). 모택동의 학질은 악화되자 융병화는 영정현위 책임자 원산(院山)에게 보고했다. 원산은 '명의' 오수산(吳修山)에게 치료를 맡겼다. 당시 약 두 첩을 복용한 모택동의 병세가 호전됐다.

9월 17일 공산당의 '큰 인물'이 은폐했다는 밀고를 받은 지방민단 400여 명이 금풍산을 기습했다. 속유의 홍군과 노기중의 적위대가 저격했으나 중과부족이었다. 진조상(陣兆祥)[848]은 진첨유 등에게 죽료의 모택동 부부를 곧 우정평(雨頂坪)에 옮길 것을 명령했다. 진첨우 등은 곧 죽료에 도착했다. 우선 임신 5개월인 하자진이 적위대원의 부축을 받아 먼저 죽료에서 철수했다. 당시 진첨유는 모택동을 업고 산길 5키로를 달려 위험에서 벗어났다. 건국 후 모택동은 '생명의 은인' 진첨유를 북경에 초청했다.

진첨유는 이렇게 회상했다. …9월 15일 노조서(盧肇西)[849]는 나에게 '모주석(毛主席) 이송' 임무를 맡겼다. 내는 모주석을 업고 내처 목적지까지 이동했다. 그가 준 은화 10원을 나는 거절했다. (陣添裕, 1975.5.28). 당시 진첨유에게 '이송 임무'를 맡긴 이는 진조상이다. 한편 1953년 모택

향(永定任鄉) 소비에트정부 주석, 1930년 민서 총공회 회장, 1931년 (閩西)소비에트정부 감찰부장 역임, '사회민주당'으로 몰려 살해됐다.

848 진조상(陣兆祥, 1909~1931), 복건성 영정현 출신이며 공산주의자이다. 1927년 중공에 가입, 1928년 금풍(金豐)구위 서기, 1929년 영정 6구(六區) 소비에트정부 주석, 1931년 영정현위 서기, '사회민주당'으로 몰려 살해됐다.

849 노조서(盧肇西, 1906~1931), 복건성 영정(永定) 출신이며 공산주의자이다. 1926년 중공에 가입, 1929년 민서특위 군위 서기, 1930년 '홍20군' 1종대장, '홍21군' 3종대장 역임, 1931년 '사회민주당'으로 몰려 영정에서 처형됐다.

동의 초청을 받은 진첨유는 아내가 출산해 동생을 대신 북경으로 보냈다. '사소한 원한'도 잊지 않는 모택동은 '사소한 은혜'도 반드시 보답했다.

8월 하순 민서로 귀환한 '홍4군'은 장평 부근에서 국민당군 1개 연대를 섬멸했다. 8월 30일 장평을 공략한 홍군은 적군 1개 대대를 전멸했다. 9월 초 홍군이 용암 영복(永福)을 공략하고 9월 6일 홍군 제2·3종대는 용암성을 수복했다. 결국 주덕이 거느린 '홍4군'은 낯설고 '생소한 환경'인 민중에서 패전했으나 '익숙한 환경'인 민서에서 승전했다. 실제로 전적위원회의 분병(分兵)과 잘못된 전략이 민중에서 홍군이 패전한 주요인이었다.

임표가 거느린 제1종대는 영정현 합계와 상항현 대양파 중심으로 대중의 지지하에 유격전을 전개했다. 또 적위대를 훈련시키고 적의 교통선을 파괴해 적의 식량 조달을 차단했다(熊壽祺, 1992.2). 부백취가 거느린 제4종대는 정남(汀南)·신천에서 유격전을 전개해 김한정의 '토벌군'을 견제했다. 한편 지대장 속유는 금풍리에서 활동하며 모택동의 안전을 책임졌다. 실제로 속유에게 '모택동 보호'를 지시한 사람은 종대장 임표였다.

9월 19일 홍군은 병력을 집중해 상항현성을 공격했다. 제1종대가 서문, 제2·3종대가 북문, 제4종대가 동문을 공격했다. 20일 수비군 1000여 명을 체포한 홍군은 현성을 공략했다. 여단장 노신명(盧新銘)[850]은 패잔병을 이끌고 도망쳤다. '상항 승전'으로 홍군은 적의 '연합토벌'을 격

850　노신명(盧新銘, 1898~1951), 복건성 장정(長汀) 출신이며 국민당 우파이다. 1929년 복건성방군 제2여단장, 1930년 '초비(剿匪)' 지휘부 제3지대장, 1949년 복건성 제7구(區) 보안사령관을 역임, 1951년 장정에서 처형됐다.

파했다. 10월 2일 (上杭)소비에트정부를 설립하고 이립민(李立民)[851]을 주석으로 임명했다. 한편 상항에서 병력을 보충한 홍군은 7000여 명으로 확충됐다.

모택동이 '휴양'한 후 '주임(朱林)' 간 반목이 격화됐다. 임표는 주덕이 주최한 전위 회의에 불참했다. 곽화약은 이렇게 회상했다. …9월 전위 회의에서 나는 주운경에게 임표가 왔는 가고 물었다. 그는 임표는 이런 회의에 참가하지 않는다고 말했다(郭化若, 1995: 24). 부백취는 이렇게 회상했다. …11월 중순 주덕은 명령에 불복한 임표에게 '기과(記過)' 처분을 주고 '용돈(二元) 지급'을 중단시켰다(傅柏翠, 1978.8.17). '홍군 8대' 기간 임표는 '의견 불일치'로 당대표 웅수기와 격렬한 언쟁을 벌였다. 문혁 시기 주덕·웅수기는 모택동 '후계자'의 정치적 박해를 받았다.

9월 말 주덕은 '홍군 8대' 개최를 결정했다. 군위 서기 웅수기는 중앙보고서(1930)에 이렇게 썼다. …회의는 토론만 있고 결과가 없었다. 주요 책임자는 민주제에 집착했고 전위는 유명무실한 기관으로 전락했다(熊壽祺, 1999: 55). 주덕은 '홍군 7대'에서 성행된 '극단적 민주화' 과오를 답습했다. '8대 개최'의 취지는 '민중 패전'으로 실추된 권위를 회복하기 위한 것이었다. 실제로 '홍4군' 군사 지도자의 지위 확립이 숨은 목적이었다.

9월 말에 열린 전위 회의는 2종대 참모장 곽화약(郭化若)[852]이 모택동

---

851 이립민(李立民, 1907~1932), 복건성 상항(上杭) 출신이며 공산주의자이다. 1927년 중공에 가입, 1928년 상항현위 서기, 1929년, 상항현소비에트정부 주석, '홍12군' 제3종대 정치위원을 역임, 1932년 민서(閩西)에서 병사했다.

852 곽화약(郭化若, 1904~1995), 복건성 복주(福州) 출신이며 개국중장이다. 1925년 중공에 가입, 1930~1940년대 '홍1군단' 참모처장, 홍군대학 교육장, 송호(淞滬)경비사령부 정치위원, 건국 후 남경군구 부사령관, 군사과학원 부원장을 역임, 1995년 북경에서

에게 편지를 써 '8대' 주최를 맡기자는 건의를 수용했다. 당시 모택동의 '불참' 이유는 '진의주의(主義)'에 대한 불만이었다(郭化若, 2013: 226). 1958 년 진의는 이렇게 술회했다. …모주석은 정치적 품격이 강한 편지를 썼다. 무조건 복직하지 않은 것은 마르크스주의 정치가의 기질이다(王髞, 1996: 104). 모택동에게 보낸 편지는 3종대 당대표 팽호(彭祜)[853]와 곽화약이 작성했다. 한편 '진의주의'는 구실에 불과하며 '주덕 불만'을 표출한 것이다. 1928~1929년 진의는 두 차례 모택동의 (前委)서기를 대체했다. 문혁 시기 진의가 당한 '정치적 보복'은 예고된 것이다.

10월 초[854] '홍군 8대'가 열렸다. 소극은 이렇게 회상했다. …당시 우리는 재차 모택동에게 편지를 쓸 것을 요구했고 불참할 경우 '경고' 처분을 주기로 결정했다(蔣伯英, 2009.2). 모택동의 '8대 참석'을 독촉한 편지에 사인한 주덕은 재차 사람을 파견했다. '독촉 편지'는 2종대 당대표 장한추(張恨秋)[855]가 썼다. 10월 10일 모택동이 영정현 적위대와 하지진의 도움을 받아 들것에 실려 상항현성에 도착했을 때는 '홍군 8대'가 끝난 뒤였다.

병사했다.

853 팽호(彭祜, ?~1953), 호남성 의장(宜章) 출신이며 공산주의자이다. 1926년 중공에 가입, 1929년 '홍4군' 제3종대 당대표, 1935년 국민당군에 체포·변절, 1941년 국민당에 가입, 1953년 '변절 역사'가 밝혀져 처형됐다.

854 '홍군 8대' 개최 시간에 관해 많은 중국 학자들은 '9월 하순'으로 주장한다. 부백취는 이렇게 회상했다. …9월 말에 먼저 전위 회의를 열고 '개최'를 결정했다. '8대'는 10월 상순에 개최된 것으로 추정된다(余伯流 외, 2017: 175). 10월 10일 모택동이 상항에 도착했을 때 대회는 이미 끝났다. 따라서 '8대 개최' 시간은 10월 초로 예상된다.

855 장한추(張恨秋, ?~1935), 광동성 대포(大浦) 출신이며 공산주의자이다. 1927년 중공에 가입, 1928년 '홍4군' 정치부 주임, 1929년 제3종대 당대표, 1932년 상해구위(區委) 서기, 1935년 상해에서 일본군에게 살해됐다.

지루한 토론과 쟁론으로 점철된 '홍군 8대'는 중구난방으로 아무런 결과도 도출하지 못했다. 모택동·주덕·진의·담새(譚璽)[856] 등 17명이 (前委)위원으로 선출됐다. 결국 회의는 별다른 성과 없이 끝났다(余伯流 외, 2017: 175). 대회는 주덕·진의·임표·장한추·담새를 상임위원으로 선출했다. 전위 서기 진의, (代理)서기 주덕, 황익선(黃益善)[857]이 비서장으로 선임됐다. 한편 '(八大)극단적 민주화'는 당중앙의 '8월지시'에 위배됐다.

주은래는 '8월지시(8.21)'에서 이렇게 썼다. …홍군은 집중제를 실시해야 하며 당 서기가 주관하는 책임제는 '가장제'가 아니다. 모든 것을 지부에서 토론하는 것은 극단적 민주제이다. 유안공의 파벌 활동은 잘못된 것이다(金沖及 외, 2011: 207). '8월지시'는 도중에 분실됐거나 복건성위가 이동 중인 주덕에게 전달하지 못한 것으로 추정된다. 만약 '8월지시'를 받았다면 주덕이 '8대'에서 '극단적 민주제' 과오를 답습하지 않았을 것이다.

주덕의 '홍군 8대(八大)' 개최와 '대회 실패'의 원인은 다음과 같다. '8대 개최' 주요인은 ① 적의 '연합토벌'을 분쇄한 주덕의 자신감 팽배 ② 홍군 내 존재하는 문제점 해결 ③ '민서 패전'으로 인한 실추된 권위 회복 ④ 홍군 내 자신의 영향력 확대 ⑤ 당중앙과 모택동에게 '능력 과시' 등이다. '8대 실패' 주요인은 ① '극단적 민주제' 과오 답습 ② 세심한 고려와 철저한 준비 부족 ③ 모택동의 '참석 요청', 성의 부족 ④ '주

---

856 담새(譚璽, 1905~?), 강소성 강음(江陰) 출신이며 공산주의자이다. 1927년 중공에 가입, 1929년 '홍4군' 제1종대 정치부 주임, '홍4군' 8차 당대회에서 홍군 전적위원회 상임위원으로 당선됐다. 1930년 후 행방불명이 됐다.

857 황익선(黃益善, 1899~1935), 호남성 가화(嘉禾) 출신이며 공산주의자이다. 1923년 중공에 가입, 1929년 '홍4군' 전위 위원, 1932년 '홍12군' 정치부 주임, 1934년 복건군구 정치부 주임, 그해 4월 장정(長汀)에서 희생됐다.

유(朱劉)동맹'에 대한 홍군 지휘관의 불만 팽배 ⑤ 정치적 리더십 부족과 조직력 결여 ⑥ (八大)대회 '정치보고' 부재, 결집력 부족 등이다.

8월 24일 상해에 도착한 진의는 '실질적 1인자' 이립삼에게 '홍4군' 쟁점을 보고했다. 이립삼은 진의에게 '서면보고' 작성을 요구했다. 8월 27일 정치국 회의에서 이립삼은 진의와의 담화 내용을 전달했다. 8월 29일 총서기 향충발이 주최한 회의에는 주은래·이립삼·항영·관향응 등이 참석했다. 이립삼·주은래·진의로 '3인위원회'를 설립한 회의는 주은래를 회의 소집자로 결정하고 토론회 주최와 해결안 마련을 총괄 책임지게 했다.

당중앙은 진의에게 '홍4군 지시문' 작성을 의뢰했다. 또 주은래는 진의에게 '8월지시' 참고를 권고했다. 당시 이립삼은 유안공을 소환하고 모택동을 '홍4군' 전위 서기와 당대표, 주덕을 군단장으로 하는 홍군 지도체제 유지를 건의했다(袁德全, 2008: 63). 결국 당성이 강한 진의는 당중앙의 주장을 수용하고 기존 입장을 바꾸었다. 또 '홍4군' 주요 지도자인 주모(朱毛)의 중요성을 절감한 진의는 '주모분쟁'의 중재자 역할을 자임했다.

9월 28일 진의가 작성한 '지시문'은 주은래의 심사를 거쳐 정치국 회의에서 통과됐다. 이 '지시문'을 '9월편지(九月來信)'[858]라고 부른다. 당시 진의는 이렇게 썼다. …먼저 농촌의 홍군이 있은 후 도시의 홍색정

---

858 1929년 9월 28일 전위 서기 진의가 기초한 '홍4군 지시문'은 주은래의 심사를 거쳐 정치국 회의에서 통과됐다. 이 지시문을 '9월편지(九月來信)'라고 통칭한다. '9월편지'는 '주모분쟁' 해결을 통해 실추된 '주모' 권위를 회복, 낙선된 모택동을 전위 서기에 복귀시켜야 한다고 지시했다. '9월편지'는 모택동의 홍군 복귀에 결정적 요인으로 작용, '주모분쟁' 해결에 중요한 역할을 했다. 또 '편지'는 고전회의의 성공적 개최에 크게 기여했다.

권이 존재했다. 이는 중국혁명의 특징이다('陣毅傳' 編輯組, 2015: 62). '9월편지'는 당의 권력이 전위에 집중된 것은 정확하며 집권제를 무작정 '가장제'로 폄하해선 안 된다고 지적했다. 한편 진의의 '입장 변화'는 모택동의 홍군 복귀에 긍정적 요인으로 작용했다. 결국 '9월편지'라는 '상방보검(尙方寶劍)'이 내려진 후 모택동의 홍군 복귀는 당연한 결과였다.

'주모' 거취에 대한 진의의 건의는 첫째, 유력한 지도자를 파견해 '주모'를 교체한다. 둘째, 한 사람을 파견할 경우 모택동을 보내고 주덕을 잠시 남겨둔다. 당중앙은 진의에게 '결자해지' 역할을 주문했고 진의는 이를 흔쾌히 수락했다(蔣伯英, 2009: 272). 실제로 '지도자 파견'은 모택동이 당중앙에 보낸 편지(1929.4.5)에서 제출한 것이다. 한편 상해에서 교육을 받은 진의는 '주모' 모두가 홍군 지도자로 남아야 한다고 입장을 변화했다.

'9월편지' 골자는 ① 중국혁명 특징 ② 홍군 임무 ③ 홍군 건설 ④ 당의 지도력 강화 ⑤ 극단적 민주화 반대 ⑥ 당의 집권제 강화 ⑦ 파벌활동 비판 ⑧ '주모분쟁' 해결안 도출 등이다. 또 '7대' 과오와 '주모'의 결점을 지적했다. '9월편지'는 '주모분쟁' 해결에 긍정적 역할을 했다. 한편 '주은래선집'에 수록된 '9월지시'가 주은래의 작품으로 간주된 것은 부적절하다. 실제로 '9월지시'는 주은래·이립삼·진의의 '합작품(合作品)'이다.

'9월편지'가 내린 구체적 지시는 첫째, 일심단결해 홍군의 임무를 완수해야 한다. 둘째, 전위의 권위를 수립해야 한다. 셋째, 전위는 '주모분쟁'을 해결하고 실추된 '주모'의 권위를 회복해야 한다. 넷째, '주모'의 지도력을 확립하고 모택동을 전위 서기로 복귀시켜야 한다(中央檔案館, 1990: 489). 진의가 작성한 '9월지시'는 이립삼·주은래 등 당중앙의 견해와

'건의'가 반영됐다. 실제로 '주모분쟁'에서 패배해 실권한 모택동의 편을 들어준 것은 당중앙의 '실질적 1인자' 이립삼이었다. 한편 '주모분쟁' 해결에서 주은래의 역할은 과장되고 이립삼의 역할은 축소됐다.

모택동의 '진의 불만'을 인지한 주은래는 유작예(兪作豫)[859] 부대나 악예환(鄂豫皖) 근거지로 파견하려고 했다. 당시 진의는 '홍4군'에 돌아가 '9월지시'를 관철하고 모택동을 '복귀'시키겠다고 단호하게 말했다(黃少群, 2015: 170). 당중앙의 의견을 수용한 진의는 중재자 역할에서 벗어나 '모택동 지지자'로 변신했다. 한편 모택동의 홍군 복귀에 결정적 역할을 한 진의는 모택동을 실각시킨 장본인이란 이미지를 쉽게 지울 수 없었다.

10월 13일 주덕은 특파원 사한추(謝漢秋)[860]로부터 복건성위의 지시문을 전달받았다. 지시문은 이렇게 썼다. …'주모홍군'은 동강(東江)으로 진격해 대중의 투쟁을 협조해야 한다(江西省檔案館, 1982: 151). 주덕은 중앙보고서(10.18)에 이렇게 썼다. …복건성위의 긴급 편지를 받은 홍군은 10월 21일 초령(焦嶺)을 향해 진격했다(解放軍政治學院黨史硏究室, 1985: 234). 군인 출신인 주덕은 무조건 상급자 지시를 집행했다. 한편 '투병' 중인 모택동은 주덕의 '동강 출전'을 극력 반대했다. 당시 주덕이 모택동의 의견을 수용하지 않은 것은 '동강 패전'의 중요한 원인이었다.

10월 20일 유안공의 2종대는 호시(虎市)를 공격했다. 거센 저항에 부

---

859 유작예(兪作豫, 1901~1930), 광서성 북류(北流) 출신이며 공산주의자이다. 1927년 중공에 가입, 1928년 북류현위 서기, 1929년 광주경비(廣州警備)대 제5대대장; 1930년 용주(龍州)봉기 지도자, 그해 9월 광주에서 살해됐다.

860 사한추(謝漢秋, ?~1930), 복건성 용암(龍岩) 출신이며 공사주의자이다. 1926년 중공에 가입, 1928년 복건성위 조직부장, 1929년 복건성위 특파원, 1930년 복건성위 비서장을 역임, 그해 연말 복건성 하문(廈門)에서 병사했다.

딪힌 유안공은 당원으로 구성된 돌격대를 조직했다. 이때 적의 유탄이 그의 머리를 명중했다. 곽화약이 급히 그를 이송했으나 이동 중 숨졌다. 유안공의 희생 소식을 들은 주덕은 극도의 슬픔에 잠겼다(劉學民 외, 2007: 151). 전위의 지시를 무시한 유안공이 '호시 공격'을 강행했다. 결국 '호시 전투'에서 유안공이 전사하고 2종대는 100여 명의 사망자를 냈다. 유안공은 군사 모험주의의 희생양이다(賴宏 외, 2007: 209). 결국 '유력한 조력자'를 잃은 주덕은 무모한 출전을 강행한 대가를 치렀다.

모택동은 유안공을 이렇게 평가했다. …홍군에 파견된 트로츠키파들은 당 지도력을 약화시켰다. 중앙특파원 유안공이 대표적 인물이다. 그들은 '홍군 섬멸'을 시도했다(Edgar Snow, 1979: 146). 주덕은 유안공을 이렇게 평가했다. …탁월한 군사 지도자이며 군사교육을 받은 유안공의 희생은 홍군의 큰 손실이었다(Smedley, 1979: 306). 유안공이 '트로츠키파'라는 주장은 터무니없다. 실제로 모택동의 '유안공 비판'은 '주유(朱劉) 동맹' 당사자인 주덕에 대한 강한 불만을 표출한 것이다. 문혁 시기 '흑사령(黑司令)' 주덕이 중남해에서 쫓겨난 것은 예고된 결과였다.

담진림은 이렇게 평가했다. …군사행동에 일가견이 있었던 유안공은 '주모분쟁'을 유발했고 '홍4군'에 대한 당의 지도를 부정했다('譚震林傳' 編輯組, 1992: 66). 소극은 이렇게 회상했다. …유안공은 '주모분쟁'에 부정적 역할을 했으나 그가 '트로츠키파'라는 평가는 부적절하다. 트로츠키파는 중공의 무장투쟁을 반대했다. 혁명의 저조기에 싸움터에서 생명을 바친 그가 트로츠키파라는 것은 어불성설이다(蕭克, 1993: 22). '주모분쟁'을 촉발한 유안공은 모택동을 홍군에서 '축출'한 장본인인 것은 틀림없다. 한편 그가 '트로츠키파'라는 일각의 주장은 사실 왜곡에 가깝다.

10월 31일 홍군은 매현(梅縣)을 맹공격했다. 7시간 동안 '5차례 돌격'을 강행했으나 현성 공략에 실패했다. 11월 2일 '매현 공격'에 실패한 홍군은 민서로 퇴각했다(黃少群 외, 2007: 214). '매현 패전'에서 홍군은 200여 명 사상자를 냈다. 또 부대의 이동 중 2종대에 편입된 포로병 600명이 도망쳤고 동강(東江)홍군에 200명을 남겼다. 결국 '홍4군' 감원수는 천명에 달했다. 이는 '8월실패' 후 '주모홍군'이 당한 가장 참담한 패전이었다.

전위가 분석한 '동강 패전'의 원인은 ① '양광사변(兩廣事變)'[861] 평정 ② 홍군의 '포로 개편' 실패 ③ 8~10월 전위의 과실 등이다. 이 시기 홍군 지도부의 중대한 실책이 발생했다(江西省委黨史硏究室, 2015: 206). 한편 당중앙의 '잘못된 지시'에 순종한 주덕의 정치적 리더십 결여와 전략적 실책이 '동강 패전'의 가장 주된 원인이다. 또 모택동의 '진심어린 권고'를 수용하지 않은 주덕의 옹고집이 '동강 패전'의 중요한 원인이었다.

홍군의 '동강 패전' 주된 원인은 ① 당중앙의 '양광사변' 오판 ② 동강 노농운동에 대한 낙관적 판단 ③ 월군(粤軍)의 강한 전투력을 무시 ④ '당중앙 지시'에 대한 주덕의 맹목적 복종 ⑤ 홍군의 '사분오열', 전위의 지도력 약화 ⑥ 홍군 지도부의 전략적 실책 ⑦ 잘못된 정보, 무모한 출전 등이다. 한편 주덕의 '동강 패전'과 유안공의 전사(戰死), 당중앙의 '9월편지'는 모택동의 홍군 복귀에 긍정적 요인으로 작용했다. 특히 '실권자(失權者)' 모택동에 대한 당중앙의 확고한 지지와 진의의 '입장 변화'는 모택동이 '주모분쟁'에서 최종 승자가 된 결정적 원인이다.

---

861 '양광사변(兩廣事變)'은 광서성 군정 장관 유작백(兪作柏)·이명서(李明瑞)가 1929년 9월에 일으킨 쿠데타이다. 광서성장으로 부임한 유작백과 육군 사단장 이명서는 장발규의 지지하에 군사정변을 일으켰다. 10월 초 장개석이 파견한 진제당(陳濟棠)에 의해 평정 됐다. '양광사변' 실패는 주덕이 거느린 '홍4군'이 동강에서 패전한 한 원인이다.

증지는 이렇게 회상했다. …상항의 명의(名醫)가 지어준 약을 복용하고 요리사가 만든 닭고기 요리와 소고기국을 먹으며 영양을 보충했다. 얼마 후 모택동의 병세는 호전됐고 부종은 사라졌다(曾志, 1999: 99). 모택동이 병세가 빨리 호전된 원인은 ① 약효 빠른 양약 복용 ② 하자진의 지극정성 간호 ③ 풍부한 영양 섭취 ④ 민서특위 관심 등이다. 10월 하순 '소가파 이동' 중 모택동의 병세는 '재발 조짐'이 있었으나 곧 호전됐다.

10월 21일 적군이 상항에 근접했다는 소식을 입수한 등자회는 22일 새벽 모택동 부부를 이송했다. 이동 중 말에서 떨어진 모택동은 다행히 무사했다. 소가파에서 하자진의 살뜰한 간호를 받아 병세가 호전된 모택동은 매일 영어 단어를 큰 소리로 외웠다. 임신 중인 하자진은 가끔 모택동과 말다툼을 벌였으나 곧 화해했다. 모처럼 누린 천륜지락(天倫之樂)이었다. 11월 건강이 회복된 모택동은 평민학교를 꾸려 아이들에게 글을 가르쳤다.

건강이 호전된 모택동은 '채상자(采桑子)·중양(重陽)'이란 사를 지었다. …사람은 빨리 늙으나, 하늘은 늙지 않네. 중양절, 싸움터의 국화 향기가 그윽하다. 서늘한 가을바람은 따사로운 봄빛을 능가하고, 끝없는 정강(汀江) 위에 가을 서리가 덮였네(逢先知 외, 2011: 206). 10월 하순 모택동은 '소가파 이동' 중 증지에게 이렇게 말했다. …나는 명줄이 긴 사람이야. 또 '귀문관(鬼門關, 죽음의 고비)'을 넘겼네(金沖及 외, 1996: 205). 한편 국민당 반동파는 모택동이 폐결핵에 걸려 죽었다고 요언을 날조했다. 당시 공산국제는 모택동이 병고(病故)했다는 '부고(訃告)'를 냈다.

9월 27일 상해 '신보(申報)'는 장정(張貞)[862]의 전보를 인용해 모택동이 용암에서 사망했다고 보도했다. 10월 21일 '신보'는 이렇게 썼다. …9월 모택동이 급사했고 펭의년(彭毅年)이 당대표로 부임했다(黃允升, 2006: 147). 당시 중공과의 소통이 원활하지 못했던 공산국제는 국민당 신문을 통해 '주모홍군' 활동을 파악했다. 결국 '병고' 요언을 믿은 공산국제가 와전된 '부고'를 냈다. 한편 상기 '펭의년'은 전위 서기 진의로 추정된다.

공산국제 '부고'는 이렇게 썼다. …중국 홍군 창건자 모택동은 폐결핵에 걸려 복건에서 사망했다. 이는 중공과 홍군의 중대한 손실이다. '주모홍군'의 정치적 영수이며 국제 볼셰비키인 모택동은 역사적 사명을 완수했다(金冲及 외, 2011: 207). 이는 국민당 신문에 게재된 모택동의 (病故)소식을 맹신한 것이다. 중공 대표단장 구추백이 (訃告)작성자라는 것이 학계의 중론이다. 한편 스탈린이 '부고 작성자'라는 일각의 주장은 사실무근이다.

10월 22일 진의는 송원진(松源鎭)에서 전위 회의를 열고 '9월지시'를 전달했다. 회의 후 진의는 통신병을 파견해 자필 편지와 '9월편지'를 민서의 모택동에게 전달했다(中共中央文獻硏究室, 2006: 163). 11월 2일 진의는 재차 모택동에게 편지를 보내 '홍군 복귀'를 촉구했다. 또 그는 중앙보고서(11.4)에 이렇게 썼다. …기존 편견을 버리고 볼셰비키의 태도로 애매모호한 '진의주의'를 타파했다. '홍4군'에 복귀한 후 모택동에게 편지를 써 '전위 귀환'을 촉구했다(劉樹發 외, 1995: 140). 이른바 '진의주의'를 타파한 진의의 '입장 변화'는 그동안 당중앙에서 받은 '훈도(訓導)'와 관

862　장정(張貞, 1884~1963), 복건성 조안(詔安) 출신이며 복건 군벌이다. 1920~1930년대 복주(福州)위수부대 사령관, 복건성 '초비(剿匪)' 사령관, 제49사단장, 1940년대 남경정부 입법위원 등을 역임, 1963년 대만에서 병사했다.

련된다. 대공무사한 진의는 모택동의 '복귀'에 결정적 역할을 했다.

11월 18일 진의는 관장(官庄)에서 전위 회의를 열었다. 당시 임표는 '병력 분산'을 제출했다. 즉 주덕은 민중에 진입하고 1종대는 민서에서 분산활동을 하는 것이다. 임표의 의견을 반대한 진의는 병력을 집중해 근거지 확장에 전념해야 한다고 강조했다(蔣伯英, 2009: 290). 진의의 주장은 대다수 참석자의 지지를 받았다. 회의 후 진의는 세 번째로 모택동에게 편지를 써 과오를 반성하고 홍군 복귀를 간청했다. 한편 임표의 '분병' 요구는 '동강 패전' 장본인인 주덕에 대한 노골적 불만을 표출한 것이다. 당시 '지지자' 유안공의 전사(戰死)로 주덕은 고립무원에 처했다.

11월 20일 진의가 파견한 통신병은 모택동에게 편지를 전달했다. 진의의 편지와 '9월지시'를 받은 모택동은 '복귀'를 결정했다. 당시 모택동은 건강을 회복했다. 11월 23일 재차 장정(長汀)을 공략한 '홍4군'은 급양을 해결하고 군수품을 보충했다. 진의와 주덕은 신경(辛耕)별장에서 모택동을 기다렸다. 한편 드라마 '정강산'에는 진의가 직접 소가파에 가 모택동에게 홍군 복귀를 요청하는 장면이 있다. 이는 픽션을 가미한 것이다.

11월 26일 모택동은 주덕·진의와 회합했다. 모택동은 진의에게 '9월지시'에 복종하며 당중앙의 비평을 수용한다고 말했다. 당시 진의는 당면에서 자기반성을 했고 모택동도 '과격한 언행'을 진심으로 사과했다(中共中央文獻研究室, 1996: 207). 우여곡절을 거쳐 재회한 세 사람은 '지도자 단결'의 중요성을 실감했다. 결국 '주모분쟁'은 끝났고 주덕은 '패자(敗者)'임을 인정했다. 한편 주덕의 '패자 인정' 주된 원인은 ① 당중앙의 '모택동 지지' ② 동강 패전 ③ 진의의 '입장 변화' ④ 유안공의 희생 ⑤ '주모' 결렬의 후유증과 '(朱毛)합작 중요성' 인지 등이다.

11월 28일 회의 주재자 모택동이 통과시킨 결정은 ① '홍군 9대' 개최 ② 당의 지도권 강화 ③ 당내 '잘못된 성향' 시정 등이다(余伯流 외, 2017: 184). 또 회의는 홍군 정돈과 정규적 훈련 진행을 결정했다. 모택동은 홍군이 '동강 패전' 그늘에서 벗어나고 민서 근거지를 확장하려면 '정돈·훈련'은 필수적이라고 주장했다. 결국 '9월편지'로 승자의 입지를 굳혔고 전위 서기로 복귀한 모택동은 곧바로 최고 지도자의 권한을 행사했다.

11월 모택동은 '중공 1인자' 이립삼에게 이렇게 편지를 썼다. ···나는 석 달 동안 앓고 있었네. 지금은 호전됐으나 기운은 회복되지 않았네. 모택동은 기운이 없는 이유는 첫 아내와 자식이 보고싶은 탓이라고 썼다(D. Spence, 2003: 125). 하자진의 지극정성 간호를 받아 건강이 회복된 모택동의 '가족 생각'은 자가당착적이다. 또 진독수에 대한 당중앙의 '결정'을 찬성했다. 한편 모택동이 주은래에게 보낸 서신은 매우 공식적이었다.

모택동은 이립삼에게 보낸 편지(11.28)에 이렇게 썼다. ···최근 진독수의 언행은 황당무계하다. 당중앙의 박의(駁議) 문건을 폭넓게 선전할 것이다(中共中央文獻研究室, 2003: 24). 상기 '박의 문건'은 '중공중앙의 당내 기회주의와 트로츠키파 반대 결의(1929.10.5)'이다. 당중앙은 진의에게 '진독수문제'에 대한 모택동의 '의견 청취'를 주문했다. 진의는 모택동의 '이견(異見)'을 근심했는데 의외로 '결의'를 옹호했다(黃少群, 2015: 179). 실제로 모택동의 '진독수 결의' 찬성은 사견이 가미된 것이다. 1927년 전후 모택동과 진독수는 견원지간이었다. 결국 이는 '주모분쟁'에서 자신의 편을 들어준 실세 이립삼에게 고마움을 표시한 것이다.

모택동이 '최종 승자'가 된 원인은 ① 정강산 근거지 창설자 ② 당중앙이 임명한 전위 서기 ③ 홍군 중 유일한 중앙위원 ④ 당중앙의 전폭적 지지 ⑤ 진의의 '입장 변화' ⑥ 민서특위와 임표의 지지 등이다. 실제로 '군벌' 출신인 주덕의 당내 자력(資歷)은 모택동과 비견할 수 없었다. 또 '주유(朱劉)동맹'은 대다수 홍군 장병의 불만을 샀다. '동강 패전'과 '홍군 8대'의 실패는 정치 문외한인 주덕의 정치적 리더십 결여를 단적으로 보여줬다. 한편 '중공 1인자' 이립삼은 모택동을 지지했으나, '주덕 후견인'인 주은래는 중립을 지켰다. 결국 '중공 창시자'이며 공농홍군의 주요 창건자인 모택동의 '(前委)서기 복귀'는 사필귀정이었다.

　'주모분쟁'의 실질은 홍군 지도자 '주모' 간 권력투쟁이다. 모택동은 민서에서 죽음의 고비를 넘겼고 주덕은 잇따른 패전을 치렀다. (朱毛)권력투쟁이 촉발한 '양패구상' 결과였다. '주모분쟁'에서 부정적 역할을 한 임표는 또 다른 승자였다. 또 '(毛林)동맹'은 문혁 시기 큰 파장을 몰아왔다. 모택동을 '축출'한 장본인인 주덕·진의가 가장 큰 피해자였다. 한편 모택동의 '권력 독점'은 권력투쟁보다 더 잔혹한 정치투쟁을 잉태했다.

제5절 민서 근거지 확장과 정강산 근거지 상실

1. 고전(古田)회의와 '홍4군'의 발전

　12월 3일 연성(連城)현 신천에 진입한 '홍4군'은 열흘 간 '신천정훈((新泉整訓)'을 단행했다. 당의 지도력 강화와 전투력 제고가 취지인 '정훈'은 9차 당대회의 '결의안' 작성에 필요한 자료를 수집하기 위한 것이다. 또 모택동은 기층에 내려가 부대와 당조직의 문제점을 조사했다.

'군사정훈'은 주덕이 책임졌다. 한동안의 훈련을 통해 부대 전투력이 크게 높아졌다. 결국 '신천정훈'을 통해 9차 당대회의 사상적·조직적 준비를 마쳤다.

12월 중순 '홍군 토벌군'이 신천을 공격하자 '홍4군'은 고전(古田)으로 이동했다. 당시 '9대 개최'가 급선무였다. 상항현 고전진은 적의 세력이 약하고 대중적 기초가 견고했다. 또 지세가 험준해 적군의 공격을 쉽게 물리칠 수 있었다. 민서 근거지에 예속되고 토지혁명이 진행된 고전은 홍색정권의 지배하에 있었다. 홍군과 민서 근거지에 대한 제2차 '연합토벌'이 개시된 상황에서 고전은 제9차 당대회의 개최 장소로 매우 적합했다.

고전에서 '홍4군'의 각 종대·지대 당대표가 참석한 연석회의가 열렸다. 홍군 내 존재하는 '극단적 민주화'에 대한 활발한 토론을 통해 잘못된 사상의 근원과 위해성에 대한 공감대를 형성했다. 회의는 각 지부에 1명의 군사 간부와 사병 대표를 추천하도록 규정하고 정치적 견해가 뚜렷한 열성분자와 투쟁 경험이 풍부한 지도자 선출을 강조했다. 실제로 연석회의는 '고전회의(古田會議)'[863]의 원만한 개최를 위한 준비 회의였다.

12월 28일 요씨사당(廖氏祠堂)에서 '홍군 9대'가 개최됐다. 대회 비서장인 진의가 주최하고 120여 명 대표가 참석했다. 모택동이 정치보고, 주덕이 군사보고, 진의가 '9월지시'를 전달했다. 29일 모택동이 작성한

---

863 고전회의(古田會議)는 1929년 12월 28~29일 복건성 상항현 고전에서 열린 '홍군 9대'를 가리킨다. 12월 28일 모택동이 정치보고를 했다. 29일 모택동이 작성한 '대회 결의안'이 통과, 이 결의안을 '고전회의 결의'로 통칭한다. 또 모택동은 '홍4군' 전위 서기로 당선됐다. '고전회의'에서 모택동은 홍군에 대한 당의 절대적 지도력을 확립했다.

'결의안'이 통과됐다. 또 대회는 11명의 전위 위원을 선출하고 모택동은 (前委)서기로 당선됐다. 효율적인 '9대'는 별다른 성과 없이 끝난 '홍군 8대'와 대조됐다. 고전회의에서 모택동은 강한 조직력과 리더십을 과시했다.

'결의안'의 '당내 잘못된 사상에 관한 시정'은 고전회의의 핵심적 내용이며 '모택동선집' 제1권(毛澤東, 1991: 85)에 수록됐다. '결의안'은 이렇게 썼다. ⋯홍군은 혁명의 정치적 임무를 집행하는 무장 집단이다. 단순한 군사주의와 극단적 민주화 등 잘못된 견해를 시정해야 한다(李小三 외, 2006: 88). '고전회의 결의'는 건당·건군의 '강령성적 문헌'이라는 것이 중국 학자들의 지배적 견해이다. 또 홍군에 대한 '당의 지도력' 강화에 긍정적인 의미를 부여하고 있다. 한편 진의·주덕이 주최한 '7대'·'8대'의 정책과 정치노선을 전면 부정하는 것은 재고의 여지가 있다.

'결의안'의 골자는 ① 당내 잘못된 성향 시정 ② 당의 조직문제 ③ 당내 교육문제 ④ 홍군의 선전선동 ⑤ 사병의 정치훈련 ⑥ 육형(肉刑) 폐지 ⑦ 부상병 우대 ⑧ 홍군의 군사·정치시스템 관계이다. '결의안'의 의미는 첫째, 홍군의 성격과 임무를 확정했다. 둘째, 홍군에 대한 당의 지도권을 강화했다. 셋째, 당의 사상건설을 중요시했다. 넷째, 정치선전의 중요성을 강조했다. 다섯째, 군민관계와 '적군 격파' 원칙을 확정했다. 한편 기존 대회의 '잘못된 정책'을 보완한 대회 '결의안'은 모택동의 뛰어난 정치적 수완과 강력한 정치적 리더십을 단적으로 보여줬다.

대회에서 선출된 전위 위원은 모택동·주덕·진의·이임여·황익선·

나영환·임표·오중호·담진림·송유화(宋裕和)[864]·전계상(田桂祥)[865]이었다.
후보 위원은 웅수기·양악빈(楊岳彬)[866]·이장수(李長壽)이다. '위원' 중 모택
동의 측근이 대거 포진됐다. '홍군 7대' 낙선자 담진림의 당선이 주목된
다. 모택동은 담진림을 2종대 사령관, 나영환을 제1종대 당대표로 배치
했다. 전투력이 막강한 임표의 제1종대는 모택동의 지휘를 받았다.

전위 대표는 '(中央)보고서'에 이렇게 썼다. …극단적 민주화 등 잘
못된 사상을 바로잡고 홍군에 대한 당의 지도권을 강화했다. '결의안'
은 사전에 치밀한 연구와 조사를 거쳐 작성됐다. 2인 간의 고전회의는
정확한 정치노선을 확정했다(賴宏 외, 2007: 228). '홍군 9대'의 성공적 개
최를 모택동 한 사람의 공로로 간주해선 안 된다. 당중앙의 '9월지시'
와 진의의 협조, 홍군 지도자 주덕의 지지도 큰 역할을 했다. 한편 당의
'절대적 지도권'은 나름의 부작용이 있다. 예컨대 개인숭배와 독재 정
치 등이다.

10기 3중전회(1977.7.21)에서 등소평은 고전회의에 대해 이렇게 평가
했다. …레닌의 건당학설(建黨學說)[867]을 완전하게 발전시킨 사람은 모택

864 송유화(宋裕和, 1902~1970), 호남성 여성(汝城) 출신이며 공산주의자이다. 1927년 중공에
가입, 1930~1940년대 '신4군' 후근(後勤)부장, 화동(華東)군구 후근부장, 건국 후 식품
공업부 부부장, 전국 정협 상임위원 등을 역임, 1970년 무주(撫州)에서 병사했다.

865 전계상(田桂祥, ?~1931), 호남성 침현(郴縣) 출신이며 공산주의자이다. 1926년 중공에
가입, 1929년 '홍4군' 제4종대대장, '홍4군' 전적위원회 위원, 1930년 '홍20군' 제102
연대 정치위원 역임, 1931년 전투 중 희생됐다.

866 양악빈(楊岳彬, 1908~1949), 호남성 화용(華容) 출신이며 공산주의자이다. 1927년 중공에
가입, 1928년 '홍4군' 제4종대 정치부 주임, 1934년 변절했다. 그 후 국민당 '민서일
보' 사장을 역임, 1949년 장개석에 의해 처형됐다.

867 건당학설(建黨學說)은 무산계급 신형의 정당 건설에 관한 레닌의 이론체계이다. 건당사
상 골자는 ① 공산당은 마르크스주의 이론으로 무장한 노동계급의 핵심적 역량 ② 당

동 동지이다. 정강산 시기 모택동의 건당사상(建黨思想)[868]은 '고전회의 결의'에서 명확히 나타났다. 또 모택동은 주관주의를 비판했다(鄧小平, 1983: 41. 110). 즉 당의 지도권 강화를 강조한 '결의안'이 레닌의 건당학설을 완미(完美)하게 발전시켰다는 것이다. 상기 '주관주의'는 실사구시를 주창한 등소평이 '양개범시(兩個凡是)'[869]의 잘못된 사상을 비판한 것이다.

1930년 원단 임표는 모택동에게 '신년 축하 편지'를 보냈다. 그는 '유동적 유격전'을 진행해 홍군의 영향력 확대를 주장했다. 또 감남·민서의 20개 현에 근거지를 설립한다는 전위의 전략에 강한 우려를 표시한 임표는 혁명의 고조가 쉽사리 도래하지 않을 것으로 전망했다(余伯流 외, 2011: 62). 실제로 '임표 선입견'이 강한 중국 학자들이 '축하 편지' 본의를 왜곡한 것이다. 한편 '유동적 유격전'을 주장한 대표적 인물은 군사행동을 중요시한 주덕이었다. 또 '혁명의 고조'가 쉽사리 도래하지

의 조직원칙과 활동 준칙은 민주집중제 ③ 당은 무산계급 전정(專政)과 사회주의 건설의 지도적 역량 ④ 당은 본국의 구체적 상황에 근거해 강령·전략·책략을 제정 ⑤ 영수·정당·계급·대중의 관계를 정확히 처리 ⑥ 당은 대중과 밀접한 관계를 유지해야 한다. 상기 '민주집중제' 등 레닌의 건당학설은 모택동의 건당사상(建黨思想)사상에 중대한 영향을 미쳤다.

868 건당사상(建黨思想)은 중공 지도부가 당의 건설을 강화하는 과정에서 점차 형성된 중국 특색의 '건당이론(建黨理論)'이다. 건당사상 골자는 ① 당내 모순 정확히 처리 ② 사상적인 당 건설 중시 ③ 당의 민주집중제 원칙 견지 ④ 당의 훌륭한 전통 유지 등이다. 건국 후 모택동이 강조한 내용은 ① 인민을 위해 복무하는 취지 견지 ② 민주집중제 원칙 엄수 ③ 당내·당외의 이중적 감독 수용 ③ 무산계급 혁명의 후계자 양성 중시 등이다.

869 '양개범시(兩個凡是)'는 ① 무릇 모주석의 결책(決策)은 무조건 옹호 ② 무릇 모주석이 제정한 정책은 무조건 집행해야 한다는 것이다. '양개범시'는 1977년 2월 7일 '인민일보'·'홍기(紅旗)' 등 언론이 가장 먼저 제출했다. 이는 중공 영수 화국봉(華國鋒)의 '문화대혁명 수호' 사상이론을 반영한 것이다. 한편 '양개범시'는 등소평·진운(陳雲)의 강력한 반대를 받았다. '양개범시'는 11기 3중전회(1978)에서 부결, 실사구시로 대체됐다.

않을 것이라는 임표의 전망은 현실을 직시한 '냉정한 판단'이었다.

임표의 '축하 편지'는 모택동의 '서기 당선'을 축하하기 위해 쓴 것이다. 또 진의에게 보낸 편지는 '주모분쟁'에서 부정석 역할을 한 자신의 잘못을 뉘우치고 '진보(進步)'를 지향한 것이다. 이 또한 진의가 임표에게 '격려' 회신을 보낸 이유이다. 한편 임표의 편지를 빌미로 홍군 내 만연된 '유동적 유격전'과 '근거지 설립'을 도외시하는 문제를 해결하려는 것이 모택동 회신의 취지였다. 실제로 모택동의 회신은 결코 임표 개인에게 쓴 것이 아니었다. 또 임표의 '비관적 사상'을 비판한 것은 더욱 아니었다. 한편 '차제발휘(借題發揮)'는 모택동의 상투적 수법이었다.

농촌 근거지 설립을 중시한 모택동은 '홍기일보(紅旗日報)'에 게재된 혁명 진로에 관한 '토론문'과 '9월편지'를 읽은 후 깊은 우려를 지울 수 없었다. 결국 '회신' 방식을 선택한 모택동은 시국에 대한 견해를 피력했다(凌步機 외, 2017: 192). 모택동의 '깊은 우려'는 ① 홍군 내 만연한 '근거지 무시' ② 군사주의와 유구(流寇)사상 ③ '도시중심론' 등이다. 실제로 모택동의 회신 취지는 '도시중심론'에 대한 불만을 표출하기 위한 것이었다.

'주모홍군'에게 유동적 유격전을 지시한 당중앙의 '9월편지'는 '도시 중심' 전략을 제시했다. '9월지시'에서 제출한 홍군의 우경 사상과 병력 분산, 생산을 이탈하면 존재할 수 없다는 등 내용은 현실을 외면한 잘못된 견해였다(中央檔案館, 1990: 487). 상기 '잘못된 견해'를 시정하기 위해 모택동은 '시국에 대한 전망과 우리의 행동문제'라는 제목의 통신(通訊, 1930.1.5)을 발표한 것이다. 또 명목상 임표에게 회신하는 방식을 선택해 그의 '비관적 사상'을 비판한 것이다. 실제로 모택동의 회신은 당중앙의 '유동적 유격전'과 '도시중심론'을 비판하기 위해 쓴 것이었다.

모택동의 '회신(通信)' 골자는 첫째, 홍군의 발전은 홍색정권이 발전할 수 있는 원동력이다. 둘째, 홍군과 농촌 소비에트정권은 혁명의 고조가 도래하는 결정적 요소이다. 셋째, 농촌 근거지를 도외시한 단순 '유동적 유격전'은 혁명의 고조를 일으킬 수 없다. 넷째, 홍군은 대중과 밀접히 배합해 토지혁명을 전개해야 한다(金沖及 외, 2011: 214). 1948년 모택동은 임표에게 보낸 '회신'을 '모택동선집'에 수록할 때 기존의 '결정적 요소'에 '가장(最)'을 보충했다. 한편 모택동의 '통신(回信)'은 고전회의 후 모택동이 내린 중대한 '전략적 결책(決策)'으로 평가된다.

　　임표는 모택동에게 편지를 보내 주덕이 봉건적이라고 비난하고 혁명에 대한 비관적 여론을 퍼뜨렸다. 임표의 비관 행위로 홍군 장병은 극도의 혼란을 겪었다. 모택동은 혁명에 대한 확신을 심어주기 위해 '성성지화, 가이요원(星星之火, 可以燎原)'의 편지를 보냈다(현이섭, 2014: 125). 상기 서술은 1929년 6월과 1930년 원단에 임표가 모택동에게 보낸 두 번의 편지를 혼동했다. 임표의 첫 번째 편지는 모택동의 '전위 서기 사직'을 반대한 것이고 두 번째 서신은 '축하 편지'이다. 한편 '성성지화'는 1948년 모택동의 회신을 '모택동선집'에 수록할 때 붙인 제목이다.

　　모택동은 회신에서 임표의 비관적 사상에 대해 엄숙한 교육을 진행했다. 이 시기 농촌에서 도시를 포위해 전국적 승리를 쟁취하는 모택동의 혁명사상이 형성됐다(李捷 외, 1996: 110). 모택동은 '성성지화, 가이요원' 편지에 이렇게 썼다. …전국의 마른 나뭇가지는 곧 열화(烈火)로 번질 것이다. 또 그는 혁명의 고조가 곧 도래한다고 예언했다. 이립삼은 모택동 사상을 '구식 유구사상'이라고 비난했다(D. Wilson, 1993: 139). 상기 '농촌 포위' 사상은 중국 학자들의 '모택동 우상화'를 단적으로 보여준 것이다. 한편 딕 윌슨의 서술은 모택동의 '회신 내용'이 아닌 '수정된 내용(1948)'이다. 또 이립삼의 '구식 유구사상' 비난은 사실 왜곡이다.

당내 '통신'을 통해 홍색정권 설립을 도외시하는 등 잘못된 사상을 지적한 모택동은 농촌에서 도시를 포위하는 홍군의 전략을 제시했다. 한편 '작은 불씨가 광활한 들판을 태운다'는 주장은 모택동 사상의 형성을 의미한다. 또 모택동은 '농촌중심론'을 창안했다(黃少群, 2015: 203). 모택동이 '당내 통신'이란 방식으로 임표에게 회신한 것은 홍군의 문제점을 해결하는 것이 취지였다. 임표에게 보낸 '회신'이 18년 후 '성성지화, 가이요원'으로 '승화(昇華)'된 것은 매우 난해하다. 한편 '농촌중심론'은 중국 학자들의 창안품이다. 이는 '사후약방문'식의 뒷북 치기이다.

모택동의 회신은 임표의 '비관적 사상'을 비판한 글로 간주된다. '임표 회신'은 명목상 구실이다. 그 이유는 첫째, '유동적 유격전'의 주도자 주덕을 비판했다. 둘째, '도시중심론'을 주장한 이립삼·주은래 등을 간접적으로 비판했다. 셋째, '(先)농촌홍군, (後)도시정권'이란 진의의 주장을 찬성했다. 넷째, 당중앙의 '도시중심론'을 에둘러 비판했다. 다섯째, '농촌 중심'의 무장할거 주장은 당중앙 정책과 배치 등이다. 결국 최측근 임표를 방패막이로 이용한 것이다. 당시 '(毛林)동맹'은 매우 견고했다. 모택동은 가장 어려운 시기 자신을 지지한 임표를 결코 잊지 않았다.

1960년대 모택동은 베트남 노동당 주석 호치민(HoChiMinh, 胡志明)[870]을 회견했을 때 이렇게 말했다. …정강산 시기 나는 당내 동지들의 불

---

870 호치민(HoChiMinh, 1890~1969), 베트남(Vietnam) 게친주(州) 출생이며 구(舊)베트남 민주공화국 초대 대통령이다. 1920년 프랑스에서 공산당에 가입, 1924~1927년 중국혁명에 참가, 1941년 베트남 독립동맹 창설, 1951년 베트남 노동당 주석을 역임했다. 1960년대 항미(抗美)구국전쟁을 지도, 1969년 하노이(Hanoi)에서 병사했다.

신을 받아 홍군에서 쫓겨났다. 당시 백성의 신분으로 복건성에서 휴양했다. 이 시기 임표 동지는 나를 지지했다(毛澤東, 1966.6). 1929년 임표가 공개적으로 모택동의 건군(建軍)사상을 지지한 것은 용기가 필요했다. '주모분쟁'에서 임표가 이간질하고 부정적 역할을 했다는 일각의 주장은 역사적 진실을 외면한 것이다(于化民 외, 2013: 51). 문혁 시기 임표가 모택동의 후계자로 발탁된 것은 결코 우연한 일이 아니었다. 실제로 모택동과 임표 간의 '돈독한 관계'는 정강산 시기에 맺어진 것이다.

주은래는 모택동의 '농촌 중심' 사상에 관해 이렇게 술회했다. … '중공 6대' 개최 무렵 '농촌 중심'의 모택동 사상은 아직 형성되지 않았다. 당시 그는 '도시 중심' 전략을 찬성했다. 임표에게 보낸 편지(1930.1)에서 '농촌 중심'의 홍색정권 창설을 제출했다(周恩來, 1980: 179). 모택동은 '정강산의 투쟁(1928.11)'에서 '농촌 근거지 설립'의 중요성을 천명했다. 정강산에 진입한 후 '농촌 중심'의 무장할거를 중요시한 모택동은 당중앙이 제정한 '도시 중심'의 전략을 줄곧 반대했다. 한편 당중앙의 '9월지시'를 작성한 주은래는 '도시중심론'을 주창한 장본인이었다.

'도시중심론'은 혁명 중심을 도시에 두고 혁명의 고조기에 무장폭동을 일으켜 혁명의 승리를 쟁취하는 것이다. 러시아 10월혁명은 '도시 중심' 혁명을 성공시킨 단적인 사례이다. 그러나 10월혁명 후 중국에 전파된 '도시중심론'은 중국의 실정에 부합되지 않았다(黃允升, 2006: 168). 공산국제 지시를 '성지(聖旨)'로 여긴 당중앙은 '도시중심론'을 홍군의 전략으로 결정했다. '8.7회의' 후 전국의 대도시에서 일어난 노동자 무장폭동은 대부분 실패했다. 광주 무장폭동이 대표적 사례이다. 한편 '농촌중심론' 부각의 밑바탕에는 모택동에 대한 우상화가 깔려 있다.

당중앙의 '중앙통고' 제60호(1929.12.8)가 발표한 '홍군 전략'은 ① 대중의 '홍군 가입'을 격려 ② 홍군은 대규모적 유격전을 전개 ③ 대도시 공격을 홍군 전략으로 결정 ④ 홍군이 '대도시 공략'은 정치적 영향력이 막대 등이다(中央檔案館, 1983: 506). 당시 공산국제의 지시를 수용해 대도시 공격의 '도시중심론'을 주창한 대표주자는 이립삼과 주은래였다. 이른바 '농촌중심론'은 사실상 존재하지 않았다. 한편 '중앙통고'에는 '무장으로 소련을 보위하는 전략을 실시하자'는 부제를 달았다. 이는 이 시기 중공이 모스크바의 '괴뢰정당'이었다는 단적인 증거이다.

황극성(黃克誠)은 임표의 편지를 이렇게 평가했다. …홍군 고급 지휘관인 임표가 모택동에게 편지를 보내 자신의 의견을 제출한 것은 칭찬할 만하다. 무조건 상급자 지시에 복종하는 것은 제창할 바 못 된다. 임표는 공산당원의 역할을 감당했다(少華 외, 1995: 265). 역설적으로 임표의 '축하 편지'가 없었다면 모택동의 '걸작(傑作)'도 없었을 것이다. 중국 학자들의 '임표 폄하'에는 인생 말년에 '위대한 영수'를 배반한 변절자라는 인식이 깔려 있다. 문혁 시기 '중공 2인자' 임표는 정적(政敵)에게 정치적 박해를 가했다. 이 또한 '임표 평가'가 부정적인 주된 원인이다.

양지성은 이렇게 회상했다. …당시 마대(麻袋)로 식량을 운반한 연대장 임표는 솔선수범을 보였다. 일부 전사들이 웃옷을 벗은 것을 본 그는 …찬바람을 맞으면 감기에 걸리기 쉬우니 옷을 입으라고 권고했다(楊至誠, 1960: 25). '9.13사건(九一三事件)'[871] 후 주덕은 이렇게 임표를 평가

---

871 '9.13사건(九一三事件)'은 (林彪)반혁명집단이 정변 음모가 폭로된 후 비행기를 타고 도망치다 1971년 9월 13일 몽골 은드르항(Öndörkhaan)에 추락돼 사망한 사건을 가리킨다. 9월 13일 0시 임표·엽군(葉群)·입립과(林立果) 등은 음모가 폭로된 후 황망히 국외로 도망쳤다. 새벽 2시 그들이 탄 비행기는 몽골 은드루항 초원에 추락해 전원이 사망했다. 9월 17일 당중앙은 이렇게 공지했다. …9월 13일 임표 등은 적에게 투항하기 위해 국외로 도망쳤다. 당과 국가를 배반한 이들은 멸망의 길을 선택했다. '9.13사

했다. …임표의 개인영웅주의는 정강산 시기에 드러났다. 정치위원의 지도적 역할을 부정한 그는 정치부 주임만 요구했다. 또 종래로 상급자를 존중하지 않았다(胡哲峰 외, 2013: 25). 득세·실세(失勢)한 '임표 평가'가 사뭇 다르다. 한편 '주임(朱林)' 간 알력은 '주모분쟁' 후 더욱 심화됐다. 실제로 주덕은 당대표 모택동을 홍군에서 '축출'한 장본인이다.

1950년 당중앙은 '모택동선집출판위원회'를 설립했다. 모택동은 임표에게 보낸 회신을 '성성지화, 가이요원'으로 제목을 바꾸고 임표 이름을 삭제했다. 1969년 9월 정강산에 오른 임표는 '서강월(西江月)·정강산'이란 사에 이렇게 썼다. …마르크스주의를 확신했고 '성화요원(星火燎原)'을 믿어 의심치 않았다(葉永烈, 2014: 169). 1948년 2월 28일 동북야전군 사령관 임표는 중앙선전부에 편지를 보내 '모택동선집'에 수록할 때 자신의 이름을 삭제할 것을 요구했다. 한편 '서강월·정강산'이란 사는 임표의 부인 엽군(葉群)[872]이 '어용 문인'을 불러 짓게 한 것이다.

모택동과 임표는 나름의 공통점과 차이점이 있다. 공통점은 ① 천재적 기질 ② 독선적이고 권위적 성격 ③ 표리부동하고 강한 허영심 ④ 아집이 강하고 자기중심적 ⑤ 강한 권세욕·복수심 ⑥ 사직으로 상대를 위협 ⑦ 정적(政敵)에 대한 무자비한 탄압 등이다. 차이점은 ① 정치적 리더십(毛), 군사적 리더십(林) ② '문무가 겸비'한 정치가(毛), 지략적인 군사가(林) ③ 포용력(毛), 배타심(林) ④ 지식인 멸시(毛), 정치간부 무

건'은 문혁 이론과 실천의 실패를 의미한다.

872 엽군(葉群, 1917~1971), 복건성 복주(福州) 출신이며 임표의 세 번째 부인이다. 1936년 중공에 가입, 1940년대 여자대학 (組教)과장, 제4야전군사령부 비서, 건국 후 상해시 교육국 부국장, '전군 문혁소조' 부조장, 정치국 위원 역임, 1971년 9월 몽골 은드르 항에서 사망했다.

시(林) ⑤ 정치투쟁 집착(毛), 정치운동 이용(林) 등이다. 한편 임표의 비극적인 결말은 모택동의 '후계자 선정' 실패를 의미한다.

1월 7일 주덕은 '토벌군' 유인을 위해 홍군 주력을 이끌고 강서로 진격했다. 1월 16일 광창(廣昌)을 공략하고 동소(東韶)로 출격했다. 1월 19일 제2종대는 적수(赤水)에서 민단을 섬멸하고 현장을 체포했다. 1월 23일 '주모홍군'은 동소에서 회합했고 적의 '연합토벌'이 무산됐다. 등자회에게 보낸 편지에서 '민서를 떠나는 것이 민서를 공고히 하는 것'이라는 모택동의 예언이 적중했다. 홍군 지도부는 동소에서 '분병(分兵)'을 결정했다.

'주모홍군'이 감남(贛南)을 떠난 후 감남·감서(贛西) 근거지에는 많은 변화가 일어났다. 첫째, 1929년 11월 (贛西)공농홍군은 2000명으로 발전했다. 둘째, 소비에트정권이 설립(1929.11)됐고 증산(曾山)[873]이 정부 주석을 맡았다. 셋째, 1929년 11월 15일 나병휘(羅炳輝)[874]가 길안(吉安) 정위군 500여 명을 이끌고 기의(起義)해 홍군에 가입했다. 나병휘는 공농홍군 독립제5연대의 연대장을 맡았다. 넷째, 1930년 1월 공농홍군 제6군이 설립됐다. 황공략이 군단장, 유사기(劉士奇)[875]가 당대표를 맡았다.

---

873 증산(曾山, 1899~1972), 강서성 길안(吉安) 출신이며 공산주의자이다. 1926년 중공에 가입, 1929년 감서(贛西)특위 조직부장, 1930~1940년대 강서성위 서기, 화중국(華中局) 조직부장, 상해시 부시장을 지냈다. 건국 후 방직공업부장, 국무원 내무부장 등을 역임, 1970년 북경에서 병사했다.

874 나병휘(羅炳輝, 1897~1946), 운남성 소통(昭通) 출신; 공산주의자이다. 1929년 중공에 가입, 강서홍군 독립5사 5단 연대장, 1930~1940년대 '홍12군' 군단장, '홍9군단' 군단장, '신4군' 제1지대 부지대장, 강북(江北)지휘부 부총지휘, 1946년 산동군구 부사령관, '신4군' 부군장(副軍長), 1946년 6월 산동성 조장(棗庄)에서 병사했다.

875 유사기(劉士奇, 1902~1933), 호남성 악양(岳陽) 출신이며 공산주의자이다. 1924년 중공에 가입, 1929년 감북(贛北)특위 서기, 1930년 후 '홍4군' 정치부 주임, '홍27군' 군단장,

웅수기는 '중앙보고서'에 이렇게 썼다. …'홍4군' 전위는 전국에서 1개 성(省) 또는 2개 성에서 우선 정권을 탈취할 수 있다고 확신했다. 가장 먼저 승리를 거둘 수 있는 성으로, 각가지 조건이 마련된 강서성을 꼽았다(熊壽祺, 1999: 56). 감서 특위와 '홍6군' 지도부는 대표를 파견해 모택동에게 강서성위 특파원 강한파(江漢波)[876]와 감서 특위 책임자 간의 '분쟁'을 보고했다. 모택동은 감서·감남 특위와 홍군 지도자가 참석한 연석회의 개최를 결정했다. 회의 시간을 2월 6일, 장소는 길안현 피두(陂頭)로 확정했다. 또 그는 진의를 '홍6군' 정치위원으로 임명했다.

2월 7~9일 연석회의는 피두에서 3일 간 개최됐다. 이 회의를 '2.7회의(二七會議)'[877]라고 부른다. 전위 대표는 모택동·웅수기·송유화 3명, 감서특위 대표는 유사기·증산 등 5명, '홍6군' 대표는 황공략 등 4명이었다. 강서성위 특파원 강한파를 포함해 회의에 참석한 대표는 50여 명이었다. 당시 '홍5군' 군위와 감남특위 대표단은 감강(贛江)이 불어나 참석하지 못했다. 연석회의에서 회의를 주재한 모택동은 '중앙통고'의 지시를 참석자들에게 전달하고 강서성 소비에트정권 설립의 중요성을 천명했다.

'2.7회의'의 성과는 첫째, 감서남(贛西南) 당조직의 임무를 제출했다.

1933년 악예완(鄂豫皖) 성위에 의해 처형됐다.

876 강한파(江漢波, 1898~1955), 호남성 평강(平江) 출신이며 공산주의자이다. 1925년 중공에 가입, 1920년대 안휘성위 특파원, 강서성위 비서장, 1930년 '27회의'에서 당적 박탈, 그 후 중화서국(中華書局) 편집장 등을 맡았다.

877 '2.7회의(二七會議)'는 1930년 2월 피두(陂頭)에서 모택동의 주최로 열린 연석회의이다. 회의에서 확정한 감서남의 임무는 ① 토지혁명 진행 ② 공농무장 확대 ③ 길안 공격 ④ 강서성에서 홍색정권 설립 등이다. 또 회의는 당내 기회주의를 숙청하고 지주·부농을 제거하는 정치투쟁을 결정했다. 결국 이는 'AB단 숙청'으로 발전했다.

둘째, '길안 공격' 목표를 확정했다. 셋째, '감서남 토지법'을 제정했다. 넷째, 소비에트정권 설립과 지방무장 발전 전략을 제정했다(江西省檔案館, 1982: 172). 중공 역사에서 '2.7회의'는 중요한 회의로 간주된다. 모택동이 '스노우 담화(1936)'에서 이를 거론한 것이 단적인 증거이다. 한편 '2.7회의'는 중대한 과실이 있다. 모택동이 측근 유사기를 종용해 특파원 강한파의 당적 박탈(1930.2)이 대표적 사례이다. 또 출신 성분 강조와 지식인 배척, 당내 모순 격화 등은 모택동의 실책으로 지적된다.

모택동은 이렇게 회상했다. …'2.7회의'는 토지정책에 관해 격렬한 논쟁을 벌였다. 결국 토지분배 반대자들이 주도한 이른바 '반(反)기회주의' 투쟁이 종결됐다. 또 회의는 강서성 소비에트정권 설립을 결정했다(毛澤東, 2008: 63). 상기 '반기회주의' 투쟁은 감서특위 책임자 유사기가 정적 강한파에게 '기회주의자'라는 죄명을 씌어 당적을 박탈한 사건을 가리킨다. 모택동은 '1년 내 강서성 정권 탈취(1929.5)' 전략을 '우선 강서성 정권 탈취'로 변경했다. 한편 '1년 내 정권 탈취' 계획은 수포로 돌아갔다.

연석회의는 '홍4군' 전위를 공동전위로 개칭하고 17명의 전위 위원을 선출했다. 모택동·증산·유사기·주덕·반심원을 상임위원, 팽덕회·황공략을 후보 상임위원, 모택동이 서기(書記)로 추대됐다. 또 중앙특파원 반심원을 군위 서기, 웅수기가 서기 대행으로 임명됐다. 2월 15일 모택동은 '감남공작회의'에서 정치보고를 진행했다. 새로 당선된 공동전위의 3명 상임위원은 모택동의 측근자였다. 한편 상임위원에서 탈락하고 '홍6군' 정치위원으로 '좌천'된 진의는 토사구팽을 당했다는 것이 일각의 주장이다. 이 시기 모택동과 유사기는 매우 '특별한 관계'였다.

모택동이 홍군을 이끌고 이문림의 근거지 동고(東固)에 머물다 떠나갈 때 옛 친구 유사기를 동고 책임자로 남겼다. 1년 뒤 모택동이 동고를 재차 방문했을 때 유사기는 현지에서 확고한 기반을 확보했다. '2.7회의' 후 유사기는 현장 책임자로 확정됐다(나창주, 2019: 288). 유사기는 모택동의 동서(同壻)였고 동고 책임자는 이문림이었다. 1929년 5월 후 감서·감북특위 서기를 맡았던 유소기는 '2.7회의' 후 감서남의 최고 책임자가 됐다. 당시 유사기의 정적은 이문림·강한파였다. 한편 유사기는 모택동의 '하수인' 역할을 했다는 것이 학계의 지배적 견해이다.

1929년 감서특위에서 일한 하이(賀怡)는 당재강(唐在剛)[878]의 중매로 특위 비서장 유사기와 결혼(1929.4)했다. 그해 5월 유사기는 감서특위 서기로 승진하고 하이는 부녀부장을 맡았다. 1930년 8월 파면된 유사기는 상해로 '전근'됐다. 사실상 하이와의 혼인도 끝났다(陣冠任, 2019: 217). 전위 서기 모택동의 동서 유사기가 감서남특위 서기로 임명된 것은 사세고연이었다. 한편 상해의 당중앙에서 '훈육'을 받은 유사기는 하이와의 혼인과 이립삼의 '눈 밖에 난' 모택동과의 동서 관계를 단절했다. 1931년 모택동 부부는 친동생인 모택담·하이를 결합시켰다.

'2.7회의'의 중대한 실책은 첫째, 과오를 범한 동지에게 무고한 죄명을 씌워 엄벌했다. 예컨대 강한파의 당적 제명이다. 둘째, 곽사준(郭士俊) 등 4명에게 '4대당관(四大黨官)'이란 누명을 씌워 반혁명 분자로 처형한 것은 중대한 과실이었다(江西省檔案館, 1982: 200). '2.7회의'는 감서남 당조직의 과오를 침소봉대했다. 지방당조직의 실책을 '기회주의 노선'이라고 비판했다. 또 당내 기회주의자를 타도하고 지주·부농을 당에서 축출하자고 호소했다(凌步機 외, 2017: 205). 당시 유사기는 '불순분자 제거'

878 당재강(唐在剛, 1903~1935), 사천성 개강(開江) 출신이며 공산주의자이다. 1924년 중공에 가입, 1928년 신강(信江)특위 서기, 1930년대 감동북(贛東北)특위 서기, '홍10군' 정치 위원, 1935년 강서성 횡봉(橫峰)에서 희생됐다.

명의로 수많은 지식인을 타도했다. 혁명 동지에 대한 '잔혹한 탄압'은 '모유(毛劉)연맹'에 대한 당내의 불만을 야기했다. 결국 이는 감서남지역에서 무고한 혁명 간부가 무참히 처형당하는 '참극(慘劇)'을 유발했다.

강서성의 지방당조직은 지주·부농을 제거한 동시에 통해 출신 성분이 나쁜 지식인을 대거 숙청했다. 당시 모택동은 지식인이 '지주계급편'이란 선입견을 갖고 있었다. 이는 1928년 '9월숙당(肅黨)'에서 수많은 지식인이 숙청당한 원인이다. '2.7회의' 후 무고한 간부와 혁명 동지들이 날조된 죄명으로 무자비하게 탄압됐다. 이는 얼마 후 감서남지구에서 수많은 간부들이 'AB단(團)'[879]으로 몰려 남살(濫殺)되는 화근이 됐다. 실제로 상감변계 당조직이 원문재·왕좌를 살해한 사건도 이와 무관치 않다. 한편 유사기의 비극적 결말은 인과응보·자업자득이었다.

2월 중순 7개 여단의 국민당군이 근거지에 대한 '연합토벌'을 진행했다. 당운산(唐雲山)[880] 여단이 동고를 공격했다. 2월 24일 '홍4군'과 '홍6군' 제2종대는 수남(水南) 적군을 포위 공격했다. 치열한 격전을 통해 적군 2개 대대를 섬멸하고 1600여 명을 체포했다. 여단장 당운산은 패잔병을 이끌고 길안으로 도망쳤다. 3월 10일 '홍4군'은 동고에서 휴식 정돈을 했다. 결국 '토벌 격파'를 통해 감서남 홍색정권의 발전 기초를 마

---

879 'AB단(團)'은 '반볼셰비키(Anti-Bolshevik)'의 약칭이다. 1926년 12월 단석붕(段錫朋) 등이 장개석의 지지하에 강서성에 설립한 국민당 우파조직이다. 1930년 10월 길안을 공략한 홍군은 'AB단'의 깃발·도장을 발견, 이는 감서남특위의 중시를 불러일으켰다. 1930년 12월 모택동은 전위 비서장 이소구(李韶九)를 길안에 파견했다. 이소구는 120명의 'AB단' 혐의범을 체포하고 50여 명을 처형했다. 결국 이는 '부천사변(富田事變)'의 빌미가 됐다.

880 당운산(唐雲山, 1901~1977), 광동성 조경(肇慶) 출신이며 국민당 우파이다. 1922년 국민당에 가입, 1930~1940년대 제86군 부군단장, 제7병단(兵團) 부사령관, 복주(福州)경비사령관을 맡았다. 1949년 대만으로 이주, 1977년 대북(臺北)에서 병사했다.

련했다.

3월 22~29일 감서남 제1차 대표대회가 부전(富田)에서 열렸다. 유사기가 정치보고를 하고 감서남 당조직의 임무를 확정했다. ① '강서성 정권' 탈취, 행동목표로 제정 ② 토지분배 진행 ③ 소비에트구역 확장 ④ 공농무장과 홍군 발전 등이다. 한편 감서남특위를 설립하고 유사기·이문림 등 17명의 '특위' 위원을 선출했다. 유사기·이문림·왕회·초도덕(肖道德)[881]·총윤중(叢允中)[882]을 상임위원, 유사기를 감서남특위 서기로 선임했다. 또 감서남 소비에트정부를 설립하고 증산을 주석으로 선출했다. 대회는 감서남특위 산하에 6개 행동위원회를 설치했다.

감서남 제1차 대표대회는 중대한 과오가 존재한다. 첫째, 지주·부농 '축출'은 당내 위기감을 조성하고 분열을 조장했다. 둘째, 강한파의 '당적 박탈'을 맹목적으로 지지했다. 셋째, 서로행위(西路行委)가 제출한 '원문재·왕좌 처형' 허가는 큰 실책이다(余伯流 외, 2017: 210). 회의 주재자인 유사기의 책임이 가장 크다. 유사기의 '숙청(1933)'은 자업자득이다. 한편 '원왕(袁王) 처형 허가'는 유사기의 '독단적 결정'[883]으로 추정된다.

3월 16일 '홍4군'은 감주(贛州)성을 공격했으나 견고한 성벽을 돌파

---

881 초도덕(肖道德, 1891~1934), 강서성 길안(吉安) 출신이며 공산주의자이다. 1930년 3월 감서남 제1차 당대회에서 감서남 특위 상임위원에 선임, 감서남 특위 부서기를 역임했다. 1934년 장정에 참가 후 행방불명이 됐다.

882 총윤중(叢允中, ?~1932), 강서성 여고(如皋) 출신이며 공산주의자이다. 1925년 중공에 가입, 1929년 감남특위 서기, 1930년 '부천사변(1930.12)'에 참여, '모택동 편지'를 위조했다. 1932년 'AB단 주범'으로 몰려 처형됐다.

883 유사기의 '독단적 결정'으로 추정되는 이유는 첫째, 당시 '홍4군'을 지휘해 남강(南康) 공략 중인 모택동에게 보고할 시간적 여유가 없었다. 둘째, 서로행위 책임자는 원문재의 정적인 용손총이다. 셋째, 본토인 당조직 최고 지도자인 그가 '객가인 혁명파'를 지지할 이유가 없다. 넷째, 감서남의 최고 책임자로서 당연한 '결정권 행사'였다.

할 공격수단 부재와 지휘 실책으로 감주 공략에 실패했다. 3월 18일 모택동은 감주 루제령(樓梯嶺)에서 전위 회의를 열고 행동노선을 토론했다. 결국 '도시 공격'을 포기하고 적군 병력이 적은 감남·민서로 발전한다는 행동방침을 확정했다. 또 3개월 간 감남·민월(閩粤)에서 병력을 분산한 '유격전 전개'를 결정했다. 당일 '홍4군' 전위는 '제3호 통고'를 발표했다.

'통고'의 골자는 첫째, 유격전과 근거지 설립 방침을 견지해야 한다. 둘째, '파랑식(波浪式)' 발전의 방침을 견지해야 한다. 셋째, 농민을 무장하고 지방무장을 발전시켜야 한다. 넷째, 지방간부를 양성해야 한다. 다섯째, 지방당조직과 긴밀히 배합해야 한다. 한편 '통고'는 대중을 발동해 홍색정권을 설립하고 홍군 병력 확충이 '분병'의 취지라고 강조했다. 결국 모택동은 '강서성 정권 탈취'를 포기하고 '농촌중심'의 발전전략을 선택했다.

5월 2일 '홍4군'은 심오(尋烏)현성을 공략했다. 모택동은 심오에서 10여 일 간 사회조사를 진행했다. 심오현위 서기 고백(古柏)의 협조하에 좌담회를 개최하고 당지의 농민·노동자·상인·지식인·사병과 만나 현지 실정을 조사했다. 또 모택동은 사회조사를 통해 토지분배의 문제점을 발견하고 부농문제 해결안을 마련했다고 주장했다. 한편 고백을 전위 비서장으로 '전근'시킨 모택동은 5월 중 '조사공작'이란 유명한 문장을 발표했다.

'조사가 없으면 발언권이 없다'는 구호를 제출한 모택동은 홍군 내 만연된 '교조주의(敎條主義)'[884]를 비판하고 현실을 외면한 본본주의(本本

---

884 '교조주의(敎條主義)'는 '본본주의(本本主義)'라고도 불리며 주관주의의 일종의 표현 방식

主義)를 시정해야 한다고 강조했다. 이는 실사구시·대중노선·독립자주의 모택동사상의 형성을 의미한다(逄先知 외, 2005: 308). '조사공작'에서 모택동은 마르크스주의 이론을 중국의 실정에 맞게 적용해야 한다고 주장했다. 이 또한 모택동사상의 핵심이다. 실제로 모택동의 '교조주의 비판'은 중국혁명의 현실을 무시한 당중앙의 '도시중심론'에 대한 불만 표출이다.

1930년에 발표한 모택동의 '조사공작'이 10년 후 '본본주의를 반대한다'는 '걸작(傑作)'으로 탈바꿈하기 전까지 우여곡절과 '이념 가미'가 동반됐다. 또 모택동이 실각했을 때 사라진 '조사공작'이 60년 후 '모택동선집'에 수록되는 과정에는 역사의 '불편한 진실'이 숨어 있다. '본본주의 반대'는 사실상 당중앙의 정책과 노선을 부정한 것이다. 한편 '본본주의(教條主義)'가 실사구시로 '승화'된 것은 학계의 '인위적 노력'과 관련된다.

'본본주의 반대' 취지는 조사연구를 중시하고 마르크스주의 이론을 중국혁명의 실천과 결합해야 한다는 것이다. 모택동의 주장에 따르면 조사연구를 진행해 구체적 실정을 파악해야 중국혁명이 승리할 수 있다는 것이다. 이는 현실을 도외시한 교조주의자를 비판한 것이다(凌步機 외, 2017: 234). 당시 민서특위는 모택동의 '조사공작'을 소책자로 발행했다. 그동안 사라진 '소책자'는 1957년 상항에서 발견됐다. 1961년 모택동의 비서 전가영(田家英)[885]에 의해 본인에게 전해졌다. 결국 '조사공작

이다. 교조주의의 주된 특징은 ① 이론과 실천 분리 ② 주관과 객관 이탈 ③ 실천 무시 ④ 감성인식 도외시 ⑤ 이성인식 역할 과장 등이다. 모택동은 '조사공작(調查工作, 1930.5)'을 통해 당중앙의 '잘못된 지시'에 무조건 순종하는 '본본주의'를 비판했다.

885 전가영(田家英, 1922~1966), 사천성 성도(成都) 출신이며 모택동의 비서이다. 1938년 중

(1930)'은 '본본주의 반대'라는 제목으로 모택동선집(1991)에 수록됐다.

모택동은 남양(南陽)에서 전위와 민서특위의 연석회의를 개최 (1930.6.11)해 '유맹(流氓)문제'와 '부농문제' 결의안을 통과시켰다. '유맹 (流浪民) 결의안'은 계급투쟁의 발전에 따라 '유맹문제'는 지방과 홍군 의 '엄중한 문제'가 됐다고 지적했다. 또 '반식민지 중국'의 유산물인 '유맹문제'는 홍군 내에서 유구주의·군사주의·소단체(小團體)주의로 나타났다고 분석했다. 한편 '결의안'에서 예능인·중·도사(道士)·종교인을 '유맹' 범주에 넣은 것은 부적절했다. 실제로 '유맹문제'에 대한 모택동 의 그릇된 인식은 중공 6차 당대회의 좌적인 정책에서 기인된 것이다.

'부농문제' 결의안은 정확한 주장과 좌적 과오가 병존한다. 정확한 주장은 ① '부농 압박' 분전(分田)과 '추비보수(抽肥補瘦)' 긍정 ② 인구수 에 따른 토지분배 ③ 소련식 집단농장 비판 등이다. 좌적 과오는 ① 일 체 토지 몰수 ② 모든 채무 폐지 ③ 부농, '시종일관 반혁명' ④ 부유중 농 타격 등이다(余伯流 외, 2017: 245). 상기 좌적 과오는 소련의 '부농 타도' 정책에 기인됐다. 당시 모택동은 '부농문제'에 대한 해결책을 찾지 못 했다. 결국 공산국제를 염두에 둔 모택동 자신이 '본본주의' 과오를 범 했다.

6월 19일 제1군단(軍團)이 장정에서 설립됐다. 주덕이 군단장, 모택 동이 정치위원, 주운경이 참모장에 임명됐다. 산하 3개 군(軍)은 ① '홍 4군' 군단장(軍長) 임표, 정치위원 반심원 ② '홍6군' 군단장 황공략, 정 치위원 진의 ③ '홍12군' 군단장 오중호, 정치위원 담진림이 맡았다. 각

공에 가입, 1948년부터 모택동의 비서를 맡았다. 1950년대 중공중앙 판공청(辦公廳) 부주임을 역임, 1959년 노산(盧山)회의에서 팽덕회의 입장을 지지했다. 1962년 모택 동은 전가영을 '우경분자(右傾分子)'라고 비판했다. 1966년 북경에서 자살했다.

군단에 '사령부'와 정치부를 설치했고 제1군단 병력은 2만명에 달했다. 또 중국혁명군사위원회(主席 毛澤東)를 설립해 홍군의 군사행동과 '정권 설립'을 총괄했다. 홍군의 전술은 기존 유격전에서 기동적 운동전으로 전환했다.

2. '원왕(袁王)' 사살, 정강산 근거지 상실

정강산 진입 초기 원문재·왕좌의 협조가 없었다면 정강산 근거지는 상상할 수 없다. 원문재는 모택동의 정강산 '정착'을 하락했고 왕좌는 대분진 전투(1927.10)에서 패전한 모택동의 부대를 자평에 배치했다. 1930년 원문재·왕좌는 본토인 당조직과의 알력다툼으로 사살됐다. 결국 원왕(袁王) 잔여부대 변절로 정강산 근거지는 '백구(白區)'로 전락했다. 정강산 근거지 설립 '공신'을 살해한 주모자는 주창해·반심원·팽덕회였다.

'원왕(袁王)'은 모택동에게 은인이나 진배없다. 웅수기는 이렇게 회상했다. …원문재의 도움이 없었다면 홍군이 정강산에 발붙일 수 없었다고 모주석이 말했다. 원문재는 홍군이 섬북에 도착했을 때 유지단(劉志丹)[886]과 같은 역할을 했다(梅黎明, 2014: 92). 한편 '비적 출신' 원문재와 왕좌는 홍군의 교육과 개조를 받았음에도 불구하고 여전히 비적의 누습(陋習)을 완전히 고치지 못했다. 오직 '개인(毛)'에게 충성한 그들은 지방당조직과 대중을 신임하지 않았다. 이는 그들이 비극적 결말을 맞이한 주요인이다.

---

886 유지단(劉志丹, 1903~1936), 섬서성 보안(保安) 출신이며 공산주의자이다. 1925년 중공에 가입, 1930년대 섬감(陝甘)유격지대 총지휘, '홍26군' 군단장, '홍28군' 군단장, 북로군(北路軍) 총지휘 등을 역임, 1936년 4월 동정(東征) 중 산서성 삼교진(三交鎭)에서 희생됐다.

1928년 2월 원문재·왕좌의 부대는 공농홍군으로 개편됐다. 왕좌는 하장공의 소개로 중공에 가입(1928.4)했다. 1928년 봄여름 원문재의 중매로 모택동과 하자진은 모평(茅坪)에서 결혼했다. 5월 말 모택동은 상감변계 공농병정부 주석으로 원문재를 임명했다. 이 시기 원문재는 모택동의 최측근이었다. 원문재는 정강산 근거지 발전에 기여했고 왕좌는 '정강산 보위전(1929.1)'에서 팽덕회와 함께 끝까지 싸웠다. 한편 백로(柏路)회의(1929.1)에서 '원왕(袁王) 살해'를 반대한 모택동은 본토인과 객가인의 '갈등 해결'을 위해 원문재를 '홍4군' 부참모장으로 임명했다.

모택동은 '중공 6대'의 '조직문제 결의안'에 관해 공개적으로 토론하지 않았다. 모택동이 정강산을 떠난 후 원문재는 '결의안'을 찾기 위해 애썼다. 또 그는 왕좌에게 가장 중요한 부분을 읽어주었다. 당시 왕좌는 조직의 불신에 크게 화를 냈다(A. Pantsov 외, 2017: 317). 실제로 모택동은 '토비(土匪)문제 결정'에 대해 원문재와 왕좌에게 줄곧 비밀에 부쳤다. 당시 '홍4군' 참모장으로 임명된 원문재는 홍군 주력과 함께 정강산을 떠났다. 한편 모택동이 원문재를 '전근'시킨 것은 본토인과 객가인의 '갈등 격화'를 방지하고 원문재를 보호하기 위해 취한 조치였다.

1929년 2월 동고에서 모택동은 정강산이 함락됐다는 소식을 들었다. 얼마 후 원문재와 전위 비서장 유휘소는 정강산으로 귀환했다. 그들이 홍군을 떠난 것은 우연한 기회에 '비적 두목 살해'에 관한 문건을 보았기 때문이다(陣鋼 외, 1998: 432). '6대 문건'을 전달할 때 '토비문제' 내용을 일부러 공개하지 않은 모택동은 원문재에게 줄곧 (土匪)문건을 보여주지 않았다. 한편 원문제의 정강산 복귀는 '비명횡사'하는 비극을 자초했다.

유천림은 이렇게 회상했다. …'비밀' 문건을 확인한 원문재·유휘소·사계표(謝桂標)[887] 등은 정강산을 향해 지체없이 떠났다. 원문재는 소상인 차림을 하고 나와 유휘소는 소가죽을 수매하는 상인으로 변장했다. 20일 후 영신에서 중대장 주계춘(周桂春)을 만났다(劉天林, 1977.4.19). 원문재가 정강산에 복귀한 후 왕좌가 연대장직을 원문재에게 양보하자 원문재는 일단 하장공과 만나 결정하자고 건의했다. 한편 원문재의 '홍군 이탈' 심각성을 인식한 하장공은 곧 상감특위 책임자인 완희선에게 보고했다.

원문재의 복귀에 '위기감'을 느낀 본토인 책임자 사희안(謝希安)·용초청은 당적을 박탈하고 엄벌에 처해야 한다고 주장했다. 원문재의 '고충'을 고려해 '당내 경고'라는 가벼운 처분을 내린 완희선은 원문재를 녕강현 적위대장에 임명했다(匡承 외, 2014: 364). 당시 '토객(土客)' 간 알력다툼에서 하장공은 중립을 고수한 반면, 완희선은 원문재 등 객가인을 지지했다. 결국 완희선의 '원문재 지지'는 본토인 지도자의 불만을 야기했다.

지방주의가 농후한 상감변계에는 '토객' 간의 알력다툼이 심각했다. 정강산 시기 그들 간의 대립은 '본토인의 당조직, 객가인의 무장(武裝)'으로 첨예화됐다. '토객' 간의 첨예한 대립은 역사의 유산물이다. 토적(土籍) 본지인과 북방에서 이주해온 객적(客籍) 외지인 간에는 상호 불신과 적대감이 깊었다. 객가인은 본토인의 미움을 받았고 정치·경제적 권리를 누리지 못했다. 당시 홍색구역인 녕강·수천·영현·차릉 등지에 '토객' 간의 알력이 존재했다. 특히 녕강현의 갈등이 가장 심각했다. 결

---

887 사계표(謝桂標, 1901~1930), 강서성 녕강(寧岡) 출신이며 공산주의자이다. 1925년 중공에 가입, 그 후 녕강현 공농병정부 위원장을 맡았다. 1929년 원문재 등과 함께 하산(下山), 1930년 6월 영신(永新)에서 처형됐다.

국 이는 모택동이 거느린 공농홍군의 '녕강 진입'과 밀접히 연관된다.

당초 본토인 용초청과 객가인 원문재는 동지 관계였다. 원문재의 입당소개인 용초청은 혁명의 선도자였다. 또 그들은 모택동의 정강산 정착에 중요한 역할을 했다. 한편 그들 간 알력 격화는 모택동이 무장을 장악한 객가인 원문재를 중용한 것이 화근이 됐다. 또 그들이 견원지간이 된 것은 모택동의 '총애'를 받아 변계 공농병정부 주석으로 '승진(1928.5)'한 원문재의 안하무인이 주된 원인이었다. 1929년 후 용초청은 원문재 처형을 강력히 주장했다. 결국 양패구상한 그들은 비극적 운명을 면치 못했다.

1928년 여름에 열린 녕강현 군정(軍政)대회에서 새 권총을 휴대한 용초청이 득의양양해하자 눈꼴이 시린 원문재는 현위 서기가 무슨 총이 필요하냐며 즉석에서 무기를 압수했다. 당시 용초청은 치솟는 분노를 억지로 참았다. 상대가 군정대권을 장악한 상급자였기 때문이다(文輝杭 외, 2004: 246). 중국인들은 면전에서 상대의 체면을 깎는 것을 금기로 간주한다. 원문재의 오만방자한 횡포는 안하무인의 극치였다. 원문재의 '비적 누습'이 잔존했다는 반증이다. 한편 그들은 진백영(陣白英)이란 미인을 두고 쟁탈전을 벌인 '연적(戀敵)'이었다는 것이 일각의 주장이다.

홍색정권의 '권력문제'에서 '토객' 간의 불신이 극명하게 드러났다. 녕강현 공농병정부가 설립(1928.2)했을 때 반동 현장을 체포한 본토인 문근종이 모택동의 추천을 받아 주석에 임명됐다. 그러나 외지인 혁명파들의 반대로 문근종은 3개월 만에 물러났다(余伯流 외, 2014: 260). 이 시기 원문재·왕좌의 부대가 '개조'를 통해 공농홍군으로 개편됐다. 따라서 '무장(軍隊)'을 장악한 객가인 혁명파가 득세했다. 결국 객가인의 '득세'로 본토인과 객가인 간의 알력다툼이 더욱 심화됐다. 이 또한 정강산 '8월 실패' 당시 본토인 농민들이 대거 '변절'한 주된 원인이다.

'토객' 간 알력다툼은 토지분배에도 악영향을 미쳤다. 1928년 녕강현은 세 차례의 토지분배를 진행했다. 첫 번째 분배는 객가인 농민들의 불만으로 토지분배가 실패했다. 두 번째 분배는 토적(土籍) 농민들의 거센 반대로 무산됐다. '8월 실패' 후 토지 재분배를 시도했으나 '토객' 간 갈등 심화로 흐지부지해졌다. 한편 '8월 실패' 전후 본토 호신(豪紳)들의 반동적 선전으로 많은 본토인 농민이 반란을 일으켰다. 또 그들은 적군을 안내해 객적(客籍) 혁명파를 체포하고 객가인을 괴롭혔다. 홍군이 근거지를 회복한 후 (客籍)농민들은 토적 농민들의 재산을 강탈했다.

모택동은 '중앙보고서(1927.10)'에 이렇게 썼다. …변계의 특수 상황은 '토객' 간 알력다툼이 심각하다는 점이다. 이런 '토객' 간 갈등은 모든 홍색정권에 존재하며 녕강현이 가장 심각하다. 역사가 남겨놓은 '(土客)갈등'은 공산당 내부에도 존재한다(毛澤東, 1991: 74). 공농홍군이 정강산에 진입한 후 객가인 무장파가 득세하면서 원문재와 용초청의 지위가 역전됐다. '외지인' 모택동이 객가인을 지지한 것이 주된 원인이었다. 홍군 주력이 하산(1929.1)한 후 본토인 당조직이 재차 득세했다. 상감변계의 당조직이 모택동의 측근인 완희선을 살해한 것이 단적인 증거이다.

주창해·유천간(劉天干)[888] 등이 완희선을 살해한 것은 두 가지 '사건'과 관련된다. 첫째, 특위 상임위원인 유진(劉珍)의 부인 용가형(龍家衡)의 '살해 사건'이다. 영신현위 여성부장 용가형은 민단 두목과 내통한 '간

888　유천간(劉天干, 1900~1931), 강서성 영신(永新) 출신이며 공산주의자이다. 1926년 중공에 가입, 1929년 상감특위 부서기, 1930년 감서남(贛西南)특위 상임위원을 역임, 1931년 숙반(肅反)운동에서 반혁명 분자로 몰려 처형됐다.

첩'이란 혐의를 받은 후 완희선의 부하에게 사살됐다. 이는 상감특위 실세 유진·왕회·유천간 등의 복수심을 유발했다. 둘째, 완희선이 원문재에 대해 '당내 경고'라는 경미한 처벌을 내린 것이 빌미가 됐다. 결국 이는 본토인 책임자인 용초청·주창해 등의 강한 불만을 야기했다. 당시 그들은 원문재의 '후견인'인 완희선을 제거할 것을 결심했다.

상감특위 책임자 주창해는 완희선과 유진 등의 반목이 격화되자 완희선을 차릉현위 서기로 '좌천'시켰다. 1929년 11월 완희선은 영신(永新) 공격에 참가하라는 상감특위 지시를 거부했다. 영신현성을 공략한 주창해 등은 특위 명령을 거부한 완희선을 감금했다(陣冠任, 2019: 203). 사태의 심각성을 인지한 완희선은 보초병이 잠든 틈을 타 대만(大灣)촌 산속에 피신했다. 특위는 농민 2000명을 동원해 산속을 수색했고 영신 적위대에게 발견된 완희선은 당장에서 사살됐다. 한편 주창해·유천간 등이 사전에 '완희선 처형'을 밀모(密謀)했다는 것이 전문가의 중론이다.

순망치한(脣亡齒寒), 입술이 없으면 이가 시린 법이다. 왕희선의 비명 횡사로 '원왕'의 목숨은 경각에 달렸다. 상감변계 본토인 책임자들은 당중앙 보고서에 '원왕'의 '범죄 행위'를 낱낱이 열거하고 원문재 등을 당 조직의 대립면에 세웠다. 또 그들은 '중공 6대'의 '비적문제 결정'을 원문재·왕좌 제거의 정책적 근거로 삼았다. 실제로 공산국제의 좌적인 '토비정책'은 비적 출신인 '원왕'에게 치명적이었다. 게다가 홍군을 이탈한 원문재는 그의 '후견인' 모택동의 지지를 상실했다. 설상가상으로 중앙 특파원 반심원이 '원왕'에 대한 상감변계의 '무력 해결'을 지지했다.

'중공 6대'의 '토비문제 결정'은 이렇게 썼다. …토비를 철저히 진압하고 비적 두목은 반혁명으로 간주해야 한다. 지방정부에 혼입한 비적 출신을 홍색정권에서 축출해야 한다(匡勝 외, 2014: 367). 당시 모택동은

'원왕' 보호를 위해 '결정'을 소수 지도자에게만 전달했다. 한편 원문재 등의 '비적 관행'에 불만을 느낀 본토인 당조직은 여전히 원문재 등을 '비적 두목'으로 간주했다. 본토인 지도자들이 '비적 정책'을 악용했던 것이다.

본토인 지도자들이 '원왕'을 비적 두목으로 간주한 것은 부적절했다. 당시 원문재는 1926년 11월에 중공에 가입했고 왕좌는 1928년 4월에 공산당원이 되었다. 물론 그들이 여전히 '비적 관습'을 버리지 못했으나 결코 혁명의 탄압대상은 아니었다. 이 또한 백로회의(1929.1)에서 모택동이 용초행·왕회 등의 '원왕 처형' 주장을 반대한 주된 이유였다. 한편 홍군 주력이 하산한 후 본토인 당조직이 재차 득세하면서 객가인 혁명파가 열세에 처했다. 결국 '후원자(後援者)'인 모택동의 지지와 보호를 상실한 '원왕'은 명재경각(命在頃刻)의 위기에 내몰렸던 것이다.

상감특위 서기를 역임한 주요 지도자들도 '원왕'을 비적 두목으로 간주했다. 양개명은 '중앙보고서(1929.2.25)'에 이렇게 썼다. …비적 두목에 대한 '무력 해결'은 홍색정권의 당면과제이다. 등건원은 중앙보고서 (1929.8)에 이렇게 썼다. …(湘贛)변계의 가장 큰 위협은 비적이다. (邊界)정부는 비적이 주도하는 연합정부이다(余伯流 외, 2014: 412). 당시 본토인 지도자들은 '원왕'에 대한 '무력 해결'을 급선무로 간주했다. 홍군 주력이 하산(1929.1)한 후 본토인 당조직이 득세했다. 당중앙의 '비적 정책'과 당조직의 '단호한 집행'으로 '원왕'의 죽음은 예고된 비극이었다.

1930년 1월 18일 수천현 우전(于田)에서 상감변계·감서특위·'홍5군' 군위 대표가 참석한 연석회의가 개최됐다. '회의'의 골자는 ① 길안 공격 ② '홍6군' 설립 ③ '부농 타도' 정책 집행 ④ 원문재·왕좌 제거 등이다. 당시 유작무(劉作撫)[889]는 당중앙 보고서(1930.7.22)에 이렇게 썼다. …특파원 반심원은 본토인 지도자의 '무력 해결'을 지지했다(梅黎明 외, 2014: 369). 반심원이 당중앙의 '비적 정책'을 근거로 주창해에게 '원왕 사살'을 지시했고 변계의 군사 책임자 팽덕회가 이를 협조했다. 결국 그들은 당내 모순을 '적대적 관계'로 격화시키는 우(愚)를 범했다.

'원왕'이 사살된 직접적 계기는 '나극소(羅克紹)사건'이었다. 차릉현 민단 두목인 나극소는 30명 장인(匠人)과 병기공장을 갖고 있었다. 1930년 2월 2일 나극소가 초평(蕉坪)의 동거녀와 함께 있다는 정보를 입수한 원문재는 부대를 이끌고 초평에서 나극소와 28명 장인을 체포한 후 신성(新城)에 돌아왔다. 원문재는 나극소를 풀어주고 산해진미를 차려 정성껏 대접했다. 또 원문재는 나극소와 마작을 놀며 그의 환심을 샀다. 이 소식을 들은 녕강현위 책임자 사희안은 상감특위에 '나극소사건'을 보고했다. 이 시기 본토인 사희안과 원문재는 '견원지간'이었다.

녕강현위 조직부장 유극유는 이렇게 회상했다. …원문재 등은 나극소를 볼모로 병기공장을 인수해 무기를 제조하려는 것이 주된 목적이었다. 또 다른 당사자 유양익(劉良益, 1969.7.4)은 이렇게 회상했다. …원문재는 나극소를 통해 적군의 반역을 유도했다. 사희안의 '특위 밀고'는 다른 꿍꿍이셈이 있었다(余伯流 외, 1998: 439). 상기 당사자들의 '회상'을 통해 알 수 있는 것처럼 원문재의 '나극소 환대'는 '병기공장 인수'가 실질적 목적이었다. 한편 '나극소사건'은 '원왕 사살'의 도화선이 됐다. 결국 이는 본토인 당조직 지도자의 '원문제 제거'에 빌미를 제공했다.

---

889 유작무(劉作撫, ?~1967), 사천성 부순(富順) 출신이며 공산주의자이다. 1927년 중공에 가입, 1930~1940년대 중앙교통국장, 중앙사회부 부부장을 지냈다. 건국 후 사천성위 서기, 서남국 서기처 서기, (中央)감찰위원 등을 역임, 1967년 성도(成都)에서 병사했다.

2월 22일 원문재는 모택동의 편지를 받았다. '편지'의 골자는 ① 홍군, 길안 공격 ② '원왕', 영신현성에 도착 ③ '원왕', '홍6군' 제3종대 정부(正副) 종대장 임명 등이다. 한편 반심원은 회의(2.22)에서 원문재가 토호와 결탁해 '홍색정권 전복'을 꾀했다고 책망했다(陣鋼 외 2014: 415). 회의에서 반심원과 원문재는 격한 언쟁을 벌였다. 2월 23일 특위는 광대를 청해 연극을 관람하고 풍성한 연회를 차려 환대했다. 이에 왕좌는 경각심을 높였으나 원문재는 별로 개의치 않았다. 당시 반심원은 팽덕회에게 편지를 쓴 후 주창해 등을 파견해 '원왕 처형' 협조를 요청했다.

주창해 등은 밤도와 안복(安福)에 도착해 반심원의 편지를 전달하고 팽덕회에게 지원을 요청했다. 팽덕회는 이렇게 회상했다. …당시 나는 '홍5군' 4종대 당대표 장문빈(張文彬)[890]에게 부대를 이끌고 영신으로 진격해 상감특위를 협조할 것을 지시했다(彭德懷, 1991: 142). 2월 24일 새벽 영신에 도착한 '홍5군'은 곧바로 '원왕' 부대를 포위했다. 훗날 팽덕회는 상감특위의 '일방적 보고'를 맹신한 자신에게도 책임이 있다고 시인했다.

2월 24일 새벽 주창해 등은 원문재 숙소를 급습해 즉석에서 사살했다. 또 영신현위 서기 팽문상 등은 왕좌의 숙소를 습격했다. 총소리에 놀라 숙소를 빠져나간 왕좌는 황급히 물속에 뛰어들었다. 결국 헤엄칠 줄 모르는 왕좌는 동관담(東關潭)에서 익사했다(鄭致善, 1987). 원문재의 측근 이소포·주계춘·사계표·진모화 등은 선후로 처형됐다. 왕좌의 부대

---

890 장문빈(張文彬, 1910~1944), 호남성 평강(平江) 출신이며 공산주의자이다. 1927년 중공에 가입, 1929년 '홍5군' 제4종대 당대표, 1930년대 '홍5군' 당대표, '홍7군' 정치위원, '홍3군단' 보위국장, 광동성위 서기, 1940년 남방국 부서기, 1942년 국민당 특무에게 체포, 1944년 강서성 옥중(獄中)에서 병사했다.

는 대부분 사살되고 잔여부대는 '홍5군'과 녕강 유격대에 편입됐다(陣鋼 외, 1998: 441). 결국 '원왕' 부대는 철저히 소망(消亡)됐다. 한편 사각명(謝角 銘) 등의 변절로 정강산 근거지는 '백구(白區)'로 전락했다.

하민학(賀敏學)은 이렇게 회상했다. …왕좌의 친형인 왕운융(王雲隆) 은 소가벽에게 투항했다. 결국 홍군은 정강산 근거지를 재차 상실했다. 1932년 소극이 '정강산 수복'을 진행했으나 실패했다(賀敏學, 1987: 246). 이취규(李聚奎)[891]는 이렇게 회상했다. …3종대 당대표 유작술은 나에게 '원왕' 잔여부대 수색을 지시했다. 수색 중 나는 당지 백성의 '홍군 반 감'과 '원왕 애호'를 실감했다(馬社香, 2006: 164). '원왕 처형'에 따른 '민심 상실'은 정강산 근거지를 잃은 주된 원인이다. 한편 홍군 부대대장인 왕운융의 반역은 '핍상양산(逼上梁山)'이라는 것이 일각의 주장이다.

모택동은 '원왕'을 처형한 본토인 당조직에 대해 매우 못마땅해했 다. 진정인은 이렇게 회상했다. …내가 모택동에게 '원왕 사건'을 보고 하자 그는 '억울한 사건'이라고 말했다. 1950년 그는 나에게 '원왕 살해' 는 잘못된 사건이라고 재차 강조했다(井岡山博物館, 1987: 25). 1965년 모택 동은 이렇게 말했다. …'원왕'은 잘못 처형됐다. 이는 당내 좌경 정책에 순종한 지방 간부들이 저지른 억울할 사건이다(馬社香, 2006: 171). '원왕 사 건'은 복잡한 역사적 환경에서 발생한 것이다. 한편 모택동의 심복인 완 희선·원문재를 살해한 본토인 책임자들은 막대한 대가를 치렀다.

'원왕' 비극이 발생한 주된 원인은 ① 당중앙의 좌적인 '비적 정책'

---

891 이취규(李聚奎, 1904~1995), 호남성 안화(安化) 출신이며 개국상장이다. 1928년 중공에
    가입, 1930년대, '홍1군단' 제15사단장, 팔로군 제129사 386여단 참모장, 1940년대
    태악(太岳)군구 제1군분구 사령관, 동북군구 후근부 참모장, 건국 후 석유공업부장, 해
    방군 총후근부(總後勤部) 정치위원 등을 역임했다. 1995년 북경에서 병사했다.

모택동과 중국혁명 1

② 본토인 지도자의 '무력 제거' 음모 ③ '토객' 간의 갈등 격화 ④ 완희선 살해, 원문재의 '홍군 이탈' ⑤ '원왕'의 비적 누습 잔존 ⑥ '나극소사건', 원문재의 부적절한 처사 ⑦ 팽덕회의 '군사적 협력' ⑧ 객가인 혁명파에 대한 모택동의 지지 ⑨ 중앙특파원 반심원의 부정적 역할 등이다. 실제로 '원왕 사건'은 여러 가지 역사적 요인이 복합적으로 작용한 결과이다. 한편 '원왕 사살'은 정강산 근거지 상실을 초래했다. 얼마 후 모택동은 '원왕 처형'의 주모자들에게 '응징적 보복'을 단행했다.

'완희선 살해(1929.11)'와 '원왕 처형'을 주도한 주창해·용초총·왕회·유천민·팽문상·등건원·사희안은 'AB단 주범'으로 몰려 처형됐다. 'AB단 숙청'·'숙반 확대화'의 장본인은 모택동이다. 실제로 상산(上山) 초기 그를 도와준 '원왕'의 '억울한 죽음'에 대한 모택동의 정치적인 보복이다. '원왕 사건' 주모자 반심원은 1931년 반역자의 밀고로 살해됐다. 한편 '원왕 사살'을 협조한 팽덕회는 '원왕' 부대를 병탄(併吞)했다는 죄명을 썼다. 또 장사 공격(1930.7~8)을 주도한 팽덕회는 좌경 정책의 '충실한 집행자'였다. 결국 이는 모팽(毛彭) 간의 불화를 초래했다.

모택동이 정강산을 방문(1965.5)했을 때 원문재의 부인 사매향(謝梅香)을 만나 원문재를 보호하지 못한 '책임'을 인정했다. 실제로 원문재·왕좌의 '비적 관행'과 '개인숭배'는 모택동에게 큰 책임이 있다. 이 또한 '원왕 개조'의 허점을 보여준 단적인 사례이다. 사실상 모택동은 '중공 6대'의 좌적인 '비적 정책'을 찬성했다. 그가 작성한 '유맹(流氓)문제 결의안(1930.6)'[892]은 '6대 결의안'의 '토비문제 결정'보다 더욱 좌적인 정

---

892 (南陽)연석회의(1930.6)에서 통과된 '유맹(流氓)문제 결의안'은 이렇게 썼다. …유맹들이 반혁명 음모를 획책하거나 (반동)분자로 전락, 또는 반혁명을 협조하거나 혁명대중과 대립할 때 그들의 두목은 물론하고 그들의 일부나 전부를 무자비하게 제거해야 한다

책이었다. 한편 '원왕 사건'의 주요인인 '토객' 간 갈등 격화의 장본인이 모택동이란 점을 감안하면 그 역시 책임에서 자유로울 수가 없다.

정강산 시기 국민당 반동파는 '주모홍군'을 '공비(共匪, 공산비적)'라고 불렀다. '주모홍군'의 최고 지도자 모택동은 당연히 '공비 두목'이었다. 정강산 진입 초기 원문재·왕좌는 모택동에게 큰 도움을 줬다. 한편 '비적 출신'인 '원왕'과의 밀접한 관계로 지방당조직의 오해를 받았던 모택동은 당중앙의 '중징계(1927.11)'를 받았다. '비적 두목'인 '원문재·왕좌'와의 밀착관계는 '공산당 창건자' 모택동에게 결코 자랑스러운 경력이 아니었다. 흔히 '원왕 처형'을 당내 모순을 적대관계로 '승화'시켰다고 비판한다. 실제로 당내 모순을 적대관계로 '승화'한 장본인은 모택동이다. 모택동이 주관하에 진행된 'AB단 숙청'이 단적인 방증이다.

좌적인 '유맹결의안'은 인민 내부 모순을 '적대관계'로 변질시킨 단적인 사례이다. 모택동의 계급투쟁 강조는 'AB단' 숙청과 '숙반 확대화'를 유발했다. 한편 모택동은 매 10년마다 잔혹한 계급투쟁을 전개해 정적과 반대자를 제거했다. 이 또한 그가 인생 후반에 좌적 과오를 범한 사상적 배경이다. 실제로 모택동은 계급투쟁을 정치적 위기에서 벗어나는 만병통치약으로 간주했다. 이는 '위대한 독재자'의 비극적 말년을 자초했다.

(江西省檔案館, 1982: 514). 이는 '중공 6대'에서 통과된 '토비문제 결정'에서 …토비 무리는 수용하나 비적 두목은 제거해야 한다는 '비적 정책'보다 더욱 좌적인 결의(決議)이다.

저자 소개 | 김범송(金范松)

1966년생, 사회학자·인구학자·언론인. 필명(筆名) 청솔(青松)
한국외국어대학·대련대학·(北京)중앙민족대학에서 초빙·객원교수를 역임했다.

1990년대 후반부터 한국에서 10여 간의 학위 공부와 강의생활을 시작했다. 2007년 한국외국어대학에서 석사, 2010년 한국학중앙연구원에서 사회학 박사학위를 취득했다.

2007년 중국에서 칼럼집 『재주부리는 곰과 돈 버는 왕서방』을 출간, 흑룡강신문(哈爾濱) 논설위원으로 위촉됐다. 연구 논문으로 「중국의 한류 열풍과 협한류에 대한 담론」 외 다수가 있다.

2009년 한국에서 첫 신간인 『그래도 희망은 대한민국』, 『가장 마음에 걸린다』를 글누림출판사에서 출간했다. 2009년 독일 프랑크푸르트 해외동포 국제세미나, 제3차 세계한인정치인대회(Seoul)에 참석해 학술논문을 발표했다.

2010년 박사논문을 보완해 출간한 연구서 『동아시아 인구정책 비교연구』(역락)는 2011년도 대한민국학술원 우수학술도서로 선정, 2011년 '한국인물사전(聯合News)'에 재외동포학자로 선정 등록됐다.

2011년 네이버 인물정보에 인류학자로 등록되었다.

2010년대 POSCO CDPPC(大連) 대외 부사장으로 다년간 근무, 2016년 『중국을 떠나는 한국기업들』을 한국에서 펴냈다. 각종 (韓中)학술회의에서 주제 발표, 초청 특강을 진행했다.

현재 대련대학 한국학연구원 선임연구원, (北京)중앙민족대학 한국문화연구소 객원연구원을 지내며 학술연구와 집필활동에 전념하고 있다.